Objectif BAC PRO 2de

Toutes les matières générales

Jean-Louis Berducou
Sciences physiques et chimiques

Bernard Blanc
Mathématiques

Denise Blanc
Mathématiques

Michel Corlin
Histoire-Éducation civique

Yves Costa
Anglais

Céline Demolin
Économie-Droit
Économie-Gestion

Jean-Pierre Durandeau
Sciences physiques et chimiques

Hélène Féraud
Économie-Droit
Économie-Gestion

Jean-Claude Landat
Français

Éric Lemot
Économie-Droit
Économie-Gestion

Martine Pascal
Prévention-Santé-Environnement

Alain Prost
Géographie-Éducation civique

Sophie Sebah
Anglais

Oscar Torrès
avec la collaboration de
Carmen Marrero Marrero
Espagnol

hachette
ÉDUCATION

Maquette : Atelier Jehanne-Marie Husson
Réalisation : Soft Office
Illustrations des Sciences physiques et chimiques : Illustratek
Recherches iconographiques : Valérie Dereux

Couverture : Alain Vambacas

www.hachette-education.com

ISBN : 978-2-01-180934-6

Crédits photographiques :
Page 8 : © Pierre Gleizes/REA, © Pierre Rousseau/CIT'images, © Syndicat de la Presse Quotidienne Régionale (SPQR)
Page 18 : © Jemolo/Leemage, © Luisa Ricciarini/Leemage
Page 24 : © Libération, jeudi 20 décembre 2007, photo : Jean-Pierre Muller/AFP
Page 27 : © RMN/Droits réservés
Page 177 : © Bildarchiv Monheim/AKG
Page 201 : © Ariana Cubillos/AP/Sipa
Page 211 : © C.L.E.M.I.
Page 367 : © Roquefort Société

SOMMAIRE

SOMMAIRE

FRANÇAIS

LE PROGRAMME

LE COURS

LES EXERCICES

LES CORRIGÉS

Le programme des classes de Seconde...

Finalités

L'enseignement du français en baccalauréat professionnel vise l'acquisition de quatre compétences :
– entrer dans l'échange oral : écouter, réagir, s'exprimer ;
– entrer dans l'échange écrit : lire, analyser, écrire ;
– devenir un lecteur compétent et critique ;
– confronter des savoirs et des valeurs pour construire son identité culturelle.

Objets d'études et interrogations

1 Construction de l'information

Les médias disent-ils la vérité ?
Comment s'assurer du bien-fondé d'une information ?
Peut-on vivre sans s'informer ?

2 Des goûts et des couleurs, discutons-en

Les goûts d'une génération sont-ils meilleurs que ceux des générations qui précèdent ?
Comment faire partager ses goûts dans une démarche de dialogue et de respect ?
En quoi la connaissance d'une œuvre et de sa réception aide-t-elle à former ses goûts et/ou à s'ouvrir aux goûts des autres ?

3 Parcours de personnages

Les héros littéraires d'hier sont-ils les héros d'aujourd'hui ?
En quoi l'histoire du personnage étudié, ses aventures et son évolution aident-elles le lecteur à se construire ?
Les valeurs qu'incarne le personnage étudié sont-elles celles de l'auteur, celles d'une époque ?

Contenus et mise en œuvre

1 Construction de l'information		
Capacités	Connaissances	Attitudes
– Distinguer information, commentaire et prise de position. – S'interroger sur le contexte de production d'une information et identifier les sources. – Rendre compte à l'oral d'un événement d'actualité présenté à travers différents médias. – Rédiger un article de presse en tenant compte des contraintes du genre journalistique. – Décoder les effets visuels dans la mise en scène de l'information.	*Champ littéraire :* Période : l'immédiat contemporain et le développement des nouveaux médias. *Champ journalistique :* Fait divers, reportage, brève. *Champ linguistique :* – Lexique : objectivité / subjectivité. – Lexique de l'information et des médias. – Phrases active, passive, impersonnelle. – Mots de reprises et cohérence textuelle. – Énonciation, valeurs des pronoms, des temps et des modes verbaux.	– S'intéresser à l'actualité, lire la presse, regarder un journal télévisé, utiliser l'Internet et les multimédias. – Être un lecteur actif et distancié de l'information. – Avoir, dans l'approche du texte et de l'image, une attitude adaptée au support utilisé et à la finalité de la lecture.

❷ Des goûts et des couleurs, discutons-en		
Capacités	Connaissances	Attitudes
– Analyser et interpréter une production artistique. – Exprimer à l'oral et à l'écrit une impression, un ressenti, une émotion. – Construire une appréciation esthétique à travers un échange d'opinions et en prenant en compte ce qu'autrui exprime de ses goûts. – Situer une production artistique dans son contexte, identifier les canons de beauté qu'elle sert ou qu'elle dépasse.	*Champ littéraire :* – Périodes : Renaissance, Modernité (connaissance d'œuvres patrimoniales, poétiques et picturales en particulier). – Notions d'individualité et d'universalité, de canons de beauté et de modes, de réception. *Champ linguistique :* – Lexique : beau/laid, utile/inutile, plaisant/ennuyeux. – Lexique de la perception, de la sensibilité, de la plaisanterie et de l'humour, de l'adhésion et du refus. – Déterminants, substituts lexicaux et grammaticaux. – Connecteurs d'énumération. – Connecteurs qui introduisent l'analogie, la ressemblance. – Modalisation : termes péjoratifs et mélioratifs.	– Être conscient de la subjectivité de ses goûts. – Être curieux des différents langages artistiques.

❸ Parcours de personnages		
Capacités	Connaissances	Attitudes
– Analyser comment le personnage se construit à travers des mots, des attributs, des avatars. – Montrer comment le personnage évolue depuis son apparition dans l'œuvre jusqu'à la fin. – Rendre compte à l'oral et à l'écrit de ce que le personnage de fiction dit de la réalité. – Comprendre en quoi le personnage porte le projet de son auteur.	*Champ littéraire :* – Périodes : le personnage du courant romantique, le personnage du courant réaliste. – Notions de personnage de roman, de théâtre. – Notions de héros et d'anti-héros. *Champ linguistique :* – Lexique : vrai/faux/réel. – Lexique du portrait physique et moral, de l'action. – Procédés de la désignation et de la caractérisation. – Expansions du nom. – Connecteurs spatiaux et temporels. – Énonciation dans le récit : point de vue, discours rapportés. – Dénotation, connotation.	– Être curieux de connaître d'autres personnages, d'autres expériences, d'autres lieux, d'autres époques, à travers des œuvres de fiction. – Se laisser interroger par les valeurs incarnées dans un personnage.

1 CONSTRUCTION DE L'INFORMATION

1. L'IMMÉDIAT CONTEMPORAIN ET LE DÉVELOPPEMENT DES NOUVEAUX MÉDIAS

Construction de l'information

L'article 11 de la **Déclaration des droits de l'homme et du citoyen de 1789** stipule :

« La libre communication des pensées et des opinions est un des droits les plus précieux de l'Homme : tout citoyen peut donc parler, écrire, imprimer librement, sauf à répondre à l'abus de cette liberté dans les cas déterminés par la loi. »

La **presse quotidienne nationale française** comprend 17 titres payants parmi lesquels *Le Monde, Le Figaro, Aujourd'hui en France, Libération, La Croix, etc.*

Des journaux gratuits comme *20 Minutes* et *Métro* sont également distribués.

La **presse quotidienne régionale** est diffusée sur un ou plusieurs départements et propose à la fois des informations nationales et locales.

Elle compte 59 titres, 450 éditions, 20 000 salariés, dont 5 600 journalistes, 25 000 correspondants, 16 000 porteurs, 48 000 points de vente et près de 18 millions de lecteurs par jour pour près de 6 millions d'exemplaires diffusés. Par ailleurs, 7 millions de lecteurs visitent leurs sites Internet.

Le **lectorat** d'un quotidien est le nombre de lecteurs supposés le lire. Ceci explique le fait que le nombre de lecteurs d'un journal est supérieur au nombre d'exemplaires vendus. Son estimation est faite par sondages et enquêtes auprès des lecteurs.

Il existe également une presse **hebdomadaire** nationale et régionale avec *Le Nouvel Observateur, L'Express, le Point, Marianne, VSD, l'Abeille, l'Auxois libre...*

On dit de la presse qu'elle est **le quatrième pouvoir**. Il s'ajoute aux trois pouvoirs en place : les pouvoirs **législatif**, **exécutif** et **judiciaire,** dont la constitution impose la séparation. Il s'agit du pouvoir **d'informer**, de **donner son opinion**, de **critiquer**... pouvoir qui est un des principaux fondements de la **démocratie**.

On appelle média un moyen de communication et de diffusion d'informations. La presse est l'un de ces médias, avec le cinéma, la télévision, la radio, l'affiche, Internet, etc.

Concurrencée par les nouveaux supports de médias : *Internet (blogs, messageries) téléphones mobiles,* la presse écrite connaît des problèmes de diffusion et de survie. Chaque journal possède maintenant sa version numérique et le lecteur peut choisir entre la lecture sur papier ou la lecture sur écran, les deux lectures pouvant être complémentaires.

Les nouveaux médias

L'utilisation **d'Internet** a changé le rapport de l'homme à l'information. Les « anciens médias » fonctionnent sur le mode de **l'éditeur-acteur** face à des clients passifs. Le « consommateur » achète son journal, écoute la radio, regarde la télévision pour prendre connaissance d'une information préparée, formatée, standardisée. Ceci est aussi possible sur Internet.

Néanmoins, le changement profond est la transformation du consommateur passif en consommateur créateur. Aujourd'hui, la tendance progresse de plus en plus vers **la participation** que ce soit sur un **blog** ou au travers du concept du **Web 2.0** (partage d'images, de vidéos, de savoirs...). Ainsi, chacun peut se retrouver dans la peau du consommateur ou du créateur qui écrit, publie, commente. La source devient alors diffuse et peut se faire sur le mode de la **conversation**, de la **relation** entre les gens, de la **participation**.

Se pose alors le problème de la **fiabilité** de l'information. Dans la presse traditionnelle, le contenu est créé par des journalistes qui vérifient leurs informations qui sont ensuite filtrées par des éditeurs et enfin fournies aux consommateurs.
Aujourd'hui, le contenu est produit par tout un chacun, que ce soit sur des sites personnels, des blogs ou sur des supports mobiles.
En fait, le filtrage se fait par les utilisateurs eux-mêmes en choisissant ce qui leur paraissent être les sites les plus fiables. **L'audience** peut donc être un indice. Les meilleurs sites sont sollicités et les moins bons délaissés.

La **mobilité** est également un facteur nouveau dans les dispositifs et les canaux de distribution de l'information. « **Tout, tout de suite, et n'importe où** » est le nouveau credo. Les médias sont partout par écran interposé.

Le nouveau comportement des utilisateurs de médias évolue. Ils passent rapidement d'un média à l'autre. Ils veulent choisir ce qu'ils veulent voir, lire, écouter, à n'importe quel moment et sur le support qu'ils désirent. Ils attendent des **informations courtes, condensées** pour pallier le manque de temps. Ils disposent d'un univers fait de millions de distributeurs de contenu. Ils sont submergés d'informations de bonne et de moins bonne qualité et devront savoir trier dans la masse de production.

Quelques définitions

Les **blogs**, contraction de « *Web Log* », sont des sites Internet, très souvent faits par et pour des particuliers, sur lesquels des personnes s'expriment librement.

Le nouveau **Web, le Web 2.0,** recouvre les services de seconde génération accessibles sur le Web et qui permettent aux personnes de collaborer et de partager de l'information.
Twitter est un « micro-blogging » instantané qui fonctionne sur Internet et sur téléphone portable. On peut y publier gratuitement de courts textes de 140 caractères maximum pour **se raconter, témoigner, donner son avis sur n'importe quoi.** Ces textes sont lus en temps réel par ceux qui sont en ligne. C'est ainsi que **cet espace d'échange** commence à s'imposer comme un nouveau média d'information. Tous ceux qui assistent à un événement (*crime, manifestation, accident, incendie...*) diffusent sur Twitter leur témoignage à chaud. Par exemple, un petit tremblement de terre a eu lieu en Californie. L'agence *Associated Press* a publié une dépêche de 57 mots 9 minutes plus tard. Mais au cours de ces 9 minutes, Twitter avait déjà publié 3 800 messages totalisant des dizaines de milliers de mots qui racontaient tout en détail. Le rythme et le contenu de l'information ont changé. Sur ce principe, les journaux traditionnels envoient des alertes à leurs abonnés afin de les inciter à se connecter sur leur site.

Les **wikis** : *Wikipédia* est une encyclopédie universelle et multilingue écrite de manière

collaborative sur Internet avec la technologie wiki : tous les **internautes** peuvent écrire dans l'encyclopédie ou réutiliser son contenu, librement distribuable et gratuit par le biais d'un navigateur Web. Le contenu est fait par les utilisateurs, pour les utilisateurs.
Aujourd'hui, le consommateur a pris le pouvoir.

2. LEXIQUE DE L'INFORMATION ET DES MÉDIAS

Dans la presse écrite, un quotidien est présenté par une « **une** ». Le journal est organisé en **rubriques**. Ces rubriques sont composées **d'articles** qui appartiennent à des **genres journalistiques**.

La « une »

C'est la première page du quotidien, sa « **vitrine** » qui doit attirer la curiosité du lecteur et **susciter l'achat**. Elle est composée dans sa conception classique de 8 éléments qui sont :

• *La manchette* : titre du journal, prix, date, numéro, « état civil »…
• *Le bandeau* : gros titre au-dessus de la manchette.
• *Les oreilles* : à droite et à gauche de la manchette.
• *La tribune* : le ou les gros titres.
• *Les sous-tribunes* **:** emplacements sous la tribune et à côté.
• *Le ventre* : le milieu de page.
• *Le rez-de-chaussée* : le « pied » de la page.
• *Le cheval* : en bas, dans le rez-de-chaussée, à droite.

ORLÉANS
Dix ans requis contre les deux anciens policiers
PARC DES EXPOS
Trois jours pour découvrir la Préhistoire
FLEURY
La colère monte face à la série d'incendies
LA RÉPUBLIQUE DU CENTRE
ÉTATS-UNIS
Obama soutient le dalaï lama
RÉGIONALES
Le MoDem espère échapper à la déroute
Route : les radars moins repérables
contrôles automatiques
larep-immo.com
SICOMOB

Les rubriques

Elles sont différentes selon les quotidiens et prennent une place plus ou moins importante selon l'actualité. Elles permettent de classer les informations et de rendre ainsi plus lisible la lecture. Le nom de chaque rubrique est affiché en haut de chaque page. Chaque lecteur a ses rubriques préférées.

Exemple de rubriques dans le quotidien *Le Monde* du 24 août 2009 : *Rétro, Planète, International, Europe, France, Économie, Séries d'été, Sciences, Portraits d'été, Scènes estivales, Culture § vous, Sport, Disparitions, Météo et jeux, Écrans, Carnet.*

La « une » et la dernière page ne comprennent pas de nom de rubrique.

Les genres journalistiques

Chaque article appartient à un genre journalistique qui obéit à des règles d'écriture spécifiques selon qu'il *informe, raconte, donne la parole, explique, commente…*

Les articles qui informent

• ***La brève*** : petite information de 10 à 15 lignes, sans titre. Les premiers mots de la première phrase sont parfois imprimés en *italique* ou en **caractère gras**. Elle répond aux questions : *Qui ? Quoi ? Où ? Quand ? Pourquoi ?*
• ***Le filet*** : petit article, titré, de 15 à 25 lignes.

Les articles qui racontent

• ***Le reportage*** : il fait vivre un événement ou décrit une situation.
• ***Le compte rendu*** : il s'appuie sur plusieurs sortes de manifestation : congrès, conférences de presse, audience de tribunal, manifestation de rue….
• ***Le fait divers*** : il regroupe toute une série d'informations : accidents, vols, noyades, incendies, meurtres, attentats, catastrophes aériennes, ferroviaires ou naturelles (séismes, inondations…), affaires judiciaires.

Les articles qui expliquent

• ***L'analyse*** : elle détaille un événement, clarifie un sujet et l'explique.
• ***L'enquête*** : elle donne des informations sur un événement pour découvrir « la vérité ».

Les articles qui donnent la parole

- ***L'interview*** : le journaliste donne la parole par les questions qu'il pose.
- ***Le communiqué :*** c'est une annonce, une déclaration d'institutions ou de personnalités.
- ***La libre opinion*** (ou tribune libre, ou point de vue) : est un texte signé par une personne extérieure.
- ***Le courrier des lecteurs*** : les lecteurs écrivent au journal pour donner leur opinion et le journal publie leurs lettres.

Les articles où les journalistes donnent leur opinion

- ***L'éditorial*** : c'est un commentaire sur l'actualité.
- ***La chronique*** : c'est la rubrique régulière d'un journaliste connu et écouté.
- ***La critique*** : il s'agit du point de vue personnel d'un journaliste sur un livre, un spectacle, un concert, une émission de télévision…

Les articles

La « **mise en scène** » d'un article est importante. Elle doit permettre de donner envie de le lire et de permettre une lecture aisée et à plusieurs niveaux.

Dans une version complète, l'article comporterait :

- un **titre**, un **sous-titre**, un **sur-titre**, des **intertitres** (il s'agit de la **titraille**),
- un **chapeau**, résumé de l'essentiel de l'information contenue dans l'article,
- une **image** et sa **légende** : une légende précise les éléments de la photo et lui donne un sens, elle est un élément supplémentaire des informations données dans l'article.

Ainsi, le lecteur peut-il se contenter de lire les titres, parcourir l'image et sa légende et faire ainsi une **lecture rapide** ; ou lire l'intégralité de l'article si le sujet l'intéresse en prenant davantage de temps.

Un article présente une **diversité typographique** destinée à attirer le regard.
La typographie désigne : le caractère utilisé (défini par le dessin de la lettre), son corps (sa taille), **gras** ou maigre, en romain (droit) ou en *italique* (penché).

Les titres

Le titre d'un article doit susciter l'envie de le lire. Il doit être court et concis. Il doit aussi être le plus fidèle possible au contenu de l'article. Un titre peut être informatif ou incitatif :

- Les titres informatifs : ils contiennent l'essentiel de l'information et doivent être précis en répondant le plus possible aux questions : qui a fait quoi, quand et comment ?
Exemple : « Grippe A : tous les Français pourront être vaccinés », *L'Est éclair* – 29/09/2009.
- **Les titres incitatifs** : ils révèlent l'esprit de l'article plus que sa matière et s'appuient souvent sur des jeux de mots inspirés de titres de films ou de livres, de slogans publicitaires…
Exemple : « La France prend le H1N1 en grippe », *Le journal du Centre* – 29/08/2009.

La lecture de l'ensemble de « la titraille » donne une idée du sujet traité et permet une lecture à plusieurs vitesses : rapide si l'on se contente de lire les titres, plus longue si on lit l'ensemble de l'article.

La presse numérique

La « **lecture numérique** » d'un journal est différente de celle du journal papier. Le lecteur « **navigue** » sur les sujets qui l'intéressent en **cliquant** sur les **liens hypertextes** qui lui permettent de « **surfer** », c'est-à-dire de passer d'une page à une autre selon ses besoins.
Les liens hypertextes permettent de naviguer de document en document à l'intérieur des **sites Web**. Un **clic** sur un lien hypertexte permet d'accéder à la ressource choisie.

3. FAIT DIVERS, REPORTAGE, BRÈVE

Le fait divers

Définition

Le fait divers est une **rubrique** de presse comportant des informations qui appartiennent à **la vie quotidienne**. Il est le plus souvent à caractère dramatique *: accident, naufrage, inondation, incendie, suicide, crime, enlèvement, hold-up…* On parle de la rubrique « des chiens écrasés ».

Règles d'écriture

• Le fait divers donne les circonstances, les causes, le passé, les conséquences… de l'événement et répond aux six questions : **qui** ?, **quoi** ?, **où** ?, **quand** ? et quelquefois : **comment** ?, **pourquoi** ?

• Il est un texte narratif rapporté sous forme de **brèves**, de **filets** ou **d'articles**.

• Il s'apparente à la **nouvelle** et au **conte**. Beaucoup d'écrivains, dont **Guy de Maupassant**, se sont inspirés de faits divers pour écrire leurs œuvres.

L'enjeu du fait divers

• Les journaux accordent une importance différente aux faits divers selon leur **lectorat**.

• L'intérêt du lecteur pour ce type d'article sera d'autant plus important qu'il se sera produit plus ou moins loin de chez lui, s'il concerne sa famille, son travail, sa commune…

• L'importance d'un fait divers est également liée à son retentissement : l'accident de voiture qui occasionne la mort de la princesse Lady Di, l'assassinat en 1914 à Sarajevo de l'archiduc d'Autriche François-Ferdinand de Habsbourg, qui déclenche une guerre mondiale…

Exemple de fait divers

Chine – Onze mineurs tués par un coup de grisou

PÉKIN. *Onze mineurs ont été tués et trois sont portés disparus après un coup de grisou qui s'est produit, lundi 24 août, dans une mine de charbon de la ville de Jinzhong, dans une province chinoise du Shanxi, au nord du pays. Une enquête a été ouverte pour en déterminer les causes.*

AFP – *Le Monde* – 26/08/2009.

Quoi ? Mort de mineurs.
Qui ? Onze mineurs chinois.
Où ? Dans une mine de charbon de la ville de Jinzhong, dans une province chinoise du Shanxi, au nord de la Chine.
Quand ? Lundi 24 août 2009.
Comment ? Par un coup de grisou.
Pourquoi ? Une enquête est ouverte pour savoir.

Le reportage

Définition

• De l'anglais *report* (relater), le reportage est un compte rendu d'événements auxquels assiste un journaliste sur le terrain.

• Il s'agit de rapporter des **informations collectées au plus près** de l'événement, dans le temps comme dans l'espace. Le reporter doit s'imprégner au maximum d'un sujet : il est dans l'événement, faisant jouer tous ses sens perceptifs : *voir, écouter, sentir, toucher, goûter…* puis *écrire, transmettre, restituer* toutes les facettes de l'événement.

• Le lecteur doit avoir l'impression « d'y être ».

Règles d'écriture

• Écrire un reportage suppose de **s'être rendu sur place**, d'avoir pris des notes, rencontré des gens et de savoir restituer un climat général.

• Lors du reportage, le journaliste amasse des renseignements auprès des gens, certes, mais il se sert aussi de son sens de l'observation. Il note ce qu'il voit et ce qu'il entend.

• Lors de la rédaction de son article, il utilise les descriptions qui permettent au lecteur de se construire une image de la situation. Le reportage reprend les paroles des intervenants rencontrés.

• Un reportage est un article qui donne à voir, entendre, sentir et ressentir ce que le journaliste a vu, entendu, senti ou ressenti lui-même.

L'enjeu du reportage

• Le reportage est un moyen de transmission de l'information répandu. Dans le cas du reportage écrit, son objectif est de faire connaître des informations collectées, tout en recréant l'atmosphère qui y régnait.

• Le reportage est le genre majeur des informations télévisées.

• Le journaliste peut être reporter photographe, grand reporter ou radio reporter.

Exemples (dans la fiction) : ***Tintin*** ou ***Rouletabille***.

• Il incarne le **globe-trotter** curieux de tout.

• Le reportage ne relate pas que les grands événements. Il demeure aussi un outil de transmission d'information sur des sujets aussi variés que les problèmes urbains, la vie dans les lycées, les mordus du vol en montgolfière…

Exemples de reportage (extrait) :

> ### « Balades magiques en montgolfière »
>
> Les vols en ballon se développent dans les régions touristiques.
>
> Reportage dans les châteaux de la Loire : Saint-Symphorien-le-Château (Eure-et-Loir).
>
> Envoyée spéciale
>
> *Effectuer un vol en montgolfière, pour beaucoup, c'est un rêve caressé depuis des années. En cette fin de journée ensoleillée, une petite vingtaine de personnes attendent de prendre les airs [...]. Posés sur la pelouse, deux ballons, un petit jaune et un grand multicolore, se déploient lentement sous l'effet des ventilateurs, puis des brûleurs alimentés par des bonbonnes de propane.*
>
> *[...] La magie opère, le ballon s'élève doucement de la prairie bordée de marronniers, caresse le faîte des arbres pour survoler les grands espaces de la Beauce. Dans les champs, des lièvres affolés zigzaguent dans tous les sens. On distingue les hangars agricoles avec leurs petits tracteurs alignés comme des jouets dans une ferme d'enfant. Trois chevreuils débusqués par le ballon traversent un champ de blé coupé. [...]*
>
> Martine Laronche – *Le Monde*, 27/08/2009.

Pour écrire ce reportage, la journaliste s'est rendue sur place, a vécu une journée avec les amateurs de montgolfière et s'est efforcée de raconter ce qui s'est passé. Elle décrit ce qu'elle a vu en s'attachant à être le plus près possible de la réalité, afin de bien faire partager aux lecteurs le vécu d'un vol en montgolfière.

La brève

Définition

- La brève est un texte **court** (environ dix lignes).
- Elle donne en trois ou quatre phrases une information très **concise**, **sans titre**, avec les premiers mots en **caractères gras**.

Règles d'écriture

- La brève répond aux questions : *qui, quoi, quand, où,* et parfois *comment* et *pourquoi* à propos d'un fait d'actualité qui concerne une palette d'informations qui peuvent aller du fait divers aux événements internationaux.
- Elle va à l'essentiel de l'information.
- Une brève est souvent présentée avec d'autres brèves dans une colonne appelée « **rivière** ».
- Lorsqu'elle a un **titre** et qu'elle est un peu plus longue, on l'appelle « **filet** ».
- Dans un cadre, elle devient un « **encadré** ».

Enjeux de la brève

Les brèves permettent aux lecteurs de prendre connaissance de l'essentiel des informations du jour. La lecture est rapide et permet de retenir l'essentiel. Beaucoup de journaux (écrits, télévisés, radiophoniques, sur le Web...) ont leur rubrique : « *En Bref* », « *L'actualité en bref* », « *Brève* » ... Pour plus d'informations le lecteur est renvoyé à d'autres types d'articles : analyse, reportage, interview...

Exemple de brève

> *« Émetteurs de radio FM, wifi et fours à micro-ondes arrivent en tête des sources d'exposition de la population aux radiofréquences, selon l'étude d'une équipe du CNRS-Université de Besançon, publiée hier et menée auprès d'employés municipaux équipés de dosimètres. La valeur moyenne d'exposition est de 0,201 V/m. La plus forte source, provenant de la radio FM, s'élèverait à 0,44 V/m, suivie par le wifi. Le portable arrive loin derrière. »*
>
> *Le Parisien* – 28/08/2009.

Qui ? Les émetteurs radio.
Quoi ? Étude sur l'exposition aux radiofréquences.
Où ? À Besançon.
Quand ? En 2009.
Comment ? À l'aide de dosimètres.
Pourquoi ? Pour mesurer les radiofréquences.

4. LA TOURNURE PASSIVE

Le fait divers utilise abondamment la tournure passive.
Dans la tournure **active**, le sujet fait l'action.
Ex. : *Le camion a percuté un arbre.*

Dans la tournure **passive**, le sujet subit l'action.
Ex. : *Un arbre a été percuté par le camion.*

Le complément d'objet direct « *un arbre* » de la tournure active devient sujet dans la tournure passive.

Le sujet de la tournure active « *Le camion* » devient le **complément d'agent** dans la tournure passive.

L'agent désigne celui ou celle qui fait l'action. Le **complément d'agent** est introduit par « ***par*** » ou « ***de*** » qui sont des **prépositions**. Le complément d'agent peut ne pas être désigné, il est alors **sous-entendu** ; le contexte permet au lecteur de l'identifier.
Ex. : *Le client du restaurant a été bien servi.*

Seuls les verbes transitifs directs peuvent être employés à la forme passive.
• **Les verbes intransitifs** ne le peuvent généralement pas. Parmi les exceptions : *obéir* et *pardonner.*
• On appelle **verbes transitifs** les verbes qui acceptent un complément d'objet direct.
Ex. : *Aimer, manger, élire, vérifier…*

• On appelle **verbes intransitifs** les verbes qui n'acceptent pas de compléments d'objet directs.
Ex. : *Tomber, courir, nager, rire…*

Exemple d'emploi de la forme passive dans un fait divers :

« Trois membres présumés de l'appareil militaire d'ETA ont été mis en examen dans la nuit du dimanche 23 au lundi 24 août et placés en détention provisoire. Ils avaient été arrêtés le mercredi 19 août dans une station de ski. Ils étaient en possession de détonateurs, de faux papiers et de quatre pistolets provenant du braquage d'une fabrique d'armes dans laquelle 350 pistolets avaient été volés en octobre 2006. Ces interpellations sont intervenues alors que six caches d'armes et d'explosifs d'ETA ont été découvertes ces derniers jours dans le sud de la France. »

5. INFORMATION ET COMMENTAIRE

L'énonciation

Le rôle essentiel de la presse est double : **informer** et **commenter** l'actualité.
Les articles, selon les cas, peuvent revêtir une dominante **informative** (*brève, filet…*), **narrative** (*fait divers, reportage…*), **explicative** (*analyse, enquête*). Ils donnent également la **parole** (*interview, communiqué…*), **l'avis** du journal (*éditorial…*) et de journalistes (*critique, chronique…*).
Un même article peut à la fois contenir des informations et des commentaires.

Exemple de texte informatif :

« Madame la juge d'instruction a été tuée par un poids lourd alors qu'elle circulait à Vélib' à Montrouge (Hauts-de-Seine), le 7 août ».

Exemple de commentaire :

Catherine, parisienne, se rend toujours à son travail à bicyclette. *« L'autre matin, j'arrivais devant l'Assemblée nationale et, au moment où j'allais prendre le pont de la Concorde, une ambulance m'a percutée, sans me voir. J'ai fait un vol plané et j'ai eu le coccyx fêlé. Mais je n'ai pas fait de constat : je me sentais un peu coupable car je tenais mon téléphone portable à l'oreille ».*

Le Monde – 29/08/2009.

Objectivité et subjectivité

L'information tend vers **l'objectivité**. Elle doit s'efforcer d'être **neutre**, **impartiale**.
Le **commentaire** relève de la **subjectivité**. Un journaliste, une personnalité ou un interviewé donne une opinion partiale, qui lui est propre. C'est l'expression d'une sensibilité, d'un point de vue qui n'est pas forcément partagé par tout le monde.

La situation d'énonciation

Un **émetteur** adresse un **message** à un **récepteur** à propos d'un **référent** (*sujet dont on parle*) à l'aide d'un **code** (*langue orale ou écrite, gestes*) et grâce à **un canal de communication** (*lettre, téléphone, échange verbal…*).

Exemple : C'est bientôt la rentrée !

Les vacances sont finies pour de nombreux Parisiens et il est maintenant temps de reprendre le chemin de l'école et du travail. Remontez en selle et abordez la rentrée en douceur avec Vélib' !

Avec l'implantation de 300 stations en petite couronne, l'extension du réseau Vélib' va permettre aux nombreux salariés des entreprises installées de l'autre côté du périphérique de se déplacer plus facilement et plus rapidement.

Vélib-paris.fr – 24/08/2009.

Vélib' (**l'émetteur**) s'adresse aux Parisiens (**les récepteurs**) à propos des « vélib' » (**le référent**) pour leur faire part de l'extension de leur réseau (**le message**).
L'information apparaît sur leur site Web (**le canal de communication**) et en langue française (**le code**).

L'acte d'énonciation est caractérisé par :
– ses **participants** : émetteur, récepteur… ;
– un **lieu** et un **moment** : cadre spatio-temporel ;
– des **circonstances** spécifiques.

L'énonciateur est celui qui prend en charge **l'énoncé**.

Pour étudier **l'énonciation**, il faut étudier :

Les personnes

• **Je** : représente l'émetteur.

• **Tu, vous** : représentent le récepteur.

• **Nous** : représente des personnes, dont l'émetteur.

• **Il(s), elle(s)** : représentent les personnes extérieures au couple émetteur/récepteur ; elles sont présentes ou absentes ; elles représentent aussi le référent (ce dont on parle).

• **On** : pronom personnel indéfini, toujours sujet. Il représente n'importe quelle personne : « je », « nous », « tu », « vous ». C'est le contexte de l'emploi de « on » qui permet de trouver la (ou les) personne(s) qu'il représente.

Les temps verbaux organisés autour du présent d'énonciation

• **Le présent de l'indicatif** : temps de l'énonciation, le moment où l'émetteur parle.

• **Le passé composé** : temps d'un événement passé que l'on veut rattacher au présent.

• **Le futur** : temps qui situe l'action après l'acte d'énonciation.
Ex. : *Nous prendrons le train* → Futur simple de l'indicatif.

• **Le présent de l'impératif** : exprime un ordre qui s'adresse à un récepteur pour que celui-ci accomplisse ce qui lui est demandé.

Les indices de la subjectivité de l'énonciation qui sont les modalisateurs… :

Ils marquent la prise de position de l'émetteur. Ce sont :
– **le ton** du discours,
– l'emploi de **guillemets**,
– **les interjections** (*hélas* !),
– **les verbes** (*j'aime, je déteste…*),
– **les adverbes** (*peut-être, sans doute, probablement…*),
– un **vocabulaire valorisant** (*formidable, sublime, extraordinaire,…*) ou **dévalorisant** (*exécrable, dégoûtant, malsain, insupportable…*).

Le cadre spatio-temporel

Les éléments qui indiquent **où** et **quand** s'exprime le discours : *ici, là, maintenant, hier, aujourd'hui…* ou les noms propres et adverbes.

2 DES GOÛTS ET DES COULEURS, DISCUTONS-EN

La Renaissance est la période du « **bon goût français** ». Elle introduit **un idéal de beauté** en architecture, en peinture et en littérature. Son histoire commence en **Italie** vers **1450** et se termine vers **1600**.

Pendant cette période, **l'Europe** connaît de grands **progrès** dans les domaines *artistiques, culturels, scientifiques et techniques* et de grands **changements** en matière *politique, économique et religieuse.*

La Renaissance se caractérise par :
- le retour des valeurs de **l'Antiquité** ;
- l'apparition de **l'imprimerie** ;
- la lecture scientifique des **textes fondamentaux** ;
- le développement des **bibliothèques** ;
- le renouveau des **échanges commerciaux** ;
- les changements de **représentation du monde** ;
- les grandes **découvertes** ;
- la proclamation du **français comme langue officielle** du droit et de l'administration dans le Royaume de France ;
- **l'humanisme** qui s'efforce de mettre en œuvre tous les moyens propres à favoriser l'épanouissement humain.

En **poésie**, le **sonnet** – hérité de **Pétrarque,** poète italien (1304–1374) – est un **poème à forme fixe** composé de deux **quatrains** et de deux **tercets**. Il est mis en avant par **les poètes de La Pléiade** et notamment par **Joachim Du Bellay** (1522–1560) et **Pierre de Ronsard** (1524–1585).
Ces poètes travaillent à l'enrichissement de la langue française par des emprunts, des néologismes et le rappel de mots disparus.
Les thèmes de leur **poésie élégiaque** sont *l'amour, la mort, la fuite du temps et la nature.*
- **En prose**, **Rabelais** (1494–1553) exprime les valeurs de l'humanisme dans *Pantagruel* (1532), *Gargantua* (1534) et **Michel de Montaigne** (1532–1592) pose un regard sceptique sur la nature humaine dans ses *Essais* publiés en 1588.
- **En peinture**, c'est l'intérêt pour l'homme qui domine. **L'art du nu** s'inspire de l'Antiquité. Parmi les peintres célèbres en Italie, notons *Michel Ange, Raphaël, Titien, Véronèse.* Mais également *Léonard de Vinci* (1452-1519), **l'homme universel** qui s'intéresse à tout : architecte, peintre, sculpteur, ingénieur, mathématicien, géologue, botaniste, anatomiste. Il représente **l'idéal de la Renaissance**.

La **Renaissance italienne** révolutionne la peinture. Les thèmes religieux et les enluminures de la peinture médiévale sont délaissés au profit d'autres motifs :
- Le **nu**, pour la compréhension de la nature du corps humain.
- L'**anatomie**, pour la connaissance des proportions du corps humain.
- Les **scènes de l'Antiquité** qui sont reprises.
- Les **paysages**.
- La **perspective** avec point de fuite central.
- Les **portraits** et les **natures mortes**.
- Les **fresques** sur murs, plafonds et voûtes.
- Les effets de lumières et d'ombres : **le clair-obscur**.

Le **XVIIe siècle** est le siècle du **classicisme**.
En littérature, c'est **le siècle du théâtre**.
La **tragédie**, genre théâtral, met en scène des personnages nobles et repose sur la règle des trois unités :
– l'unité de lieu : l'action doit se dérouler dans un lieu unique ;
– l'unité de temps : l'action ne doit pas dépasser vingt-quatre heures ;
– l'unité d'action : l'intrigue doit être unique.

Qu'en un lieu, qu'en un jour, un seul fait accompli
Tienne jusqu'à la fin le théâtre rempli.

L'action doit être **vraisemblable** et respecter les règles de **bienséance** en ne choquant pas par des scènes violentes.

Jamais au spectateur n'offrez rien d'incroyable
Le vrai peut quelquefois n'être pas vraisemblable

BOILEAU, *L'Art poétique*, 1674.

Parmi les œuvres les plus célèbres :
– *Phèdre* (1677) de **Racine** (1639 – 1699),
– *Le Cid* (1637) de **Corneille** (1606 – 1684).

La **comédie**, genre théâtral considéré comme moins noble, met en scène des bourgeois et des valets. L'auteur le plus célèbre est **Molière** (1622 – 1673) qui a écrit, notamment, *L'Avare* (1668), *Le Bourgeois gentilhomme* (1670)... et bien d'autres pièces qui devaient **divertir en instruisant**.

1. MODERNITÉ ET ESPRIT NOUVEAU (1860-1935)

Cette période se caractérise par le développement de l'urbanisation, de l'électricité, du machinisme. Apparaissent le cinéma, les premières automobiles, l'avion.

Cette transformation de la société se traduit chez les artistes par une certaine **liberté de style** en littérature, en peinture, en sculpture, en musique. Les artistes se libèrent des formes rigides. Ainsi, en poésie, les vers réguliers et la ponctuation disparaissent. De cette période naîtra le **cubisme**.
Baudelaire, Apollinaire, Cendrars ont marqué la poésie de cette époque.

Les langages artistiques

La **peinture**, la **sculpture**, la **gravure**, **l'architecture**, la **musique** et la **danse** sont les « beaux-arts » habituellement reconnus.

Aujourd'hui, les « **beaux-arts** » se démocratisent et notamment à travers **les arts décoratifs** (*la mode, le mobilier...*), **l'art culinaire** et **les arts éphémères** (*les sculptures de glace, les graphes...*). L'art n'est plus seulement dans les musées mais entre dans la vie quotidienne. On parle aujourd'hui de « design ».

La mode exprime un goût commun à une époque et dans une région données. Elle s'exprime par **une recherche esthétique** dans une manière d'être par les vêtements, la musique et les modes de consommation. Interviennent également d'autres facteurs comme l'affirmation de sa personnalité, mais aussi d'un rang social, d'un pouvoir d'achat...
Souhaiter « **être à la mode** » suppose des changements fréquents qui incitent à se renouveler pour le plus grand bonheur des créateurs qui trouvent là des débouchés pour leur travail. Être à la mode, c'est être en rupture avec ce qui précède. La mode est **éphémère**.

L'esthétisme

Un **artiste** créé **une œuvre d'art** avec un langage qui exprime sa sensibilité, sa conception du monde, sa culture.
Il cherche à produire quelque chose de **beau** : *un tableau, un texte, une musique, une sculpture...* L'enjeu est de s'exprimer en suscitant des émotions.
Par exemple, dans une **photographie d'art**, l'artiste n'est pas seulement quelqu'un qui maîtrise les techniques de la prise de vue avec un appareil photographique pour faire de belles images. Mais aussi il témoigne, s'engage au travers d'un regard qui lui est personnel. Ses photos peuvent être **esthétisantes**, **choquantes**, **interrogatives**, **argumentatives**...

L'esthétisme désigne ce qui définit la beauté.

L'esthète est la personne qui apprécie, de façon raffinée, ce qui est beau dans l'art et la nature.

Il exprime ses goûts, traduit par son langage (mots, expressions, tournures de phrases) ce qu'il ressent face à une œuvre d'art. Ses formes d'expression sont variées. Il peut s'agir :
• d'une exclamation : *Super ! Quelle horreur ! ;*
• d'une phrase simple : *j'adore, je déteste ;*
• des verbes : *aimer, estimer, adorer, préférer, détester, abhorrer, exécrer, abominer, ne pas supporter, être touché, être sensible ;*
• des noms : *laideur, horreur, beauté, splendeur, perfection, délicatesse, émotion ;*
• des adjectifs : *extraordinaire, étonnant, surprenant, énervant, émouvant, intéressant, saisissant, ennuyeux, délicieux, insupportable, relaxant, drôle, surprenant, raffiné, talentueux, beau, laid, splendide, magnifique, ravissant, superbe, affreux, joli, hideux.*

Pour introduire une appréciation esthétique, on peut utiliser des verbes : *juger, estimer, surestimer, considérer, penser, être intéressé, ressentir.*

Ex. : *Je considère ce tableau comme un véritable chef-d'œuvre.*

Le lexique des goûts et des sensations :
• Le goût : *goûter, savourer, déguster – goût, saveur – âpre, amer, onctueux...*
• L'odorat : *sentir, embaumer effluve, parfum, arôme agréable, musqué, enivrant...*
• La vue : *observer, contempler vision, regard courbe, désordonné, voûté...*
• Le toucher : *caresser, remuer... dur, rugueux, mou, lisse...*
• L'ouïe : *bercer, captiver plainte, bruissement, susurrement, tapage clair, ouaté, harmonieux...*

Le conflit des valeurs

Dans un échange de points de vue, les positions défendues dépendent souvent des idées, des croyances, des goûts, de la culture de chacun.
Quand les avis sont opposés, chacun exprime ses représentations :
• de la vérité : *Je peux le prouver, c'est faux... ;*
• du bien : *Ce n'est pas convenable, cela me semble juste... ;*
• de la beauté : *Je trouve que c'est beau, je trouve cela épouvantable ;*
• du plaisir : *Cela me déplaît, cela me plaît ;*
• de l'utile : *Cela sert à, cela ne sert à rien.*

2. ANALYSER ET INTERPRÉTER UNE PRODUCTION ARTISTIQUE

Présenter un tableau, c'est apporter les éléments d'informations suivants :
• **auteur**, **titre**, **date**... ;
• **support**, **dimensions**, **lieu d'exposition** ;
• **contexte** : circonstances historiques, artistiques de réalisation ;
• **sujet** : représentation d'ensemble : *portrait, paysage, nature morte, scènes mythologiques, religieuses, de la vie quotidienne.*

Analyser le tableau

• **Technique** utilisée : dessin, peinture (gouache, aquarelle...).
• **Trait** : flou, net.
• **Composition** : lignes géométriques qui organisent les éléments du tableau et qui conduisent le regard.
• **Couleurs** utilisées : dominantes, secondaires.
• **Tonalité des couleurs** : chaudes (*rouge, orange, jaune, marron*), froides (*bleu, vert...*).
• **Lumière** : provenance, zone éclairée, personnage qu'elle met en évidence.

Décrire le tableau

• Où et quand se situe la scène représentée ?
• Quels sont les différents plans ?
• Combien de personnages sont visibles ?
• Qui sont-ils ?
• Une histoire est-elle suggérée ?

Interpréter le tableau, c'est lui donner un sens en fonction de son contexte historique et artistique et aussi en fonction de ses goûts, de sa sensibilité...

Gorgione, *La Tempête*, vers 1510.

Les lignes de fuite

Les lignes de composition du tableau convergent vers un ou souvent deux points imaginaires appelés **point de fuite**. Ils sont sensés être les points les plus éloignés pour l'œil du spectateur.
Exemple : Raphaël, *L'École d'Athènes*, 1511.

Vatican, Chambre de la signature.

Point de fuite ; ligne d'horizon ; lignes de fuite.

La perspective

Technique développée aux XIVe et XVe siècles, la perspective traduit le relief, la profondeur et le volume sur une surface plane.
À Florence, le dessin domine : des lignes convergent toutes vers un point de fuite situé à l'horizon. Dès lors, l'espace tridimensionnel est rendu. (voir l'exemple ci-dessus).

En revanche, aux Pays-Bas, puis à Venise, c'est le contraste des lumières rendu par le travail des couleurs qui produit un effet similaire.
Exemple : Giorgione (1477–1510), *La Tempête*, Venise.

L'allégorie

Représentation d'une idée par un personnage ou un objet doté de symboles.
Exemple : *Marianne* = > la République ou *le bonnet phrygien* = > la liberté.

Les substituts lexicaux et grammaticaux

Pour ne pas se répéter, des procédés de substitution sont utilisés pour éviter de reprendre plusieurs fois le même mot de façon rapprochée dans un même texte.
Les mots qui se substituent le plus souvent à d'autres sont :

Les pronoms qui remplacent un nom ou un groupe nominal

Ex. : *Toute la ville regardait entrer les* ***navires*** *dans le port. On* ***les*** *apercevait au loin, nombreux, dans la brume.*

- **Principaux pronoms personnels sujets** : *je – tu – il – elle – nous – vous – ils – elles.*
- **Principaux pronoms personnels compléments** : *me – te – se – nous – vous – le – la – les – leur – lui – en – y.*
- **Principaux pronoms possessifs** : *le mien, le tien, le nôtre, le vôtre, le leur.*
- **Principaux pronoms démonstratifs** : *ce, celui, celle, ceux ceci, cela, celui-ci, celles-là...*
- **Principaux pronoms indéfinis** : *aucun ; autre(s) ; autrui ; chacun(e), certains ; personne ; nul ; plusieurs ; quiconque ; tout ; la plupart ; quelqu'un...*

« Une hirondelle en ses voyages
Avait beaucoup appris. Quiconque a beaucoup vu
Peut avoir beaucoup retenu »

La Fontaine, *L'Hirondelle et les petits oiseaux.*

Les synonymes ou les hyperonymes
(termes englobants)

Ex. : *La tour Eiffel a été inauguré en 1889. Malgré ses détracteurs, c'est* ***un monument*** *très visité.*

Les périphrases
: figures de style qui consistent à remplacer un mot par sa définition ou par une expression plus longue, mais équivalente.

Ex. : *Je reviens de l'Himalaya.* ***Le toit du monde*** *est envoûtant.*

Conclusion

Substituer, c'est mettre à la place de, remplacer, prendre la place de quelqu'un ou de quelque chose. Le procédé de substitution permet d'éviter les redites et d'apporter des informations nouvelles. Il donne par ailleurs de la cohérence au texte et organise sa progression.

Le père Taille, veuf aujourd'hui, était maître mécanicien dans la fabrique de boutons de M. Lebrument. C'était un brave homme, très considéré, très droit, très sobre, une sorte d'ouvrier modèle.

Guy de Maupassant, *Le pain maudit.*

Les connecteurs de l'énumération, l'analogie

Les **connecteurs** sont des mots qui établissent dans la phrase ou dans l'enchaînement des paragraphes une relation logique précise (*opposition, cause, conséquence, condition, comparaison, but...*). Ils sont essentiels pour la cohésion des textes.

Ils appartiennent principalement à trois catégories :

• les conjonctions et locutions conjonctives ;

• les prépositions et locutions prépositionnelles ;

• les adverbes et locutions adverbiales.

Les connecteurs de **l'énumération** et de la **classification** sont :

• *D'abord, tout d'abord, en premier lieu, premièrement...*

• *En deuxième lieu, deuxièmement, ensuite, de plus...*

• *En troisième lieu, puis, en dernier lieu, enfin...*

Ex. : *Un concours de circonstances explique mon retard :* ***d'abord*** *le bus était en retard,* ***ensuite*** *j'ai manqué l'arrêt où je devais descendre et* ***enfin*** *j'ai été soumis à un contrôle d'identité.*

Les connecteurs utilisés pour **l'analogie** sont : *comme, de même que, ainsi que, autant que, aussi que, si que, de la même façon que, semblablement, pareillement, comme si...*

Ex. : *Les navires couraient comme des bêtes autour de leur tanière.*

L'analogie met en relation deux objets, deux phénomènes, deux situations qui appartiennent à des domaines différents. Mais ils font penser l'un à l'autre parce qu'ils présentent des similitudes. La métaphore et la comparaison sont des figures d'analogie.

Les termes qui se rapprochent de l'idée d'analogie sont : *l'affinité, l'association, la comparaison, la concordance, la correspondance, la métaphore, la ressemblance, la similitude.*

3 PARCOURS DE PERSONNAGES

1. LE ROMANTISME

Le romantisme est un mouvement littéraire et artistique de la première moitié du XIXe siècle qui affirme la primauté de l'émotion sur l'intellectualité.

Il exprime :
– une sensibilité personnelle qui met à l'honneur « **le moi** »,
– un sentiment marqué pour **la nature**,
– un état d'esprit emprunt de **nostalgie**, de **mélancolie** et de **mal de vivre**.

Les romantiques s'illustrent dans des genres variés : *poésie, roman, théâtre, peinture.*

Quelques **auteurs romantiques** :
– Goethe *(Faust)*,
– Chateaubriand *(Le Génie du christianisme, Les Mémoires d'outre-tombe)*,
– Lamartine *(Méditations poétiques)*,
– Victor Hugo (*Les Contemplations, Hernani*),
– Alfred de Vigny (*Les Destinées, Chatterton*),
– Alfred de Musset (*Nuits, On ne badine pas avec l'amour*),
– Théophile Gautier *(Poésies)*,
– Gérard de Nerval *(Sylvie)*,
– George Sand (*Lélia*).

Quelques **peintres** et **compositeurs romantiques**.
– Géricault *(Le Radeau de la méduse)*,
– Delacroix *(La Liberté guidant le peuple)*,
– Chopin,
– Hector Berlioz *(La Symphonie fantastique)*…

Exemple de texte romantique :

Je suis d'un pas rêveur le sentier solitaire ;
J'aime à revoir encor, pour la dernière fois,
Ce soleil pâlissant, dont la faible lumière
Perce à peine à mes pieds l'obscurité des bois.

Lamartine

2. LE RÉALISME

Le réalisme est une école littéraire qui, à partir de 1850, prône la **vérité** dans la représentation de la vie, en s'opposant aux illusions et aux excès du romantisme.

Il s'exprime dans les romans du XIXe siècle, de **Balzac** à **Flaubert** et cherche à représenter le plus fidèlement possible le **monde réel** dans un souci **d'objectivité**. Les récits sont à la troisième personne. Les intrigues sont inspirées de faits divers. Les descriptions sont réalistes. Il s'agit de « faire vrai ».

Les thèmes principaux sont :
• Les mœurs d'une époque, d'un milieu.
• Les liens avec le contexte historique, politique, social.
• L'influence du milieu sur l'individu.
• La ville, la province, les misères sociales, l'ascension sociale…

« Faire vrai consiste […] à donner l'illusion complète du vrai, suivant la logique ordinaire des faits, et non à les transcrire servilement dans le pêle-mêle de leur succession.
J'en conclus que les Réalistes de talent devraient s'appeler plutôt des Illusionnistes. »

Maupassant

Exemple de texte réaliste :

« Vers le milieu du mois de juillet de l'année 1838, une de ces voitures nouvellement mises en circulation sur les places de Paris et nommées des milords, cheminait, rue de l'Université, portant un gros homme de taille moyenne, en uniforme de capitaine de la garde nationale. »

Balzac, *La cousine Bette.*

3. LA NOTION DE PERSONNAGE

Le personnage

Un **personnage** est un être d'encre et de papier imaginé par un écrivain.

Il peut être incarné par un **acteur** au théâtre ou au cinéma.

Les personnages typiques sont *le valet, le barbon, le confident, le héros, l'antihéros.* Certains noms de personnages sont devenus des noms communs : *Don Juan, Guignol, Sosie, Tartuffe...*

Dans les romans, le personnage peut être représenté :

• **en focalisation interne** : le point de vue est présenté de l'intérieur du personnage, il est subjectif ;

• **en focalisation externe** : le point de vue est présenté de l'extérieur du personnage, il est plus objectif ;

• **en focalisation zéro :** le point de vue est celui d'un narrateur omniscient qui sait tout, voit tout, comprend tout. Ce point de vue est utilisé par les écrivains réalistes.

Désignation et caractérisation des personnages

Quand on parle de caractérisation directe, on fait allusion au portrait physique et moral du personnage. Cela passe par :

• Son **identité** : nom, prénom, âge...

• Son **physique** : taille, traits du visage, allure, attitudes.

• Ses traits **moraux** : caractère, comportement, sentiments, idées.

• Sa **catégorie sociale** : profession, appartenance à un milieu social défini, vêtements, habitat, langage, métier, fréquentations...

Exemple :

« Parmi les figures qui débarquèrent dans le salon, l'une des plus originales fut celle de M. le comte de Senonches, grand chasseur, hautain, sec, à figure hâlée, aimable comme un sanglier, défiant comme un Vénitien, jaloux comme un Maure et vivant en très bonne intelligence avec M. du Hautoy, l'ami de la maison. »

Balzac, *Illusions perdues.*

La caractérisation indirecte en actes et en paroles

Le lecteur découvre les personnages par les actes qu'ils réalisent, leur évolution au cours du récit, leurs rapports avec les autres personnages, leur importance, leur rôle dans l'histoire...

Il les découvre aussi par leurs paroles qui peuvent être rapportées :

• **Au style direct** : les paroles sont introduites par un verbe d'opinion (*dire, s'exclamer*) et annoncées par *des tirets, deux points ou des guillemets.*

Ex. : *Il s'exclama : « Ah ! Te voilà enfin ! »*

• **Au style indirect** : les paroles sont introduites par un verbe de déclaration *(affirme que, répondit que)* suivi d'une complétive.

Ex. : *Elle lui avoua qu'elle se sentait mal à l'aise dans ce milieu bourgeois.*

• **Au style narrativisé** : les paroles se fondent dans le récit :

Ex. : *Une fois la réparation faite, l'automobiliste fut invité par le garagiste à faire un essai de la voiture avant de partir.*

Le langage des personnages se caractérise également par le niveau de langue utilisé :

– familier : *« la flotte » ;*

– courant : *« l'eau » ;*

– soutenu : *« l'onde ».*

Le portrait d'un personnage peut prendre des formes très différentes. Il peut être :

– argumentatif ;

– positif ou négatif (faire l'éloge ou le blâme d'un personnage) ;

– narratif et informer sur le héros ;

– descriptif pour dévoiler les conditions de vie rudes ou aisées ;

– imaginaire et poétique, dans l'évocation d'un personnage rêvé ;

– réaliste.

Le portrait a toujours un objectif et une fonction. Il indique les intentions de l'auteur et est indispensable pour bien comprendre le récit dans lequel il évolue.

L'expansion du nom

Le groupe nominal est un ensemble de mots rassemblés autour d'un **nom principal**.

Des **expansions** du nom peuvent apporter des précisions au nom principal. Il peut s'agir :

• **d'adjectifs** : *L'épais roman ;*

• de **compléments de nom** : *Le roman d'Émile Zola ;*

• de **propositions subordonnées relatives** : *Le roman que j'ai lu ;*

• **d'apposition** : Germinal, *ce roman d'Émile Zola...*

Les personnages se définissent dans un système de relations où :

– le sujet accomplit une action, vise un but ;

– l'objet représente le but à atteindre pour le sujet ;

– l'adjuvant aide le sujet à atteindre son but ;

– l'opposant s'interpose pour faire obstacle à la volonté du sujet ;

– le destinateur est à l'origine de l'action du sujet qu'il pousse à agir ;

– le destinataire est le bénéficiaire de l'action.

Un personnage peut devenir l'incarnation d'un type humain. Ainsi, chez Victor Hugo, Cosette représente l'enfant martyr, Gavroche le titi parisien, Quasimodo la laideur humaine...

Schéma des actants :

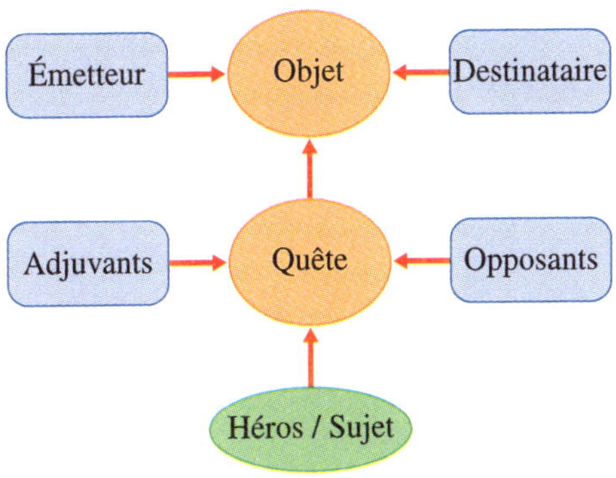

L'onomastique (du grec *onoma*, nom) est la science qui étudie les noms propres.

Elle regroupe l'étude de :

– l'anthroponymie, pour les noms de personnes physiques,

– la toponymie, pour les noms de lieux.

Les paroles de personnages au théâtre

Le dialogue théâtral n'est fait que de didascalies et de répliques.

Les didascalies

Ce sont les indications données avec la pièce.

Elles sont destinées au lecteur ou au metteur en scène mais disparaissent à la représentation.

Il s'agit du titre de la pièce, du genre théâtral (comédie, tragédie...), des repères des actes et des scènes (Acte I, scène 2), des noms des personnages (Lisette, Orgon...), des informations concernant le décor, les jeux de scène...

Les répliques

Ce sont les paroles prononcées par les personnages/acteurs.

La communication théâtrale se caractérise par une double énonciation : les personnages se parlent mais leurs propos s'adressent ainsi indirectement au public.

On a toujours un double destinataire : un personnage, le public.

Les différentes formes de répliques :

• **Le dialogue**

Échange de paroles entre deux personnages ou plus.

Il sert à préciser le caractère des personnages, et les relations entre eux : maîtres/valets, père/fille...

Les registres de langue et le ton sont révélateurs de l'état d'esprit, des sentiments...

• **Le monologue**

Le personnage parle à voix haute, seul sur scène.

On repère le monologue grâce à la didascalie « seul » ou parce qu'un seul nom figure en tête de la scène.

Ce procédé où un seul personnage s'adresse à lui-même permet d'informer les spectateurs des pensées, des sentiments, des intentions du personnage. Il marque un moment de délibération.

• **La tirade**

Longue prise de parole par un personnage.

La tirade correspond généralement au récit d'un événement non représenté sur scène ou transmet des sentiments complexes du personnage.

Ex. : La tirade du nez dans *Cyrano de Bergerac*.

• **L'aparté**

Un personnage parle aux spectateurs en s'efforçant de ne pas être entendu par les autres personnages.

Ce type de réplique est généralement assez court. Il permet de traduire les ruses, les intentions secrètes.

On repère l'aparté grâce aux didascalies « à part », « doucement », « bas », « en chuchotant »... Il crée un effet de connivence avec le public.

Exercices

1 CONSTRUCTION DE L'INFORMATION

1

Classez les titres des quotidiens suivants selon qu'ils appartiennent à la presse régionale ou à la presse nationale.
Nord-Éclair – Le Monde – Sud-Ouest – Le Dauphiné libéré – Le Figaro – Les dernières nouvelles d'Alsace (DNA) – Midi libre – Libération – L'Équipe – Nice matin.
Quel est selon vous l'intérêt de lire à la fois la presse nationale et la presse régionale ?

2

Employez les mots suivants dans une phrase de la vie courante pour montrer que vous en avez compris le sens.
Blog – Webmaster – Moteur de recherche – Facebook – Wikipédia.

3

À partir de la « une » suivante, précisez quels sont, des huit éléments constitutifs d'une « une » classique, ceux qui manquent.

Logement
190 m² à prix d'ami pour le bras droit de Christine Boutin
PAGE 14

Livres
Le «Journal» d'Hélène Berr ou l'Occupation sous la plume d'une jeune Juive. CAHIER CENTRAL

Parti socialiste
Le plan de table des treize premiers secrétaires en puissance
PAGE 6

Libération

Colombie
Quelle stratégie pour les otages des Farc ?
Après la libération annoncée de Clara Rojas, les spéculations se multiplient autour du sort d'Ingrid Betancourt et des prisonniers des rebelles colombiens. PAGE 2

La guerre des «Monde»

Incapable de s'entendre avec la société des rédacteurs, le directoire du quotidien a démissionné, aggravant la crise.
PAGE 26

MTV base. La chaîne en mode Hip Hop R&B
ELLE DÉBARQUE...SUR

4

À quelle rubrique rattacheriez-vous les articles dont voici les titres.
1. Explosion accidentelle dans une discothèque russe, 100 morts
2. Mondial 2010 : de la chance au tirage pour la France
3. La grève se poursuit dans les grands musées français
4. L'OTAN annonce des renforts provenant de 20 pays en Afghanistan
5. Les Français majoritairement pessimistes sur la sortie de crise

Dépêches de l'agence Reuters, le 03/12/2009.

5

Recherchez et découpez dans la presse quotidienne des exemples d'articles :
– qui informent ;
– qui donnent la parole ;
– qui racontent.

6

Imaginez la « titraille » de cet article : titre et intertitres.
Les jeux vidéo, cette année, vont déborder de la hotte du Père Noël. Selon une étude publiée par Twenga, un moteur de recherche sur le Web, c'est même la première intention d'achats de cadeaux, devant les jouets, les DVD ou les livres. Il va s'en écouler plus de deux millions et 67 % des achats proviendront d'une demande des enfants. C'est ici que les choses se compliquent. Autant il est facile d'acheter une poupée Cicciobello sans avoir peur de se tromper, autant les parents se trouvent un peu paumés dans la jungle des jeux virtuels.
Pas simple quand on n'y connaît rien. C'est ce qu'avouent un tiers des parents.

Le Parisien, 05/12/2009.

7

Analysez les titres suivants, publiés le lendemain du tirage au sort des équipes pour le Mondial 2010.
1. *La Côte d'Ivoire dans une poule de feu.*
2. *La Côte d'Ivoire mal lotie.*
3. *La Côte d'Ivoire avec le Brésil.*
4. *Du lourd pour la Côte d'Ivoire.*
5. *Un trio Brésil / Portugal / Côte d'Ivoire qui fait saliver.*

8

À votre tour, imaginez plusieurs titres à partir d'un sujet d'actualité que vous choisirez.

9

À partir de l'image suivante, rédigez un fait divers d'une dizaine de lignes.

Bohain (Aisne) – Des lapins causent un accident.

La Voix du Nord – 02/08/2009.

10

Des deux extraits d'articles suivants, quel est celui qui vous semble objectif ? Et celui qui vous semble subjectif ? Vous en ferez ensuite les schémas de communication.

**Vaccin H1N1 :
la liste des personnes prioritaires**

Vaccination pour tous, en commençant par « les personnels de santé, médico-sociaux et de secours » ; puis les groupes de population les plus vulnérables, aux premiers rangs desquels les femmes enceintes, les enfants de 6 à 23 mois avec facteurs de risque, et l'entourage des nourrissons de moins de 6 mois. Telles sont les recommandations de vaccination contre la grippe pandémique établies par le Haut Conseil de la santé publique (HCSP).

Pr Montastruc : « La peur des adjuvants n'est pas justifiée »

« Beaucoup de personnes s'inquiètent du risque des adjuvants…
Les vaccins contre le H1N1 sur le marché sont tous plus ou moins équivalents, en termes d'efficacité et d'effets secondaires. La peur des adjuvants n'est pas justifiée. Il n'y a jamais eu plus d'alerte avec les vaccins avec adjuvant par rapport à ceux n'en contenant pas. »

Le Figaro, Décembre 2009.

11

Récrivez à la forme active les phrases suivantes, extraites de faits divers, en identifiant le complément d'agent quand il n'est pas explicitement cité.

1. Le policier a été interpellé et placé en garde à vue par l'Inspection générale de la police nationale, la police des polices.
2. La victime a été abattue vers 19 h 15, juste après être descendue du bus.
3. Un piéton qui s'est engagé très rapidement sur la route a été percuté par une Renault Kangoo.
4. Un homme de 25 ans a été condamné à un an de prison dont six mois avec sursis pour avoir cambriolé un pavillon.
5. Les panneaux de sens interdit ont été grisés à la peinture par un groupe d'inconnus cagoulés.

2 Des goûts et des couleurs, discutons-en

12

Résumez ce poème et précisez en quoi il s'agit d'un sonnet.

Comme on voit sur la branche au mois de mai la rose,
En sa belle jeunesse, en sa première fleur,
Rendre le ciel jaloux de sa vive couleur,
Quand l'Aube de ses pleurs au point du jour l'arrose ;
La grâce dans sa feuille, et l'amour se repose,
Embaumant les jardins et les arbres d'odeur ;

Mais battue ou de pluie, ou d'excessive ardeur,
Languissante elle meurt, feuille à feuille déclose.
Ainsi en ta première et jeune nouveauté,
Quand la Terre et le Ciel honoraient ta beauté,
La Parque t'a tuée, et cendre tu reposes.
Pour obsèques reçois mes larmes et mes pleurs,
Ce vase plein de lait, ce panier plein de fleurs,
Afin que vif et mort ton corps ne soit que roses.

Pierre de Ronsard (1524 – 1585).

13

Pourquoi le poème suivant est-il dit « en vers libre » ? En quoi est-il un poème d'une certaine modernité ?

J'ai vu ce matin une jolie rue dont j'ai oublié le nom
Neuve et propre du soleil elle était le clairon
Les directeurs les ouvriers et les belles sténodactylographes
Du lundi matin au samedi soir quatre fois par jour y passent
Le matin par trois fois la sirène y gémit
Une cloche rageuse y aboie vers midi
Les inscriptions des enseignes et des murailles
Les plaques les avis à la façon des perroquets criaillent
J'aime la grâce de cette rue industrielle
Située à Paris entre la rue Aumont-Thiéville et l'avenue des Ternes

Apollinaire, *Zone*, 1913.

14

De ces deux extraits de pièce de théâtre, quel est celui qui appartient à la tragédie ? Quel est celui qui appartient à la comédie ? Vous justifierez votre réponse en vous appuyant sur la leçon du chapitre 3.

Texte 1

Phèdre est tombée amoureuse d'Hippolyte, son beau-fils (c'est le fils de son mari Thésée, fils d'Égée et roi d'Athènes). Elle fait cet aveu à Œnone, sa nourrice et confidente…

Œnone
Que faites-vous, Madame ? Et quel mortel ennui
Contre tout votre sang vous anime aujourd'hui ?

Phèdre
Puisque Vénus le veut, de ce sang déplorable
Je péris la dernière et la plus misérable.

Œnone
Aimez-vous ?

Phèdre
De l'amour j'ai toutes les fureurs.

Œnone
Pour qui ?

Phèdre
Tu vas ouïr le comble des horreurs.
J'aime… à ce nom fatal, je tremble, je frissonne.
J'aime…

Œnone
Qui ?

Phèdre
Tu connais ce Fils de l'Amazone,
Ce Prince si longtemps par moi-même opprimé ?

Œnone
Hippolyte ? Grands Dieux !

Phèdre
C'est toi qui l'as nommé !

Œnone
Juste ciel ! Tout mon sang dans mes veines se glace !
Ô désespoir ! Ô crime ! Ô déplorable race !
Voyage infortuné ! Rivage malheureux,
Fallait-il approcher de tes bords dangereux ?

Racine – *Phèdre* – 1677 I, 3.

Texte 2

SCÈNE V
GORGIBUS, VILLEBREQUIN, ANGÉLIQUE, CATHAU, LE BARBOUILLÉ.

GORGIBUS – Ne voilà pas encore mon maudit gendre qui querelle ma fille ?

VILLEBREQUIN – Il faut savoir ce que c'est.

GORGIBUS – Hé quoi ? toujours se quereller ! vous n'aurez point la paix dans votre ménage ?

LE BARBOUILLÉ – Cette coquine-là m'appelle ivrogne. Tiens, je suis bien tenté de te bailler une quinte major, en présence de tes parents.

GORGIBUS – Je donne au diable l'escarcelle, si vous l'aviez fait.

ANGÉLIQUE– Mais aussi c'est lui qui commence toujours à…

CATHAU – Que maudite soit l'heure que vous avez choisi ce grigou….

VILLEBREQUIN – Allons, taisez-vous, la paix !

Molière, *La jalousie du Barbouillé.*

15

Faites correspondre les mots de la première colonne avec leurs périphrases.

L'anglais	Le roi des animaux
Toulouse	La messagère du printemps
De Gaulle	Le vieux continent
Le dollar	La langue de Shakespeare
L'Europe	La ville rose
L'Himalaya	Le billet vert
L'hirondelle	L'homme du 18 juin
Le lion	Le toit du monde
La lune	Le petit écran
La télévision	L'astre de la nuit

16

À votre tour, imaginez des périphrases à partir des mots suivants :
le soleil – le corbeau – l'avion – le train – le lycée – le cinéma – les vacances – l'adolescence – l'hiver – le Japon.

17

Relevez dans le texte suivant les expressions introduisant un jugement esthétique

« […] Qui n'a connu ces admirables heures, véritables fêtes du cerveau, où les sens plus attentifs perçoivent des sensations plus retentissantes, où le ciel d'un azur plus transparent s'enfonce dans un abîme plus infini, où les sons tintent musicalement, où les couleurs parlent, et où les parfums racontent des mondes d'idées ? Eh bien, la peinture de Delacroix me paraît la traduction de ces beaux jours de l'esprit. Elle est revêtue d'intensité et sa splendeur est privilégiée. Comme la nature perçue par des nerfs ultra-sensibles, elle révèle le *surnaturalisme.* »

Charles Baudelaire.

18

Observez le tableau et lisez la critique qu'en fait Baudelaire.

Comment cette critique est-elle organisée ? Relevez les mots et expressions qui relèvent du jugement esthétique.

Musée Delacroix

La Madeleine dans le désert

« C'est une tête de femme renversée dans un cadre très étroit. À droite dans le haut, un petit bout de ciel ou de rocher – quelque chose de bleu – ; les yeux de la Madeleine sont fermés, la bouche est molle et languissante, les cheveux épars. Nul, à moins de la voir, ne peut imaginer ce que l'artiste a mis de poésie intime, mystérieuse et romantique dans cette simple tête. Elle est peinte presque par hachures comme beaucoup de peintures de M. Delacroix ; les tons, loin d'être éclatants ou intenses, sont très doux et très modérés ; l'aspect est presque gris, mais d'une harmonie parfaite. »

Charles Baudelaire.

19

À votre tour, décrivez le tableau de votre choix et donnez l'appréciation esthétique que vous portez sur lui.

20

Expliquez les rapports d'analogie contenus dans les vers suivants, extraits de la poésie d'Arthur Rimbaud.

1. « *Un petit baiser, comme une folle araignée, / Te courra par le cou…* » (Rêvé pour l'hiver).
2. « *La belle Ophélia flotte comme un grand lys.* » (Ophélie).
3. « *Tandis que les crachats rouges de la mitraille / Sifflent…* » (Le Mal).

4. *« Sur l'onde calme et noire où dorment les étoiles »* (Ophélie*)*.
5. *« C'est un trou de verdure ou chante une rivière »* (Le Dormeur du val*)*.

21

Léonard de Vinci est considéré comme l'artiste idéal de la Renaissance. À partir des ressources dont vous disposez (documents du CDI et personnels, Internet), préparez un exposé en répartissant dans la classe chacune des « facettes » de ce « génie universel » : *architecte, peintre, sculpteur, ingénieur, mathématicien, géologue, botaniste, anatomiste.*

3 PARCOURS DE PERSONNAGES

22

Recherchez la définition d'antonomase. Vous appliquerez ensuite cette définition aux noms suivants :

Atlas – Bécassine – Dédale – Don Juan – Echo – Gavroche – Guignol – Harpagon – Judas – Olibrius – Rastignac – Sosie.

23

Recherchez puis présentez à la classe le portrait et l'histoire des personnages de l'exercice précédent.

24

Des deux extraits suivants, lequel relève du courant romantique ? Lequel relève du courant réaliste ? Vous justifierez votre réponse en vous aidant du chapitre 3.

Texte 1

« Dans les premiers jours de l'an VIII, au commencement de vendémiaire, ou, pour se conformer au calendrier actuel, vers la fin du mois de septembre 1799, une centaine de paysans et un assez grand nombre de bourgeois, partis le matin de Fougères pour se rendre à Mayenne, gravissaient la montagne de la Pèlerine située à mi-chemin environ de Fougères à Ernée, petite ville où les voyageurs ont coutume de se reposer. »

Balzac, *Les Chouans.*

Texte 2

« Que celui que le chagrin mine s'enfonce dans les forêts ; qu'il erre sous leur voûte mobile ; qu'il gravisse la colline, d'où l'on découvre, d'un côté de riches campagnes, de l'autre le soleil levant sur des mers étincelantes, dont le vert changeant se glace de cramoisi et de feu ; sa douleur ne tiendra point contre un pareil spectacle [...]. Il gardera sa douceur et ne perdra que son amertume. Heureux ceux qui aiment la nature : ils la trouveront, et trouveront seulement elle, au jour de l'adversité. »

Chateaubriand, *Essai sur les révolutions.*

25

Analysez le portrait suivant en vous aidant de la leçon sur les personnages. Vous préciserez quelle réaction l'auteur veut susciter chez le lecteur et vous expliquerez comment il y parvient.

« En sortant, Lucien vit défiler devant lui la puante escouade des caqueurs et des vendeurs de billets, tous gens à casquettes, à pantalons mûrs, à redingotes râpées, à figures patibulaires, bleuâtres, verdâtres, boueuses, rabougries, à barbes longues, aux yeux féroces et patelins tout à la fois, horrible population qui vit et foisonne sur les boulevards de Paris, qui, le matin, vend des chaînes de sûreté, des bijoux en or pour vingt-cinq sous, et qui claque sous les lustres le soir, qui se plie enfin à toutes les fangeuses nécessités de Paris. »

Balzac, *Les Illusions perdues.*

26

Dans le texte suivant, étudiez l'expansion des noms et précisez en quoi cette description s'inscrit dans l'esprit du courant romantique.

« Il y a quatre ans qu'à mon retour de la Terre-Sainte, j'achetai près du hameau d'Aulnay, dans le voisinage de Sceaux et de Chatenay une maison de jardinier cachée parmi des collines couvertes de bois. Le terrain inégal et sablonneux dépendant de cette maison, n'était qu'un verger sauvage au bout duquel se trouvait une ravine et un taillis de châtaigniers. Cet étroit espace me parut propre à renfermer mes longues espérances. Les arbres que j'y ai plantés prospèrent, ils sont encore si petits que je leur donne de l'ombre quand je me place

entre eux et le soleil. Un jour, en me rendant sous leur ombre, ils protégeront mes vieux ans comme j'ai protégé leur jeunesse. Je les ai choisis autant que je l'ai pu des divers climats où j'ai erré, ils rappellent mes voyages et nourrissent au fond de mon cœur d'autres illusions. »

Chateaubriand, *Mémoires d'outre-tombe.*

27

Identifiez le type de focalisation utilisée et justifiez votre réponse.

« Frédéric, en face, distinguait l'ombre de ses cils. Elle trempait ses lèvres dans son verre, cassait un peu de croûte entre ses doigts ; le médaillon de lapis-lazuli, attaché par une chaînette d'or à son poignet, de temps à autre sonnait contre son assiette. Ceux qui étaient là, pourtant, n'avaient pas l'air de la remarquer. » [...]

Flaubert, *L'Éducation sentimentale.*

28

Transposez le dialogue suivant en dialogue indirect.

« – Monsieur Baudu ? demanda Denise, en se décidant enfin à s'adresser au gros homme, qui les regardait toujours, surpris de leurs allures.
– C'est moi, répondit-il.
Alors Denise rougit et balbutia :
– Ah ! Tant mieux !... Je suis Denise, et voici Jean, et voici Pépé. Vous voyez, nous sommes venus mon oncle. »

Émile Zola, *Au Bonheur des Dames.*

29

Comparez ces deux portraits d'un même personnage d'un même roman et proposez une explication au changement observé.

Portrait 1

« Lucien examina, par de discrètes œillades, cette femme qui lui parut en harmonie avec son renom : elle ne trompait aucune des idées sur la grande dame. Mme de Bargeton portait, suivant une mode nouvelle, un béret tailladé en velours noir. Il s'en échappait une folle chevelure d'un blond rouge, doré à la lumière, ardente au contour des boucles. La noble dame avait le teint éclatant. Ses yeux gris étincelaient, son front déjà ridé les couronnait bien par sa masse blanche hardiment taillée. Les cheveux ne cachaient pas entièrement le cou. La robe, négligemment croisée, laissait voir une poitrine de neige, où l'œil devinait une gorge intacte et bien placée. »

Portrait 2

« Lucien vit enfin dans la pauvre Mme de Bargeton la femme réelle, la femme que les gens de Paris voyaient : une femme grande, sèche, couperosée, fanée, plus que rousse, anguleuse, guindée, précieuse, prétentieuse, provinciale dans son parler, mal arrangée surtout ! En effet, les plis d'une vieille robe de Paris attestent encore du goût, on se l'explique, on devine ce qu'elle fut, mais une vieille robe de province est inexplicable, elle est risible. La robe et la femme étaient sans grâce ni fraîcheur, le velours était miroité comme le teint.
Lucien, honteux d'avoir aimé cet os de seiche, se promit de profiter du premier accès de vertu de sa Louise pour la quitter. »

Balzac, *Illusions perdues.*

30

À votre tour, faites deux portraits d'un même personnage. L'un le présentant sous une forme positive, l'autre sous une forme négative.

31

Aujourd'hui qui sont vos héros en littérature ou au cinéma ? Présentez leur portrait physique et précisez quelles valeurs ils représentent.

32

Dans le dialogue suivant, distinguer ce qui relève des didascalies et ce qui relève des répliques.

LOPAKHINE
Enfin le train est arrivé ! Quelle heure est-il ?
DOUNIACHA
Près de deux heures. *(Elle éteint la bougie.)* Il fait déjà jour.
LOPAKHINE
Combien le train a-t-il de retard ? Au moins deux heures. *(Il bâille et s'étire.)* Quel imbécile je fais ! Je viens exprès ici pour aller les attendre à la gare, et je laisse passer l'heure. Je m'endors sur une chaise ! C'est malheureux ! Tu aurais dû me réveiller !

DOUNIACHA
Je vous croyais parti. *(Elle tend l'oreille.)* Ah ! Je crois que les voici qui arrivent.

LOPAKHINE, *écoutant aussi.*

Non… Le temps de prendre les bagages, ceci, cela… *(Un temps.)* Lioubov Andréiévna vient de passer cinq ans à l'étranger. Comment est-elle maintenant ? […]

Anton Tchékhov, *La Cerisaie*.

33

Des deux textes extraits de théâtre, quel est celui qui est un monologue et quel est celui qui contient un aparté. Justifiez votre réponse en vous aidant de la leçon du chapitre 3.

Extrait 1

LA FLÈCHE, *à part :* La peste soit de l'avarice et des avaricieux !

HARPAGON : Comment ? Que dis-tu ?

Extrait 2

HARPAGON

(Il crie au voleur dès le jardin, et vient sans chapeau) Au voleur ! au voleur ! à l'assassin ! au meurtrier ! Justice, juste Ciel ! je suis perdu, je suis assassiné, on m'a coupé la gorge, on m'a dérobé mon argent. Qui peut-ce être ? Qu'est-il devenu ? Où est-il ? Où se cache-t-il ? Que ferai-je pour le trouver ? Où courir ? Où ne pas courir ? N'est-il point là ? N'est-il point ici ? Qui est-ce ? Arrête. Rends-moi mon argent, coquin. *(Il se prend lui-même le bras.)* Ah ! c'est moi. Mon esprit est troublé, et j'ignore où je suis, qui je suis, et ce que je fais. Hélas ! mon pauvre argent, mon pauvre argent, mon cher ami ! on m'a privé de toi ; et puisque tu m'es enlevé, j'ai perdu mon support, ma consolation, ma joie ; tout est Fini pour moi, et je n'ai plus que faire au monde : sans toi, il m'est impossible de vivre.

Molière, *L'Avare*.

Corrigés

1 Les quotidiens régionaux sont : *Nord-Éclair, Sud-Ouest, Le Dauphiné libéré – DNA – Midi libre – Nice matin.*

Les quotidiens nationaux sont : *Le Monde, le Figaro, Libération, L'Équipe…*

Ces deux formes de presse sont complémentaires. L'une est au plus près des gens en diffusant des informations de proximité. Son rayon d'action est territorialement limité à un secteur géographique précis. Ce qui ne lui interdit évidemment pas de proposer des informations nationales ou internationales. De même que la presse nationale peut traiter une information locale si celle-ci est importante ou si elle revêt un caractère particulier.

Les personnes qui aiment lire la presse lisent volontiers chaque jour à la fois un journal national et un journal local. Ils trouvent ainsi de quoi satisfaire leur curiosité dans tous les domaines de la vie culturelle, politique, économique, sociale… au plan local, national et international.

2 1. J'ai vu tes photos de vacances sur ton **blog** hier soir.
2. J'ai un problème de **lien hypertexte** sur ce site. Je vais en informer le **webmaster**.
3. Le **moteur de recherche** que j'utilise m'a été vraiment très utile pour préparer mon exposé.
4. J'ai téléchargé les plans de ma future maison sur **Facebook**.
5. J'ai trouvé toutes les réponses au questionnaire de Géographie sur **wikipédia**.

3 Cette « **une** » de *Libération* comprend un **bandeau** au-dessus de la **manchette**, mais n'a pas **d'oreille** à gauche. Le gros titre « *La guerre des « Monde »* est à la fois la **tribune** et le **ventre**. Mais il n'y a pas de **sous-tribune**. Au **rez-de-chaussée** figure une publicité, sans le « **cheval** ».

4 1. Fait divers – 2. Sport – 3. Social – 4. International – 5. Économie.

5 Les articles qui informent sont *la brève, le filet*. Les articles qui donnent la parole sont *l'interview, le courrier des lecteurs…* Les articles qui racontent sont le *fait divers*, le *reportage…*

6 Des enfants prescripteurs.

7 Les titres jouent sur les mots à la fois pour informer et pour faire sourire ce qui suscite une sorte de clin d'œil entre le lecteur et le journaliste.
Poule de feu : la poule (groupe d'équipes) évoque la boule. Boule de feu… qui laisse envisager des matchs explosifs.
Mal lotie : équipe mal entourée, c'est-à-dire entourée d'équipes difficiles à vaincre.
Du lourd : les équipes adverses sont des équipes de « poids lourds », réputées fortes.
Qui fait saliver : qui donne envie aux amateurs de foot comme un convive qui a envie de manger un mets fin.
Les mots sont employés **au sens figuré**.
La Côte d'Ivoire avec le Brésil est un titre informatif, direct, sans jeu de mots, purement informatif.

8 Pensez à employer un mot au sens figuré afin de surprendre vos lecteurs comme dans les titres de l'exercice précédent.

9 Pour vous aider, relisez bien la leçon du chapitre 1 et n'oubliez pas que le lecteur doit avoir les réponses aux questions : Qui ? Quoi ? Comment ? Où ? Pourquoi ? Comment ?

« Une Saint-Quentinoise de 52 ans circulait hier après-midi sur le CD 13 dans le sens Bohain – Fieulaine dans sa Renault Clio lorsque deux lapins ont traversé la route. Plutôt que de les écraser, elle a fait un écart brutal et a perdu le contrôle du véhicule. Après un tonneau, celui-ci s'est immobilisé dans un champ. La victime a été transportée au centre hospitalier de Saint-Quentin, sans blessure apparente, mais choquée... Le dépistage d'alcoolémie, obligatoire, s'est avéré négatif. »

La Voix du Nord, 02/08/2009.

10 **Le premier texte** est objectif. Il énonce la liste des personnes prioritaires à la vaccination contre le virus H1N1. Aucun point de vue n'est exprimé.

Le deuxième texte est subjectif. Il est l'expression d'un point de vue, celui du Professeur Montastruc qui affirme que la peur à l'égard des adjuvants contenus dans le vaccin contre le virus H1N1 n'est pas justifiée.

Ce point de vue n'est pas partagé par tout le monde. D'où la subjectivité d'une opinion personnelle, fut-elle celle d'un scientifique.

Schéma de communication du texte 1
Émetteur : le HCSP / **Récepteur** : les lecteurs du Figaro / **Code** : le Français / **Canal de communication** : le journal *Le Figaro* / **Le référent** : le vaccin H1N1 / **Le message** : Fournir la liste des personnes prioritaires pour ce vaccin.

Schéma de communication du texte 2
Émetteur : le Professeur Montastruc / **Récepteur** : les lecteurs du *Figaro* / **Code** : le Français / **Canal de communication** : *Le Figaro* / **Le référent** : le vaccin H1N1 / **Le message** : Ne pas s'inquiéter des adjuvants contenus dans le vaccin.

11 1. L'inspection générale de la police nationale, la police des polices a interpellé et placé en garde à vue le policier.
2. Un inconnu a abattu sa victime vers 19h45, juste après qu'elle soit descendue du bus.
3. Une Renault Kangoo a percuté un piéton qui s'était engagé rapidement sur la route.
4. Le tribunal a condamné un homme de 25 ans à un an de prison dont six mois avec sursis pour avoir cambriolé un pavillon.
5. Un groupe d'inconnus cagoulés a grisé à la peinture les panneaux de sens interdit.

12 Le poème de Ronsard est un poème sur la fugitivité du temps qui passe. Il compare l'être aimé à une rose, si belle en pleine floraison mais dont la vie est très courte. Il exprime ses regrets à celle qu'il aimait et qui a trop vite disparu.
Il s'agit d'un sonnet puisqu'il est composé de deux quatrains (strophes de quatre vers) et de deux tercets (strophes de trois vers).
D'autre part quatrains et tercets s'opposent (« Ainsi »). Les quatrains ont pour thème la nature si belle et si maltraitée alors que les tercets s'adressent à la personne aimée et regrettée.

13 Ce poème est dit en vers libres en ce sens où, contrairement au poème de Ronsard dont tous les vers sont en alexandrins (vers de 12 syllabes), les vers d'Apollinaire ne sont pas réguliers. Ils n'ont pas le même nombre de syllabes. Ce qui n'empêche pas la poésie des rimes et des rythmes.

Cette versification est un élément de la modernité. L'autre élément étant le thème choisi : la vie moderne avec des éléments de la vie quotidienne : *les directeurs, les ouvriers, les sténo-dactylographes,* mais aussi *les sirènes, les cloches, les enseignes* (la publicité), *la rue industrielle...*

14 Le premier extrait est une tragédie de Racine : *Phèdre*. Les éléments caractéristiques de la tragédie sont :
– le milieu social des personnages : *roi, reine* ;
– les lieux : *palais, Athènes* ;
– l'intrigue : Phèdre est amoureuse de son beau-fils Hyppolyte ;
– l'intervention des Dieux : *Vénus* ;
– le vocabulaire tragique : *mortel, déplorable, misérable, les fureurs, horreurs, fatal, je tremble, je frissonne, sang qui se glace, désespoir, crime* ;
– l'inéluctabilité du sort qui attend l'héroïne : la mort.

Le deuxième extrait est une comédie de Molière : *La jalousie du Barbouillé*. Les éléments caractéristiques de la comédie sont :
– le milieu social des personnages qui appartiennent à la bourgeoisie ;
– les lieux : maison bourgeoise avec serviteurs ;
– l'intrigue : histoires amoureuses, ambitions, vices, défauts, manies (*l'avarice, l'hypocondrie...*) ;
– le niveau de langue, souvent familier : *Ne voilà pas encore, Que maudite soit l'heure que vous avez choisi ce grigou*. ;
– le vocabulaire utilisé : *coquine, ivrogne, grigou...*
La comédie est destinée à instruire en amusant. Elle était considérée comme un genre moins noble que la tragédie.

15

L'anglais	La langue de Shakespeare
Toulouse	La ville rose
De Gaulle	L'homme du 18 juin
Le dollar	Le billet vert
L'Europe	Le vieux continent
L'Himalaya	Le toit du monde
L'hirondelle	La messagère du printemps
Le lion	Le roi de la jungle
La lune	L'astre de la nuit
La télévision	Le petit écran

16 Pour cet exercice vous devez faire preuve d'imagination en vous attachant à certaines particularités des mots proposés.
Par exemple : le soleil est chaud, jaune, il brille le jour, un jour il s'éteindra mais il fait partie des énergies renouvelables, c'est une centrale nucléaire dont la durée de vie est de plusieurs milliards d'années…

17 Dans ce texte, Baudelaire fait l'éloge de la peinture de Delacroix. Il y voit une « fête du cerveau », des couleurs, des sons, des parfums, des histoires.
Le vocabulaire élogieux (en caractères gras) est introduit par les expressions soulignées.

L'enjeu d'une critique d'art est de décrire « l'objet » évalué et de porter un jugement subjectif que l'on justifie par sa propre sensibilité.
« […] Qui n'a connu ces **admirables** heures, véritables **fêtes du cerveau**, où les sens plus attentifs perçoivent des **sensations plus retentissantes**, où le ciel d'un **azur plus transparent** s'enfonce dans un abîme plus infini, où **les sons tintent musicalement,** où les **couleurs parlent**, et où **les parfums racontent** des mondes d'idées ? Eh bien, la peinture de Delacroix me paraît la traduction de ces **beaux jours** de l'esprit. Elle est revêtue **d'intensité** et sa **splendeur** est privilégiée. Comme la nature perçue par des nerfs ultra-sensibles, elle révèle le *surnaturalisme* ».

18 Baudelaire présente par une première phrase l'ensemble du tableau puis s'attache à certains détails à partir d'à droite dans le haut : le *bout de ciel ou rocher, les yeux, la bouche, les cheveux*… Chacun de ces éléments est qualifié : *bleu, fermés, molle et languissante, épars*. Ces qualificatifs sont déjà un début d'interprétation et de jugement.
Cette partie est suivie du point de vue du critique : *poésie intime, mystérieuse, romantique, tons très doux et très modérés, harmonie parfaite*.
Cette critique de Baudelaire peut susciter l'adhésion du lecteur qui, s'il n'est pas spécialiste, peut l'aider à percevoir toute la richesse d'un tel tableau. D'où l'importance des critiques, si elles sont honnêtes et si leur jugement repose sur une bonne connaissance de l'art en question. Ici la peinture.

La Madeleine dans le désert
C'est une tête de femme renversée dans un cadre très étroit. À droite dans le haut, un petit **bout de ciel** ou de **rocher** – quelque chose de bleu – ; les **yeux** de la Madeleine sont fermés, la **bouche** est molle et languissante, les **cheveux** épars. Nul, à moins de la voir, ne peut imaginer ce que l'artiste a mis de *poésie intime, mystérieuse et romantique* dans cette simple tête. Elle est peinte presque par hachures comme beaucoup de peintures de M. Delacroix ; les tons, loin d'être éclatants ou intenses, sont *très doux et très modérés* ; l'aspect est presque gris, mais d'une *harmonie parfaite*.

19 Pour cet exercice, vous devez d'abord choir un tableau : livres d'art au CDI, Internet… Vous pourrez ensuite vous aider de la critique de Baudelaire de l'exercice précédent et de la leçon.

20 1. C'est une comparaison. La relation d'analogie est marquée par « comme ». Le comparé est : *baiser*. Le comparant : *araignée*.
Les éléments de ressemblance ont un même emplacement : *le cou* ; un même déplacement rapide : *courra* ; un même déplacement désordonné : *folle*.
2. C'est une comparaison. La relation d'analogie est marquée par « comme ». Les éléments communs entre la jeune fille et le lys peuvent être la blancheur, la beauté, la forme svelte de la silhouette, la fragilité.
3. C'est une métaphore. Il n'y a pas de terme comparatif. Comparé et comparant sont présents côte à côte. Le comparé « *mitraille* » est complément du comparant : « *crachats* ».

Les qualités communes sont le même mouvement de projection violente, (la trajectoire d'une balle ressemble à celle d'un crachat), l'idée de mépris pour l'un, l'idée d'agressivité pour l'autre.

4. et 5. Ce sont deux exemples de personnification, variantes de la métaphore. Il n'y a aucun terme de comparaison. L'analogie porte sur les verbes « *dorment* », « *chante* ». Ceci suppose un comparant humain et suggère l'immobilité du dormeur et le reflet des étoiles dans la rivière. C'est la mélodie du chanteur et du courant.

21 Il s'agit d'un travail éclaté entre les différents élèves de la classe mais qui garde son unité : montrer la richesse du génie de Léonard de Vinci.
Chaque groupe devra sélectionner les documents relatifs à sa partie pour éviter les redites. Les moyens sont nombreux pour montrer et commenter les documents : photocopies, vidéo projecteur avec commentaires enregistrés ou « dits ».

22 • **Atlas** : Géant légendaire de la mythologie qui portait le monde sur ses épaules. Une vertèbre cervicale porte son nom. Il donna son nom aux ouvrages de géographie constitués des cartes du monde parce qu'au XVIe siècle les recueils de cartes le représentaient en gravure.

• **Bécassine** : Servante bretonne un peu niaise, héroïne de bande dessinée apparue en 1905. Aujourd'hui on utilise ce nom pour parler d'une femme stupide et un peu ridicule. C'est aussi le nom d'un oiseau.

• **Dédale** : Nom de l'architecte qui, dans la mythologie grecque, conçut le labyrinthe où était enfermé le Minotaure. Le nom désigne un endroit complexe où le cheminement est compliqué : un dédale.

• **Don Juan** : Personnage principal de la pièce célèbre de Molière. Il désigne aujourd'hui ce que le personnage était : un séducteur.

• **Écho** : Nymphe des sources et des forêts dans la mythologie grecque. Elle est la personnification de l'écho acoustique. D'où le nom commun.

• **Gavroche** : Personnage des *Misérables* de Victor Hugo. Il incarne un enfant débrouillard, fanfaron et dévoué. Il a donné son nom au « Titi parisien », gamin qui n'a pas « froid aux yeux ».

• **Guignol** : Marionnette lyonnaise dont le manque de sérieux fait rire les autres. D'où le nom commun : un guignol.

• **Harpagon** : Personnage de Molière particulièrement avare qui demandait à ne pas trop frotter les meubles de peur de les user. Un Harpagon est aujourd'hui un grippe-sou.

• **Judas** : Apôtre qui livra Jésus aux grands prêtres de Jérusalem et à Ponce Pilate. Le mot désigne aujourd'hui un fourbe, un traître. Il désigne aussi, par analogie, un trou percé dans une porte qui permet de voir sans être vu.

• **Olibrius** : Gouverneur des Gaules qui martyrisa sainte Reine. Le mot désigne un fanfaron qui a la particularité d'être cruel.

• **Rastignac** : Personnage du roman de Balzac : *Le Père Goriot*. C'est un étudiant provincial qui affronte la société parisienne par ce défi : « À nous deux Paris ». Le mot désigne aujourd'hui un jeune homme ambitieux, prêt à tout pour arriver à ses fins.

• **Sosie** : Esclave dans la pièce de Plaute *L'Amphitryon*. Le dieu Mercure prend l'apparence de ce personnage, d'où le nom donné à qui ressemble beaucoup à un autre : être le sosie de quelqu'un.

23 Pour présenter un tel travail, il conviendra de ne pas lire, mais de parler en s'appuyant sur ses notes. Par ailleurs, des documents tels que des photos peuvent être lus et, ponctuellement, des citations peuvent être lues. Il faut bien regarder son public en parlant de manière à adapter son discours aux réactions produites.

24 **Le texte 1** relève du courant réaliste. Son auteur est Balzac qui appartient à ce courant. Ce début de roman s'inscrit avec précision dans une époque *(l'an VIII, commencement du vendémiaire, soit la fin du mois de septembre 1799)* et dans un lieu précis et existant *(entre Fougères et Mayenne, sur la montagne de la Pèlerine)*. Enfin, les personnages sont désignés par leur statut social : *paysans, bourgeois*.
Le passage plonge le lecteur dans une période connue, des lieux réels avec des personnages de la vie quotidienne. Il s'inscrit donc dans le réalisme, il donne « l'illusion de la réalité ».

Le texte 2 relève du courant romantique. Son auteur est Chateaubriand, qui appartient à ce courant.

La nature est magnifiée : *voûte mobile, riches campagnes, soleil levant sur des mers étincelantes, dont le vert changeant se glace de cramoisi et de feu...* Cette nature réconforte « *celui que le chagrin mine* », « *sa douleur ne tiendra point contre un pareil spectacle* », « *perdra son amertume* ». « *Heureux ceux qui aiment la nature* ». Le poète qui souffre trouve l'inspiration et le bien-être dans une nature réconfortante.

25 Dans ce texte, le héros Lucien sort d'un théâtre. À cette occasion, Balzac décrit en **focalisation interne** (par le regard du personnage) une population parisienne marginale. Il en donne une image négative qui peut inspirer chez le lecteur la pitié ou l'horreur. Il y parvient par l'emploi d'une accumulation de mots relevant du champ lexical de la misère : *puante, redingotes râpées, figures patibulaires, boueuses, rabougries, yeux féroces et patelins, horrible population, fangeuses nécessités...* Le suffixe « *âtre* » dans « *bleuâtres* » et « *verdâtres* » est à connotation négative.

Balzac décrit un monde interlope qui cherche à survivre dans un milieu parisien.

26 Parmi les expansions du nom, on distingue, les compléments de nom (<u>soulignés</u>), les adjectifs qualificatifs (**en caractères gras**), les propositions subordonnées (entre crochets) :

*Il y a quatre ans qu'à mon retour <u>de la Terre-Sainte</u>, j'achetai près du hameau d'Aulnay, dans le voisinage <u>de Sceaux</u> et <u>de Chatenay</u> une maison <u>de jardinier</u> **cachée** parmi des collines **couvertes** de bois. Le terrain **inégal** et **sablonneux** dépendant de cette maison, n'était qu'un verger **sauvage*** [au bout duquel se trouvait une ravine et un taillis <u>de châtaigniers</u>]. *Cet **étroit** espace me parut propre à renfermer mes **longues** espérances. Les arbres* [que j'y ai plantés] *prospèrent, ils sont encore si **petits*** [*que je leur donne de l'ombre*] [*quand je me place entre eux et le soleil*]. *Un jour, en me rendant sous leur ombre, ils protégeront mes **vieux** ans* [*comme j'ai protégé leur jeunesse*]. *Je les ai choisis autant que je l'ai pu des **divers** climats* [*où j'ai erré*], *ils rappellent mes voyages et nourrissent au fond de mon cœur d'autres illusions.*

Ce texte appartient au courant romantique. Chateaubriand y réaffirme sa foi en la nature en retrouvant avec un sentiment de nostalgie, un endroit qu'il a acheté il y a quatre ans : [*les arbres*] *rappellent mes voyages et nourrissent au fond de mon cœur d'autres illusions.*

27 Le type de focalisation utilisé est la focalisation interne. En effet, le lecteur voit le personnage par le regard de Frédéric. Cet « angle de vue » est identifiable par l'utilisation d'un verbe de perception : *distinguait*. La description est donc subjective.

28 Transposition du dialogue au style indirect :

Denise, en se décidant enfin à s'adresser au gros homme, qui les regardait toujours, surpris de leurs allures, lui demanda s'il était bien Monsieur Baudu.

Il répondit que c'était bien lui.

Alors Denise rougit et balbutia qu'elle était Denise, accompagnée de Jean et de Pépé et qu'ils étaient finalement venus.

29 Dans **le texte 1**, Julien est amoureux de Mme de Bargeton. Il l'examine par de « *discrètes œillades* ». Il la décrit par le prisme de ses sentiments en la magnifiant : *Harmonie, renom, grande dame, folle chevelure d'un blond rouge, doré à la lumière, ardente au contour des boucles, noble dame, teint éclatant, les yeux qui étincelaient, poitrine de neige, gorge intacte et bien placée...* Le personnage, décrit par un regard amoureux est transcendé par l'utilisation d'un champ lexical très valorisant.

À l'inverse, **dans le texte 2**, Mme de Bargeton, provinciale, est à Paris. Elle est supplantée aux yeux de Lucien, par des rivales plus jeunes et plus en vogue avec leur temps vivant dans la capitale. Le regard n'est donc plus celui d'un amoureux. Lucien est *« honteux d'avoir aimé cet os de seiche »*.

Son regard est impitoyable et le vocabulaire utilisé est particulièrement dévalorisant :

la pauvre Mme de Bargeton, la femme réelle, grande, sèche, couperosée, fanée, anguleuse, guindée, précieuse, provinciale, mal arrangée, risible, sans grâce ni fraîcheur...

Au cours d'un roman, le statut d'un personnage évolue, aux yeux du lecteur mais aussi des autres personnages.
Ainsi, dans *Les illusions perdues,* le personnage de Mme de Bargeton passe du statut d'héroïne désirable, au statut de personnage secondaire relégué à l'arrière plan et auquel se substituent d'autres personnages qui surgissent dans la narration. N'en est-il pas de même dans la vie réelle ?

30 Pour ce travail d'écriture, vous pouvez utiliser la focalisation interne : décrire un personnage par le regard d'un autre personnage en introduisant le portrait par un verbe de perception.

Exemple : *Jérémy observa, remarqua, vit, examina...*

31 Les héros s'incarnent par un physique particulier qu'il conviendra de décrire. Ils sont remarquables par leurs actes et leurs discours qui sont porteurs de valeurs : la générosité, le don de soi, l'altruisme...
À moins que vous ne préfériez présenter un **anti-héros** dont le système de valeurs va à l'inverse des héros traditionnels...

32 Les didascalies apparaissent entre parenthèses et en italique.
Le reste du texte est constitué de répliques qui sont les paroles prononcées des personnages.

On peut classer ces didascalies de la façon suivante :
– les titres, les indications de genre (*comédie, farce...*) et les découpages (*acte, tableau, scène...* : *Acte I, Scène 1*) ;
– la liste des personnages, leur mention en tête de chaque réplique : LOPAKHINE, DOUNIACHA ;
– les indications de lieu, de décor... *La chambre qui est encore appelée la chambre des enfants ; une des portes donne dans la chambre d'Ania. Les fenêtres de la chambre sont fermées ;*
– des précisions sur la manière dont se tiennent les personnages : *Il bâille et s'étire ;*
– des indications sur les vêtements, les gestes, les déplacements des personnages, les entrées et sorties... *Entrent Douniacha, avec une bougie, et Lopakhine, tenant un livre ;*
– éventuellement des indications techniques données sur l'éclairage par exemple, ou des conseils de portée générale : *Commencement de mai ; cerisiers déjà fleuris ; mais il fait encore froid ; légère gelée blanche.*

33 **Dans l'extrait 1**, l'aparté consiste pour La Flèche à adresser au public ces paroles : *La peste soit de l'avarice et des avaricieux !* Il s'agit d'un aparté dans ce sens où Harpagon est supposé ne pas entendre ces paroles.
Il s'agit, bien entendu, d'une convention théâtrale.

Dans l'extrait 2, Harpagon est seul sur scène, il s'adresse directement au public (et à lui-même) et exprime tout son désespoir d'avoir été dépossédé de sa cassette.

MATHÉMATIQUES

LE COURS

LES EXERCICES

LES CORRIGÉS

1 STATISTIQUES ET PROBABILITÉS

1. UN PEU D'HISTOIRE

Initialement, les statistiques avaient pour but de rassembler des données utiles à l'État. Le mot « statistique » vient du latin « status » qui signifie État. On peut citer le recensement des productions agricoles par l'empereur chinois YAO en 2238 av J.-C., ainsi que l'institution du cadastre par les Égyptiens en 1700 av J.-C.

On doit la notion de moyenne au Grec PYTHAGORE (580 – 497 av. J.-C.).

Le philosophe et encyclopédiste français CONDORCET (1743-1794) applique les statistiques aux questions sociales et électorales et montre la nécessité de la vaccination.

Le premier bureau de statistiques a été créé en 1800 par NAPOLÉON.

Cet organisme a pris, en 1946, le nom d'Institut National de la Statistique et des Études Économiques (INSEE).

Deux mathématiciens français PASCAL (1623-1662) et FERMAT (1601-1665) sont les premiers à s'intéresser aux probabilités.

2. STATISTIQUES À UNE VARIABLE

Exemple et définitions

L'étude statistique ci-après porte sur la durée t d'une douche, en minutes.

On étudie un échantillon de 160 personnes issues de la population française.

Le caractère étudié est ici la durée d'une douche.

Un caractère est dit quantitatif s'il est mesurable comme dans notre exemple.

Dans le cas contraire, le caractère est dit qualitatif.

Le caractère est discret s'il ne prend que des valeurs isolées.

Il est continu s'il peut prendre toutes les valeurs sur des intervalles donnés.

Temps t_i en min	7	8	9	10	11	12	13
Effectif n_i	3	7	15	38	51	36	10
$n_i \uparrow$	3	10	25	63	114	150	160

C'est une série statistique quantitative et discrète.

Les effectifs se notent n_i et les fréquences f_i avec $f_i = \frac{n_i}{N}$, où N est l'effectif total.

On a rajouté une ligne : celle des effectifs cumulés croissants que l'on note $n_i \uparrow$.

Par exemple, le nombre $10 = 3 + 7$ est le nombre de personnes dont la durée d'une douche est inférieure ou égale à 8 min.

Dans la dernière case, il y a $N = 160$.

Indicateurs de tendance centrale

• La moyenne d'une série statistique $(x_i ; n_i)$ est notée $E(x)$ ou $\overline{x}$ et on a :

$$\overline{x} = \frac{1}{N} \Sigma n_i x_i.$$

Pour notre exemple, on obtient à l'aide d'une calculatrice, $\overline{t} \approx 10{,}72$ minutes.

C'est la durée moyenne d'une douche.

Sachant que le débit moyen d'un robinet de douche est approximativement de 15 litres par minute et qu'un bain utilise environ 200 litres d'eau, on peut évaluer l'économie d'eau réalisée sur une année.

Si on prend $\overline{t}$ comme durée moyenne d'une douche, la quantité d'eau moyenne pour une douche est donc de :

$$10{,}72 \times 15 = 160{,}8 \text{ litres.}$$

En prenant une douche, on économise 39,2 litres d'eau par rapport à un bain.

Sur une année, cela donne une économie de : $39{,}2 \times 365 = 14\,308$ litres d'eau soit environ $14{,}31$ m^3 (1 m^3 = 1 000 litres).

Si on multiplie par le nombre d'habitants, on préserve les réserves de la planète.

• La médiane est le nombre noté *Me* ou *Med* qui partage la série **ordonnée** en deux sous-séries d'effectifs égaux.
On ordonne les valeurs du caractère par ordre croissant.
L'étude porte sur 160 personnes.

La moitié de l'effectif total vaut $\frac{160}{2} = 80$.

Dans les effectifs cumulés croissants, 11 minutes est la plus petite valeur du caractère qui permet de dépasser un effectif de 80 personnes.
La médiane est donc de 11 minutes.
On écrit : $Me = 11$ minutes.

Indicateurs de dispersion

• L'étendue d'une série statistique est la différence entre la plus grande valeur et la plus petite valeur du caractère.

On la note E.
Pour notre exemple, $E = 13 - 7 = 6$ min.
C'est la différence de durée entre la douche la plus longue et la douche la plus courte.

• Les quartiles sont les nombres qui partagent la série ordonnée en quatre sous-séries d'effectifs égaux.

Il y a trois quartiles notés Q_1, Q_2 et Q_3.
Le deuxième quartile Q_2 est la médiane.
Pour Q_1, on prend le quart de l'effectif et pour Q_3, les trois-quarts de l'effectif.

Pour notre exemple :

$$\frac{N}{4} = \frac{160}{4} = 40 \quad \text{et} \quad Q_1 = 10 \text{ min.}$$

$$\frac{3N}{4} = \frac{3 \times 160}{4} = 120 \quad \text{et} \quad Q_3 = 12 \text{ min.}$$

Représentations graphiques

Le choix de la représentation graphique dépend de la nature de la série statistique.

• Si le caractère étudié est quantitatif et discret, on fait un diagramme en bâtons.

Les **hauteurs** des bâtons doivent être **proportionnelles** aux effectifs ou aux fréquences qui correspondent aux valeurs du caractère.

• Si le caractère étudié est quantitatif et continu, on fait un histogramme.

Les **aires** des rectangles doivent être **proportionnelles** aux effectifs ou aux fréquences qui correspondent aux valeurs du caractère.

• Dans tous les cas et en particulier si le caractère est qualitatif, on peut faire un diagramme circulaire.

L'angle au centre θ_i est égal à : $360° \times f_i$.

3. FLUCTUATION D'UNE FRÉQUENCE SELON LES ÉCHANTILLONS, PROBABILITÉS

• À l'aide d'outils informatiques (tableurs ou calculatrices), on simule des tirages d'échantillons de taille n fixée.

Ces derniers sont extraits au hasard d'une population où la fréquence p relative à un caractère est connue.
Le tirage est fait au hasard avec remise ou sans remise si l'effectif de la population est suffisamment important pour pouvoir assimiler les prélèvements à des tirages avec remise.
Cependant cette méthode ne donne que des valeurs approchées de p car les différents échantillons donnent des résultats différents.
C'est la fluctuation d'échantillonnages.

• On compare la moyenne $\overline{f}$ de la série des fréquences f_i des échantillons aléatoires de même taille n avec la fréquence p de la population.

• Lorsque la taille n des échantillons augmente, la moyenne $\overline{f}$ se stabilise vers la fréquence p de la population.

Remarque
On peut aussi utiliser des tirages aléatoires pour évaluer une fréquence inconnue p.
C'est, par exemple, le principe utilisé pour les sondages lors d'une élection.

4. INFORMATIQUE

Tableur excel

> Pour simuler 100 lancers d'une pièce de monnaie, on peut utiliser un tableur pour compter le nombre de piles.

On crée ainsi, de façon aléatoire, une liste de 100 nombres 0 et 1 avec la convention suivante :
• à 0 correspond face ;
• à 1 correspond pile.

MATHÉMATIQUES
Le cours

La fonction ALEA( ) génère un nombre de l'intervalle [0 ; 1[.
En multipliant par 2, on a un nombre au hasard dans l'intervalle [0 ; 2[.
La touche ENT en donne la partie entière, c'est-à-dire 0 si le nombre est dans [0 ; 1[, 1 si le nombre est dans [1 ; 2[.

Manipulation dans Excel

- Ouvrir outils, options, général.
- Sélectionner $L_1 C_1$.
- Écrire dans la barre la formule :

= ENT (ALEA ( ) * 2) puis valider.

- Sélectionner $L_1 C_1$.
- Cliquer à gauche.

Il apparaît une croix noire en bas à droite de la sélection.

- « Tirer » la formule jusqu'à $L_{10} C_{10}$.

Il apparaît un tableau de 10 lignes et 10 colonnes avec des 0 et des 1.

- Sélectionner, par exemple, $L_{12} C_1$.
- Écrire dans la barre la formule :

= SOMME (L_1C_1 : $L_{10}C_{10}$) / 100 puis valider.
On obtient en L_{12} C_1 la fréquence des 1, soit la fréquence des Piles.

Important
La touche F_9 permet de faire apparaître instantanément une nouvelle série de 100 lancers avec le résultat de la fréquence correspondante.

Calculatrice TI 82

❶ Pour simuler 1 000 lancers d'une pièce de monnaie, on peut utiliser une calculatrice pour compter le nombre de piles.

Remarques préliminaires

- Avec la touche PRGM, on trouve FOR, END et DISP (▶ I / O).
- Avec la touche MATH, on trouve INT (▶ NUM) et RAND (▶▶▶ PRB).
- Pour les lettres, on tape ALPHA.

Manipulation

- Aller sur PRGM.
- Taper ▶ jusqu'à New ENTER.

Il apparaît Create New ENTER.

- Donner un nom Name = PILE ENTER.

Il apparaît PROGRAMME : PILE et :

- Taper 0 STO▶ S ENTER.
- Taper FOR (I, 1, 1 000, 1) ENTER.
- Taper INT (RAND × 2) + S STO▶ S ENTER.
- Taper END ENTER.
- Taper DISP S 2nd [QUIT].
- Taper PRGM.
- Appeler le programme PILE ENTER.

On obtient le nombre de piles sur 1 000 lancers.

❷ Pour obtenir la moyenne, la médiane et les quartiles.

- Aller sur STAT et effacer les listes

ClrList ENTER 2nd L_1, 2nd L_2 ENTER.

- Taper STAT Edit ENTER.
- Entrer les valeurs du caractère dans

L_1 ▶ puis les effectifs dans L_2 ENTER.
Après chaque valeur saisie, taper ▼ et ENTER à la fin de L_1.

- Taper STAT CALC. Il apparaît

1-Var Stats ENTER 2nd L_1, 2nd L_2 ENTER.

On obtient, $\bar{x}$, Q_1, Med, Q_3 avec ▼.
Si l'écart entre les valeurs maximale et minimale des effectifs de la série dépasse 47, entrer en plusieurs fois la valeur de l'effectif maximal en le fragmentant.

2 RÉSOLUTION D'UN PROBLÈME DU PREMIER DEGRÉ

1. ÉQUATIONS $ax + b = 0$

Définition

Une équation du 1er degré à une inconnue x est une équation qui peut se mettre sous la forme :

$$ax + b = 0, a \in \mathbb{R}^* \text{ et } b \in \mathbb{R}.$$

Son ensemble de définition est $\mathbb{R}$.

Théorème

L'équation du 1er degré à une inconnue $ax + b = 0$, $a \in \mathbb{R}^*$ et $b \in \mathbb{R}$ admet une **solution unique** dans $\mathbb{R}$.

La solution est $-\frac{b}{a}$.

Algébriquement :

$ax + b = 0 \Leftrightarrow ax = -b \Leftrightarrow x = -\frac{b}{a}$.

On a pu diviser par a car $a \neq 0$.

L'ensemble solution est : $S = \left\{-\frac{b}{a}\right\}$.

Cas particuliers :

Si $a = 0$, l'équation $ax + b = 0$ n'est pas une équation du 1er degré.

- Si $a = 0$ et $b = 0$, tous les nombres sont solutions.

On a : $S = \mathbb{R}$.

- Si $a = 0$ et $b \neq 0$, il n'y a pas de solution.

On a : $S = \varnothing$.

Graphiquement :

Soit D la droite d'équation $y = ax + b$.

La solution de l'équation $ax + b = 0$, $a \neq 0$ est l'abscisse du point d'intersection de D avec l'axe (Ox), c'est-à-dire $x = -\frac{b}{a}$.

- Si $a = 0$, la droite D d'équation $y = b$ est une droite parallèle à l'axe (Ox).

D ne coupe pas l'axe (Ox) si $b \neq 0$.

Il n'y a pas de solution.

- Si de plus $b = 0$, D est l'axe (Ox).

Tous les nombres sont solutions.

2. BINÔMES $ax + b$

Définition

Un binôme du 1er degré à une inconnue x est un polynôme qui peut se mettre sous la forme :

$$ax + b, a \in \mathbb{R}^* \text{ et } b \in \mathbb{R}.$$

Son ensemble de définition est $\mathbb{R}$.

Théorème

Le tableau ci-dessous donne le signe du binôme $ax + b$ avec $a \in \mathbb{R}^*$ et $b \in \mathbb{R}$.

x	$-\infty$		$-\frac{b}{a}$		$+\infty$
Signe de $ax + b$		signe de $(-a)$	0	signe de a	

Algébriquement :

- Si $a > 0$:

$$ax + b \geqslant 0 \Leftrightarrow x \geqslant -\frac{b}{a} \text{ car } a \neq 0.$$

On a divisé par a qui est **positif** et donc **on ne change pas** le sens de l'inéquation.

L'ensemble solution est : $S = [-\frac{b}{a} ; +\infty[$.

- Si $a < 0$:

$$ax + b \geqslant 0 \Leftrightarrow x \leqslant -\frac{b}{a} \text{ car } a \neq 0.$$

On a divisé par a qui est **négatif** et donc **on change** le sens de l'inéquation.

L'ensemble solution est : $S =]-\infty ; -\frac{b}{a}]$.

Graphiquement :

Soit D la droite d'équation $y = ax + b$.

Les solutions de l'inéquation $ax + b \geqslant 0$, avec $a \neq 0$, sont les abscisses des points de D situés au-dessus ou sur l'axe (Ox).

- Si $a > 0$, D est croissante sur $\mathbb{R}$ et on a :

$S = [-\frac{b}{a} ; +\infty[$.

- Si $a < 0$, D est décroissante sur $\mathbb{R}$ et on a :

$S =]-\infty ; -\frac{b}{a}]$.

3. SYSTÈME DE DEUX ÉQUATIONS DU 1er DEGRÉ À DEUX INCONNUES

Méthodes de résolution

❶ *Méthode de substitution :*

M. Dupontel dispose d'un capital de 10000 €.

Il en place une partie en actions qui rapportent 7 % par an et le reste en obligations qui rapportent 4 % par an.

Déterminer les deux sommes placées sachant que le total des intérêts pour la première année s'élève à 580 €.

Solution :

Soit x la somme placée en actions et y celle placée en obligations.

Par hypothèse, on a le système :

$$\begin{cases} x + y = 10000 & ① \\ 0{,}07x + 0{,}04\,y = 580 & ② \end{cases}$$

• **On tire** $y = 10000 - x$ de ①.

• **On substitue** y dans ② :

$0{,}07x + 0{,}04\,(10000 - x) = 580$,

soit : $0{,}07x + 400 - 0{,}04x = 580$

et donc : $0{,}03x = 180$.

On a alors $x = \dfrac{180}{0{,}03} = 6000$.

Par suite, $y = 10000 - 6000 = 4000$.

Conclusion :

M. Dupontel a placé 6000 € en actions et 4000 € en obligations.

❷ *Méthode des combinaisons linéaires :*

Un élève de seconde Bac Pro a composé en mathématiques et en français.

Déterminer les notes qu'il a obtenues, sachant que sa moyenne est de 9,3 avec les coefficients 3 en mathématiques et 2 en français et qu'elle serait de 10 avec respectivement les coefficients 4 et 5.

Solution :

Soit x la note de mathématiques et y celle de français.

Par hypothèse, on a le système :

$$\begin{cases} \dfrac{3x + 2y}{5} = 9{,}3 \\ \dfrac{4x + 5y}{9} = 10 \end{cases}$$

soit le système $\begin{cases} 3x + 2y = 46{,}5 \\ 4x + 5y = 90 \end{cases}$ (S)

On a multiplié la première équation par 5 et la deuxième équation par 9 pour supprimer les dénominateurs.

• **On multiplie** la première équation de (S) par 5 et la deuxième par -2.

On obtient le système :

$$\begin{cases} 15x + 10y = 232{,}5 & ① \\ -8x - 10y = -180 & ② \end{cases}$$

En ajoutant ① et ②, il vient :

$$7x = 52{,}5 \text{ et donc } x = \frac{52{,}5}{7} = 7{,}5.$$

• **On multiplie** la première équation de (S) par 4 et la deuxième par -3.

On obtient le système :

$$\begin{cases} 12x + 8y = 186 & ③ \\ -12x - 15y = -270 & ④ \end{cases}$$

En ajoutant ③ et ④, il vient :

$$-7y = -84 \text{ et donc } y = \frac{-84}{-7} = 12.$$

Conclusion :

L'élève a eu 7,5 en mathématiques et 12 en français.

❸ *Méthode graphique :*

Sur un rayon de bibliothèque se trouvent côte à côte 30 livres.

Ils ont soit 3 cm, soit 5 cm d'épaisseur.

Ils occupent toute la longueur du rayon, soit 1,3 m.

Quel est le nombre de livres de chaque épaisseur ?

Solution :

Soit x et y les nombres respectifs de livres de 3 cm et de 5 cm d'épaisseur.

Par hypothèse, on a le système :

$$\begin{cases} x + y = 30 & ① \\ 3x + 5\,y = 130 & ② \end{cases}$$

① et ② sont des équations de droites que l'on note D_1 et D_2.

Résoudre le système revient à déterminer les coordonnées du point d'intersection, s'il existe, des droites D_1 et D_2.

① $\Leftrightarrow y = 30 - x$;

② $\Leftrightarrow y = \dfrac{130 - 3x}{5} = -\dfrac{3}{5}x + 26.$

On trace les droites D_1 et D_2 dans le même repère.

D_1 passe par (0 ; 30) et (30 ; 0) ;

D_2 passe par (0 ; 26) et (30 ; 8).

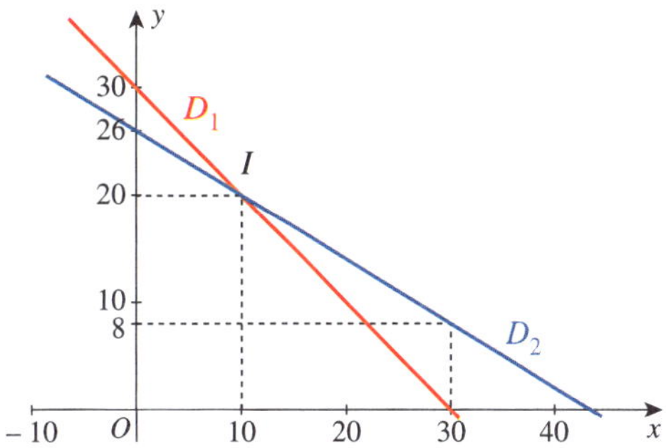

Les droites D_1 et D_2 se coupent au point I de coordonnées (10 ; 20).

Conclusion :
Dans la bibliothèque, il y a 10 livres de 3 cm d'épaisseur et 20 livres de 5 cm d'épaisseur.

Cas général :
- On écrit le système sous la forme :

$$\begin{cases} y = ax + b & ① \\ y = a'x + b' & ② \end{cases}$$

- On trace sur le même graphique les droites D_1 et D_2 d'équations ① et ②.

Il y a trois cas possibles :
- Si les droites D_1 et D_2 ne sont pas parallèles.
Elles se coupent en un point $I(x_0 ; y_0)$.
Le système admet alors comme solution le couple $(x_0 ; y_0)$.

- Si les droites D_1 et D_2 sont distinctes et parallèles.
Le système n'admet aucune solution.

- Si les droites D_1 et D_2 sont confondues.
Le système admet alors une infinité de solutions.
C'est l'ensemble des coordonnées des points de D_1 (ou de D_2).

4. MÉTHODOLOGIE

Pour résoudre une équation du 1er degré

Pour résoudre une équation, on peut :
- ajouter une même expression aux deux membres de l'équation ;
- multiplier par un réel non nul les deux membres de l'équation.

On obtient des équations équivalentes, c'est-à-dire que toute solution de la 1re est solution de la 2e et réciproquement.

Pour résoudre une inéquation du 1er degré

Pour résoudre une inéquation, on peut :
- ajouter une même expression aux deux membres de l'inéquation ;
- multiplier par un réel non nul les deux membres de l'inéquation.
- Si le réel est positif, on obtient une inéquation équivalente de même sens ;
- Si le réel est négatif, on obtient une inéquation équivalente de sens contraire.

Pour résoudre un problème concret

Un problème concret se résout, en général, en quatre étapes :
- On désigne par des lettres la ou les inconnues du sujet.
- On traduit les données de l'énoncé en équations ou en inéquations.
- On résout l'équation, l'inéquation ou le système, que l'on obtient en appliquant la méthode imposée ou conseillée ou en cherchant la méthode la plus rapide.
- On conclut en rédigeant la réponse au problème posé. Et on fait attention aux unités.

Si l'on dispose de temps, on vérifie la ou les solutions trouvées à la main ou à l'aide d'une calculatrice.

3 NOTION DE FONCTION

1. UN PEU D'HISTOIRE

Bien que sa formulation symbolique date du XVIe siècle, la notion de fonction est très ancienne.
Les tables babyloniennes du 1er millénaire av. J.-C., au service de l'astronomie, donnent déjà la correspondance entre un nombre et son carré, son cube, sa racine carrée.
À l'époque de PTOLÉMÉE, géographe et astronome grec du IIe siècle, la notion de fonction se précise avec pour support des exemples concrets sur des ensembles finis.
Après les travaux d'ORESME (1323-1382), VIÈTE (1540-1603) établit l'écriture d'une fonction par une formule.
Enfin, DESCARTES (1596-1650) utilise la représentation graphique des fonctions pour résoudre des équations et inéquations.

2. GÉNÉRALITÉS

Définition

En mathématiques, une fonction est la donnée de deux ensembles E et F, et d'une relation associant à chaque élément de l'ensemble E **un élément au plus** de l'ensemble F.
L'ensemble des éléments de E qui ont une image s'appelle l'ensemble de définition de la fonction.

Exemple

Les experts du Groupe Intergouvernemental sur l'Évolution du Climat (le GIEC) ont publié un rapport, auquel ont participé plus de 2 500 scientifiques de 130 pays, qui affirme que la probabilité pour que le réchauffement climatique soit d'origine humaine est de plus de 90 %.

Cependant cette analyse est de plus en plus contestée par d'autres scientifiques.
Sans nier la responsabilité de l'homme, ils pensent qu'il y a bien d'autres causes.
Pour prouver leur thèse, ils donnent le graphique ci-après qui représente les variations des températures en Europe des années 900 aux années 2000 et qui montre des températures bien plus élevées qu'à notre époque (voir le Moyen Âge).

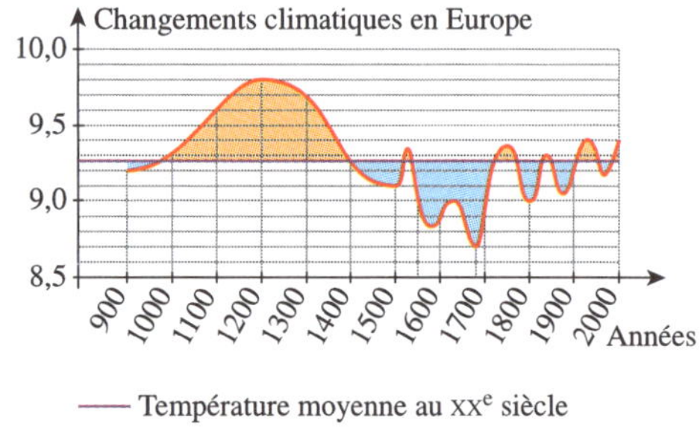

Cette courbe représente une fonction car à chaque date correspond une température.

Vocabulaire

Une fonction se note $f : E \mapsto F$
$x \mapsto y = f(x)$.

Pour l'exemple précédent :
- $E = [900 ; 2\,000]$ et $F = [8{,}5 ; 10]$.

E est appelé l'ensemble de départ et F l'ensemble d'arrivée.
- En l'an 1 200 la température moyenne était de 9,8 °C.

On écrit $f(1\,200) = 9{,}8$ et on dit que : 9,8 est l'image de 1 200 par f.
Il y avait 9 °C en 1 550, 1 700 et 1 800.
$f(1550) = 9$; $f(1700) = 9$ et $f(1800) = 9$ et on dit que : 9 a pour antécédents 1550, 1700 et 1800.
L'image d'un nombre est **unique**. Il peut y avoir **plusieurs** antécédents.
- La température augmente entre les années 900 et 1 200.

On dit que la fonction est croissante sur l'intervalle $[900 ; 1\,200]$.
- La température diminue entre les années 1 200 et 1 500.

On dit que la fonction est décroissante sur l'intervalle $[1\,200 ; 1\,500]$.
Le point (1 200 ; 9,8) est un maximum et le point (1 800 ; 9) un minimum de f.

Certaines fonctions peuvent avoir plusieurs extremums : minimums ou maximums.
C'est le cas dans notre exemple.
Ce sont des extremums relatifs, c'est-à-dire les points les plus hauts ou les points les plus bas sur un intervalle I.
Le point (1200 ; 9,8) est le maximum absolu pour f car c'est le point le plus haut de la courbe sur $E = [900 ; 2000]$.
Le point (1680 ; 8,7) est le minimum absolu pour f car c'est le point le plus bas de la courbe sur $E = [900 ; 2000]$.

3. INFORMATIQUE

On peut utiliser une calculatrice ou un tableur grapheur pour obtenir, sur un intervalle :
- la représentation graphique $\mathscr{C}$ d'une fonction donnée ;
- l'image d'un nombre en valeur exacte ou arrondie ;
- un tableau de valeurs en valeurs exactes ou arrondies.

Avec une calculatrice TI

❶ *Tracer le graphe d'une fonction :*
- Taper [Y =]

Entrer la ou les fonctions.
- Taper [X, T, θ] pour choisir la variable.

On peut entrer jusqu'à 10 fonctions :
$Y_1 = ; Y_2 = ; .... ; Y_{10} =$.
Après chaque fonction :
- Taper [ENTER].

La fenêtre d'affichage est définie par les coordonnées Xmin, Xmax, Ymin et Ymax.
La distance entre les graduations sur les axes est déterminée par Xscl pour l'axe horizontal et par Yscl pour l'axe vertical.
Pour choisir la fenêtre :
- Taper [WINDOW]. Il apparaît :

Xmin = ; Xmax = ; Xscl = ;
Ymin = ; Ymax = ; Yscl =.
Placer le curseur à l'endroit voulu et effectuer les modifications.
Pour obtenir la ou les courbes :
Taper [GRAPH].

❷ *Effectuer un zoom :*
- Taper [ZOOM].

Il apparaît 9 rubriques et en particulier :
1 : Zbox
Dessine un cadre qui définit la fenêtre d'affichage.
2 : Zoom In
Agrandit le graphe autour du curseur.
3 : Zoom Out
Affiche une partie plus importante du graphe autour du curseur.
5 : ZSquare
Le repère est orthonormal.
6 : ZStandard
Rétablit les valeurs par défaut :
Xmin = – 10 ; Xmax = 10 ; Xscal = 1 ; Ymin = – 10 ; Ymax = 10 ; Yscal = 1.

❸ *Calculer une image :*
- Taper [TRACE]

On peut se déplacer sur la courbe avec les flèches [▶] [◀] et les coordonnées des points apparaissent en bas de l'écran.
- Taper [2nd] [TRACE] soit CALC.

Il apparaît :
1 : value
Donner la valeur de X.
X être comprise entre Xmin et Xmax.
On obtient $Y = f(X)$.

❹ *Donner un tableau de valeurs :*

Premièrement :
- Taper [2nd] [WINDOW] soit TblSet.

Il apparaît :
TABLE SETUP
TblMin =
Choisir le X de départ.
ΔTbl =
Choisir le pas, c'est-à-dire l'écart entre deux X successifs (incrément).

Deuxièmement :
- Taper [2nd] [GRAPH], soit TABLE.

Il apparaît un tableau composé de deux colonnes :
à gauche, les valeurs de X ;
à droite les valeurs correspondantes de Y.

4 UTILISATION DES FONCTIONS DE RÉFÉRENCE

FONCTIONS DE RÉFÉRENCE

Fonction constante $f : x \mapsto 1$

L'ensemble de définition est $\mathcal{D} = \mathbb{R}$.

Tableau de variation

x	$-\infty$	$+\infty$
$f(x)$	→	

Elle est constante sur $\mathbb{R}$ car pour tous réels a et b de $\mathbb{R}$, on a $f(a) = f(b)$.

Représentation graphique

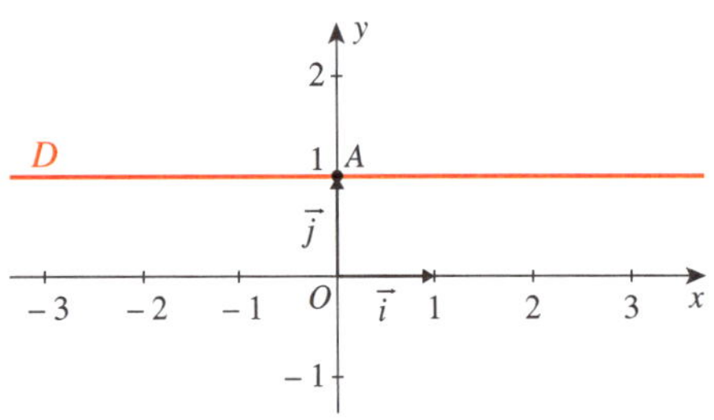

Sa courbe représentative D est une droite horizontale.
Elle est parallèle à l'axe des abscisses et coupe l'axe des ordonnées au point (0 ; 1).

Fonction identité $f : x \mapsto x$

L'ensemble de définition est $\mathcal{D} = \mathbb{R}$.

Tableau de variation

x	$-\infty$	$+\infty$
$f(x)$	↗	

Elle est croissante sur $\mathbb{R}$ car pour tous réels a et b, tels que $a \leqslant b$, on a $f(a) \leqslant f(b)$.

Représentation graphique

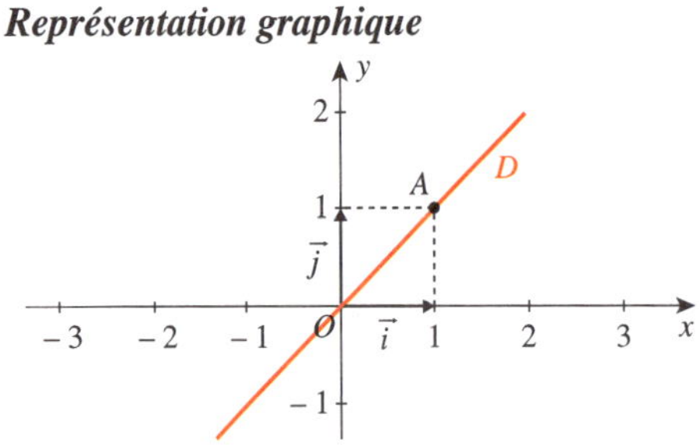

Sa courbe représentative D est une droite.
Dans un repère orthonormal, c'est la première bissectrice du repère.
Elle passe par O et par le point $A(1 ; 1)$.

Fonction carrée $f : x \mapsto x^2$

L'ensemble de définition est $\mathcal{D} = \mathbb{R}$.

Tableau de variation

x	$-\infty$	0	$+\infty$
$f(x)$	↘	0	↗

- Elle est décroissante sur $\mathbb{R}^-$ car pour tous réels a et b de $\mathbb{R}^-$ tels que $a \leqslant b$, on a :
$$f(a) \geqslant f(b).$$
- Elle est croissante sur $\mathbb{R}^+$ car pour tous réels a et b de $\mathbb{R}^+$ tels que $a \leqslant b$, on a : $f(a) \leqslant f(b)$.

Représentation graphique

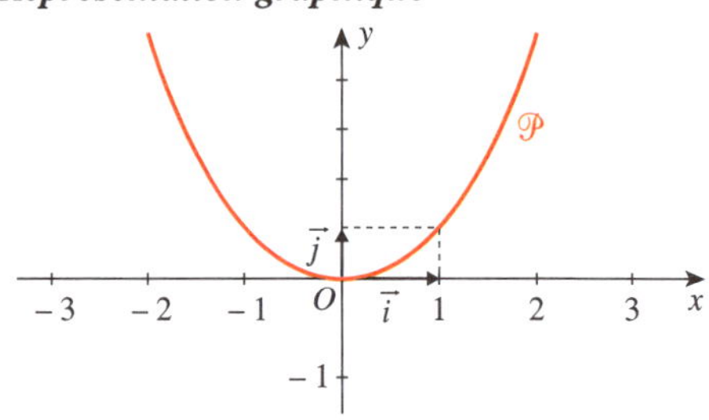

Sa courbe représentative $\mathcal{P}$ est une parabole.
La fonction carrée est paire.
$\mathcal{P}$ est symétrique par rapport à l'axe des ordonnées dans un repère orthogonal.

Fonctions générées à partir des fonctions de référence

❶ *Fonctions de la forme $f + k$*

Soit f une fonction et k une constante.
Pour une abscisse donnée x_0, on a :
$$(f + k)(x_0) = f(x_0) + k.$$
Soit $\mathcal{C}$ et $\mathcal{C}'$ les courbes représentatives des fonctions f et $f + k$.
$\mathcal{C}'$ s'obtient alors en déplaçant $\mathcal{C}$ de k unités graphiques de l'axe des ordonnées.

- Si $k > 0$, le déplacement est de sens positif (vers le haut).

- Si $k < 0$, le déplacement est de sens négatif (vers le bas).
- La fonction $f + k$ a le même sens de variation que la fonction f.

Exemples :

Soit $\mathscr{C}$ la courbe représentative de la fonction de référence $f : x \mapsto x^2$.
On en déduit les courbes représentatives $\mathscr{C}'$ et $\mathscr{C}''$ des fonctions : $f + 1$ et $f - 2$.

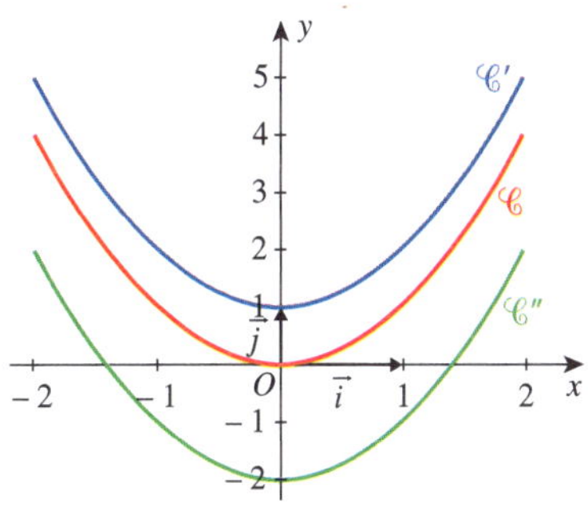

❷ *Fonctions de la forme kf*

Soit f une fonction et k une constante.
Pour une abscisse donnée x_0, on a :

$$(kf)(x_0) = kf(x_0).$$

Soit $\mathscr{C}$ et $\mathscr{C}'$ les courbes représentatives des fonctions f et kf.

$\mathscr{C}'$ s'obtient à partir de $\mathscr{C}$ en faisant une construction point par point.

Si $M(x_0 ; f(x_0))$ est un point de $\mathscr{C}$, le point correspondant $M'(x_0 ; kf(x_0))$ de $\mathscr{C}'$ est tel que :
M et M' ont la même abscisse x_0 ; l'ordonnée de M' est alors obtenue en multipliant l'ordonnée de M par k.

- Si f n'est pas une fonction constante.

Si $k > 0$, kf a le même sens de variation que f.

Si $k < 0$, kf a le sens de variation contraire de celui de f, c'est-à-dire :
– si f est croissante sur un intervalle I, alors kf est décroissante sur I ;
– si f est décroissante sur I, alors kf est croissante sur I.

- Si f est une fonction constante, kf est aussi une fonction constante.

Exemple :

Soit $\mathscr{C}$ la courbe représentative de la fonction de référence $f : x \mapsto x^2$.
On en déduit les courbes représentatives $\mathscr{C}'$ et $\mathscr{C}''$ des fonctions : $2f$ et $-3f$.

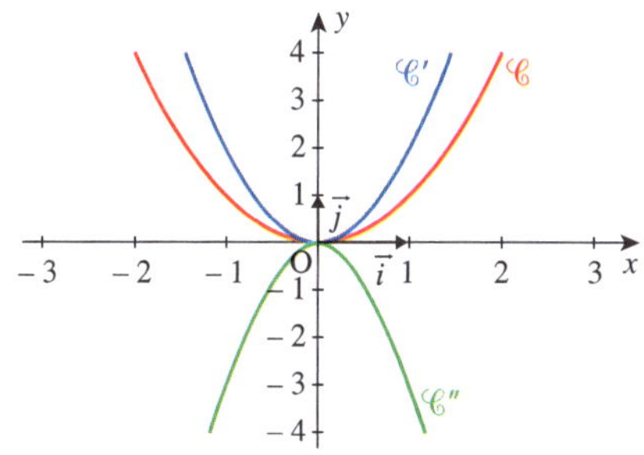

❸ *Résolutions graphiques*

Soit f une fonction définie sur un intervalle I et $\mathscr{C}$ sa courbe représentative.
Résoudre graphiquement l'équation $f(x) = c$ sur I, où c est un réel donné, c'est déterminer les abscisses des points d'intersection de $\mathscr{C}$ avec la droite horizontale D d'équation $y = c$.

Cas particulier important :

Résoudre graphiquement l'équation $f(x) = 0$ sur I, c'est déterminer les abscisses des points d'intersection de $\mathscr{C}$ avec l'axe des abscisses.

Exemple :

Soit f la fonction $f : x \mapsto x^2$.
Résoudre graphiquement sur $\mathbb{R}$ l'équation $f(x) = 1$.
On trace la droite d'équation y = 1. Elle coupe la parabole $\mathscr{P}$ en deux points A et B d'abscisses respectives –1 et 1.

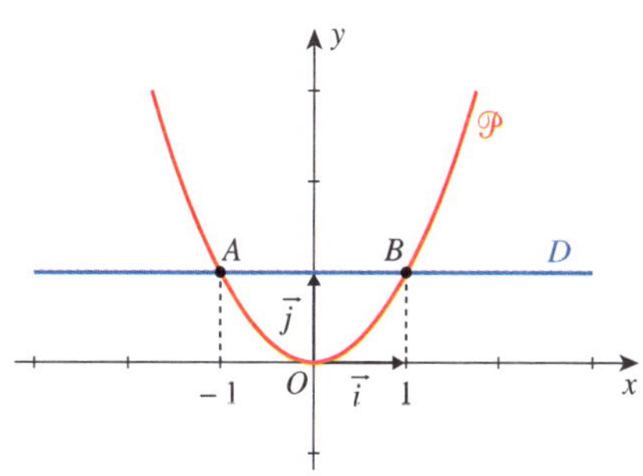

Les solutions sont $x = -1$ et $x = 1$.

5 FONCTION LINÉAIRE, FONCTION AFFINE

1. FONCTION LINÉAIRE

Exemple

On place un capital de 500 € pendant un an au taux de 6 %.
Le capital constitué à la fin de l'année est égal à : $500 + 500 \times 0{,}06 = 500 + 30 = 530$ €.
Si on double le capital et qu'on le place dans les mêmes conditions, le capital constitué sera égal à :
$1\,000 + 1\,000 \times 0{,}06 = 1\,000 + 60 = 1\,060$ €.
On constate que si le capital placé est doublé, le capital constitué est doublé.
De même, on démontre que si on multiplie le capital placé par k, le capital constitué est aussi multiplié par k.
On est en situation de proportionnalité.
Si x est le capital initial placé, le capital constitué est une fonction linéaire de x et est égal à : $y = x + x \times 0{,}06 = (1 + 0{,}06)x = 1{,}06\,x$.

Définition

Soit a un réel donné.
Une fonction linéaire est une fonction f qui à un réel x associe le réel :

$$y = f(x) = a\,x.$$

Représentation graphique

La représentation graphique d'une fonction linéaire est une droite D qui passe par l'origine du repère et le point $A(1\,;\,a)$.
a s'appelle le coefficient directeur de D ou la pente de D si le repère est orthonormal.

Sens de variation

- Si $a > 0$, la fonction est croissante et sa représentation graphique est une droite qui *monte*.
- Si $a < 0$, la fonction est décroissante et sa représentation graphique est une droite qui *descend*.
- Si $a = 0$, la fonction est constante et sa représentation graphique est l'axe (Ox).

2. FONCTION AFFINE

Exemple

Le salaire d'un représentant de commerce se compose d'une part fixe de 1 200 € et d'une part variable qui correspond à un pourcentage de 5 % sur le chiffre d'affaires réalisé dans le mois.
Le 1er mois, il a réalisé un chiffre d'affaires de 10 000 €.
Son salaire sera de :
$1\,200 + 0{,}05 \times 10\,000 = 1\,200 + 500 = 1\,700$ €.
Le 2e mois, il a réalisé un chiffre d'affaires de 14 000 €.
Son salaire sera de :
$1\,200 + 0{,}05 \times 14\,000 = 1\,200 + 700 = 1\,900$ €.
La part variable est proportionnelle au chiffre d'affaires réalisé dans le mois.

De façon plus générale, si on appelle x le chiffre d'affaire réalisé dans le mois, son salaire sera de : $1\,200 + 0{,}05\,x$.

Définition

Soit a et b deux réels donnés.
Une fonction affine est une fonction f qui à un réel x associe le réel :

$$y = f(x) = a\,x + b.$$

Représentation graphique

La représentation graphique d'une fonction affine est une droite D.
Si $b = 0$, la fonction f est linéaire.
a s'appelle le coefficient directeur de D ou la pente de D si le repère est orthonormal.

Sens de variation

- Si $a > 0$, la fonction est croissante et sa représentation graphique est une droite qui *monte*.
- Si $a < 0$, la fonction est décroissante et sa représentation graphique est une droite qui *descend*.
- Si $a = 0$, la fonction est constante et sa représentation graphique est horizontale.

GÉOMÉTRIE

6

1. GÉOMÉTRIE PLANE

Triangles

Dans un triangle, la somme des angles est égale à 180°.

- **Droites remarquables dans un triangle :**

▶ *Bissectrices*

La bissectrice d'un angle est la demi-droite issue du sommet de l'angle et qui partage l'angle en deux angles égaux.
Il y a 3 angles et donc 3 bissectrices intérieures.
Elles se coupent en un point qui est le centre du cercle inscrit.

▶ *Médianes*

Une médiane est la droite qui joint un sommet au milieu du côté opposé.
Les 3 médianes d'un triangle se coupent en un point G qui est le centre de gravité du triangle. C'est aussi le point d'équilibre.
Il est au $\frac{2}{3}$ de chacune des médianes à partir de leur sommet.

▶ *Hauteurs*

Une hauteur est la perpendiculaire abaissée d'un sommet sur le côté opposé.
Les 3 hauteurs d'un triangle se coupent en un point qui est l'orthocentre du triangle.
Une hauteur peut être à l'extérieur du triangle si ce dernier a un angle obtus.

▶ *Médiatrices*

La médiatrice Δ d'un segment $[AB]$ est la perpendiculaire à ce segment en son milieu.
Pour tout point M de Δ, on a : $MA = MB$.
Les 3 médiatrices d'un triangle se coupent en un point qui est le centre du cercle circonscrit au triangle.

- **Triangles particuliers :**

▶ *Triangle isocèle*

Un triangle isocèle est un triangle qui a deux de ses côtés égaux.
Le triangle ABC est isocèle car $AB = AC$.

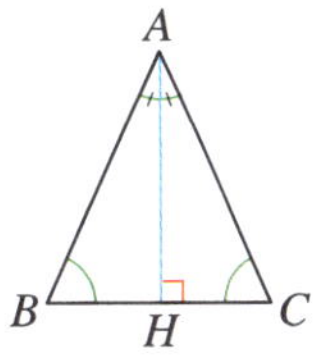

Propriétés :
- Les angles $\widehat{B}$ et $\widehat{C}$ sont égaux.
- La bissectrice de l'angle $\widehat{A}$ est aussi médiane, hauteur, médiatrice et donc axe de symétrie.

▶ *Triangle équilatéral*

Un triangle équilatéral est un triangle qui a ses trois côtés égaux.
Le triangle ABC est équilatéral car :

$$AB = AC = BC.$$

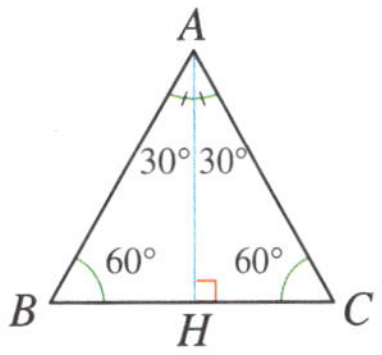

Propriétés :
- $\widehat{A} = \widehat{B} = \widehat{C} = 60°$.
- Les bissectrices sont aussi médianes, hauteurs, médiatrices et axes de symétrie.

▶ *Triangle rectangle*

Un triangle rectangle est un triangle qui a un angle droit (90°).
Le triangle ABC est rectangle car l'angle en A est droit. Il est inscrit dans un demi-cercle de centre A', milieu de $[BC]$.

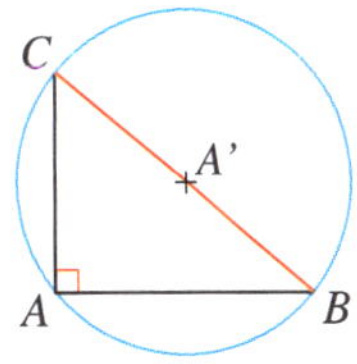

Théorème de PYTHAGORE :
$AB^2 + AC^2 = BC^2$.

MATHÉMATIQUES
Le cours

Théorème de THALÈS

Les droites (*BC*) et (*B'C'*) sont parallèles.

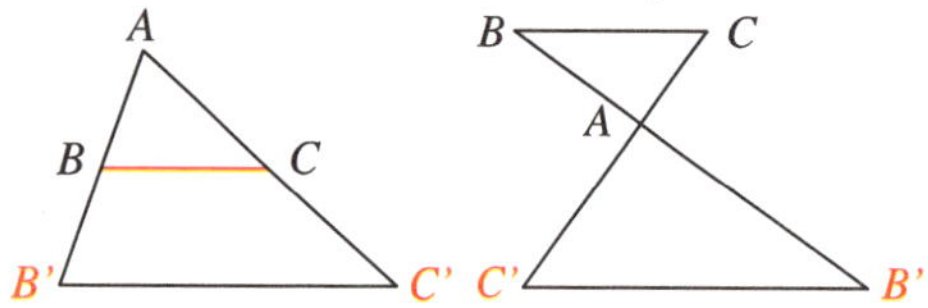

Théorème de THALÈS :

$$\frac{AB}{AB'} = \frac{AC}{AC'} = \frac{BC}{B'C'} \quad ①$$

Réciproquement :
Si on a la figure 1 ou la figure 2 et si on a la 1re égalité de ① alors les droites (*BC*) et (*B'C'*) sont parallèles.

Cas général :
Les droites (*AA'*), (*BB'*) et (*CC'*) sont parallèles.

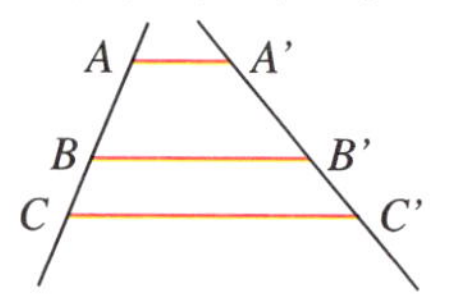

Généralisation du théorème de THALÈS :

$$\frac{AB}{A'B'} = \frac{AC}{A'C'} = \frac{BC}{B'C'}$$

Quadrilatères particuliers

– **Un parallélogramme** a ses côtés opposés parallèles deux à deux.

– **Un losange** est un parallélogramme qui a ses côtés égaux.

– **Un rectangle** est un parallélogramme qui a ses angles droits.

– **Un carré** est un parallélogramme qui a ses côtés égaux et ses angles droits.

Propriétés :

- Dans un parallélogramme, les diagonales se coupent en leur milieu.

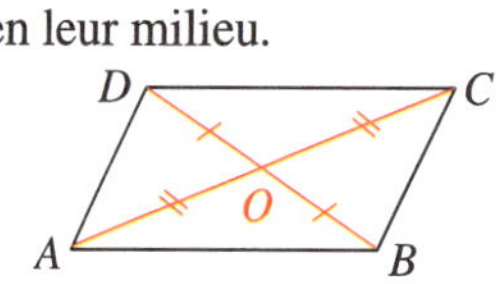

- Dans un losange, les diagonales se coupent en leur milieu et sont de plus perpendiculaires.

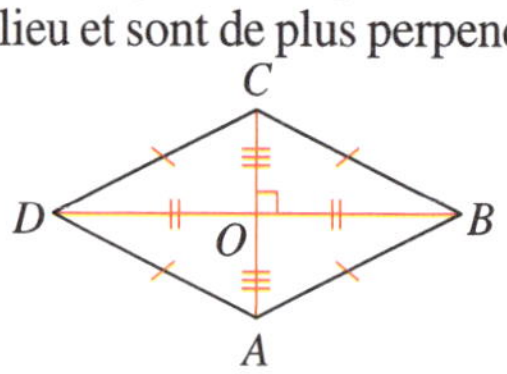

- Dans un rectangle, les diagonales se coupent en leur milieu et sont égales.

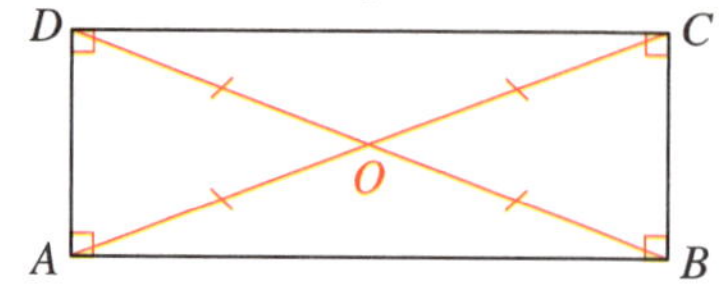

- Dans un carré, les diagonales se coupent en leur milieu, sont égales et sont perpendiculaires.

Si $AB = a$, on a $AC = DB = a\sqrt{2}$.

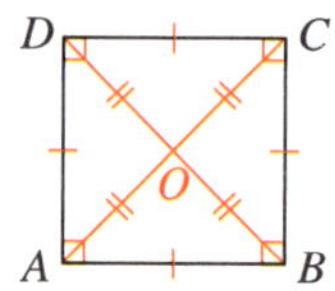

Cercles

Le cercle $\mathcal{C}$ de centre Ω et de rayon $r > 0$ est l'ensemble des points M du plan tels que $\Omega M = r$.

$\mathcal{A}$ = Aire $\mathcal{P}$ = Périmètre

Triangle

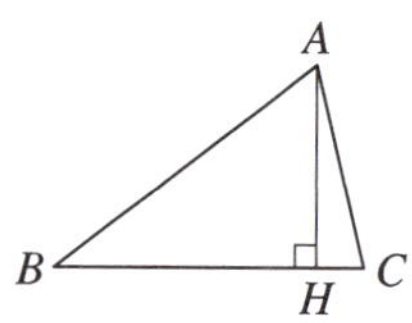

$$\mathcal{A} = \frac{BC \times AH}{2}$$

$$\mathcal{P} = AB + AC + BC$$

Trapèze

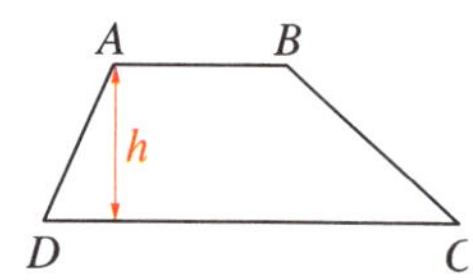

$$\mathcal{A} = \frac{AB + DC}{2} \times h$$

$$\mathcal{P} = AB + BC + CD + DA$$

Cercle

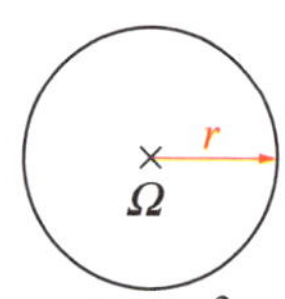

$$\mathcal{A} = \pi r^2$$

$$\mathcal{P} = 2\pi r$$

Rectangle

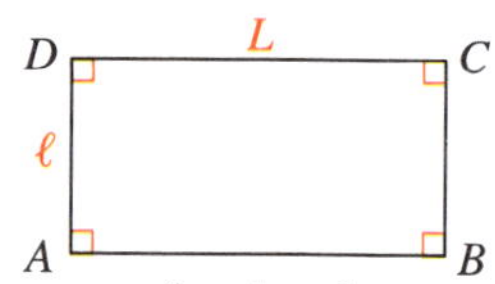

$$\mathcal{A} = L \times \ell$$

$$\mathcal{P} = 2(L + \ell)$$

Carré

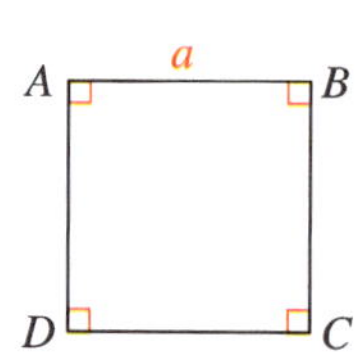

$$\mathcal{A} = a^2$$

$$\mathcal{P} = 4a$$

Losange

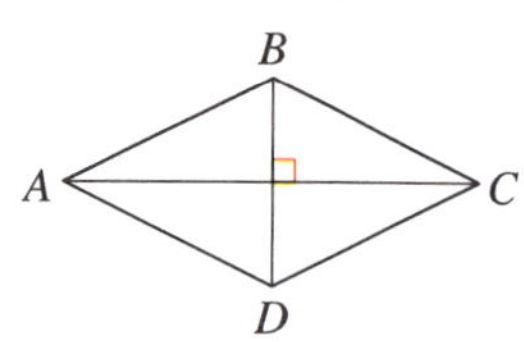

$$\mathcal{A} = \frac{AC \times BD}{2}$$

$$\mathcal{P} = 4 \times AB$$

Parallélogramme

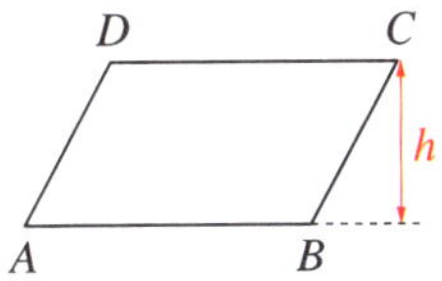

$\mathcal{A} = AB \times h$ $\mathcal{P} = 2\,(AB + AD)$

2. GÉOMÉTRIE DANS L'ESPACE

$\mathcal{A}_L$ = Aire latérale $\mathcal{A}_T$ = Aire totale $\mathcal{V}$ = Volume

Parallélépipède rectangle

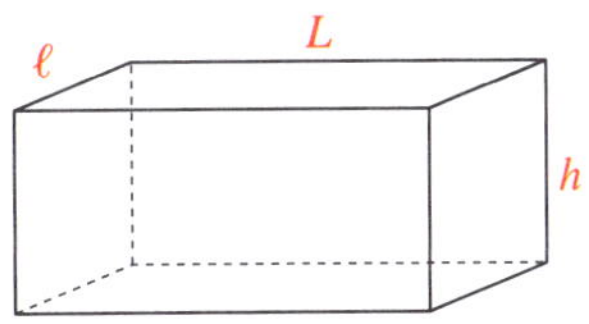

$\mathcal{A}_L = 2(L \times h + \ell \times h) = 2\,h(L + \ell)$;
$\mathcal{A}_T = 2(L \times \ell + L \times h + \ell \times h)$;
$\mathcal{V} = L \times \ell \times h$.

Cube

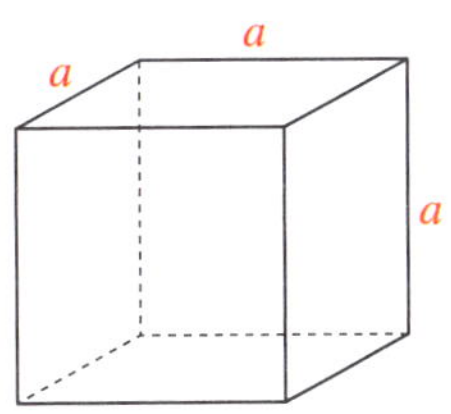

$\mathcal{A}_L = 4\,a^2$; $\mathcal{A}_T = 6\,a^2$; $\mathcal{V} = a^3$.

Cylindre de révolution

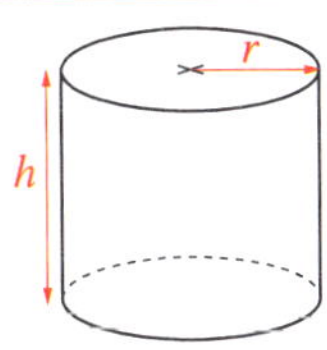

$\mathcal{A}_L = 2\pi\, r\, h$; $\mathcal{A}_T = 2\pi\, r(r + h)$; $\mathcal{V} = \pi\, r^2\, h$.

Cône de révolution

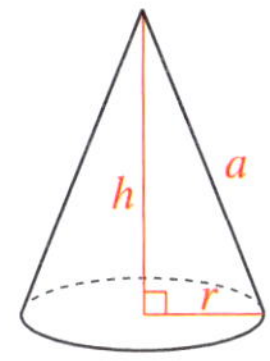

$\mathcal{A}_L = \pi\, ra$; $\mathcal{A}_T = \pi\, r\,(r + a)$; $\mathcal{V} = \dfrac{1}{3}\pi\, r^2\, h$.

Pyramide

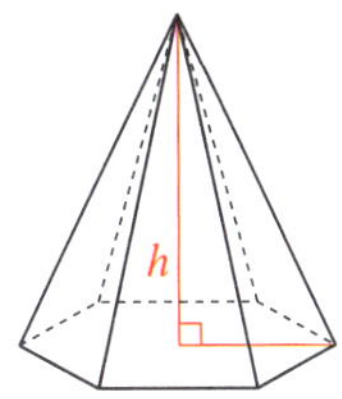

Si $\mathcal{A}$ est l'aire de la base : $\mathcal{V} = \dfrac{1}{3}\,\mathcal{A} \times h$.

Sphère

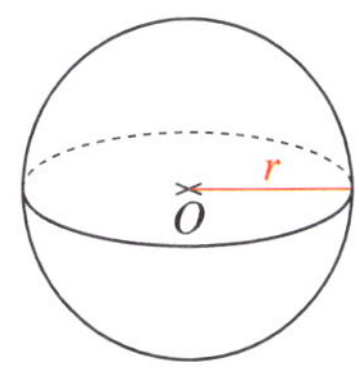

$\mathcal{A}_T = \mathcal{A}_L = 4\,\pi r^2$; $\mathcal{V} = \dfrac{4}{3}\pi\, r^3$.

Prisme

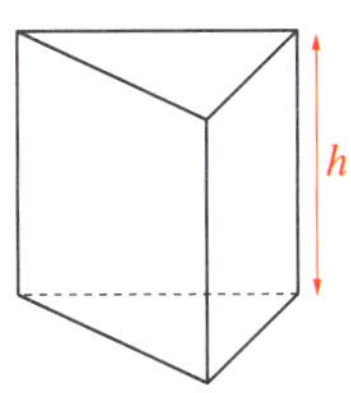

Si $\mathcal{A}$ est l'aire de la base : $\mathcal{V} = \mathcal{A} \times h$.

Exercices

1 STATISTIQUES ET PROBABILITÉS

1 Questions pour un champion

Répondre par Vrai ou Faux.

1 ■ Un élève A a obtenu à cinq contrôles les notes : 8 ; 12 ; 15 ; 7 ; 13.

a) Le caractère étudié est quantitatif.

b) Le caractère étudié est continu.

c) La moyenne de A est 11.

d) L'étendue de ses notes est égale à 5.

e) La médiane est égale à 15.

2 ■ Un élève B a obtenu à ces mêmes contrôles les notes : 5 ; 5 ; 14 ; 10 ; 16.

a) La moyenne de B est supérieure à celle de A.

b) B est plus irrégulier que A.

c) La médiane de B est inférieure à sa moyenne.

d) La fréquence de la note 5 est 2.

e) Le professeur ajoute 1 point à chaque note de l'élève B car il a fait des progrès en fin de trimestre.

La moyenne de B a augmenté de 5.

2 Quitte ou double

Dans un lycée, on a affiché les résultats du Bac Pro de deux classes A et B.

Classe	Nombre	Reçus	Taux
A	25	20	
B		18	60 %

a) Compléter le tableau précédent.

b) Une personne affirme que le taux de réussite total est de 70 %. Est-ce vrai ?

3 À ne pas faire à toute vitesse

a) Une voiture roule pendant deux heures, la 1re heure à 80 km/h et la 2e heure à 120 km/h.

Quelle est sa vitesse moyenne ?

b) Une voiture fait un aller-retour entre deux villes distantes de 240 km.

À l'aller, elle fait du 80 km/h et au retour, du 120 km/h.

Quelle est sa vitesse moyenne ?

4 Échec et mat

Lors d'un contrôle dans deux classes de seconde Bac Pro, un professeur de mathématiques a relevé les notes suivantes :

Seconde Bac Pro A

Note	5	7	8	9	12	14	16
Effectif	2	3	5	1	3	6	4

Seconde Bac Pro B

Note	5	6	8	10	12	14	15
Effectif	1	2	5	5	4	2	1

a) Quel est le caractère étudié ?

Est-il qualitatif ou quantitatif ?

b) Les séries sont-elles continues ?

c) Faire un diagramme en bâtons pour chaque classe.

d) Quelle est la classe la plus homogène ?

e) Déterminer l'étendue des notes pour chacune des classes.

f) Calculer la moyenne de chacune des classes. Comparer les résultats.

g) Donner la moyenne des deux classes réunies.

Est-elle égale à la moyenne des moyennes des deux classes ?

h) Déterminer les médianes des séries de notes pour les deux classes.

i) Donner les trois quartiles des séries de notes pour les deux classes.

j) Pour chacune des classes, calculer le pourcentage d'élèves dont la note se situe dans $[Q_1 ; Q_3]$, où Q_1 et Q_3 sont respectivement les 1er et le 3e quartiles.

5 Il y a un vice

Une usine fabrique des vis qui doivent avoir normalement 8 cm de longueur.

Le service du contrôle de fabrication a prélevé un échantillon de 100 vis.

On a obtenu les résultats suivants :

Classe	[7,7 ; 7,8[	[7,8 ; 7,9[	[7,9 ; 8,0[
Effectif	9	16	17

Classe	[8,0 ; 8,1[	[8,1 ; 8,2[	[8,2 ; 8,3[
Effectif	33	15	10

a) Quel est le caractère étudié ?

b) Est-ce une série discrète ou continue ?

c) Faire un histogramme.
d) Calculer l'étendue de la série.
e) Calculer la moyenne de la série.
f) Déterminer les quartiles Q_1 et Q_3.
Quel est le pourcentage de vis dont la longueur est dans l'intervalle $[Q_1 ; Q_3[$?

6 C'est lumineux

Dans une maison on a recensé en tout 30 ampoules.
On les a classées selon leur puissance en Watt.

Puissance	40 W	60 W	75 W	100 W
Effectif	3	6	9	12

a) Déterminer la puissance moyenne des 30 ampoules.
b) Pour des raisons d'économie, on décide de les remplacer par des ampoules à basse consommation d'égale luminosité.
Les 40 W sont remplacées par des 11 W ; les 60 W par des 15 W ; les 75 W par des 20 W et les 100 W par des 23 W.
Déterminer la puissance moyenne des 30 ampoules à basse consommation.
c) Calculer le pourcentage d'économie, sachant qu'en moyenne, les ampoules fonctionnent 8 heures par jour.
d) Donner la consommation annuelle avec les ampoules classiques et les ampoules basse consommation sur une base de 365 jours par an.
e) Quelle sera l'économie réalisée sur un an sachant que le kWh est facturé 0,0839 € HT et que la TVA est de 19,6 % ?

7 Allons enfants

On a calculé en 2008 le taux de fécondité (nombre d'enfants par femme) en Europe :

Allemagne (1,37)	Autriche (1,42)
Belgique (1,64)	Chypre (1,49)
Danemark (1,78)	Espagne (1,29)
Estonie (1,40)	Finlande (1,80)
France (1,94)	Grèce (1,32)
Irlande (1,99)	Italie (1,33)
Luxembourg (1,70)	Suède (1,75)
Malte (1,37)	Pays-Bas (1,73)
Portugal (1,42)	Royaume-Uni (1,74)

À titre d'information, c'est le Niger qui détient le record mondial avec un taux de fécondité de 7,8 enfants et le plus bas est Macao avec 0,9 enfant.
En 2009, le taux de fécondité en France a franchi le seuil de 2 enfants.

a) Ranger les pays d'Europe selon leur taux de fécondité du plus bas au plus haut.
b) Calculer le taux moyen en Europe.
c) Donner l'étendue de cette série.
d) Déterminer le taux médian et les trois quartiles.

8 La France vieillit

a) Expliquer le choix du titre en voyant le graphique ci-dessous, publié par l'INSEE.

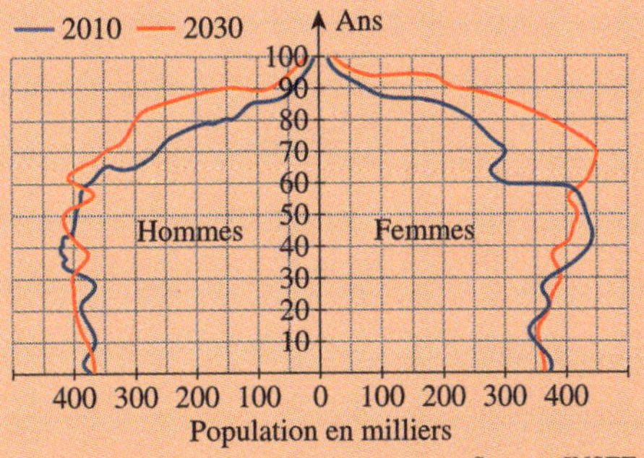

Source : INSEE

b) Combien y a-t-il de femmes de 70 ans en 2010 ? Combien en prévoit-on en 2030 ?
c) Comparer les nombres de femmes et d'hommes de 80 ans en 2010.
Même question avec les prévisions de 2030.
Commenter à l'aide de pourcentages.

9 À ne pas prendre en grippe

Le journal *Le Monde* a publié, en 2010, le document suivant sur l'épidémie de grippe A.

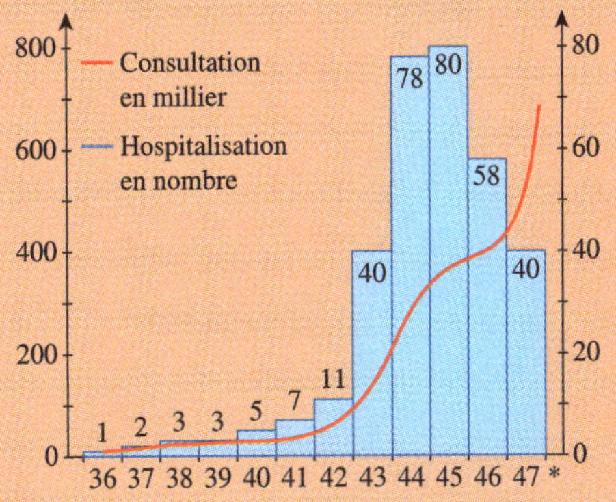

Source : Groupe Régional d'Observation de la Grippe (GROG)
* Données provisoires

a) Quel est le sujet abordé ?
b) Quelle est l'unité prise pour le nombre de consultations ?
Pour le nombre d'hospitalisations ?
c) Que peut-on dire du sens de variation du nombre de consultations ?

d) Quel est le pourcentage d'augmentation des hospitalisations entre la 43e et la 45e semaine ?
e) Donner le nombre d'hospitalisations la 47e semaine.
f) Combien y a t-il eu de consultations la 46e semaine ?
g) Quelle est la semaine où il y a eu un maximum d'hospitalisations ?
h) On considère les 43e, 44e, 45e et 46e semaines. Calculer la moyenne des hospitalisations sur cette période.

⑩ La Recherche

a) Quel est le ministère qui publie les documents ci-dessous ?
– 2,360 milliards d'euros de projets financés.
– Répartition des financements :

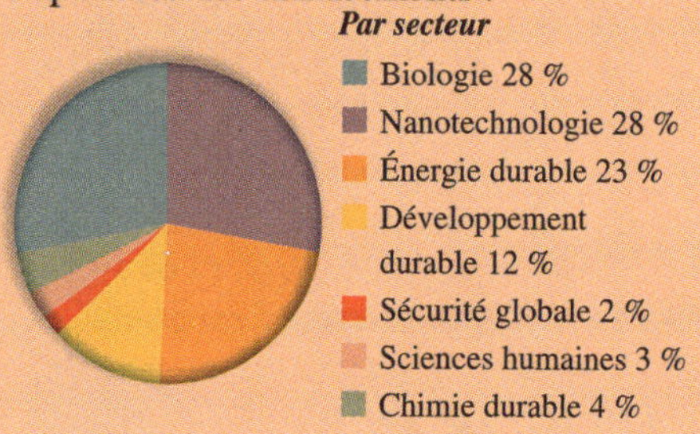

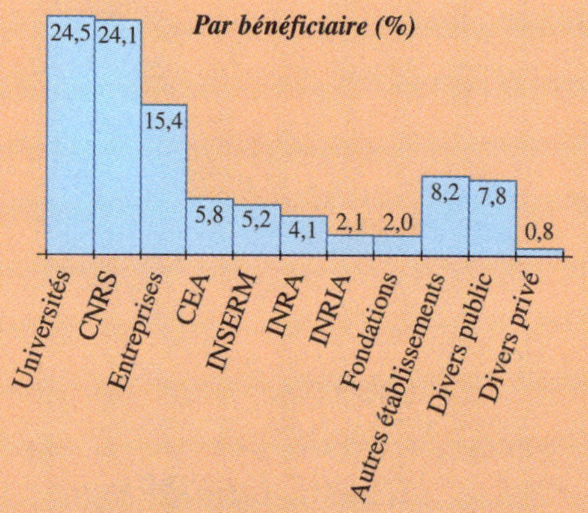

Source : Ministère de l'enseignement supérieur et de la recherche.

b) Quel en est le sujet ?
c) Déterminer l'angle correspondant au secteur développement durable.
d) Quelle est la somme attribuée au secteur biologie, en millions d'euros ?
e) Quel est le cinquième bénéficiaire de ces financements ? Quel est cet organisme ?
Quelle somme a-t-il reçue, en millions d'euros ?
f) On observe maintenant la répartition par bénéficiaire.
Calculer la moyenne des pourcentages attribués aux bénéficiaires.
g) Déterminer le pourcentage médian et les quartiles ainsi que l'étendue.

⑪ Bon sang !

Le tableau suivant donne la répartition des groupes sanguins en France :

Groupe	%	donne à	reçoit de
A	44	AB ; A	A ; O
B	10	AB ; B	
AB	4	AB	
O	42	Tous	

On a simplifié le problème qui en réalité est plus complexe à cause de différents paramètres comme les facteurs rhésus.
a) Compléter le tableau précédent.
b) Quel est le caractère observé ?
Est-il quantitatif ou qualitatif ?
Quelle est la population étudiée ?
c) Représenter la répartition des groupes sanguins à l'aide d'un diagramme.
d) La population française est d'environ 65 millions d'habitants.
Compléter les tableaux suivants :

Groupe	A	B	AB	O
Effectif			2,6	

Groupe	A	B	AB	O
Effectif des receveurs de	31,2			

Groupe	A	B	AB	O
Effectif des donneurs à		33,8		

e) La somme des effectifs des 2e et 3e tableaux dépasse 65 millions. Expliquer pourquoi.
f) Quel est le groupe sanguin qui a le plus de donneurs potentiels ? Celui qui en a le moins ?

⑫ Le logement

Le ministère du logement publie en 2010 les graphiques suivants :

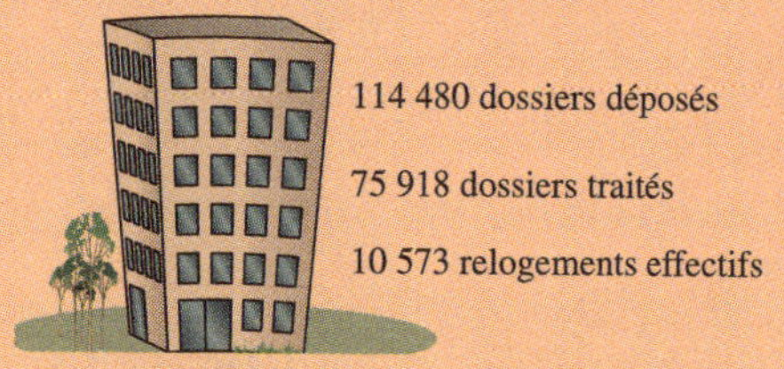

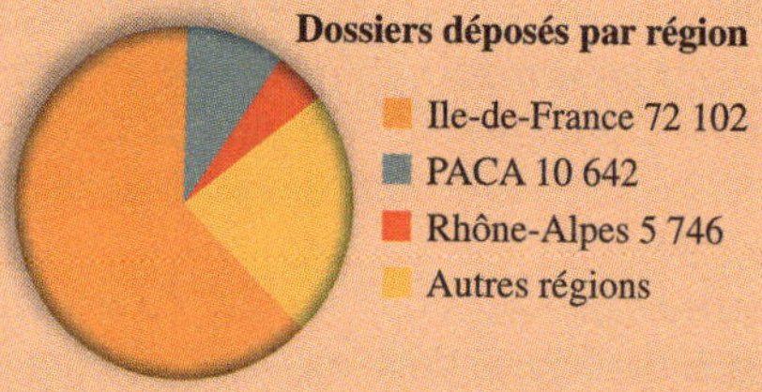

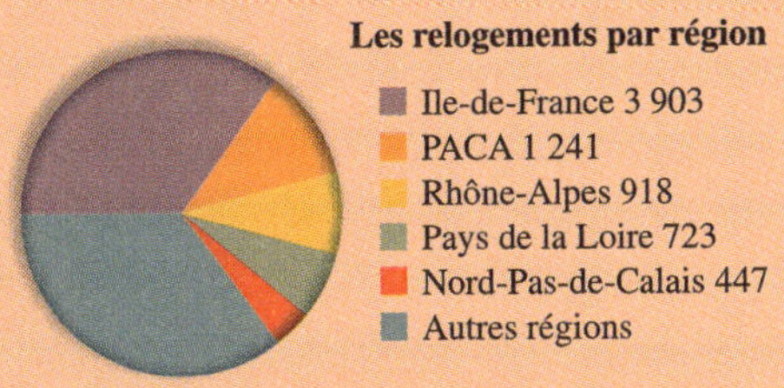

a) Quel est le sujet abordé ?
b) Combien y a t-il de dossiers déposés ?
Donner le pourcentage de dossiers traités, puis de relogements effectifs.
c) Combien y a-t-il eu de dossiers déposés dans le secteur *Autres régions* ?
d) Comment s'appellent ces représentations ?
e) Pour les relogements par région, quelle est la mesure de l'angle qui correspond à la région PACA ?
f) Qui de la région de l'Ile-de-France et de la région PACA a réalisé le plus de relogements en nombre ? Et en pourcentage relatif ?

13 Au travail

Une étude auprès de 500 demandeurs d'emploi de moins de 25 ans, classés d'après l'ancienneté de leur demande d'emploi, a donné le diagramme circulaire suivant :

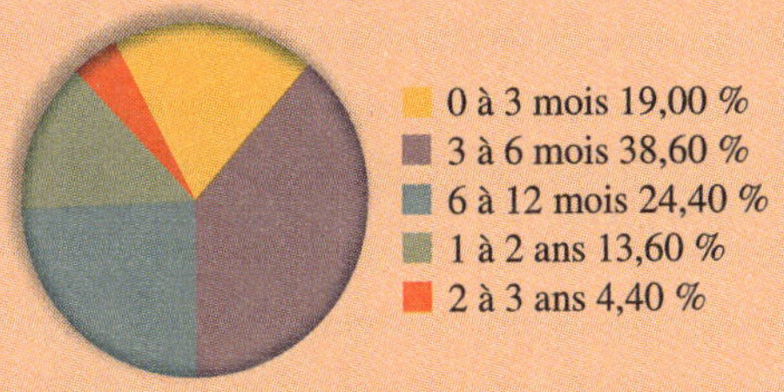

a) Présenter les résultats dans un tableau statistique :

Classe C_i	Centre x_i	Effectif n_i	$n_i x_i$

b) Représenter cette série statistique par un histogramme.
On prendra 1 cm pour 3 mois et 1 cm pour 20 demandeurs d'emploi.
c) Déterminer la durée moyenne d'une demande d'emploi.
d) Donner l'étendue, la médiane et les quartiles à l'aide du logiciel Sine Qua Non.

14 Alea jacta est

On peut simuler le lancement d'un dé non pipé à l'aide d'une calculatrice.
Avec une calculatrice Ti 82, on utilise l'instruction : **INT (RAND × 6) + 1.**
Avec une calculatrice Casio, on utilise l'instruction : **INT (RAND # × 6) + 1.**
On a fait 200 simulations et on a obtenu les résultats suivants :

Face	1	2	3	4	5	6
Effectif	32	36	31	32	36	33

a) Calculer la fréquence d'apparition de chacune des faces.
Quelle est la somme de ces fréquences ?
b) Quelle est celle dont la fréquence est la plus proche de celle que l'on pouvait attendre d'un dé non pipé ?
c) Calculer la moyenne des fréquences d'apparition des 6 faces.

15 Il ne faut pas perdre la boule

Une urne contient 100 boules, certaines sont rouges et les autres sont noires.
On veut faire une estimation du nombre de boules de chaque couleur qui se trouvent dans cette urne. Pour cela on fait l'expérience aléatoire suivante : on prélève dans cette urne, au hasard et avec remise, 500 boules.
On a obtenu 149 fois une boule rouge.
a) Combien de fois, sur les 500 tirages, a-t-on tiré une boule noire ?
b) Déterminer la fréquence d'apparition d'une boule rouge et celle d'une boule noire.
c) Évaluer alors le nombre de boules de chaque couleur que contient l'urne.

2 RÉSOLUTION D'UN PROBLÈME DU PREMIER DEGRÉ

1 Questions pour un champion

Répondre par Vrai ou Faux.

1 Équations et inéquations :
a) $3x = 0$ a comme solution $x = -3$;
b) $5x - 3 = 0$ a comme solution $x = \frac{3}{5}$;
c) $-x - 4 = 0$ a comme solution $x = 4$;
d) $-5x \geqslant 0 \Leftrightarrow x \leqslant 5$;
e) $-2x + 3 \leqslant 0 \Leftrightarrow x \geqslant \frac{3}{2}$;
f) $-x - 6 > 0 \Leftrightarrow x > -6$.

2 ■ Systèmes :

a) $\begin{cases} 2x - 3y = 5 \\ -x + y = -2 \end{cases}$

a comme solution le couple (4 ; 1) ;

b) $\begin{cases} 5x - 9y = 19 \\ x - 2y = 4 \end{cases}$

a comme solution le couple (2 ; – 1) ;

c) $\begin{cases} x + 4y = 7 \\ 2x - 3y = -8 \end{cases}$

a deux solutions, $x = -1$ et $y = 2$;

d) $\begin{cases} 2x - 3y = 5 \\ -4x + 6y = -2 \end{cases}$ n'a pas de solution.

2 Égalité

Résoudre dans ℝ les équations :

a) $2x - 5 = 0$; $-3x - 8 = 0$.

b) $\frac{1}{2}x - 1 = 0$; $\frac{2}{3}x + \frac{4}{7} = 0$.

c) $\frac{8x+5}{9} + \frac{3-5x}{4} = \frac{2x+23}{6} - \frac{x}{2}$.

d) $3\left(x - \frac{3x-1}{2}\right) + \frac{3-2x}{4} = \frac{1-4x}{2}$.

e) $(2x - 5)^2 - 9x^2 = 0$.

On pensera à factoriser.

3 Plus grand ou plus petit ?

Résoudre dans ℝ les inéquations :

a) $4x - 3 \geqslant 0$; $-5x - 9 < 0$.

b) $\frac{3}{5}x - 2 < 0$; $-\frac{3}{7}x - \frac{9}{2} \geqslant 0$.

c) $\frac{10x}{3} + \frac{5}{6} < \frac{7x+1}{2} + \frac{1}{3}$.

d) $\frac{-x-5}{2} - \frac{7}{6} + \frac{2x+1}{3} < x + 4$.

e) $\begin{cases} 2 - x \geqslant 3 - 7x \\ 9x + 4 < 5x + 6 \end{cases}$

4 Cela porte sur le système

Résoudre les systèmes :

a) $\begin{cases} 3x - 2y = -19 \\ 5x + y = -10 \end{cases}$ par substitution.

b) $\begin{cases} -5x + 4y = 17 \\ 2x - 7y = -23 \end{cases}$ par combinaisons.

c) $\begin{cases} 2x - y = 9 \\ x + y = 3 \end{cases}$ graphiquement.

d) $\begin{cases} 5x + 3y = 18 \\ -2x + y = -5 \end{cases}$ par trois méthodes.

5 Quel est le capital ?

Une personne a placé les trois quarts de son capital à 6 % et le reste à 8 %.

Déterminer le capital sachant que l'intérêt annuel total est de 325 €.

6 Impairs, pairs et manque

a) Déterminer les trois nombres impairs consécutifs dont la somme vaut 39.

b) Déterminer les quatre nombres pairs consécutifs dont la somme vaut 96.

7 Pour être reçu

Un examen comporte un écrit coefficient 3 et un oral coefficient 2.

Pour être reçu, il faut obtenir au moins 10 de moyenne.

Un candidat a eu 8 à l'écrit.

Combien doit-il avoir au minimum à l'oral pour réussir cet examen ?

8 À vos ordinateurs !

La région a décidé d'attribuer au lycée Jean Perrin un budget de 10 000 € pour l'achat d'ordinateurs.

a) L'ordinateur choisi vaut 647 €.

Combien, au maximum, le lycée peut-il acheter d'ordinateurs ?

b) Même question si le magasin lui accorde une remise de 10 %.

c) Quel doit être le prix maximum d'un ordinateur si le lycée veut en acquérir 19 pour la salle d'informatique ?

Ce prix sera arrondi au centime d'euro.

Faut-il le faire par excès ou par défaut ?

9 Doit-on dire oui au maire ?

Le propriétaire d'un terrain reçoit une lettre de la mairie l'avertissant que, pour construire une route, son terrain carré aura un de ses côtés augmenté de 25 m et l'autre diminué de 20 m. Il n'acceptera la proposition de la mairie que si le nouveau terrain est plus grand.

Doit-il accepter quelle que soit la longueur initiale de son champ ?

⑩ Pour ne pas manquer d'aire

Un champ carré $ABCD$ a 100 m de côté.
On joint le point A à un point M situé sur le segment $[BC]$.
L'aire du champ triangulaire ABM doit être inférieure ou égale au tiers de l'aire du trapèze $ADCM$.
a) Faire une figure.
b) Quelle doit être la position du point M sur le segment $[BC]$?
Que peut-on dire du point M par rapport au milieu I du segment $[BC]$?

⑪ À la baguette

Dans une boulangerie, M. STAMBOULIAN demande 4 baguettes, mais au moment de payer, il s'aperçoit qu'il lui manque 0,60 €.
Il décide alors de n'en prendre que 3 et il reste dans son porte-monnaie 0,30 €.
Quel est le prix d'une baguette ?
Quelle somme avait-il dans son porte-monnaie ?

⑫ Quel est l'âge du capitaine ?

Un capitaine a 35 ans de plus que son matelot.
Dans 7 ans, il aura le double de l'âge de son matelot.
Quels sont les âges du capitaine et du matelot ?

⑬ Pour se meubler

Un jeune ménage achète un buffet, une table et quatre chaises.
Le buffet vaut deux fois plus que la table.
Celle-ci vaut autant que six chaises.
La dépense totale s'élève à 1 320 euros.
Calculer le prix de chaque meuble.

⑭ Lancement de disque

Dans une FNAC, une personne paie 40 € pour deux DVD et cinq CD. Son ami paie 21 € pour un DVD et trois CD.
Calculer le prix d'un DVD et d'un CD.

⑮ Au bout du rouleau

Un particulier veut tapisser son salon.
Il a sélectionné deux sortes de papier : du papier uni et du papier à motif.
S'il choisissait 5 rouleaux de papier uni et 4 rouleaux de papier à motif, la dépense serait de 240 €.
S'il choisissait 3 rouleaux de papier uni et 6 rouleaux de papier à motif, la dépense serait de 270 €.
Quel est le prix d'un rouleau de papier uni et celui d'un rouleau de papier à motif ?

⑯ Il faut croire au père Noël

Un gérant d'entreprise a décidé de donner une prime de Noël de 2 000 € à ses deux employés proportionnellement au nombre de leurs enfants.
Déterminer les primes des deux employés sachant qu'ils ont respectivement 3 et 2 enfants ?

⑰ À toute vitesse

Deux cyclistes parcourent une distance de 150 km à vitesses constantes. Le premier fait 5 km/h de plus que le second.
Déterminer les vitesses de chacun sachant que le premier arrive avec une avance de 25 km sur le second.

⑱ Renversant

Soit N un nombre composé de deux chiffres.
Si on appelle a le chiffre des dizaines et b le chiffre des unités, $N = 10\,a + b$.
Si on permute son chiffre des dizaines et celui des unités, le nombre obtenu est supérieur à N de 54.
a) Déterminer le nombre N sachant que de plus la somme du chiffre des dizaines et du chiffre des unités vaut 10.
b) Quelles sont les solutions si l'on ne sait pas que $a + b = 10$?

⑲ Êtes-vous au courant ?

a) Un générateur de force électromotrice 30 V et de résistance interne 1,5 Ω a sa tension U aux bornes qui est fonction de l'intensité I du courant débité et qui est donnée par :

$$U = f(I) = 30 - 1{,}5\,I.$$

Représenter cette fonction dans un repère orthogonal d'unités :
1 cm pour 5 A en abscisse et 0,5 cm pour 5 V en ordonnée.
On prendra $I \in [0 ; 20]$.
b) On considère un récepteur de force contre-électromotrice 10 V et de résistance interne 0,5 Ω.
On peut écrire :

$$U = g(I) = 10 + 0{,}5\,I.$$

MATHÉMATIQUES Exercices

Représenter la fonction g sur le même graphique que la fonction f.

c) Lorsque le générateur débite dans le récepteur, les deux appareils sont soumis à une même tension, et sont parcourus par un courant de même intensité.

Déterminer graphiquement les coordonnées du point de fonctionnement.

d) Retrouver les résultats précédents par le calcul. Pour cela, on résoudra le système :

$$\begin{cases} U = 30 - 1{,}5\,I \\ U = 10 + 0{,}5\,I \end{cases}$$

20 Faut-il s'abonner ?

Partie A

Un opérateur téléphonique propose à ses clients trois options :

Option 1 : Un abonnement pour l'année de 120 €, plus 10 € par mois ;

Option 2 : Un abonnement pour l'année de 60 €, plus 20 € par mois ;

Option 3 : 40 € par mois.

a) Djamel a choisi l'option 1 pour une durée de 8 mois.
Quel est le prix de revient de ces 8 mois ?
Combien aurait-il payé s'il avait choisi l'option 2 ? Et si il avait pris l'option 3 ?
A-t-il eu raison de choisir l'option 1 ?

b) Un autre client a choisi l'option 3 et a dépensé en tout 200 €. Combien de mois a-t-il payé ? A-t-il eu raison de choisir l'option 3 ?

c) Donner, en fonction du nombre x de mois, les prix de revient y_1, y_2, y_3 selon les options 1, 2 ou 3.

d) Compléter le tableau suivant :

x	2			
y_1		170		
y_2			240	
y_3				480

Partie B

On se place dans un repère orthogonal d'unité 1 cm pour un mois sur l'axe (Ox) et 1 cm pour 40 € sur l'axe (Oy).

a) Représenter dans le repère précédent les droites D_1, D_2, D_3 d'équations :

$$y = 10x + 120 \; ; \; y = 20x + 60 \; ; \; y = 40x.$$

On a : $0 \leqslant x \leqslant 12$.

b) Soit A, B, C les points d'intersection respectifs de D_1 et D_2, D_1 et D_3, D_2 et D_3.
Déterminer les coordonnées des points A, B, C par le calcul.
Vérifier les résultats sur le graphique.

Partie C

a) Résoudre les inéquations suivantes :
$10x + 120 \geqslant 20x + 60$;
$10x + 120 \geqslant 40x$;
$20x + 60 \geqslant 40x$.
Retrouver les résultats graphiquement.

b) Quelle option conseilleriez-vous à un client en fonction du nombre de mois ?

3 NOTION DE FONCTION

1 Question pour un champion

Répondre par Vrai ou Faux.

1 ■ Les relations ci-dessous sont-elles des fonctions ?

a) La relation qui à un nombre réel fait correspondre son double plus 1.

b) La relation qui à un nombre réel fait correspondre son carré.

c) La relation qui à un nombre entier fait correspondre ses diviseurs.

2 ■ Les représentations graphiques ci-dessous sont-elles celles de fonctions ?

a) Droite d'équation $y = 2$:

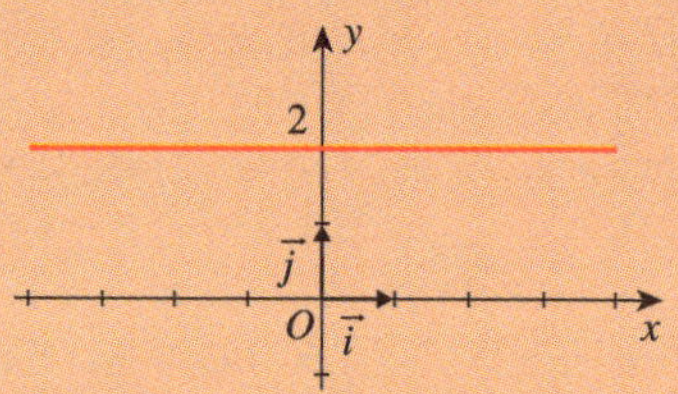

b) Droite d'équation $x = 1$.

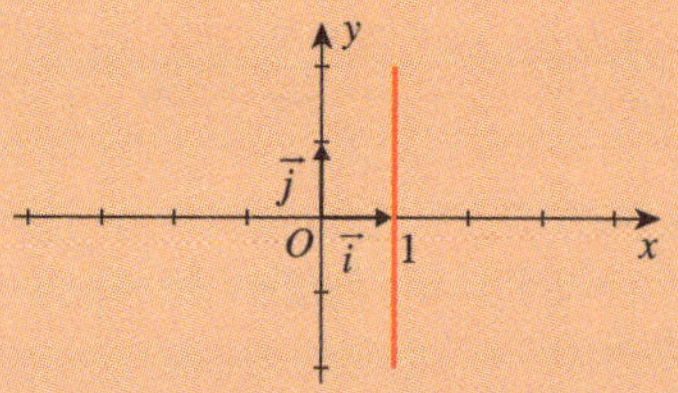

c) Courbe d'équation $x = y^2$.

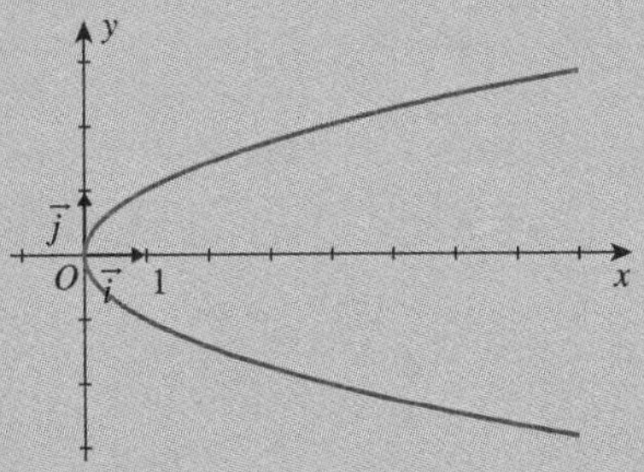

d) Courbe d'équation $y = |x|$.

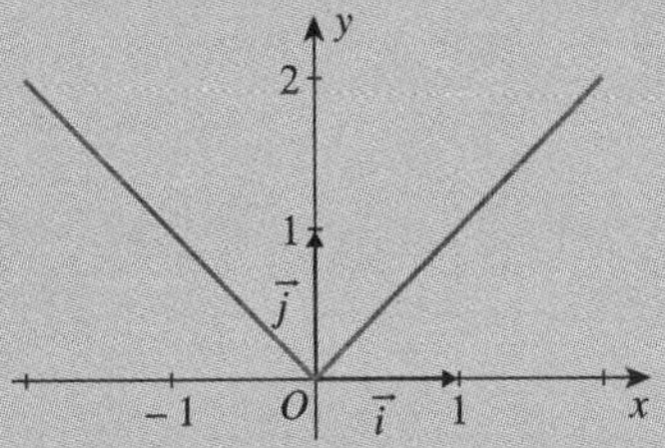

e) $f(x) = x^2 - 2,5\,x + 1$.

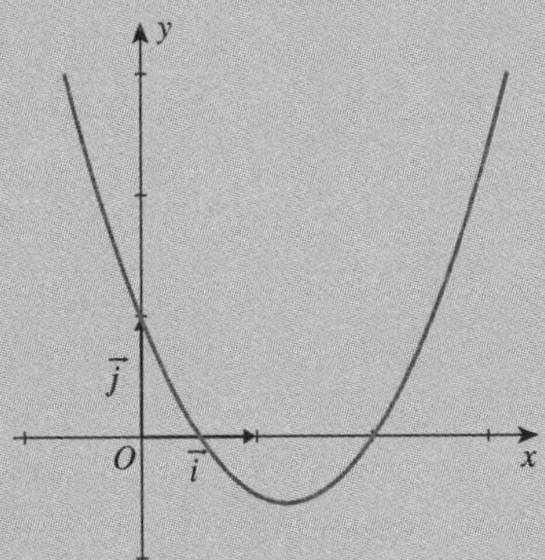

f) Cercle de centre O et de rayon $R = 2$.

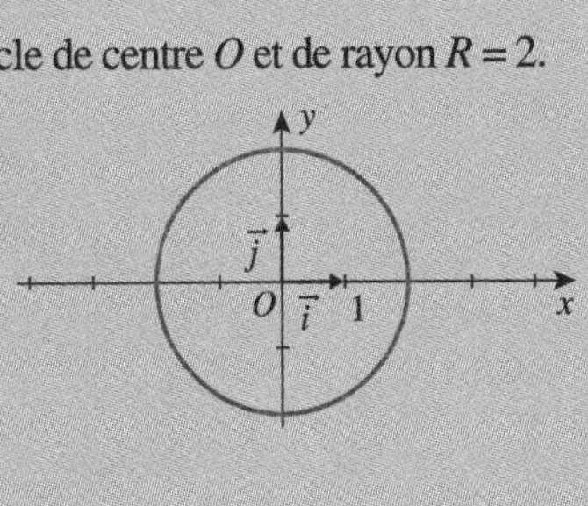

❷ Images, antécédents

Pour les fonctions ci-dessous :

1 ■ $f : x \mapsto y = f(x) = x - 1$.

2 ■ $g : x \mapsto y = g(x) = 2x + 3$.

3 ■ $h : x \mapsto y = h(x) = x^2$.

4 ■ $i : x \mapsto y = i(x) = \dfrac{1}{x}$.

5 ■ $j : x \mapsto y = j(x) = \sqrt{x}$.

a) Donner les images, si elles existent, des nombres : – 1 ; 0 ; 2.

b) Donner les antécédents, s'ils existent, des nombres : – 3 ; 0 ; 4.

❸ Lecture graphique

On considère la fonction f définie sur $I = [-0,2\ ;\ 4,2]$ et dont la représentation graphique est donnée ci-dessous :

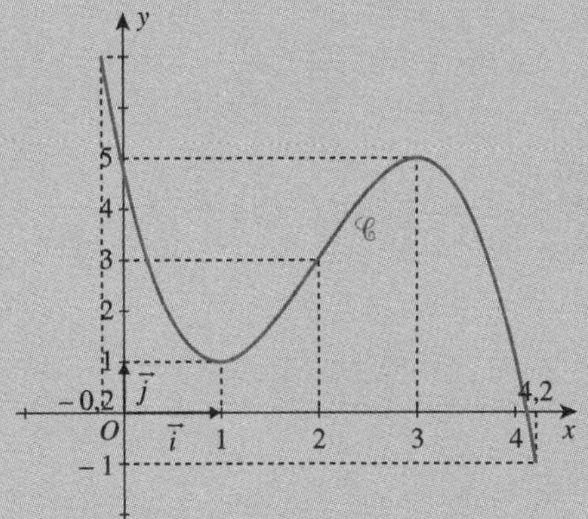

a) Comment se nomme la courbe ?

b) Quel est le sens de variation de f sur l'intervalle $[-0,2\ ;\ 1]$?

c) Quel est le sens de variation de f sur l'intervalle $[1\ ;\ 3]$?

d) Donner le minimum de f sur $[0\ ;\ 2]$.
Est-ce le minimum absolu de f sur I ?

e) Donner le maximum de f sur $[2\ ;\ 4]$?
Est-ce le maximum absolu de f sur I ?

f) Établir le tableau de variation de f.

g) Donner les coordonnées du point d'intersection de $\mathscr{C}$ avec l'axe (Oy).

h) Donner un encadrement à 0,2 près de l'abscisse x_0 du point d'intersection de $\mathscr{C}$ avec l'axe (Ox).

i) Quelle est l'image du nombre 2 ?

j) Donner les antécédents du nombre 5.

k) Quel est le nombre d'antécédents du nombre 3 ?
En citer un et donner un encadrement de chacun des deux autres par deux entiers consécutifs.

❹ Pour ne pas manquer d'aire

Partie A

On considère la fonction f définie sur l'intervalle $I = [0\ ;\ 50]$ par :

$$f(x) = 50x - x^2.$$

a) Compléter le tableau de valeurs ci-dessous à l'aide d'une calculatrice.

x	0	5	10	15	20	25
$f(x)$						

x	30	35	40	45	50
$f(x)$					

b) Que peut-on conjecturer sur le sens de variation de la fonction f ?
Y a-t-il un extremum ? Est-ce un maximum ou un minimum ?
c) Construire la courbe représentative de f à l'aide d'une calculatrice.
Retrouver les résultats de **b)**.

Partie B
On considère un champ rectangulaire de périmètre $\mathcal{P}$.
On désigne par L et l la longueur et la largeur du champ.
a) Exprimer le périmètre $\mathcal{P}$ et l'aire $\mathcal{A}$ du champ en fonction de L et l.
b) Sachant que $\mathcal{P} = 100$, donner L en fonction de l et en déduire que :

$$\mathcal{A} = 50\,l - l^2.$$

Application
Déterminer quelles sont les dimensions du champ rectangulaire ayant la plus grande aire que l'on peut clôturer avec 100 mètres de grillage.
Que peut-on dire de ce rectangle ?
Quelle est son aire ?

5 À toute vitesse !

On veut déterminer la distance d'arrêt d parcourue par un véhicule entre le moment où le conducteur voit un danger et son arrêt complet.
Cette distance d'arrêt est la somme de la distance de réaction d_R et de la distance de freinage d_F.
La distance de réaction est la distance parcourue par le véhicule entre le moment où le conducteur aperçoit le danger et le moment où il freine.
La distance de réaction est proportionnelle à la vitesse v du véhicule et on a :
$d_R = v \times t$ où d_R est en m, v en m/s et le temps de réaction t en s.
Ce temps t est de l'ordre de 1 s pour un conducteur dans des conditions normales.
On a alors : $d_R = v$.
La distance de freinage de ce véhicule est donnée par : $d_F = \lambda v^2$ où λ est un coefficient qui dépend de l'état de la route et du véhicule.

Lorsque la route est sèche, le coefficient λ est égal à 0,08 et égal à 0,14 lorsque la route est mouillée.

La distance d'arrêt d_S sur route sèche et la distance d'arrêt d_M sur route mouillée, exprimées en mètre, sont donc données, pour un conducteur en pleine possession de ses moyens, par :

$$d_S(v) = 0{,}08\,v^2 + v \text{ et } d_M(v) = 0{,}14\,v^2 + v.$$

Les calculs intermédiaires seront faits en valeurs exactes.
À la fin des calculs, les vitesses et les distances seront arrondies à l'unité près.

Partie A
1 ■ Un véhicule roule à une vitesse de 10 mètres par seconde.
a) Quelle est sa vitesse en km/h ?
b) Déterminer, en mètre, les distances d'arrêt d_S et d_M du véhicule.
Combien faut-il de mètres en plus sur route mouillée que sur route sèche ?
Donner le pourcentage d'augmentation.

2 ■ Un véhicule roule à une vitesse de 50 kilomètres par heure.
a) Quelle est sa vitesse en m/s ?
b) Déterminer, en mètre, les distances d'arrêt d_S et d_M du véhicule.
Combien faut-il de mètres en plus sur route mouillée que sur route sèche ?
Quel est le pourcentage d'augmentation ?

Partie B
Lors d'un accident grave, les policiers mesurent les longueurs des traces de freinage et peuvent ainsi évaluer la vitesse des véhicules en cause.

Attention : dans cette partie, il ne faut considérer que les distances de freinage.

1 ■ Calculer les distances de freinage sur route sèche et sur route mouillée à 50 km/h.

2 ■ Lors d'un accident en ville, ils ont constaté des traces de pneus sur une distance de 20 m.
Le conducteur était-il en infraction ?
Manque-t-il un renseignement important ?

Partie C

1 ■ **a)** Démontrer qu'il existe un coefficient de proportionnalité qui permet de passer d'une vitesse v en m/s à une vitesse en km/h. Et inversement.

b) Compléter le tableau suivant :

v en km/h		50		110	130
v en m/s	10		25		
$d_S(v)$					
$d_M(v)$					

2 ■ En France, sur autoroute, on impose une limitation de vitesse selon l'état de la route : sur route humide la vitesse maximale est de 110 km/h ; sur route sèche la vitesse maximale est de 130 km/h.
Les résultats obtenus précédemment sont-ils en concordance avec ces limitations ?

3 ■ Construire, à l'aide d'une calculatrice les courbes représentatives des fonctions d_S et d_M.

4 ■ Donner graphiquement les antécédents du nombre 100 avec la précision permise par les deux courbes.
Commenter ces résultats.

6 Pour être au courant

Un générateur de force électromotrice E de 18 volts a une résistance interne r de 2 ohms. On démontre que la puissance utile P de ce générateur est fonction de l'intensité I et est donnée par :

$$P : [0 ; 9] \to \mathbb{R}$$
$$I \mapsto P(I) = E\,I - r\,I^2 = 18\,I - 2\,I^2.$$

P est en Watt et I en ampère.

a) Déterminer les images des nombres 0, 2, 7 et 9. Commenter ces résultats.

b) Compléter le tableau de valeurs :

I	3	4	4,5	5	6	8
$P(I)$						

c) Conjecturer le tableau de variation de la fonction P.
Pour quelle valeur de I, la puissance est-elle maximale ?

d) Construire la courbe représentative de la fonction P sur [0 ; 9] dans un repère orthogonal d'unités 0,5 cm pour 1 ampère sur l'axe des abscisses et 1 cm pour 10 watts sur l'axe des ordonnées.

e) La courbe précédente confirme-t-elle les conjectures de **c)** ?

f) Donner graphiquement les antécédents du nombre 28. Faire un commentaire.

7 C'est aux pommes !

Un producteur de pommes bio sait qu'il peut récolter actuellement 1 600 kg de pommes et les vendre 4 € le kg.
S'il attend, sa récolte augmentera de 80 kg par jour mais le prix baissera de 0,10 € par kg et par jour.

1 ■ Quelle somme encaissera-il :

a) s'il vend sa récolte de suite ?

b) s'il attend une semaine ?

2 ■ On appelle n le nombre de jours qu'il va attendre pour récolter.

a) Donner, en fonction de n, le nombre N de kg de pommes qu'il aura à vendre.

b) Donner, en fonction de n, le prix P d'un kg de pommes.

c) Démontrer que la somme $S(n)$ qu'il encaissera alors est donnée par :

$$S(n) = 80\,(-\,0{,}1\,n^2 + 2\,n + 80).$$

3 ■ **Étude de S :**

a) Montrer que $n \leqslant 40$.

b) Vérifier les résultats de **1** ■.

c) Calculer l'image de $n = 25$ par S.
Dire ce que cela signifie.

d) Construire la courbe représentative de la fonction S sur [0 ; 40].

e) Utiliser la courbe pour savoir quand le producteur devra faire la cueillette pour avoir une recette maximale.

8 Par ici la caisse

Un artisan fabrique des caisses en bois avec couvercle.
Ce sont des parallélépipèdes rectangles de base carrée et dont le volume est obligatoirement 1 m^3.

Partie A

On désigne par x la longueur de la base carrée et par h la hauteur de la caisse.

a) Donner l'aire totale $\mathcal{A}$ d'une caisse en fonction de x et de h.

b) Donner le volume $\mathcal{V}$ d'une caisse en fonction de x et de h.

c) Exprimer h en fonction de x sachant que $\mathcal{V} = 1$.

d) Vérifier que $\mathcal{A} = 2(x^2 + \frac{2}{x})$.

Partie B

Soit f la fonction définie sur $]0 ; 2]$ par :

$$f(x) = 2(x^2 + \frac{2}{x}).$$

1 ■ Construire la courbe représentative $\mathcal{C}$ de f à l'aide d'une calculatrice.

2 ■ Conjecturer le tableau de variation de f.

3 ■ Pour quelle valeur de x, f admet-elle un minimum ?

4 ■ a) En déduire les dimensions d'une caisse qui minimise le prix du bois.

b) Quel est le prix de revient d'une telle caisse sachant que le m^2 de bois coûte 50 € HT et que la TVA est de 19,6 % ?

9 Match nul

Un stade de football peut accueillir 50 000 personnes. Les charges fixes sont de 1 000 000 € par match et les charges variables sont de 15 € par personne. Le nombre n de spectateurs est fonction du prix p du billet d'entrée, en euros, et est donné par $n = 50\,000 - 250\,p$.

On désigne respectivement par $D(p)$, $R(p)$ et $B(p)$ les dépenses, les recettes et les bénéfices en fonction du prix p du billet.

a) Déterminer $D(p)$, $R(p)$ et $B(p)$ en fonction du prix p du billet en euros.

Vérifier que :

$B(p) = -250\,p^2 + 53\,750\,p - 1\,750\,000$.

b) Calculer le nombre de spectateurs, les dépenses, les recettes et les bénéfices lorsque le prix du billet est de 40 €, 107,50 € et 175 €.

c) Construire la courbe représentative de la fonction B, à l'aide d'une calculatrice, pour $35 \leqslant p \leqslant 180$ dans un repère orthogonal d'unités : 1 cm pour 20 € sur l'axe (Op) et 1 cm pour 150 000 € sur l'axe (Oy).

d) Que peut-on dire de $B(p)$ si $p < 40$ ou si $p > 175$?

e) Pour quelle valeur de p le bénéfice est-il maximum ?

Quels sont alors le nombre de spectateurs et le bénéfice réalisé ?

4 UTILISATION DES FONCTIONS DE RÉFÉRENCE

1 Questions pour un champion

Répondre par Vrai ou Faux.

1 ■ Soit la fonction $f : x \mapsto f(x) = -3$ et D sa représentation graphique :

a) f est une fonction constante ;

b) f est décroissante sur $\mathbb{R}$;

c) L'image de -5 est -5 ;

d) D coupe l'axe (Oy) en $(-3 ; 0)$;

e) D ne coupe pas l'axe (Ox).

2 ■ Soit la fonction $f : x \mapsto f(x) = 5\,x^2$ et $\mathcal{P}$ sa représentation graphique :

a) f est croissante sur $\mathbb{R}$;

b) $f(-2) = -20$;

c) $\mathcal{P}$ est une parabole ;

d) $\mathcal{P}$ coupe l'axe (Oy) en $(0 ; -5)$;

e) $\mathcal{P}$ est au-dessus ou coupe l'axe (Ox).

2 Des univers parallèles

Soit f, g et h les fonctions définies sur $\mathbb{R}$ par :

$$f(x) = x,\ g(x) = x + 3 \text{ et } h(x) = x - 2.$$

a) Construire la courbe représentative D de la fonction f.

b) En déduire les courbes représentatives D' et D'' des fonctions g et h.

c) Que peut-on dire de D, D' et D'' ?

d) Quels sont les sens de variation de g et de h ?

3 C'est une référence

Mêmes questions pour les fonctions f, g et h définies par :

$$f(x) = x,\ g(x) = 2x \text{ et } h(x) = -3x.$$

4 Attention croisement !

Soit f et g les fonctions définies sur $\mathbb{R}$ par :

$$f(x) = x \text{ et } g(x) = -x - 4.$$

a) Construire la courbe représentative D de la fonction f.

b) En déduire la courbe représentative D' de la fonction g.

c) Quel est le sens de variation de g ?

d) Lire graphiquement les coordonnées du point d'intersection de D et D'.

e) Retrouver le résultat précédent par le calcul.

5 Est-ce possible ?

Soit f et g les fonctions définies sur $\mathbb{R}$ par :

$$f(x) = x^2 \text{ et } g(x) = -1.$$

a) Construire sur le même graphique les courbes représentatives $\mathcal{P}$ et D des fonctions f et g.

b) Résoudre graphiquement l'équation :

$$x^2 = -1.$$

c) Retrouver le résultat par le calcul.

6 On en connaît un rayon

a) Répondre aux mêmes questions que précédemment pour les fonctions f et g définies sur $\mathbb{R}$ par : $f(x) = x^2$ et $g(x) = 4$ et pour l'équation $x^2 = 4$.

b) En déduire le rayon d'un disque dont l'aire est égale à $4\,\pi$ cm^2.

7 C'est remarquable

Soit f et g les fonctions définies sur $\mathbb{R}$ par :

$$f(x) = x^2 \text{ et } g(x) = 2x - 1.$$

a) Construire sur le même graphique les courbes représentatives $\mathcal{P}$ et D des fonctions f et g.

b) Résoudre graphiquement l'équation :

$$x^2 = 2x - 1.$$

c) Vérifier que $(x-1)^2 = x^2 - 2x + 1$.
Retrouver par le calcul les résultats de **b)**.

8 Sens contraire

Soit f et g les fonctions définies sur $\mathbb{R}$ par :

$$f(x) = x^2 \text{ et } g(x) = 1 - x^2.$$

a) En utilisant le sens de variation de f, donner le tableau de variation de g.

b) Construire sur le même graphique les courbes représentatives $\mathcal{P}$ et $\mathcal{P}'$ des fonctions f et g.

c) Déterminer les coordonnées des points d'intersection de $\mathcal{P}'$ avec l'axe (Ox).

d) Retrouver les résultats par le calcul.

9 C'est capital

Soit f la fonction définie sur $[0 ; 1{,}04]$ par : $f(x) = kx^2$ avec k réel et $\mathcal{P}$ sa courbe représentative.

1 ■ a) Déterminer k pour que $\mathcal{P}$ passe par le point $A\ (0{,}5 ; 375)$.

b) Donner le tableau de variation de f pour la valeur de k déterminée en **1 ■ a)**.

2 ■ On place 1 500 € à intérêts composés au taux de 4 % par an.
De quel capital disposera t-on au bout de 2 ans de placement ?

10 Vous ne faites pas le poids !

Adolphe Quetelet (1796-1874) est un célèbre mathématicien belge et l'un des fondateurs de la statistique moderne.

Il a défini l'Indice de Masse Corporelle (IMC) : $I = \dfrac{P}{T^2}$ où le poids P est en kg et la taille T en m.

L'Organisation Mondiale de la Santé (OMS) a choisi cet indice pour évaluer les risques liés à la maigreur excessive ou au surpoids et a établi le tableau suivant :

IMC : I	Commentaires
Moins de 16,5	Dénutrition
De 16,5 à 18,5	Maigreur
De 18,5 à 25	Corpulence moyenne
De 25 à 30	Surpoids
De 30 à 35	Obésité modérée
De 35 à 40	Obésité sévère
Plus de 40	Obésité morbide

1 ■ Un homme mesure 1,78 m et pèse 107 kg.
Quel est son indice de masse corporelle ?
Que peut-on dire de cette personne ?

2 ■ Une commission, formée de couturiers et de mannequins, a demandé à ce que l'on interdise à des mannequins de défiler si leur indice de masse corporelle est inférieur à 18,5.
Quel doit être le poids minimum, au kg près, d'un mannequin qui mesure 1,80 m ?

3 ■ a) Exprimer P en fonction de I et de T.

b) Soit $f : T \mapsto f(T) = 18{,}5\,T^2$ avec $I = 18{,}5$.
Construire la courbe représentative $\mathcal{P}$ de la fonction f pour $1{,}70 \leqslant T \leqslant 1{,}90$.
Sur (OT), on prend 1cm pour 0,05 m et sur (Oy) 1cm pour 5 kg.
On met l'origine du repère en $(1{,}70 ; 50)$.

c) Un mannequin M_0 est représenté par le couple taille, poids $(T_0 ; P_0)$.
Où se situe M_0 par rapport à la courbe $\mathcal{P}$ si le mannequin peut défiler ?

11 Exercice dans le vent

Albert Betz (1885-1968) est un grand physicien allemand.

Il a montré que seulement 59 % environ de l'énergie cinétique du vent peut être transformée en énergie mécanique puis électrique et que la puissance maximale P d'une éolienne

MATHÉMATIQUES Exercices

de rayon r, avec un vent de vitesse v, est donnée par :

$$P(r) = 1{,}14 \times 10^{-3} \times r^2 v^3.$$

P est en kilowatt, r est en mètres et v est en mètres par seconde.

a) Donner P en fonction de r lorsque la vitesse de vent est de 10 m/s.

b) Construire la courbe représentative $\mathcal{P}$ de la fonction P et la droite D d'équation $y = 10{,}26$ sur [0 ; 4]. On prend un repère orthogonal : 1 cm représente 1 m sur l'axe (Or) et 0,5 cm représente 1 kW sur l'axe (Oy).

c) Résoudre graphiquement l'équation $P = 10{,}26$.

En déduire le rayon d'une éolienne de puissance $P = 10{,}26$ kW.

d) Retrouver algébriquement le résultat précédent.

12 Attention à la chute

On lâche une bille, sans vitesse initiale, d'une hauteur de 2 000 mètres.

Si on néglige la résistance de l'air, la hauteur h de la bille par rapport au sol est une fonction du temps t et est donnée par :

$$h(t) = -\frac{1}{2}gt^2 + 2000.$$

La vitesse v de la bille, à l'instant t, en valeur absolue, est donnée par : $v(t) = g\,t$.

h est en mètre, t en seconde et v en m/s.

L'accélération g de la pesanteur dépend du lieu de la chute et est en m/s^2.

Sur la Terre, g est approximativement égale à 9,81 m/s^2 et sur la Lune à 1,62 m/s^2.

Partie A : Sur la Terre

a) Donner $h_T(t)$ et $v_T(t)$ en fonction de t.

b) Quel est le sens de variation de la fonction v_T ?

c) Rappeler le sens de variation de la fonction $f : t \mapsto t^2$ pour $t \geqslant 0$.

En déduire celui de $g : t \mapsto -4{,}905\,t^2$ puis celui de h_T pour $t \geqslant 0$.

d) À quelle altitude se trouve la bille 5 secondes après le lâcher ?

Quelle est sa vitesse ?

Donner les résultats à l'unité près.

e) Compléter le tableau de valeurs :

t	0	5	10	15	20
$h_T(t)$					
$v_T(t)$					

f) Construire les courbes représentatives $\mathcal{V}$ et $\mathcal{H}$ des fonctions v_T et h_T sur $I = [0 ; 21]$.

0,5 cm représente 2 s sur l'axe (Ot) et 0,5 cm représente 200 m sur l'axe (Oy).

g) Utiliser le graphique précédent pour déterminer à une seconde près l'instant où la bille va toucher le sol.

Quelle est la vitesse à l'impact ?

Partie B : Sur la Lune

Répondre aux mêmes questions **a)**, **e)**, **f)** et **g)** que dans la partie A.

Pour le tableau du **e)**, on cherchera les images des nombres de 0 à 50, de 5 en 5 et on prendra $I = [0 ; 50]$.

Les fonctions se notent h_L et v_L.

On prend un repère orthogonal : 0,5 cm représente 5 s sur l'axe (Ot) et 0,5 cm représente 200 m sur l'axe (Oy).

Comparer ces résultats avec ceux de la partie A.

13 Boire ou conduire

La distance d'arrêt d_A parcourue par un véhicule, entre le moment où le conducteur voit un danger et son arrêt complet, est la somme de la distance de réaction d_R et de la distance de freinage d_F.

La distance de réaction d_R est la distance parcourue par le véhicule entre le moment où le conducteur voit le danger et le moment où il freine.

La distance de réaction est proportionnelle à la vitesse v du véhicule et on a :

$d_R = v \times t$ où d_R est en m, v en m/s et le temps de réaction t en s.

- Ce temps t est de l'ordre de 1 s pour un conducteur qui a un taux d'alcoolémie de 0 gramme par litre de sang.
- Le temps est augmenté de 60 % pour un conducteur qui a un taux d'alcoolémie de 0,5 g/l.

Ce taux est le maximum autorisé pour conduire et correspond approximativement à 3 verres de vin.

Partie A : La distance de réaction

On appelle d_R et D_R les distances de réaction respectivement avec un taux d'alcoolémie de 0 g/l et avec un taux d'alcoolémie de 0,5 g/l.

a) Donner d_R et D_R en fonction de la vitesse v.

b) On suppose que la vitesse v varie de 0 à 36 m/s.

Construire la courbe représentative d de la fonction d_R et en déduire celle D de la fonction D_R. Sur l'axe (Ov), 1 cm représente 5 m/s et sur l'axe (Oy), 1 cm représente 10 m.

c) Le coefficient de proportionnalité qui permet de passer d'une vitesse en m/s à une vitesse en km/h est égal à 3,6.

Compléter le tableau en arrondissant les résultats à l'unité près :

v en m/s		25		36
v en km/h	50		110	
d_R en m				
D_R en m				

d) Commenter les résultats des colonnes 1 et 4 en exprimant les vitesses en km/h.

Donner dans chaque cas le pourcentage d'augmentation de la distance de réaction.

Partie B : la distance de freinage

La distance de freinage de ce véhicule est donnée par : $d_F = 0{,}08\ v^2$ lorsque la route est sèche.

d_F est en m, v en m/s et le temps t en s.

a) Compléter le tableau en arrondissant les résultats à l'unité près :

v en m/s		25		36
v en km/h	50		110	
d_F en m				

b) Commenter les résultats des colonnes 1 et 4 en exprimant les vitesses en km/h.

Partie C : la distance d'arrêt

À l'aide des résultats précédents, donner :

a) La distance d'arrêt d'un véhicule roulant à 130 km/h sur route sèche et dont le conducteur a un taux d'alcoolémie de 0 g/l.

b) La distance d'arrêt d'un véhicule roulant à 130 km/h sur route sèche et dont le conducteur a un taux d'alcoolémie de 0,5 g/l.

Commenter les résultats précédents.

14 Coût et bénéfice

Un artisan fabrique des objets en bois. Les charges fixes sont de 350 € et les charges variables dépendent de la quantité produite q et sont données, en euros, par : $2q^2$.

q est un entier compris entre 0 et 40.

Partie A : le coût

On note $C(q)$ le coût total de la quantité produite q.

a) Quel est le coût total de production de 15 objets ? De 30 objets ?

b) Donner en fonction de q le coût total $C(q)$.

c) Déterminer le sens de variation de la fonction C pour $q \in [0 ; 40]$.

d) Construire la courbe représentative $\mathscr{C}$ de la fonction C, pour $q \in [0 ; 40]$.

1 cm représente 5 objets sur l'axe (Oq) et 1 cm représente 400 € sur l'axe (Oy).

Partie B : Le chiffre d'affaires

L'entreprise vend 80 € chaque objet.

On note $C_a(q)$ le chiffre d'affaires pour la quantité vendue q.

a) Quel est le chiffre d'affaires si on vend 15 objets ? 30 objets ?

b) Donner en fonction de q le chiffre d'affaires C_a.

c) Donner le sens de variation de C_a pour $q \in [0 ; 40]$.

d) Construire la courbe représentative $\mathscr{C}_a$ de la fonction C_a, pour $q \in [0 ; 40]$ sur le graphique précédent.

Partie C : le bénéfice

On note $B(q)$ le bénéfice réalisé pour la quantité vendue q.

a) Quel est le bénéfice réalisé si on vend 15 objets ? 30 objets ?

b) Donner en fonction de q le bénéfice réalisé $B(q)$.

c) Donner graphiquement les abscisses des points d'intersection de $\mathscr{C}$ et de $\mathscr{C}_a$.

Soit q_0 la plus petite abscisse et q_1 la plus grande.

Que peut-on dire si $q_0 < q < q_1$?

Que se passe-t-il si $q < q_0$? Si $q > q_1$?

d) Compléter le tableau de valeurs :

q en unité	5	10	15	20
$C_a(q)$ en €				
$C(q)$ en €				
$B(q)$ en €				

q en unité	25	30	35	40
$C_a(q)$ en €				
$C(q)$ en €				
$B(q)$ en €				

e) Pour q objets vendus, le bénéfice $B(q)$ se visualise sur le graphique par l'écart entre $C_a(q)$ et $C(q)$.

Déterminer la valeur de q où cet écart est le plus grand. À quoi cela correspond-il ?

f) Construire à l'aide d'une calculatrice la courbe représentative $\mathscr{B}$ de la fonction B, pour $q \in [0 ; 40]$.

1 cm représente 5 objets sur l'axe (Oq) et 1 cm représente 150 € sur l'axe (Oy).
Retrouver les résultats de **c)** et de **e)**.

5 FONCTION LINÉAIRE, FONCTION AFFINE

❶ Questions pour un champion

Répondre par Vrai ou Faux.

1 ■ On considère la fonction f définie sur $\mathbb{R}$ par : $f : x \mapsto y = f(x) = 2x$ et D sa représentation graphique.

a) f est une fonction linéaire ;
b) f est une fonction affine ;
c) D passe par O ;
d) D passe par le point $A(-2 ; 0)$;
e) Le coefficient directeur de D est 2.

2 ■ On considère la fonction f définie sur $\mathbb{R}$ par : $f : x \mapsto y = f(x) = -3x + 5$ et D sa représentation graphique.

a) f est une fonction linéaire ;
b) f est une fonction affine ;
c) D passe par O ;
d) D passe par le point $A(-1 ; 8)$;
e) Le coefficient directeur de D est 5.

❷ À la carte

Répondre par Vrai ou Faux.

1 ■ On considère le tableau de nombres suivant :

1	3	5		16
4	12	20	44	

a) Les 3 premiers nombres de la 2e ligne sont proportionnels aux 3 premiers nombres de la 1re ligne ;
b) Le coefficient de proportionnalité est 4 ;
c) Le coefficient de proportionnalité inverse est – 4 ;
d) À 16 correspond le nombre 4 ;
e) À 44 correspond le nombre 176.

2 ■ Soit dr la distance réelle entre deux villes et dc la distance correspondante sur une carte routière à une échelle e.

On donne le tableau suivant :

dr	30 km	10 km	x_1	x_2	1 hm
dc	3 cm	y_1	10 cm	2 dm	y_2

a) L'échelle e est de $1/10^6$;
b) $y_1 = 10$ cm ;
c) $x_1 = 10$ km ;
d) $x_2 = 200$ km ;
e) $y_2 = 0{,}1$ cm.

❸ Il n'y a pas photo

Sur une photo, il y a une mère et sa fille posant devant la pyramide du Louvre.
Cette dernière a 21,60 m de hauteur et mesure sur la photo 20 cm.

a) Quelle est l'échelle de la photo ?
b) Quelle est la taille de la mère si elle mesure 1,5 cm sur la photo ?
c) Quelle est la taille de la fille sur la photo sachant qu'elle mesure 81 cm ?

❹ Vivement les soldes

Un commerçant annonce une baisse de 40 % sur toutes les chaussures de son magasin.

1 ■ Quel sera alors le prix d'une paire de chaussures qui valait 50 € ?
Qui valait 80 € ?

2 ■ On paie une paire de chaussures 39 €.
Quel était son prix initial ?

3 ■ On appelle x le prix d'une paire de chaussures avant les soldes.

a) Donner son prix y après réduction.
b) La fonction $f : x \mapsto y = f(x)$ est-elle une fonction linéaire ? Affine ?
c) Est-elle croissante ou décroissante ?
d) Tracer la courbe représentative D de la fonction f dans un repère orthonormal avec 1 cm pour 10 €.
e) Retrouver graphiquement les résultats de **1** ■ et de **2** ■.

❺ Tout augmente

Une barre de fer a une longueur de 5 m lorsque sa température est de 0 °C.
Sa longueur L, en mètres, est fonction de sa température t, en degré Celsius, et est égale à $L(t) = 5\,(1 + 12 \times 10^{-6} \times t)$.

a) L est-elle une fonction affine ?
Est-elle linéaire ?

b) Compléter le tableau suivant :

t en °C	10		25	30	
$L(t)$ en m		5,0012			5,006

Commenter les résultats précédents.

6 Vous ne faites pas le poids

Dans le journal *Prévention Santé*, on trouve les formules de LORENTZ (1929) donnant le poids idéal (en kg) en fonction de la taille (en cm) :

Pour les hommes : $Ph(T) = T - 100 - \frac{T - 150}{4}$.

Pour les femmes : $Pf(T) = T - 100 - \frac{T - 150}{2}$.

a) Écrire les expressions $Ph(T)$ et $Pf(T)$ sous la forme $aT + b$.

b) Ph et Pf sont-elles linéaires ? Affines ?

c) Donner les coefficients directeurs des droites Dh et Df représentant Ph et Pf.

d) Quel est le sens de variation de Ph et Pf ? Est-ce logique ?

e) Compléter le tableau suivant :

T en cm	160			
$Ph(T)$ en kg			69,5	
$Pf(T)$ en kg		61		69

7 Ça va chauffer

En France, les températures sont en degrés Celsius (°C) et aux États-Unis en degrés Fahrenheit (°F).

Soit x la température en degré Celsius et y la température en degré Fahrenheit.

On sait que y est une fonction affine de x et qu'à 0 °C correspond 32 °F et à 50 °C, correspond 122 °F.

a) Déterminer les réels a et b tels que :

$$y = ax + b.$$

b) Tracer la droite précédente dans un repère orthogonal avec 1 cm pour 10 °C sur (Ox) et 1 cm pour 20 °F sur (Oy).

c) Quelle est la température en °F qui correspond à 20 °C ?

d) Quelle est la température en °C qui correspond à 0 °F ?

e) Compléter le tableau suivant :

x en °C		– 10	10		30
y en °F	– 22			68	

f) Retrouver graphiquement les résultats du tableau.

8 Taux d'accroissement

On considère la fonction affine f définie sur $\mathbb{R}$ par : $f(x) = ax + b$.

Soit D sa représentation graphique.

Soit M_1 et M_2 deux points quelconques de D d'abscisses respectives x_1 et x_2 avec $x_1 \neq x_2$.

a) Donner les ordonnées des points M_1 et M_2 en fonction de x_1 et x_2.

b) Soit le quotient : $\frac{\Delta y}{\Delta x} = \frac{f(x_2) - f(x_1)}{x_2 - x_1}$.

Vérifier qu'il est égal à a.

c) Calculer $f(x_1) - a\,x_1$ et $f(x_2) - a\,x_2$.

Que peut-on conclure ?

9 À faire adroitement

Déterminer l'expression algébrique de la fonction affine dont la représentation graphique passe par les points A et B et donner leur sens de variation dans les cas suivants :

a) $A(1 ; 3)$ et $B(-4 ; 5)$.

b) $A(5 ; 7)$ et $B(-1 ; -5)$.

c) $A(1 ; 4)$ et $B(-4 ; 24)$.

d) $A(-1 ; 1)$ et $B(-2 ; 1)$.

e) $A(-2 ; 6)$ et $B(12 ; -1)$.

10 Ce sujet est de votre ressort

On sait que l'allongement d'un ressort est proportionnel à la masse que l'on y suspend.

a) Déterminer la fonction affine f qui à la masse x suspendue fait correspondre la longueur L du ressort sachant que si $x = 100$ g, $L = 10$ cm et si $x = 150$ g, $L = 12$ cm.

b) Quel est la longueur du ressort au repos ?

11 Vive le tri sélectif

On a constaté que la quantité d'ordures ménagères q par personne et par jour est une fonction affine du temps t en années.

a) Déterminer cette fonction sachant qu'en 2000, $q = 1$ kg et qu'en 2010, $q = 1,5$ kg.

b) Quelle serait la quantité q d'ordures ménagères prévisibles en 2020 si les Français ne se mettent pas sérieusement au tri sélectif ?

12 Plus si affinité

On se place dans un repère orthonormal d'unité 1 cm.

On considère le point $C(8 ; 0)$ et la droite D représentative de la fonction :

$$f : x \mapsto f(x) = \frac{3}{2}(x + 5).$$

1 ■ Soit A le point de D d'abscisse – 1.
Quelle est son ordonnée ?

2 ■ Soit B le point de D d'ordonnée 0.
Quelle est son abscisse ?

3 ■ Faire une figure.

4 ■ Soit H la projection orthogonale du point A sur l'axe des abscisses.
a) Calculer AH, BH et en déduire AB.
b) Calculer CH et en déduire AC.
c) Calculer BC puis en déduire que le triangle ABC est rectangle en A.

5 ■ Donner une équation de la droite (AC).

6 ■ Donner les pentes a et a' des droites (AB) et (AC). Calculer $a \times a'$.

13 C'est le point G

Soit $A(7\,;3)$, $B(1\,;1)$ et $C(1\,;5)$ les sommets du triangle ABC.

1 ■ Placer les points A, B et C dans un repère et tracer le triangle ABC.

2 ■ a) Donner une équation des médianes du triangle ABC.
b) Démontrer que les trois médianes se coupent en un point G.
Comment s'appelle ce point ?
c) Vérifier que G est au deux tiers de la médiane issue de A à partir de A.

14 Lever le pied

Un véhicule consomme pour 100 km :
8 litres à 110 km/h et 6 litres à 90 km/h.
Le réservoir contient 72 litres et il est plein au départ.

On appelle x la distance parcourue, en km, par le véhicule.
Soit C la fonction qui à x associe le nombre de litres d'essence consommée.
Soit R la fonction qui à x associe le nombre de litres d'essence restant dans le réservoir.

Partie A
Il roule à 110 km/h.
a) Compléter le tableau suivant :

x en km	100			750	900
C en ℓ		12			
R en ℓ			48		

b) Déterminer les fonctions C et R.
c) C est-elle une fonction linéaire ? Est-elle affine ? Mêmes questions pour R.
d) Quel est le sens de variation de C ?
Mêmes questions pour R.
e) Résoudre l'équation $C(x) = R(x)$.
Que peut-on dire ?

Partie B
Il roule à 90 km/h.
Répondre aux mêmes questions que dans la partie A.

Partie C
a) Déterminer la distance maximale que l'on peut parcourir à 110 km/h avec un réservoir plein ?
Même question à 90 km/h.
b) Quelle est l'économie réalisée si on parcourt 20 000 km par an à 90 km/h au lieu de 110 km/h.
Un litre d'essence coûte 1,34 € le litre.

15 Il ne faut pas dérailler

Un voyageur doit se déplacer en train.
Il a le choix entre trois tarifs :
A : 0,40 € le km ;
B : 0,10 € le km avec une carte à 60 € ;
C : Une carte à 100 € pour une distance quelconque.
a) Déterminer les sommes à payer pour chaque tarif et un parcours de x km.
On désigne respectivement ces sommes, en euro, par y_A, y_B et y_C.
b) Compléter le tableau suivant :

x en km	100			300	500
y_A en €			80		
y_B en €		78			
y_C en €					

c) Construire sur le même graphique les droites D_A, D_B et D_C représentant les sommes y_A, y_B et y_C dans un repère orthogonal avec 1 cm pour 100 km sur (Ox) et 1 cm pour 50 € sur (Oy).
d) Donner les coordonnées des points d'intersections respectifs E, F et G des droites D_A et D_B, D_A et D_C, D_B et D_C.
Vérifier les résultats graphiquement.
e) Résoudre sur $\mathbb{R}^+$ les inéquations :
$$y_A \leqslant y_B,\ y_A \leqslant y_C \text{ et } y_B \leqslant y_C.$$
Vérifier les résultats graphiquement.
f) Indiquer, selon les valeurs de x, le tarif le plus avantageux.

16 Est-ce bien net ?

Un fournisseur d'accès à Internet propose trois formules :

Formule A : l'accès à Internet est gratuit et on ne paye que les communications, soit 3 € par heure ;

Formule B : l'accès à Internet est gratuit et les communications sont illimitées pour un forfait de 60 € mensuel ;

Formule C : l'accès à Internet est gratuit, les communications restent payantes mais le prix de l'heure est celui de la formule A réduit de 20 % moyennant 7,20 € mensuel.
En s'inspirant de l'exercice précédent, déterminer, selon le nombre t d'heures de communication par mois, la formule la plus avantageuse.

17 Il faut être à la page

Une maison d'édition par correspondance propose à ses lecteurs trois options :

Option A : 60 € d'abonnement plus 5 € par livre acheté ;

Option B : 30 € d'abonnement plus 10 € par livre acheté ;

Option C : 20 € par livre acheté sans aucun frais d'abonnement.
En s'inspirant des exercices précédents, déterminer, selon le nombre n de livres achetés, la formule la plus avantageuse.

18 OM contre PSG

Un automobiliste A part à 8 h de Paris et se dirige vers Marseille à 120 km/h.
Un motocycliste M part à 9 h de Marseille et se dirige vers Paris à 50 km/h.
La distance de Paris à Marseille est de 800 km.
On prend comme origine des temps 8 h et comme origine des espaces Paris.
Les lois horaires f et g des deux mobiles sont des fonctions affines du temps.
On appelle $x_A = f(t)$ et $x_M = g(t)$ les distances des mobiles par rapport à Paris.
Soit t le temps écoulé après 8 h.

1 ■ Donner la loi horaire f de A sachant qu'à l'instant $t = 0$ (8 h), $x_A = 0$ car il est à Paris et qu'à l'instant $t = 1$ (9 h), $x_A = 120$ car il est à 120 km de Paris.

2 ■ Donner la loi horaire g de M sachant qu'à l'instant $t = 1$ (9 h), $x_M = 800$ car il est à Marseille et donc à 800 km de Paris et qu'à l'instant $t = 2$ (10 h), $x_M = 750$ car il est à 750 km de Paris.

3 ■ Utiliser les lois horaires pour savoir :
a) à quelles distances de Paris se trouvent les deux mobiles à midi.
b) à quelle heure l'automobiliste est à 540 km de Paris.

4 ■ Soit D et D' les droites représentant les fonctions f et g.
a) Déterminer les coordonnées du point d'intersection I des droites D et D'.
b) Représenter D et D' dans un repère orthogonal d'unités : 1 cm pour 1 heure sur (Ot) et 1 cm pour 100 km sur (Ox) .
Vérifier graphiquement le résultat de **a)**.

5 ■ Déduire des questions précédentes à quelle heure et à quelle distance de Paris les mobiles se croiseront.

19 Tous les chemins mènent à Rome

Un motocycliste M part à 8 h de Venise et se dirige vers Rome à 60 km/h.
Un automobiliste A part à 10 h de Venise et se dirige vers Rome à 120 km/h.
En s'inspirant de l'exercice précédent, déterminer à quelle distance de Venise et à quelle heure l'automobiliste rattrapera le motocycliste.

6 GÉOMÉTRIE

1 Questions pour un champion

Répondre par Vrai ou Faux.

1 ■ Un losange est :
a) un parallélogramme ;
b) un carré ;
c) un rectangle.

2 ■ Un rectangle a ses diagonales qui :
a) se coupent en leur milieu ;
b) sont égales ;
c) sont perpendiculaires.

3 ■ Un losange a ses diagonales :
a) égales ;
b) perpendiculaires ;
c) qui se coupent en leur milieu.

4 ■ Un parallélogramme qui a ses deux diagonales égales est :
a) un losange ;

b) un rectangle ;
c) un carré.

5 ■ Un losange avec au moins un angle droit est :
a) un carré ;
b) un rectangle ;
c) n'a que deux angles droits.

❷ Pour ne pas perdre la face

On considère le cube $ABCDEFGH$.

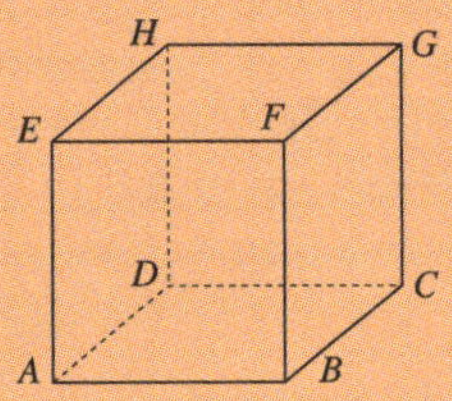

Donner la bonne réponse.

1 ■ Les sommets sont au nombre de :
a) 4 ; **b)** 6 ; **c)** 8.

2 ■ Les faces sont au nombre de :
a) 4 ; **b)** 6 ; **c)** 8.

3 ■ Les arêtes sont au nombre de :
a) 8 ; **b)** 10 ; **c)** 12.
Les nommer.

4 ■ Les diagonales sont au nombre de :
a) 2 ; **b)** 3 ; **c)** 4.
Les nommer.

❸ Les mondes parallèles

On reprend le cube précédent.

Répondre par Vrai ou Faux et justifier.

1 ■ On a :
a) (AE) parallèle à (IB) où I est le milieu de $[EF]$;
b) (AE) parallèle à (CG) ;
c) (AC) parallèle à (EG) ;
d) (HD) parallèle à (BE).

2 ■ On a :
a) (HD) perpendiculaire à (DC) ;
b) (BF) orthogonal à (EG) ;
c) (AH) perpendiculaire à (ED) ;
d) (BG) orthogonal à (AD).

❹ Un patron peut être utile

On considère le cube ci-dessous et les points M de la face $ABFE$, N de la face $DCGH$.

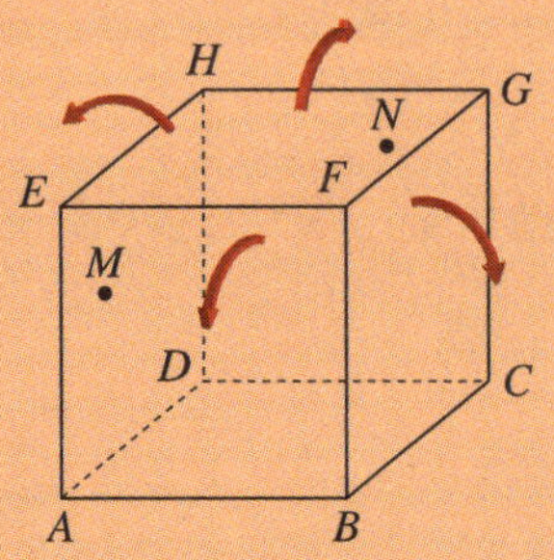

On se propose de déterminer la position des points K de l'arête $[AB]$ et L de l'arête $[DC]$ pour que le chemin $MKLN$ soit le plus court possible.
a) Réaliser un patron papier en ouvrant le cube comme indiqué sur la figure.
b) Sachant que le chemin le plus court est la ligne droite, donner la position des points K et L.

❺ C'est le bouquet !

Un jardinier veut réaliser un parterre de fleurs qui a la forme d'une portion de disque de rayon 3 m et d'angle 72°.
a) Calculer l'aire du parterre en valeur exacte et en valeur approchée au dm^2 près.
b) On rajoute sur ce parterre une couche de 15 cm de terre végétale.
Calculer le volume de terre végétale à apporter en valeur exacte puis en valeur approchée au dm^3 près.

❻ Sur une grande échelle

Une échelle posée à la verticale contre un mur la dépasse de 10 cm.
Si on écarte du mur le pied de l'échelle de 90 cm, elle vient se poser juste au niveau du bord supérieur du mur.
Quelles sont la longueur de l'échelle et la hauteur du mur ?

❼ Du chocolat

Une tablette de 100 g de chocolat a pour largeur 9 cm, pour longueur 19 cm et pour épaisseur 5 mm.
Donner la masse volumique du chocolat en g/cm^3.

❽ Il faut refaire la façade

On désire repeindre la façade principale (rectangle et triangle) d'une maison.

Pour cela, on a fait un plan à une échelle de 1/250 représenté ci-dessous :
Sur le plan, la porte, de hauteur 1 cm, est surmontée d'une imposte qui est un demi-cercle de rayon 0,7 cm.
De chaque côté de la porte, il y a deux fenêtres carrées de côté 0,6 cm.

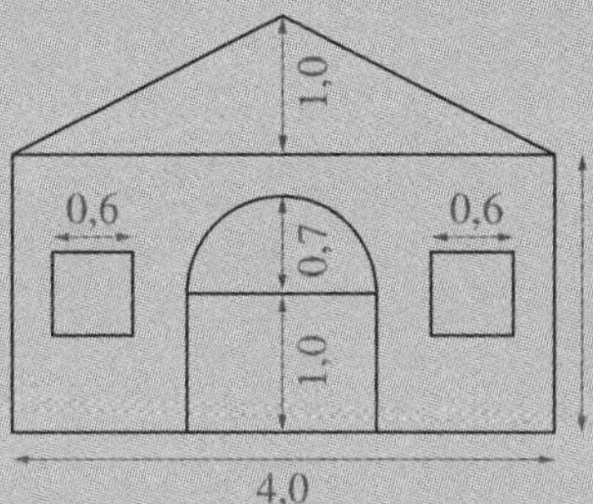

Dimensions en cm

a) Déterminer, en valeur exacte, l'aire de la façade principale sur le plan, en ôtant les ouvertures.
En donner une valeur approchée au mm^2 près.
b) Calculer les dimensions exactes de la maison et de la porte.
c) Calculer, le plus rapidement possible, l'aire, en valeur approchée au m^2 près, de la façade, en ôtant les ouvertures.
d) Combien faut-il de pots de peinture de 10 litres sachant qu'avec un litre on peut peindre 1,5 m^2 ?
e) Quel sera le coût de la peinture ?
Un pot de 10 litres vaut 21 € HT et la TVA est de 19,6 %.

9 C'est remarquable

Soit a et b deux réels positifs quelconques.
On considère le carré $ABCD$ de côté $a + b$ ci-dessous :

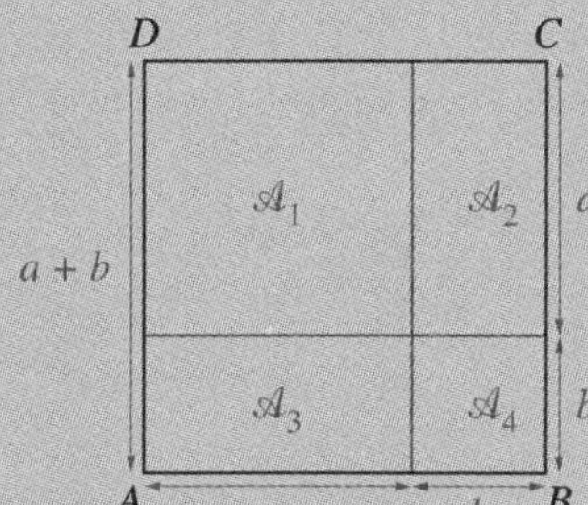

a) Quelle est l'aire $\mathcal{A}$ du carré $ABCD$?
b) Que peut-on dire des quadrilatères dont les aires sont notées : $\mathcal{A}_1$; $\mathcal{A}_2$; $\mathcal{A}_3$ et $\mathcal{A}_4$?
c) Que valent les aires : $\mathcal{A}_1$; $\mathcal{A}_2$; $\mathcal{A}_3$ et $\mathcal{A}_4$?
d) Retrouver une identité remarquable en notant que $\mathcal{A} = \mathcal{A}_1 + \mathcal{A}_2 + \mathcal{A}_3 + \mathcal{A}_4$.

10 Dans le fond on n'est pas si mal

On creuse un puits cylindrique de 3 m de diamètre et de 10 m de profondeur.
a) Quel est le volume de terre à ôter, au m^3 près ?
b) Il y a un accroissement du volume de la terre à cause du foisonnement. Il est de 33 % car le sol est argileux.

Quel sera le coût de l'évacuation de cette terre sachant qu'une benne de 5 m^3 est facturée 120 € HT et que la TVA est de 5,5 % ?

11 Incroyable !

La pyramide de KHÉOPS a été construite vers 2 500 avant J.-C.
C'est une pyramide régulière de base carrée de côté 225 m et de 137,20 m de hauteur (à l'origine 146,50 m).
a) Calculer le volume de la pyramide.
b) Déterminer la longueur d'un mur de 2 m de haut et de 35 cm de large que l'on pourrait construire avec les pierres de la pyramide en la supposant pleine.
c) Comparer le volume de la pyramide de KHÉOPS à celui de celle du Louvre à Paris.
Cette dernière a une base carrée de côté 34 m et une hauteur de 21,60 m.

12 Que d'eau !

Un cylindre et une sphère ont un même diamètre de 6 cm.
On introduit la sphère dans le cylindre et on remplit le cylindre d'eau jusqu'à ce que l'eau affleure le haut de la sphère.
a) Calculer le volume d'eau nécessaire en valeur exacte et en valeur approchée au mm^3 près.
b) Pour remplir ce cylindre, on utilise un verre de 20 cl. Un seul verre suffira-t-il ?

13 Le Fada

Le CORBUSIER (1887-1965), architecte français, a imaginé et fait construire de 1945 à 1952 *La Cité Radieuse* à Marseille.
C'est un immeuble qui a la forme d'un parallélépipède rectangle de 137 m de long, de 24 m de large et de 56 m de hauteur.

Il y a 337 logements en duplex et environ 1 600 habitants, un hôtel, une école et une piscine sur le toit.

a) Déterminer l'aire latérale $\mathcal{A}_L$ de *La Cité Radieuse*.

b) Calculer le volume $\mathcal{V}$ de l'immeuble.

c) En 2002, pour fêter les 50 ans de *La Cité Radieuse*, il a été décidé d'en faire une maquette à l'échelle 1/50.
Que signifie : l'échelle est 1/50 ?

d) Quelles seront les dimensions de la maquette en cm ?

e) Quelles seront l'aire latérale $\mathcal{A}'_L$ et le volume $\mathcal{V}'$ de la maquette, en m^2 et m^3 ?

⓮ Il faut être à la hauteur

Un observateur situé à 100 m d'une tour a son œil situé en O à une hauteur de 1,80 m.
Il voit la partie $[AB]$ de la tour sous un angle de 30°.
Le dessin n'est pas à l'échelle.

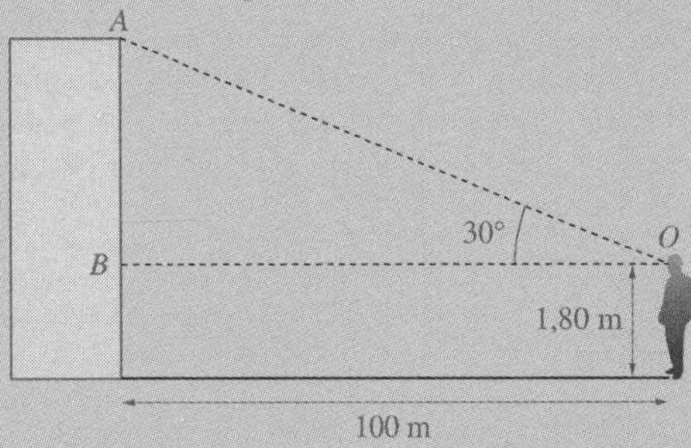

Quelle est la hauteur de la tour ?

⓯ Surprenant !

On considère un cercle $\mathcal{C}$ de rayon r cm.

1 ■ Quel est le périmètre $\mathcal{P}$ du cercle $\mathcal{C}$?

2 ■ On ajoute un mètre à $\mathcal{P}$. Quel est le rayon R du cercle $\mathcal{C}'$ dont le périmètre vaut $\mathcal{P} + 100$?
Calculer la différence $R - r$.
Quelle remarque peut-on faire ?

3 ■ Application
On prend une orange sphérique de rayon 4 cm.
On entoure l'orange avec une ficelle.

a) Quelle est la longueur L de la ficelle nécessaire ?

b) On ajoute un mètre à L et on entoure l'orange.
De combien de cm la ficelle s'éloigne-t-elle de l'orange ?

c) On refait virtuellement l'expérience avec la Terre assimilée à une sphère de rayon 6 400 km. Que remarque-t-on ?

⓰ Ça va chauffer

Une maison a la forme suivante :

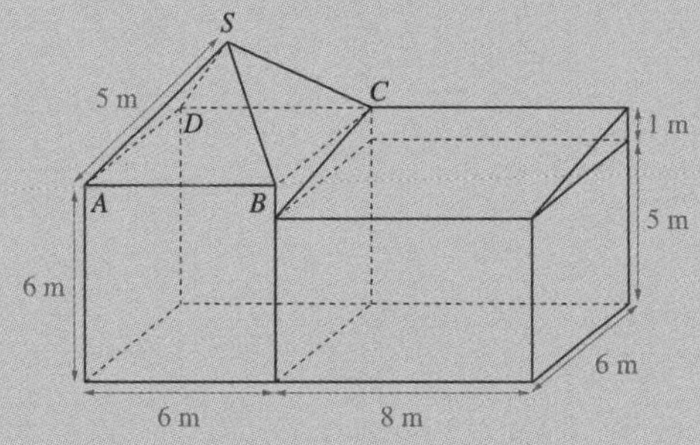

1 ■ Quels sont les solides usuels que l'on peut extraire du dessin de la maison ?

2 ■ Calculer le volume du cube et celui du parallélépipède rectangle.

Quel est le volume de la partie habitable sachant que le reste est en combles ?

3 ■ a) Combien faudra t-il de radiateurs de 1 000 W pour chauffer la partie habitable ?
On sait qu'un radiateur de 1 000 W est prévu pour 40 m^3.

b) Quel est le prix total des radiateurs sachant qu'un radiateur vaut 65 € HT et que la TVA est de 19,6 % ?

⓱ Quand on parle de toit

On considère la maison de l'exercice ⓰.
On veut récupérer l'eau de pluie sur le toit situé sur la partie de la maison de forme parallélépipédique.

a) Donner la largeur du toit en valeur exacte.

b) Calculer l'aire du toit et en donner une valeur approchée au m^2 près.

c) On a démontré statistiquement que la pluviosité moyenne est de 90 mm d'eau par m^2 et par mois.
Calculer, au litre près, la quantité d'eau récupérée en un an.
On sait qu'il faut prévoir une perte de 15 % à cause de la pente du toit et de l'évaporation.

d) Quelle est alors l'économie réalisée sachant que le m^3 est facturé 2 € HT et que le taux de TVA est de 5,5 % ?

⑱ Pour une tuile, c'est une tuile

Suite à une tempête, la toiture, couvrant la partie cubique de la maison de l'exercice ⑯, a été arrachée. On veut donc refaire cette partie de toit. Elle a la forme d'une pyramide de base carrée de 6 m de coté et dont les arêtes *SA*, *SB*, *SC* et *SD* mesurent toutes 5 m.

1 ■ Soit *SAB* un des 4 pans de ce toit.

a) Que peut-on dire du triangle *SAB* ?

b) Calculer la hauteur *SH* du triangle *SAB*.

c) Donner l'aire du triangle *SAB* et en déduire l'aire totale du toit en m^2.

2 ■ On a choisi un modèle de tuiles qui nécessite 50 tuiles au m^2.

a) Combien faut-il de tuiles sachant qu'il faut en prendre 5 % de plus ?

b) Une tuile coûte 0,90 € HT.
Calculer le prix des tuiles sachant que la taxe est de 19,6 %.

⑲ C'est un comble !

La figure ci-dessous représente un chalet.
Les combles ont la forme d'un prisme droit où la face *ABC* est un triangle isocèle.

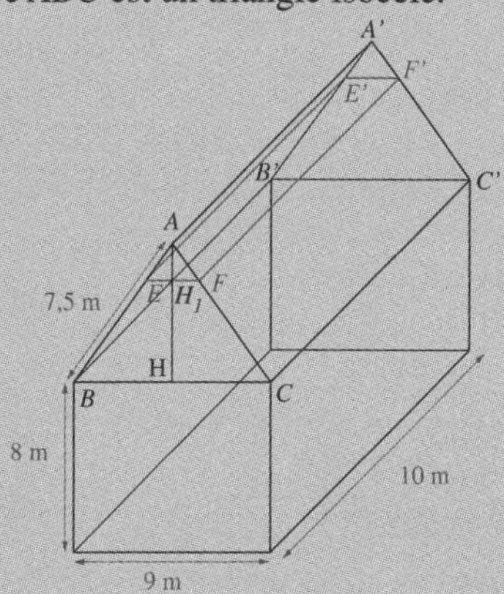

On a :
$AB = 7{,}5$ m ; $BC = 9$ m et $CC' = 10$ m.

1 ■ En marquant les traits pleins et les traits en pointillés, représenter la maison en perspective cavalière.

2 ■ Représenter le triangle *ABC* et la hauteur *AH*.
Que peut-on dire du point *H* ?
Calculer la hauteur *AH*.

3 ■ On veut isoler les combles en plaçant un faux plafond en *EFF'E'*, avec *E* situé sur [*AB*] et tel que AE = 2,5 m.

a) Calculer *EF*.

b) Déterminer la hauteur sous plafond H_1H.
On envisage de réaliser, dans cette partie récupérée, deux niveaux de 1,80 m.
Est-ce possible ?

c) On isole le plafond et les parties latérales des combles.
Quelle est la surface à isoler ?

d) Quel est le pourcentage d'isolant économisé grâce au faux plafond ?
Avant le faux plafond, il fallait isoler directement sous le toit et les parties *ABC* et *A'B'C'*.

Corrigés

1 STATISTIQUES ET PROBABILITÉS

1 1 ■ **a)** Vrai ; **b)** Faux : le caractère est discret ; **c)** Vrai ; **d)** Faux : $E_A = 15 - 7 = 8$; **e)** Faux : il faut ordonner les notes de A : 7 ; 8 ; 12 ; 13 ; 15 et alors $Me = 12$.

2 ■ **a)** Faux : la moyenne de A est supérieure à celle de B : $\dfrac{5+5+14+10+16}{5} = \dfrac{50}{5} = 10$;

b) Vrai : B est plus irrégulier que A car : $E_B = 16 - 5 = 11 > E_A = 8$;

c) Faux : on ordonne les notes de B : 5 ; 5 ; 10 ; 14 ; 16 et alors $Me = 10$.
La moyenne de B est égale à sa médiane ;

d) Faux : la fréquence du 5 est $\dfrac{2}{5} = 0{,}4$;

e) Faux : la nouvelle moyenne de B est alors égale à : $\dfrac{6+6+15+11+17}{5} = \dfrac{55}{5} = 11$.

2 **a)**

Classe	Nombre	Reçus	Taux
A	25	20	80 %
B	30	18	60 %

Explications :
Le taux de reçus de la classe A est de 80 % car $\dfrac{20}{25} = \dfrac{20 \times 4}{25 \times 4} = \dfrac{80}{100} = 0{,}80$.
Soit N le nombre d'élèves de la classe B.
Par hypothèse : $N \times 0{,}60 = 18$ et donc
$N = \dfrac{18}{0{,}60} = \dfrac{180}{6} = 30$.
Il y a 30 élèves dans la classe B.

b) Il ne faut pas faire la moyenne des taux de réussite $\dfrac{80+60}{2} = \dfrac{140}{2} = 70$ %.
En tout, il y a 55 élèves (25 + 30) et 38 reçus (20 + 18).
Le taux de réussite total est donc à peu près égal à 69 % car : $\dfrac{38}{55} \approx 0{,}69$.

3 **a)** Dans ce cas, la vitesse moyenne est la moyenne des deux vitesses données car la voiture roule le même temps à chacune des vitesses.
Elle est égale à : $\dfrac{80+120}{2} = \dfrac{200}{2} = 100$ km/h.

b) Dans ce 2e cas, il ne faut pas faire la moyenne arithmétique des deux vitesses données.
À l'aller, il va mettre 3 h et au retour 2 h car $\dfrac{240}{80} = 3$ et $\dfrac{240}{120} = 2$.
On a utilisé la formule qui lie la distance, la vitesse et le temps : $d = v\,t$.
Par suite, on a : $d = v\,t \Leftrightarrow t = \dfrac{d}{v} \Leftrightarrow v = \dfrac{d}{t}$.
La voiture va donc parcourir 480 km en 5 heures et sa vitesse moyenne est égale à :
$v = \dfrac{480}{5} = 96$ km/h.

4 **a)** Le caractère étudié est la note des élèves au contrôle de mathématiques.
Il est quantitatif.
b) Les séries sont discrètes.
c) On fait des diagrammes en bâtons.

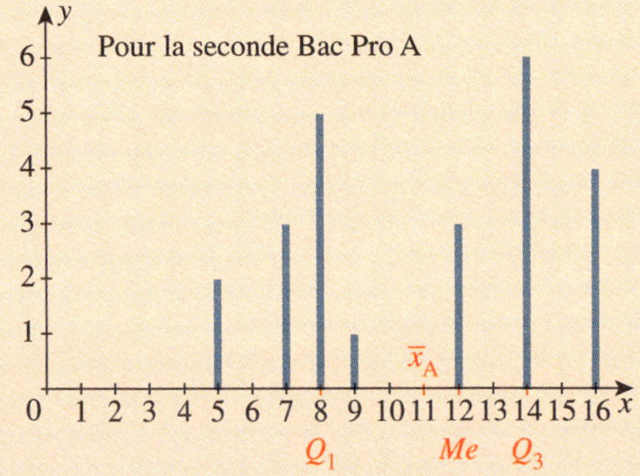

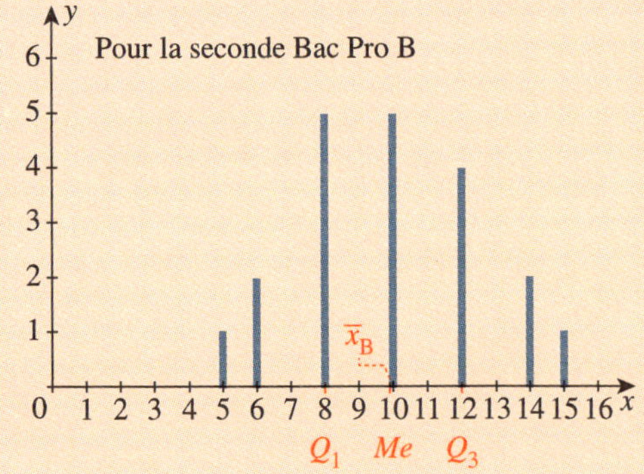

d) La seconde Bac Pro B est la classe la plus homogène car elle se rapproche de la courbe en cloche de GAUSS.

La seconde Bac Pro A est une classe hétérogène car il y a deux groupes très nets d'élèves : un groupe autour de 8 et un groupe autour de 14.

e) Les étendues respectives des deux classes sont :

$E_A = 16 - 5 = 11$ et $E_B = 15 - 5 = 10$.

f) Les moyennes respectives des deux classes sont :

$\bar{x}_A = \frac{1}{N} \Sigma n_i x_i = \frac{1}{24} \times 264 = 11$

$\bar{x}_B = \frac{1}{N} \Sigma n_i x_i = \frac{1}{20} \times 198 = 9{,}9.$

La moyenne de la seconde Bac Pro A est supérieure à celle de la seconde Bac Pro B.

g) La moyenne des deux classes réunies est égale à :

$$\frac{264 + 198}{24 + 20} = \frac{462}{44} = \frac{21}{2} = 10{,}5.$$

Attention :

Il ne faut pas faire la moyenne des deux moyennes : $\frac{11 + 9{,}9}{2} = \frac{209}{2} = 10{,}45$.

h) On rajoute une ligne qui donne les effectifs cumulés croissants.

Bac Pro A

Note x_i	5	7	8	9	12	14	16
n_i	2	3	5	1	3	6	4
$n_i\uparrow$	2	5	10	11	14	20	24

$N = 24$, $\frac{N}{2} = 12$ et $Me = 12$.

Bac Pro B

Note x_i	5	6	8	10	12	14	15
n_i	1	2	5	5	4	2	1
$n_i\uparrow$	1	3	8	13	17	19	20

On obtient : $Me = 10$.

i) Bac Pro A

$N = 24$, $\frac{N}{4} = 6$ et $Q_1 = 8$.

On a $Q_2 = Me = 12$.

$N = 24$, $\frac{3N}{4} = 18$ et $Q_3 = 14$.

Bac Pro B

On trouve :

$Q_1 = 8$; $Q_2 = Me = 10$; $Q_3 = 12$.

j) Bac Pro A

$I_A = [Q_1 ; Q_3] = [8 ; 14]$ et il y a 15 élèves dont la note est dans I_A car :

$5 + 1 + 3 + 6 = 15.$

Le pourcentage d'élèves dont la note est dans I_A est égal à 62,5 % car :

$\frac{15}{24} = \frac{5}{8} = 0{,}625.$

Bac Pro B

$I_B = [Q_1 ; Q_3] = [8 ; 12]$ et il y a 14 élèves dont la note est dans I_B car :

$$5 + 5 + 4 = 14.$$

Le pourcentage d'élèves dont la note est dans I_B est égal à 70 % car :

$$\frac{14}{20} = \frac{7}{10} = 0{,}70.$$

5 **a)** Le caractère étudié est la longueur des vis.

b) La série statistique est continue car les longueurs des vis sont ordonnées en classes.

c) On obtient l'histogramme suivant :

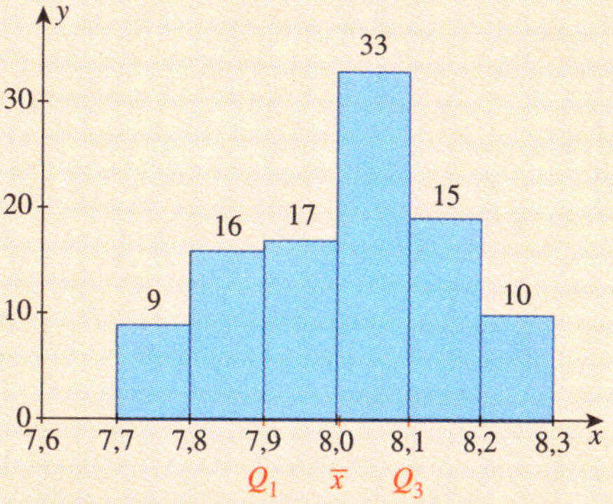

d) L'étendue de la série est égale à :

$E = 8{,}3 - 7{,}7 = 0{,}6$ cm.

C'est l'écart entre la longueur de la vis la plus longue et celle de la plus courte.

e) On cherche les centres des classes.

Centre x_i	7,75	7,85	7,95
Effectif n_i	9	16	17

Centre x_i	8,05	8,15	8,25
Effectif n_i	33	15	10

$\bar{x} = \frac{1}{N} \Sigma n_i x_i = \frac{1}{100} \times 800{,}9 = 8{,}009$ cm.

f) On calcule les effectifs cumulés croissants :

Classe	[7,7 ; 7,8[	[7,8 ; 7,9[	[7,9 ; 8,0[
Effectif	9	16	17
$n_i\uparrow$	9	25	42

Classe	[8,0 ; 8,1[	[8,1 ; 8,2[	[8,2 ; 8,3[
Effectif	33	15	10
$n_i\uparrow$	75	90	100

$N = 100, \frac{N}{4} = 25$ et donc $Q_1 = 7{,}9$ cm ;

$N = 100, \frac{3N}{4} = 75$ et donc $Q_3 = 8{,}1$ cm.

Il y a 17 + 33 = 50 vis dont la longueur est dans l'intervalle [7,9 ; 8,1[, soit 50 % des 100 vis prélevées.

6 **a)** Les 30 ampoules classiques ont une puissance moyenne égale à :

$\bar{p} = \frac{1}{N} \Sigma n_i p_i = \frac{1}{30} \times 2\,355 = 78{,}5$ w.

$\Sigma n_i p_i = 3 \times 40 + 6 \times 60 + 9 \times 75 + 12 \times 100.$

$\Sigma n_i p_i = 2\,355.$

b) Les 30 ampoules basse consommation ont une puissance moyenne égale à :

$\bar{p}' = \frac{1}{N} \Sigma n_i p_i' = \frac{1}{30} \times 579 = 19{,}3$ W.

$\Sigma n_i p_i' = 3 \times 11 + 6 \times 15 + 9 \times 20 + 12 \times 23.$

$\Sigma n_i p_i' = 579.$

c) Le pourcentage d'économie est donc d'environ 75,41 % car :

$$\frac{19{,}3 - 78{,}5}{78{,}5} = -\frac{59{,}2}{78{,}5} \approx -75{,}41.$$

d) La consommation annuelle, avec les ampoules classiques, est de :

78,5 × 30 × 8 × 365 = 6 876 600 W soit 6 876,6 kW.

Si on place les nouvelles ampoules, la consommation annuelle est de :

19,3 × 30 × 8 × 365 = 1 690 680 W soit 1 690,68 kW.

e) La consommation a alors diminué de 5 185,92 kW (6 876,6 – 1 690,68).

L'économie réalisée en un an est de :

5 185,92 × 0,0839 × 1,196 ≈ 520,38 €.

7 **a)** Dans l'ordre croissant des taux de fécondité en Europe on a :

Espagne (1,29) ;
Grèce (1,32) ;
Italie (1,33) ;
Allemagne et Malte (1,37) ;
Estonie (1,40) ;
Autriche et Portugal (1,42) ;
Chypre (1,49) ;
Belgique (1,64) ;
Luxembourg (1,70) ;
Pays-Bas (1,73) ;
Royaume-Uni (1,74) ;
Suède (1,75) ;
Danemark (1,78) ;
Finlande (1,80) ;
France (1,94) ;
Irlande (1,99).

b) $\bar{x} = \frac{1}{N} \Sigma n_i x_i = \frac{1}{18} \times 28{,}48 \approx 1{,}58.$

En Europe, le taux de fécondité moyen est approximativement de 1,58 enfant.

c) L'étendue de la série est égale à :

$E = 1{,}99 - 1{,}29 = 0{,}70$ enfant.

d) $N = 18$ et $\frac{N}{2} = \frac{18}{2} = 9.$

Comme N est pair, le taux médian est la moyenne des taux du 9e et du 10e pays classés dans l'ordre croissant des taux.

Il s'agit de Chypre avec 1,49 et de la Belgique avec 1,64.

On a donc :

$$Me = \frac{1{,}49 + 1{,}64}{2} = \frac{3{,}13}{2} = 1{,}565.$$

En Europe, le taux médian de fécondité est à peu près égal à 1,56 enfant.

- $N = 18$ et $\frac{N}{4} = \frac{18}{4} = 4{,}5.$

$Q_1 = 1{,}37$ enfant.

- $Q_2 = Me = 1{,}565$ enfant.
- $N = 18$ et $\frac{3N}{4} = \frac{3 \times 18}{4} = 13{,}5.$

$Q_3 = 1{,}75$ enfant.

8 **a)** Le graphique donne la pyramide des âges en 2010 et une projection de celle-ci en 2030, pour montrer que la population française vieillit.

b) En 2010, il y avait environ 300 000 femmes de 70 ans et on en prévoit plus de 450 000 en 2030 soit plus de 50 % d'augmentation.

c) En 2010, il y avait environ 250 000 femmes et 150 000 hommes de 80 ans.

En 2030, on prévoit environ 370 000 femmes et 300 000 hommes de 80 ans.

Pour les femmes, l'augmentation est de 48 % et pour les hommes de 100 % .

En 2010 et en 2030, l'espérance de vie des femmes est encore supérieure à celle des hommes mais l'écart va se réduire.

On peut penser que c'est dû au fait que les femmes ont elles aussi, de plus en plus, des conduites à risque : vitesse, tabac, alcool et drogue.

9 **a)** L'article publié parle de la grippe A et de ses conséquences.

b) Pour les consultations, les chiffres sont exprimés en milliers de personnes et pour les hospitalisations en nombres.

c) Les consultations progressent entre la 36e et la 47e semaine.

d) Entre la 43e et la 45e semaine, les hospitalisations sont passées de 40 à 80, soit une augmentation de 100 % car elles ont doublé.

e) La 47e semaine, il y a eu environ 40 hospitalisations mais ce n'est qu'une donnée provisoire.

f) La 46e semaine, il y a eu environ 40 000 consultations.

g) C'est la 45e semaine qu'il y a eu un maximum d'hospitalisations avec à peu près 80 personnes.

h) Les 43e, 44e, 45e et 46e semaines, il y a eu environ 40, 78, 80 et 58 hospitalisations, soit une moyenne de :

$$\frac{40 + 78 + 80 + 58}{4} = \frac{256}{4} = 64 \text{ personnes.}$$

10 **a)** Ces documents sont publiés par le ministère de l'enseignement supérieur et de la recherche.

b) Ils donnent la répartition des 2,360 milliards d'euros de financement pour la recherche.

c) L'angle au centre correspondant au secteur développement durable est de :
$360 \times 0{,}12 = 43{,}2°$.

d) Le secteur biologie bénéficie de :
$2{,}360 \times 0{,}28 = 0{,}6608$ milliard d'euros soit 660,8 millions d'euros.

e) L'INSERM est le 5e bénéficiaire des financements.
L'INSERM est l'Institut National de la Santé Et de la Recherche Médicale.
Cet organisme a bénéficié de 0,12272 milliard d'euros soit 122,72 millions d'euros car $2{,}360 \times 0{,}052 = 0{,}12272$.

f) Le pourcentage moyen est égal à :

$$\bar{p} = \frac{100}{11} \approx 9{,}09 \text{ \%}.$$

g) Il y a 11 bénéficiaires et la médiane correspond donc au 6e pourcentage dans la liste des pourcentages ordonnés.
0,80 ; 2,00 ; 2,10 ; 4,10 ; 5,20 ; 5,80 ; 7,80 ; 8,20 ; 15,40 ; 24,10 ; 24,50.
On a : $Me = 5{,}80$ %.
Elle correspond au CEA (Commissariat à l'Énergie Atomique).

On a : $Q_1 = 2{,}10$ % ; $Q_2 = Me = 5{,}80$ % et $Q_3 = 15{,}40$ %. $E = 24{,}50 - 0{,}80 = 23{,}70$ %.

11 **a)** On obtient :

Groupe	%	donne à	reçoit de
A	44	AB ; A	A ; O
B	10	AB ; B	B ; O
AB	4	AB	Tous
O	42	Tous	O

b) Le caractère observé est le groupe sanguin des Français.
Il est qualitatif : A ; B ; AB ; O.
La population étudiée est ici l'ensemble des Français.

c) On fait un diagramme circulaire :

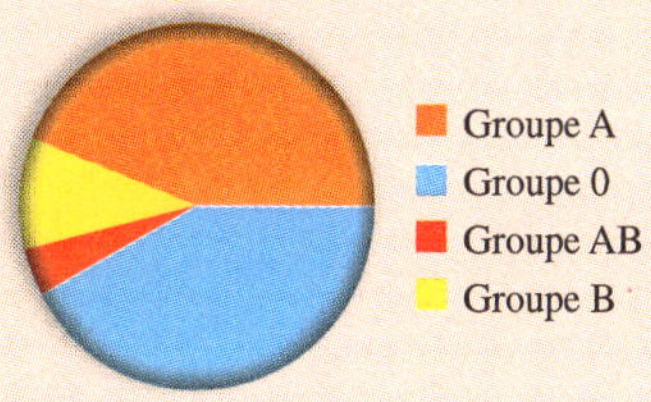

Explications :
Pour le groupe A l'angle est égal à :
$360 \times 0{,}44 = 158{,}4°$.
Pour le groupe B l'angle est égal à :
$360 \times 0{,}10 = 36°$.
Pour le groupe AB l'angle est égal à :
$360 \times 0{,}04 = 14{,}4°$.
Pour le groupe O l'angle est égal à :
$360 \times 0{,}42 = 151{,}2°$.
On vérifie que :
$158{,}4 + 36 + 14{,}4 + 151{,}2 = 360$.

d) On complète les tableaux :

Groupe	A	B	AB	O
Effectif	28,6	6,5	2,6	27,3

Groupe	A	B	AB	O
Effectif des receveurs de	31,2	9,1	2,6	65

Groupe	A	B	AB	O
Effectif des donneurs de	55,9	33,8	65	27,3

Explications :
Premier tableau
Pour le groupe A : $65 \times 0{,}44 = 28{,}6$;
pour le groupe B : $65 \times 0{,}10 = 6{,}5$;
pour le groupe O : $65 \times 0{,}42 = 27{,}3$.
On vérifie que :
$28{,}6 + 6{,}5 + 2{,}6 + 27{,}3 = 65$ millions.

Deuxième tableau

Pour le groupe B :

6,5 + 2,6 = 9,1 (B et AB) ;

pour le groupe AB : 2,6 (AB seul) ;

pour le groupe O : 65 (tous).

Troisième tableau

Pour le groupe A :

28,6 + 27,3 = 55,9 (A et O) ;

pour le groupe AB : 65 (tous) ;

pour le groupe O : 27,3 (O seul).

e) Certains groupes peuvent donner à plusieurs groupes et sont donc comptés plusieurs fois. De même, certains groupes reçoivent de plusieurs groupes et sont donc comptés plusieurs fois.

f) Le groupe AB a le plus grand nombre de donneurs potentiels (100 %) car tous les groupes peuvent lui donner leur sang.

Le groupe O en a le moins car il ne peut recevoir du sang que de son groupe.

12 **a)** On aborde le déficit de relogements suite à la loi sur le Droit Au Logement Opposable (DALO).

b) Il y a eu 114 480 dossiers déposés, 75 918 dossiers traités et seulement 10 573 relogements effectifs.

On a 66 % de dossiers traités et 9 % de relogements car :

$$\frac{79\,918}{114\,480} \approx 0{,}66 \text{ et } \frac{10\,573}{114\,480} \approx 0{,}09.$$

c) Dans le secteur *Autres régions*, il y a eu :

25 990 dossiers déposés :

114 480 – (72 102 + 10 642 + 5 746).

d) Ce sont des diagrammes circulaires appelés aussi *camemberts*.

e) L'angle qui correspond à la région PACA est à peu près égal à 33,5° car :

$$\frac{10\,642}{114\,480} \times 360 \approx 33{,}47.$$

f) L'Ile-de-France a, elle, réalisé 3 903 relogements et la région PACA 1 241.

C'est donc l'Ile-de-France qui a réalisé le plus de relogements.

Cependant, c'est la région PACA qui a un pourcentage relatif supérieur car :

$\frac{3903}{72\,102} \times 100 \approx 5{,}4$ % pour l'Ile-de-France et

$\frac{1\,241}{10\,642} \times 100 \approx 11{,}7$ % pour la région PACA.

13 **a)** On obtient :

Classe C_i	Centre x_i	Effectif n_i	$x_i n_i$
0 à 3 m	1,5	95	142,5
3 à 6 m	4,5	193	868,5
6 à 12 m	9	122	1098
12 à 24 m	18	68	1224
24 à 36 m	30	22	660
Somme		**500**	**3993**

Explications :

De 0 à 3 mois : 500 × 0,19 = 95 ;

De 3 à 6 mois : 500 × 0,386 = 193 ;

De 6 à 12 mois : 500 × 0,244 = 122 ;

De 12 à 24 mois : 500 × 0,136 = 68 ;

De 24 à 36 mois : 500 × 0,004 = 22.

b) On fait un histogramme :

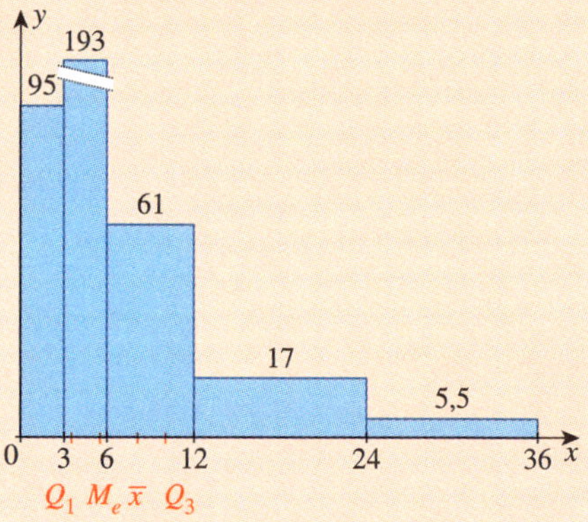

Explications :

Les aires des rectangles construits sur les classes doivent être proportionnelles aux effectifs.

On choisit une longueur de classe de référence, par exemple la classe [0 ; 3 [.

Elle a pour longueur 3 mois.

La 2e classe a la même longueur.

La 3e classe a 2 longueurs de référence (6 mois = 2 × 3 mois).

La hauteur du rectangle sera égale à :

$$\frac{122}{2} = 61.$$

La 4e classe a 4 longueurs de référence (12 mois = 4 × 3 mois).

La hauteur du rectangle sera égale à : $\frac{68}{4} = 17.$

La 5e classe a 4 longueurs de référence (12 mois = 4 × 3 mois).

La hauteur du rectangle sera égale à : $\frac{22}{4} = 5{,}5.$

c) La durée moyenne d'une demande d'emploi est d'environ 8 mois car :

$\bar{x} = \frac{1}{N} \Sigma n_i x_i = \frac{1}{500} \times 3\,993 = 7{,}986.$

d) L'étendue est égale à :

$E = 36 - 0 = 36$ mois soit 3 ans.

On obtient à l'aide du très bon logiciel gratuit Sine Qua Non :

$Q_1 \approx 3{,}47$ mois ; $Q_2 = Me \approx 5{,}41$ mois ;

$Q_3 \approx 10{,}28$ mois.

14 **a)** La face 1 est apparue 32 fois sur les 200 simulations et donc sa fréquence d'apparition est de : $\frac{32}{200} = 0{,}16$.

Pour la face 2 : $\frac{36}{200} = 0{,}18$;

Pour la face 3 : $\frac{31}{200} = 0{,}155$;

Pour la face 4 : $\frac{32}{200} = 0{,}16$;

Pour la face 5 : $\frac{36}{200} = 0{,}18$;

Pour la face 6 : $\frac{33}{200} = 0{,}165$.

La somme de ces fréquences est égale à :

$0{,}16 + 0{,}18 + 0{,}155 + 0{,}16 + 0{,}18 + 0{,}165 = 1.$

Ce résultat est normal car le total doit faire 100 %.

b) Si le dé n'est pas pipé, toutes les faces ont la même probabilité de sortir et donc cette probabilité est de $\frac{1}{6}$.

Comme $\frac{1}{6} \approx 0{,}167$, c'est la face 6 qui a une fréquence obtenue la plus proche de la probabilité attendue.

c) La moyenne des fréquences vaut :

$\frac{1}{6}(0{,}16 + 0{,}18 + 0{,}155 + 0{,}16 + 0{,}18 + 0{,}165)$

$= \frac{1}{6} \times 1 = \frac{1}{6}.$

15 **a)** On a fait 500 tirages avec remise.

On a obtenu 149 fois une boule rouge et donc on a tiré 351 fois une boule noire car $500 - 149 = 351$.

b) La fréquence d'apparition d'une boule rouge est égale à : $\frac{149}{500} = 0{,}298$ soit à peu près 30 %.

Celle d'une boule noire vaut :

$\frac{351}{500} = 0{,}702$ soit à peu près 70 %.

c) On peut penser que dans l'urne, il y a 30 boules rouges et 70 boules noires.

2 RÉSOLUTION D'UN PROBLÈME DU PREMIER DEGRÉ

1 1 ■ **a)** Faux : $3x = 0 \Leftrightarrow x = 0$;

b) Vrai ;

c) Faux : $-x - 4 = 0 \Leftrightarrow x = -4$;

d) Faux : $-5x \geqslant 0 \Leftrightarrow x \leqslant 0$;

e) Vrai ;

f) Faux : $-x - 6 > 0 \Leftrightarrow x < -6$.

2 ■ **a)** Faux : c'est $(1 ; -1)$; **b)** Vrai ; **c)** Faux : il y a une seule solution, c'est le couple $(-1 ; 2)$; **d)** Vrai.

2 **a)** $2x - 5 = 0 \Leftrightarrow x = \frac{5}{2} : S = \left\{\frac{5}{2}\right\}$;

$-3x - 8 = 0 \Leftrightarrow x = -\frac{8}{3} : S = \left\{-\frac{8}{3}\right\}.$

b) $\frac{1}{2}x - 1 = 0 \Leftrightarrow x = 2 : S = \{2\}$;

$\frac{2}{3}x + \frac{4}{7} = 0 \Leftrightarrow x = -\frac{6}{7} : S = \left\{-\frac{6}{7}\right\}.$

c) $\frac{8x+5}{9} + \frac{3-5x}{4} = \frac{2x+23}{6} - \frac{x}{2}.$

$\Leftrightarrow 4(8x + 5) + 9(3 - 5x) = 6(2x + 23) - 18x$

$\Leftrightarrow 32x + 20 + 27 - 45x = 12x + 138 - 18x$

$\Leftrightarrow -7x = 91 \Leftrightarrow x = -13 : S = \{-13\}.$

d) $3\left(x - \frac{3x-1}{2}\right) + \frac{3-2x}{4} = \frac{1-4x}{2}.$

$\Leftrightarrow 3[4x - 2(3x - 1)] + 3 - 2x = 2(1 - 4x)$

$\Leftrightarrow 12x - 18x + 6 + 3 - 2x = 2 - 8x$

$\Leftrightarrow 0x = -7 : S = \varnothing.$

e) On utilise l'identité remarquable :

$$a^2 - b^2 = (a - b)(a + b).$$

$(2x - 5)^2 - 9x^2 = 0 \Leftrightarrow (2x - 5)^2 - (3x)^2 = 0$

$\Leftrightarrow [(2x - 5) - (3x)][(2x - 5) + (3x)] = 0$

$\Leftrightarrow 5(-x - 5)(x - 1) = 0$

$\Leftrightarrow -x - 5 = 0$ ou $x - 1 = 0$

$\Leftrightarrow x = -5$ ou $x = 1 : S = \{-5 ; 1\}.$

3 **a)** $4x - 3 \geqslant 0 \Leftrightarrow x \geqslant \frac{3}{4} : S = \left[\frac{3}{4} ; +\infty\right[$;

$-5x - 9 < 0 \Leftrightarrow -5x < 9 \Leftrightarrow x > -\frac{9}{5}$:

$S = \left]-\frac{9}{5} ; +\infty\right[.$

MATHÉMATIQUES Corrigés

b) $\frac{3}{5}x - 2 < 0 \Leftrightarrow \frac{3}{5}x < 2 \Leftrightarrow x < 2 \times \frac{5}{3}$

$\Leftrightarrow x < \frac{10}{3} : S = \left]-\infty \,;\, \frac{10}{3}\right[$;

$-\frac{3}{7}x - \frac{9}{2} \geqslant 0 \Leftrightarrow -\frac{3}{7}x \geqslant \frac{9}{2}$

$\Leftrightarrow x \leqslant \frac{9}{2} \times (-\frac{7}{3}) \Leftrightarrow x \leqslant -\frac{21}{2}$:

$S = \left]-\infty \,;\, -\frac{21}{2}\right]$.

c) $\frac{10x}{3} + \frac{5}{6} < \frac{7x+1}{2} + \frac{1}{3}$

$\Leftrightarrow 20x + 5 < 3(7x+1) + 2$

$\Leftrightarrow 20x + 5 < 21x + 3 + 2$

$\Leftrightarrow -x < 0 \Leftrightarrow x > 0 : S =]0 \,;\, +\infty[$.

d) $\frac{-x-5}{2} - \frac{7}{6} + \frac{2x+1}{3} < x + 4$

$\Leftrightarrow 3(-x-5) - 7 + 2(2x+1) < 6(x+4)$

$\Leftrightarrow -3x - 15 - 7 + 4x + 2 < 6x + 24$

$\Leftrightarrow -5x < 44 \Leftrightarrow x > -\frac{44}{5} : S = \left]-\frac{44}{5} \,;+\infty\right[$.

e) $\begin{cases} 2 - x \geqslant 3 - 7x & ① \\ 9x + 4 < 5x + 6 & ② \end{cases}$

① $\Leftrightarrow 6x \geqslant 1 \Leftrightarrow x \geqslant \frac{1}{6} : S_{①} = \left[\frac{1}{6} \,;+\infty\right[$;

② $\Leftrightarrow 4x < 2 \Leftrightarrow x < \frac{1}{2} : S_{②} = \left]-\infty \,;\, \frac{1}{2}\right[$;

On fait un schéma :

$S = S_{①} \cap S_{②} = \left[\frac{1}{6} \,;\, \frac{1}{2}\right[$.

4 **a)** $\begin{cases} 3x - 2y = -19 & ① \\ 5x + y = -10 & ② \end{cases}$

② $\Leftrightarrow y = -5x - 10$, on reporte dans ① et il vient : $3x - 2(-5x - 10) = -19$ soit $13x = -39 \Leftrightarrow x = -3$.

Par suite :
$y = -5 \times (-3) - 10 = 15 - 10 = 5$.
$S = \{(-3 \,;\, 5)\}$.

b) $\begin{cases} -5x + 4y = 17 & ① \\ 2x - 7y = -23 & ② \end{cases}$ (S)

$(S) \Leftrightarrow \begin{cases} -35x + 28y = 119 \\ 8x - 28y = -92 \end{cases}$

On a multiplié ① par 7 et ② par 4.
En ajoutant les deux équations, il vient :
$-27x = 27$ et donc $x = -1$.

$(S) \Leftrightarrow \begin{cases} -10x + 8y = 34 \\ 10x - 35y = -115 \end{cases}$

On a multiplié ① par 2 et ② par 5.
En ajoutant les deux équations, il vient :
$-27y = -81$ et donc $y = 3$.
$S = \{(-1 \,;\, 3)\}$.

c) $\begin{cases} 2x - y = 9 \\ x + y = 3 \end{cases}$

On trace les droites D_1 et D_2 d'équations respectives : $y = 2x - 9$ et $y = -x + 3$.
D_1 passe par $A(5 \,;\, 1)$ et $B(3 \,;\, -3)$.
D_2 passe par $C(0 \,;\, 3)$ et $D(3 \,;\, 0)$.

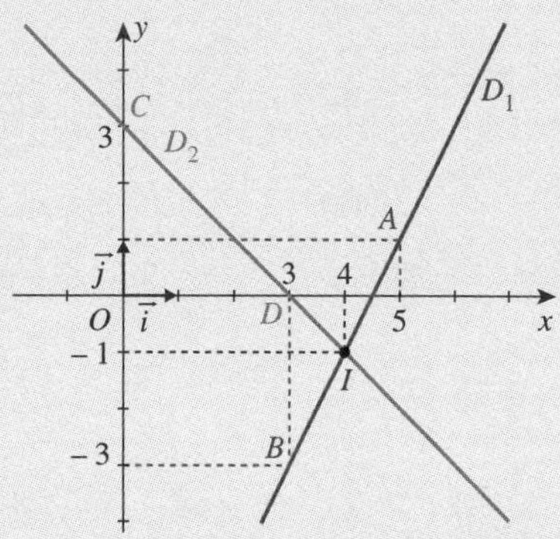

D_1 et D_2 se coupent au point $I(4 \,;\, -1)$.
$S = \{(4 \,;\, -1)\}$.

d) $\begin{cases} 5x + 3y = 18 \\ -2x + y = -5 \end{cases}$

$S = \{(3 \,;\, 1)\}$ avec les trois méthodes.

5 Soit C le capital cherché.
Par hypothèse, on a :

$$\frac{3}{4}\,C \times 0{,}06 + \frac{1}{4}\,C \times 0{,}08 = 325.$$

On multiplie les deux membres par 4.
Il vient : $0{,}18\,C + 0{,}08\,C = 1\,300$.

$\Leftrightarrow 0{,}26\,C = 1\,300 \Leftrightarrow C = \frac{1\,300}{0{,}26} = 5\,000$.

Le capital placé est donc de 5 000 €.

6 **a)** Soit n le plus petit nombre impair cherché ($n = 2p + 1$ avec p entier naturel).
Les suivants sont égaux à $n + 2$ et $n + 4$.
Par hypothèse, on a :
$n + (n + 2) + (n + 4) = 39$
$\Leftrightarrow 3n = 33 \Leftrightarrow n = 11$.
Les nombres impairs sont : 11, 13, 15.

b) Soit n le plus petit nombre pair cherché ($n = 2p$ avec p entier naturel).
Les suivants sont égaux à $n + 2$, $n + 4$ et $n + 6$.
Par hypothèse, on a :
$n + (n + 2) + (n + 4) + (n + 6) = 96$
$\Leftrightarrow 4n = 84 \Leftrightarrow n = 21$.
Le problème n'a pas de solution car 21 est un nombre impair.

7 Soit x la note du candidat à l'oral.
La moyenne du candidat est égale à :
$$M = \frac{3 \times 8 + 2 \times x}{5} = \frac{24 + 2x}{5}.$$
Pour être reçu, on doit avoir :
$$M \geqslant 10 \Leftrightarrow \frac{24 + 2x}{5} \geqslant 10$$
$\Leftrightarrow 24 + 2x \geqslant 50 \Leftrightarrow 2x \geqslant 26 \Leftrightarrow x \geqslant 13$.
Le candidat doit donc avoir au moins 13 à l'oral pour être reçu.

8 a) Soit n le nombre d'ordinateurs que le lycée peut acheter. On doit avoir :
$647n \leqslant 10\,000$ soit $n \leqslant \frac{10\,000}{647}$.
Le lycée peut acheter au maximum 15 ordinateurs car $\frac{10\,000}{647} \approx 15{,}46$ et on doit prendre le nombre entier inférieur.
b) Après la remise, un ordinateur coûte $647 \times 0{,}90 = 582{,}30$ €.
Dans ce cas, on cherche n tel que :
$582{,}30n \leqslant 10\,000$ soit $n \leqslant \frac{10\,000}{582{,}30}$.
Le lycée peut acquérir 17 ordinateurs car $\frac{10\,000}{582{,}30} \approx 17{,}17$ et n doit être entier.
c) Soit p le prix maximum d'un de ces 19 ordinateurs.
On doit avoir : $19p \leqslant 10\,000$
soit $p \leqslant \frac{10\,000}{19}$. On a : $\frac{10\,000}{19} \approx 526{,}316$.
Pour pouvoir acheter 19 ordinateurs, le lycée doit choisir des ordinateurs dont le prix ne dépasse pas 526,31 €.
En effet, on doit arrondir ici ce prix par défaut pour ne pas dépasser le budget alloué.

9 Soit a la mesure du côté du terrain carré.
L'aire de son terrain est égale à $\mathcal{A} = a^2$.
La mairie lui propose un terrain d'aire :
$\mathcal{A}' = (a + 25)(a - 20) = a^2 + 5a - 500$.
Le propriétaire du terrain va accepter si et seulement si $\mathcal{A}' > \mathcal{A}$.
On a : $\mathcal{A}' > \mathcal{A} \Leftrightarrow a^2 + 5a - 500 > a^2$
$\Leftrightarrow 5a > 500 \Leftrightarrow a > 100$.
Le propriétaire acceptera la proposition de la mairie si son terrain a plus de 100 m de côté.

10 a) On fait une figure.

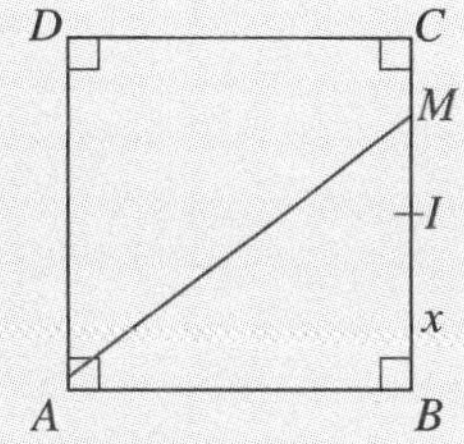

b) On pose $BM = x$.
L'aire du triangle ABM vaut :
$\mathcal{A} = \frac{1}{2} \times BM \times AB = \frac{1}{2} \times x \times 100 = 50x$.
L'aire du trapèze $ADCM$ est égale à l'aire du carré moins l'aire du triangle ABM :
$\mathcal{A}' = 100^2 - 50x = 10\,000 - 50x$.
$\mathcal{A} \leqslant \frac{1}{3}\mathcal{A}' \Leftrightarrow 50x \leqslant \frac{1}{3}(10\,000 - 50x)$
$\Leftrightarrow 150x \leqslant 10\,000 - 50x$
$\Leftrightarrow 200x \leqslant 10\,000 \Leftrightarrow x \leqslant 50$.
Le point M doit appartenir au segment $[BI]$ où I est le milieu du segment $[BC]$.

11 Soit S la somme que M. Stamboulian a dans son porte-monnaie et p le prix d'une baguette.
Par hypothèse, on a le système :
$$\begin{cases} S + 0{,}6 = 4p \\ S - 0{,}3 = 3p \end{cases}$$
En soustrayant ces deux équations, on a :
$p = 0{,}9$ et $S = 3p + 0{,}3 = 2{,}7 + 0{,}3 = 3$.
M. Stamboulian avait donc 3 € dans son porte-monnaie et une baguette coûte 0,90 €.

12 Soit c l'âge du capitaine et m l'âge du matelot.
Par hypothèse, on a le système :
$$\begin{cases} c = m + 35 \\ c + 7 = 2(m + 7) \end{cases} \Leftrightarrow \begin{cases} c = m + 35 \\ c = 2m + 7 \end{cases}$$
En soustrayant ces deux équations, on a :
$m = 35 - 7 = 28$.
Par suite, $c = 28 + 35 = 63$.
Le capitaine a 63 ans et le matelot 28 ans.

MATHÉMATIQUES Corrigés

13 Soit b, t et c les prix respectifs du buffet, de la table et d'une chaise.
Par hypothèse, on a le système :

$$\begin{cases} b = 2t \\ t = 6c \\ b + t + 4c = 1\,320 \end{cases}$$

$b = 2t = 12c$ et $12c + 6c + 4c = 1\,320$ $\Leftrightarrow 22c = 1\,320 \Leftrightarrow c = 60$.
Par suite :
$b = 12 \times 60 = 720$ et $t = 6 \times 60 = 360$.
Le buffet coûte 720 €, la table 360 € et une chaise 60 €.

14 Soit d le prix d'un DVD et c celui d'un CD.
Par hypothèse, on a le système :

$$\begin{cases} 2d + 5c = 40 & ① \\ d + 3c = 21 & ② \end{cases}$$

② $\Leftrightarrow d = 21 - 3c$.
On reporte dans ① :
$2(21 - 3c) + 5c = 40 \Leftrightarrow c = 2$.
Par suite : $d = 21 - 3 \times 2 = 21 - 6 = 15$.
Un DVD coûte 15 € et un CD 2 €.

15 Soit u et m les prix respectifs d'un rouleau de papier uni et d'un rouleau de papier à motif.
Par hypothèse, on a le système :

$$\begin{cases} 5u + 4m = 240 & ① \\ 3u + 6m = 270 & ② \end{cases}$$

② $\Leftrightarrow u + 2m = 90 \Leftrightarrow u = 90 - 2m$.
On reporte dans ① :
$5(90 - 2m) + 4m = 240 \Leftrightarrow 6m = 210 \Leftrightarrow m = 35$.
Par suite : $u = 90 - 2 \times 35 = 90 - 70 = 20$.
Un rouleau de papier uni coûte 20 € et un rouleau de papier à motif 35 €.

16 Soit x et y les primes respectives des deux employés. Par hypothèse, on a le système :

$$\begin{cases} x + y = 2\,000 & ① \\ \dfrac{x}{3} = \dfrac{y}{2} & ② \end{cases}$$

On pose $\dfrac{x}{3} = \dfrac{y}{2} = k$.
On a alors $x = 3k$ et $y = 2k$.
① donne $3k + 2k = 5k = 2\,000$ et $k = 400$.
$x = 3 \times 400 = 1\,200$ et $y = 2 \times 400 = 800$.
Les deux employés vont donc toucher respectivement 1 200 € et 800 €.

17 Soit V_1 et V_2 les vitesses respectives des deux cyclistes.
Par hypothèse, on a le système :

$$\begin{cases} V_1 = V_2 + 5 & ① \\ \dfrac{150}{V_1} = \dfrac{125}{V_2} & ② \end{cases}$$

② exprime que les deux cyclistes mettent le même temps : le 1er pour parcourir 150 km et le 2e pour parcourir 125 km.
On a utilisé la formule $d = Vt$, où d est la distance, V la vitesse et t le temps.
② $\Leftrightarrow 125\ V_1 = 150\ V_2 \Leftrightarrow 5\ V_1 = 6\ V_2$.
D'après ① :
$5(V_2 + 5) = 6\ V_2 \Leftrightarrow V_2 = 25$.
Par suite : $V_1 = V_2 + 5 = 25 + 5 = 30$.
Les vitesses des deux cyclistes sont donc respectivement de 30 km/h et de 25 km/h.

18 $N = 10\,a + b$ et si on permute le chiffre des dizaines et le chiffre des unités, le nouveau nombre est $N' = 10\,b + a$. Par hypothèse, on a :
$N' = 10\,b + a = 10\,a + b + 54$, soit
$9\,b - 9\,a = 54 \Leftrightarrow b - a = 6$.

a) Par hypothèse, on a le système :

$$\begin{cases} b - a = 6 \\ b + a = 10 \end{cases}$$

En ajoutant ces deux équations, il vient :
$2\,b = 16$ soit $b = 8$ et par suite, $a = 2$.
Le nombre cherché est donc 28.

b) Dans cette question, on sait seulement que $b - a = 6$.
On a alors une seule équation avec deux inconnues.
Cependant on sait que a et b sont des nombres entiers compris entre 0 et 9 inclus et que b est plus grand que a de 6.
Les solutions possibles sont :
($b = 7$ et $a = 1$) ou ($b = 8$ et $a = 2$) ou ($b = 9$ et $a = 3$).
Les nombres cherchés sont donc :
17, 28 et 39.

19 **a)** La tension est une fonction affine, sa représentation graphique est la droite D_1 qui passe par les points (0 ; 30) et (20 ; 0).

b) La représentation graphique de g est la droite D_2 qui passe par les points (0 ; 10) et (20 ; 20).

c) Les droites D_1 et D_2 se coupent au point I de coordonnées (10 ; 15).
Le point de fonctionnement est obtenu lorsque $I = 10$ A et $U = 15$ V.

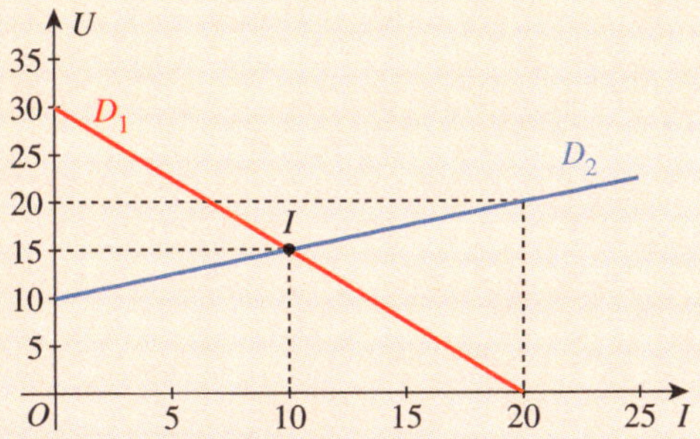

d) On résout le système :

$$\begin{cases} U = 30 - 1{,}5I \\ U = 10 + 0{,}5I \end{cases}$$

On en déduit que :
$30 - 1{,}5\,I = 10 + 0{,}5\,I \Leftrightarrow 2I = 20 \Leftrightarrow I = 10$.
Par suite :
$U = 10 + 5 = 15$.
On retrouve bien les résultats de **c)**.

20 **Partie A**

a) Avec l'option 1 et pour 8 mois, il va payer :
$P_1 = 120 + 8 \times 10 = 120 + 80 = 200$ €.
Avec l'option 2 et pour 8 mois, il aurait payé :
$P_2 = 60 + 8 \times 20 = 60 + 160 = 220$ €.
Avec l'option 3 et pour 8 mois, il aurait payé :
$P_3 = 8 \times 40 = 320$ €.
Djamel a donc choisi la bonne option.

b) Soit x le nombre de mois payés.
Par hypothèse, on a :
$40x = 200$ soit $x = 5$.
Le client a donc payé 5 mois.
Avec l'option 1 et pour 5 mois, il aurait payé :
$P_1 = 120 + 5 \times 10 = 120 + 50 = 170$ €.
Avec l'option 2 et pour 5 mois, il aurait payé :
$P_2 = 60 + 5 \times 20 = 60 + 100 = 160$ €.
Il aurait mieux fait de choisir l'option 2.

c) On a respectivement :
$y_1 = 120 + x \times 10 = 10x + 120$;
$y_2 = 60 + x \times 20 = 20x + 60$;
$y_3 = x \times 40 = 40x$.

d) On obtient :

x	2	5	9	12
y_1	140	170	210	240
y_2	100	160	240	300
y_3	80	200	360	480

Partie B

a) Pour construire les droites, on utilise le tableau ci-dessus.

La droite D_1 d'équation $y = 10\,x + 120$ passe par les points (0 ; 120) et (5 ; 170).
La droite D_2 d'équation $y = 20\,x + 60$ passe par les points (0 ; 60) et (5 ; 160).
La droite D_3 d'équation $y = 40\,x$ passe par les points O et (5 ; 200).

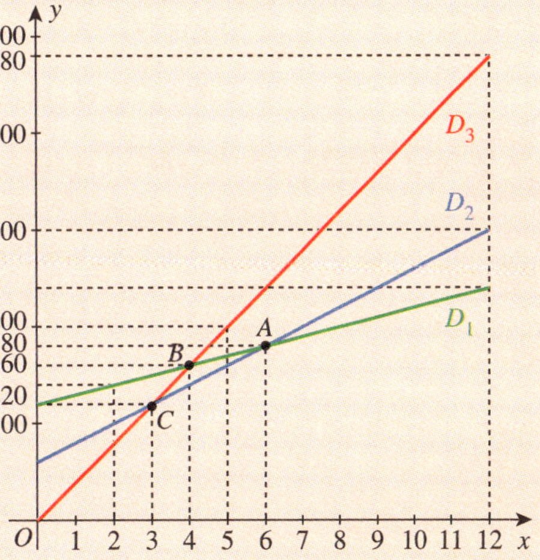

b) Pour déterminer les points d'intersection des droites, on résout des systèmes.
Par exemple, pour $D_1 \cap D_2$, on résout le système :

$$\begin{cases} y = 10x + 120 & ① \\ y = 20x + 60 & ② \end{cases}$$

D'où :
$10x + 120 = 20x + 60 \Leftrightarrow 10x = 60 \Leftrightarrow x = 6$.
Par suite : $y = 10 \times 6 + 120 = 180$.
D_1 et D_2 se coupent au point $A(6 ; 180)$.
De même, on démontre que $B(4 ; 160)$ et $C(3 ; 120)$.
On vérifie les coordonnées de A, B et C sur le graphique.

Partie C

a) $10x + 120 \geqslant 20x + 60$
$\Leftrightarrow 10x \leqslant 60 \Leftrightarrow x \leqslant 6 : S = [0 ; 6]$.
On rappelle que $x \geqslant 0$.
$10x + 120 \geqslant 40x \Leftrightarrow 30x \leqslant 120$
$\Leftrightarrow x \leqslant 4 : S = [0 ; 4]$.
$20x + 60 \geqslant 40x \Leftrightarrow 20x \leqslant 60$
$\Leftrightarrow x \leqslant 3 : S = [0 ; 3]$.
On retrouve les résultats en observant, sur le graphique, les positions relatives des droites D_1, D_2 et D_3.

b) D'après les résultats précédents, on a :

x	0	3	6	12
choix	**Option 3**	**Option 2**	**Option 1**	

Pour 3 mois, on a le choix entre l'option 3 et l'option 2.

Pour 6 mois, on a le choix entre l'option 2 et l'option 1.

3 NOTION DE FONCTION

1 1 **a)** Vrai : $f : x \mapsto y = f(x) = 2x + 1$.
C'est une fonction affine : $a = 2$ et $b = 1$.
b) Vrai : $f : x \mapsto y = f(x) = x^2$.
C'est une fonction car un nombre n'a qu'un seul carré.
c) Faux : car, par exemple, au nombre 6 correspond ses diviseurs 1, 2, 3 et 6.

2 Une représentation graphique est celle d'une fonction si et seulement si toute droite verticale ne la coupe pas ou bien la coupe en un seul point.
a) Vrai : c'est la représentation graphique de la fonction $f : x \mapsto y = f(x) = 2$.
C'est une fonction affine : $a = 0$ et $b = 2$.
b) Faux : car au nombre $x = 1$ correspond une infinité de nombres.
C'est une droite verticale.
c) Faux : car, par exemple, au nombre $x = 4$ correspond les nombres $y = -2$ et $y = 2$.
d) Vrai : c'est la représentation graphique de la fonction valeur absolue de x.
e) Vrai : c'est la représentation graphique d'une fonction. On reconnaît une parabole.
f) Faux : car, par exemple, au nombre $x = 1$ correspond deux nombres sur (Oy).

2 1 $f : x \mapsto y = f(x) = x - 1$.
a) $f(-1) = -2$; $f(0) = -1$; $f(2) = 1$.
b) • On cherche x tel que $f(x) = -3$.
$x - 1 = -3 \Leftrightarrow x = -2$.
$y = -3$ a un seul antécédent $x = -2$.
• On cherche x tel que $f(x) = 0$.
$x - 1 = 0 \Leftrightarrow x = 1$.
$y = 0$ a un seul antécédent $x = 1$.
• On cherche x tel que $f(x) = 4$.
$x - 1 = 4 \Leftrightarrow x = 5$.
$y = 4$ a un seul antécédent $x = 5$.

2 $g : x \mapsto y = g(x) = 2x + 3$.
a) $g(-1) = 1$; $g(0) = 3$; $g(2) = 7$.
b) • On cherche x tel que $g(x) = -3$.
$2x + 3 = -3 \Leftrightarrow 2x = -6 \Leftrightarrow x = -3$.
$y = -3$ a un seul antécédent $x = -3$.
• On cherche x tel que $g(x) = 0$.
$2x + 3 = 0 \Leftrightarrow 2x = -3 \Leftrightarrow x = -\frac{3}{2}$.
$y = 0$ a un seul antécédent $-\frac{3}{2}$.
• On cherche x tel que $g(x) = 4$.
$2x + 3 = 4 \Leftrightarrow 2x = 1 \Leftrightarrow x = \frac{1}{2}$.
$y = 4$ a un seul antécédent $x = \frac{1}{2}$.

3 $h : x \mapsto y = h(x) = x^2$.
a) $h(-1) = 1$; $h(0) = 0$; $h(2) = 4$.
b) • On cherche x tel que $h(x) = -3$.
$x^2 = -3$ est impossible car un carré est positif ou nul.
$y = -3$ n'a pas d'antécédent.
• On cherche x tel que $h(x) = 0$.
$x^2 = 0 \Leftrightarrow x = 0$.
$y = 0$ a un seul antécédent $x = 0$.
• On cherche x tel que $h(x) = 4$.
$x^2 = 4 \Leftrightarrow (x = -2$ ou $x = 2)$.
$y = 4$ a deux antécédents $x = -2$ et $x = 2$.

4 $i : x \mapsto y = i(x) = \frac{1}{x}$.
a) $i(-1) = -1$; $i(0)$ n'existe pas car on ne peut pas diviser par 0 ; 0 n'a pas d'image.
$i(2) = \frac{1}{2}$.
b) • On cherche x tel que $i(x) = -3$.
$\frac{1}{x} = -3 \Leftrightarrow x = -\frac{1}{3}$.
$y = -3$ a un seul antécédent $x = -\frac{1}{3}$.
• On cherche x tel que $i(x) = 0$.
$\frac{1}{x} = 0$ n'a pas de solution car il n'y a pas de nombre dont l'inverse est nul.
$y = 0$ n'a pas d'antécédent.
• On cherche x tel que $i(x) = 4$.
$\frac{1}{x} = 4 \Leftrightarrow x = \frac{1}{4}$.
$y = 4$ a un seul antécédent $x = \frac{1}{4}$.

5 $j : x \mapsto y = j(x) = \sqrt{x}$.
a) $j(-1)$ n'existe pas car on ne peut pas prendre la racine carrée d'un nombre négatif ; -1 n'a pas d'image.
$j(0) = 0$; $j(2) = \sqrt{2}$.
b) • On cherche x tel que $j(x) = -3$.

$\sqrt{x} = -3$ est impossible car une racine carrée est positive ou nulle.
$y = -3$ n'a pas d'antécédent.
• On cherche x tel que $j(x) = 0$.
$\sqrt{x} = 0 \Leftrightarrow x = 0$.
$y = 0$ a un seul antécédent $x = 0$.
• On cherche x tel que $j(x) = 4$.
$\sqrt{x} = 4 \Leftrightarrow x = 16$.
$y = 4$ a un seul antécédent $x = 16$.

3

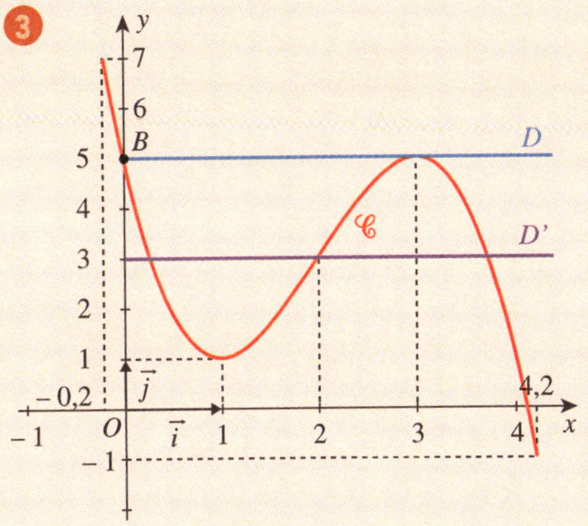

a) La courbe se nomme $\mathscr{C}$.
b) f est décroissante sur $[-0,2 ; 1]$.
c) f est croissante sur $[1 ; 3]$.
d) f admet, sur $[0 ; 2]$, un minimum en $x = 1$.
On a $f(1) = 1$.
Ce n'est pas le minimum absolu de f sur l'intervalle I, car $f(4,2) \approx -1$.
e) f admet, sur $[2 ; 4]$, un maximum en $x = 3$.
On a $f(3) = 5$.
Ce n'est pas le maximum absolu de f sur l'intervalle I, car $f(-0,2) \approx 7$.
f) On obtient le tableau de variation :

x	$-0,2$		1		3		$4,2$
$f(x)$	7	↘	1	↗	5	↘	-1

g) $\mathscr{C}$ coupe l'axe (Oy) au point $B\ (0 ; 5)$.
h) $\mathscr{C}$ coupe l'axe (Ox) en un point dont l'abscisse x_0 est comprise entre 4 et 4,2.
En effet, $\mathscr{C}$ est au-dessus de l'axe (Ox) si $x = 4$ et $\mathscr{C}$ est en dessous de l'axe (Ox) si $x = 4,2$. On écrit : $4 < x_0 < 4,2$.
i) L'image de 2 par f est 3 car $f(2) = 3$.
j) On trace la droite horizontale D d'équation $y = 5$.
D coupe la courbe $\mathscr{C}$ en deux points distincts d'abscisses $x = 0$ et $x = 3$.
Le nombre 5 admet donc sur l'intervalle I deux antécédents $x = 0$ et $x = 3$ car $f(0) = 5$ et $f(3) = 5$.
k) On trace la droite horizontale D' d'équation $y = 3$.
D' coupe la courbe $\mathscr{C}$ en trois points. Les abscisses de ces points sont alors les antécédents du nombre 3.
Le nombre 3 a donc trois antécédents : x_1, x_2 et x_3.
x_1 est compris entre 0 et 1, $x_2 = 2$ et x_3 est compris entre 3 et 4.

4 **Partie A**
a) On programme la fonction f sur une calculatrice et on obtient :

x	0	5	10	15	20	25
$f(x)$	0	225	400	525	600	625

x	30	35	40	45	50
$f(x)$	600	525	400	225	0

b) Il semblerait que f soit croissante sur $[0 ; 25]$ et que f soit décroissante sur $[25 ; 50]$.
On peut penser qu'il y a un maximum absolu en $x = 25$ et $f(25) = 625$.
c) À l'aide d'une calculatrice, on obtient :

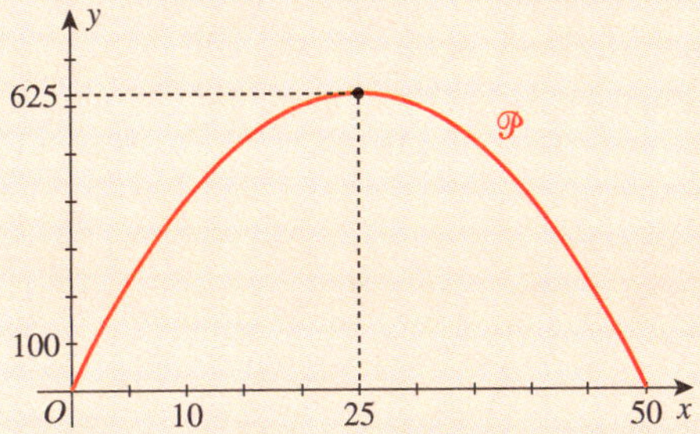

La représentation graphique ci-dessus confirme les conjectures énoncées en **b)**.

Partie B
a) $\mathscr{P} = 2(L + l)$ et $\mathscr{A} = L \times l$.
b) $2(L + l) = 100 \Leftrightarrow L + l = 50 \Leftrightarrow L = 50 - l$ avec $0 \leqslant l \leqslant 50$ car $L \geqslant 0$.
Par suite :
$\mathscr{A} = L \times l = (50 - l) \times l = 50\,l - l^2$.

Application :
D'après les résultats de la partie $\mathscr{A}$, l'aire $\mathscr{A}$ est maximale pour $l = 25$.
On en déduit que :
$L = 50 - l = 50 - 25 = 25$.
Le plus grand champ rectangulaire que l'on peut clôturer avec 100 mètres de grillage est donc un carré de côté 25 m.
Son aire est égale à : $\mathscr{A} = 25^2 = 625\ \text{m}^2$.

MATHÉMATIQUES
Corrigés

5 **Partie A**

1 ■ **a)** 1 h = 3 600 s et 1 km = 1 000 m.
10 m/s donnent donc 10 × 3 600 m/h, soit 36 km/h.
b) $d_S(10) = 0{,}08 \times 10^2 + 10 = 8 + 10 = 18$.
$d_M(10) = 0{,}14 \times 10^2 + 10 = 14 + 10 = 24$.
Pour une vitesse de 10 m/s soit 36 km/h, les distances d'arrêt sont respectivement sur route sèche et sur route mouillée de 18 m et de 24 m.
À 36 km/h, il faut donc 6 m de plus sur route mouillée que sur route sèche.
Cela correspond à une augmentation de plus de 33 % car $\frac{6}{18} = \frac{1}{3} \approx 0{,}3333$.

2 ■ **a)** 50 km/h = $\frac{50 \times 1\,000}{3\,600}$ m/s = $\frac{125}{9}$ m/s, soit à peu près 14 m/s.

b) $d_S\left(\frac{125}{9}\right) = 0{,}08 \times \left(\frac{125}{9}\right)^2 + \frac{125}{9} \approx 29$.

$d_M\left(\frac{125}{9}\right) = 0{,}14 \times \left(\frac{125}{9}\right)^2 + \frac{125}{9} \approx 41$.

Pour une vitesse de 14 m/s soit 50 km/h, les distances d'arrêt sont respectivement de 29 m et de 41 m.
Il faut donc 12 m de plus sur route mouillée que sur route sèche.
Cela correspond à une augmentation de plus de 41 % car $\frac{12}{29} \approx 0{,}4138$.

Partie B

1 ■ À 50 km/h, la distance de freinage est de :

$0{,}08 \times \left(\frac{125}{9}\right)^2 \approx 15$ m sur route sèche ;

$0{,}14 \times \left(\frac{125}{9}\right)^2 \approx 27$ m sur route mouillée.

2 ■ Il manque une information importante sur l'état de la route.
Si la route était sèche, il était en infraction car il roulait trop vite (20 > 15).
Ce n'est pas le cas si la route était mouillée (20 < 27).

Partie C

1 ■ **a)** 1 h = 3 600 s et donc 1 m/s donne 3 600 m/h, soit 3,6 km/h.
Le coefficient de proportionnalité est 3,6.

Inversement, c'est $\frac{1}{3{,}6} = \frac{10}{36} = \frac{5}{18} \approx 0{,}28$.

b) On programme les fonctions d_S et d_M et les coefficients de proportionnalité sur une calculatrice.

v en km/h	36	50	90	110	130
v en m/s	10	14	25	31	36
$d_S(v)$	18	29	75	105	140
$d_M(v)$	24	41	112	161	219

2 ■ À 130 km/h, soit 36 m/s, il faut 140 m pour s'arrêter sur route sèche et 161 m sur route mouillée à 110 km/h, soit 31 m/s.
On comprend la limitation mais il faut néanmoins 21 m de plus pour s'arrêter.
Soyez donc prudents s'il pleut.

3 ■ Avec une calculatrice, on obtient :

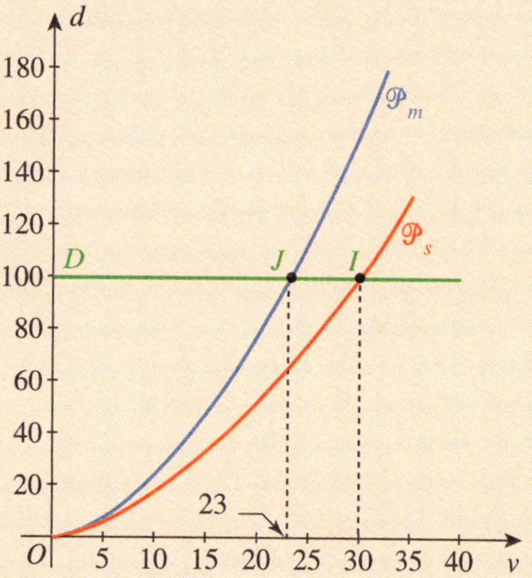

4 ■ On représente la droite horizontale D d'équation $y = 100$.
D coupe respectivement la parabole $\mathcal{P}_s$ au point I d'abscisse $v = 30$ et la parabole $\mathcal{P}_m$ au point J d'abscisse $v = 23$.
Cela veut dire que si la distance d'arrêt est de 100 m, le véhicule roulait à 30 m/s sur route sèche et à 23 m/s sur route mouillée.
30 m/s correspond à 30 × 3,6 = 108 km/h et 23 m/s correspond à 23 × 3,6 ≈ 83 km/h.

6 **a)** $P(0) = 18 \times 0 - 2 \times 0^2 = 0$;
$P(2) = 18 \times 2 - 2 \times 2^2 = 36 - 8 = 28$;
$P(7) = 18 \times 7 - 2 \times 7^2 = 126 - 98 = 28$;
$P(9) = 18 \times 9 - 2 \times 9^2 = 162 - 162 = 0$.
Si l'intensité I dans le circuit est nulle, la puissance utile du générateur est nulle.
Si $I = 2$ A, $P = 28$ W ; si $I = 7$ A, $P = 28$ W : si $I = 9$ A, $P = 0$ W.
b) Avec une calculatrice, on obtient :

I	3	4	4,5	5	6	8
$P(I)$	36	40	40,5	40	36	16

c) On peut alors conjecturer le tableau de variation suivant :

I	0		4,5		9
$P(I)$	0	↗	40,5	↘	0

Il semblerait que la puissance utile soit maximale pour $I = 4{,}5\,A$ et $P(4{,}5) = 40{,}5$ W.

d) On programme la fonction sur une calculatrice et on obtient :

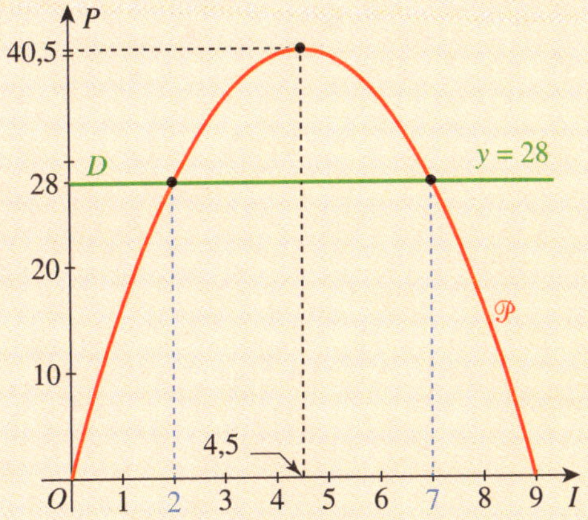

e) La représentation graphique est une parabole qui a un maximum pour $I = 4{,}5$. La fonction P est croissante sur [0 ; 4,5] et décroissante sur [4,5 ; 9] comme prévu.

f) On représente la droite horizontale D d'équation $y = 28$.

D coupe $\mathcal{P}$ en deux points distincts d'abscisses $I = 2$ et en $I = 7$.

Le nombre 28 a donc deux antécédents $I = 2$ et $I = 7$.

La puissance utile sera alors de 28 W si l'intensité dans le circuit est de 2 A ou de 7 A.

En général, on choisit l'intensité la plus basse, c'est-à-dire $I = 2\,A$.

7 **1** ■ **a)** S'il cueille de suite ses pommes et qu'il les vend le producteur encaissera :

$1\,600 \times 4 = 6\,400$ €.

b) S'il attend une semaine, il aura 560 kg de pommes en plus car $7 \times 80 = 560$.

Le prix du kilo de pommes aura baissé de 0,70 € car $7 \times 0{,}10 = 0{,}70$.

Il disposera de 2 160 kg de pommes à 3,30 € le kg car $1\,600 + 560 = 2\,160$ et $4 - 0{,}70 = 3{,}30$.

Le producteur encaissera alors :

$2\,160 \times 3{,}30 = 7\,128$ €.

2 ■ **a)** $N = 1\,600 + 80n$.

b) $P = 4 - 0{,}10n$.

c) $S(n) = (1\,600 + 80n) \times (4 - 0{,}10n)$;

$S(n) = 6400 - 160n + 320n - 8\,n^2$ et

donc $S(n) = -\,8n^2 + 160n + 6400$ soit :

$S(n) = 80\,(-\,0{,}1n^2 + 2n + 80)$.

3 ■ **a)** $P = 4 - 0{,}10\,n \geqslant 0 \Leftrightarrow 0{,}10\,n \leqslant 4$

$\Leftrightarrow n \leqslant 40$.

Au-delà de 40 jours d'attente le prix de vente des pommes devient négatif !

b) On programme la fonction S sur une calculatrice.

On obtient : $S(0) = 6\,400$ et $S(7) = 7\,128$.

On retrouve bien les résultats de **1** ■.

c) $S(25) = 5\,400$.

Si le producteur attend 25 jours de plus, il encaissera alors 5 400 €.

d) On obtient la courbe $\mathcal{P}$ suivante :

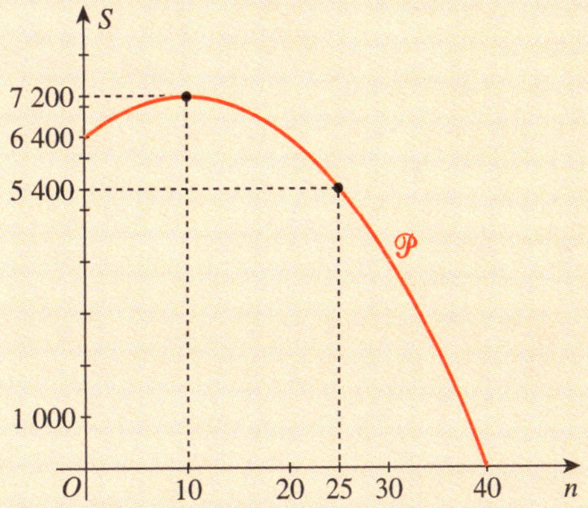

e) $\mathcal{P}$ admet un maximum pour $n = 10$.

Le producteur doit donc attendre 10 jours pour récolter ses pommes et les vendre.

Il encaissera 7 200 € car $S(10) = 7\,200$.

8 **Partie A**

a) L'aire totale de la caisse est composée de l'aire du fond et du couvercle ($2x^2$) et de l'aire des 4 côtés ($4x\,h$).

On a donc : $\mathcal{A} = 2x^2 + 4x\,h$.

b) Le volume de la caisse est égal à : $\mathcal{V} = x^2\,h$.

c) $\mathcal{V} = x^2\,h = 1 \Leftrightarrow h = \dfrac{1}{x^2}$ car $x \neq 0$.

d) $\mathcal{A} = 2x^2 + 4x\,h = 2x^2 + 4x \times \dfrac{1}{x^2}$;

On a bien : $\mathcal{A} = 2x^2 + \dfrac{4}{x} = 2\left(x^2 + \dfrac{2}{x}\right)$.

Partie B

1 ■ Avec une calculatrice, on obtient :

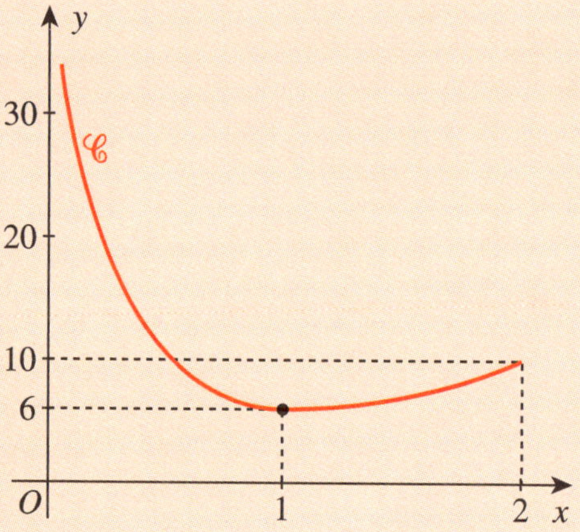

2 ■ On a le tableau de variation :

x	0	1	2
$f(x)$	↘	6	↗ 10

3 ■ f est minimale pour $x = 1$ et $f(1) = 6$.

4 ■ **a)** La caisse la plus économique est donc un cube de côté 1 m.

b) Le prix du bois d'une telle caisse est de : $6 \times 50 \times 1{,}196 = 358{,}80$ €.

9 **a)** $D(p) = 1\,000\,000 + 15n$;
$D(p) = 1\,000\,000 + 15(50\,000 - 250p)$;
$D(p) = 1\,750\,000 - 3\,750p$.
$R(p) = p \times n = p \times (50\,000 - 250p)$;
$R(p) = 50\,000p - 250p^2$.
$B(p) = R(p) - D(p)$;
$B(p) = -250p^2 + 53\,750p - 1\,750\,000$.

b) On obtient :

• Pour $p = 40$: $n = 40\,000$;
$D(40) = R(40) = 1\,600\,000$; $B(40) = 0$.

Si le prix du billet est de 40 €, il y a alors 40000 spectateurs et le bénéfice est nul.

• Pour $p = 107{,}50$: $n = 23\,125$;
$D(107{,}50) = 1\,346\,875$;
$R(107{,}50) = 2\,485\,937{,}5$;
$B(107{,}50) = 1\,139\,062{,}5$.

Si le prix du billet est de 107,50 €, il y a 23 125 spectateurs et le bénéfice est de 1139062,50 €.

• Pour $p = 175$: $n = 6\,250$;
$D(175) = R(175) = 1\,093\,750$; $B(175) = 0$.

Si le prix du billet est de 175 €, il y a 6250 spectateurs et le bénéfice est nul.

c) On obtient :

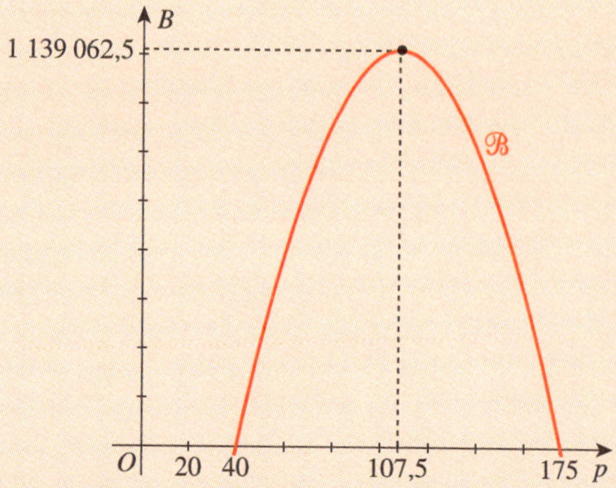

d) La courbe ℬ est située en dessous de l'axe (Op) si $p < 40$ ou si $p > 175$ et on retrouve les résultats de **b)**.

Le bénéfice est donc négatif si le prix du billet d'entrée est inférieur à 40 € ou supérieur à 175 €.

e) On constate que la courbe ℬ admet un maximum compris entre 40 et 175.

Comme ℬ est une parabole, elle est symétrique par rapport à un axe passant par son sommet et donc le maximum a pour abscisse le milieu de 40 et de 175 soit :

$$\frac{40 + 175}{2} = \frac{215}{2} = 107{,}50.$$

Le bénéfice est donc maximum si le prix du billet d'entrée est de 107,50 €.

D'après **b)**, il y a 23 125 spectateurs et le bénéfice réalisé sera de 1139062,50 €.

4 UTILISATION DES FONCTIONS DE RÉFÉRENCE

1 **1** ■ **a)** Vrai ;

b) Faux : f est constante sur $\mathbb{R}$;

c) Faux : $f(-5) = -3$;

d) Faux : D coupe (Oy) en $(0 ; -3)$;

e) Vrai : D est strictement parallèle à (Ox).

2 ■ **a)** Faux : f est décroissante sur $\mathbb{R}^-$ puis croissante sur $\mathbb{R}^+$ car f est de la forme kx^2 avec $k = 5 > 0$;

b) Faux : $f(-2) = 5 \times (-2)^2 = 5 \times 4 = 20$;

c) Vrai ;

d) Faux : $\mathcal{P}$ coupe (Oy) en O ;

e) Vrai : car $5\,x^2 \geqslant 0$.

❷ **a)** f est une fonction de référence.
Sa représentation graphique est connue, D passe par O et par $A(1 ; 1)$.

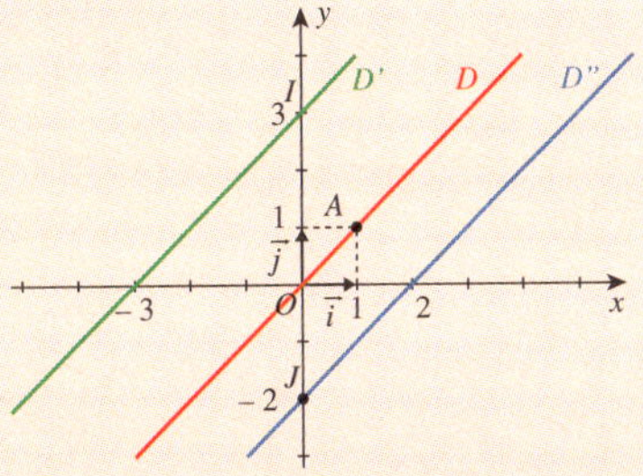

b) Les fonctions g et h sont de la forme $f + k$ avec respectivement $k = 3$ et $k = -2$.
La droite D' s'obtient en déplaçant D de 3 unités graphiques de l'axe (Oy).
Comme $k = 3 > 0$, le déplacement est de sens positif (vers le haut).
La droite D'' s'obtient en déplaçant D de -2 unités graphiques de l'axe (Oy).
Comme $k = -2 < 0$, le déplacement est de sens négatif (vers le bas).
c) D, D' et D'' sont parallèles.
D passe par O, D' et D'' coupent l'axe (Oy) respectivement en $I(0 ; 3)$ et $J(0 ; -2)$.
d) g et h ont le même sens de variation que f et donc g et h sont croissantes sur $\mathbb{R}$.

❸ **a)** Voir sur le graphique.
b) Les fonctions g et h sont de la forme kf avec respectivement $k = 2$ et $k = -3$.
Si $M(x_0 ; f(x_0))$ est un point de $\mathscr{C}$, le point correspondant $M'(x_0 ; kf(x_0))$ de $\mathscr{C}'$ est tel que : M et M' ont la même abscisse x_0 ; l'ordonnée de M' est alors obtenue en multipliant l'ordonnée de M par k.
La droite D passe par O et par le point $A(1 ; 1)$.
La droite D' passe par O et par le point $A'(1 ; 2)$ car $k = 2$.
La droite D'' passe par O et par le point $A''(1 ; -3)$ car $k = -3$.

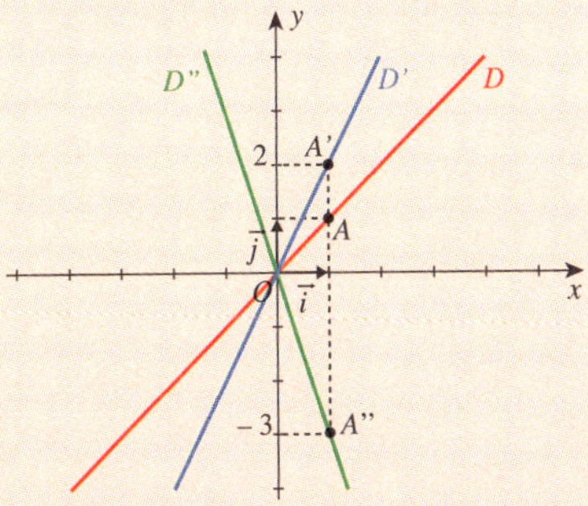

c) D, D' et D'' ne sont pas parallèles.
Elles passent toutes les trois par O.
d) g a le même sens de variation que f car $k = 2 > 0$ et donc g est croissante sur $\mathbb{R}$.
h a le sens de variation contraire de celui de f car $k = -3 < 0$ et donc h est décroissante sur $\mathbb{R}$.

❹ **a)** Voir sur le graphique.
b) La fonction $f_1 : x \mapsto -x$ est de la forme kf avec $k = -1 < 0$ et donc sa représentation graphique est la droite D_1 qui passe par O et par le point $A(1 ; -1)$.
La fonction $g : x \mapsto -x - 4$ est de la forme $f_1 + k$ avec $k = -4 < 0$ et donc sa représentation graphique est la droite D' qui s'obtient en déplaçant D_1 de -4 unités graphiques de l'axe (Oy) (vers le bas).

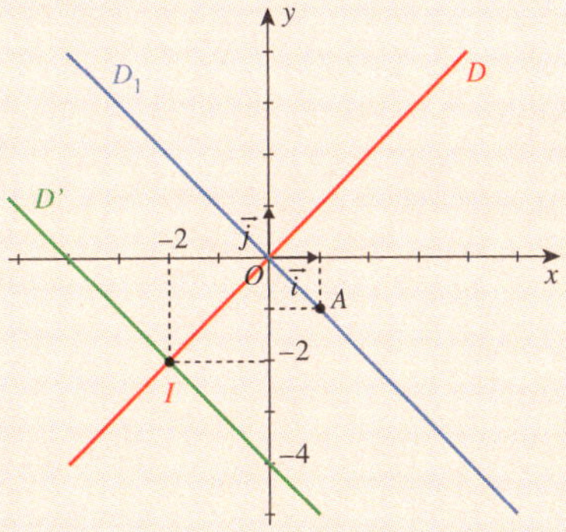

c) La fonction $f_1 : x \mapsto -x$ est de la forme kf avec $k = -1 < 0$ et donc f_1 est décroissante sur $\mathbb{R}$.
La fonction $g : x \mapsto -x - 4$ est de la forme $f_1 + k$ et a le même sens de variation que f_1 et donc g est décroissante sur $\mathbb{R}$.
d) Sur le graphique, on constate que D et D' se coupent au point $I(-2 ; -2)$.
e) $x = -x - 4 \Leftrightarrow 2x = -4 \Leftrightarrow x = -2$ et $y = f(-2) = g(-2) = -2$.

❺ **a)** $f : x \mapsto x^2$ est une fonction de référence et sa courbe représentative $\mathscr{P}$ est la parabole connue. D est la droite horizontale qui coupe l'axe (Oy) au point $A(0 ; -1)$.

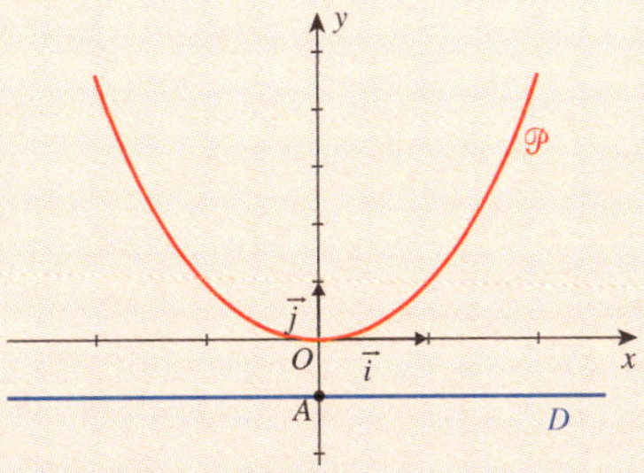

b) Résoudre graphiquement l'équation proposée $x^2 = -1$, revient à déterminer les abscisses des points d'intersection de D avec $\mathscr{P}$.
On constate sur le graphique de **a)** que D ne coupe pas $\mathscr{P}$.
Par suite, l'équation $x^2 = -1$ n'a pas de solution dans $\mathbb{R}$: $S = \varnothing$.
c) Ce résultat était prévisible car un carré est positif ou nul et donc l'équation $x^2 = -1$ n'a pas de solution dans $\mathbb{R}$.

6 **a)** Voir ci-dessous pour $\mathscr{P}$.
D est la droite horizontale qui coupe l'axe (Oy) au point $A(0\ ;4)$.

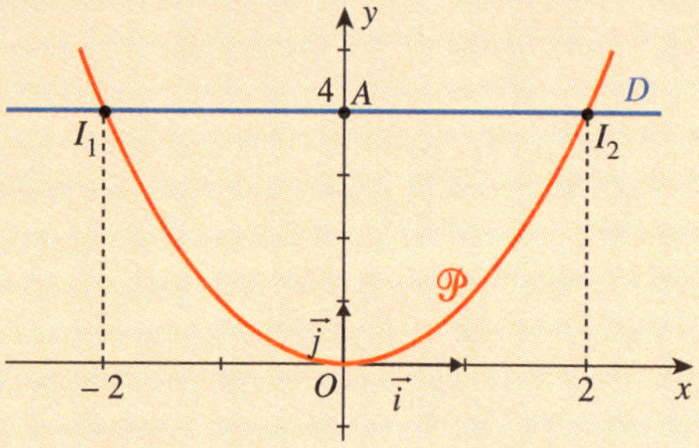

Résoudre graphiquement l'équation $x^2 = 4$, revient à déterminer les abscisses des points d'intersection de D avec $\mathscr{P}$.
On constate sur le graphique de **a)** que D coupe $\mathscr{P}$ en deux points distincts I_1 et I_2 d'abscisses respectives $x = -2$ et $x = 2$.
L'équation $x^2 = 4$ a comme ensemble solution $S = \{-2\ ;2\}$.

Algébriquement
$x^2 = 4 = 2^2 \Leftrightarrow x = -2$ ou $x = 2$.
b) L'aire d'un disque de rayon r est égale à : $\mathscr{A} = \pi r^2$.
Par hypothèse, on a $\mathscr{A} = 4\pi$.
$\mathscr{A} = \pi r^2 = 4\pi \Leftrightarrow r^2 = 4 \Leftrightarrow r = -2$ ou $r = 2$ d'après **a)**.
Seule la solution $r = 2$ convient car $r > 0$.
Le disque a donc un rayon de 2 cm.

7 **a)** $\mathscr{P}$ est la parabole de référence.
On trace la droite D_1 d'équation $y = 2x$ qui passe par O et le point $A(1\ ;2)$.
La droite D s'obtient en déplaçant la droite D_1 de -1 unité graphique de l'axe (Oy).
D coupe l'axe (Oy) en $B(0\ ;-1)$.
Comme $k = -1 < 0$, le déplacement est de sens négatif (vers le bas).

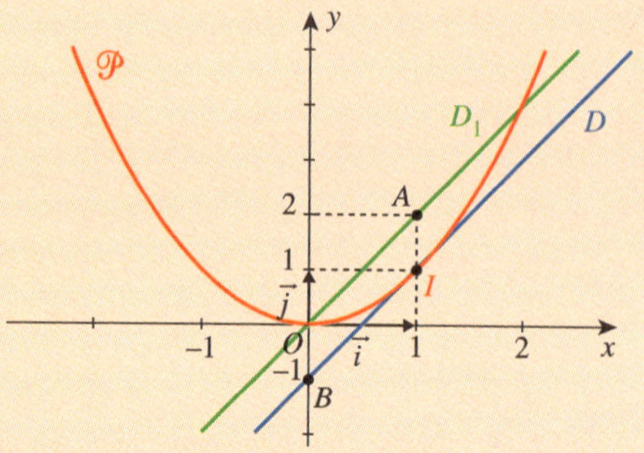

b) Résoudre graphiquement l'équation $x^2 = 2x - 1$, revient à déterminer les abscisses des points d'intersection de D avec $\mathscr{P}$.
On constate sur le graphique de **a)** que D coupe $\mathscr{P}$ en un seul point $I\,(1\ ;1)$.
L'équation $x^2 = 2x - 1$ a donc comme ensemble solution $S = \{1\}$.

Remarque
On dit que D est tangente à $\mathscr{P}$ en $x = 1$.
c) On utilise l'identité remarquable :
$(a - b)^2 = a^2 - 2ab + b^2$ avec $a = x$ et $b = 1$.
$(x - 1)^2 = x^2 - 2x \times 1 + 1^2 = x^2 - 2x + 1$.
$x^2 = 2x - 1 \Leftrightarrow x^2 - 2x + 1 = 0$
$\Leftrightarrow (x - 1)^2 = 0 \Leftrightarrow x - 1 = 0 \Leftrightarrow x = 1$.

8 **a)** La fonction $f_1 : x \mapsto -x^2$ est de la forme kf où $k = -1 < 0$ et f la fonction de référence $f : x \mapsto x^2$.
f_1 a le sens de variation contraire de celui de f car $k < 0$.
f_1 est donc croissante sur $]-\infty\ ;0]$ et décroissante sur $[0\ ;+\infty[$.
La fonction $g : x \mapsto 1 - x^2$ est de la forme $f_1 + k_1$ avec $k_1 = 1$ et a le même sens de variation que f_1.
g est donc croissante sur $]-\infty\ ;0]$ et décroissante sur $[0\ ;+\infty[$.
D'où le tableau de variation de g :

x	$-\infty$		0		$+\infty$
$g(x)$		↗	1	↘	

b) La fonction $f_1 : x \mapsto -x^2$ est de la forme kf avec $k = -1 < 0$ et donc sa représentation graphique est la parabole $\mathscr{P}_1$ qui s'obtient à partir de $\mathscr{P}$ en faisant une construction point par point.
Si $M\,(x_0\ ;f(x_0))$ est un point de $\mathscr{P}$, le point correspondant $M'(x_0\ ;-f(x_0))$ de $\mathscr{P}_1$ est tel que : M et M' ont la même abscisse x_0 ; l'ordonnée de M' est alors obtenue en multipliant l'ordonnée de M par -1.

Dans ce cas particulier, on constate que $\mathcal{P}_1$ est symétrique de $\mathcal{P}$ par rapport à l'axe (Ox).
La fonction $g : x \mapsto 1 - x^2$ est de la forme $f_1 + k_1$ avec $k_1 = 1 > 0$.
La parabole $\mathcal{P}$' s'obtient en déplaçant $\mathcal{P}_1$ de 1 unité graphique de l'axe (Oy) (vers le haut).

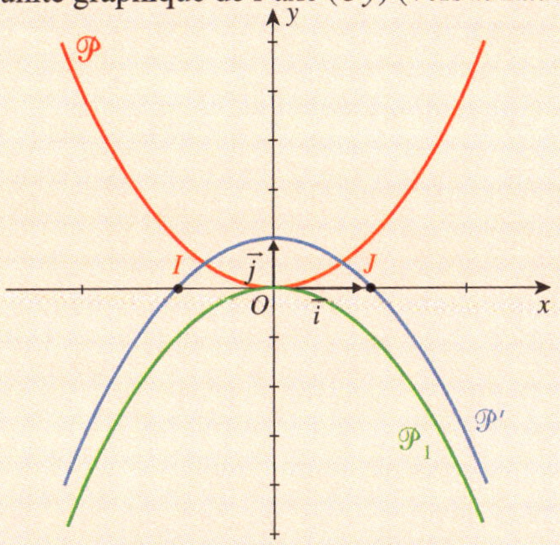

c) La parabole $\mathcal{P}$' coupe l'axe (Ox) en deux points $I(-1 ; 0)$ et $J(1 ; 0)$.
d) On peut retrouver le résultat par le calcul : $1 - x^2 = 0 \Leftrightarrow x^2 = 1 \Leftrightarrow x = -1$ ou $x = 1$.

9 **1 ■ a)** $f(0{,}5) = 375 \Leftrightarrow k\,(0{,}5)^2 = 375$
$\Leftrightarrow k = \dfrac{375}{0{,}25} = 1\,500.$
b) $f(x) = 1\,500\,x^2$ est de la forme $k\,x^2$, avec $k > 0$ et donc f est croissante sur $[0 ; 1{,}04]$.

x	0 → 1,04
$f(x)$	0 ↗ 1622,4

2 ■ Un capital C, placé au taux de i % par an à intérêts composés, donnera un capital de $C(1 + i)^2$ après 2 ans.
Dans ce cas, on a : $C = 1\,500$ et $i = 0{,}04$.
Par suite, les 1,500 € vont donner après les 2 ans, un capital égal à :
$f(1 + 0{,}04) = f(1{,}04) = 1\,622{,}40$ €.

10 **1 ■** Son indice de masse corporelle est :
$$I = \frac{107}{(1{,}78)^2} \approx 33{,}77.$$
Cette personne a, d'après l'OMS, une obésité modérée.

2 ■ Par hypothèse : $I = \dfrac{P}{(1{,}80)^2}$.
On doit avoir $I \geqslant 18{,}5$ soit :
$$\frac{P}{(1{,}80)^2} \geqslant 18{,}5 \Leftrightarrow P \geqslant (1{,}80)^2 \times 18{,}5$$
et donc $P \geqslant 59{,}94$.

Pour pouvoir défiler, un mannequin de 1,80 m doit donc peser au moins 60 kg.

3 ■ a) $I = \dfrac{P}{T^2} \Leftrightarrow P = I \times T^2$.
b) On a ici : $f(T) = 18{,}5\,T^2$.
À l'aide d'une calculatrice, on obtient :

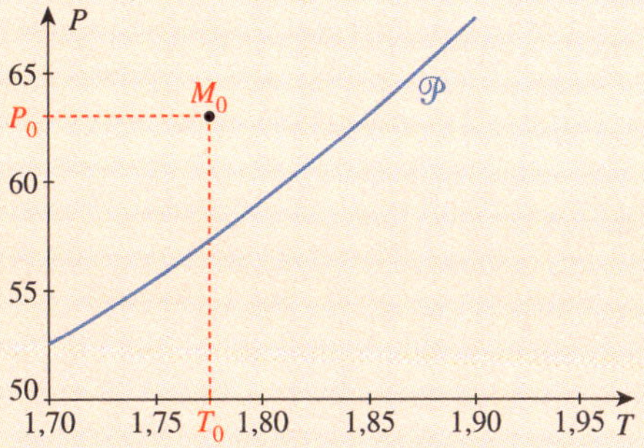

La courbe $\mathcal{P}$ est une parabole mais sur le graphique elle ressemble à une droite car l'intervalle d'étude est petit.
c) Pour pouvoir défiler, le point M_0 doit se situer au-dessus de la parabole $\mathcal{P}$.

11 **a)** $P(r) = 1{,}14\,r^2 \times 10^{-3} \times 10^3 = 1{,}14\,r^2$.
b) On trace la courbe représentative $\mathcal{P}$ de la fonction P (elle est de la forme kx^2) et la droite D d'équation $y = 10,\,26$.

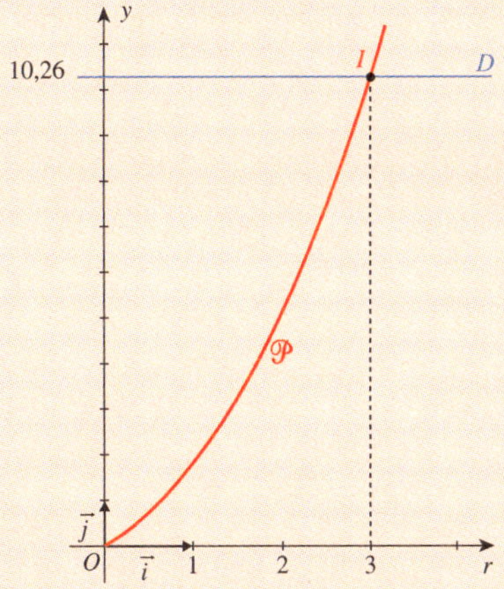

c) Résoudre graphiquement l'équation proposée $P = 10{,}26$, revient à déterminer les abscisses des points d'intersection de D avec $\mathcal{P}$.
On voit sur le graphique de **b)** que D coupe $\mathcal{P}$ en un seul point I d'abscisse $x = 3$.
L'équation $P = 10{,}26$ a donc comme ensemble solution $S = \{3\}$.
Pour avoir une puissance maximale de 10,26 kW, le rayon de l'éolienne doit donc être de 3 m.
On vérifie que : $P(3) = 1{,}14 \times 3^2 = 10{,}26$.

d) On résout l'équation : $1{,}14\, r^2 = 10{,}26$.

$1{,}14\, r^2 = 10{,}26 \Leftrightarrow r^2 = \dfrac{10{,}26}{1{,}14} = 9$ soit

$r = -3$ ou $r = 3$ et donc $r = 3$ car $r > 0$.

12 Partie A

a) $h_T(t) = -\dfrac{1}{2} \times 9{,}81\, t^2 + 2000$ soit :

$h_T(t) = -4{,}905\, t^2 + 2000$ et $v_T(t) = 9{,}81\, t$.

b) v_T est croissante sur $\mathbb{R}^+$ car $9{,}81 > 0$.

c) $f : t \mapsto t^2$ est une fonction de référence connue. Elle est croissante sur $\mathbb{R}^+$.

$f_1 : t \mapsto -4{,}905\, t^2$ est décroissante sur $\mathbb{R}^+$ car f_1 est de la forme $k\,f$ avec $k < 0$.

Par suite, la fonction h_T est décroissante sur $\mathbb{R}^+$ car $h_T = f_1 + k_1$ avec $k_1 = 2000$.

Ce résultat est normal car la bille tombe et donc son altitude diminue en fonction du temps.

d) $h_T(5) = -4{,}905 \times 5^2 + 2000 \approx 1877$.

$v_T(5) = 9{,}81 \times 5 \approx 49$.

5 secondes après le lâcher, la bille se trouve à 1 877 m d'altitude et sa vitesse est de 49 m/s, soit $49 \times 3{,}6 \approx 176$ km/h.

e) On obtient :

t	0	5	10	15	20
$h_T(t)$	2000	1877	1509	896	38
$v_T(t)$	0	49	98	147	196

f) On programme une calculatrice :

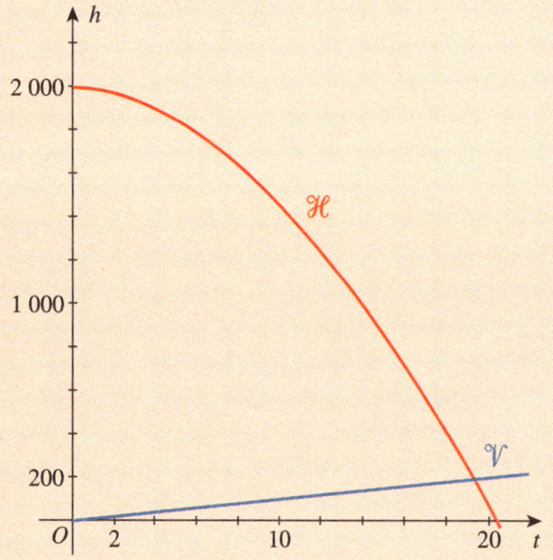

g) La courbe représentative de h_T coupe l'axe (Ot) entre $t = 20$ secondes et $t = 21$ secondes.

On peut remarquer que :

$h_T(20) \approx 38$ et $h_T(21) \approx -163 < 0$.

Cela signifie que 20 secondes après le lâcher, la bille est à 38 m du sol et qu'elle touche le sol avant la 21e seconde.

Sa vitesse à la 20e seconde est de 196 m/s soit approximativement 705 km/h.

Partie B

a) $h_L(t) = -0{,}81\, t^2 + 2000$ et $v_L(t) = 1{,}62\, t$.

b) On obtient :

t	0	5	10	15	20	25	30	35	40	45	50
$h_L(t)$	2000	1 980	1 919	1 818	1 676	1 494	1 271	1 008	704	360	– 25
$v_L(t)$	0	8	16	24	32	40	49	57	65	73	81

c) Les représentations graphiques de v_L et de h_L sont laissées au soin du lecteur.

d) La courbe représentative de h_L coupe l'axe des abscisses entre $t = 49$ s et $t = 50$ s.

On peut remarquer que :

$h_L(49) \approx 55$ et $h_L(50) \approx -25 < 0$.

Cela signifie que 49 secondes après le lâcher, la bille est à 55 m du sol lunaire et qu'elle le touche avant la 50e seconde.

Sa vitesse à la 49e seconde est de 79,4 m/s soit approximativement 286 km/h.

13 Partie A

a) La distance de réaction d_R avec un taux d'alcoolémie de 0 g/l est égale à :

$d_R(v) = v$.

La distance de réaction D_R avec un taux d'alcoolémie de 0,5 g/l est égale à :

$D_R(v) = 1{,}6$ v.

b) d_R est une fonction de référence, sa courbe représentative d est connue.

D_R est une fonction du type $k\, d_R$.

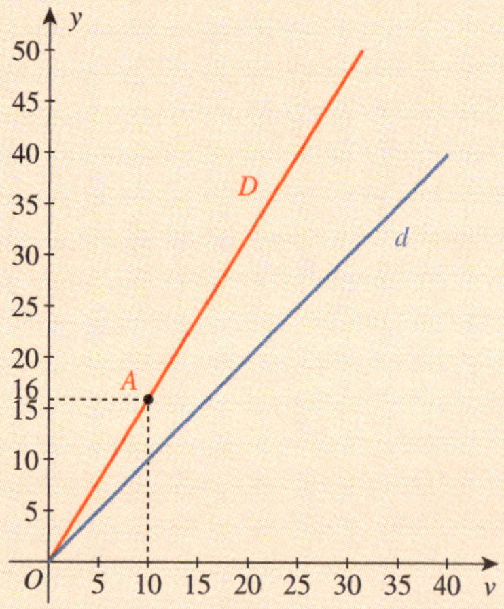

Sa courbe représentative D est la droite qui passe par O et par le point $A(10\,;16)$.

c) On obtient :

v en m/s	14	25	31	36
v en km/h	50	90	110	130
d_R en m	14	25	31	36
D_R en m	22	40	49	58

Explications

- Si $v = 25$ m/s, $v = 25 \times 3{,}6 = 90$ km/h.
$d_R = 25$ m et $D_R = 25 \times 1{,}6 = 40$ m.
- Si $v = 36$ m/s, $v = 36 \times 3{,}6 \approx 130$ km/h.
$d_R = 36$ m et $D_R = 36 \times 1{,}6 \approx 58$ m.
- Si $v = 50$ km/h, $v = \dfrac{50}{3{,}6} \approx 14$ m/s.
$d_R \approx 14$ m et $D_R = \dfrac{50}{3{,}6} \times 1{,}6 \approx 22$ m.
- Si $v = 110$ km/h, $v = \dfrac{110}{3{,}6} \approx 31$ m/s.
$d_R \approx 31$ m et $D_R = \dfrac{110}{3{,}6} \times 1{,}6 \approx 49$ m.

d) Commentaires

- En ville, à 50 km/h, soit à 14 m/s, la distance de réaction est de 14 m avec un taux d'alcool de 0 g/l et de 22 m avec un taux d'alcool de 0,5 g/l.
La distance de freinage augmente de 8 m soit de plus de 57 % car $\dfrac{8}{14} = \dfrac{4}{7} \approx 0{,}5714$.
- Sur autoroute, à 130 km/h (36 m/s), la distance de réaction est de 36 m avec un taux d'alcool de 0 g/l et de 58 m avec un taux d'alcool de 0,5 g/l.
La distance de freinage augmente de 22 m soit de plus de 61 % car $\dfrac{22}{36} = \dfrac{11}{18} \approx 0{,}6111$.

Partie B

a) Comme $d_F(v) = 0{,}08\, v^2$, on obtient :

v en m/s	14	25	31	36
v en km/h	50	90	110	130
d_F en m	15	50	75	104

Explications

Il est inutile d'expliquer les deux premières lignes car cela a déjà été fait.

- Si $v = 50$ km/h, $v = \dfrac{50}{3{,}6} \approx 14$ m/s.
$d_F = 0{,}08 \times \left(\dfrac{50}{3{,}6}\right)^2 \approx 15$ m.
- Si $v = 90$ km/h, soit 25 m/s.
$d_F = 0{,}08 \times 25^2 = 50$ m.
- Si $v = 110$ km/h, $v = \dfrac{110}{3{,}6} \approx 31$ m/s.
$d_F = 0{,}08 \times \left(\dfrac{110}{3{,}6}\right)^2 \approx 75$ m.
- Si $v = 130$ km/h, soit 36 m/s.
$d_F = 0{,}08 \times 36^2 \approx 104$ m.

b) Commentaires

- À 50 km/h (14 m/s), la distance de freinage est de 15 m sur route sèche.
- À 130 km/h (36 m/s), la distance de freinage est de 104 m sur route sèche.

Partie C

a) À 130 km/h sur route sèche et si le conducteur a un taux d'alcoolémie de 0 g/l, la distance d'arrêt est égale à :
$d_A = d_R + d_F = 36 + 104 = 140$ m.

b) À 130 km/h sur route sèche et si le conducteur a un taux d'alcoolémie de 0,5 g/l, la distance d'arrêt est égale à :
$d_A = D_R + d_F = 58 + 104 = 162$ m.
On remarque qu'à 130 km/h, il y a une différence de 22 m entre une conduite sur route sèche à jeun et une conduite avec le taux maximal d'alcoolémie tolérée.
On imagine ce qu'il peut se passer si le conducteur est sous l'emprise de l'alcool et de la drogue !

14 Partie A

a) $C(15) = 2 \times 15^2 + 350 = 800$ € ;
$C(30) = 2 \times 30^2 + 350 = 2\,150$ €.

b) $C(q) = 2\,q^2 + 350$.

c) $f : q \mapsto q^2$ est une fonction de référence, elle est croissante sur [0 ; 40].
$g : q \mapsto 2\,q^2$ est de la forme $k\,f$ avec $k > 0$ et donc elle est croissante sur [0 ; 40].
C est de la forme $g + k_1$ et a donc le même sens de variation que g.
g est donc croissante sur [0 ; 40].

d) On obtient :

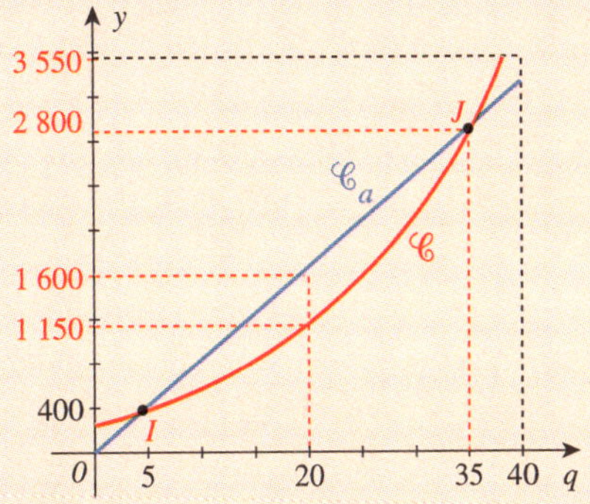

Partie B

a) $C_a(15) = 80 \times 15 = 1\,200$ €.
$C_a(30) = 80 \times 30 = 2\,400$ €.

b) $C_a(q) = 80\,q$.

c) $f : q \mapsto q$ est une fonction de référence, elle est croissante sur [0 ; 40].

$C_a : q \mapsto 80\,q$ est de la forme kf avec $k > 0$ et donc elle est croissante sur [0 ; 40].

d) Voir **d)** partie A.

Partie C

a) $B(15) = C_a(15) - C(15)$ soit

$B(15) = 1\,200 - 800 = 400$ €.

$B(30) = C_a(30) - C(30)$ soit

$B(15) = 2400 - 2\,150 = 250$ €.

b) $B(q) = C_a(q) - C(q)$ soit

$B(q) = 80\,q - (2\,q^2 + 350)$ et donc :

$B(q) = -2\,q^2 + 80\,q - 350$.

c) $\mathscr{C}$ et $\mathscr{C}_a$ se coupent en deux points :

I (5 ; 400) et J (35 ; 2 800).

On a $q_0 = 5$ et $q_1 = 35$.

Si $5 < q < 35$, $\mathscr{C}_a$ est au-dessus de $\mathscr{C}$.

Cela prouve qui si l'artisan produit plus de 5 objets et moins de 35, son chiffre d'affaires est supérieur au coût et donc son bénéfice est positif.

Si $q < 5$ ou $q > 35$, $\mathscr{C}_a$ est en dessous de $\mathscr{C}$.

Cela prouve qui si l'artisan produit moins de 5 objets ou plus de 35, son chiffre d'affaires est inférieur au coût et donc son bénéfice est négatif.

Enfin, si $q = 5$ ou $q = 35$, son chiffre d'affaires est égal au coût et donc son bénéfice est nul.

d) On obtient :

q	5	10	15	20
$C_a(q)$	400	800	1 200	1 600
$C(q)$	400	550	800	1 150
$B(q)$	0	250	400	450

q	25	30	35	40
$C_a(q)$	2 000	2 400	2 800	3 200
$C(q)$	1 600	2 150	2 800	3 550
$B(q)$	400	250	0	– 350

e) L'écart le plus grand est obtenu pour $q = 20$.

Ce résultat est confirmé par le tableau de valeurs ci-dessus.

Cela signifie donc que l'artisan réalise un bénéfice maximum s'il produit et vend 20 objets.

Ce bénéfice est alors de 450 €.

f) En programmant une calculatrice, on obtient :

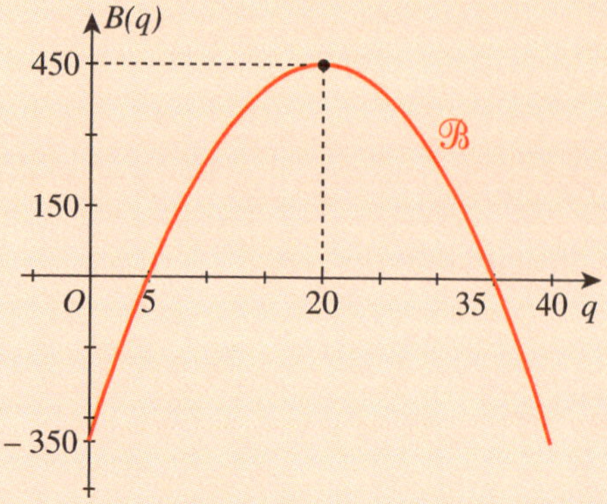

On retrouve les résultats de c) :

• Si $q < 5$ ou $q > 35$, $\mathscr{B}$ est en dessous de l'axe (Oq) : le bénéfice est négatif.

• Si $5 < q < 35$, $\mathscr{B}$ est au-dessus de l'axe (Oq) : le bénéfice est positif.

• Si $q = 5$ ou $q = 35$, $\mathscr{B}$ coupe l'axe (Oq) : le bénéfice est nul.

On retrouve les résultats de e) :

• La courbe $\mathscr{B}$ admet un maximum en $q = 20$: l'artisan réalise un bénéfice maximum s'il produit et vend 20 objets.

On a $B(20) = 450$.

Remarque

20 est le milieu de [5 ; 35] car $\mathscr{B}$ est une parabole et donc admet un axe de symétrie qui passe par le sommet.

5 FONCTION LINÉAIRE, FONCTION AFFINE

1 **1** ■ **a)** Vrai ;

b) Vrai : avec $b = 0$;

c) Vrai ;

d) Faux : D passe par le point $A(-2\,;-4)$;

e) Vrai.

2 ■ **a)** Faux : $b = 5 \neq 0$;

b) Vrai ;

c) Faux : D passe par (0 ; 5) ;

d) Vrai ;

e) Faux : $a = -3$.

2 **1** ■ **a)** Vrai : $\frac{4}{1} = \frac{12}{3} = \frac{20}{5}$;

b) Vrai ;

c) Faux : le coefficient de proportionnalité est $\frac{1}{4}$;

d) Faux : à 16 correspond $16 \times 4 = 64$;

e) Faux : à 44 correspond $44 \times \frac{1}{4} = 11$.

2 ■ **a)** Vrai : 30 km = 3 000 000 cm et :
$\frac{3}{3\,000\,000} = \frac{1}{1\,000\,000} = \frac{1}{10^6}$;

b) Faux : 10 km = 1 000 000 cm = 10^6 cm.
À 10^6 cm correspond $10^6 \times \frac{1}{10^6} = 1$ cm ;

c) Faux : à 10 cm correspond 10×10^6 cm soit 10^7 cm et donc $x_1 = 100$ km ;

d) Vrai ;

e) Faux : 1 hm = 100 m = 10 000 cm = 10^4 cm.
À 1 hm correspond $y_2 = 10^4 \times \frac{1}{10^6} = 0{,}01$ cm.

3 **a)** On a 21,60 m = 2 160 cm et donc l'échelle est de 1/108 car $\frac{20}{2\,160} = \frac{1}{108}$.

b) La taille réelle de la mère est de :
$1{,}5 \times 108 = 162$ cm, soit 1,62 m.

c) Sur la photo, la taille de la fille est de :
$81 \times \frac{1}{108} = 0{,}75$ cm.

4 **1** ■ La paire de chaussures valant 50 € vaudra après remise $50 \times 0{,}60 = 30$ €.
Celle valant 80 €, vaudra après remise $80 \times 0{,}60 = 48$ €.

2 ■ On appelle P le prix de la paire de chaussures avant la remise.
Par hypothèse, $P \times 0{,}60 = 39$.
On a alors $P = \frac{39}{0{,}60} = 65$.
Le prix initial de la paire de chaussures était donc de 65 €.

3 ■ **a)** On a : $y = 0{,}6\,x$.

b) C'est une fonction linéaire et donc elle est aussi affine.

c) La fonction f est croissante sur $\mathbb{R}$ car son coefficient directeur 0,6 est positif.

d) La représentation graphique D de f est la droite qui passe par O et le point de coordonnées A (50 ; 30), par exemple.

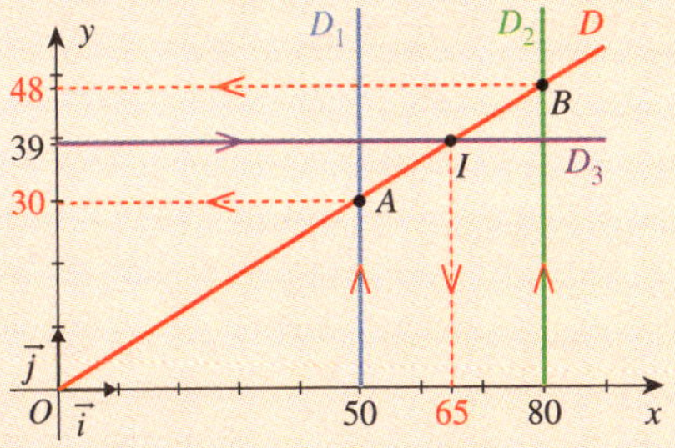

e) Pour **1** ■, on cherche les images des nombres 50 et 80.
Pour cela, on trace les droites verticales D_1 et D_2 d'équations $x = 50$ et $x = 80$.
Elles coupent D respectivement en A et en B.
On lit alors les ordonnées de A et de B : $y = 30$ et $y = 48$.
Pour **2** ■, on cherche l'antécédent de 39.
Pour cela, on trace la droite horizontale D_3 d'équation $y = 39$.
Elle coupe D en I.
On lit alors l'abscisse de I : $x = 65$.

5 **a)** L est une fonction affine car elle est de la forme $y = L(t) = at + b$, avec :
$a = 60 \times 10^{-6} = 6 \times 10^{-5}$ et $b = 5$ car :
$5\,(1 + 12 \times 10^{-6} \times t) = 5 + 60 \times 10^{-6}\,t$.
Ce n'est pas une fonction linéaire car $b \neq 0$.
$a > 0$, L est une fonction croissante de t.

b) On obtient :

***t* en °C**	10	20	25	30	100
***L*(*t*) en m**	5,0006	5,0012	5,0015	5,0018	5,006

Explications

On cherche les images des nombres : 10, 25 et 30.
$L(10) = 5 + 6 \times 10^{-5} \times 10 = 5 + 6 \times 10^{-4}$, soit $L(10) = 5{,}0006$.
$L(25) = 5 + 6 \times 10^{-5} \times 25 = 5 + 15 \times 10^{-4}$, soit $L(25) = 5{,}0015$.
$L(30) = 5 + 6 \times 10^{-5} \times 30 = 5 + 18 \times 10^{-4}$, soit $L(30) = 5{,}0018$.
On cherche les antécédents des nombres : 5,0012 et 5,006.
On résout l'équation :
$$5 + 6 \times 10^{-5}\,t = 5{,}0012.$$
On a : $6 \times 10^{-5}\,t = 0{,}0012$;
$10^{-5}\,t = 0{,}0002 = 2 \times 10^{-4}$ soit $t = 20$.
On résout l'équation :
$$5 + 6 \times 10^{-5}\,t = 5{,}006.$$
On a : $6 \times 10^{-5}\,t = 0{,}006$;
$10^{-5}\,t = 0{,}001 = 10^{-3}$ soit $t = 100$.
Cela signifie, par exemple, que la barre de fer s'est allongée de 6 mm à 100 °C.

6 **a)** $Ph(T) = \frac{4(T - 100) - (T - 150)}{4}$
$= \frac{3T - 250}{4} = \frac{3}{4}T - \frac{125}{2} = 0{,}75\,T - 62{,}5$.

De même, on trouve : $Pf(T) = 0{,}5\,T - 25$.

b) Ce sont des fonctions affines, mais elles ne sont pas linéaires car $b \neq 0$.

c) Les coefficients directeurs de *Dh* et de *Df* sont respectivement : 0,75 et 0,5.

d) *Ph* et *Pf* sont croissantes car leurs coefficients directeurs sont positifs.

Le résultat est logique car, en général, le poids augmente lorsque la taille augmente.

e) On obtient :

T en cm	160	172	176	188
Ph(T) en kg	57,5	66,5	69,5	78,5
Pf(T) en kg	55	61	63	69

Explications

On cherche les images du nombre 160.

$Ph(160) = 0{,}75 \times 160 - 62{,}5 = 57{,}5$ kg.

$Pf(160) = 0{,}5 \times 160 - 25 = 55$ kg.

On cherche l'antécédent du nombre 61.

On résout l'équation : $0{,}5\,T - 25 = 61$.

On a : $0{,}5\,T = 86$ soit $T = 172$ cm.

$Ph(172) = 0{,}75 \times 172 - 62{,}5 = 66{,}5$ kg.

On cherche l'antécédent du nombre 69,5.

On résout l'équation : $0{,}75\,t - 62{,}5 = 69{,}5$.

On a : $0{,}75\,t = 132$ soit $T = 176$ cm.

$Pf(176) = 0{,}5 \times 176 - 25 = 63$ kg.

On fait de même pour la 4e colonne.

7 **a)** Par hypothèse, on sait que :
si $x = 0$, $y = 32$ et si $x = 50$, $y = 122$.

On obtient le système :

$$\begin{cases} 0a + b = 32 \\ 50a + b = 122 \end{cases}$$

On a $b = 32$ et par suite :

$50\,a + 32 = 122 \Leftrightarrow a = \dfrac{90}{50} = 1{,}8$.

On a donc : $y = f(x) = 1{,}8\,x + 32$.

b) La droite *D* d'équation $y = 1{,}8\,x + 32$ passe par les points (0 ; 32) et (10 ; 50).

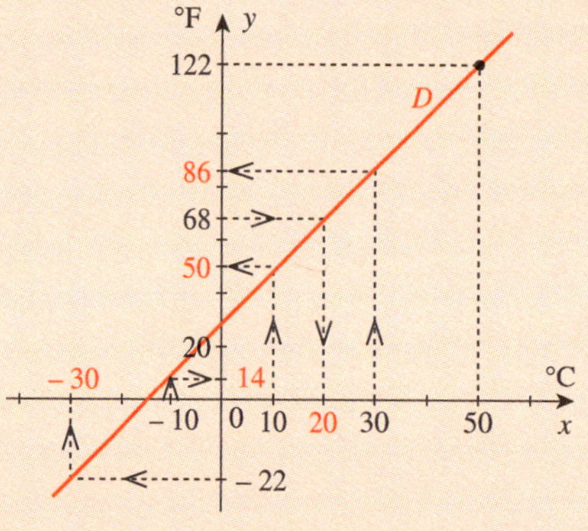

c) On cherche l'image du nombre 20.

$f(20) = 1{,}8 \times 20 + 32 = 36 + 32 = 68$.

À 20 °C, correspond 68 °F.

d) On cherche l'antécédent du nombre 0.

On résout l'équation $1{,}8x + 32 = 0$.

On obtient $x = -\dfrac{32}{1{,}8} \approx -17{,}78$.

À 0°F, correspond approximativement −17,78 °C.

e) Comme précédemment, on obtient :

x en °C	– 30	– 10	10	20	30
y en °F	– 22	14	50	68	86

f) Voir le graphique.

On cherche, sur l'axe (*Oy*), les images des nombres : – 10, 10 et 30.

On lit respectivement : 14, 50 et 86.

On cherche, sur l'axe (*Ox*), les antécédents des nombres : – 22 et 68.

On lit respectivement : – 30 et 20.

8 **a)** $f(x_1) = a\,x_1 + b$ et $f(x_2) = a\,x_2 + b$.

b) $\dfrac{f(x_2) - f(x_1)}{x_2 - x_1} = \dfrac{(ax_2 + b) - (ax_1 + b)}{x_2 - x_1}$;

Donc : $\dfrac{\Delta y}{\Delta x} = \dfrac{ax_2 - ax_1}{x_2 - x_1} = \dfrac{a(x_2 - x_1)}{x_2 - x_1} = a$.

On a : $x_2 - x_1 \neq 0$ car $x_1 \neq x_2$.

$\dfrac{\Delta y}{\Delta x}$ est le coefficient directeur *a* de *D*.

c) $f(x_1) - a\,x_1 = a\,x_1 + b - a\,x_1 = b$.

$f(x_2) - a\,x_2 = a\,x_2 + b - a\,x_2 = b$.

9 **a)** Pour déterminer une équation de droite, il existe plusieurs méthodes.

Une droite non verticale a une équation de la forme $y = ax + b$.

Première méthode :

On exprime que la droite (*AB*) passe par les points *A* et *B*.

$A(1\,;3) \in (AB) \Leftrightarrow a + b = 3$;

$B(-4\,;5) \in (AB) \Leftrightarrow -4a + b = 5$.

On résout alors le système.

En soustrayant ces deux équations, il vient : $5a = -2$ et donc $a = -\dfrac{2}{5}$.

$b = 3 - a = 3 + \dfrac{2}{5} = \dfrac{3 \times 5 + 2}{5} = \dfrac{17}{5}$.

Une équation de la droite (*AB*) est :

$y = -\dfrac{2}{5}x + \dfrac{17}{5}$ ou $y = -\dfrac{1}{5}(2x - 17)$.

Deuxième méthode : (voir exercice **8**)

$a = \dfrac{\Delta y}{\Delta x} = \dfrac{f(x_2) - f(x_1)}{x_2 - x_1} = \dfrac{5 - 3}{-4 - 1} - \dfrac{2}{5}$.

$b = f(x_1) - a\,x_1 = 3 - (-\dfrac{2}{5}) \times 1 = 3 + \dfrac{2}{5} = \dfrac{17}{5}$.

On retrouve bien la même équation.

La fonction est décroissante sur $\mathbb{R}$ car $a = -\frac{2}{5}$ est négatif.

b) On a : $y = 2x - 3$.

La fonction est croissante sur $\mathbb{R}$ car $a = 2$ est positif.

c) On a : $y = -4x + 8 = -4(x - 2)$.

La fonction est décroissante sur $\mathbb{R}$ car $a = -4$ est négatif.

d) On a : $y = 1$.

C'est une droite horizontale.

La fonction est constante sur $\mathbb{R}$ car $a = 0$.

e) On a : $y = -\frac{1}{2}x + 5 = -\frac{1}{2}(x - 10)$.

La fonction est décroissante sur $\mathbb{R}$ car $a = -\frac{1}{2}$ est négatif.

10 **a)** $f : x \mapsto L = f(x) = ax + b$.

On sait que : $f(100) = 10$ et $f(150) = 12$.

On a alors :

$100\,a + b = 10$ et $150\,a + b = 12$.

En soustrayant ces deux équations, on a :

$50\,a = 2$ et $a = \frac{2}{50} = \frac{4}{100} = 0{,}04$.

Par suite :

$b = 10 - 100 \times 0{,}04 = 10 - 4 = 6$.

On a donc : $L = f(x) = 0{,}04x + 6$.

b) $f(0) = 0{,}04 \times 0 + 6 = 6$.

Le ressort au repos mesure donc 6 cm.

11 **a)** $f : t \mapsto q = f(t) = at + b$.

On sait que : $f(2000) = 1$ et $f(2010) = 1{,}5$.

On a alors :

$2000\,a + b = 1$ et $2010\,a + b = 1{,}5$.

En soustrayant ces deux équations, on a :

$10\,a = 0{,}5$ et $a = \frac{0{,}5}{10} = 0{,}05$.

Par suite : $b = 1 - 2000 \times 0{,}05 = -99$.

On a donc : $q = f(t) = 0{,}05\,t - 99$.

b) $f(2020) = 0{,}05 \times 2020 - 99 = 2$.

Sans tri sélectif, chaque Français produira donc en 2020, 2 kg d'ordures ménagères par jour.

12 **1** ■ $f(-1) = \frac{3}{2}(-1 + 5) = \frac{3}{2} \times 4 = 6$.

On a donc : $A(-1 ; 6)$.

2 ■ On résout l'équation : $\frac{3}{2}(x + 5) = 0$.

$\frac{3}{2}(x + 5) = 0 \Leftrightarrow x + 5 = 0 \Leftrightarrow x = -5$.

On a donc : $B(-5 ; 0)$.

B est le point d'intersection de *D* avec l'axe des abscisses.

3 ■ On place les points :

$A(-1 ; 6)$; $B(-5 ; 0)$; $C(8 ; 0)$.

On trace le triangle *ABC*.

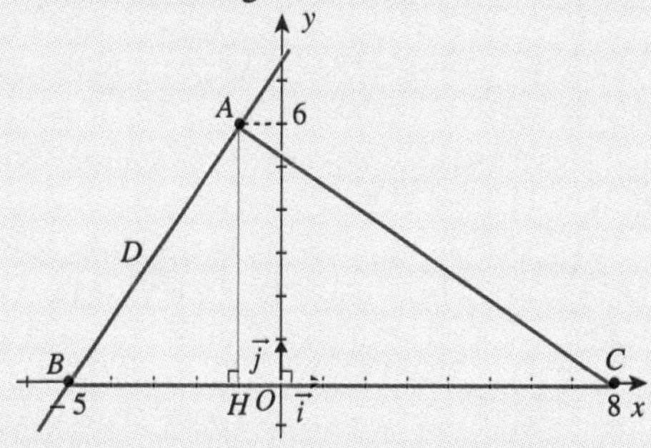

4 ■ **a)** $AH = 6$; $BH = 5 - 1 = 4$.

Le triangle *ABH* est rectangle en *H* et d'après le théorème de PYTHAGORE :

$AB^2 = AH^2 + BH^2 = 6^2 + 4^2 = 36 + 16 = 52$ et $AB = 2\sqrt{13}$.

b) $CH = 8 - (-1) = 8 + 1 = 9$.

Le triangle *ACH* est rectangle en *H* et d'après le théorème de PYTHAGORE :

$AC^2 = AH^2 + CH^2 = 6^2 + 9^2 = 36 + 81 = 117$ et $AC = 3\sqrt{13}$.

c) $BC = 8 - (-5) = 8 + 5 = 13$.

$AB^2 + AC^2 = 52 + 117 = 169 = 13^2$ et donc $AB^2 + AC^2 = BC^2$.

Le triangle *ABC* est donc rectangle en *A* d'après la réciproque du théorème de PYTHAGORE.

5 ■ $A(-1 ; 6)$; $C(8 ; 0)$.

Soit $y = ax + b$ une équation de (AC).

On obtient le système : $\begin{cases} -a + b = 6 \\ 8\,a + b = 0 \end{cases}$

En soustrayant les deux équations, on a :

$9\,a = -6$ soit $a = -\frac{6}{9} = -\frac{2}{3}$.

Par suite $b = -8 \times (-\frac{2}{3}) = \frac{16}{3}$.

(AC) a pour équation $y = -\frac{2}{3}x + \frac{16}{3}$.

6 ■ Les droites (AB) et (AC) ont pour pentes respectives $a = \frac{3}{2}$ et $a' = -\frac{2}{3}$.

$a \times a' = \frac{3}{2} \times (-\frac{2}{3}) = -1$.

Ce résultat se généralise :

Théorème

Dans un repère orthonormal, deux droites de pentes *a* et *a'* sont perpendiculaires si et seulement si $a \times a' = -1$.

MATHÉMATIQUES
Corrigés

13 **1** ■ On obtient la figure suivante :

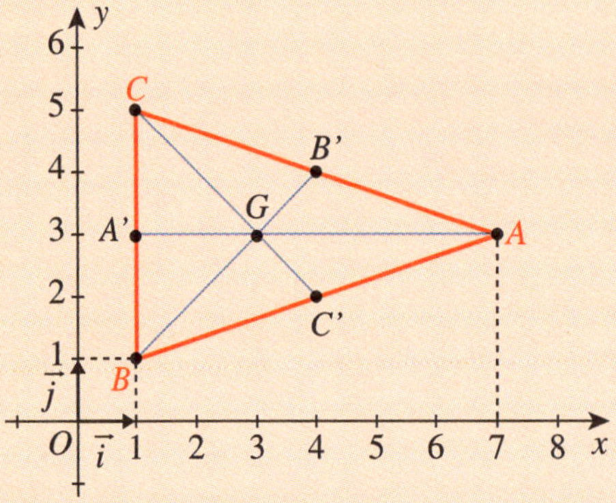

2 ■ **a)** Une médiane est la droite qui passe par un sommet du triangle et par le milieu du côté opposé.

Soit *A'*, *B'* et *C'* les milieux respectifs des côtés [*BC*], [*AC*] et [*AB*].

$A'\left(\frac{1+1}{2};\frac{1+5}{2}\right)$, soit $A'(1\ ;3)$.

$B'\left(\frac{1+7}{2};\frac{3+5}{2}\right)$, soit $B'(4\ ;4)$.

$C'\left(\frac{1+7}{2};\frac{1+3}{2}\right)$, soit $C'(4\ ;2)$.

On obtient les équations respectives des médianes (*AA'*), (*BB'*) et (*CC'*) :

$y = 3\ ;\ y = x$ et $y = -x + 6$.

Remarques

Le triangle *ABC* est isocèle, la médiane (*AA'*) est aussi hauteur et médiatrice. C'est une droite horizontale.

La médiane (*BB'*) passe par *O*.

b) On cherche le point d'intersection des médianes (*AA'*) et (*BB'*).

On résout le système $\begin{cases} y = 3 \\ y = x \end{cases}$

On obtient : $x = y = 3$.

(*AA'*) et (*BB'*) se coupent au point *G*(3 ; 3).

On peut le vérifier sur le graphique.

On vérifie alors que le point *G* est sur la médiane (*CC'*).

$(-1) \times 3 + 6 = -3 + 6 = 3$.

Le point *G*, intersection des trois médianes, est le centre de gravité du triangle *ABC*.

c) $AA' = 7 - 1 = 6$ et $AG = 7 - 3 = 4$.

On a bien $4 = \frac{2}{3} \times 6$ soit $AG = \frac{2}{3} \times AA'$.

On a aussi $BG = \frac{2}{3} \times BB'$ et $CG = \frac{2}{3} \times CC'$.

14 **Partie A**

a) On obtient :

x en km	100	150	300	750	900
C en ℓ	8	12	24	60	72
R en ℓ	64	60	48	12	0

Explications

Si $x = 100$ km, il a consommé 8 ℓ et il reste dans le réservoir $72 - 8 = 64$ ℓ.

On fait de même pour 750 et pour 900.

Si $C = 12$ ℓ, on a roulé 150 km (8 ℓ pour 100 km et 4 ℓ pour 50 km) et il reste dans le réservoir $72 - 12 = 60$ ℓ.

Si $R = 48$ ℓ, alors il a consommé $72 - 48 = 24$ ℓ et on a roulé 300 km (3×8 ℓ).

b) $C(x) = 0{,}08x$ et $R(x) = 72 - 0{,}08x$.

c) *C* est une fonction linéaire car elle est de la forme *ax*.

Elle est donc aussi affine avec $b = 0$.

R est une fonction affine car elle est de la forme $ax + b$ et elle n'est pas linéaire car $b = 72$ est différent de 0.

d) *C* est croissante car son coefficient directeur $a = 0{,}08$ est positif.

R est décroissante car son coefficient directeur $a = -0{,}08$ est négatif.

e) $C(x) = R(x) \Leftrightarrow 0{,}08x = 72 - 0{,}08x$

$\Leftrightarrow 0{,}16x = 72 \Leftrightarrow x = 450$.

Après avoir parcouru 450 km, le réservoir est à moitié plein (ou à moitié vide si on est pessimiste).

On en déduit aussi que l'on peut parcourir 900 km, à 110 km/h, avec un plein, ce que confirme le tableau ci-dessus.

Partie B

a) On obtient :

x en km	100	200	400	750	900
C en ℓ	6	12	24	45	54
R en ℓ	66	60	48	27	18

b) $C(x) = 0{,}06x$ et $R(x) = 72 - 0{,}06x$.

c) *C* est une fonction linéaire car elle est de la forme *a x*.

Elle est donc aussi affine car $b = 0$.

R est une fonction affine car elle est de la forme $ax + b$ et elle n'est pas linéaire car $b = 72$ est différent de 0.

d) *C* est croissante car son coefficient directeur $a = 0{,}06$ est positif.

R est décroissante car son coefficient directeur $a = -0{,}06$ est négatif.

e) $C(x) = R(x) \Leftrightarrow 0{,}06x = 72 - 0{,}06x$
$\Leftrightarrow 0{,}12x = 72 \Leftrightarrow x = 600$.
Après avoir parcouru 600 km, le réservoir est à moitié plein (ou à moitié vide si on est pessimiste).
On en déduit aussi que l'on peut parcourir 1 200 km à 90 km/h avec un plein.

Partie C

a) Avec un plein, on peut donc parcourir 900 km à 110 km/h et 1 200 km à 90 km/h.
b) Tous les 100 km, on économise 2 ℓ d'essence en roulant à 90 km/h au lieu de 110 km/h.
Par suite, pour 20 000 km, on consomme 400 ℓ d'essence en moins et on réalise $400 \times 1{,}34 = 536$ € d'économie.

15 **a)** Pour les tarifs A, B et C on a :
$y_A = 0{,}40x$; $y_B = 0{,}10x + 60$ et $y_C = 100$.
b) On obtient :

x en km	100	180	200	300	500
y_A en €	40	72	80	120	200
y_B en €	70	78	80	90	110
y_C en €	100	100	100	100	100

Explications
Si $x = 100$, $y_A = 0{,}40 \times 100 = 40$;
$y_B = 0{,}10 \times 100 + 60 = 70$ et $y_C = 100$.
On fait de même pour $x = 300$ et $x = 500$.
Si $y_B = 78$, on résout l'équation :
$0{,}10x + 60 = 78 \Leftrightarrow 0{,}10x = 18$ et donc $x = 180$.
$y_A = 0{,}40 \times 180 = 72$ et $y_C = 100$.
Si $y_A = 80$, on résout l'équation :
$0{,}40\,x = 80$ et donc $x = 200$.
$y_B = 0{,}10 \times 200 + 60 = 80$ et $y_C = 100$.
c) D_A passe par O et (100 ; 40).
D_B passe par (0 ; 60) et (100, 70).
D_C est la droite horizontale qui coupe l'axe (Oy) en (0 ; 100).

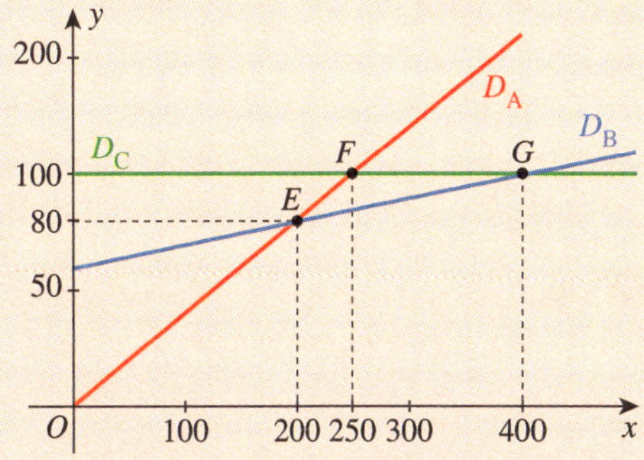

d) Pour déterminer l'intersection des droites D_A et D_B, on résout le système :

$$\begin{cases} y = 0{,}40x \\ y = 0{,}10x + 60 \end{cases}$$

On a alors : $0{,}40x = 0{,}10x + 60$
$\Leftrightarrow 0{,}30x = 60 \Leftrightarrow x = 200$.
Par suite : $y = 0{,}40 \times 200 = 80$.
D_A et D_B se coupent en E (200 ; 80).
On procède de même pour D_A et D_C puis pour D_B et D_C et on trouve :
D_A et D_C se coupent en F (250 ; 100) ;
D_B et D_C se coupent en G (400 ; 100).
On vérifie les résultats sur le graphique.
e) $y_A \leqslant y_B \Leftrightarrow 0{,}40x \leqslant 0{,}10x + 60$
$\Leftrightarrow 0{,}30x \leqslant 60 \Leftrightarrow x \leqslant 200$.
$y_A \leqslant y_C \Leftrightarrow 0{,}40x \leqslant 100 \Leftrightarrow x \leqslant 250$.
$y_B \leqslant y_C \Leftrightarrow 0{,}10x + 60 \leqslant 100$
$\Leftrightarrow 0{,}10x \leqslant 40 \Leftrightarrow x \leqslant 400$.
Graphiquement, on observe la position relative des droites D_A, D_B et D_C.
Par exemple :
D_A est en dessous de D_B si $x < 200$ et D_A est au-dessus de D_B si $x > 200$.
On retrouve que D_A et D_B se coupent en E si $x = 200$.
f) En utilisant les résultats précédents, on en déduit le tarif le plus avantageux selon le nombre x de km.

x	0	200	400
Choix	Tarif A	Tarif B	Tarif C

Pour 200 km, on a le choix entre le tarif A et le tarif B.
Pour 400 km, on a le choix entre le tarif B et le tarif C.

16 **a)** Pour les formules A, B et C on a :
$y_A = 3\,t$; $y_B = 60$ et $y_C = 2{,}4\,t + 7{,}20$.
Avec la formule C, le prix de l'heure de communication est réduit de 20 % et donc il est de $3 \times 0{,}8 = 2{,}4$ € par heure.
b) Intersections :
D_A et D_B se coupent en E (20 ; 60) ;
D_A et D_C se coupent en F (12 ; 36) ;
D_B et D_C se coupent en G (22 ; 60).
c) Positions :
$y_A \leqslant y_B \Leftrightarrow t \leqslant 20$; $y_A \leqslant y_C \Leftrightarrow t \leqslant 12$;
$y_B \leqslant y_C \Leftrightarrow t \geqslant 22$ car :
$60 \leqslant 2{,}4\,t + 7{,}20 \Leftrightarrow 52{,}8 \leqslant 2{,}4\,t \Leftrightarrow t \geqslant 22$.

d) En utilisant les résultats précédents, on obtient la formule la plus avantageuse selon le nombre t d'heure dans le mois.

t	0	12	22
Choix	Formule A	Formule C	Formule B

Pour 12 h, on a le choix entre la formule A et la formule C.
Pour 22 h, on a le choix entre la formule B et la formule C.

17 **a)** Pour les options A, B et C on a :
$y_A = 5n + 60$; $y_B = 10n + 30$ et $y_C = 20n$.
b) D_A et D_B se coupent en E (6 ; 90) ;
D_A et D_C se coupent en F (4 ; 80) ;
D_B et D_C se coupent en G (3 ; 60).
c) $y_A \leqslant y_B \Leftrightarrow n \geqslant 6$; $y_A \leqslant y_C \Leftrightarrow n \geqslant 4$;
$y_B \leqslant y_C \Leftrightarrow n \geqslant 3$.
d) En utilisant les résultats précédents, on obtient l'option la plus avantageuse selon le nombre n de livres achetés.

n	0	3	6
Choix	Option C	Option B	Option A

Pour 3 livres, on a le choix entre l'option C et l'option B.
Pour 6 livres, on a le choix entre l'option B et l'option A.

18 **1** ■ $f : t \mapsto x_A = f(t) = at + b$.
On sait que : $f(0) = 0$ et $f(1) = 120$.
On a alors :
$b = 0$ et $a + b = 120$, soit $a = 120$.
La loi horaire de l'automobiliste est donc :
$x_A = f(t) = 120t$.

2 ■ $g : t \mapsto x_M = g(t) = at + b$.
On sait que : $g(1) = 800$ et $g(2) = 750$.
On a alors : $a + b = 800$ et $2a + b = 750$.
En soustrayant ces deux équations, on a : $a = -50$.
Par suite : $b = 800 - (-50) = 850$.
La loi horaire du motocycliste est donc :
$x_M = g(t) = -50t + 850 = -50(t - 17)$.

3 ■ **a)** À midi, $t = 4$, $f(4) = 120 \times 4 = 480$ et $g(4) = -50 \times 4 + 850 = 850 - 200 = 650$.
À midi, l'automobiliste et le motocycliste sont respectivement à 480 km et à 650 km de Paris.
b) On résout l'équation $f(t) = 120t = 540$.
On a : $t = 4{,}5$.
L'automobiliste sera donc à 540 km de Paris à 12 h 30' (8 + 4,5).

4 ■ **a)** On résout le système :
$$\begin{cases} x_A = 120t \\ x_M = -50t + 850 \end{cases}$$
Comme $x_A = x_M$, on a :
$120t = -50t + 850$, soit $170t = 850$ et donc $t = 5$.
Par suite : $x = 120 \times 5 = 600$.
D et D' se coupent en $I(5 ; 600)$.
b) Le graphique est laissé au soin du lecteur.
D passe par O et par (1 ; 120).
D' passe par (1 ; 800) et (2 ; 750).
On vérifie que D et D' se coupent au point I (5 ; 600).

5 ■ L'automobiliste et le motocycliste vont se croiser à 600 km de Paris et à 13 h (8 + 5).

19 On prend comme origine des temps 8 h et comme origine des espaces Venise.
Les lois horaires sont :
$x_M = f(t) = 60t$ pour le motocycliste et $x_A = g(t) = 120(t - 2)$ pour l'automobiliste.
$60t = 120(t - 2) \Leftrightarrow 60t = 240 \Leftrightarrow t = 4$.
L'automobiliste rattrapera le motocycliste à 240 km de Venise et à midi.

6 GÉOMÉTRIE

1 **1** ■ **a)** Vrai ; **b)** Faux ; **c)** Faux.
2 ■ **a)** Vrai ; **b)** Vrai ; **c)** Faux.
3 ■ **a)** Faux ; **b)** Vrai ; **c)** Vrai.
4 ■ **a)** Faux ; **b)** Vrai ; **c)** Faux.
5 ■ **a)** Vrai ; **b)** Vrai ; **c)** Faux.

2 **1** ■ Réponse **c)** : Il y a 8 sommets.
2 ■ Réponse **b)** : Il y a 6 faces.
3 ■ Réponse **c)** : Il y a 12 arêtes.
Les arêtes sont :
[*AB*] ; [*AD*] ; [*AE*] ; [*BC*] ; [*BF*] ; [*CD*] ; [*CG*] ; [*DH*] ; [*EF*] ; [*EH*] ; [*FG*] ; [*GH*].
4 ■ Réponse **c)** : Il y a 4 diagonales.
Ce sont : [*AG*] ; [*BH*] ; [*CE*] ; [*DF*].

3 **1** ■ **a)** Faux : (*AE*) et (*IB*) sont coplanaires. Elles ne se coupent pas dans la face *ABFE* mais cependant elles se coupent dans le plan *ABFE*.

b) Vrai : $(AE) // (BF)$ dans la face $ABFE$ et $(BF) // (CG)$ dans la face $BCGF$ et donc $(AE) // (CG)$.
c) Vrai : $(AE) // (CG)$, $AE = CG$ (arêtes du cube) et $ACGE$ est un rectangle et donc $(AC) // (EG)$.
d) Faux : B n'est pas dans le plan $EHDA$, (HD) et (BE) ne sont pas coplanaires et donc elles ne sont pas parallèles.

2 ■ **a)** Vrai : $DCGH$ est un carré.

b) Vrai : (BF) est perpendiculaire au plan $EFGH$.
(BF) est donc orthogonale à toutes les droites de ce plan et en particulier à (EG).

c) Vrai : (AH) et (ED) sont les diagonales de la face carrée $ADHE$ et donc elles sont perpendiculaires.

d) Faux : (BC) n'est pas perpendiculaire à (BG) et comme $(AD) // (BC)$, (AD) n'est pas orthogonale à (BG).

4 **a)** En ouvrant le cube comme indiqué dans l'énoncé, on obtient le patron ci-dessous.

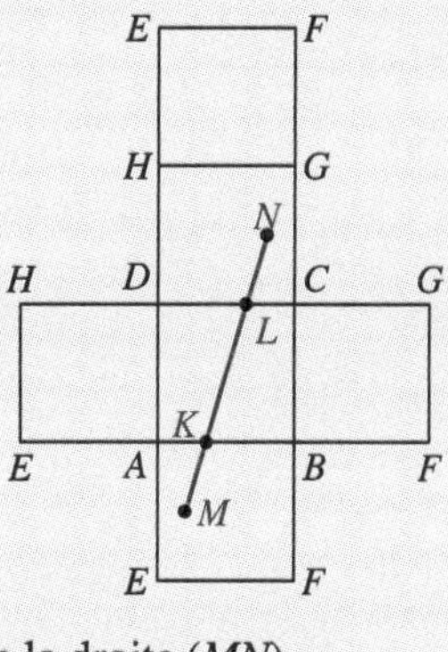

b) On trace la droite (MN).
Elle coupe les segments $[AB]$ et $[DC]$ respectivement en K et en L.
On obtient alors le plus court chemin.
Il ne reste plus qu'à reconstituer le cube.

5 **a)** L'aire d'un disque de rayon r est πr^2 pour un angle au centre de 360° et donc l'aire du parterre est égal à :
$\mathcal{A} = \frac{\pi r^2 \times 72}{360} = \frac{\pi \times r^2}{5} = \frac{\pi \times 3^2}{5} = \frac{9\pi}{5}$ m², soit à peu près 5,65 m².

b) Le volume de terre apportée vaut :
$\mathcal{V} = \mathcal{A} \times 0{,}15 = \frac{9\pi}{5} \times 0{,}15 = 0{,}27\,\pi$ m³, soit approximativement 0,848 m³.

6 Soit L et h respectivement la longueur de l'échelle et la hauteur du mur (en m).
Par hypothèse, on a : $L = h + 0{,}1$;
et d'après le théorème de PYTHAGORE :
$L^2 = h^2 + 0{,}9^2 = h^2 + 0{,}81$.
Par suite,
$L^2 = (h + 0{,}1)^2 = h^2 + 0{,}2\,h + 0{,}01$ et $h^2 + 0{,}2\,h + 0{,}01 = h^2 + 0{,}81$
$\Leftrightarrow 0{,}2\,h = 0{,}8 \Leftrightarrow h = 4$.
Par suite, $L = h + 0{,}1 = 4 + 0{,}1 = 4{,}1$.
Le mur a donc 4 m de hauteur et l'échelle 4,1 m de longueur.

7 La tablette est un parallélépipède rectangle et donc son volume est égal à :
$\mathcal{V} = L \times \ell \times h = 19 \times 9 \times 0{,}5 = 85{,}5$ cm³.
La masse volumique du chocolat est de :
$\frac{100}{85{,}5} \approx 1{,}1696$ g/cm³ .

8 **a)** La façade est composée d'un rectangle d'aire $4 \times 2 = 8$ cm² et d'un triangle d'aire $\frac{1}{2} \times 4 \times 1 = 2$ cm².
Aire de la porte : $1{,}4 \times 1 = 1{,}4$ cm².
Aire de l'imposte :
$\frac{1}{2} \times \pi \times 0{,}7^2 = 0{,}245\,\pi$ cm².
Aire des fenêtres : $2 \times 0{,}6^2 = 0{,}72$ cm².
L'aire de la façade, sans les ouvertures, est égale à :
$\mathcal{A} = 8 + 2 - [1{,}4 + 0{,}245\pi + 0{,}72]$;
$\mathcal{A} = (7{,}88 - 0{,}245\pi)$ cm² $\approx 7{,}11$ cm².
b) Les dimensions de la façade sont :
Largeur : $4 \times 250 = 1\,000$ cm = 10 m ;
Hauteur : $(1 + 2) \times 250 = 750$ cm = 7,5 m.
La porte a pour dimensions :
Largeur : $1{,}4 \times 250 = 350$ cm = 3,5 m ;
Hauteur : $1 \times 250 = 250$ cm = 2,5 m.
c) Si les longueurs sont multipliées par k, les aires sont multipliées par k^2.
L'aire de la façade, sans les ouvertures, est égale à :
$250^2 \times (7{,}88 - 0{,}245\,\pi)$ cm² ≈ 44 m².
d) $\frac{44}{1{,}5} \approx 29{,}33$ litres et donc il faut 3 pots de 10 litres.
e) Le prix de revient de la peinture est de :
$3 \times 21 \times (1 + 0{,}196) \approx 75{,}35$ €.

MATHÉMATIQUES Corrigés

9 **a)** L'aire $\mathcal{A}$ du carré $ABCD$ est égale à : $(a+b)^2$.

b) $\mathcal{A}_1$ et $\mathcal{A}_4$ sont les aires de carrés.
$\mathcal{A}_2$ et $\mathcal{A}_3$ sont les aires de rectangles.

c) On a :
$\mathcal{A}_1 = a^2$; $\mathcal{A}_2 = ab$; $\mathcal{A}_3 = ab$ et $\mathcal{A}_4 = b^2$.

d) On en déduit que :
$$(a+b)^2 = a^2 + 2ab + b^2.$$

10 **a)** Le volume de terre est égal à :
$\mathcal{V} = \pi r^2 h = \pi \times 1{,}5^2 \times 10 \approx 71$ m^3.

b) Il faut évacuer $71 \times 1{,}33 \approx 94$ m^3, à cause du foisonnement.
Cela nécessitera alors 19 bennes car : $\dfrac{94}{5} = 18{,}8$ et on prend l'entier supérieur.
Pour l'évacuation de la terre, on paiera :
$19 \times 120 \times 1{,}055 = 2405{,}40$ € TTC.

11 **a)** Le volume actuel de la pyramide de KHÉOPS est égal à :
$\mathcal{V} = \dfrac{1}{3} \times B \times h = \dfrac{1}{3} \times 225^2 \times 137{,}20$;
$\mathcal{V} = 2\,315\,250$ m^3.

b) Soit L la longueur du mur que l'on peut construire avec ces pierres.
On doit avoir : $2 \times 0{,}35 \times L = \mathcal{V}$

soit $L = \dfrac{2\,315\,250}{0{,}7} = 3\,307\,500$ m.
On peut donc construire un mur de 2 m de haut, de 0,35 cm de large et long de 3 307 500 m soit de 3 307,5 km.
À titre de comparaison les frontières de la France ont 2 970 km de longueur.

c) On calcule le volume de la pyramide du Louvre à Paris :
$\mathcal{V}' = \dfrac{1}{3} \times 34^2 \times 21{,}60 = 8\,323{,}2$ m^3.

$\dfrac{\mathcal{V}}{\mathcal{V}'} = \dfrac{2\,315\,250}{8\,323{,}2} \approx 278{,}17$.
On pourrait donc placer 278 pyramides du Louvre dans la pyramide de KHÉOPS.

12 **a)** Le volume du cylindre est égal à :
$\mathcal{V}_c = \pi r^2 h = \pi \times 3^2 \times 6 = 54\pi$ cm^3.
Le volume de la sphère est égal à :

$\mathcal{V}_s = \dfrac{4}{3}\pi r^3 = \dfrac{4}{3}\pi \times 3^3 = 4\pi \times 3^2 = 36\pi$ cm^3.
Le volume d'eau est donc égal à :
$\mathcal{V} = \mathcal{V}_c - \mathcal{V}_s = 54\pi - 36\pi = 18\pi$ cm^3 soit approximativement 56,549 cm^3.

b) 20 cl = 200 cm^3 et donc un peu plus d'un quart de verre suffit.

13 **a)** On appelle $\mathcal{A}_L$ l'aire latérale de *La Cité Radieuse.*
$\mathcal{A}_L = 2\,(137 \times 56 + 24 \times 56) = 18\,032$ m^2.

b) Le volume de l'immeuble est égal à : $\mathcal{V} = 137 \times 24 \times 56 = 184\,128$ m^3.

c) Dans cet exercice, l'échelle 1/50 signifie que 1 m représente 50 m.

d) On appelle L', ℓ' et h' la longueur, la largeur et la hauteur de la maquette.

$L' = \dfrac{137}{50} = 2{,}74$ m ; $\ell' = \dfrac{24}{50} = 0{,}48$ m ;

$h' = \dfrac{56}{50} = 1{,}12$ m.
La maquette mesurera 274 cm de long, 48 cm de large et 112 cm de haut.

e) Si les longueurs sont multipliées par k, les aires sont multipliées par k^2 et les volumes par k^3.
On appelle $\mathcal{A}'_L$ l'aire latérale et $\mathcal{V}'$ le volume de la maquette.

$\mathcal{A}'_L = \dfrac{\mathcal{A}_L}{50^2} = \dfrac{18\,032}{2\,500} = 7{,}2128$ m^2 ;

$\mathcal{V}' = \dfrac{\mathcal{V}}{50^3} = \dfrac{184\,128}{125\,000} = 1{,}473024$ m^3.

14 Dans le triangle rectangle OAB, on a :
$\tan(30°) = \dfrac{AB}{OB}$ et donc
$AB = OB \times \tan(30°) = 100 \times \tan(30°)$.
À l'aide d'une calculatrice, on trouve :
$AB \approx 57{,}74$ m
La tour a donc une hauteur d'environ :
$57{,}74 + 1{,}80 = 59{,}54$ m.

15 **1** ■ $\mathcal{P} = 2\pi r$ cm.

2 ■ Soit R le rayon du nouveau cercle obtenu en rajoutant 100 cm à $\mathcal{P}$.
On a : $2\pi R = 2\pi r + 100$ soit

$R = \dfrac{2\pi r + 100}{2\pi} = r + \dfrac{100}{2\pi} = r + \dfrac{50}{\pi}$.

$R - r = r + \dfrac{50}{\pi} + r = \dfrac{50}{\pi}$ cm $\approx 15{,}92$ cm.
On remarque que ce résultat ne dépend pas du rayon r du cercle $\mathcal{C}$.

3 ■ Application :

a) $L = 2\pi \times 4 = 8\pi$ cm $\approx 25{,}13$ cm.

b) D'après les questions précédentes, la ficelle s'éloigne de l'orange d'environ 15,92 cm.

c) Si on fait virtuellement l'expérience avec la Terre, la ficelle s'écarte de la même distance de l'orange et de la Terre, soit à peu près 15,92 cm.

16 1 ■ De gauche à droite et de bas en haut, il y a : un cube, un parallélépipède rectangle, une pyramide et un prisme droit.

2 ■ Le volume du cube et le volume du parallélépipède valent respectivement :
$\mathcal{V}_c = 6^3 = 216\,m^3$ et $\mathcal{V}_p = 8 \times 6 \times 5 = 240\,m^3$.
Le volume total habitable est donc de :
$\mathcal{V}_t = 216 + 240 = 456\ m^3$.

3 ■ a) $\frac{456}{40} = 11,4$ et donc il faut 12 radiateurs.
b) Le prix total des radiateurs est de :
$12 \times 65 \times 1,196 = 932,88$ €.

17 a) Le toit situé sur la partie concernée est un rectangle de longueur 8 m et dont la largeur ℓ est telle que : $\ell^2 = 6^2 + 1^2$ d'après le théorème de PYTHAGORE et donc : $\ell^2 = 37$ et $\ell = \sqrt{37}$ m.
b) L'aire du toit est égale à :
$8 \times \sqrt{37} = 8\sqrt{37}\ m^2$ soit à peu près 49 m².
c) La quantité d'eau récupérée sur le toit en un an est de : $49 \times 0,09 \times 12 \times 0,85 \approx 44,982\ m^3$ soit 44 982 litres d'eau.
On a multiplié par 0,85 car il y a 15 % de perte.
d) On économise sur un an à peu près 95 € car $44,982 \times 2 \times 1,055 \approx 94,91$.

18 1 ■ a) Comme $SA = SB$, le triangle SAB est isocèle de sommet S.

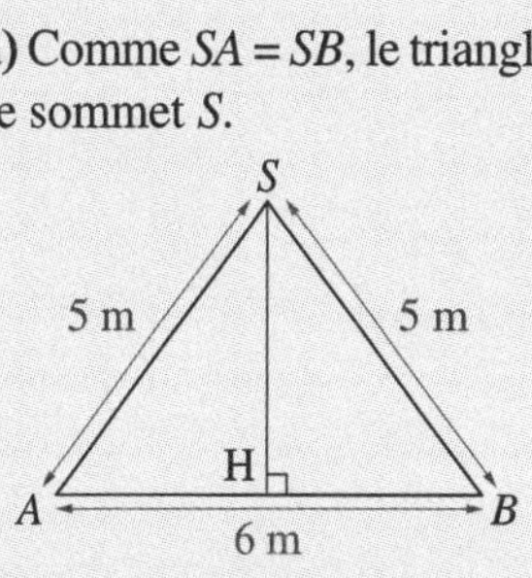

b) La hauteur SH est aussi médiane et médiatrice et donc $AH = 3$ m.
D'après le théorème de PYTHAGORE :
$SH^2 + AH^2 = SA^2 \Leftrightarrow SH^2 = SA^2 - AH^2$ soit $SH^2 = 5^2 - 3^2 = 25 - 9 = 16$ et donc $SH = 4$ m.

c) L'aire du triangle SAB est égale à :
$\frac{1}{2} \times AB \times SH = \frac{1}{2} \times 6 \times 4 = 12\ m^2$ et comme les 4 faces de la pyramide sont égales, l'aire du toit de la partie pyramidale vaut :
$4 \times 12 = 48\ m^2$.

2 ■ a) Il faut $48 \times 50 \times 1,05 = 2\,520$ tuiles.
On a multiplié par 1,05 car on a prévu 5 % de tuiles en plus.
b) Le prix total des tuiles sera alors de :
$2\,520 \times 0,90 \times 1,196 \approx 2\,712,53$ €.

19 1 ■ On a représenté ci-dessous la maison en perspective cavalière.

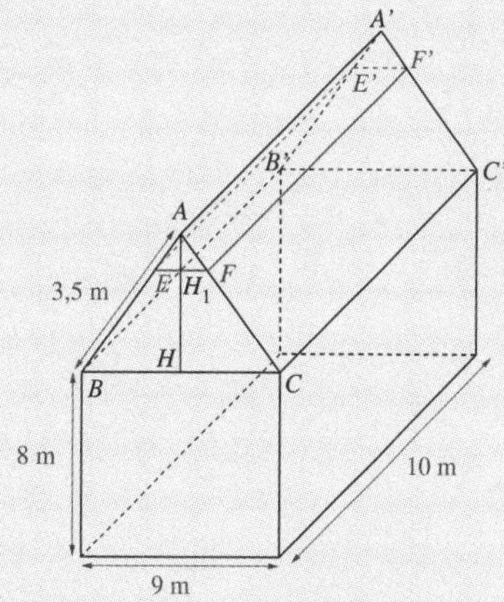

2 ■ On représente le triangle ABC.
ABC est un triangle isocèle : la hauteur $[AH]$ est aussi médiane et médiatrice du segment $[BC]$.

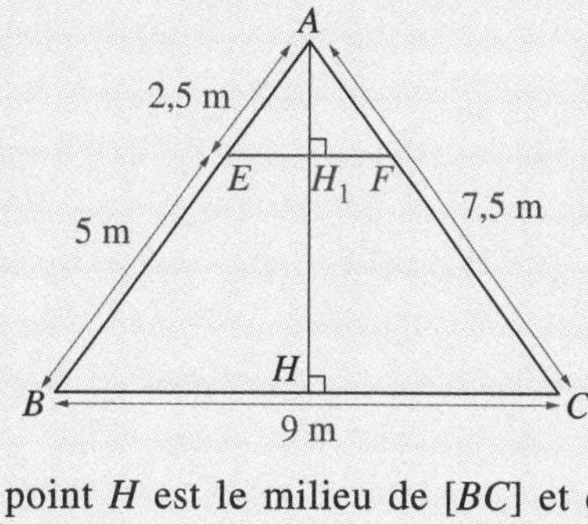

Le point H est le milieu de $[BC]$ et donc $HC = 4,5$ m.
Le triangle AHC est rectangle en H et d'après le théorème de PYTHAGORE :
$AC^2 = AH^2 + HC^2$, d'où
$AH^2 = AC^2 - HC^2 = (7,5)^2 - (4,5)^2$;
$AH^2 = 56,25 - 20,25 = 36 = 6^2$ et donc
$AH = 6$ m.

MATHÉMATIQUES
Corrigés

3 ■ **a)** (EF) est parallèle à (BC).
On a une figure de THALÈS.
$\frac{EF}{BC} = \frac{AE}{AB} = \frac{2{,}5}{7{,}5} = \frac{1}{3}$
et donc $EF = \frac{1}{3} \times BC = \frac{1}{3} \times 9 = 3$ m.
b) D'après le théorème de THALÈS, on a :
$\frac{HH_1}{HA} = \frac{BE}{BA} = \frac{5}{7{,}5} = \frac{2}{3}$
et donc $HH_1 = \frac{2}{3} \times HA = \frac{2}{3} \times 6 = 4$ m.
Comme $2 \times 1{,}80 = 3{,}60 < 4$, on peut réaliser deux niveaux de 1,80 m dans les combles.
c) Le plafond $EFF'E'$ et les parties $BEE'B'$ et $CFF'C'$ sont des rectangles.
Leurs aires valent respectivement :
(3×10) m^2 ; (5×10) m^2 ; (5×10) m^2, soit $30 + 50 + 50 = 130$ m^2 en tout.
Les parties $BEFC$ et $B'E'F'C'$ sont des trapèzes égaux.
Leur aire commune est égale à :
$\frac{EF + BC}{2} \times HH_1 = \frac{3 + 9}{2} \times 4 = 24$ m^2.
L'aire totale à isoler est donc égale à :
$(130 + 2 \times 24)$ m^2 soit 178 m^2.
d) Avant le faux plafond, il fallait isoler les rectangles égaux $ABB'A'$ et $ACC'A'$ et les deux triangles égaux ABC et $A'B'C'$.
L'aire totale à isoler était égale à :
$2 \times (7{,}5 \times 10) + 2 \times \frac{6 \times 9}{2} = 204$ m^2.
L'économie réalisée est alors de 26 m^2 (204 – 178).
Cela représente approximativement 13 % d'économie car $\frac{26}{204} = \frac{13}{102} \approx 0{,}13$.
La pose d'un faux plafond permet de plus de récupérer deux niveaux habitables.

SCIENCES PHYSIQUES ET CHIMIQUES

LE COURS

LES EXERCICES

LES CORRIGÉS

1 CONFORT DANS LA MAISON ET L'ENTREPRISE

1. QUELLE DIFFÉRENCE ENTRE TEMPÉRATURE ET CHALEUR ?

Les deux échelles de température

La température absolue, notée T, s'exprime en kelvin (K). Elle est liée à la température θ, exprimée en degré Celsius, par la relation :

$$T = \theta + 273$$

kelvin (K) — degré Celsius (°C)

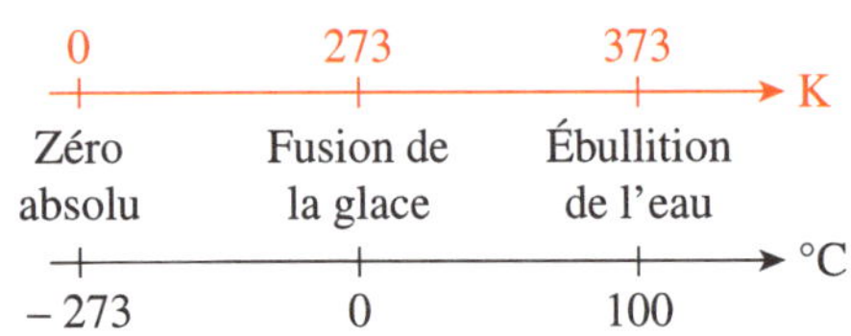

La chaleur

• Définition

La chaleur Q, exprimée en joule (J), est une forme de transfert de l'énergie. Elle se propage toujours du corps chaud vers le corps froid.

• Les effets de la chaleur

La chaleur fournie à un corps peut avoir deux effets différents :

– une **variation de température du corps** : lorsque la température d'un corps augmente, il reçoit de la chaleur ; si sa température diminue, il cède de la chaleur ;

– un **changement d'état du corps** sans variation de température pour un corps pur.

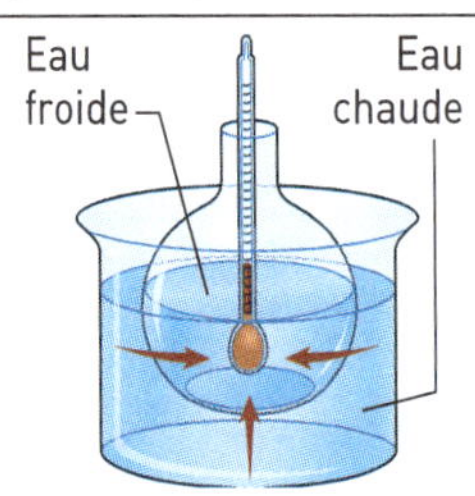

L'eau chaude cède de la chaleur à l'eau froide : la température dans le ballon augmente.

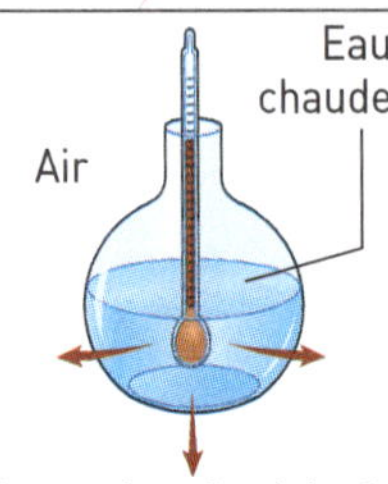

Le ballon d'eau chaude cède de la chaleur à l'air environnant : la température de l'eau dans le ballon diminue.

Changement d'état d'un corps	Chaleur latente fournie ou chaleur cédée
Fusion	Chaleur fournie
Solidification	Chaleur cédée
Vaporisation	Chaleur fournie
Liquéfaction	Chaleur cédée

Lorsque la température d'un corps solide ou liquide varie d'une valeur initiale θ_i à une valeur finale θ_f, la quantité de chaleur Q transférée est :

$$Q = m \cdot c\,(\theta_f - \theta_i)$$

joule (J) — kilogramme (kg) — J/(kg.°C) — degré Celsius (°C)

La capacité thermique massique c dépend de la nature du corps.

État	solide			
Corps	aluminium	fer	cuivre	plomb
***c* en J/(kg.°C)**	903	460	387	130

État	liquide		
Corps	eau	éthanol	pétrole
***c* en J/(kg.°C)**	4 180	2 400	2 100

Lors d'un changement d'état d'un corps, sa température ne varie pas. La quantité de chaleur transférée est proportionnelle à la masse m du corps : le coefficient L est appelé « chaleur latente massique du corps » :

$$Q = m \cdot L$$

joule (J) — kilogramme (kg) — (J/kg)

2. QUELS COURANTS ÉLECTRIQUES DANS LA MAISON OU L'ENTREPRISE ?

Tension continue

Une batterie délivre une tension continue qui ne varie pas au cours du temps.
Un générateur de tension continue permet de faire circuler un courant continu dans un circuit fermé.

Tension alternative et périodique

La tension délivrée par un générateur de courant alternatif est variable au cours du temps ; elle prend des valeurs tantôt positives, tantôt négatives.
La période T est la durée d'un motif élémentaire. Elle s'exprime en seconde (s).

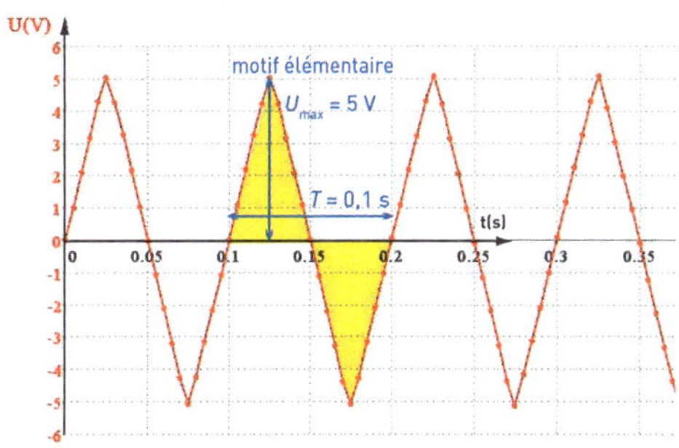

Tension alternative triangulaire

La **fréquence** d'une tension périodique correspond au **nombre de périodes par seconde**, et s'exprime en **hertz** (**Hz**). Elle se calcule avec la relation :

$$(\text{Hz}) \rightarrow f = \frac{1}{T} \swarrow (\text{s})$$

Tension sinusoïdale monophasée

La **courbe** représentant les variations de la tension en fonction du temps est une **sinusoïde**.
La **valeur efficace** U **d'une tension sinusoïdale** se mesure avec un **voltmètre en mode alternatif** et s'exprime en volt (V). Elle est proportionnelle à la valeur maximale U_{max} qui est la plus grande valeur prise par la tension.

$$\frac{U_{max}}{U} = \sqrt{2}$$

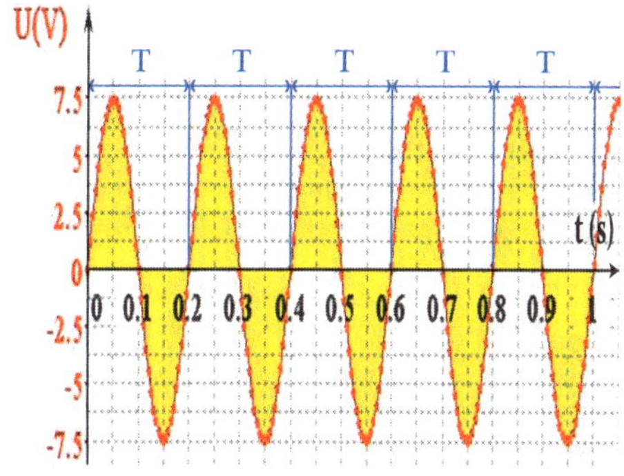

En France, la tension du secteur est une tension sinusoïdale d'une valeur efficace voisine de **230 V** et de fréquence **50 hertz**.
Cette tension est dangereuse pour le corps humain.

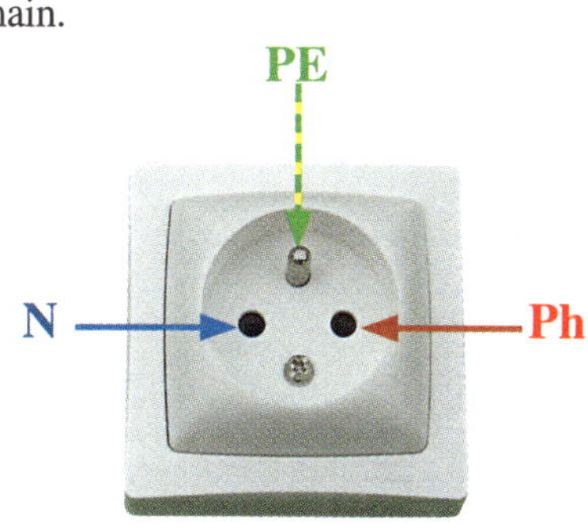

Prise de courant monophasé

La couleur des isolants permet le repérage des conducteurs :
– PE : conducteur de protection électrique relié à la terre (jaune et vert),
– N : conducteur du neutre (bleu),
– Ph : conducteur de phase (couleur quelconque sauf bleu, vert et jaune).

3. COMMENT PROTÉGER UNE INSTALLATION ÉLECTRIQUE ?

Surcharge électrique

Plusieurs appareils électriques fonctionnant simultanément peuvent entraîner une surintensité dans les conducteurs.

Schéma d'une installation domestique :
Schéma de principe des circuits d'une installation basse tension ($U < 1\,000$ V) conformément aux règles de sécurité de la norme NF C 15 – 100 : pour limiter les conséquences d'un défaut, les circuits sont séparés.

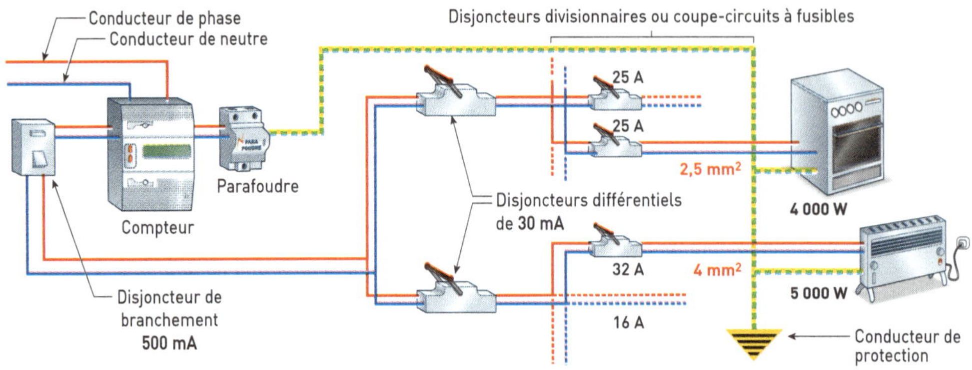

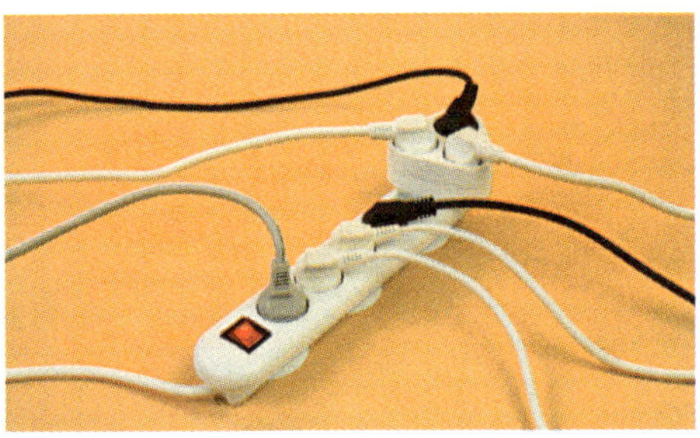

Risque de surcharge

Protection des appareils

On protège les appareils électriques des surintensités dues à des courts-circuits ou des surcharges à l'aide de **coupe-circuits**. Ceux-ci sont de deux types : à cartouches **fusibles** (qui se remplacent) ou à **disjoncteurs divisionnaires** (qui se réenclenchent). Lorsque l'intensité est trop grande, ils ouvrent le circuit.

Fusibles

Disjoncteur divisionnaire

Protection des personnes

En cas de défaut d'isolement d'un appareil, la **protection** est assurée **conjointement par** un **disjoncteur différentiel** et **une bonne prise de terre**. Ce dispositif ouvre le circuit avant qu'une personne touche l'appareil.

4. COMMENT ÉVALUER SA CONSOMMATION ÉLECTRIQUE ?

Puissance électrique

La puissance électrique absorbée, en courant alternatif, par un appareil purement résistif, se calcule par :

$$P = U \, . \, I$$

watt (W) — volt (V) — ampère (A)

Pour les autres appareils, on a $P < U.I.$

Additivité des puissances

Lorsque plusieurs appareils fonctionnent **simultanément**, la puissance électrique totale absorbée est égale à la **somme** des puissances absorbées par chaque appareil.

Énergie électrique

L'énergie électrique consommée pendant une durée t par un appareil de puissance P est :

$$E = P \cdot t$$

joule (J) — *kilowattheure (kWh)* ; seconde (s) — *kilowatt (kW)* ; watt (W) — *heure (h)*

En pratique : 1 kWh = $3{,}6 \times 10^6$ J.

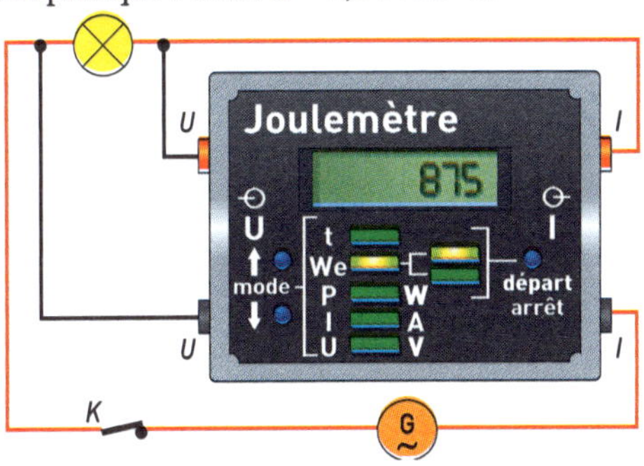

Ce joulemètre utilisé au laboratoire mesure l'énergie électrique en joule.

Les compteurs électriques mesurent en kWh l'énergie distribuée par le fournisseur.

La facture est établie à partir des relevés et indique au client :
- l'énergie distribuée en kWh,
- le montant de l'abonnement HT,
- la tarification (puissance souscrite),
- le montant de la consommation HT,
- les calculs des taxes,
- le montant TTC à payer.

5. TOUS LES SONS SONT-ILS AUDIBLES ?

L'onde sonore

Lorsque la membrane d'un haut-parleur vibre, elle émet un son. Ces vibrations font osciller les molécules contenues dans l'air à proximité de la membrane.

On peut alors observer :
- des zones de compression : les molécules sont tassées ;
- des zones de dépression : les molécules sont écartées.

De ce fait, un objet placé à distance du haut-parleur peut entrer en vibration.

Dans un milieu matériel, une onde sonore se propage de proche en proche et transporte de l'énergie mécanique.

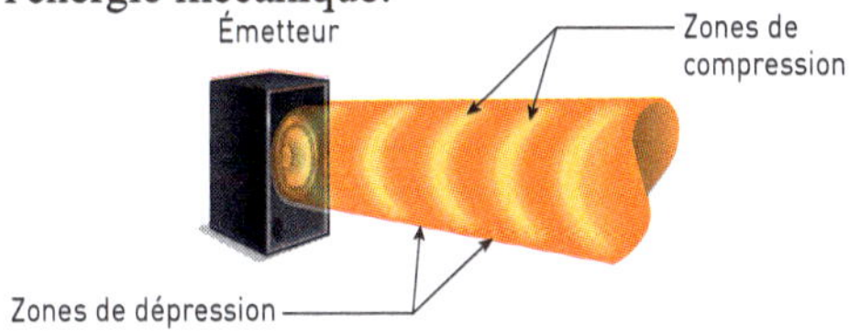

Progagation d'une onde sonore dans l'air.

Les couches d'air sont tantôt comprimées tantôt dilatées.

Analyse d'un son

Un microphone relié à un oscilloscope ou à l'interface d'acquisition d'un ordinateur permet de convertir un son en signal électrique. Il est alors possible de mesurer la période T, puis de déterminer la fréquence f du son à analyser. Elle se calcule avec la relation :

$$\text{(Hz)} \rightarrow f = \frac{1}{T} \leftarrow \text{(s)}$$

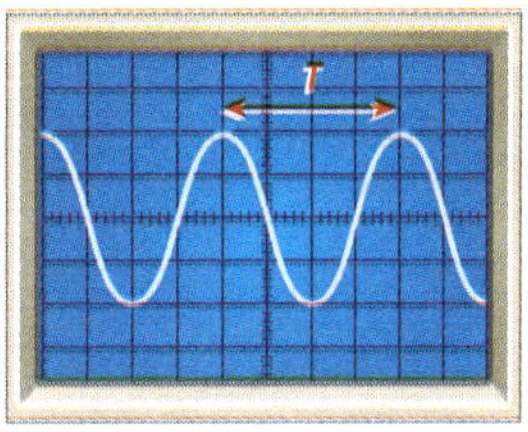

Oscillogramme d'un son pur : le signal est sinusoïdal.

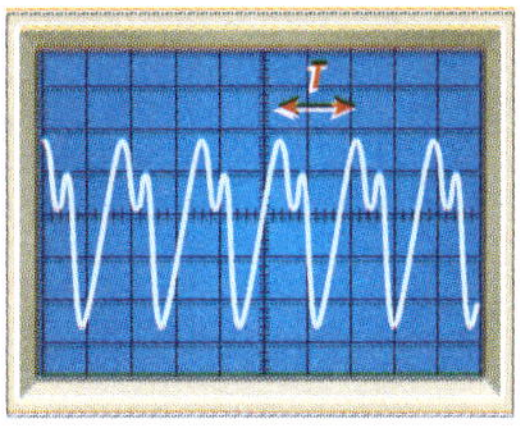

Oscillogramme d'un son complexe : le signal est périodique, mais non sinusoïdal.

Caractéristiques d'un son

Un son se caractérise par :
- sa **fréquence** f exprimée en hertz (Hz);

– son **niveau d'intensité acoustique L** exprimé en décibel (dB) et mesuré avec un sonomètre.

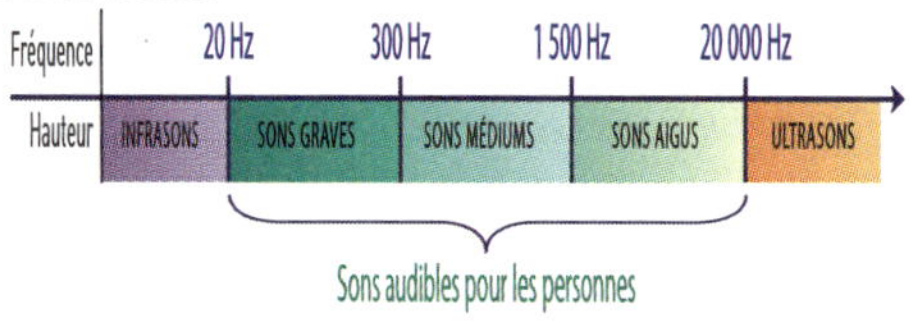

Perception d'un son

La perception d'un son dépend de sa fréquence et de son niveau d'intensité acoustique.

Le diagramme de Fletcher et Munson ci-dessous indique les zones dans lesquelles :
– un son n'est pas audible ;
– un son est audible ;
– un son est douloureux.

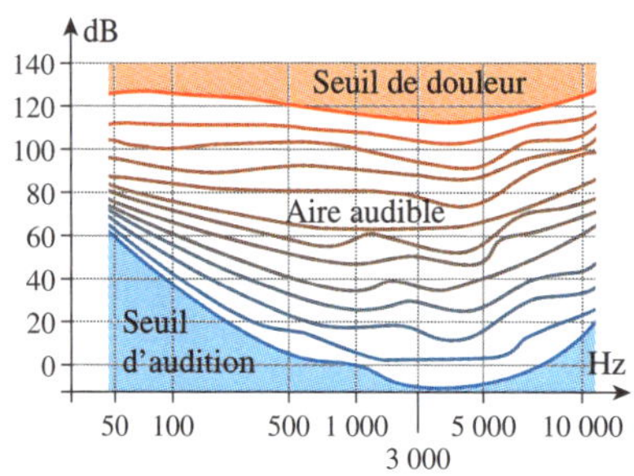

6. COMMENT ISOLER UNE PIÈCE DU BRUIT ?

Isolation accoustique

Différents modes de transmission d'un bruit dans un local.

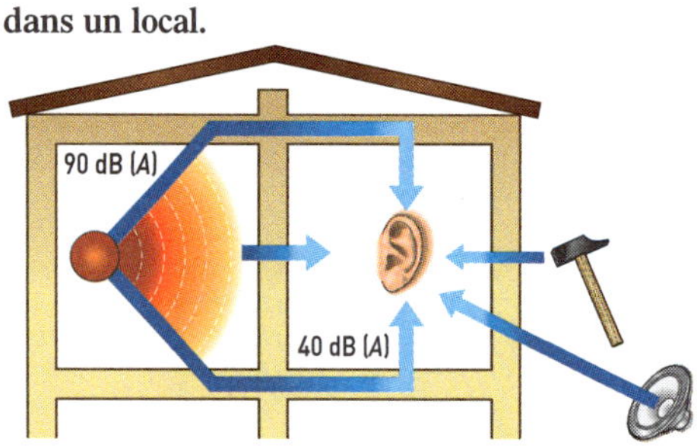

Lorsqu'un son arrive sur une paroi (son incident), une partie de l'énergie transportée la traverse (son transmis). L'énergie non transmise est réfléchie ou absorbée.

L'isolation acoustique d'une paroi consiste à limiter la transmission des sons.

Les bruits à traiter peuvent être :

• des **bruits aériens** qui se propagent dans l'air avant de faire vibrer les parois ;

• des **bruits solidiens** qui se propagent dans les parois (produits par des impacts sur les parois ou des appareils de services).

Les normes d'isolation

• Entre deux appartements, l'isolement phonique doit être au minimum de 53 dB. Cela signifie qu'un bruit perçu après transmission est atténué d'au moins 53 dB.

• Entre deux étages, le bruit transmis ne doit pas dépasser 58 dB. Cette indication correspond à un niveau effectivement mesuré et non pas à une atténuation.

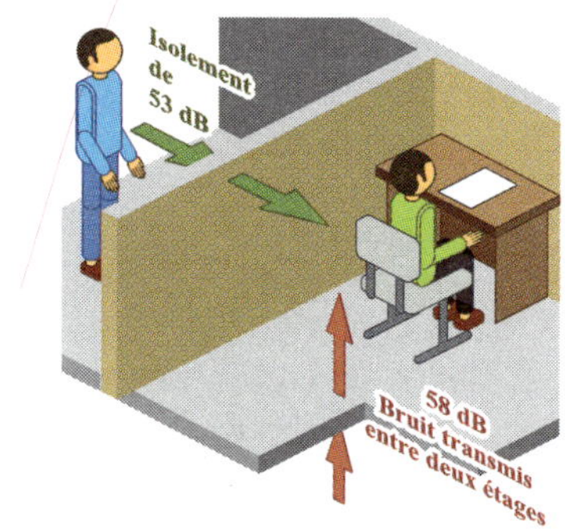

Les principes de l'isolation phonique

• **Loi de masse**

À épaisseur égale, une cloison isole mieux lorsque le matériau utilisé est plus lourd.

• **Loi masse-ressort-masse**

Deux cloisons indépendantes séparées par une couche d'air isolent mieux qu'une cloison pleine de même épaisseur totale, car l'air intermédiaire, qui joue le rôle de ressort, amortit les vibrations.

• **Loi d'étanchéité**

Une paroi doit être parfaitement étanche pour bien isoler. Là où l'air passe, le bruit passe.

Deux manières d'isoler

• **Choisir un isolant phonique**

– pour les bruits se propageant dans l'air, **l'indice d'affaiblissement acoustique *R*** s'exprime en décibel ;
– pour les bruits se propageant dans les solides (parois, meubles...), **l'indice d'efficacité ΔL** aux bruits de choc s'exprime également en décibel.

• **Éloigner la source sonore**

Le niveau d'intensité sonore *L* diminue avec la distance.

2 HYGIÈNE ET SANTÉ

1. COMMENT ÉVITER LE BASCULEMENT D'UN CORPS ?

Caractéristiques du poids d'un corps

Le poids d'un corps est l'action à distance que la Terre exerce sur ce corps.

Ses caractéristiques sont :
• le **point d'application** G appelé **centre de gravité** ;
• la **droite d'action** (ou direction) : la verticale de G ;
• le **sens** : vers la Terre, du haut vers le bas ;
• la **valeur**, exprimée en **newton (N)** et mesurée avec un dynamomètre.

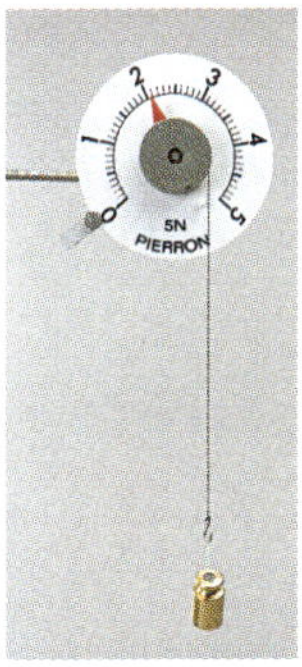

Le dynamomètre mesure la valeur du poids de la masselotte.

Relation entre le poids et la masse

Entre le poids et la masse d'un corps, il existe la relation :

$$P = m \cdot g$$

(N) (kg) (N/kg)

La masse m d'un corps représente la quantité de matière contenue dans ce corps.
Elle se mesure avec **une balance**. L'unité légale de masse est le **kilogramme (kg)**.
g **est l'intensité de la pesanteur**.
Elle s'exprime en newton par kilogramme (N/kg).
En France, g = 9,8 N/kg.

Centre de gravité de solides simples

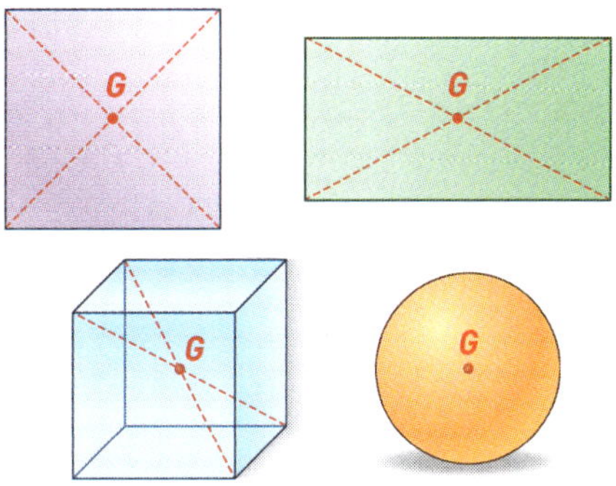

Équilibre d'un objet

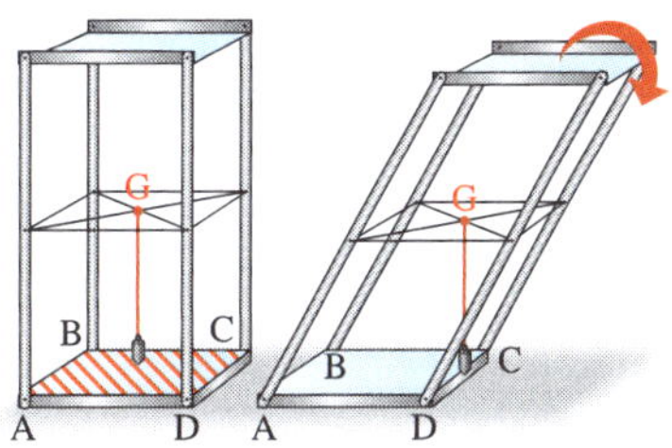

Le solide bascule dès que la verticale passant par G sort de la « **base de sustentation** » (ici, le quadrilatère ABCD).

Stabilité de l'équilibre

L'équilibre d'un objet posé sur le plan horizontal est d'autant plus stable que son centre de gravité est plus bas et que l'aire de sa base de sustentation est plus grande.

2. COMMENT SOULEVER UN OBJET ?

Les actions mécaniques

L'action mécanique d'un objet A sur un objet B se traduit par des effets :

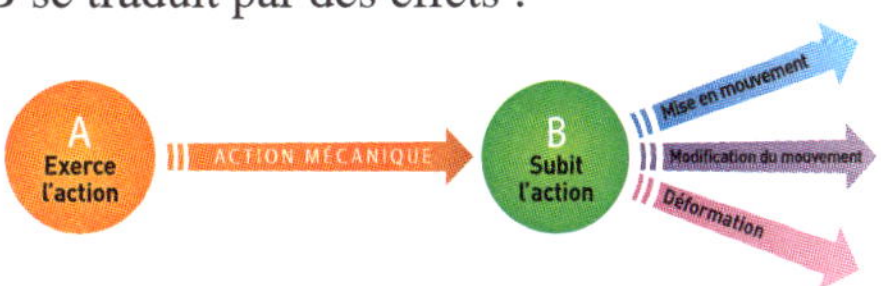

Une action mécanique est toujours exercée *par* un objet, qui exerce l'action *sur* un autre objet qui la subit.

On distingue les actions mécaniques suivantes :

- **les actions de contact** qui nécessitent un contact entre l'objet qui exerce l'action et celui qui la subit. Elles peuvent être **localisées ou réparties** suivant l'étendue de la zone de contact ;
- **les actions à distance** qui s'exercent sans qu'il y ait contact entre les objets. Elles sont d'origine **électrique, magnétique ou gravitationnelle** et sont toujours réparties dans tout le volume de l'objet.

Une action mécanique se représente par une force

Une force est une action mécanique dont on connaît les caractéristiques : point d'application, droite d'action, sens et valeur.

Une force se représente par un segment fléché.

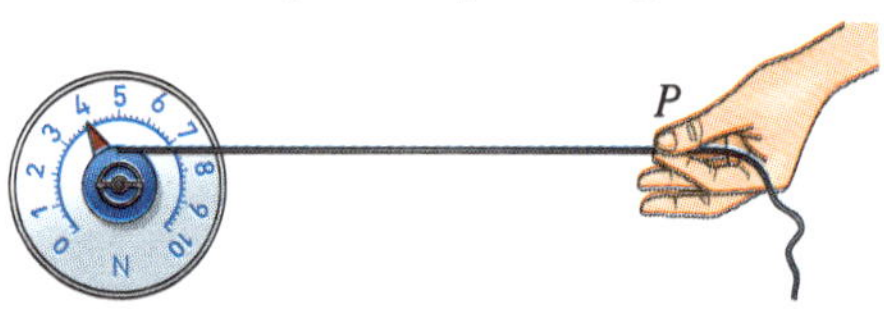

Action de la main sur le fil

Représentation de la force $\vec{F}_{main/fil}$

Force exercée par la main sur le fil	Caractéristiques de $\vec{F}_{main/fil}$
Point d'application : *P*	Origine : *P*
Droite d'action : fil	Direction : (*OP*)
Sens : vers la droite	Sens : vers la droite
Valeur : 4 N	Longueur : 2 cm (éch : 1 cm pour 2 N)

On symbolise la force correspondante par la notation : $\vec{F}_{main/fil}$ qui se lit : force $\vec{F}$ exercée par la main sur le fil.

Le principe des actions mutuelles

Quand un solide A agit sur un solide B avec une force $\vec{F}_{A/B}$, le solide B réagit sur le solide A avec une force $\vec{F}_{B/A}$.

Les deux forces ont la même droite d'action, la même valeur mais des sens opposés.

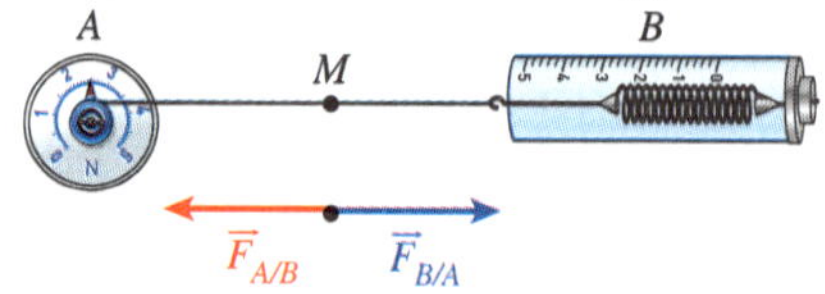

ATTENTION !

- Les forces $\vec{F}_{A/B}$ et $\vec{F}_{B/A}$ n'agissent pas sur le même solide.
- Ce principe reste applicable lorsque les corps sont en mouvement.

Équilibre d'un objet soumis à deux forces

Un solide soumis à deux forces $\vec{F}_1$ et $\vec{F}_2$ est en équilibre si ces deux forces ont même droite d'action, même valeur et des sens opposés.

$$\vec{F}_1 + \vec{F}_2 = \vec{0}.$$

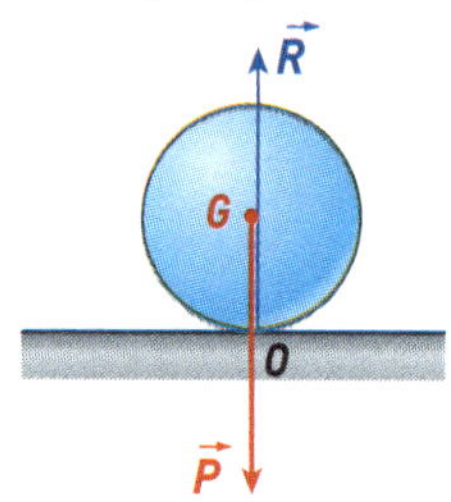

Équilibre d'une bille sur un support

$$\vec{R} + \vec{P} = \vec{0}.$$

$\vec{R}$: réaction exercée par le sol sur la bille

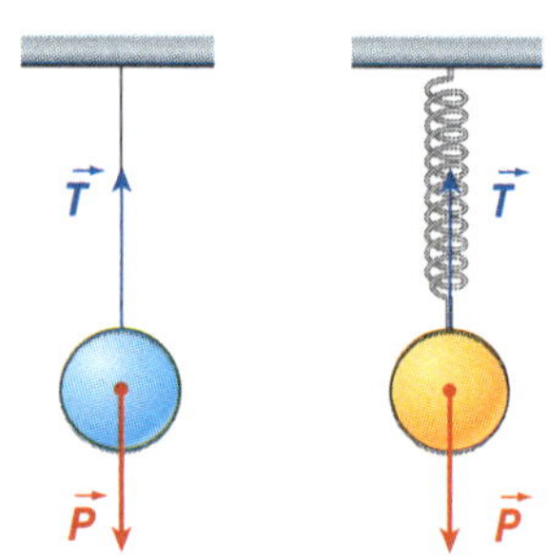

Équilibre d'une bille suspendue

$$\vec{T} + \vec{P} = \vec{0}.$$

$\vec{T}$: tension du fil (du ressort) exercée par le fil (le ressort) sur la bille

Équilibre d'un objet soumis à trois forces

Un solide soumis à trois forces $\vec{F}_1$, $\vec{F}_2$ et $\vec{F}_3$ non parallèles est en équilibre si :

- les droites d'action des trois forces sont coplanaires et concourantes ;
- les trois segments fléchés mis « bout à bout » forment un triangle.

On dit alors que le dynamique des forces est fermé et l'on écrit :

$$\vec{F}_1 + \vec{F}_2 + \vec{F}_3 = \vec{0}.$$

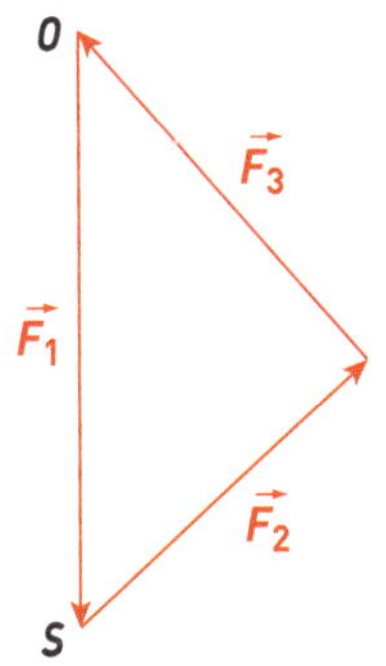

Le dynamique des forces est fermé quand le solide est en équilibre.

3. COMMENT SOULEVER FACILEMENT UN OBJET ?

Moment d'une force par rapport à un axe

Le moment, par rapport à un axe Δ, d'une force $\vec{F}$ orthogonale à cet axe, est égal au produit de la valeur F de la force par la distance d séparant l'axe de la droite d'action de la force :

$$M_{\vec{F}/\Delta} = F \cdot d$$

newtonmètre (N.m) — newton (N) — mètre (m)

d est appelé « bras de levier ».

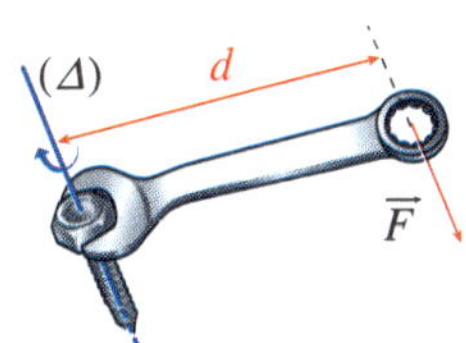

La force $\vec{F}$ s'exerce à une distance d de l'axe de rotation de la vis.

Moment d'un couple de forces

Un **couple de forces** $(\vec{F}_1 ; \vec{F}_2)$ peut faire tourner un solide dans un sens donné.

Les forces ont :

- des droites d'action parallèles et distinctes ;
- des valeurs égales : $F_1 = F_2 = F$;
- des sens opposés.

Le moment d'un couple de forces est :

$$M = F . d$$

Avec d : distance entre les deux forces.

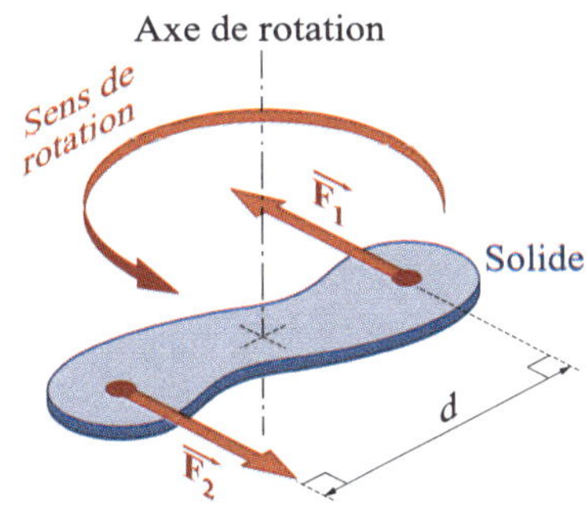

Le couple de forces $(\vec{F}_1 ; \vec{F}_2)$ entraîne le solide en rotation.

Condition d'équilibre d'un solide mobile autour d'un axe

Un solide mobile autour d'un axe (Δ) est en équilibre si la somme des moments des forces (ou des couples) qui tendent à le faire tourner dans un sens est égale à la somme des moments des forces (ou des couples) qui tendent à le faire tourner dans l'autre sens.

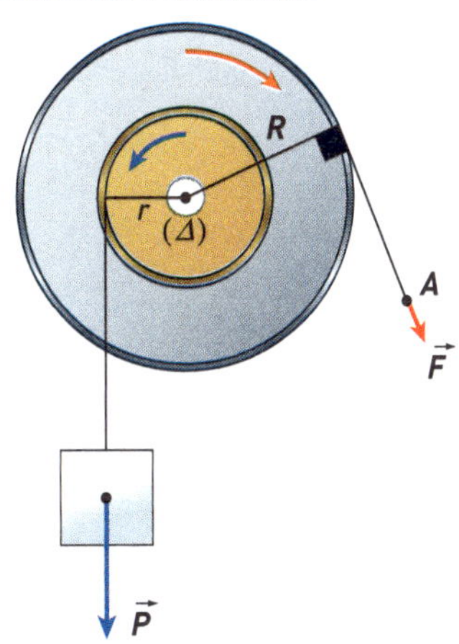

Équilibre d'une poulie à deux gorges :

$$\mathcal{M}_{\vec{F}/\Delta} = \mathcal{M}_{\vec{P}/\Delta} \qquad F \cdot R = P \cdot r$$

4. QUELS SONT LES COMPOSANTS D'UNE EAU MINÉRALE ?

L'atome

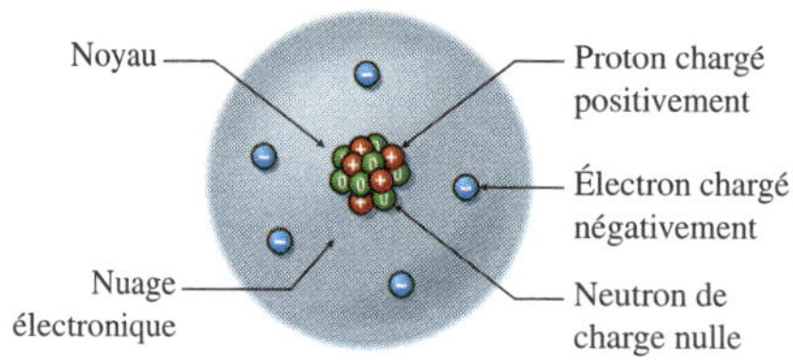

Un atome est constitué :

- d'un noyau qui contient des **protons** (charge positive) et des **neutrons** (charge nulle) ;
- d'un cortège d'**électrons** (charge négative) en mouvement autour du noyau.

La charge négative des électrons compense la charge positive des protons du noyau : l'atome est électriquement neutre.

Exemple : l'atome de sodium de symbole Na.

23 : Somme des nombres de protons et de neutrons dans le noyau

$$Na^{23}_{11}$$

11 : Nombres de protons

L'atome de sodium possède donc 11 protons, 11 électrons et 12 neutrons.

Structure électronique d'un atome

La répartition des électrons de l'atome de sodium est :

Nombre d'électrons 11:

Couche M •
Couche L • • • • • • • •
Couche K • •

La couche K est saturée avec 2 électrons, la couche L avec 8 électrons.

La structure électronique du sodium est donc : $K^2L^8M^1$.

Règle de l'octet (ou du duet) : au cours des transformations chimiques, les atomes peuvent se transformer en ions ou former des molécules. Pour cela, ils tendent à acquérir 8 électrons (règle de l'octet) ou 2 électrons (règle du duet) sur leur couche externe.

Les ions

Un atome ou un groupe d'atomes qui a **perdu** un ou plusieurs électrons devient un **ion positif** (*exemples : l'ion sodium Na^+ ; l'ion calcium Ca^{2+}*).

Un atome ou un groupe d'atomes qui a **gagné** un ou plusieurs électrons devient un **ion négatif** (*exemple : l'ion chlorure Cl^- ; l'ion sulfate SO_4^{2-}*).

Ion	Réactif	Couleur du précité
Chlorure Cl^-	Solution du nitrate d'argent	Blanc
Sulfate SO_4^{2-}	Solution chlorure de baryum	Blanc
Calcium Ca^{2+}	Solution d'oxalate d'ammonium	Blanc
Fer II Fe^{2+}	Solution d'hydroxyde de sodium (soude)	Vert
Fer III Fe^{3+}	Solution d'hydroxyde de sodium (soude)	Rouille
Cuivre II Cu^{2+}	Solution d'hydroxyde de sodium (soude)	Bleu
Zinc Zn^{2+}	Solution d'hydroxyde de sodium (soude)	Blanc

Les molécules

Une molécule est un assemblage d'atomes réunis par des **liaisons covalentes**.
Une molécule est **électriquement neutre**.

Exemple : la molécule d'eau.
Les liaisons covalentes sont représentées par les tirets entre deux atomes.

Formule brute : H_2O

Assemblage

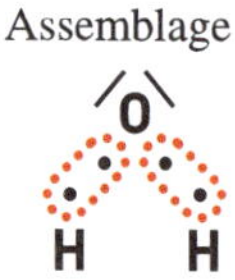

Modèle de Lewis

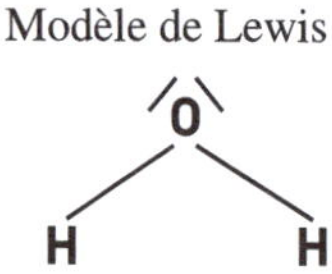

Modèle moléculaire compact :

L'atome d'oxygène établit une liaison covalente simple avec chaque atome d'hydogène.

Exemple : le dioxyde de carbone de formule brute CO_2.

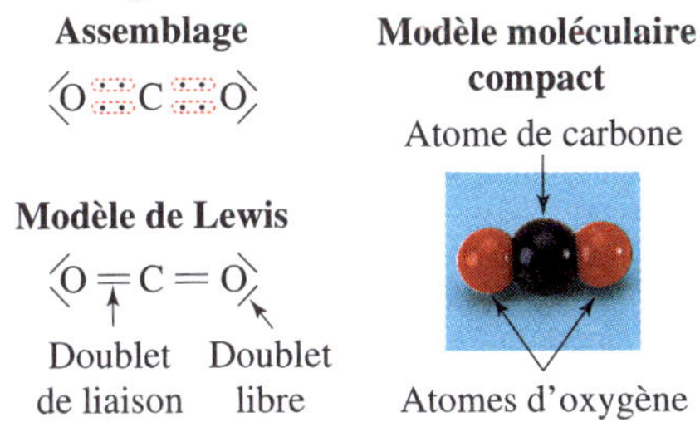

• Le test de reconnaissance de **l'eau** est réalisé avec le **sulfate de cuivre anhydre**, blanc, qui devient bleu au contact de l'eau.

• Le **dioxyde de carbone** peut être identifié grâce à un test : il **trouble l'eau de chaux**.

5. COMMENT DÉTERMINER LA CONCENTRATION D'UNE SUBSTANCE DANS UNE SOLUTION ?

Concentration massique

La concentration massique C_m d'une espèce chimique en solution est égale au quotient de la masse *m* de l'espèce chimique par le volume *V* de la solution.

$$C_m = \frac{m}{V}$$

m → gramme (g) ; *V* → litre (L) ; C_m → gramme par litre (g/L)

Mole et masse molaire moléculaire

La **quantité de matière** (nombre de moles) s'exprime en mole (symbole : mol).
La **masse molaire moléculaire** M est la masse d'une mole de molécules ; elle s'exprime en gramme par mole (g/mol).

Exemple : la masse molaire de l'eau est :

$$M(H_2O) = 2 \times M(H) + M(O) = 2 \times 1 + 16 = 18 \text{ g/mol.}$$

Concentration molaire

La concentration molaire *C* d'une espèce chimique en solution est égale au quotient de la quantité de matière *n* de l'espèce chimique par le volume *V* de la solution.

$$C = \frac{n}{V}$$

n → mole (mol) ; *V* → litre (L) ; *C* → mole par litre (mol/L)

Solutions acides, basiques ou neutres

L'acidité d'une solution aqueuse est caractérisée par sa concentration molaire en ions hydrogène H^+.
Une solution est :
• **acide** si son pH est **inférieur à 7** : elle contient davantage d'ions H^+ que d'ions HO^- ;
• **basique** si son pH est **supérieur à 7** : elle contient moins d'ions H^+ que d'ions HO^- ;
• **neutre** si son pH est **égal à 7** : elle contient autant d'ions H^+ que d'ions HO^-.

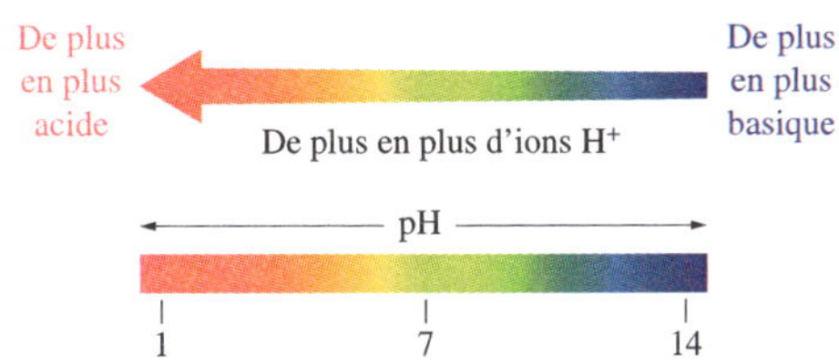

6. QUE CONTIENT UN SODA ?

La chromatographie

La chromatographie sur couche mince ou sur papier permet de **séparer** et d'**identifier** les différentes espèces chimiques constituant un mélange.

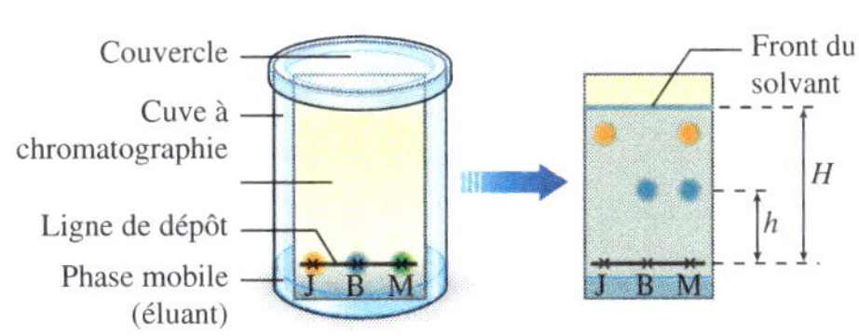

Préparation de la cuve (à gauche) et lecture de la plaque (à droite).

Le rapport frontal R_f caractérise la position d'une tache, donc de l'espèce chimique qui lui correspond.

$$R_f = \frac{h}{H}$$

L'extraction par solvant

L'extraction par solvant consiste à extraire une substance d'un milieu solide ou liquide par solubilisation dans un solvant.

L'espèce à extraire doit être très soluble dans le **solvant** choisi.

Le solvant utilisé doit être **non miscible** à l'eau.

Une **ampoule à décanter** sépare la phase aqueuse (l'eau) et la phase organique (le solvant et l'espèce à extraire). La phase la moins dense surnage.

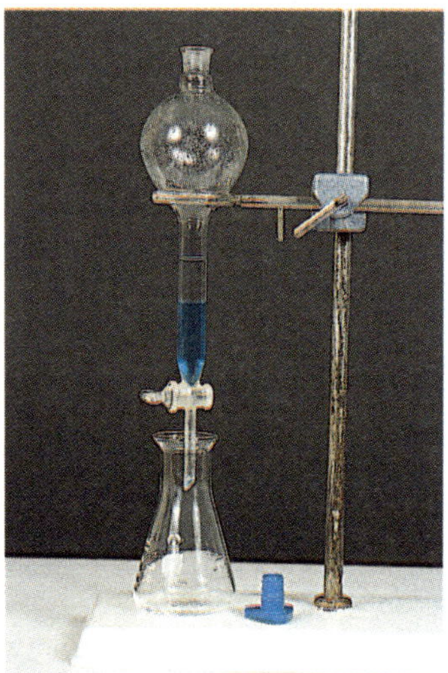

Une ampoule à décanter permet de recueillir séparément les deux phases.

L'hydrodistillation

L'hydrodistillation est la distillation d'un mélange d'eau et de substances à extraire.

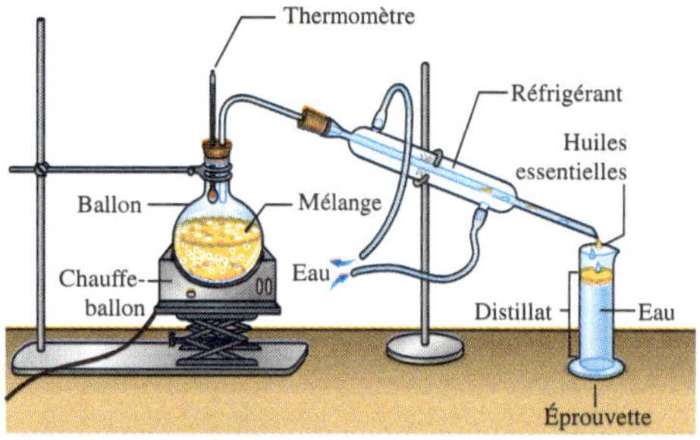

La condensation des vapeurs obtenues à l'ébullition fournit un **distillat**, mélange d'eau et **d'huiles essentielles** qui contiennent les substances extraites.

7. QUE SE PASSE-T-IL LORSQUE DES PRODUITS D'USAGE COURANT RÉAGISSENT ENTRE EUX ?

Réaction chimique

Au cours d'une réaction chimique, les **réactifs** disparaissent et des **produits** apparaissent.
Pour équilibrer l'équation bilan d'une réaction chimique, on place des **coefficients** (appelés « stoechiométriques ») devant les formules et respectant :
- la conservation des **éléments** ;
- la conservation de la **masse** (Lavoisier) ;
- la conservation des **charges électriques**.

Exemple : l'action de l'acide chlorhydrique sur le fer :

Réaction :

Réactifs → Produits

Fer + acide chlorhydrique → chlorure de fer + dihydrogène

Équation bilan :

$$Fe + 2(H^+ + Cl^-) \rightarrow (Fe^{2+} + 2Cl^-) + H_2$$

Bilan molaire

Les nombres de moles des réactifs qui disparaissent et des produits qui apparaissent sont **proportionnels** aux coefficients stoechiométriques.

Exemple :

Équation	Fe +	$2(H^+ + Cl^-)$ →	$(Fe^{2+} + 2Cl^-)$ +	H_2
Bilan molaire	1	2	1	1

1 mole de fer et 2 moles d'acide chlorhydrique disparaissent.
1 mole de chlorure de fer et 1 mole de dihydrogène apparaissent.

8. COMMENT PROTÉGER SON AUDITION ?

L'oreille

L'oreille est un récepteur sonore : elle perçoit les sons et les convertit en signaux électriques transmis au cerveau.

L'échelle des niveaux d'intensité acoustique

Le **seuil de dangerosité** d'un son est de 85 dB.
Le **seuil de douleur** est d'environ 120 dB.

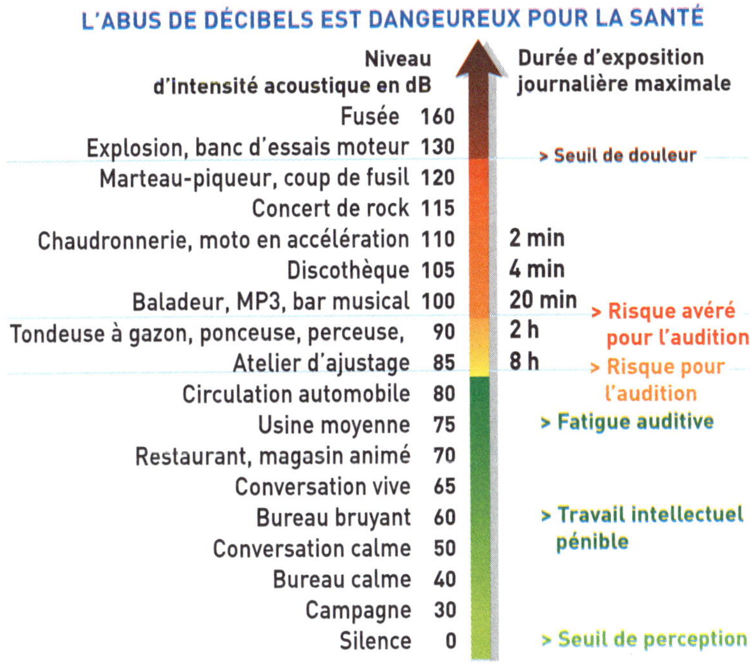

Les conséquences d'une conduite à risque pour l'audition sont classées en deux catégories :

• **la fatigue auditive** : elle peut correspondre à un **déficit temporaire** d'audition qui se caractérise par une diminution de la sensibilité auditive pendant une courte durée **ou à des sifflements permanents** (acouphènes) ;

• **le traumatisme acoustique** : il se caractérise par une **perte définitive de l'audition** pour certaines fréquences.

Les risques auditifs

Pour se protéger des sons trop forts, on peut :
– **s'éloigner** : le niveau d'intensité sonore baisse de 6 dB lorsque la distance est multipliée par 2.
– utiliser des **bouchons** d'oreille ou des **casques** anti-bruits.

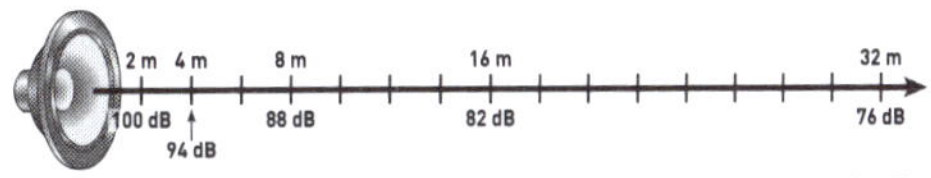

Niveau d'intensité acoustique en fonction de la distance à la source

3 LES TRANSPORTS

1. COMMENT PEUT-ON DÉCRIRE LE MOUVEMENT D'UN VÉHICULE ?

Référentiel et repère

Un solide, en mouvement ou au repos, doit être étudié par rapport à un autre solide servant de **référentiel** (habituellement un référentiel terrestre).

La **trajectoire** et la **vitesse** du mobile dépendent de ce référentiel.

Le repère d'espace constitué des deux axes permet de connaître la position du mobile.

La **vitesse moyenne** v d'un mobile, entre deux positions, est le quotient de la distance parcourue d par la durée τ du parcours :

$$v = \frac{d}{\tau}$$

avec v en mètre par seconde (m/s), d en mètre (m), τ en seconde (s).

Nature d'un mouvement

Un point d'un mobile est en mouvement :
- **uniforme** si sa vitesse v est **constante ;**
- **uniformément accéléré** si sa vitesse v est une fonction **affine et croissante** du temps t ;
- **uniformément décéléré** ou **ralenti** si sa vitesse v est une fonction **affine et décroissante** du temps t.

2. COMMENT PASSER DE LA VITESSE DES ROUES À CELLE DE LA VOITURE ?

Mouvement de rotation uniforme

Un mobile est en mouvement de rotation **uniforme** lorsque sa **fréquence de rotation** est **constante** au cours du temps.

- La **période** T du mouvement, exprimée en seconde, est la durée nécessaire pour effectuer un tour.
- La **fréquence de rotation** n est le nombre de tours effectués en une seconde :

$$n = \frac{1}{T}$$

avec n en tour par seconde (tr/s), T en seconde (s).

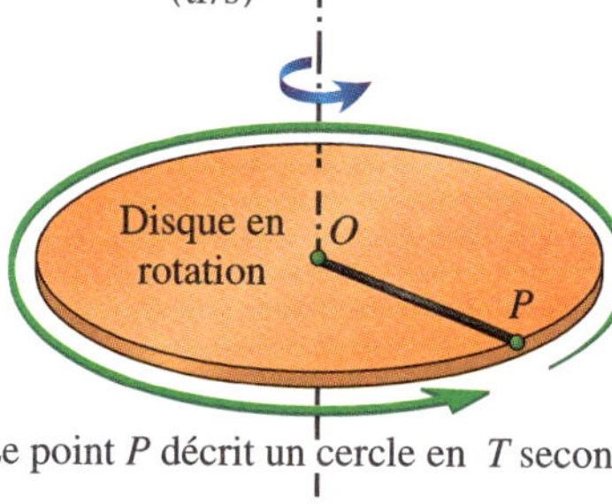

Le point P décrit un cercle en T seconde.

Vitesse linéaire et fréquence de rotation

La vitesse linéaire v du point P lors de sa rotation représente sa vitesse le long de sa trajectoire circulaire.

La **vitesse linéaire** v et la **fréquence de rotation** n sont liées par :

$$v = 2\pi \, . \, R \, . \, n$$

avec v en mètre par seconde (m/s), R en mètre (m), n en tour par seconde (tr/s),

avec R = OP, rayon de la trajectoire du point P.

Le tachymètre mesure une fréquence de rotation en tours par minute.

Exercices

1 CONFORT DANS LA MAISON ET L'ENTREPRISE

❶ Échelles de température

a) Compléter la double échelle ci-dessous et préciser le changement d'état de l'eau.

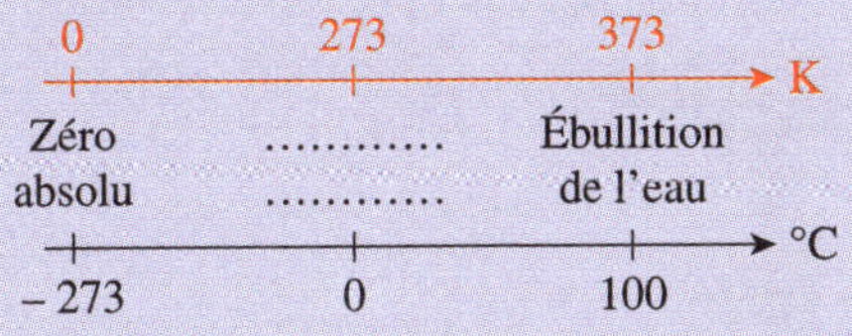

b) Indiquer, en kelvin, les températures correspondant à 20 °C et à – 25 °C.

c) Indiquer, en degré Celsius, les températures correspondant à 120 K et à 303 K.

❷ Changement d'état et de chaleur

Compléter le tableau suivant :

Phénomène observé	Changement d'état	Chaleur fournie (F) ou chaleur cédée (C)
1- L'eau liquide se transforme en glace à 0 °C.		
2- L'eau liquide se vaporise à 100 °C.	Vaporisation	F
3- L'aluminium est fondu à 665 °C et coulé dans des moules.		

❸ Courbe de changement d'état

Lors d'une expérience, du cyclohexane liquide est refroidi dans un tube à essai. La température est relevée toutes les minutes.

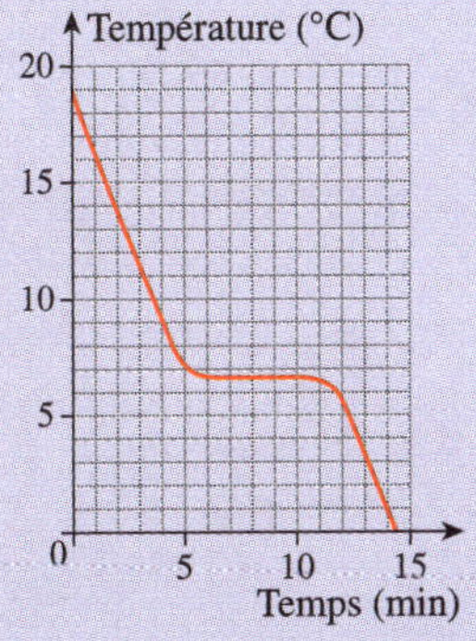

a) Quelle est la durée de l'expérience ?

b) Quel est l'état du cyclohexane au début de l'expérience ? à la fin ?

c) À quelle température s'est produit le changement d'état ? Quelle caractéristique de la courbe de refroidissement l'indique ?

Quelle a été approximativement sa durée ?

d) Comment nomme-t-on ce changement d'état : Fusion ? Solidification ? Vaporisation ?

❹ Quantité de chaleur

La quantité de chaleur Q échangée par un corps de masse m se calcule par :

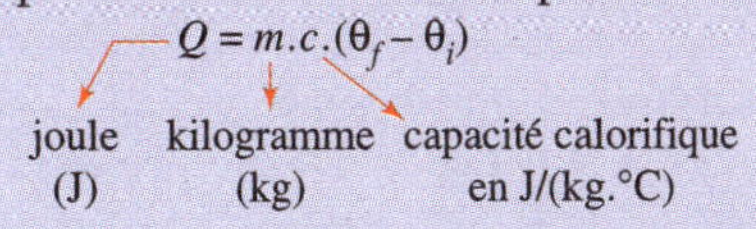

θ_f et θ_i : températures finale et initiale

On mélange dans un calorimètre un volume (1) de 200 g d'eau à la température de 10 °C et un volume (2) de 100 g d'eau à la température de 76 °C. La température finale du mélange est de 32 °C.

a) Quel volume fournit de la chaleur ? Quel volume reçoit de la chaleur ?

b) Calculer la quantité de chaleur fournie ou reçue par chacun des deux volumes (prendre c_{eau} = 4 180 J/(kg.°C).

Que remarque-t-on ? Quelle approximation a-t-on faite ?

❺ Fabrication des figurines

Un artisan fait fondre une masse de 5 kg d'alliage de plomb dans un four à creuset électrique.

Données :

Capacité thermique massique de l'alliage :
c = 130 J/(kg.°C) ;
Température de l'atelier : 22 °C ;
Température de fusion de l'alliage : 327 °C.

a) Calculer la quantité de chaleur nécessaire pour amener la température de l'alliage à sa température de fusion.

b) Pour fondre 1 kg d'alliage à 327 °C, il faut lui fournir 25 kJ. Calculer la quantité de chaleur pour fondre la masse d'alliage à cette même température.

c) En déduire la quantité de chaleur totale à fournir à la masse d'alliage.

d) Lors de cette opération, le four électrique de puissance $P = 4{,}2$ kW fonctionne pendant 8 minutes. Calculer l'énergie électrique consommée et le rendement η du four

$$\left(\eta = \frac{\textit{Quantité de chaleur}}{\textit{Énergie consommée}}\right).$$

6 Reconnaître une tension

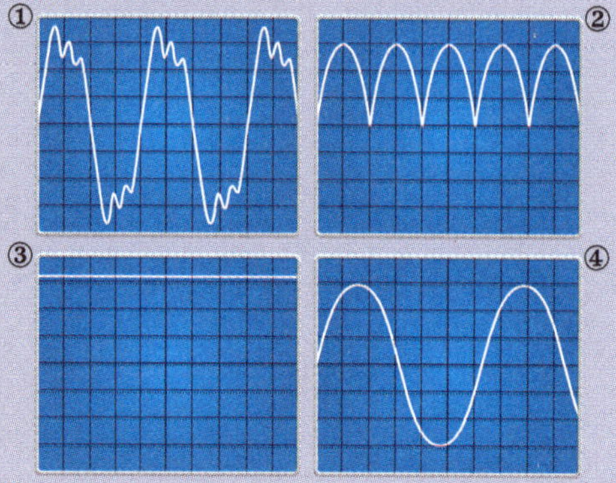

Lequel de ces oscillogrammes représente une tension continue ? alternative ? périodique ? sinusoïdale ?

7 Réaliser un circuit

a) Reproduire le circuit électrique et le compléter en plaçant le voltmètre qui mesure la tension efficace aux bornes de la lampe.

b) Représenter également le branchement d'une voie d'oscilloscope ou d'interface EXAO aux bornes de la lampe.

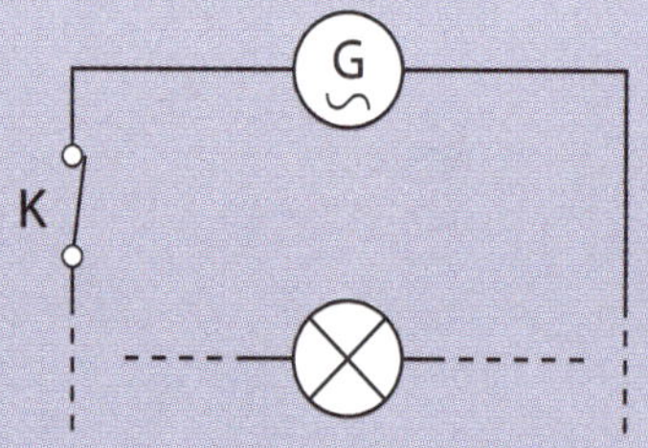

8 Lire un écran

À partir de la façade d'oscilloscope ci-dessous :

a) Quelle est la durée de balayage sélectionnée ? Combien de divisions occupe une période T ? En déduire la valeur de T.

b) Quelle est la sensibilité verticale sélectionnée ? Combien de divisions occupe la hauteur d'un pic ?
En déduire la valeur de la tension maximale.

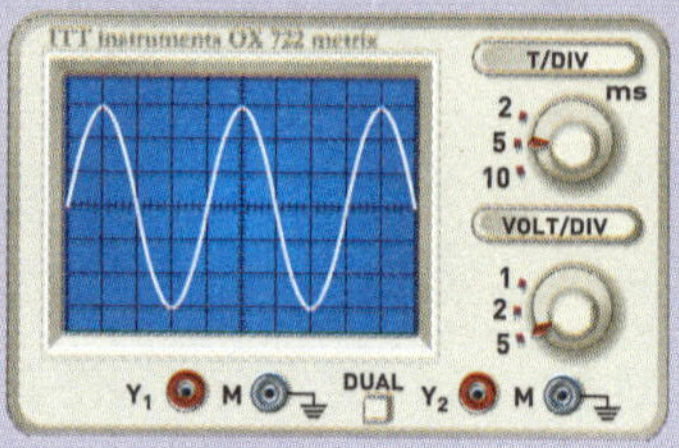

9 Plaque signalétique

La plaque signalétique d'une visseuse est donnée ci-dessous :

Perceuse FOREVISSE
14,4 V – Couple 127 N.m
0 – 2 300 tr/min variable.
Rotation droite/gauche.
Pour vis de 25 à 50 mm.
Alimentation : 2 batteries Ni-Mh.

a) Cet outil fonctionne-t-il sous la tension du réseau ? Expliquer la réponse.

b) D'où provient la tension qui alimente son moteur ?

c) Quelle précaution doit prendre l'opérateur avant d'utiliser cet outil ?

d) Quelles sont les possibilités techniques de l'outil en fréquence de rotation ? En diamètre de vis ?

e) Peut-il servir également de dévisseuse ?

10 Transformateur et moteur

L'oscillogramme représente la tension à la sortie d'un transformateur.

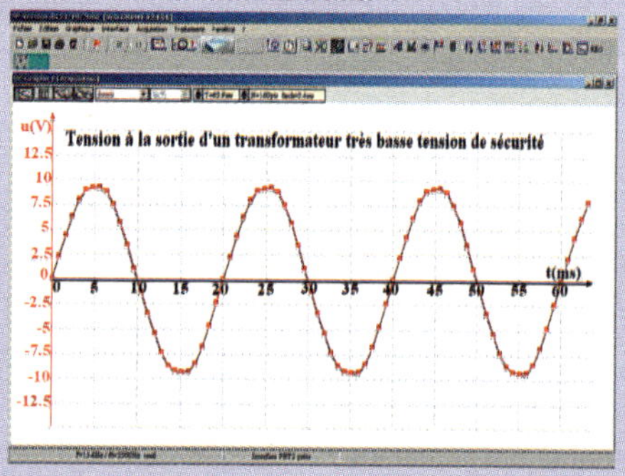

a) La tension est-elle sinusoïdale ?

b) Mesurer sa période T et en déduire la fréquence f. Est-ce la même que celle du réseau ?

c) Mesurer la tension maximale U_{max} et en déduire la valeur de la tension efficace U.

d) Ce transformateur peut-il alimenter un moteur à courant continu de jouet fonctionnant sous une tension de 6 V ?

11 À l'hôpital

L'électrocardiogramme ci-dessous (ECG) est enregistré sur un rouleau de papier se déroulant à la vitesse constante de 25 mm par seconde.

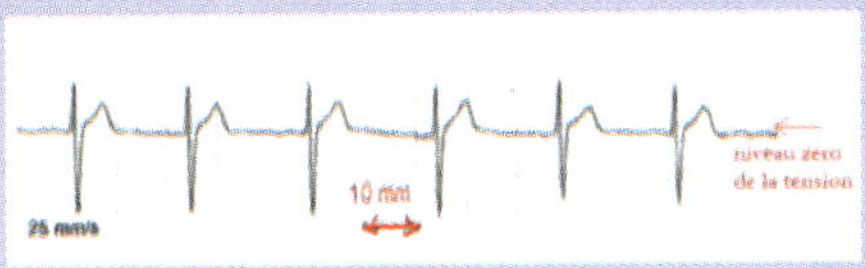

a) L'électrocardiogramme est-il alternatif ? Périodique ? Sinusoïdal ?

b) Calculer la période de cet ECG ? À quelle fréquence cardiaque, exprimée en battements par minute correspond-il ?

12 Respect des consignes

La plaque signalétique d'un bloc multiprise porte les indications suivantes :

230 V – 50 Hz – 2 320 W maxi.

a) Peut-on brancher simultanément sur celle-ci une chaîne HIFI de 280 W, un radiateur électrique de 1 500 W et un fer à repasser de 750 W ?

b) Que risque-t-il de se produire ?

13 Risques d'électrisation

Les quatre dessins illustrent des accidents électriques. Quels cas correspondent à un contact direct ? À un contact indirect ?

1

2

3

4

14 Protection des personnes et du matériel

À l'aide des expressions : *un disjoncteur divisionnaire, un disjoncteur différentiel, un coupe-circuit, une prise de terre*, compléter les phrases :

On protège une ligne électrique et les appareils qui y sont branchés avec .... ou ....

Pour protéger une personne d'un contact indirect (par exemple un lave-linge présentant un défaut), il faut que celui-ci soit relié à .... et à ....

15 Machine défectueuse

Un lave-linge est branché à une prise de courant reliée au réseau (U = 230 V).

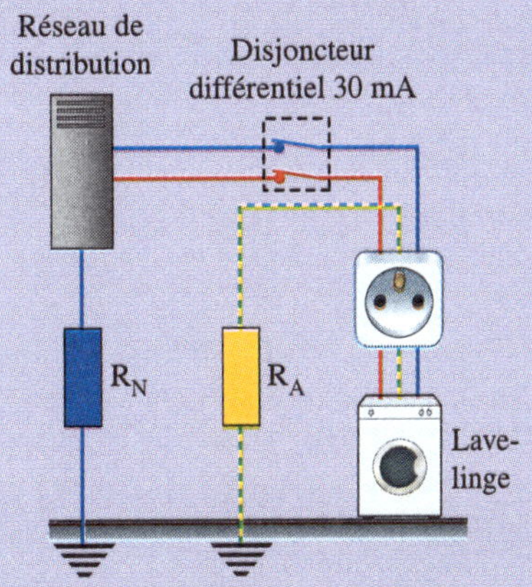

a) Expliquer pourquoi le branchement est correct.

b) Que représente le fil électrique rouge ? le fil bleu ? le fil jaune et vert ?

c) Un défaut survient sur le lave-linge : le conducteur de phase touche sa carcasse métallique.
Reproduire le schéma et tracer en rouge le trajet du courant de défaut.

d) R_N et R_A représentent les résistances des prises de terre du neutre et des masses (R_N = 20 Ω et R_A = 100 Ω). Utiliser la loi d'Ohm pour calculer l'intensité efficace du courant de défaut.

e) Le disjoncteur différentiel déclenche-t-il ?

f) Une personne touchant l'appareil risque-t-elle l'électrocution ?

⑯ Compléter

Choisir la bonne réponse.

a) La puissance électrique absorbée par un dipôle résistif (lampe, résistance…) se calcule par : $P = U \cdot I$ / $\frac{U}{I}$.

b) La puissance s'exprime en : *watt / wattheure*. L'énergie électrique s'exprime en : *watt / joule*.

c) L'énergie électrique transférée pendant une durée t est : $E = P \cdot t$ / $\frac{P}{t}$.

d) L'appareil mesurant une énergie électrique consommée est : *un wattmètre / un compteur d'énergie*.

⑰ Conversions

Convertir :

a) 455 kJ et 24 MJ en joule.

b) 25 kWh et 48 GWh en wattheure.

c) 7,2 kWh en joule

d) 540 000 J et $1{,}08 \times 10^9$ J en kilowattheure.

⑱ Puissance électrique

a) Une lampe halogène fonctionne sous une tension alternative efficace de 12 V et absorbe une intensité efficace de 4,1 A. Calculer la puissance de cette lampe.

b) Un radiateur électrique de 1,5 kW fonctionne sous une tension efficace de 230 V fournie par le réseau. Calculer l'intensité efficace du courant qui le traverse.

⑲ Relevés de compteur

Afin de mieux connaître ses coûts, un gérant de salle de spectacle relève l'affichage du compteur électrique au début et à la fin d'un concert.
À 19 h : 072 456 kWh
À 23 h 30 : 072 493 kWh

Calculer :

a) L'énergie consommée entre 19 h et 23 h 30.

b) La puissance électrique moyenne de son installation.

⑳ Facturation

Trois valeurs d'une facture ont été effacées malencontreusement.

votre facture en détail *document à conserver 5 ans*

Votre référence client — Réf. Point de livraison : 165 6700428

	relevé ou estimation en kWh ancien	nouveau	différence	consom. (en kWh)	prix kWh en euros	montant HT en euros	taxes locales	TVA	total TTC en euros
électricité compteur n° 880					(1)		28,22	54,87	377,08
abonnement									
4,45€ /mois du 04/12/07 au 04/10/08						44,50			
4,54€ /mois du 04/10/08 au 04/12/08						9,08			
consommation du 08/10/07 au 07/10/08	67860	70907	3047	3047	* 0,0789				
307 jours à 0,0787€ + 52 jours à 0,0803€									
soit un prix moyen de 0,0789€									

(1) y compris le coût d'acheminement de l'électricité pour 46% (% moyen pour le Tarif Bleu)

	montant HT en euros	taxes locales	TVA	total TTC en euros
total		28,22	54,87	377,08

a) Retrouver, par un calcul, les nombres effacés.

b) Quel est le coût du kWh, hors taxes, imposé par le fournisseur d'électricité ?

c) Calculer le coût moyen du kWh, taxes comprises, dans cette facture.

㉑ Développement durable

Deux congélateurs-armoires ont les caractéristiques suivantes :

Marque	Classe	Volume	Autonomie	Conso. par an	Prix
TOUFROID	B	208 L	20 heures	372 kWh/an	562 €
FRIZZE-BH	A	216 L	45 heures	281 kWh/an	702 €

M. Trévert désire acheter le FRIZZE-BH.

a) Les appareils de classe A sont plus économes en énergie que ceux de classe B ; quelle caractéristique le montre ?

b) Quel appareil possède la meilleure isolation ? Justifier la réponse.

c) Quel est le surcoût lors de l'achat du FRIZZE-BH ?

d) En estimant le coût taxes comprises du kWh à 0,13 €, quelle économie annuelle M. Trévert réalise-t-il en achetant cet appareil ? Au bout de combien d'années les deux appareils ont-ils le même coût de revient ?

㉒ Caractéristiques d'un son

Choisir la bonne réponse.

a) La hauteur d'un son correspond à *sa fréquence / son niveau d'intensité sonore*.

b) Plus un son est aigu, plus sa fréquence est *basse / élevée*.

c) La hauteur d'un son s'exprime en *décibel / hertz*.

d) Le niveau d'intensité acoustique s'exprime en *watt / décibel*.

e) Plus un son est intense, plus son niveau d'intensité acoustique est *faible / élevé*.

23 Hauteur d'un son

Le son émis par un diapason est reçu par un microphone et enregistré sur un ordinateur.

a) Mesurer la période du signal.

b) Calculer la fréquence de ce son.

c) Rappeler les intervalles des hauteurs des sons graves, médiums et aigus. Quelle est la nature du son analysé ?

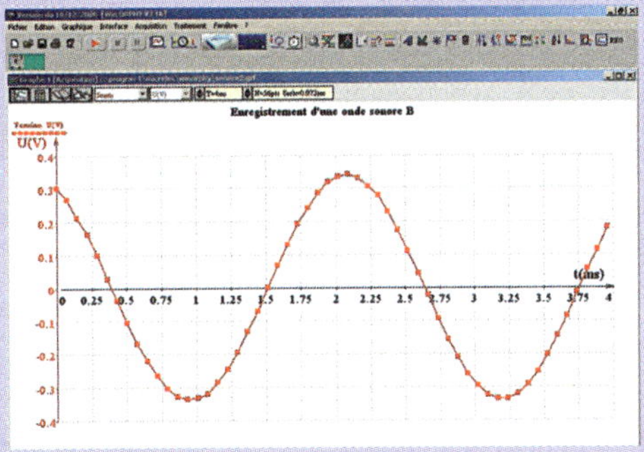

c) Cette note est un Mi 4. Est-elle un son grave ? Médium ? Aigu ?

24 Son musical

On a enregistré avec un microphone relié à un ordinateur une note de musique en tapant sur une touche d'un piano électrique.

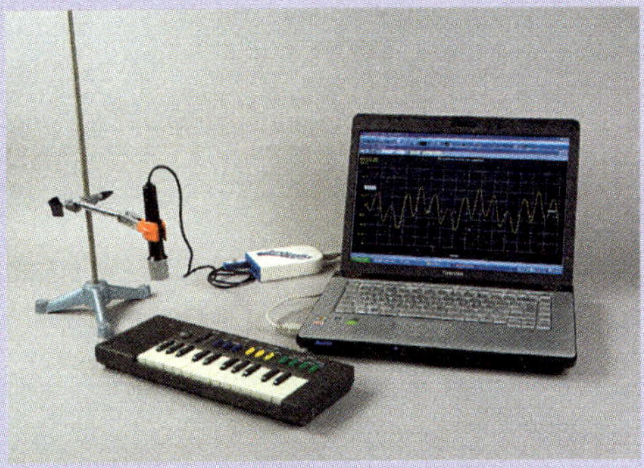

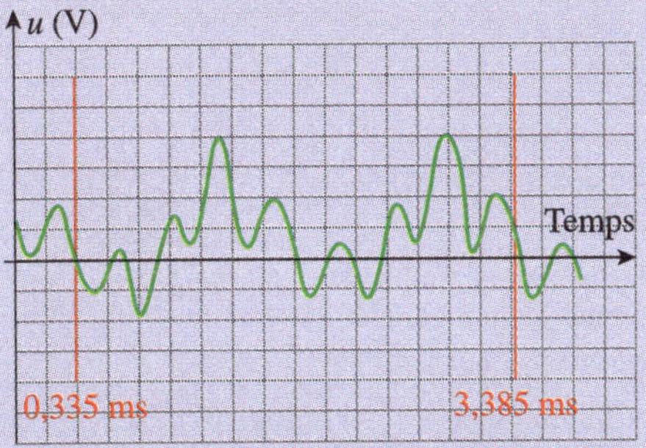

a) Combien de périodes sont lisibles sur l'oscillogramme obtenu ?

b) Déterminer la durée d'une période et en déduire la hauteur de la note enregistrée.

25 Diagramme de Fletcher et Munson

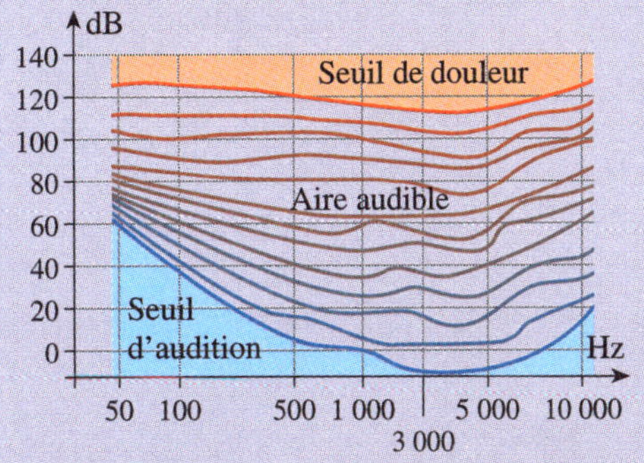

En lisant le diagramme de Fletcher et Munson ci-dessus, répondre aux questions :

a) Un son de 100 Hz est-il toujours audible ?

b) Un son de 40 dB est-il toujours audible ?

c) Un son de 120 dB ; 100 Hz est-il douloureux ?

d) Un son de 20 dB ; 5 000 Hz est-il audible ?

e) À quelle fréquence l'oreille humaine est-elle le plus sensible ?

26 Lave-vaisselles

Karim a relevé les caractéristiques principales de trois lave-vaisselles pour 12 couverts :

Marque	BOSCH	SMEG	Electrolux
Classe	A/A/A	A/A/B	A/A/A
Consommation d'eau par cycle	12 L	15 L	13 L
Consommation électrique par cycle	1,05 kWh	1,05 kWh	0,8 kWh
Niveau sonore	45 dB	50 dB	47 dB
Prix	805 €	375 €	605 €

a) Quel est le modèle le plus silencieux ? le plus économe en eau ? le plus économe en électricité ?

b) Quel modèle possède « au moins » deux des trois qualités citées en **a)** ? Quel est néanmoins l'inconvénient de ce modèle ?

27 Les normes d'isolation

a) Dessin 1 : quel est l'isolement phonique de la cloison entre l'appartement 1 et l'appartement 2 ?

Cette valeur est-elle conforme à la valeur minimale de 53 dB ?

b) Dessin 2 : quel est le niveau d'intensité acoustique transmis à travers le plancher ? Est-il conforme à la norme (58 dB) ?

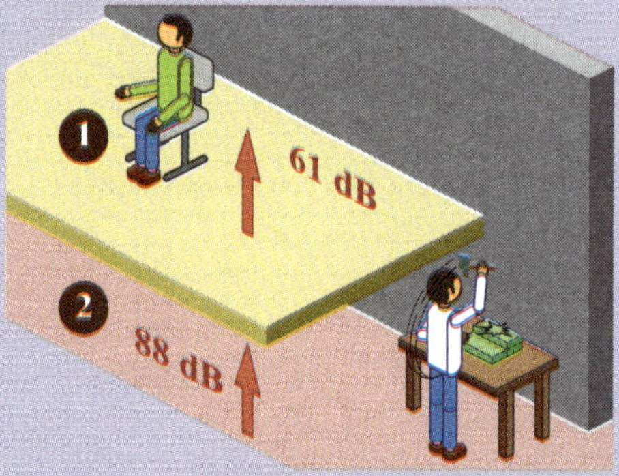

28 Chantier de travaux publics

Un ouvrier qui défonce la chaussée avec un marteau-piqueur est équipé d'un casque anti-bruit.

Un second ouvrier travaille à 10 mètres du premier. Le technicien du chantier enregistre à côté de lui un niveau d'intensité sonore de 105 dB.

Des promeneurs se déplacent sur l'allée voisine : le niveau d'intensité sonore y est de 90 dB.

En s'aidant de l'extrait de l'échelle auditive ci-dessous, répondre aux questions suivantes.

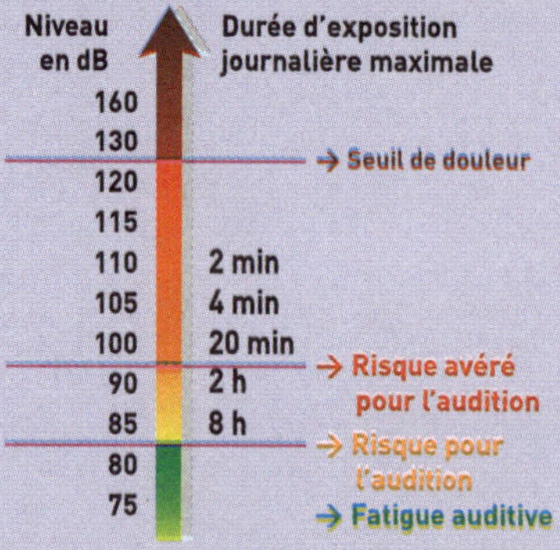

a) Le second ouvrier peut-il travailler sans porter de casque ? Ressent-il de la douleur ?

b) Expliquer pourquoi les promeneurs ne présentent pas de risque pour leur système auditif.

29 Isolation phonique d'une cloison

Un fabricant de matériaux pour cloisons fournit les graphiques ci-dessous aux artisans pour indiquer les performances d'isolation de ses produits.

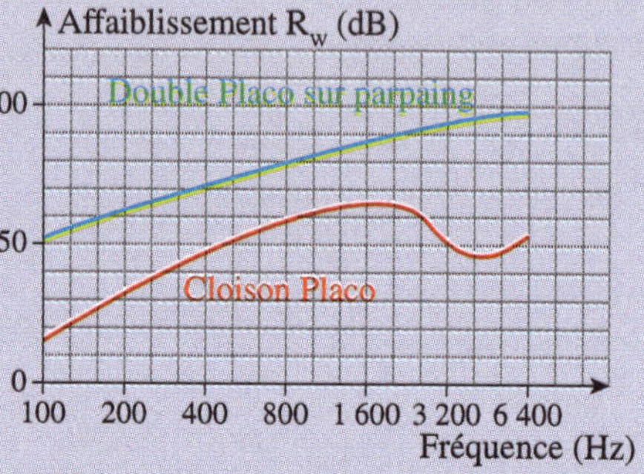

a) Quelle cloison offre la meilleure isolation phonique ?

b) Ces deux cloisons respectent-elles la norme d'isolation phonique suivante : « entre deux appartements, l'isolation phonique doit être au minimum de 53 dB» pour toutes les fréquences des sons émis lors de conversations (entre 250 et 3 200 Hz) ?

2 HYGIÈNE ET SANTÉ

30 Caractéristiques du poids d'un corps

Citer les quatre caractéristiques du poids d'un corps à la surface de la Terre.

31 Poids d'une pomme

a) Compléter le tableau des caractéristiques du poids $\vec{P}$ de la pomme de masse 140 g (prendre g = 10 N/kg).

	Point d'application	Droite d'action	Sens	Valeur
$\vec{P}$				

b) Dessiner la pomme et représenter graphiquement le poids à l'échelle : *1 cm pour 1 N.*

32 Direction du poids

Le poids $\vec{P}$ de l'habitant de la Terre est-il correctement représenté dans les trois schémas ?

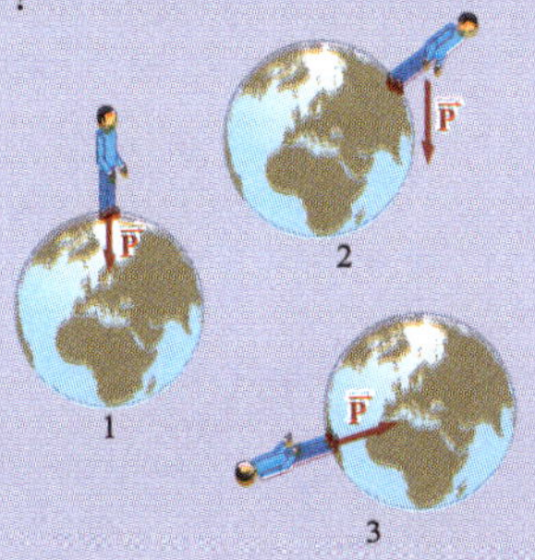

33 Centre de gravité

Chaque solide possède un poids de valeur 4 N.

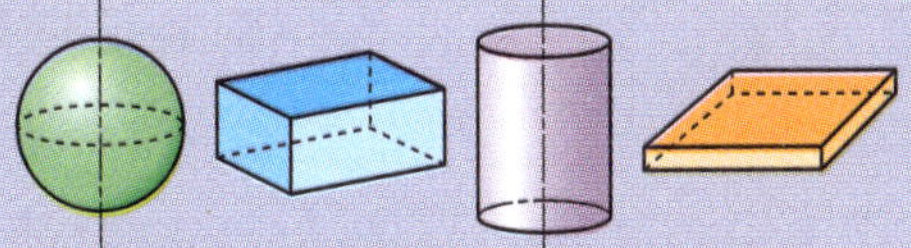

① ② ③ ④

Reproduire chaque dessin et placer le centre de gravité G de chaque solide. Représenter son poids $\vec{P}$ en précisant l'échelle choisie.

34 Stabilité

Un tracteur à deux roues motrices (1), un tracteur à vignes (2) et un tracteur « double essieux » (3) sont sur un terrain pentu.

Quel tracteur risque de basculer ? Expliquer la réponse.

35 Actions mécaniques

Préciser pour chaque action mécanique : le corps qui l'exerce, celui qui la subit et l'effet produit.

a) Le marteau frappe la tête du clou.

b) Le vent gonfle la voile du bateau.

c) Le footballeur reprend la balle de la tête.

d) La balle de golf retombe sur le green.

36 Représentation d'une force

Antoine pousse une voiture en panne afin de la garer sur le bas-côté. Il exerce une force $\vec{F}_{\text{Antoine/Voiture}}$, horizontale, de 300 N.

Cette force est-elle localisée ou répartie ? à distance ou de contact ?

Reproduire le schéma et représenter : $\vec{F}_{\text{Antoine/Voiture}}$ à l'échelle *1 cm pour 150 N.*

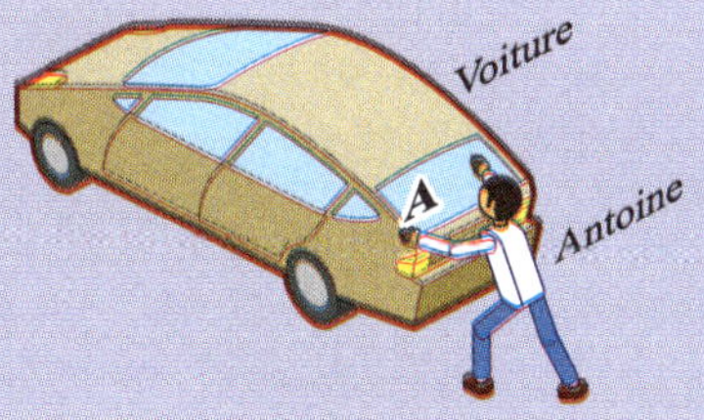

37 Principe des actions mutuelles

Lors d'une séance d'EPS Paul, de masse 55 kg, se suspend à la corde en M par les mains.

a) Calculer la valeur P du poids de Paul (prendre g = 10 N/kg).

b) Rappeler le principe des actions mutuelles.

c) Deux forces sont exercées en M. Les nommer et les décrire (on peut donner leurs caractéristiques dans un tableau).

d) Reproduire le dessin avec les représentations des deux forces.

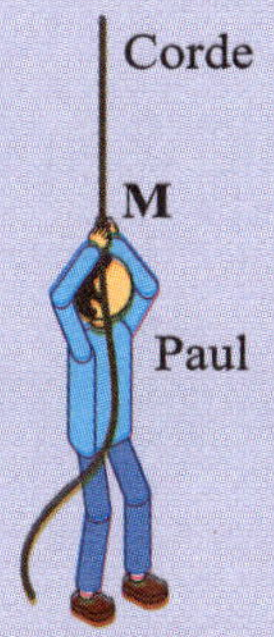

38 Équilibres

Une masselotte de 500 g est placée sur un plateau solidaire d'un ressort (g = 10 N/kg). Elle est en équilibre.

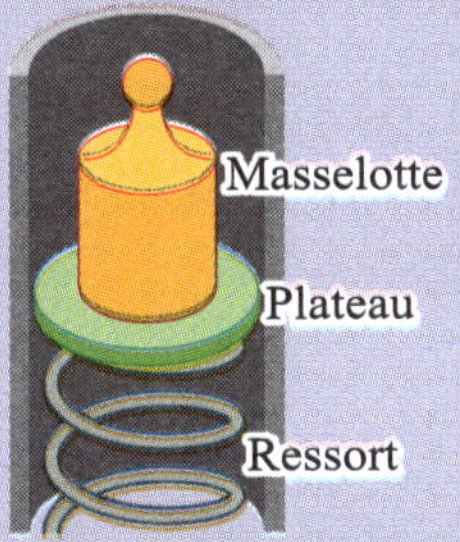

Étude de la masselotte

a) Quelles sont les deux forces agissant sur la masselotte ? Préciser leurs caractéristiques.

b) Reproduire la masselotte et représenter ces deux forces à l'échelle : *1 cm pour 2,5 N.*

Étude du plateau

c) Quelles sont les deux forces agissant sur le plateau (on négligera son poids) ? Préciser leurs caractéristiques.

d) Reproduire le plateau et représenter ces deux forces à l'échelle : *1 cm pour 2,5 N.*

39 Déménagement

Alex et Betty portent une commode de masse 40 kg. Les pointillés indiquent les droites d'action des forces $\vec{F}_A$ et $\vec{F}_B$ qu'ils exercent sur la commode.

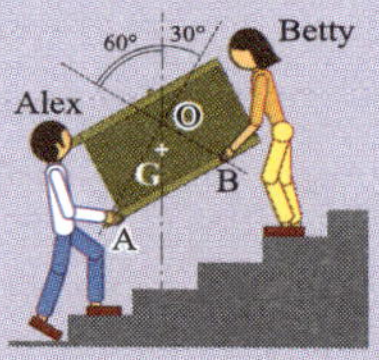

a) Calculer la valeur du poids $\vec{P}$ de la commode (g = 10 N/kg).

b) Compléter le tableau des caractéristiques des trois forces agissant sur l'armoire :

Force	Point d'application	Droite d'action	Sens	Valeur (N)
	G			
$\vec{F}_A$		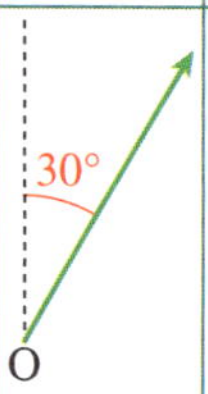	Vers le haut	

Construire le dynamique des trois forces et en déduire, graphiquement ou par calcul, les valeurs de $\vec{F}_A$ et $\vec{F}_B$ (*échelle : 1 cm pour 50 N*).

c) Qui exerce la force la plus importante ?

40 Grandeurs et unités

Compléter le tableau suivant :

Grandeur	Symbole de la grandeur	Unité	Symbole de l'unité
	$\vec{F}$		
Distance ou « bras de levier »			
		newton-mètre	

41 Massicot

L'utilisateur du massicot exerce en B une force $\vec{F}$ de valeur 80 N.

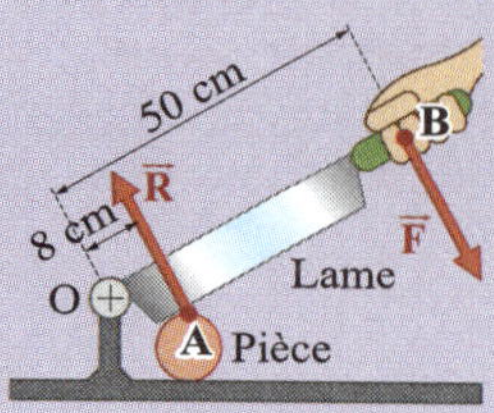

a) Calculer le moment de cette force $\vec{F}$ par rapport à l'axe de rotation O de l'outil.

b) Que vaut le moment de l'action $\vec{R}$ de la pièce sur la lame, appliquée en A ?

c) En déduire la valeur de $\vec{R}$.

42 Reconnaître un couple de forces

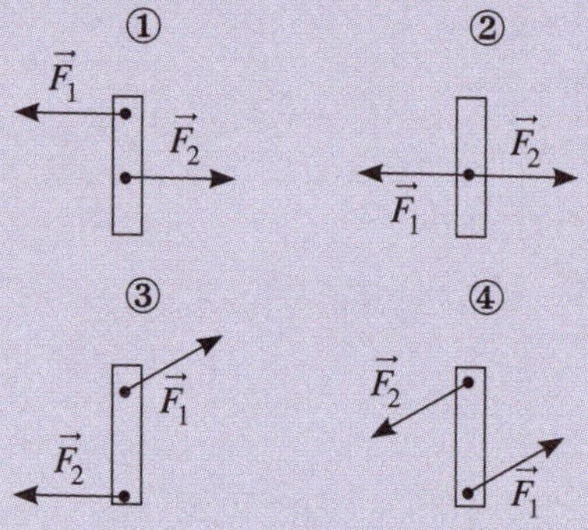

a) Dans quel cas a-t-on un couple de forces ?

b) Préciser leur sens de rotation.

43 Couple de forces

Compléter le tableau :

Situation	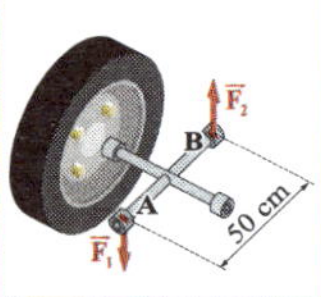	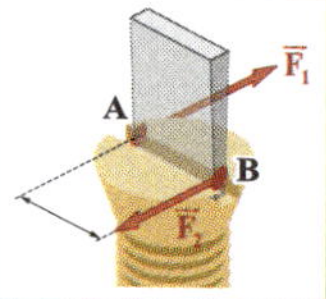
Distance AB	AB = 50 cm	AB = …
Valeur de la force $\vec{F}$	F = ….	F = 35 N
Moment du couple M_C	M_C = 55 N.m	M_C = 0,175 N.m

44 Chargeuse sur pneu

Une chargeuse sur pneu a une masse de 19,5 tonnes ; son poids est appliqué en G_1. L'ensemble {godet + charge de terre} a une masse de 8 tonnes et le centre de gravité de cet ensemble s'applique en G_2.

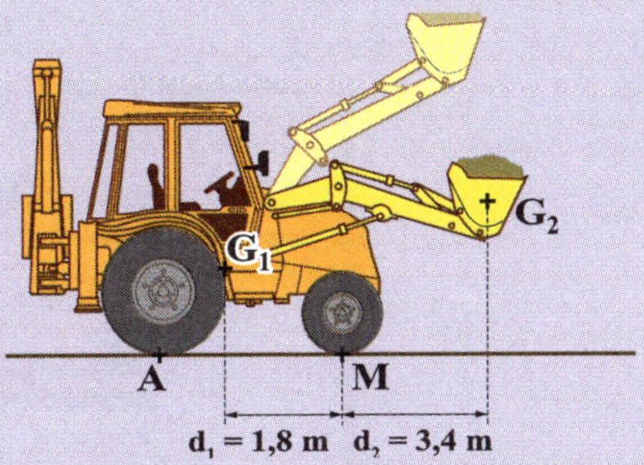

a) Calculer la valeur P_1 du poids $\vec{P_1}$ de la chargeuse et la valeur P_2 du poids $\vec{P_2}$ de la charge (prendre g = 10 N/kg).

b) Si le poids de la charge provoque le basculement de la chargeuse, autour de quel axe s'effectue cette rotation ?

c) Calculer le moment de $\vec{P_1}$ et de $\vec{P_2}$ par rapport à l'axe de rotation. Y-a-t-il risque de basculement ?

d) Lorsque la chargeuse travaille sur une pente de 20°, les distances d_1 et d_2 sont modifiées : d_1 = 1,35 m et d_2 = 3,70 m.

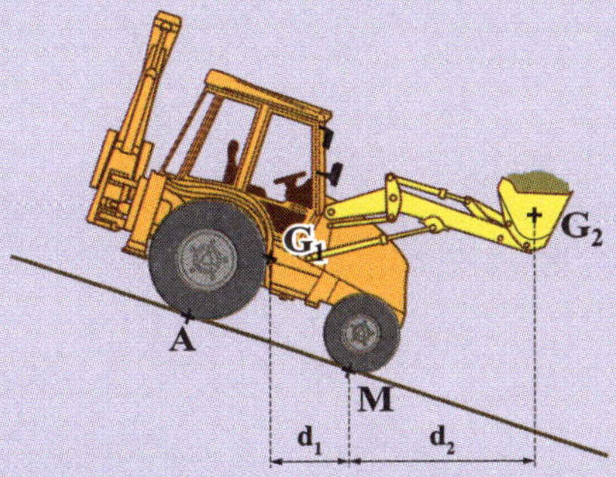

La chargeuse peut-elle transporter la même charge ?

45 Les constituants de l'atome

a) Compléter les pointillés en précisant les noms des particules.

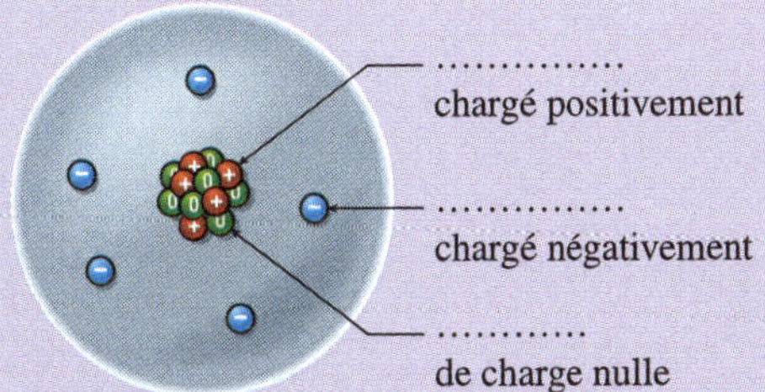

b) Quels sont les constituants du noyau ? Leur charge globale est-elle nulle ? Positive ? Négative ?

46 Modèle de Lewis

On donne les symboles des atomes d'hydrogène ^1_1H, d'azote $^{14}_7N$ et de chlore $^{17}_{35}Cl$.

Pour chacun d'eux :

a) Indiquer le nombre de protons, de neutrons et d'électrons.

b) Donner la structure électronique (la répartition des électrons suivant les couches) et indiquer le nombre d'électrons sur la couche externe.

c) Donner le modèle de Lewis de l'atome.

47 Identifier des ions

a) Écrire les symboles chimiques des ions chlorure, calcium et sulfate.

b) Quel réactif (choisir parmi : *oxalate d'ammonium, nitrate d'argent, chlorure de baryum, soude*) caractérise chacun d'eux ?

48 Molécule de dioxyde de carbone

Les modèles de Lewis du carbone et de l'oxygène sont :

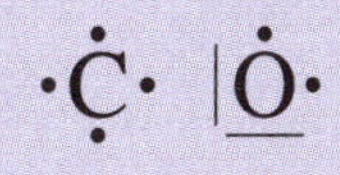

a) Rappeler le test de mise en évidence du dioxyde de carbone.

b) Quel est le modèle de Lewis de la molécule de dioxyde de carbone CO_2 ?

c) Expliquer pourquoi l'atome de carbone et chacun des atomes d'oxygène respectent la règle de l'octet.

49 Produit de jardinage

Afin d'identifier certains ions contenus dans un produit anti-mousse, on réalise les tests suivants sur une solution du produit :

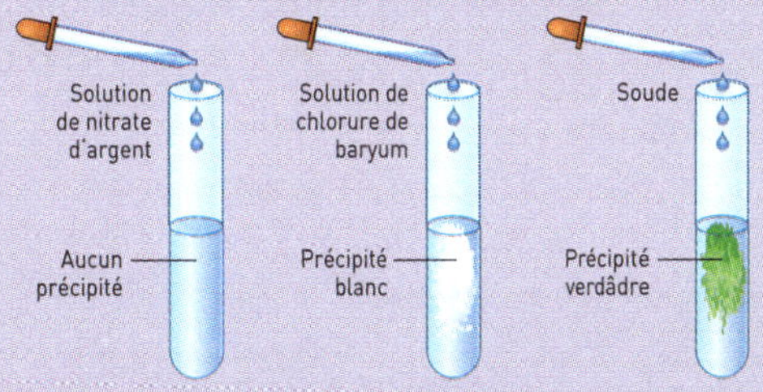

a) À l'aide de ces tests et du tableau ci-dessous, indiquer les noms et les formules des ions mis en évidence dans la solution.

b) En déduire le nom du composé présent dans la solution d'antimousse.

Test des ions métalliques en solution		
Ion	*Réactif*	*Couleur du précipité*
Cuivre Cu^{2+}	Soude	Bleu
Zinc Zn^{2+}	Soude	Blanc
Fer II Fe^{2+}	Soude	Verdâtre
Fer III Fe^{3+}	Soude	Rouille

50 Grandeurs physiques

Compléter le tableau pour associer chaque grandeur à son unité.

Grandeur	Unité et symbole
Masse	....
...	*litre (L)*
Quantité de matière	...
...	*gramme par litre (g/L)*
Concentration molaire	...

51 Masse molaire

Calculer la masse molaire de la molécule de dioxyde de carbone CO_2 et celle du saccharose (sucre alimentaire) $C_{12}H_{22}O_{11}$.

Données : M(H) = 1 g/mol ; M(C) = 12 g/mol ; M(O) = 16 g/mol.

52 Concentration massive

a) Rappeler la formule permettant le calcul d'une concentration massique en précisant les unités.

b) Calculer la concentration massique en sucre d'une boisson de sport sachant qu'elle contient 18 g de sucre (glucides) pour 250 mL de solution.

53 Concentration molaire

a) Rappeler la formule permettant le calcul d'une concentration molaire en précisant les unités.

b) Une eau minérale « Source Royale » contient $2,5 \times 10^{-2}$ mole d'ions sodium Na^+ dans une bouteille de 33 cL.

Calculer la concentration molaire en ions Na^+ de cette eau minérale.

54 Déboucheur de canalisation

Sur une étiquette de déboucheur, on lit : « *Produit corrosif. Contient de l'hydroxyde de sodium (Soude caustique) solution 20 %* ».

a) Le pictogramme de danger présent sur l'étiquette est-il conforme à cette description ?

b) Quel est le nom usuel de l'hydroxyde de sodium ? Ce produit est-il acide ou basique ? Son pH est-il inférieur ou supérieur à 7 ?

c) 1 litre de Destop a pour masse 1 215 g. Lire la concentration massique en hydroxyde de sodium. En déduire la masse d'hydroxyde de sodium dans un flacon de 250 mL.

d) Calculer la concentration molaire de la solution en hydroxyde de sodium.

Données : M(H) = 1 g/mol ; M(O) = 16 g/mol ; M(Na) = 23 g/mol.

55 Produit antitarte

Un produit antitartre contient de l'acide chlorhydrique. 50 mL de produit ont été dilués dans un bécher contenant de l'eau. Le volume final de la solution est 0,2 L. Le pH de la solution est 1,8.

a) Cette solution contient-elle davantage d'ions hydrogène H^+ que d'ions hydroxyde HO^- ?

b) On rajoute 50 mL d'eau dans le bécher. Comment évolue le pH ? Le pH peut-il devenir supérieur à 7 ?

56 Chromatographie sur papier

Compléter les légendes avec les mots de la liste : *ligne de dépôt ; couvercle ; phase fixe ; éluant (ou solvant) ; front du solvant ; taches.*

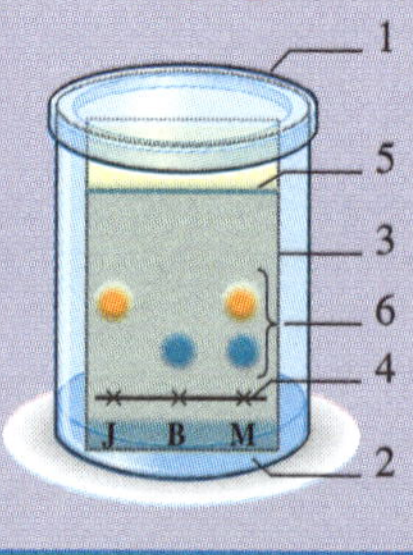

57 Chromatographie d'encres

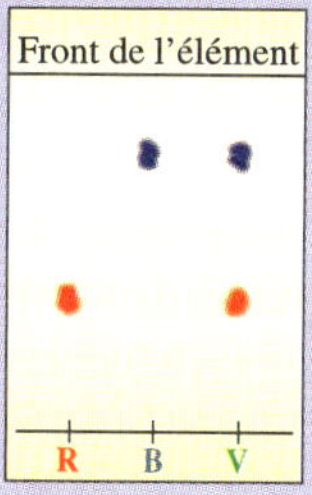

Le chromatogramme concerne trois encres : rouge (R), bleue (B) et violette (V).

a) Quelle tache (préciser la couleur) est la plus soluble dans l'éluant ? Expliquer.

b) Mesurer la hauteur H entre la ligne de dépôt et le front de l'éluant ; mesurer les hauteurs h atteintes par chaque tache.

c) Calculer le rapport $R_f = \frac{h}{H}$ de chaque tache.

d) De quelles couleurs est constituée l'encre violette ?

58 Sirops de fruit

On a réalisé la chromatographie d'un sirop de grenadine (G) et d'orangeade (O).
G contient du jaune orangé et de l'azorubine rouge. O contient du jaune orangé.
Les rapports frontaux valent : R_f(jaune orangé) = 0,65 ; R_f(azorubine) = 0,75.
L'éluant a migré de 5 cm.

a) Calculer les hauteurs h_J et h_R atteintes par une tache jaune orangé et la tache rouge.

b) Dessiner à l'échelle 1 : 1 le chromatogramme.

59 Hydrodistillation

Pour réaliser l'hydrodistillation de feuilles de lavande, on réalise le montage ci-dessous.

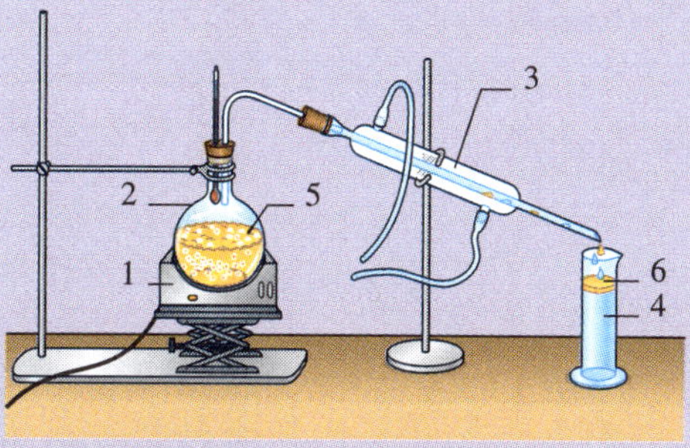

a) Indiquer les légendes en associant chaque nombre à un des mots suivants :
– *chauffe-ballon ;*
– *mélange ;*
– *éprouvette ;*
– *ballon ;*
– *distillat ;*
– *réfrigérant.*

b) Quel est le principe de l'hydrodistillation ?

c) Le distillat obtenu, additionné de sel puis de cyclohexane, est versé dans une ampoule à décanter. Expliquer pourquoi la phase organique contenant les huiles essentielles de lavande surnage.

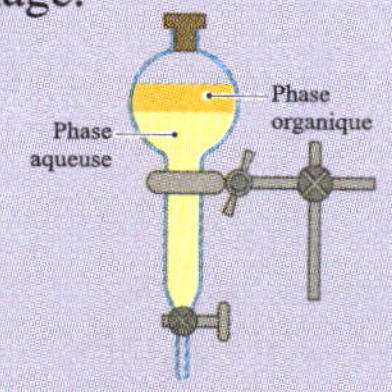

60 Réaction chimique

L'équation bilan de la réaction chimique entre le fer et l'acide chlorhydrique s'écrit :

$$Fe + 2(H^+ + Cl^-) \rightarrow (Fe^{2+} + 2Cl^-) + H_2$$

a) Quels sont les réactifs ? Les produits de la réaction ?

b) Quels sont les coefficients (stoechiométriques) de l'équation ?

c) Expliquer pourquoi elle est équilibrée.

d) Écrire le bilan molaire de cette réaction chimique.

61 Ajuster les coefficients

Trouver les coefficients et compléter l'écriture des équations bilan.

$Fe + O_2 \rightarrow Fe_3O_4$.

$CH_4 + O_2 \rightarrow CO_2 + H_2O$.

$C_3H_8 + O_2 \rightarrow CO_2 + H_2O$.

$CaO + H_2O \rightarrow Ca(OH)_2$.

62 Conserver les atomes et les charges

Équilibrer les équations bilan suivantes :

$(H^+ + Cl^-) + CaCO_3 \rightarrow (Ca^{2+} + 2Cl^-) + CO_2 + H_2O$.

$Cu^{2+} + Zn \rightarrow Cu + Zn^{2+}$.

$Ag^+ + Fe \rightarrow Ag + Fe^{2+}$.

63 La fusée Ariane 5

La propulsion de la fusée, après son décollage, est assurée par la réaction chimique entre le dioxygène et le dihydrogène contenus dans des réservoirs.
Le réservoir à dihydrogène contient 26 tonnes de produit.

a) Écrire l'équation bilan de la réaction.

b) Quel est le produit de cette réaction chimique ?

c) Écrire son bilan molaire. Combien de moles de dioxygène réagissent avec 1 mole de dihydrogène ? Combien de moles d'eau sont produites ?

d) Calculer les masses molaires du dihydrogène, du dioxygène et de l'eau.

e) Quelle quantité de matière (nombre de moles) est contenue dans 26 tonnes de dihydrogène ? En déduire la masse de dioxygène qui réagirait avec cette masse de dihydrogène, ainsi que la masse d'eau expulsée.

64 PICB

Les PICB sont des Protections Individuelles Contre les Bruits. Citer deux PICB.

65 Dangerosité d'un son

a) Quels sont les paramètres qui font la dangerosité d'un son ?

b) Proposer des actions pour limiter leurs effets.

66 S'éloigner de la source sonore

Lors d'un concert de Rock, un sonomètre placé à 4 m de l'orchestre enregistre un niveau d'intensité acoustique de 98 dB.

Donnée : l'atténuation du bruit est de 6 dB chaque fois que la distance double.

a) Quel est le niveau d'intensité acoustique à 8 m de l'orchestre ? À 16 m ?

b) Pour éviter tout risque pour son audition, Sophie décide de ne pas supporter un niveau d'intensité acoustique supérieur à 80 dB. À quelle distance de l'orchestre doit-elle se placer ?

67 Atelier d'usinage

Dans un atelier d'usinage, les employés sont soumis à des sons atteignant 110 dB, pour des fréquences allant de 1000 à 4000 Hz.

a) Un employé peut-il travailler plusieurs heures sans protection des oreilles (s'aider du graphique du cours chapitre 5) ?

b) S'il utilise le casque CSQ 25 mis à sa disposition par l'entreprise, est-il correctement protégé ? Justifier par des calculs.

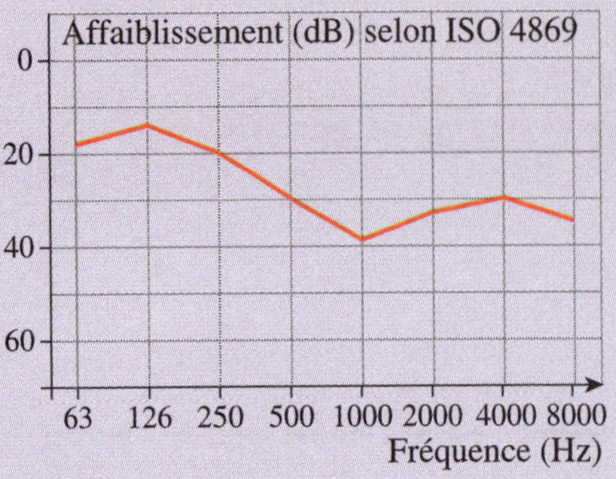

3 LES TRANSPORTS

68 Choisir un référentiel

Alex, en scooter, passe devant Malika.

a) Qui est en mouvement par rapport à la route ?

b) Qui est immobile par rapport à la route ?

c) Qui est immobile par rapport au scooter ?

d) Quel référentiel choisir pour étudier aisément le mouvement d'Alex ?

69 Nature du mouvement

Le point G est le centre de gravité de la boule.

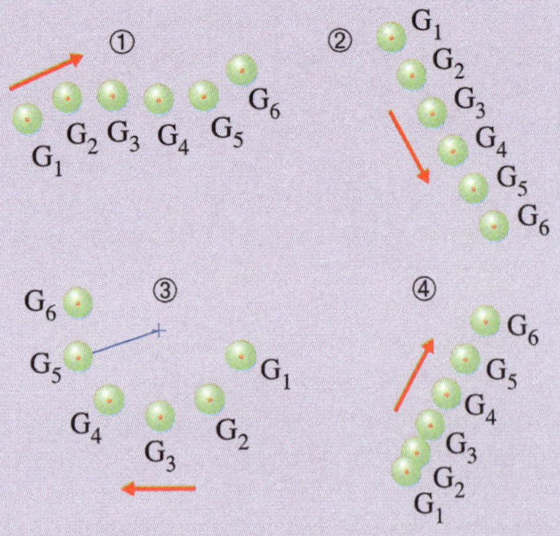

Décrire les trajectoires (rectiligne, circulaire, quelconque) de chaque mouvement.

70 Chronophotographie

La chronophotographie consiste à prendre avec un appareil immobile, à intervalles de temps égaux et sur une même image, des photos d'un objet en mouvement.

Ci-dessous, la durée entre deux images successives est de 0,5 seconde.

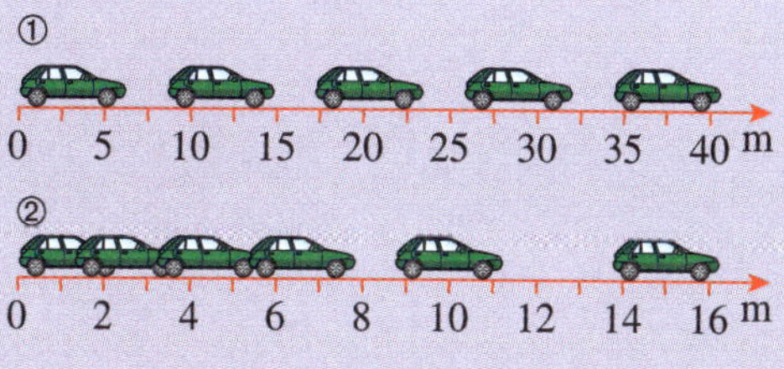

a) Donner la nature du mouvement rectiligne (uniforme, accéléré, ralenti) en 1 et en 2.

b) Calculer la vitesse de la voiture dans le cas du mouvement uniforme, en m/s puis en km/h.

71 Vitesse moyenne

Le conducteur d'une voiture a relevé les données ci-dessous lors d'un trajet, devant les bornes A, B, C et D.

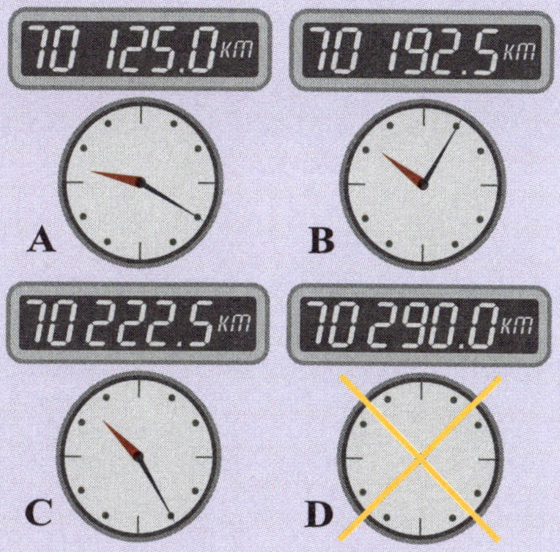

a) Calculer les distances et les durées des parcours AB, BC.

b) En déduire les vitesses moyennes sur ces deux parcours.

c) La vitesse moyenne du conducteur sur le parcours CD est de 54 km/h. Calculer l'heure d'arrivée en D.

72 Grandeurs et unités

Compléter le tableau :

Grandeur	Symbole de la grandeur	Unité
Période		
	n	
	D	mètre
Vitesse linéaire		

73 Rotation uniforme

Un disque vinyle en rotation autour de son axe parcourt 5 tours en 9 secondes.

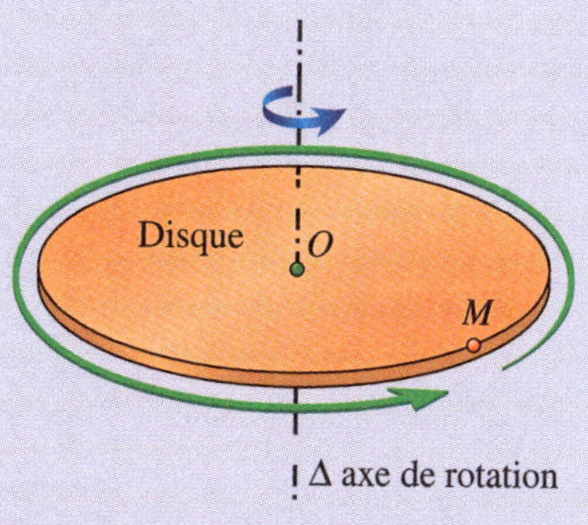

a) Calculer la période du mouvement de rotation du disque.

b) Calculer sa fréquence de rotation exprimée en tour par seconde puis en tour par minute.

c) Ce disque est-il un 33 tours ou un 45 tours ?

Donnée : un disque 45 tours a une fréquence de rotation de 45 tr/min.

74 Vitesse linéaire et fréquence de rotation

Les roues d'une bicyclette sont entraînées à la fréquence de rotation de 254 tr/min. Le diamètre extérieur d'une roue est de 68,8 cm.

Calculer :

a) La circonférence d'une roue au centimètre près.

b) La fréquence de rotation de la roue, en tr/s.

c) La vitesse d'un point de la bande de roulement du pneu (soit la vitesse du cycliste) en utilisant la relation $v = \pi . D . n$.

75 Transmission par pignons ou par chaîne

Lorsque deux roues dentées sont en contact (système par pignons) ou reliées par une chaîne (système par chaîne), Z_1 représente le nombre de dents du pignon moteur et Z_2 le nombre de dents du pignon mené.

Si n_1 est la fréquence de rotation du premier pignon et n_2 celle du second, alors :

$$n_1.Z_1 = n_2.Z_2.$$

Le rapport de transmission est :

$$R_T = \frac{n_2}{n_1} = \frac{Z_1}{Z_2}$$

Étudions l'entraînement d'une bicyclette dont le diamètre d'une roue est de 688 mm.

Pignon moteur
Z_1 dents
n_1 tr/min

Pignon mené
Z_2 dents
n_2 tr/min

A. Sur une pente ascendante

a) Le cycliste a choisi $Z_1 = 39$ dents (pédalier) et $Z_2 = 19$ dents (pignon solidaire de la roue arrière).

Calculer le rapport de transmission (résultat au millième). Combien de tours effectue la roue arrière lorsque le pédalier effectue un tour ?

b) Calculer la fréquence de rotation de la roue arrière pour une fréquence de pédalage de 72 tr/min. En déduire la vitesse du cycliste à 0,1 km/h près.

B. Sur un parcours plat

Le cycliste a choisi : $Z_1 = 52$ dents et une fréquence de pédalage de 90 tr/min.

c) Quel pignon doit-il sélectionner pour rouler à une vitesse voisine de 36 km/h ?

Données : pignons disponibles : .... 15-16-17-19-21......

Corrigés

1 CONFORT DANS LA MAISON ET L'ENTREPRISE

1

a)

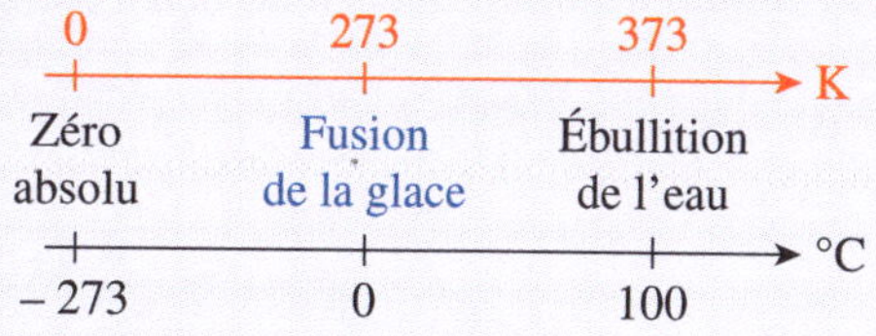

b) 20 °C = 273 + 20 = 293 K et
–25 °C = 273 – 25 = 248 K

c) 120 K = 120 – 273= –153 °C
303 K = 303 – 273 = 30 °C.

2

Phénomène observé	Changement d'état	Chaleur fournie (F) ou chaleur cédée (C)
1- L'eau liquide se transforme en glace à 0 °C.	Solidification	C
2- L'eau liquide se vaporise à 100 °C.	Vaporisation	F
3- L'aluminium est fondu à 665 °C et coulé dans des moules.	Fusion	F

3

a) Durée de l'expérience : 15 min.

b) Le cyclohexane est liquide au début de l'expérience, puis solide à la fin.

c) Le changement d'état a commencé à 6,5 °C (au début du palier sur la courbe). La durée du changement d'état est de 5 min (durée du palier).

d) Solidification.

4

a) Le volume 2 fournit de la chaleur ; le volume 1 en reçoit.

b) Chaleur fournie :
$Q_{fournie} = 0,1 \times 4180 \times (76 - 32) = 18\,392$ J

Chaleur reçue :
$Q_{reçue} = 0,2 \times 4180 \times (32 - 10) = 18\,392$ J
$Q_{reçue} = Q_{fournie}$.
On remarque que $Q_{reçu} = Q_{fournie}$.
On a négligé les pertes de chaleur.

5

a) Quantité de chaleur nécessaire pour amener l'alliage à sa température de fusion :
$Q = 5 \times 130 \times (327 - 22) = 198\,250$ J.

b) Quantité de chaleur nécessaire pour la fusion : $Q_f = 5 \times 25 = 125$ kJ $= 125\,000$ J.
Quantité de chaleur totale :
$Q_{total} = 198\,250 + 125\,000 = 323\,250$ J.

c) Énergie électrique consommée :
$E = P.t = 4,2 \times 10^3 \times 8 \times 60 = 2,016 \times 10^6$ J.
Rendement du four : $\eta = \dfrac{323250}{2,016 \times 10^6} = 16\ \%$.

6

Tension continue : 3.
Tension alternative : 1 et 4.
Tension périodique : 1, 2 et 4.
Tension sinusoïdale : 4.

7

a) Branchement du voltmètre :

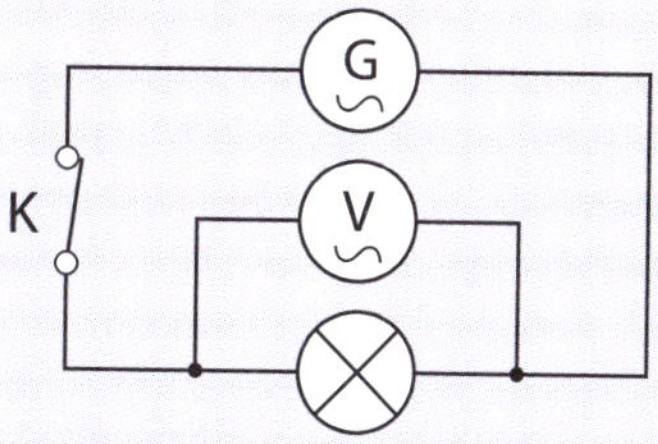

b) Branchement d'une voie d'oscilloscope ou d'interface EXAO :

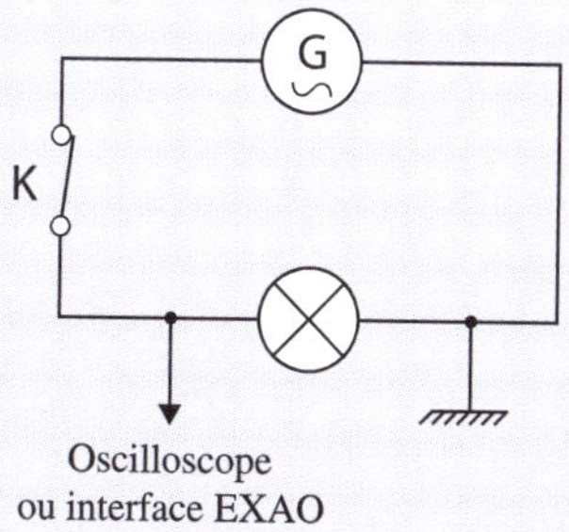

8

a) Durée de balayage : 5 ms/DIV.
Nombre de divisions pour une période : 4 DIV.
Donc $T = 4 \times 5 = 20$ ms.

b) Sensibilité verticale : 5 V/DIV. Hauteur d'un pic : 3 DIV. Donc la tension maximale est : $U_{max} = 5 \times 3 = 15$ V.

9

a) Cet appareil ne fonctionne pas sous la tension du réseau (tension alternative de valeur efficace 230 V), mais sous une tension continue de 14,4 V.

b) La tension provient de deux batteries d'accumulateurs.

c) Il faut recharger les batteries.

d) La fréquence de rotation peut être réglée entre 0 et 2300 tr/min. Le diamètre des vis peut varier entre 25 et 50 mm.

e) L'appareil peut également servir de dévisseuse, car la rotation peut avoir lieu dans les deux sens.

10

a) La tension est sinusoïdale.

b) La période $T = 20$ ms. Donc la fréquence est $f = \frac{1}{T} = 50$ Hz. C'est la fréquence du réseau.

c) Tension maximale : $U_{max} = 9$ V.
Tension efficace : $U = \frac{U_{max}}{\sqrt{2}} = 6{,}4$ V.

d) Non, ce transformateur ne peut pas alimenter un moteur à courant continu, car il délivre une tension alternative. Il faut redresser cette tension.

11

a) L'électrocardiogramme est un signal alternatif, car il est tantôt positif, tantôt négatif. Il est périodique, car il se reproduit identiquement à lui-même. Il n'est pas sinusoïdal.

b) Cinq périodes occupent 12 cm ; donc une période T correspond à $\frac{12}{5} = 2{,}4$ cm = 24 mm.
Soit $T = \frac{24}{25} = 0{,}96$ s et nombre de battements en 1 min = 60 s : $\frac{60}{0.96} = 62{,}5$ battements/minute.

12

a) La puissance totale est :
$P_{total} = 280 + 1500 + 750 = 2530 \text{ W} > 2320 \text{ W}$.
Il n'est donc pas possible de brancher ces appareils simultanément.

b) Il y a risque d'échauffement et d'inflammation.

13

Contact direct : dessins 3 et 4.
Contact indirect : dessins 1 et 2.

14

a) On protège une ligne électrique et les appareils qui y sont branchés avec *un disjoncteur divisionnaire* ou avec *un coupe-circuit.*

b) Pour protéger une personne d'un contact indirect (par exemple un lave-linge présentant un défaut), il faut que celui-ci soit relié à *un disjoncteur différentiel* et à *une prise de terre*.

15

a) Le montage comporte un disjoncteur différentiel et une prise de terre.

b) Fil rouge = fil de phase ; fil bleu = fil de neutre ; fil jaune/vert = fil de terre.

c)

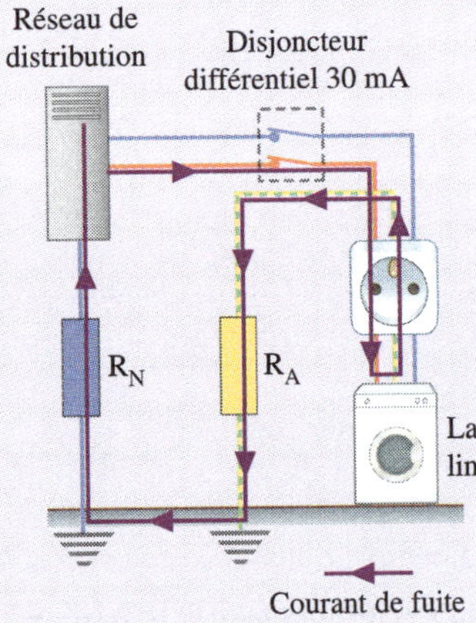

Le courant de fuite suit le circuit : réseau – prise – lave-linge – R_A – terre – retour au réseau.

d) Résistance totale :
$R = 120\ \Omega$ d'où $I = \frac{U}{R} = 1{,}92$ A, valeur supérieure à 30 mA. Le disjoncteur différentiel coupe le courant.

16

a) $P = U \cdot I$;

b) watt, joule ;

c) $E = P \cdot t$;

d) un compteur d'énergie.

17

a) 455 kJ = 455 000 J et 24 MJ = $2{,}4 \times 10^7$ J.

b) 25 kWh = 25 000 Wh
et 48 GWh = $4{,}8 \times 10^{10}$ Wh.

c) 7,2 kWh = $7{,}2 \times 10^3 \times 3600$
= $2{,}592 \times 10^7$ J.

d) 540 000 J = 540 000 ÷ 3 600 = 150 Wh = 0,15 kWh

$1{,}08 \times 10^9$ J = $1{,}08 \times 10^9 \div 3600$ = 300000 Wh = 300 kWh.

18

a) $P = 12 \times 4{,}1 = 49{,}2$ W ;

b) $I = 1500 \div 230 = 6{,}5$ A.

19

a) $E = 72493 - 72456 = 37$ kWh ;

b) Durée : t = 4 h 30 = 4,5 heures ;
Puissance $P = E \div t = 37 \div 4{,}5 = 8{,}22$ kW.

20

a) 2de ligne effacée : coût de la consommation du 08/10/07 au 07/10/08 :
3 047 × 0,0789 = 240,41 €

1re ligne effacée : coût de la consommation et abonnement (hors taxe) :
240,41 + 44,5 + 9,08 = 293,99 €

3e ligne effacée : 293,99 €.

b) Coût du kWh (hors taxe) : 0, 0789 €.

c) Coût du kWh (taxes comprises) ;
377, 08 ÷ 3047 = 0,1238 €.

21

a) La consommation est la plus basse pour l'appareil de classe A.

b) L'appareil « Frizze » de classe A est mieux isolé, car il conserve le froid pendant 45 h (au lieu de 20 h pour l'appareil de classe B) en cas de coupure électrique.

c) Surcoût à l'achat pour l'appareil de classe A : 702 – 562 = 140 €.

d) Économie annuelle pour l'appareil de classe A : 0,13 × (372 – 281) = 11,83 €.
Il faut donc : 140 ÷ 11,83 ≈ 12 ans.

22

a) fréquence.

b) élevée.

c) hertz.

d) décibel.

e) élevé.

23

a) T = 2,25 ms ;

b) $f = \frac{1}{T} = 444$ Hz ;

c) Graves : 20 à 300 Hz ; médiums : 300 Hz à 1 500 Hz ; aigus : 1 500 à 20 000 Hz. Le son analysé est médium.

24

a) Deux périodes sont lisibles.

b) $T = (3{,}385 - 0{,}335) \div 2 = 1{,}525$ ms et
$f = \frac{1}{T} = 656$ Hz ; son médium.

25

a) Non, car le point représentatif peut se trouver au-dessous du seuil d'audition.

b) Non, car le point représentatif peut se trouver au-dessous du seuil d'audition.

c) Non, car le point représentatif se trouve au-dessous du seuil de douleur.

d) Oui, car le point représentatif se trouve dans l'aire audible.

e) 4 000 Hz.

26

a) Le modèle Bosch est le plus silencieux.

b) Le modèle Bosch est le plus économe en eau. Le modèle Electrolux est le plus économique en électricité.

c) Le modèle Bosch possède au moins deux qualités ; il est aussi le plus onéreux.

27

a) L'isolement est de 55 dB entre 1 et 2 ; il est correct.

b) Le son transmis est trop fort.

28

a) Il doit porter un casque au-delà de 4 minutes ; il ne ressent pas de douleur car le niveau d'intensité sonore est inférieur au seuil de douleur (125 - 130 dB).

b) À 90 dB, la durée d'exposition est de 2 heures ; donc ce bruit est sans danger pour des promeneurs qui passent en quelques minutes.

29

a) La cloison « Placo sur parpaing » offre la meilleure isolation phonique.

b) La cloison « Placo sur parpaing » respecte la norme d'isolation phonique. Ce n'est pas le cas de la cloison placo qui ne la respecte pas pour $f < 500$ Hz et $f > 2\,500$ Hz.

2 HYGIÈNE ET SANTÉ

30

Les quatre caractéristiques du poids d'un corps sont :

– le **point d'application** G appelé **centre de gravité** ;

– la **droite d'action** (ou direction) : la verticale de G ;

– le **sens** : vers la Terre, du haut vers le bas ;

– la **valeur**, exprimée en **newton (N)**.

31

a)

	Point d'application	Droite d'action	Sens	Valeur
$\vec{P}$	G	verticale	Vers le bas	1,4 N

b)

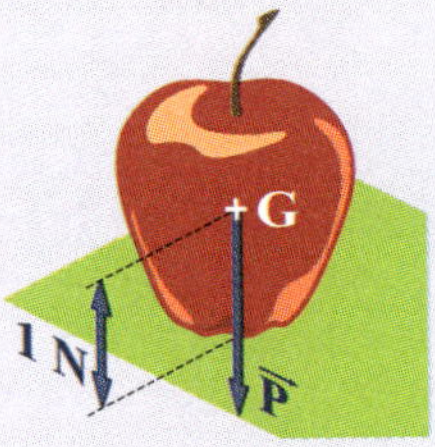

32

Le poids est correctement représenté dans les schémas 1 et 3.

33

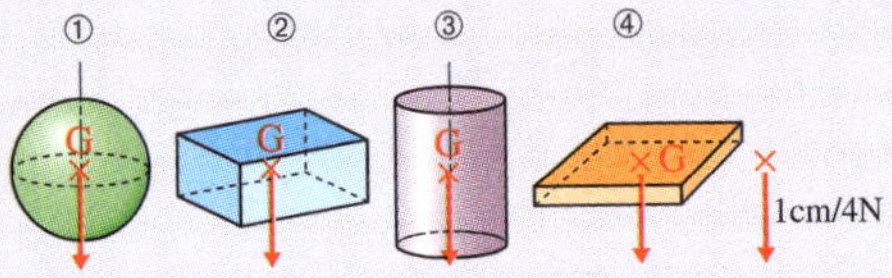

34

Le tracteur 2 risque de basculer, car le centre de gravité est le plus haut et la base de sustentation est la plus petite.

35

Situation	Corps qui exerce l'action	Corps qui la subit	Effet produit
a)	marteau	clou	enfoncement du clou
b)	vent	voile	poussée sur la voile
c)	tête du footballeur	balle	déviation de la trajectoire de la balle
d)	la Terre	balle	mouvement de la balle

36

a) Force de contact localisée.

b)

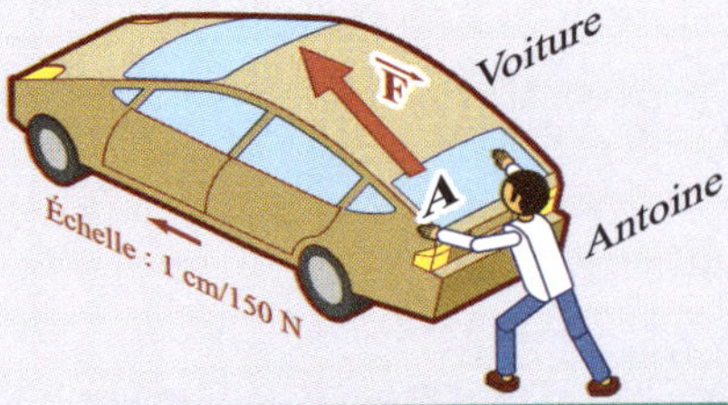

37

a) $P = 55 \times 10 = 550$ N ;

b) Voir les rappels de cours.

c)

Force exercée par :	Point d'application	Direction	Sens
Paul sur la corde	M	verticale	Vers le bas
La corde sur Paul	M	verticale	Vers le haut

d)

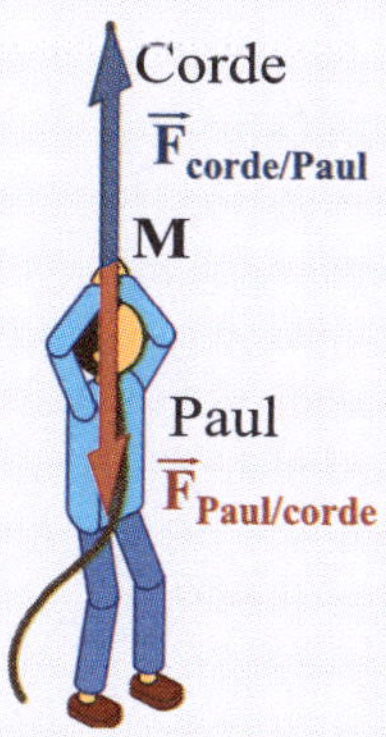

38

a)

Force	Point d'application	Direction	Sens	Valeur
poids $\vec{P}$	centre de gravité de la masselotte	verticale	vers le bas	5 N
action du plateau sur la masselotte $\vec{R}$ opposée à $\vec{P}$ (condition d'équilibre)	centre de l'aire de contact entre la masselotte et le plateau	verticale	vers le haut	5 N

b)

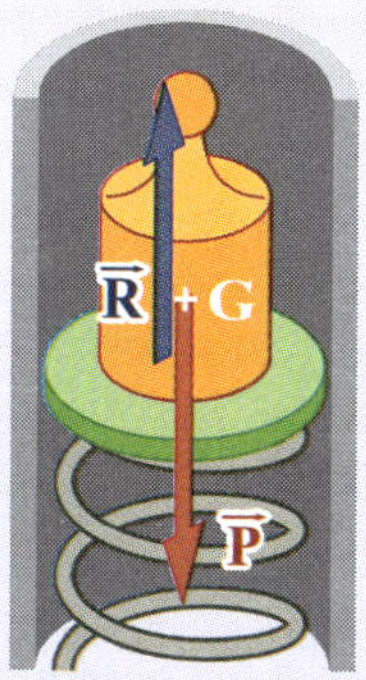

c)

Force	Point d'application	Direction	Sens	Valeur
action de la masselotte sur le plateau $\vec{R'}$ opposée à $\vec{R}$ (actions mutuelles)	centre de l'aire de contact entre la masselotte et le plateau	verticale	vers le bas	5 N
action du ressort sur le plateau $\vec{F}_{élas}$ opposée à $\vec{R'}$ (condition d'équilibre)	centre du plateau	verticale	vers le haut	5 N

d)

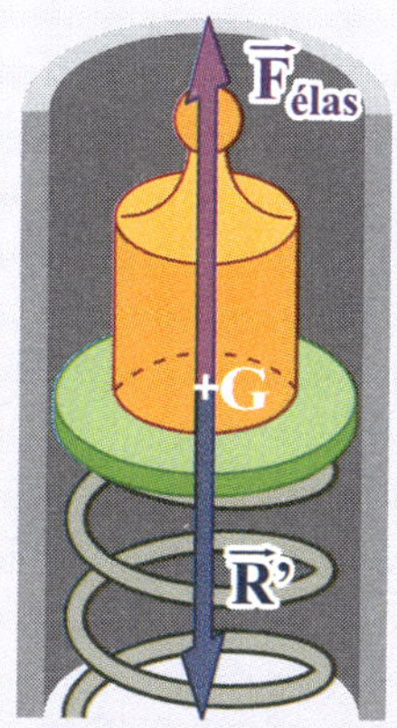

39

a) Valeur du poids :

$P = m.g = 40 \times 10 = 400$ N.

b)

Force	Point d'application	Droite d'action	Sens	Valeur (N)
$\vec{P}$	G	Verticale	Vers le bas	400
$\vec{F}_A$	A	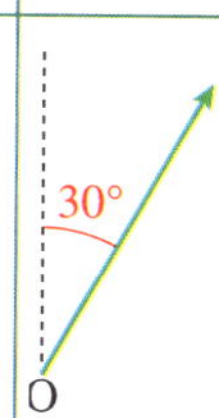	Vers le haut	350
$\vec{F}_B$	B	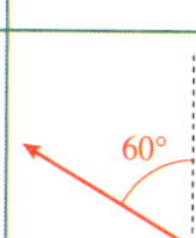	Sens de la flèche	200

c) F_A = 350 N et F_B = 200 N. C'est Alex qui exerce la force de plus grande valeur.

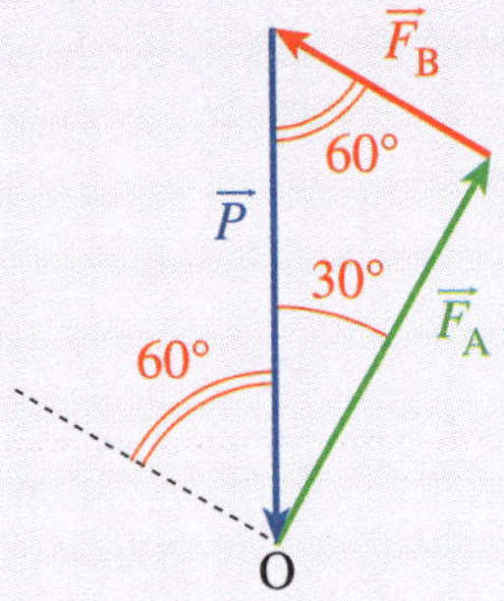

40

Grandeur	Symbole de la grandeur	Unité	Symbole de l'unité
Force	$\vec{F}$	newton	N
Distance ou « bras de levier »	d	mètre	m
Moment de la force ou du couple	M	newton-mètre	N.m

41

a) $M_{\vec{F}/0} = F.d$ = 40 N.m.

b) La lame étant en équilibre, le moment de $\vec{R}$ est égal à celui de $\vec{F}$ donc $M_{\vec{R}/0}$ = 40 N.m.

c) La valeur de $\vec{R}$ est : R = 40 ÷ 0,08 = 500 N.

42

a) Couple de forces en 1 et 4.

b) Sens de rotation en 1 : sens inverse des aiguilles d'une montre.
Sens de rotation en 4 : sens inverse des aiguilles d'une montre.

43

Situation	1	2
Distance AB	AB = 50 cm	AB = 5×10^{-3} m soit 5 mm
Valeur de la force $\vec{F}$	F = 110 N	F = 35 N
Moment du couple M_C	M_C = 55 N.m	M_C = 0,175 N.m

44

a) $P_1 = m_1.g$ = 19 500 × 10 = 195 000 N et $P_2 = m_2.g$ = 8 000 × 10 = 80 000 N.

b) L'axe de basculement est le point de contact M des roues avant sur le sol.

c) $M_{\vec{P_1}/0}$ = 195 000 × 1,8 = $3{,}51 \times 10^5$ N.m et $M_{\vec{P_2}/0}$ = 80 000 × 3,7 = $2{,}72 \times 10^5$ N.m.

$M_{\vec{P_2}/0} < M_{\vec{P_1}/0}$ donc il n'y a pas de risque de basculement.

d) Dans la pente :

$M_{\vec{P_1}/0}$ = 195 000 × 1,35 = $2{,}63 \times 10^5$ N.m et $M_{\vec{P_2}/0}$ = 80 000 × 3,4 = $2{,}96 \times 10^5$ N.m : $M_{\vec{P_2}/0} > M_{\vec{P_1}/0}$.

Il y a basculement, la chargeuse doit diminuer sa charge.

45

a) Du haut en bas : protons, électron, neutrons.

b) Le noyau est composé de protons et de neutrons : sa charge globale est donc positive.

46

a) Hydrogène : 1 proton, 0 neutron, 1 électron ; azote : 7 protons, 7 neutrons, 7 électrons ; chlore : 17 protons, 18 neutrons, 17 électrons.

b) Répartition électronique : Hydrogène : K^1 ; azote : K^2L^5 ; chlore : $K^2L^8M^7$, soit respectivement 1, 5 et 7 électrons sur leur couche externe.

c) Modèles de Lewis :

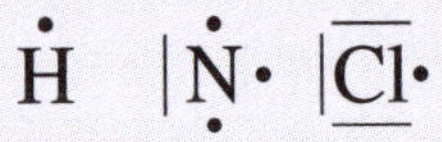

47

a) Ion chlorure : Cl^-, ion calcium : Ca^{2+}, ion sulfate SO_4^{2-}.

b)

Ion	Réactif
Chlorure	Nitrate d'argent
Calcium	Oxalate d'ammonium
Sulfate	Chlorure de baryum

48

a) Le dioxyde de carbone trouble l'eau de chaux.

b) Modèle de Lewis de la molécule :

c) Chaque atome échange 4 liaisons avec les atomes voisins (donc 8 électrons mis en commun) : la règle de l'octet est satisfaite.

49

a) La solution d'anti-mousse contient des ions sulfate SO_4^{2-} (tube 2 : précipité blanc) et des ions fer II Fe^{2+} (tube 3 : précipité verdâtre).

b) La solution contient du sulfate de fer II.

50

Grandeur	Unité et symbole
Masse	gramme (g)
Volume	litre (L)
Quantité de matière	mole (mol)
Concentration massique	gramme par litre (g/L)
Concentration molaire	mole par litre (mol/L)

51

$M(CO_2) = 12 + (2 \times 16) = 44$ g/mol et $M(C_{12}H_{22}O_{11}) = (12 \times 12) + 22 + (16 \times 11) = 342$ g/mol.

52

a)

$C_m = \frac{m}{V}$; m → gramme (g) ; V → litre (L) ; C_m → gramme par litre (g/L)

b) $C_m = 18 \div 0{,}25 = 72$ g/L.

53

a)

$C = \frac{n}{V}$; n → mole (mol) ; V → litre (L) ; C → mole par litre (mol/L)

b) $C = 2,5 \times 10^{-2} \div 0{,}33 = 7{,}5 \times 10^{-2}$ mol/L.

54

a) Ce pictogramme est celui d'un produit corrosif, ce qui est le cas de la soude caustique.

b) C'est de la soude caustique, basique donc le pH est largement supérieur à 7.

c) Masse de soude dans 1 L :

$1215 \times 20 \div 100 = 243$ g.

La concentration massique de la soude dans le produit commercial est donc $C_m = 243$ g/L.

Masse de soude dans un flacon de 250 mL :

$m = C_m . V = 243 \times 0{,}25 = 60{,}7$ g.

d) $M(NaOH) = 23 + 16 + 1 = 40$ g/mol.

Dans 1 L : $n = \frac{m}{M} = \frac{243}{40} = 6{,}07$ mol/L soit $C = 6{,}07$ mol/L.

55

a) Cette solution contient davantage d'ions hydrogène H^+ que d'ions hydroxyde HO^-, car elle est acide.

b) Le pH augmente, car et la concentration en ions H^+ diminue. Le pH ne peut devenir supérieur à 7, car la solution est toujours acide.

56

1 : couvercle ; 2 : éluant ; 3 : phase fixe (le papier) ; 4 : ligne de dépôt ; 5 : front du solvant ; 6 : taches..

57

a) La tache bleue, la plus soluble dans le solvant, est la plus entraînée.

b) H = 24 mm ; $h_R = 9$ mm et $h_B = 19$ mm.

c) $R_f(R) = 9 \div 24 = 0{,}37$;

$R_f(B) = 19 \div 24 = 0{,}79$.

d) L'encre violette est un mélange d'encre rouge et d'encre bleue.

58

a) H = 5 cm ;

$h_J = 5 \times 0{,}65 = 3{,}25$ cm ;

$h_R = 5 \times 0{,}75 = 3{,}75$ cm.

b)

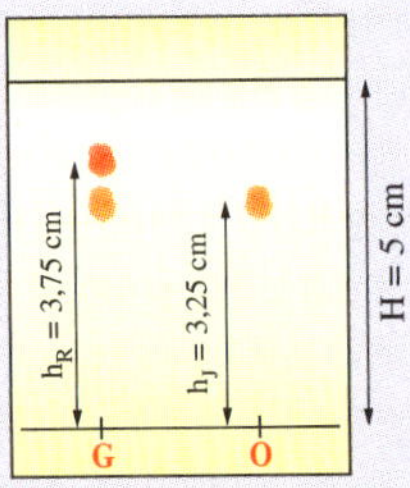

59

a) 1 : chauffe-ballon ;

2 : ballon ;

3 : réfrigérant ;

4 : éprouvette ;

5 : mélange ;

6 : distillat.

b) Les espèces chimiques les plus volatiles (dont les huiles essentielles) du mélange sont vaporisées et entraînées : le réfrigérant les condense et elles s'écoulent à l'état liquide dans l'éprouvette.

c) La phase organique est, dans ce cas, moins dense que la phase aqueuse.

60

a) Réactifs : fer et acide chlorhydrique ; produits : chlorure de fer et dihydrogène.

b) Coefficients : 1 ; 2 ; 1 ; 1.

c) Les atomes de gauche se retrouvent à droite de la flèche.

d) 1 mol de fer réagit avec 2 mol d'acide chlorhydrique et il se produit 1 mol de chlorure de fer et 1 mol de dihydrogène.

61

$3\ Fe + 2\ O_2 \rightarrow Fe_3O_4$

$CH_4 + 2\ O_2 \rightarrow CO_2 + 2\ H_2O$

$C_3H_8 + 5\ O_2 \rightarrow 3\ CO_2 + 4\ H_2O$

$CaO + H_2O \rightarrow Ca(OH)_2$.

62

$2\ (H^+ + Cl^-) + CaCO_3 \rightarrow (Ca^{2+} + 2Cl^-) + CO_2 + H_2O$

$Cu^{2+} + Zn \rightarrow Cu + Zn^{2+}$

$2\ Ag^+ + Fe \rightarrow 2\ Ag + Fe^{2+}$.

63

a) $2\ H_2 + O_2 \rightarrow 2\ H_2O$

b) Le produit est de l'eau.

c) 2 mol de dihydrogène réagissent avec 1 mol de dioxygène pour donner 2 mol d'eau.
Donc 1 mol de dihydrogène réagit avec 0,5 mol de dioxygène pour donner 1 mol d'eau.

d) $M(H_2) = 2$ g/mol ;

$M(O_2) = 32$ g/mol ;

$M(H_2O) = 18$ g/mol.

e) Masse de dihydrogène en gramme : 26×10^6 g.

Nombre de moles de dihydrogène :

$n(H_2) = 26 \times 10^6 \div 2 = 1{,}3 \times 10^7$ mol ;

$n(O_2) = 6{,}5 \times 10^6$ mol ;

$n(H_2O) = 1{,}3 \times 10^7$ mol.

Masse de dioxygène qui réagirait :

$m(O_2) = 6{,}5 \times 10^6 \times 32 = 208 \times 10^6$ g = 208 tonnes.

Masse d'eau expulsée :

$n(H_2O) = 1{,}3 \times 10^7 \times 18 = 234 \times 10^6$ g = 234 tonnes.

64

Les bouchons d'oreille et les casques anti-bruit sont deux PICB.

65

a) Niveau d'intensité sonore ; fréquence du son ; durée d'exposition.

b) Abaisser le niveau acoustique (protections individuelles ou collectives, éloignement), limiter la durée d'exposition (impossible quand on travaille). Pas d'action possible sur la fréquence du son.

66

a) 92 dB et 86 dB.

b) Il faut doubler la distance précédente, donc Sophie doit se placer à 32 mètres de l'orchestre.

67

a) Il ne peut rester que quelques minutes sous un tel niveau sonore.

b) Avec le casque, pour les fréquences de 1000 Hz à 4000 Hz, l'affaiblissement est de 30 à 38 dB : 110 – 30 = 80 dB. Le niveau d'intensité acoustique est supportable et sans danger.

3 LES TRANSPORTS

68

a) Alex et le scooter ;

b) Malika ;

c) Alex ;

d) la route (référentiel terrestre).

69

– 1 : quelconque ;

– 2 et 4 : rectilignes ;

– 3 : circulaire.

70

a) En 1 : mouvement rectiligne uniforme, en 2 : mouvement rectiligne accéléré.

b) En 1, entre les positions extrêmes sur le schéma, la voiture parcourt 37 – 3 = 34 m.

La durée de déplacement est de : 4 × 0,5 = 2 s. La vitesse est donc 34 ÷ 2 = 17 m/s soit $v \approx 61$ km/h.

71

a) AB = 67,5 km,

t_{AB} = 45 min = 0,75 h,

BC = 30 km,

t_{BC} = 20 min = 0,33 h.

b) v_{AB} = 67,5 ÷ 0,75 = 90 km/h,

v_{BC} = 30 ÷ 0,33 = 90 km/h.

c) CD = 67,5 km,

t_{CD} = 67,5 ÷ 54 = 1,25 h = 1 h 15 min d'où l'arrivée en D à 10 h 25 min + 1 h 15 min = 11 h 40 min.

72

Grandeur	Symbole de la grandeur	Unité
Période	T	seconde
Fréquence de rotation	*n*	tour par seconde
Diamètre de la trajectoire	D	mètre
Vitesse linéaire	*v*	mètre par seconde

73

a) T = 9 ÷ 5 = 1,8 s.

b) N = 1/1,8 = 0,556 tr/s ou
0,556 × 60 = 33,3 tr/min.

c) C'est un disque 33 tours : sa fréquence de rotation est dite « 100/3 tr/min ».

74

a) Circonférence de la roue :
L = π.D = π × 68,8 = 216 cm ; L = 2,16 m.

b) Fréquence de rotation
n = 254 ÷ 60 = 4,23 tr/s.

c) La vitesse linéaire est :
v = π.D. n = π × 0,688 × 4,23 = 9,14 m/s soit 32,9 km/h.

75

a) Rapport de transmission :
R_T = 39 ÷ 19 = 2,053 ; à 1 tour de pédalier correspondent 2,053 tours de roue.

b) En 1 min, le cycliste effectue 72 tours de pédalier. Donc la roue arrière effectue pendant le même temps : 72 × 2,053 = 147, 8 tours. La fréquence de la roue arrière est :
n_{roue} = 147,8 tr/min,
soit 147,8 ÷ 60 = 2,463 tr/s.
Vitesse du cycliste :
V = π.D.n = π × 0,688 × 2,463 = 5,324 m/s soit 19,2 km/h.

c) Vitesse linéaire : v = 10 m/s. La fréquence de rotation de la roue est $n = v/(\pi \times D)$.
n = 10 ÷ (π × 0,688) = 4,627 tr/s ou
4,627 × 60 = 277,6 tr/min.
R_T = 277,6 ÷ 90 = 3,084 donc :
$Z_2 = Z_1 \div R_T$ = 52 ÷ 3,084 = 16,86 ;
le cycliste choisira le pignon de 17 dents.

HISTOIRE GÉOGRAPHIE ÉDUCATION CIVIQUE

HISTOIRE

GÉOGRAPHIE

ÉDUCATION CIVIQUE

1 HUMANISME ET RENAISSANCE

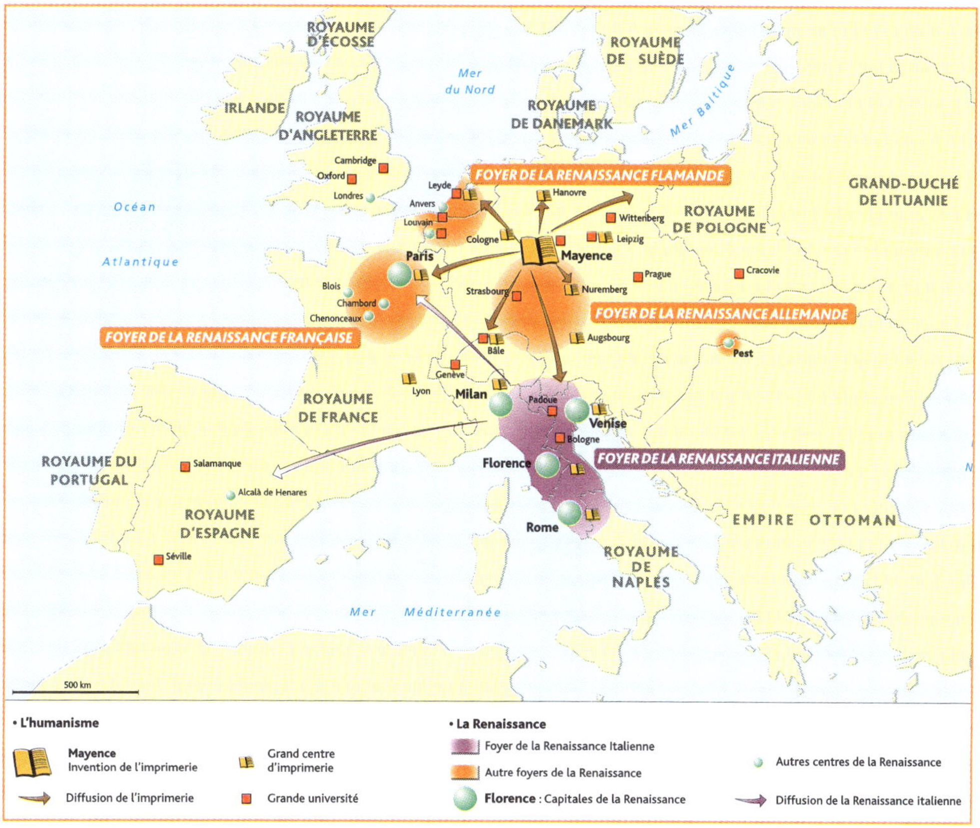

L'Europe de l'humanisme et de la Renaissance

1. L'HUMANISME, UNE NOUVELLE VISION DE L'HOMME

L'humanisme fruit d'une nouvelle époque

• Une redécouverte de l'Antiquité

Né dans l'Italie du XVe siècle, l'**humanisme** est une attitude nouvelle à l'égard de la foi et de la connaissance. Avec la fin de l'Empire byzantin (1453), des lettrés grecs apportent avec eux leurs bibliothèques et permettent ainsi aux **érudits** de l'Europe occidentale d'accéder aux textes originaux de l'Antiquité. Leurs traductions, dont celle de la Bible, sont revisitées dans un souci de fidélité mais, aussi avec un esprit critique qui rompt avec celui du Moyen Âge.

• Une conception optimiste de l'homme

Sans renier le christianisme, l'humanisme propose à l'individu une vision moins soumise à Dieu et un rôle plus actif dans la vie de la cité en utilisant toutes ses capacités. Les humanistes s'intéressent ainsi à l'éducation (Rabelais), aux **langues vernaculaires** (Du Belley), aux sciences (Vésale, Copernic). Dans le domaine politique, ils sont favorables à la paix (Érasme) et à la tolérance ; ils imaginent une société idéale (Thomas More), mais évoquent aussi le réalisme en politique (Machiavel).

Une diffusion européenne

• Une République des lettres

Les humanistes militent en faveur d'un vaste espace de liberté pour la circulation de leurs idées. Ils échangent leurs travaux et voyagent dans toute les grandes villes d'Europe (Érasme). La correspondance qu'ils entretiennent crée un sentiment d'appartenance à un groupe qui partage des valeurs communes et des méthodes de travail : la République des Lettres. Nombre de Princes les encouragent : en 1530, François 1er fonde le Collège de France qui sert de centre de diffusion de l'humanisme en France.

• Le rôle de l'imprimerie

Toutes ces idées peuvent être diffusées grâce à la mise au point, par Gutenberg à Mayence, vers 1450, de la technique d'impression avec des caractères en métal. L'imprimerie gagne rapidement l'Italie, la France et l'Angleterre. Bibles et ouvrages éducatifs sont désormais reproductibles à volonté et accessibles à un plus grand nombre. L'imprimerie est aussi le moyen par lequel les idées de Luther favorables à la **Réforme** protestante vont se propager en Europe.

2. LA RENAISSANCE, UN RENOUVEAU ARTISTIQUE

De nouvelles conditions pour la production artistique

• Des mécènes et des artistes

La **Renaissance**, mouvement artistique qui naît au XVe siècle, prend son origne dans les villes italiennes qui ont connu une grande période de prospérité économique et d'enrichissement. Les Princes (Medicis, Sforza, Farnese) deviennent des **mécènes** et assurent, sous forme de commande, la vie matérielle des artistes qui sortent de l'anonymat. Ceux-ci deviennent des personnages importants qui exercent leur art dans tous les domaines (peinture, sculpture, architecture) et signent leurs œuvres.

• Des techniques et des thèmes nouveaux

Souvent eux-mêmes humanistes, les artistes se veulent en rupture avec le Moyen Âge et redécouvrent l'Antiquité et ses thèmes, tels que la mythologie et la recherche du beau.
Se fondant sur les nouvelles connaissances scientifiques en mathématiques et en anatomie, ils imposent progressivement le retour de procédés antiques en architecture, la représentation des corps nus en sculpture, et l'utilisation de la perspective pour donner l'impression de profondeur. Enfin, ils utilisent, sur des toiles, la peinture à l'huile venue de Flandres.

Les foyers européens

• L'Italie premier foyer

Les souverains des multiples États rivaux (Florence, Milan, Venise, Naples, Rome) accueillent de nombreux artistes (Michel-Ange, Raphaël, Léonard de Vinci) qu'ils utilisent pour montrer leur richesse.

• Les autres foyers

Les guerres d'Italie font connaître aux rois de France l'art italien. Ceux-ci font venir en France des artistes italiens (Léonard de Vinci) avant que les artistes français ne créent à leur tour un style français (Pierre Lescot, Germain Pilon).
Les Pays Bas développent une brillante école de peinture avec Van Eyck, Jérôme Bosch ou encore Pierre Brueghel. Le graveur Albert Dürer exerce son art en Allemagne.
La renaissance espagnole est plus tardive avec la construction de l'Escurial et l'œuvre de Le Greco.

VOCABULAIRE

Érudit : personne qui possède un grand savoir.
Humanisme : mouvement intellectuel en rupture avec le Moyen Âge, et qui propose une vision optimiste de l'homme.
Langue vernaculaire : parlée localement.
Mécène : personne riche qui aide les artistes.
Réforme : mouvement religieux qui aboutit à la séparation catholiques/protestants.
Renaissance : mouvement artistique (XVe-XVIe siècles) inspiré de l'Antiquité mais introduisant de nouvelles techniques.

SITUATION 1 – ÉRASME ET L'EUROPE

Érasme (1469 – 1536) est l'exemple même du savant **humaniste.** Par son œuvre, il illustre la remise en cause des textes et des idées du Moyen Âge. Par ses voyages et sa correspondance, il apporte une nouvelle vision de l'Europe.

Érasme un « superhumaniste »

Né en Hollande, à Rotterdam, il reçoit une éducation et une formation chrétiennes. Il devient prêtre. Très rapidement, par de nombreux séjours dans plusieurs pays d'Europe (France, Italie, Angleterre), il acquiert une grande culture qui fait de lui un **érudit** qui parle le latin et le grec. Par la publication de ses textes diffusés grâce à l'imprimerie, il fait connaître les fondements de la sagesse antique. En tant que **théologien**, il donne une traduction du Nouveau Testament revisité. En 1511, il publie l'*Éloge de la folie,* dans lequel il critique sévèrement les abus de l'Église et du **clergé**. Tout en dénonçant l'**obscurantisme**, il ne rejoint cependant pas Luther dans le courant de la **Réforme**.

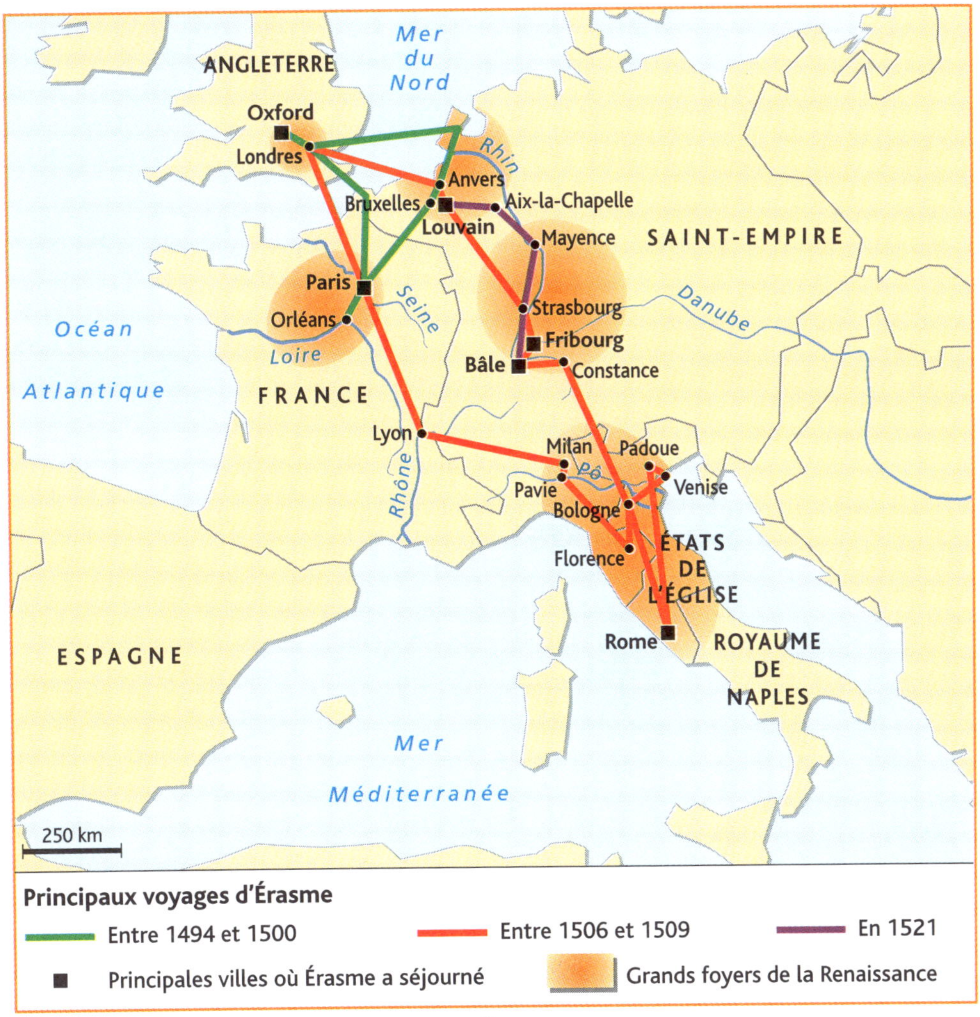

Les voyages d'Érasme en Europe

Érasme, une vision politique de l'Europe

Érasme s'adresse à toute l'Europe intellectuelle des princes et des ecclésiastiques qui parlent le latin. Outre ses voyages permanents, entre 1500 et 1530, il échange aussi de nombreuses lettres avec plus de 600 correspondants en Europe. Il est au cœur de la République des Lettres, cette communauté intellectuelle qui partage le savoir de l'époque. En avance sur son époque, il milite pour la paix et pour une Europe au dessus des frontières. Il en appelle aux souverains pour réaliser une union des peuples.
En hommage à cet esprit étonnamment moderne, le programme européen actuel d'échanges entre étudiants et enseignants a été baptisé « Erasmus ». Chaque année, plus de 20 000 étudiants et de 2 000 professeurs quittent la France pour aller étudier dans un autre pays d'Europe.

VOCABULAIRE

Clergé : ensemble des personnes qui font fonctionner l'Église.

Humaniste : vers 1500, intellectuel passionné par l'antiquité et par la foi en l'homme.

Obscurantisme : refus du progrès.

Théologien : savant qui réfléchit à partir des textes religieux sur Dieu et le salut des hommes.

SITUATION 2 – LÉONARD DE VINCI ET LA REPRÉSENTATION DU CORPS

Léonard de Vinci (1452-1519) symbolise l'artiste humaniste de la Renaissance, par l'esprit, la qualité et la diversité et de ses productions. Parmi ses travaux, ceux consacrés à l'étude du corps humain dépassent de loin la simple étude anatomique.

Un génie universel et un humaniste

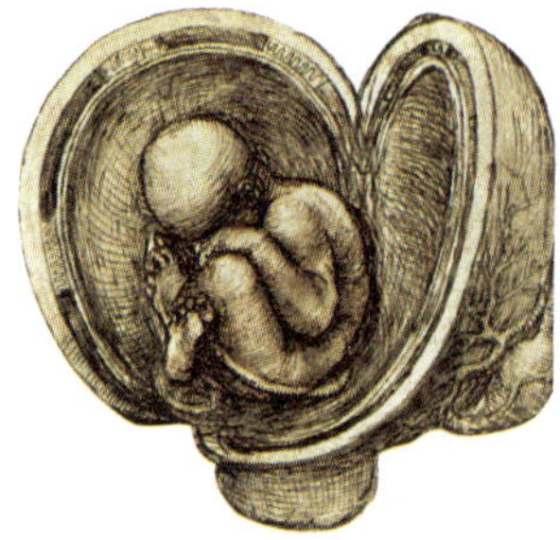

***Étude anatomique* de L. de Vinci**

Formé à Florence dans l'atelier de Verrochio, Léonard de Vinci, se révèle comme un grand peintre aux toiles soignées, précises, tout en contrastes. Il passe ensuite au service des Sforza à Milan, où il développe l'art militaire, puis vient en France où François 1er l'installe à Amboise.
Peu de domaines des arts lui ont échappé. Il est à la fois peintre, sculpteur, architecte, ingénieur, hydraulicien, inventeur. Homme d'esprit universel, il s'intéresse également à l'urbanisme, à la musique et à la poésie. Son goût des mathématiques le conduit à travailler sur la **perspective**. Si ses œuvres picturales, parmi lesquelles *La **Cène*** et *La Joconde*, nous sont parvenues en petit nombre, il laisse plus de 4 000 folios de dessins, esquisses et études.

La volonté de « comprendre le mystère de la nature humaine »

Dessiner et peindre nécessitent de connaître, l'**anatomie** et le fonctionnement du corps humain. Pour cela Léonard de Vinci n'hésite pas à outrepasser les interdictions de l'Église en matière de dissection. Il dissèque des cadavres dans les hôpitaux de Florence, Rome, Milan et dessine les éléments du squelette et des organes humains, jetant ainsi les bases de l'anatomie scientifique.
Persuadé que des liens étroits unissent l'Homme et l'Univers, Léonard de Vinci cherche à découvrir ceux-ci. Passionné de mathématiques, avec *L'Homme de Vitruve*, il inscrit le corps humain dans les figures géométriques parfaites du cercle et du carré. En plaçant le nombril au centre des deux figures, il veut montrer que l'homme est à la fois mesure de toute chose et centre du monde.

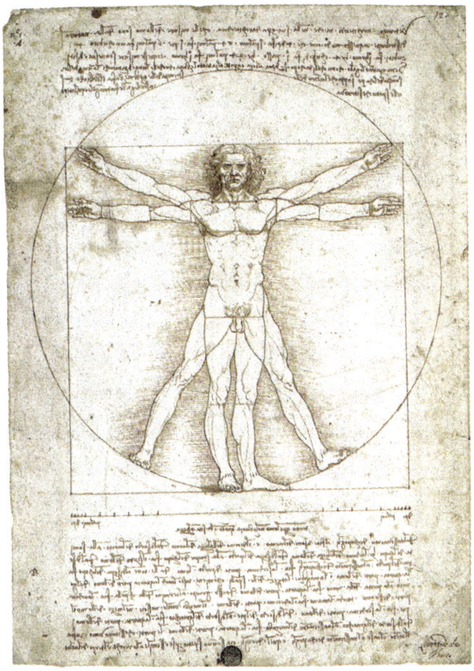

L'homme de Vitruve (vers 1490) de L. de Vinci

> **VOCABULAIRE**
>
> **Anatomie :** étude par la dissection des éléments d'un organisme vivant.
>
> **Cène :** pour les chrétiens, dernier repas pris par Jésus avec les apôtres.
>
> **Perspective :** technique de dessin qui permet de donner l'illusion de volume sur une surface plane.
>
> **Vitruve :** architecte romain qui affirmait que la nature avait distribué les mesures du corps selon des proportions mathématiques.

SITUATION 3 – LA CONTROVERSE DE VALLADOLID

On appelle controverse un débat portant sur des opinions opposées. Celui réuni par Charles Quint en 1550, dans la ville de Valladolid en Espagne, oppose le dominicain Bartoloméo Las Casas au théologien Juan Gines de Sepulveda. Il porte sur l'**humanité** des Indiens et le sort à leur réserver à l'issue de la conquête des territoires du Nouveau Monde.

À la découverte de l'autre

***Frère Bartolomé* de Las Casas (1474-1566)**

Lorsque les Européens arrivent en Amérique, ils découvrent des hommes différents dans leurs façons de vivre, de penser et dans leur développement technique. Ils vont alors s'interroger sur l'humanité de ces derniers. Rapidement, les **conquistadores** soumettent les Amérindiens, s'approprient leurs territoires et leur transmettent des virus qui les déciment. Ils se donnent aussi le droit de les convertir « par le fer et par le feu ». Après avoir hésité sur la politique à suivre en matière de **conversion** et de soumission, Charles Quint interroge juristes et théologiens.

Les points de vue en présence

Juan Gines de Sepúlveda (1490-1573)

Ancien propriétaire d'une grande exploitation coloniale, Las Casas devenu aumônier des conquistadores procède à une **évangélisation** en masse des Indiens. Il dénonce les traitements brutaux et le recours aux travaux forcés qui leur sont imposés. Pour lui, les Indiens sont des hommes dotés de raison et des chrétiens faits à l'image de Dieu et dotés d'une âme. On ne saurait donc les réduire en esclavage.
À l'inverse, pour Sepulveda, les Indiens sont des individus de peu de valeur, sans lois écrites, avec des coutumes barbares. Nés pour être dominés, ils doivent donc être maintenus en situation d'infériorité. C'est finalement ce point de vue qui l'emporte.

VOCABULAIRE

Conquistadores : soldats espagnols qui se chargent de la conquête des territoires découverts.

Conversion : action de faire entrer dans une religion.

Évangélisation : conversion à la religion catholique.

Humanité : ensemble des caractères qui font un homme.

ANALYSER UNE ŒUVRE PICTURALE

MÉTHODE

1. RAISONNEMENT

Présenter l'œuvre

- **Sa nature** : préciser le genre du tableau (historique, religieux, paysage, portrait …), ses dimensions, son support (mur, bois, toile, papier …), la technique utilisée (huile, dessin, gravure …), etc.
- **Son auteur** : s'il est connu, le présenter brièvement.
- **Sa date de réalisation**, si elle est connue.
- **Son contexte de production** : qui l'a commandée ? Pourquoi ? Dans quel cadre politique, économique, religieux ? Quelle réception ?

Décrire l'œuvre

- **Sa composition** : les plans, la profondeur, les lignes de force, les équilibres.
- **Les couleurs et la lumière** : quels tons ? Quelle intensité ? Pour quels effets ?
- **Les personnages et les objets** : qui ? Quoi ? Dans quelles attitudes ? Quelles relations entre les éléments ?

Donner une explication

- Que ressent le spectateur ?
- Qu'a voulu exprimer l'artiste ?
- Quelles sont les influences (forme/fond) lisibles ?
- Est-ce une œuvre qui s'inscrit dans son époque ou bien est-elle en rupture avec celle-ci ?

2. EXEMPLE

La vision de Saint Augustin, huile sur toile (141 x 210 cm), peint par Carpaccio, de 1502 à 1507, Venise, église Saint Georges des esclavons

Présenter l'œuvre

- Cette description du cabinet d'un érudit à la Renaissance – huile sur toile (141 × 210 cm) – est l'œuvre de Vittore Carpaccio (1465-1526), qui travaille pour les confréries de bienfaisance qui lui passent commande.
- L'œuvre peinte entre 1502 et 1507 est conservée en l'église Saint Georges des esclavons à Venise.
- Le contexte est celui de la Renaissance où la création artistique dépasse le service de la religion pour s'ouvrir à la représentation humaniste, qui donne une nouvelle place à l'individu.

Décrire l'œuvre

- Ce tableau est une sorte de triptyque : à gauche un espace de travail (étagères, livres, lutrin), au centre un espace de prière (autel, Christ), à droite un clerc à sa table de travail.
- Respect de la perspective.
- La lumière qui rentre par la fenêtre fait référence à Dieu. Il s'agit de la représentation d'un homme savant et cultivé, dans un monde ordonné.

Donner une explication

L'humaniste est un homme de lettres et de sciences (le globe renvoie à la géographie des voyages et des découvertes). Il intègre les apports de la Renaissance sans renier sa foi.

3. POUR S'ENTRAÎNER

Les Ambassadeurs, huile sur bois, (207 x 209 cm), Hans Holbein le Jeune, 1533

Présenter l'œuvre

- Faire la présentation détaillée de l'œuvre (nature, support, techniques, dimensions, date de réalisation).
- Recherchez quelques informations sur la vie et l'œuvre de Hans Holbein le Jeune.

Décrire le tableau

Quels axes semblent l'ordonner ? Quelles couleurs dominent ? Quels renseignements fournit le décor ? Qui sont les personnages ? Quel est leur statut social ? Identifiez les objets présentés.

Donner une explication

Donner un sens à l'ensemble des éléments représentés sur le tableau en les mettant en relation avec le contexte de l'époque.

La Joconde, Léonard de Vinci, 1503-1506, huile sur bois (77 x 53 cm), Musée du Louvre, Paris

Présenter l'œuvre

- Faire la présentation détaillée de l'œuvre (nature, support, techniques, dimensions, date de réalisation).
- Rechercher quelques informations sur la vie et l'œuvre de Léonard de Vinci.

Décrire le tableau

- Identifier les plans du tableau.
- Analyser la lumière (source, reflet, rôle).
- Relever les couleurs. Quelle impression créent-elles ?
- Comment la perspective est-elle rendue ?

Donner une explication

- Quelle image de la femme l'artiste donne-t-il à travers cette œuvre ?
- En quoi celle-ci reflète-t-elle aussi les idées des humanistes ?

Exercices

1 Faites correspondre chaque événement à une date.

1. Léonard de Vinci séjourne en France •
2. Développement de la controverse de Valladolid •
3. Invention de l'Imprimerie •
4. Fondation du Collège de France •

• **a)** Vers 1450
• **b)** 1550-1551
• **c)** 1530
• **d)** 1516-1519

2 Quel est le nom de chaque personnage représenté ?

A - ....

B - ....

C - ....

D - ....

3 Faites correspondre le mot à sa définition.

1. Personne qui possède un immense savoir •
2. Prince ou personne riche qui aide les artistes •
3. Technique de dessin qui donne l'illusion de la réalité •
4. Conversion de populations au catholicisme •
5. Refus du progrès •

• **a)** Obscurantisme
• **b)** Érudit
• **c)** Évangélisation
• **d)** Perspective
• **e)** Mécène

4 Donnez la bonne définition.

Humanisme :

a) mouvement intellectuel qui place l'homme dans la totale dépendance de Dieu.

b) mouvement intellectuel qui place l'homme de façon optimiste au centre de l'univers.

Renaissance :

a) mouvement artistique qui s'inspire des idéaux de l'Antiquité.

b) mouvement artistique qui prolonge et développe les techniques du Moyen Âge.

Corrigés : 1. 1/d, 2/b, 3/a, 4/c – **2.** A : Érasme, B : Luther, C : Léonard de Vinci, D : Las casas – **3.** 1/b, 2/e, 3/d, 4/c, 5/a – **4.** b/a

2 VOYAGES ET DÉCOUVERTES, XVIe-XVIIIe SIÈCLES

1. AU XVIe SIÈCLE, LES EUROPÉENS À LA CONQUÊTE DU NOUVEAU MONDE

Les mobiles et les obstacles des voyages de découvertes

Jusqu'au Moyen Âge, le monde connu des Européens se limite au contact avec les pays d'Afrique et d'Asie. Au XVe siècle, la pénurie de métaux et d'épices, le désir de puissance des souverains, mais aussi la volonté de convertir au catholicisme de nouvelles âmes poussent les Européens à chercher la route maritime des Indes.

Les innovations en matière technique vont alors permettre une **navigation hauturière**. Les **portulans** deviennent plus détaillés. Le calcul de la latitude se fait à l'aide de l'**astrolabe** et de la boussole. Celui de la longitude, à l'aide du sablier, demeure plus approximatif. Enfin, la caravelle qui bénéficie des améliorations techniques (**gouvernail d'étambot**, **voiles latines**) apparaît comme le navire idéal pour les explorations. Les croyances sur les espaces marins et les conditions de vie à bord rendent difficile la constitution des équipages.

Les grandes expéditions et leurs conséquences

Christophe Colomb, qui pense pouvoir atteindre les Indes par l'ouest, découvre sans le savoir en 1492 le continent américain, nommé ainsi en référence au navigateur Amerigo Vespucci. Ces Indes occidentales espagnoles sont séparées, dès 1494, des Indes orientales par le traité de Tordesillas. Les Portugais, après un **cabotage** méticuleux de la côte africaine, arrivent aux Indes par la route de l'est en 1498, grâce à Vasco de Gama. De 1519 à 1522, Magellan et Del Cano effectuent le premier tour du monde. En 1534, le Français Jacques Cartier arrive au Canada.

Les grandes découvertes font de l'Europe un nouveau centre du monde et incitent les Européens à construire de vastes empires. Les **conquistadores** détruisent les civilisations précolombiennes et pillent l'Amérique centrale et du sud. De nouveaux flux de richesses, en provenance du Nouveau Monde (l'Amérique), enrichissent les ports européens.

2. AU XVIIIe SIÈCLE, DES AVENTURIERS AUX SCIENTIFIQUES

L'évolution des conditions d'exploration

Les marins bénéficient de nouvelles cartes plus précises et de navires plus maniables, plus rapides. Les instruments de navigation plus fiables, tel le **sextant** et le chronomètre de marine, permettent de faire un point précis. Après 1750, l'esprit de l'Encyclopédie et le goût pour la connaissance scientifique s'ajoutent à celui de l'aventure. Les navires embarquent désormais de nombreux savants (géographes, **ethnologues**, naturalistes, botanistes, mathématiciens) chargés de décrire minutieusement les mondes découverts.

Après 1760, les marines française et anglaise rivalisent pour monter des expéditions dans le Pacifique. À la suite du Français Bougainville qui, passant par Tahiti boucle le premier tour du monde d'un Français, l'Anglais James Cook devient le plus grand explorateur de cet océan. Au cours de trois grands voyages, il décrit les côtes de la Nouvelle-Zélande et de l'Australie, infirme l'existence du continent austral et du passage Nord-Ouest.

Du Pacifique à l'inventaire du monde

Après le voyage de Lapérouse en 1788, la carte du Pacifique est relativement précise. La faune et la flore ont été méticuleusement inventoriées. Le monde est désormais découpé en quatre continents sur lesquels les Européens sont très présents avec un statut de domination. À l'inverse, la découverte de ces nouveaux mondes modifie les habitudes alimentaires des Européens (café, cacao, sucre, tomates) et les invite à repenser leurs relations à « l'autre ».

VOCABULAIRE

Astrolabe : instrument pour mesurer la hauteur des astres.

Cabotage : navigation le long des côtes.

Conquistadores : conquérants espagnols.

Découvertes (grandes) : territoires et civilisations inconnus rencontrés lors des voyages d'exploration.

Encyclopédie (L') : dictionnaire en 35 tomes qui présente la somme des connaissances du XVIIIe siècle.

Éthnologue : spécialiste qui étudie les sociétés humaines.

Gouvernail d'étambot : gouvernail fixé sur la pièce maîtresse de l'arrière du navire.

Navigation hauturière : navigation en haute mer.

Portulan : carte qui inscrit le nom des ports le long des côtes.

Sextant : instrument pour déterminer la latitude.

Voiles latines : voiles capables de prendre le vent dans tous les sens.

SITUATION 1 – CHRISTOPHE COLOMB ET LA DÉCOUVERTE DE L'AMÉRIQUE

Christophe Colomb (1450-1506), navigateur génois est persuadé qu'il peut atteindre les Indes par la route de l'ouest. Il obtient des souverains espagnols Ferdinand d'Aragon et Isabelle de Castille le financement de l'armement de trois **caravelles** d'exploration.

Les voyages et la découverte du Nouveau Monde

- Parti du port de Palos le 3 août 1492 et après une escale aux îles Canaries, Christophe Colomb arrive aux Bahamas le 12 octobre 1492. Le voyage s'est effectué dans des conditions difficiles de navigation (absence de carte dans un océan inconnu, difficulté à faire le point, risque permanent de mutinerie des marins qui ont peur). Il explore ensuite les côtes de Saint-Domingue (Hispaniolia) avant de rentrer en Europe, où il est accueilli triomphalement, en mars 1493. Ce succès est dû à ses talents de navigateur mais aussi à des erreurs d'estimation de la distance entre l'Europe et ce qu'il pense être le Japon.

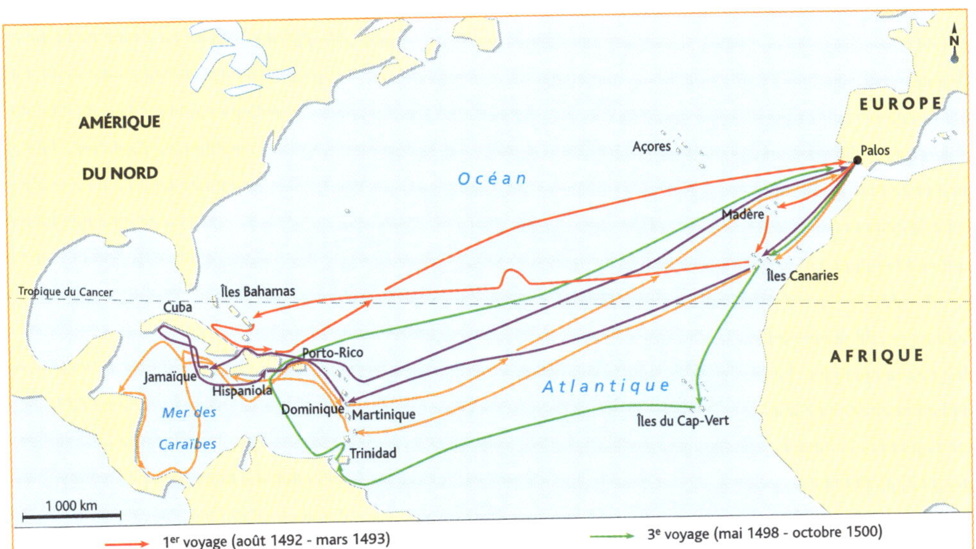

Les voyages de Christophe Colomb

HISTOIRE Le cours

• Trois autres voyages se succèdent jusqu'en 1504, pour explorer les Antilles et l'Amérique centrale. Mais le succès commercial n'est pas au rendez-vous. L'or, les épices et le coton sont en petite quantité. Sa carrière se termine dans la honte. Il est emprisonné au retour du troisième voyage où on lui reproche son attitude et de ne pas avoir trouvé la vraie route des Indes, qui est finalement celle ouverte par le Portugais Vasco de Gama en 1498.

Les premières conséquences de ses voyages

• C'est le Florentin Amerigo Vespucci qui démontre que Colomb a découvert un nouveau continent. Les Indes occidentales deviennent ainsi, en 1507, pour la première fois sur une carte, « l'Amérique ».

• Les civilisations découvertes sont bientôt anéanties par les **conquistadores** mus par la soif de l'or et leur foi chrétienne. Cortez conquiert l'empire aztèque tandis que Pizarre et Amalgro trouvent enfin l'or tant recherché chez les Incas du Pérou. Mais il faut attendre la seconde moitié du XVIe siècle pour voir s'installer de véritables flux commerciaux à travers l'Atlantique.

VOCABULAIRE

Caravelle : navire d'exploration de la fin du XVe siècle.

Conquistadores : militaires qui assurent la conquête des territoires découverts.

SITUATION 2 – LE TOUR DU MONDE DE BOUGAINVILLE

C'est parce qu'il était devenu un habile marin que le roi Louis XV confie à ce fils de notaire, mathématicien, avocat puis militaire une grande expédition scientifique dans l'esprit des **Lumières.**

Le tour du monde d'un explorateur humaniste français

Bougainville représente l'honnête homme cultivé du XVIIIe siècle. En octobre 1766, il se voit confier une mission pour reconnaître les terres inexplorées du Pacifique, en recenser toutes les richesses et en prendre possession au nom du roi de France. Il part de Nantes en novembre 1766, gagne Tahiti par le détroit de Magellan, puis les îles Samoa, et la Nouvelle Guinée. Il est de retour à Saint-Malo en mars 1769 après avoir doublé l'île Maurice et le Cap de Bonne-Espérance. L'originalité de ce nouveau type de voyage tient à la présence à bord de *La Boudeuse* de savants (cartographe, astronome, naturaliste) qui illustrent la soif de connaissances de l'époque. Leur travail consiste à localiser précisément les terres reconnues, à recueillir, à décrire et à

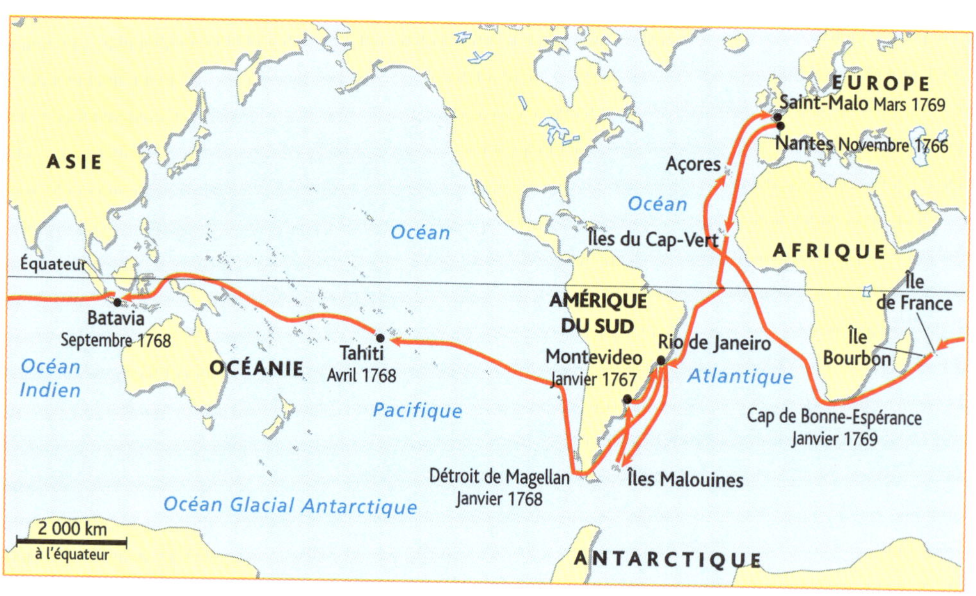

Le trajet de Bougainville autour du monde (1766-1769)

classer les espèces végétales (tel le bougainvillier) et animales découvertes. L'étude des peuples indigènes rencontrés et de leurs coutumes fait également partie du cahier des charges.

Bougainville à Tahiti, le mythe du « bon sauvage »

De retour en France, le bilan du voyage s'avère assez mince sur le plan diplomatique et même scientifique. Le succès vient de ce que Bougainville publie en 1771 le récit de son voyage et en particulier de son séjour à Tahiti en avril 1768. L'île, appelée aussi Nouvelle Cythère, y est décrite comme le paradis sur terre et vient renforcer le mythe du bon sauvage décrit par les philosophes. Les **indigènes** y sont présentés comme vivant heureux dans une société où la pudeur et la propriété n'existent pas. Mais la description des autres peuples par Bougainville se charge de détruire cette légende.

VOCABULAIRE

Lumières : ensemble des idées de raison, de progrès et de liberté portées par les philosophes au XVIIIe siècle.

Indigènes : habitants originaires du lieu où ils vivent.

SITUATION 3 – JAMES COOK ET L'EXPLORATION DU PACIFIQUE

Dans le sillage de Bougainville, qu'il a lu, James Cook (1728-1779) reçoit de la couronne britannique les moyens d'effectuer trois grands voyages d'exploration scientifique dans l'espace maritime le moins connu de l'époque : l'océan Pacifique.

James Cook à la découverte du Pacifique

Après avoir navigué pour la marine marchande, J. Cook s'engage dans la marine royale pour laquelle il combat au Canada où il s'illustre comme cartographe. La Société Royale va alors le charger de trois missions avec des objectifs précis.

Le premier voyage (1768-1771) vise à observer le passage de la comète Vénus à Tahiti puis à cartographier avec précision les côtes de la Nouvelle-Zélande et de l'est de l'Australie (où l'expédition découvre les kangourous). Le deuxième voyage (1772-1775) le conduit dans les glaces au-delà du cercle antarctique sans pouvoir atteindre le continent lui-même. Le troisième voyage (1776-1779) a pour objectif

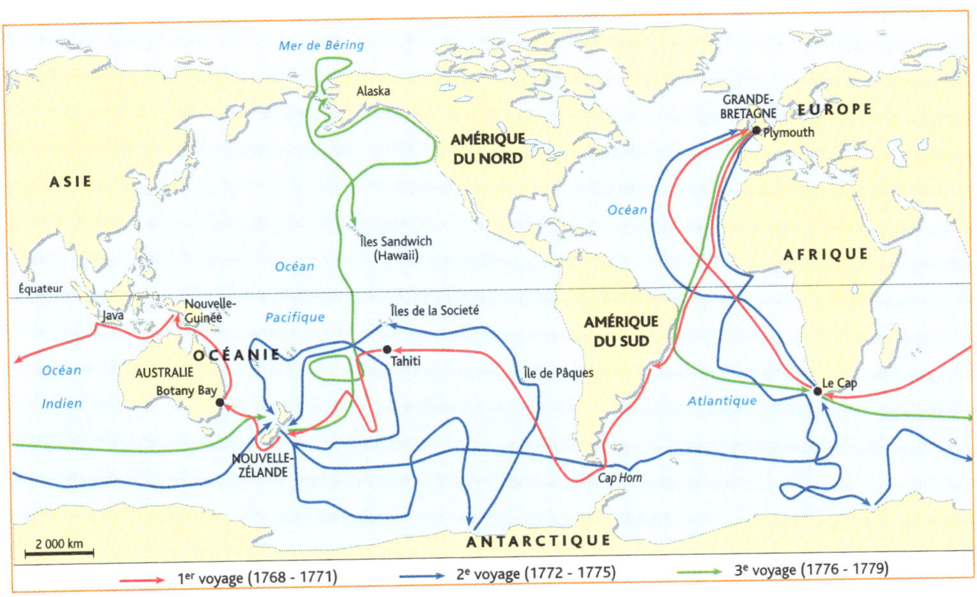

Les trois voyages de James Cook

de trouver le **passage du Nord-Ouest,** mais il se heurte à un mur de glace. De retour à Hawaii, Cook trouve la mort au cours d'une échauffourée avec les indigènes le 13 février 1779.

Des expéditions animées par un profond désir de connaissances

À la curiosité de Bougainville succède la rigueur scientifique de Cook. Astronomes, botanistes, naturalistes, illustrateurs de renom sont embarqués à bord des navires afin d'inventorier et de dessiner précisément la flore et la faune rencontrées. Les moindres îles et côtes donnent lieu à une cartographie rigoureuse. Cook demeure le véritable découvreur du Pacifique. Les hommes et leurs coutumes (pêche, chasse, alimentation, habillement, religion, musique) sont également l'objet de descriptions détaillées. Enfin les voyages de Cook ont montré l'intérêt d'une alimentation saine pour lutter contre le **scorbut** et l'intérêt de la quinine contre les maladies.

VOCABULAIRE

Passage du Nord-Ouest : passage maritime entre les océans Pacifique et Atlantique, par le grand nord canadien.

Scorbut : maladie due à un manque de vitamine C.

LIRE UN TABLEAU STATISTIQUE EN HISTOIRE

MÉTHODE

1. RAISONNEMENT

Définir l'information

• **Identifier** ce que présentent les statistiques, notamment en utilisant le titre du document.

• **Identifier** l'auteur, la date (ou la durée) et les unités de comptage.

• **Définir** les éléments (colonnes, lignes). Identifier s'il s'agit d'une répartition, d'une évolution, d'une comparaison…

• **Formuler l'information générale** en une phrase simple.

Analyser les données statistiques

• **Rechercher la hiérarchie** des informations. Toutes n'ont pas la même importance.

• **Formuler le résultat** de cette analyse en développant et précisant l'information générale.

Expliquer et mettre en perspective

• **Faire appel** à ses connaissances pour replacer les éléments analysés dans une situation et un contexte historiques plus généraux.

• **Formuler** une conclusion synthétique.

Définir l'information

• Ce tableau, issu des archives de la Guyane, présente la répartition des Noirs introduits en Guyane française entre 1787 et 1789.

• L'auteur (qui est anonyme) est sans doute un comptable de la Compagnie. On compte des individus (les Noirs) et le produit de leur vente exprimé en livres (l'unité ne figure pas).

• Il s'agit d'une répartition sur deux années.

• D'avril 1787 à l'été 1789, quatre navires armés par la Compagnie (du Sénégal) amènent en Guyane des Noirs destinés à l'esclavage dans les plantations.

Analyser les données statistiques

• On connaît le nom des navires mais pas leur provenance. Pour chaque navire, chaque colonne apporte un type de renseignement : le nombre total de Noirs arrivés, ceux décédés à Cayenne, ceux mis à disposition des régisseurs de la Compagnie, ceux vendus aux planteurs, les invendus et enfin le produit de la vente.

• La dernière ligne fournit l'essentiel des informations à retenir. Plus de 500 Noirs ont été introduits en l'espace de deux ans en Guyane, pour une somme de 479 975 livres.

2. EXEMPLE

Navires	Nombre de Nègres introduits dans la colonie	Morts à Cayenne	Versés sur les habitations de la colonie	Vendus aux habitants	Invendus	Produit de la vente faite aux habitants
Les trois sœurs arrivé en avril 1787	185	11	36	138	-	149 281
Le Saint-Roman en février 1788	133	2	-	131	-	138 719
Le Bailli de Suffren en octobre 1788, il a apporté 216 Noirs, dont 116 ont été reportés à Saint-Domingue	100	17	-	83	-	86 030
le Saint-Roman en février 1789	209	15	-	106	88	115 945
Total	**627**	**45**	**36**	**458**	**88**	**479 975**

État des Noirs introduits en Guyane française (1787-1789)

HISTOIRE les méthodes

Expliquer et mettre en perspective

- La situation historique est celle de la traite des Noirs : des navires négriers viennent à Cayenne vendre des captifs pour en faire des esclaves.
- Le contexte historique plus général est celui du commerce triangulaire qui les conduit des côtes africaines aux plantations de Guyane, avant de revenir en métropole.

POUR S'ENTRAÎNER

La population des grands ports français au XVIIIe siècle

Ports	Population (en milliers d'habitants)	
	vers 1700	Vers 1790
Dunkerque	11 500	35 000
Le Havre	20 000	22 000
Rouen	80 000	80 000
Saint-Malo	20 000	20 000
Brest	25 000	35 000
Lorient	18 000	18 000
Nantes	40 000	90 000
Bordeaux	40 000	115 000
La Rochelle	20 000	25 000
Rochefort	15 000	35 000

P. Brioist, *L'Atlantique au XVIIIe siècle*, Atlande, 2007.

Identifier l'information

- Que représentent les séries proposées ?
- Quelle est la source du document ?
- Comment l'information est-elle organisée ?
- S'agit-il d'une répartition ? D'une évolution ? D'une comparaison ?

Formuler une phrase de présentation générale.

Analyser les données

- Quelle est la situation vers 1700 ?
- Quelle est la situation vers 1790 ?
- Comparer les deux classements.
- Développer la phrase de présentation générale.

Expliquer et mettre en perspective

- Proposer une autre organisation (gagnants / perdants).
- Rechercher des éléments qui permettent d'expliquer l'évolution différenciée de la population des ports français (notamment dans la situation sur Nantes).

Nombre d'esclaves transportés (en milliers) et leurs destinations, du XVIe au XVIIIe siècle

Destination	1519-1675	1676-1800	Total
Brésil	273,1	1854,3	**2127,4**
Antilles britanniques	117,7	1990,5	**2108,2**
Antilles françaises	8,5	1005,9	**1014,4**
Amérique britannique continentale	2,3	285,3	**287,6**
Amérique espagnole continentale	339,3	64,9	**404,2**
Antilles espagnoles	0	73,6	**73,6**
Antilles néerlandaises	40,8	88,9	**129,7**
Guyanes	8,2	318,9	**327,1**
Total	**789,9**	**5682,3**	**6472,2**

D'après O Pétré-Grenouilleau, *Les traites négrières*, Folio Histoire, 2004.

Identifier et analyser

Présenter et analyser ces données statistiques. Quelles répartitions, évolutions et comparaisons mettent-elles en évidence ?

Expliquer

Comment caractériser la situation dans les colonies françaises par rapport aux autres empires coloniaux ?

Exercices

1 Faites correspondre chaque événement à une date.

1. Christophe Colomb découvre l'Amérique •
2. Magellan effectue le premier tour du monde •
3. James Cook explore le Pacifique au cours de 3 voyages •
4. Vasco de Gama atteint les Indes •
5. Bougainville réalise le 1er tour du monde pour la France •

- • **a)** 1498
- • **b)** 1768-1778
- • **c)** 1766-1769
- • **d)** 1492
- • **e)** 1419-1422

2 Quel est le nom le nom de chaque personnage représenté ?

A - ....

B - ....

C - ....

D - ....

3 Faites correspondre le mot à sa définition.

1. Navigation qui consiste à longer le long des côtes •
2. Position d'un point par rapport à l'équateur •
3. Position d'un point par rapport au méridien d'origine •
4. Appareil utilisé pour calculer la longitude •
5. Appareil utilisé pour calculer la latitude •

- • **a)** Latitude
- • **b)** Longitude
- • **c)** Sextant
- • **d)** Sablier
- • **e)** Cabotage

4 Comment appelle-t-on chacun de ces appareils ?

Un ....

Un ....

5 Quelle est la bonne réponse ?

Découverte :
a) fait de trouver des terres inconnues.
b) fait de prendre possession de nouvelles terres.

Nouveau Monde :
a) l'Asie orientale.
b) le continent américain.

Innovation :
a) invention technologique.
b) passage d'une invention à son application.

Corrigés : 1. 1/d, 2/e, 3/b, 4/a, 5/c – **2.** A : C. Colomb, B : J. Cook, C : Bougainville, D : Magellan – **3.** 1/e, 2/a, 3/b, 4/d, 5/c – **4.** Un astrolabe / un sextant – **5.** a/b/b

3 LE PREMIER EMPIRE COLONIAL FRANÇAIS, XVIe-XVIIIe SIÈCLES

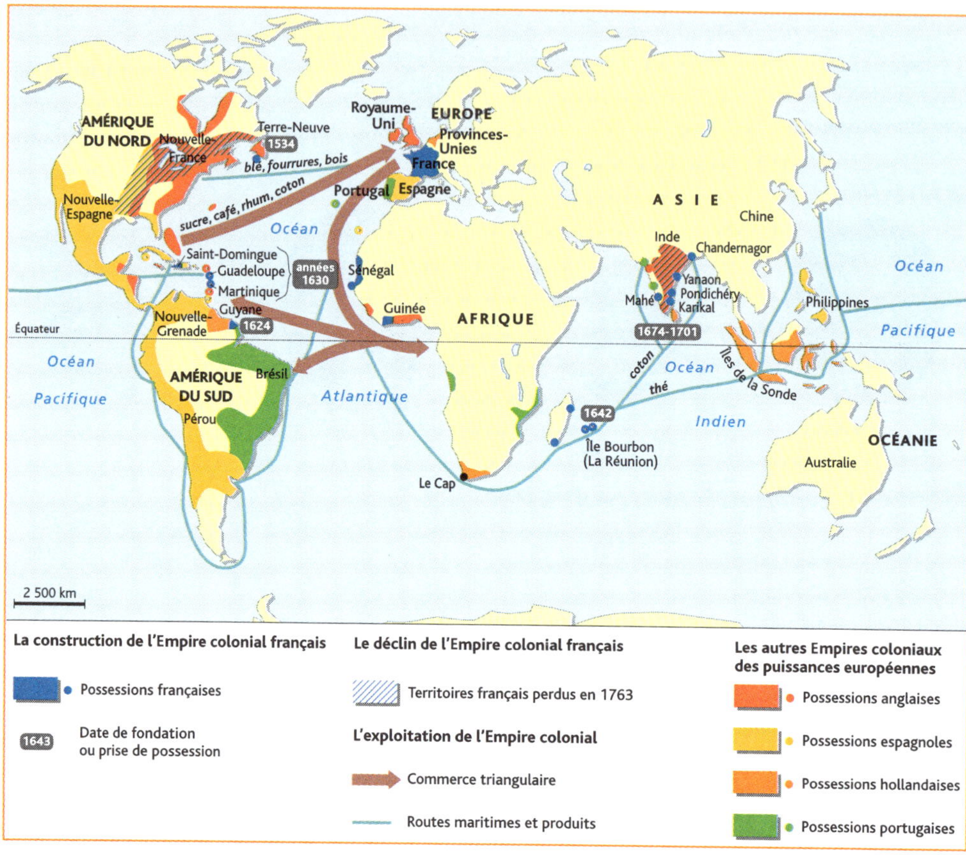

La construction et le déclin du Premier Empire colonial français

1. LA FRANCE À LA CONQUÊTE DU NOUVEAU MONDE

Le Premier Empire des rois (1533-1763)

Ce Premier Empire est né de la volonté des rois de France (de François 1er à Louis XV) de participer au partage du monde issu des grandes découvertes. Les mobiles qui poussent à la conquête des territoires sont liés à la volonté de puissance des souverains, au désir d'évangélisation de populations nouvelles et surtout au souhait de participer au commerce des richesses du Nouveau Monde.

Son expansion se construit en trois temps. Après de timides débuts au XVIe siècle en Amérique du Nord, l'Empire connaît son apogée au début du XVIIIe siècle. Il comprend alors la Nouvelle-France, les Antilles-Guyane, ainsi que des comptoirs en Afrique, dans l'océan Indien et en Inde même.

Après 1763, le traité de Paris ne conserve à la France que les riches îles à sucre (Saint Domingue, Guadeloupe, Martinique, la Guyane Bourbon) et ses comptoirs africains et indiens.

Une organisation étroitement liée à la métropole

L'absolutisme royal se prolonge dans les colonies en calquant leur organisation sur celle de la métropole (présence de gouverneurs et d'in-

Des esclaves au travail sur une plantation de sucre aux Antilles

tendants). Les nombreuses tentatives de peuplement (Amérique du Nord, Guyane) restent sans succès réel. La politique pratiquée vise le plus souvent à l'assimilation des indigènes.
Dans le cadre du **mercantilisme**, le commerce reste la préoccupation essentielle de la colonisation. Des compagnies privées, puis à charte concédée par le roi, sont chargées d'organiser et d'exploiter les territoires dans le cadre d'un pacte colonial (l'**Exclusif**) qui les soumet au **monopole** de la métropole. Ce commerce conforte les ports français de la façade atlantique (Nantes, Bordeaux) dont les grandes familles d'armateurs et de négociants s'enrichissent.

2. LA FRANCE EXPLOITE SES CONQUÊTES : TRAITE, ESCLAVAGE ET PLANTATIONS

L'exploitation économique de l'Empire

Elle se fait par le biais des Compagnies et des plantations. À partir de 1664, Colbert réorganise le système des Compagnies en créant les Compagnies des Indes orientales et occidentales. Mais les médiocres résultats obligent souvent le trésor royal à combler les déficits. Le seul grand succès est celui des Antilles, où les **plantations** de sucre, de tabac et d'indigo font la fortune des colons et assurent près des deux tiers du commerce « extérieur » de la France.
Pour pallier le manque de main-d'œuvre locale, vite décimée par les maladies et les mauvais traitements, et après l'échec des **Engagés,** les colons français ont recours à la vaste déportation de masse que constitue la **traite** des Noirs (près d'1,2 million de personnes entre 1670 et 1864).
Celle-ci s'inscrit dans le cadre du **commerce triangulaire** entre l'Europe, l'Afrique et l'Amérique. Au sein de la plantation où ils ont été vendus, de nombreux esclaves (de pioche, à talents ou de maison), régis par le **code noir** publié en 1685, obéissent au planteur ou à son régisseur.
Dès leur capture en Afrique, la résistance des esclaves se manifeste (refus d'embarquer, révoltes à bord du navire négrier).

Les résistances et les remises en question de l'esclavage

Sur l'**habitation**, elle prend les formes du travail ralenti, du sabotage mais aussi du **marronnage**. La révolte de Saint Domingue et la pression des sociétés antiesclavagistes aboutissent en 1794 à la proclamation d'un décret d'abolition de l'esclavage. Peu appliqué, celui-ci est supprimé en 1802. C'est le décret de 1848 qui met définitivement fin à l'**esclavage** en France, sur proposition de Victor Schoelcher.

VOCABULAIRE

Code noir : texte qui régit les relations maître/esclave sur les plantations.

Commerce triangulaire : négoce entre l'Europe, l'Afrique et l'Amérique.

Engagés : Européens venus aux colonies avec un contrat.

Esclavage : dans les colonies, système qui place les esclaves en situation de bien matériel par rapport au maître.

Exclusif ou Pacte colonial : système qui impose aux colonies de commercer leurs matières premières non transformées uniquement avec la métropole.

Plantation/Habitation : grande exploitation agricole coloniale.

Marronnage : fuite des esclaves vers la forêt ou la montagne.

Mercantilisme : doctrine économique qui fonde la richesse d'un état sur sa quantité de métaux précieux.

Monopole : droit d'exercer seul une activité.

Traite : commerce des esclaves.

SITUATION 1 – LA COMPAGNIE DES INDES ORIENTALES

Dès la fin du XVe siècle, les Portugais ont ouvert la route du commerce maritime avec les Indes en contournant les routes terrestres. Mais bientôt, d'autres Européens (Anglais et Hollandais) se lancent dans la concurrence. C'est aussi le cas de la France par le biais de la Compagnie des Indes.

Une compagnie au service de la monarchie

Créée en 1664 par Colbert sous le patronage de Louis XIV, la Compagnie des Indes orientales implique fortement la monarchie qui participe financièrement au capital et fait pression sur les actionnaires. Son statut de manufacture royale lui confère d'énormes privilèges (monopole du commerce, exemption de taxes, possibilité de déclarer la guerre et de conclure des traités). Sa vocation est triple : développer le commerce, en créant des comptoirs et des escales, affirmer la présence française sur les mers, répandre la culture française et évangéliser les habitants des côtes africaines et de l'Asie (Inde et Chine). Ses premières implantations se font à Fort-Dauphin, à l'île Bourbon et à l'île de France (Réunion et Maurice).

Le fonctionnement et l'évolution de la Compagnie

Par des rotations d'environ deux ans, les navires participent à la traite et apportent à Lorient des marchandises (thé, café, épices indiennes, porcelaines) dont la vente procure

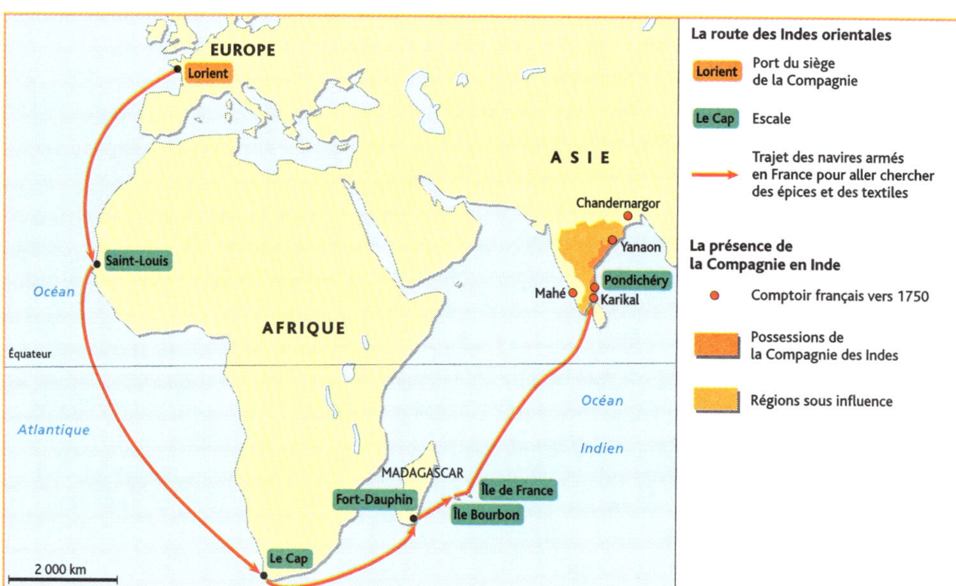

De la route à l'Empire des Indes

des bénéfices aux actionnaires. En 1719, la Compagnie s'établit en Inde où par des accords elle contrôle de vastes territoires. Mais la guerre avec les Anglais réduit la présence française à quelques comptoirs en 1763 (cf. carte). Avec la Révolution, la Compagnie perd son monopole avant d'être liquidée.

VOCABULAIRE

Compagnie : groupe de négociants qui bénéficie d'un monopole commercial accordé par le roi.

Comptoir : établissement commercial installé hors de métropole.

Escale : port d'appui et de relâche pour les navires.

Indes orientales : désigne, à l'époque moderne, l'Inde, la péninsule indochinoise, la Malaisie et l'Indonésie.

SITUATION 2 – BORDEAUX ET LE COMMERCE TRIANGULAIRE

Même si Bordeaux ne fut pas le plus grand port négrier français, son essor a été intimement lié au commerce avec les Antilles. Les témoignages architecturaux que l'on peut encore admirer aujourd'hui dans la ville sont également liés à cette richesse.

Du port de commerce au port négrier

Dès le début du XVIIIe siècle, Bordeaux se lance dans le commerce avec les colonies. Des navires approvisionnent les Antilles en denrées alimentaires (vin, eau de vie) et en produits manufacturés (tissus, métaux) et rapportent des produits coloniaux (sucre, café, indigo). C'est donc à l'origine un **commerce en droiture**.
Mais la régularité du commerce et des bénéfices, liée à une production soutenue et constante dans les colonies, supporte mal les à-coups liés par exemple aux conflits. C'est pourquoi, afin de soutenir la production dans les plantations, les **armateurs** bordelais se lancent dans le commerce négrier. Tout au long du XVIIIe siècle, 344 expéditions vont ainsi transiter par les côtes africaines, y compris de l'Est, pour négocier les esclaves qui seront ensuite transférés et revendus aux Antilles, notamment à Saint-Domingue.

De la richesse portuaire à l'embellissement de la ville

En raison de sa situation géographique idéale, de son riche arrière pays et de ses liaisons maritimes (Espagne, Portugal, Afrique, Angleterre, Bordeaux a toujours été un grand port. Sa richesse est donc antérieure à la traite qui apparaissait alors comme une activité honorable et banalisée. Mais le commerce triangulaire va amplifier cette richesse.
En un siècle, la ville double sa population (55 000 à 110 000 habitants), se débarrasse de son caractère médiéval, adapte ses quais et construit de vastes places et édifices monumentaux abondamment décorés (Place de la Bourse, Grand théâtre).

VOCABULAIRE

Armateur : société ou personne qui équipe et exploite un navire.

Commerce en droiture : commerce direct entre la colonie et le port européen (sans passage par la côte africaine).

SITUATION 3 – LA PLANTATION AUX ANTILLES

L'exploitation des territoires conquis nécessite une main d'œuvre abondante que ceux-ci ne peuvent rapidement plus fournir. Les colons font alors venir d'Afrique une importante main d'œuvre qu'ils vont asservir sur les plantations.

Une plantation idéale aux Antilles

Une exploitation agricole particulière

L'habitation, ou plantation, à la tête de laquelle se trouve le planteur (ou son régisseur) répond à une organisation spatiale liée au système de production. En son centre se trouvent la maison du maître, les cases des esclaves, les ateliers de production (moulins, entrepôts), puis viennent les cultures vivrières et la culture principale (canne, indigo, café) et enfin les pâturages, savanes et forêts.

La plantation est un des pôles du commerce triangulaire. Les esclaves importés d'Afrique sont achetés par les colons pour travailler sans paiement sur les plantations. Les productions (sucre, café, cacao, tabac) sont vendues par les colons aux négociants qui les rapportent en Europe.

La naissance d'une société coloniale

Sur la plantation, les différentes catégories d'esclaves (de pioche, à talents, domestiques) obéissent à un commandeur, lui-même esclave. Le sévère Code noir, promulgué en 1685, régit les relations avec le maître et prévoit une liste de châtiments pour ceux qui tentent de s'enfuir.

Peu à peu, les villes coloniales se développent donnant lieu à une population de plus en plus métissée dans laquelle les esclaves noirs côtoient les Blancs dont certains peuvent être très pauvres et les « Libres de couleur » sortis de l'esclavage par acte juridique ou par filiation.

Scène de vie quotidienne à Saint-Domingue (*Portrait de Mademoiselle Desgots à Saint-Domingue avec son esclave Laurent*, Louis Carrogis)

LIRE UNE CARTE HISTORIQUE

MÉTHODE

1. RAISONNEMENT

Identifier le type de carte

- **Le titre** indique le thème général qui est cartographié. S'il comporte une ou plusieurs dates, on s'interroge pour savoir si on a affaire à une photographie d'un phénomène à un moment donné ou à une évolution.
- **L'espace cartographié** montre le territoire sur lequel le phénomène historique s'est produit.
- **L'échelle** renseigne sur la taille de ce territoire.
- **La visée de la carte** définit l'objectif que son auteur a voulu lui donner : décrire un phénomène, l'analyser ou au contraire montrer les composantes de son thème.

Analyser les informations

- **La légende** constitue le « mode d'emploi » de la carte. Ses éléments sont organisés de façon codifiée pour donner un sens à celle-ci : zones, traits, figurés géométriques, couleurs… doivent être méticuleusement analysés.
- **Les acteurs et les enjeux** sont précisément identifiés.

Expliquer et mettre en perspective

- Quelle **situation historique** est représentée ?
- Replacer celle-ci dans son **contexte**.
- Dégager l'idée essentielle contenue dans la carte.

2. EXEMPLE

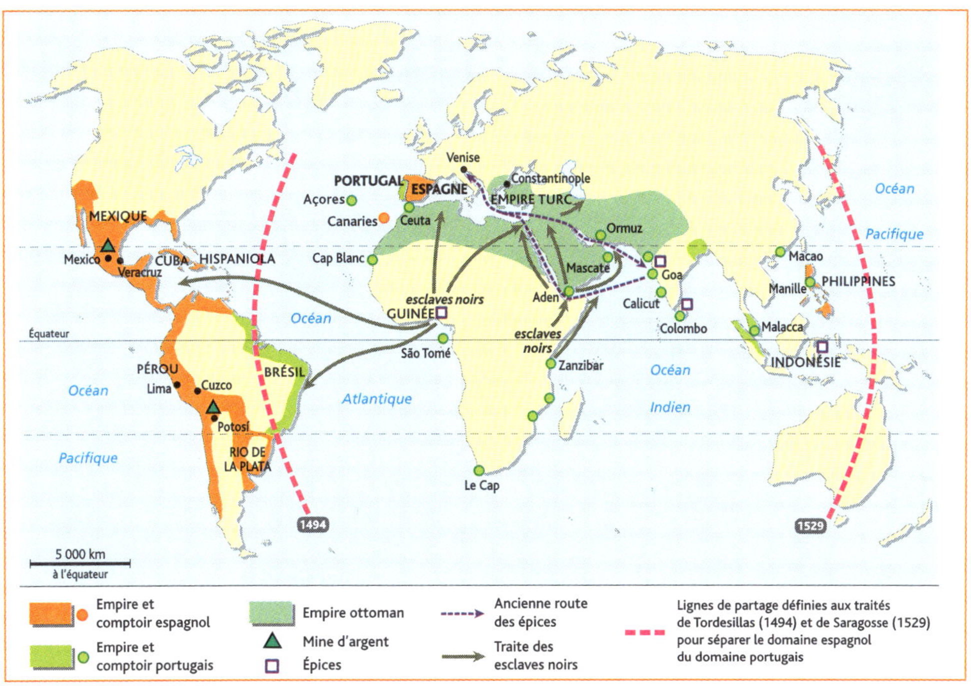

Des voyages de découvertes aux empires espagnol et portugais du XVIe siècle

Identifier le type de carte

- La carte représente les deux grands empires espagnol et portugais à la fin du XVIe siècle.
- Leurs possessions s'étendent sur l'ensemble du globe. La carte (planisphère) est à petite échelle.
- La volonté de l'auteur est de montrer le rapport entre les voyages de découverte et la mise en place de vastes empires coloniaux.

Analyser les informations

- Les éléments de la légende montrent les routes terrestres puis maritimes qui sont à l'origine de l'exploitation des richesses des grands empires, organisés selon les méridiens définis par les traités de Tordesillas (1496) et de Saragosse (1529).
- Les acteurs sont les Espagnols et les Portugais mais aussi les Turcs et le pape (qui décide des zones d'évangélisation).
- Les enjeux sont à la fois géopolitiques (contrôler des territoires découverts puis conquis) et économiques (mettre en valeur et exploiter les richesses – or, épices – de ces territoires, en contrôlant les flux des esclaves et en installant des comptoirs pour les Portugais).
- Elle se situe au XVIe siècle, à l'apogée des deux empires « découvreurs » qui vont bientôt être concurrencés par les Anglais, les Hollandais et les Français.
- À l'issue des grandes découvertes, Espagnols et Portugais mettent en place de vastes empires destinés à être exploités pour enrichir les métropoles.

3. POUR S'ENTRAÎNER

La carte

- Que désigne l'expression « Nouvelle-France ?
- Justifier le titre de la carte.
- Quelle est l'intention de son auteur ?

Les informations

- Qui sont les grands acteurs de cette époque ?
- Comparez la situation aux trois dates données.

L'explication

- Que se passe-t-il en 1763 ?
- Que devient l'Empire français dans cette partie du monde ?

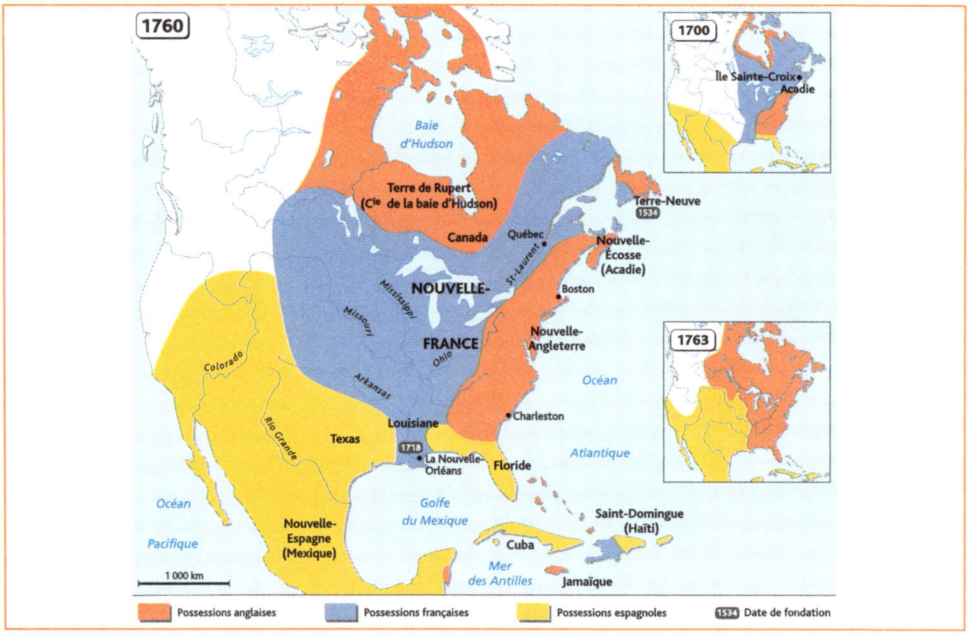

Un siècle et demi de Nouvelle-France

Exercices

HISTOIRE Exercices

1 Faites correspondre chaque événement à une date.

1. La France perd ses positions en Amérique du Nord •	• **a)** 1794
2. Le Code noir est publié •	• **b)** 1763
3. Colbert crée la Compagnie des Indes orientales •	• **c)** 1534
4. Jacques Cartier arrive au Canada •	• **d)** 1664
5. L'esclavage est aboli une première fois en France •	• **e)** 1685

2 Faites correspondre le mot à sa définition.

1. Esclaves employés aux champs •	• **a)** Compagnies
2. Texte qui régit les relations maître/esclave sur la plantation •	• **b)** Monopole
3. Grande exploitation aux Antilles et en Guyane •	• **c)** Code noir
4. Établissement de commerce situé dans les ports coloniaux •	• **d)** Marronnage
5. Action des esclaves qui s'évadent des plantations •	• **e)** Esclaves de jardin
6. Droit qui impose l'exclusivité commerciale à la métropole •	• **f)** Comptoir
7. Grandes sociétés commerciales •	• **g)** Habitation

3 Quelle est la bonne réponse ?

Traite :

a) Achat de captifs noirs, revendus sur les plantations

b) Acte par lequel on signe un traité

Mercantilisme :

a) Interdiction de faire du commerce avec la métropole

b) Système qui vise pour un État à accumuler les métaux précieux

Corrigés : 1. 1/b, 2/e, 3/d, 4/c, 5/a – **2.** 1/e, 2/c, 3/g, 4/f, 5/d, 6/b, 7/a – **3.** a/b

4 LES LUMIÈRES, LA RÉVOLUTION FRANÇAISE ET L'EUROPE : LES DROITS DE L'HOMME

1. LE XVIIIe, SIÈCLE DES LUMIÈRES

Des idées nouvelles

• Les idées des **Lumières** sont contenues dans les écrits des philosophes qui veulent une société plus juste, plus heureuse.

Pour cela, se fondant sur la raison contre la tradition, ils réclament davantage de liberté et d'égalité entre les hommes.

Montesquieu (1689-1755) souhaite une monarchie dans laquelle les pouvoirs seraient séparés.

Diderot (1713-1784) défend l'idée que la puissance vient du peuple, tandis que Rousseau (1712-1718) dans le *Contrat social* propose un gouvernement démocratique.

• Ces idées critiques se diffusent par les livres et les journaux et sont discutées dans les cafés, les salons, les académies. *L'Encyclopédie*, dirigée par Diderot et d'Alembert, constitue une somme critique des connaissances de l'époque et un plaidoyer contre l'obscurantisme.

Ces idées nouvelles circulent jusque dans les cours européennes. Ainsi Voltaire et Diderot sont-ils invités respectivement à la cour des **despotes éclairés** que sont Frédéric II en Prusse et Catherine II en Russie.

Les luttes des philosophes

• Dans le domaine politique, les philosophes critiquent la monarchie absolue (qui censure leurs écrits et les emprisonne parfois) à laquelle ils opposent les idées de libertés individuelle, de pensée ou encore économique. Ils remettent ainsi en question les fondements de la **société d'ordres**.

• À la religion catholique, ils reprochent son **intolérance** et son fanatisme. Voltaire s'engage en faveur de Jean Calas, un protestant toulousain injustement exécuté pour le prétendu meurtre de son fils. La liberté religieuse fait quelques progrès avec la reconnaissance de l'état civil des protestants en 1787.

> **VOCABULAIRE**
>
> **Censure** : interdiction par l'État de toute forme de diffusion d'idées jugées subversives.
>
> **Despote éclairé** : souverain qui prend en compte dans sa façon de gouverner certaines des idées des Lumières.
>
> **Intolérance** : tendance à condamner les opinions des autres.
>
> **Lumières** : au XVIIIe siècle, idées fondées sur la raison et non sur les croyances.
>
> **Société d'ordres** : sous l'ancien régime, les droits individuels n'existent pas, l'individu bénéficie de ceux inégaux du groupe auquel il appartient (noblesse, clergé, tiers état).

2. LA RÉVOLUTION ET LES DROITS DE L'HOMME

La proclamation des Droits de l'Homme

• Les événements de l'été 1789 mettent fin à la monarchie absolue et au système seigneurial. Après l'échec des **États généraux** (5 mai), les députés du tiers état se proclament **Assemblée** nationale (17 juin) qui devient **constituante** (9 juillet) après le ralliement de la majorité du clergé et des nobles. Sous la pression populaire (prise de la Bastille le 14 juillet, et « grande peur » des campagnes) les députés votent le 4 août l'**abolition** des privilèges et de la dîme.

• Le 26 août, l'Assemblée adopte la Déclaration des droits de l'homme et du citoyen. Celle-ci proclame l'égalité des droits, la liberté individuelle et le droit de propriété. Mais l'égalité est limitée à l'égalité devant la loi et l'impôt.

Les citoyens remplacent les sujets, la souveraineté devient celle du peuple et la loi est établie selon la volonté générale. La constitution de 1791 proclame la **liberté de culte**, mais limite celle-ci au culte de l'**Être suprême**.

L'universalité des droits de l'homme

En France, d'autres déclarations sont rédigées :
- celle de 1793 plus « égalitaire » et sociale,
- celle de 1795 plus « bourgeoise ».

En 1791, les femmes ayant été exclues de l'égalité politique, Olympe de Gouges tente en vain de faire adopter une déclaration des droits de la femme et de la citoyenne.

Dans un premier temps, les acquis de la Révolution française sont admirés par les peuples d'Europe. La **Convention** décide d'apporter aux **Républiques-soeurs** « paix, secours, liberté et égalité ».

Mais lors des guerres révolutionnaires, puis avec Napoléon 1er, la France impose sa souveraineté et ses lois.

Cependant, le code civil français sert de base à la législation de nombreux pays européens.

VOCABULAIRE

Abolition : suppression.

Assemblée constituante : assemblée chargée d'établir une constitution.

Convention : assemblée qui gouverne la France de septembre 1792 à octobre 1795.

États généraux : assemblée des trois ordres réunie par le roi.

Être suprême : Dieu à l'origine du monde pour les philosophes.

Liberté de culte : droit de croire et de pratiquer la religion de son choix.

Républiques-sœurs : républiques créées par la France révolutionnaire en Italie et en Hollande.

Tiers-état : un des trois ordres (avec la noblesse et le clergé) de la société d'Ancien régime.

SITUATION 1 – DIDEROT À LA COURS DE RUSSIE

Les souverains d'Europe entretiennent avec les philosophes français des Lumières des rapports ambigus mêlés d'admiration et de méfiance. À l'invitation de Catherine II de Russie, Diderot se rend à Saint Petersbourg entre octobre 1773 et mars 1774. Il espère convaincre la souveraine d'appliquer de nouveaux principes pour administrer son pays.

Les idées politiques de Diderot (1713-1784)

C'est dans les articles de ***L'Encyclopédie*** dont il est le maître d'œuvre que se trouvent les idées politiques du philosophe. Pour Diderot, le bonheur des hommes est le but que doit se proposer la politique « *Il n'y a qu'un devoir, c'est d'être heureux* ». Ainsi, l'État fondé sur la raison combattant les préjugés se doit-il de représenter le bien public, d'organiser le progrès économique et de diffuser l'enseignement. Les peuples, source de la souveraineté, doivent disposer d'une totale liberté de pensée et d'expression.

Or dans sa vie, Diderot rencontre l'**arbitraire** et le **despotisme**. Il se voit emprisonner à cause de ses écrits personnels et *L'Encyclopédie* est censurée. Faute de trouver un accueil favorable en France auprès de la noblesse et des Parlementaires, il espère convertir Catherine II à ses idées.

La réponse de Catherine II (1729-1796)

Dès 1765, Catherine II, qui correspond avec les philosophes, rédige le ***Nakaz***, sorte de code législatif introduisant les principes d'égalité devant la loi, de tolérance, de liberté d'expression.

HISTOIRE | Le cours

Mais en 1769, elle fait retirer le projet de la discussion, le jugeant trop dangereux pour le pays. Arrivé à la cour en 1773, Diderot a des entretiens quotidiens avec la souveraine.

Dans les faits, les réformes de Catherine II profitent aux Nobles et aggravent le servage. Par la suite, le commentaire de Diderot sur le *Nakaz* montre sa désillusion. Le despotisme éclairé s'avère antinomique de la liberté politique.

DOCUMENTS TEXTES

Aucun homme n'a reçu de la nature le droit de commander aux autres. La liberté est un présent du ciel.

Diderot, Article « Autorité politique », *L'Encyclopédie*.

J'ai entendu avec le plus grand plaisir tout ce que votre esprit brillant vous a inspiré, mais avec tous vos grands principes [...] on ferait de beaux livres et de mauvaise besogne.

Lettre de Catherine II à Diderot.

VOCABULAIRE

Arbitraire : pouvoir qui dépend de la volonté d'une seule personne.

Despotisme : forme de gouvernement sans partage.

***Nakaz* :** grand projet de réformes des lois pour la Russie, rédigé par Catherine II entre 1765 et 1767.

SITUATION 2 – PROTESTANTS ET JUIFS À LA FIN DU XVIIIe SIÈCLE

Dans la monarchie absolue, la religion du souverain est celle de ses sujets : le catholicisme. Pour les Juifs et les Protestants, le XVIIIe siècle est celui du passage de l'interdiction de leur religion à son intégration dans la communauté nationale.

Face au catholicisme, deux religions minoritaires

Depuis l'édit royal de 1394, la présence des Juifs sur le territoire français est interdite sauf dans les régions nouvellement annexées. Des communautés juives séjournent et s'organisent et fréquentent les **synagogues** en Alsace, en Lorraine, en Savoie en Provence, dans le Comtat Venaissin et à Bordeaux.

Certains ont fait le choix de se convertir afin d'éviter l'exil. Ils sont souvent victimes de persécutions et soumis à des taxes particulières. À la veille de la Révolution on estime leur nombre à 50 000.

LETTRES PATENTES

DU ROI,

Sur un Décret de l'Aſſemblée Nationale, portant que les Juifs, connus en France ſous le nom de Juifs Portugais, Eſpagnols & Avignonois, *y jouiront des droits de Citoyen actif.*

Données à Paris, au mois de Janvier 1790.

LOUIS, par la grâce de Dieu, & par la Loi conſtitutionnelle de l'État, ROI DES FRANÇOIS : A tous préſens & à venir ; SALUT. L'Aſſemblée

A

Lettres patentes du roi, janvier 1790

Au XVIIe siècle, les Protestants vivent sous le régime de l'édit de Nantes qui leur accorde un statut légal et la liberté de culte, dans certains lieux. Son application de plus en plus restrictive conduit à sa révocation en 1685.

Les **temples** doivent être détruits et les Protestants sont contraints à l'exil ou à la conversion forcée (**dragonnades**). Certains célèbrent le culte dans des assemblées clandestines. C'est le « **désert** ». À l'image de l'affaire Calas (1762), les persécutions se poursuivent.

De l'interdiction à l'intégration

À partir de 1760, une tolérance de fait s'établit, liée aux idées des Lumières et de

L'Encyclopédie qui dénoncent l'injustice de traitement faite aux Juifs. En 1787, l'édit de tolérance de Louis XVI permet aux non catholiques de bénéficier de l'état civil, mais l'exercice de leur culte demeure interdit. Avec la proclamation de la Déclaration des droits de l'homme, le 26 août 1789, la liberté d'opinions religieuses est reconnue. En décembre, tous les emplois deviennent accessibles aux non catholiques (sauf les Juifs).

En 1791, la constitution du 3 septembre accorde la liberté totale de culte et un décret permet aux Juifs de devenir citoyens actifs. La Révolution a répondu aux aspirations d'égalité des minorités religieuses.

VOCABULAIRE

Désert : ensemble des lieux où les protestants exercent leur culte en cachette.

Dragonnades : conversion au catholicisme par la force.

Lettre patente : lettre royale qui accorde une faveur.

Synagogue : lieu d'exercice du culte juif.

Temple : lieu d'exercice du culte protestant.

SITUATION 3 – LA NUIT DU 4 AOÛT 1789

« Le délire patriotique » (gravure peinte, 1789)

La nuit du 4 août 1789 constitue une rupture importante dans l'histoire de la France en marquant la fin de la monarchie absolue. Les décisions prises au cours de cet événement engagent le pays sur de profonds changements politiques et sociaux.

La fin de l'Ancien Régime

Pour résoudre la crise, financière et sociale des années 1780, des cahiers de doléances ont été rédigés au printemps 1789 pour être présentés lors des États généraux que Louis XVI accepte de convoquer à Versailles le 1er mai 1789. Une triple révolution va alors se dérouler.

- Celle des députés qui se proclament Assemblée nationale constituante le 9 juillet.
- Celle du peuple de Paris qui craignant une réaction royale se soulève et s'empare de la prison de la Bastille le 14 juillet.
- Celle des provinces et des campagnes qui par peur d'une réaction des nobles se soulèvent.

Dès le 20 juillet, c'est la « grande peur » au cours de laquelle les paysans brûlent les châteaux et détruisent les **terriers**. Sous cette pression populaire, les députés décident, dans la nuit du 4 août, d'abolir les **privilèges** dont bénéficient les **ordres** de la noblesse et du clergé. C'est l'acte de décès de l'Ancien Régime.

La naissance d'une France nouvelle

Les décisions enthousiastes du 4 août se concrétisent dans un décret qui abolit les corporations et les privilèges de naissance, supprime les **droits féodaux et seigneuriaux** (**banalités**, **cens**, **corvées**, **dîmes**, justice) et la vente des charges. Mais, pour sauvegarder le droit de propriété, certains droits sont rachetables. À l'issue de cette séance, la règle devient l'égalité de tous les citoyens devant la loi.

Ainsi, la fin de la monarchie absolue et du système seigneurial ouvre la voie pour un système politique et administratif plus moderne influencé par les idéaux des Lumières et à la réorganisation de la société française selon le principe de l'égalité.

HISTOIRE | Le cours

La Déclaration des droits de l'homme et du citoyen (26 août 1789)

VOCABULAIRE

Banalités : obligations d'utiliser en payant, le four, le moulin ... seigneurial.

Cahier de doléances : recueil des plaintes et souhaits rédigés par les trois ordres.

Cens : redevance annuelle sur une terre.

Corvée : impôt dû au seigneur (en journées de travail).

Dîme : impôt en nature versé au clergé (en % de la récolte).

Droits féodaux / seigneuriaux : droits issus des liens de vassalité ou de la concession d'une terre.

Ordres : division de la société en trois états aux rôles prédéterminés.

Privilèges : droits et avantages réservés à un groupe de personnes.

Terriers : registres descriptifs des terres d'une seigneurie.

LIRE UN TEXTE EN HISTOIRE

MÉTHODE

1. RAISONNEMENT

Présenter le texte

- **Identifier l'auteur** (personne, administration, société …) producteur du texte.
- **Définir la nature du texte** (article de presse, texte juridique, correspondance, journal …).
- **Dater le document**.
- **Préciser son contexte** de production.

Analyser les informations

- **Sélectionner les informations** d'après le sujet à traiter.
- Les **classer**, les **trier** en procédant à des regroupements (classements chronologique, thématique …).
- Les **hiérarchiser** en établissant des relations entre les informations (cause / conséquence par exemple).

Exploiter les informations analysées

- **Relever les apports** du texte au sujet d'étude.
- **Dégager les limites du texte** en utilisant des connaissances personnelles pour proposer un regard critique.
- **Rechercher la portée ultérieure** éventuelle du document.

2. EXEMPLE

Versailles, le 7 août 1789

Monsieur,

La séance du mardi au soir, 4 août, est la séance la plus mémorable qui se soit tenue jamais chez aucune nation. Elle caractérise le noble enthousiasme du Français. Elle montre à l'univers entier quelle est sa générosité et les sacrifices dont il est capable, lorsque l'honneur, l'amour du bien, l'héroïsme du patriotisme le commandent. [...]

Les circonstances malheureuses où se trouve la noblesse, l'insurrection générale élevée de toutes parts contre elle, les provinces de Franche-Comté, de Dauphiné, de Bourgogne, d'Alsace, de Normandie, de Limousin, agitées des plus violentes convulsions, et en partie ravagées ; plus de cent cinquante châteaux incendiés ; les titres seigneuriaux recherchés avec une espèce de fureur, et brûlés ; [...] tout nous prescrivait la conduite que nous devions tenir ; il n'y eut qu'un mouvement général. Le clergé, la noblesse se levèrent et adoptèrent toutes les motions proposées. Les témoignages les plus flatteurs de reconnaissance furent prodigués. Mais c'était le moment de l'ivresse patriotique.

Lettre du marquis de Ferrières à son ami, le Chevalier de Rabreuil.

Présenter le texte

- L'auteur est le marquis de Ferrières qui est député de la noblesse pour la sénéchaussée de Saumur aux États généraux.
- Il s'agit d'une lettre écrite à destination de son ami, le chevalier de Rabreuil
- La lettre est écrite le 7 août 1789. C'est un extrait.
- Dans une France en proie à la Révolte, les députés des États généraux réunis en Assemblée constituante, ont décidé l'abolition des droits féodaux la nuit du 4 août 1789.

Analyser les informations

- Le marquis de Ferrières raconte à son ami la nuit du 4 août.

HISTOIRE Les méthodes

• Il exalte la grandeur « du Français », sa générosité, ses sacrifices, son patriotisme… Il souligne le climat d'insurrection des provinces et le bel élan unanime des deux ordres (clergé et noblesse) pour abandonner leurs privilèges.

• Le texte apparaît comme une sorte d'enchaînement logique. Les « Français », en particulier la noblesse, sont si dévoués pour leur patrie que, face aux événements difficiles, ils n'ont pas hésité à sacrifier leurs privilèges. Une vive reconnaissance leur en est témoignée.

Exploiter les informations analysées

• L'intérêt de la lettre est de donner le point de vue d'un témoin, d'un acteur.

• Mais ce témoignage n'est pas neutre, il émane d'un acteur engagé du côté de la noblesse. On doit s'interroger pour savoir si face à « la grande peur » les députés de la noblesse et du clergé pouvaient faire un autre choix.

• Dès le 11 août, les décisions de la nuit du 4 août prennent force de loi par leur transcription dans un décret.

3. POUR S'ENTRAÎNER

Décret du 11 août 1789 (extraits)

Article 1er : L'Assemblée nationale détruit entièrement le régime féodal [...].

Article 3 : Le droit exclusif de la chasse ou des garennes ouvertes est pareillement aboli [...].

Article 4 : Toutes les justices seigneuriales sont supprimées sans aucune indemnité [...].

Article 5 : Les dîmes de toute nature sont abolies [...] sauf à aviser aux moyens de subvenir d'une autre manière à la dépense du culte divin, à l'entretien des ministres des autels, au soulagement des pauvres [...].

Article 10 : [...] Il est déclaré que tous les privilèges particuliers de provinces, principautés, pays, cantons, villes et communautés d'habitants, soit pécuniaires, soit de toute autre nature, soient abolis sans retour, et demeureront confondus dans le droit commun de tous les Français.

Article 11 : Tous les citoyens, sans distinction de naissances, pourront être admis à tous les emplois et les dignités ecclésiastiques, civiles et militaires [...].

Présenter le texte

• Identifier la nature et la source du texte.

• Donner sa date de parution.

• Préciser son contexte de production dans la chronologie de l'été 1789.

Analyser les informations

• Quel est l'objet du texte (article 1) ?

• Que nous apprennent les articles 3, 4, 5 et 10 ?

• En quoi l'article 11 constitue-t-il une véritable rupture dans la vie des Français ?

Exploiter les informations analysées

• À quel type de société met fin ce décret ?

• Quel autre grand texte également voté en août 1789 annonce ce décret du 11 août ? Pourquoi ?

Exercices

1 Faites correspondre chaque événement à une date.

1. Diderot séjourne à la cour de Catherine II en Russie •	• **a)** 1787
2. Ouverture des États généraux convoqués par le roi •	• **b)** 4 août 1789
3. Proclamation de la Déclaration des droits de l'Homme •	• **c)** 1773-1774
4. L'édit de tolérance accorde l'état civil aux non catholiques •	• **d)** 5 mai 1789
5. L'Assemblée nationale abolit les privilèges •	• **e)** 26 août 1789

2 Identifiez ces acteurs.

a) Qui est ce philosophe qui a lutté contre le fanatisme et l'intolérance, et s'est engagé dans l'affaire Calas ?

b) Qui est cet écrivain et philosophe, principal artisan de l'*Encyclopédie* ?

c) Qui est le roi de France en 1789 ?

d) Quels sont les trois ordres qui composent la société d'Ancien Régime ?

3 Faîtes correspondre le mot à sa définition.

1. Interdiction d'ouvrages opposés au régime •	• **a)** Lumières
2. Souverain qui prétend régner pour le bien de ses sujets •	• **b)** Être suprême
3. Dieu organisateur du monde pour les philosophes •	• **c)** Censure
4. Société dans laquelle l'individu a les droits de son groupe •	• **d)** États généraux
5. Regroupement des trois ordres en une seule assemblée •	• **e)** Constitution
6. Ouvrage volumineux qui contient les idées des Lumières •	• **f)** Despote éclairé
7. Texte qui organise les pouvoirs au sein d'un État •	• **g)** Société d'ordres
8. Idées qui refusent la croyance religieuse et se fondent sur la raison •	• **h)** L'Encyclopédie

4 Quelle est la bonne réponse ?

La monarchie absolue est :

a) un système politique dans lequel le roi gouverne sans partage.

b) un système politique dans lequel le roi gouverne pour le bonheur de ses sujets.

Corrigés : 1. 1/c, 2/d, 3/e, 4/a, 5/b – **2.** a) : Voltaire, b) : Diderot, c) : Louis XVI, d) : Le clergé, la Noblesse et le Tiers-état – **3.** 1/c, 2/f, 3/b, 4/g, 5/d, 6/h, 7/e, 8/a – **4.** a.

5 LA RENAISSANCE ARTISTIQUE

Dès le XIVe siècle, les artistes italiens redécouvrent l'art gréco-romain, qu'ils vont chercher à dépasser. Les conditions intellectuelles, techniques, économiques et sociales vont leur permettre d'ouvrir une des plus intenses périodes de création artistique de l'histoire de l'humanité.

Boticelli, *La Vierge et l'Enfant, dite Madone des Guidi de Faenza*, Paris, Musée du Louvre

1. LA NAISSANCE D'UN ART NOUVEAU EN ITALIE

La Renaissance éclot dans l'Italie urbaine des marchands enrichis par le grand commerce. Les princes, qui veulent affirmer la puissance de leurs cités, jouent le rôle de **mécènes** et de **commanditaires** pour des artistes qui font de l'homme le sujet principal de leur travail.

Des techniques nouvelles apparaissent. La **perspective** permet de donner l'illusion de la profondeur. La peinture à l'huile, inventée en Flandre, augmente la précision du tracé et la transparence des couleurs. La peinture sur toile, moins coûteuse et bientôt protégée par le vernis vient s'ajouter à la peinture sur bois. Les artistes devenus polyvalents (peintre, architecte, sculpteur) affirment leur personnalité en signant leurs œuvres.

2. UNE MYRIADE D'ŒUVRES DANS LES GRANDS DOMAINES

Parmi ces œuvres on peut retenir les peintures de :
– Botticelli, 1444-1510 (*Le printemps, La naissance de Vénus*),
– Michel-Ange, 1475-1564 (*Vierge à l'enfant*, plafond de la chapelle Sixtine),
– Léonard de Vinci, 1452-1519 (*La Cène, La Joconde*),
– Raphaël, 1483-1520 (**fresques** du Vatican, madones),
– Carpaccio, 1460-1526 (*La tentation de Saint Augustin*),
– Le Titien, 1490-176, (*La Vénus d'Urbin*),
– Véronèse, 1528-1588 (fresques, *Les noces de Cana*).

La peinture s'épanouit aux Pays-Bas avec Jan Van Eyck (1390-1441) et ses portraits, Jérôme Bosch (1450-1516) et ses tableaux fantastiques, et Pierre Brueghel *L'Ancien* (1525-1569) et ses fêtes villageoises.

En architecture, plus de cent palais se construisent à Florence ente 1450 et 1550. Brunelleschi (1377-1446) y réalise une prouesse technique avec le Dôme de l'église Santa Maria del Fiore. Les architectes français étudient en Italie et influencent la construction des châteaux de la Loire. Tous ces artistes sont le plus souvent de grands sculpteurs (Germain Pilon, 1537-1590, *Les trois Grâces*). Enfin, l'Allemand Albert Dürer (1471-1528) excelle dans l'art de la gravure.

VOCABULAIRE

Commanditaire : personne qui passe commande d'une œuvre à un artiste.

Fresque : technique de peinture murale.

Mécène : prince protecteur des artistes.

Perspective : système de représentation des objets qui permet de prendre en compte la perception de l'œil.

6 L'ART CLASSIQUE EN FRANCE, XVIIe – XVIIIe SIÈCLES

On désigne sous le terme d'Art classique, un courant contemporain du **baroque**, associé comme la Renaissance à l'art de l'Antiquité et qui se développe plus spécialement en France de la fin du XVIe siècle à la mort de Louis XIV.

1. UN COURANT ARTISTIQUE AU SERVICE DE LA MONARCHIE

• L'art classique ou *classicisme*, obéit à un projet politique précis : servir la monarchie absolue en s'adressant à la raison. Sa traduction en est la recherche du grandiose, du monumental dans des œuvres destinées à asseoir le pouvoir et assurer le rayonnement de la monarchie française en Europe.

• L'inspiration des sujets se fait à partir des thèmes de l'antiquité et de la **mythologie** gréco-latine ou bien encore de ceux de la Bible ou de la vie des saints. Ce courant s'épanouit sous les ministères et **les mécénats** de Richelieu, de Mazarin et sous le règne de Louis XIV.

2. LES ARTS

• C'est sans doute dans l'architecture que l'harmonie est la plus grande entre le fond et la forme. Les bâtiments sont construits en adéquation avec leur fonction. Symétrie et rigueur géométriques veulent témoigner de la magnificence et de la force du pouvoir.
Les lignes horizontales sont privilégiées, les volumes sont fragmentés de manière logique. Les matériaux utilisés, tels les marbres, sont nobles. Claude Perrault (1646-1708) élève la colonnade du Louvre et Jules Hardouin Mansart dirige les travaux de Versailles.

• La peinture veut symboliser le triomphe de la raison sur le désordre des passions. Les valeurs de la monarchie y sont exaltées sous forme d'**allégories**. Au sein des paysages, la nature exprime sa force face à une destinée humaine fragile. Le trait et la netteté des contours l'emportent sur la couleur. Philippe de Champaigne (1602-1674) participe à la décoration du palais du Luxembourg, du dôme de la Sorbonne et réalise le portrait de Richelieu. Charles Lebrun (1619-1690) peintre officiel, décore la galerie des Glaces à Versailles et Vaux-le-Vicomte.
Enfin dans le domaine de la sculpture, colonnes et statues d'inspirations grecque et romaine ornent les bâtiments et les jardins. François Girardon (1628-1715) travaille au Louvre, à Vaux-le-Vicomte et à Versailles.

VOCABULAIRE

Allégorie : représentation d'une abstraction par une image supposée connue (exemple : Minerve, déesse de la guerre et de la sagesse).

Baroque : style contemporain du classicisme caractérisé par l'exagération du mouvement et la surcharge décorative.

Mécénat : action de protection et d'aide aux artistes.

Mythologie : ensemble des légendes propres à une civilisation.

Le château de Versailles

HISTOIRE – Le cours

7 NOURRIR LES HOMMES

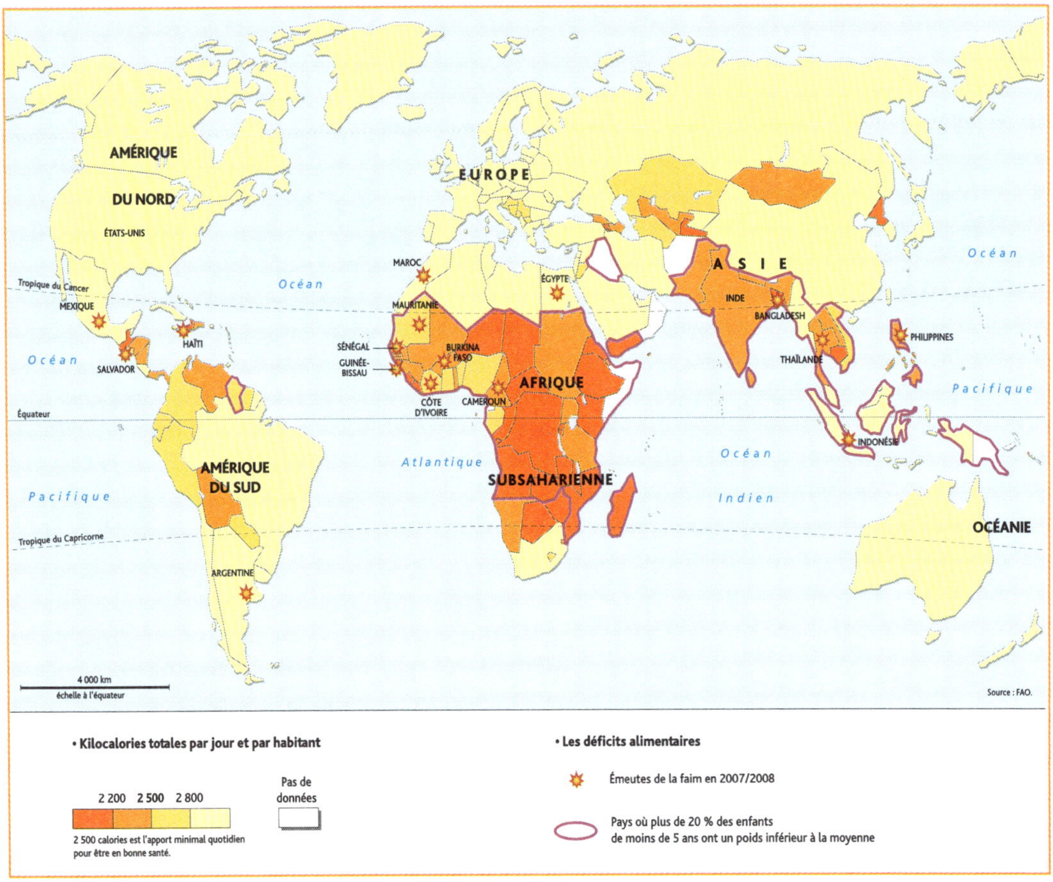

L'alimentation dans le monde

1. ALIMENTATION ET SYSTÈMES AGRICOLES

Le défi alimentaire mondial

• La croissance de la population et de la production agricole

La population mondiale a plus que doublé en 50 ans. On estime à 9 milliards le nombre d'habitants qui vivront sur terre en 2050. Chaque année, la population totale croît de 80 millions de personnes. Mais ce sont surtout les pays les plus pauvres qui ont une forte croissance démographique et qui ne produisent pas assez pour nourrir leur population. Pourtant, la croissance globale de la production de produits agricoles n'a jamais été aussi forte.

• Vers une sécurité alimentaire ?

Celle-ci n'est pas assurée pour tous. Si la ration alimentaire quotidienne moyenne est de 2 800 kilocalories par habitant, elle atteint près de 3 300 kcal/jour dans les pays riches mais seulement 2 100 kcal/jour dans les pays pauvres. La sous-nutrition touche près d'1 milliard de personnes dans le monde surtout en Afrique subsaharienne.

La malnutrition est présente dans les pays en développement mais aussi dans les pays riches : aux États-Unis, 28 % des hommes et 34 % des femmes sont considérés comme obèses.

Quelles agricultures ?

• Au nord

L'agriculture productiviste domine. Elle s'appuie sur une forte mécanisation, l'utilisation de l'informatique, d'engrais et de pesticides. Les rendements et la productivité sont élevés. Cette agriculture destinée aux marchés internationaux est aux mains des grandes firmes de l'agrobusiness, aux États-Unis ou en Europe. Celles-ci gèrent la filière agroalimentaire des principales cultures (céréales, viandes).

• Au sud

L'agriculture vivrière a du mal à nourrir une population en croissance forte. Le travail de la terre est souvent manuel : avec l'utilisation d'outils rudimentaires (Afrique subsaharienne ou Asie centrale). On développe **l'agriculture extensive** (Afrique et Amérique du Sud) en mettant en valeur des fronts pionniers (Brésil). D'autres pays ont choisi de développer **l'agriculture intensive** comme en Asie avec la Révolution verte.

Les PED alimentent les marchés mondiaux grâce aux grandes plantations tropicales d'Amérique du Sud, d'Afrique de l'Ouest, ou d'Asie (café, ananas, cacao, coton…).

2. VERS UNE AGRICULTURE DURABLE

Les problèmes de l'environnement

• Déforestation, désertification et érosion

Face aux besoins alimentaires croissants d'une population qui augmente, il a fallu mettre en culture de nouvelles terres. Dans les régions humides, des terres vierges ont été gagnées sur la forêt. En Amazonie, on dit que la surface d'un terrain de football disparaît toutes les 4 heures. Dans les régions semi-arides, comme en Afrique de l'Ouest ou dans le nord de la Chine, l'avancée des déserts est favorisée par l'intensification des cultures et le surpâturage.

• Les méfaits de l'agriculture productiviste

L'utilisation massive d'engrais et de pesticides pollue les sols et les rivières. Dans les régions d'élevage intensif (Bretagne), les nitrates agricoles polluent les eaux et les rivages maritimes (algues vertes).

L'agriculture productiviste fait parfois courir des dangers pour la santé humaine.

À la fin des années 1990, la crise de la « vache folle », provoquée par les farines animales, a montré que la sécurité sanitaire n'était pas totale. En 2005, la grippe aviaire transmissible à l'homme est apparue en Asie.

En 2008, des nourrissons sont morts en Chine à cause d'un lait contaminé avec un produit toxique.

L'agriculture et le développement durable

• Préserver les productions

Depuis le « Sommet de la Terre » de 1992, on s'oriente vers une **agriculture durable**, plus soucieuse de la préservation de l'environnement et de la santé du consommateur. Certains labels comme celui de l'agriculture biologique rassurent aujourd'hui le consommateur.

• Des Objectifs pour 2015

Le défi majeur reste la satisfaction des besoins alimentaires des populations pauvres pour 2015, comme le prévoit l'un des Objectifs du millénaire pour le développement, adoptés en 2000. La culture des OGM suscite de nombreux débats en France et dans le monde. Les pays riches du Nord aident ponctuellement les pays pauvres du Sud en envoyant des surplus alimentaires en cas de famine ou en favorisant les petits producteurs dans le cadre du **commerce équitable**.

VOCABULAIRE

Agriculture durable : agriculture qui respecte l'environnement en assurant les besoins des générations futures.

Agriculture extensive : faibles rendements sur de vastes surfaces.

Agriculture intensive : forts rendements sur une surface réduite.

Agriculture vivrière : production destinée à la consommation locale.

Commerce équitable : commerce qui garantit un prix de vente correct aux petits producteurs des PED.

SITUATION 1 – L'INDE : PLUS D'1,1 MILLIARD D'HOMMES À NOURRIR

L'intensification des productions

• Une réforme nécessaire pour assurer la sécurité alimentaire

Pays le plus peuplé du monde, l'Inde a longtemps été considérée comme une terre de sous-alimentation où les famines étaient nombreuses. La révolution verte est caractérisée par l'introduction de nouvelles variétés à haut rendement, le développement de l'irrigation, la mécanisation et l'utilisation de pesticides et d'engrais chimiques. L'extension des surfaces semées a été très rapide dans les régions irriguées (Pendjab, vallée du Gange).

• Les raisons d'un succès

Ce succès s'explique d'abord par les performances des blés et des riz en termes de rendements. Mais c'est surtout à cause des politiques agricoles qui ont été adoptées : les semences, les engrais et les produits phytosanitaires étaient subventionnés par l'État.
Les prix agricoles étaient garantis et stables alors que l'achat des récoltes était assuré par l'État qui contrôlait les circuits de distribution. Les agriculteurs avaient également accès au crédit pour s'équiper (pompes, puits, motoculteurs).

Les limites de la révolution verte

• Des conséquences néfastes pour l'environnement

Toujours soucieux de produire plus, les agriculteurs indiens ont abusé de produits chimiques et de pesticides, ce qui a conduit à une grave dégradation de l'environnement et mis en péril la santé publique.

• Le problème de l'eau et des sols

Les systèmes de production de la révolution verte nécessitaient également une irrigation abondante, mettant à rude épreuve les ressources en eau des nappes phréatiques. Aujourd'hui, une part importante des sols utiles ont perdu leur fertilité.

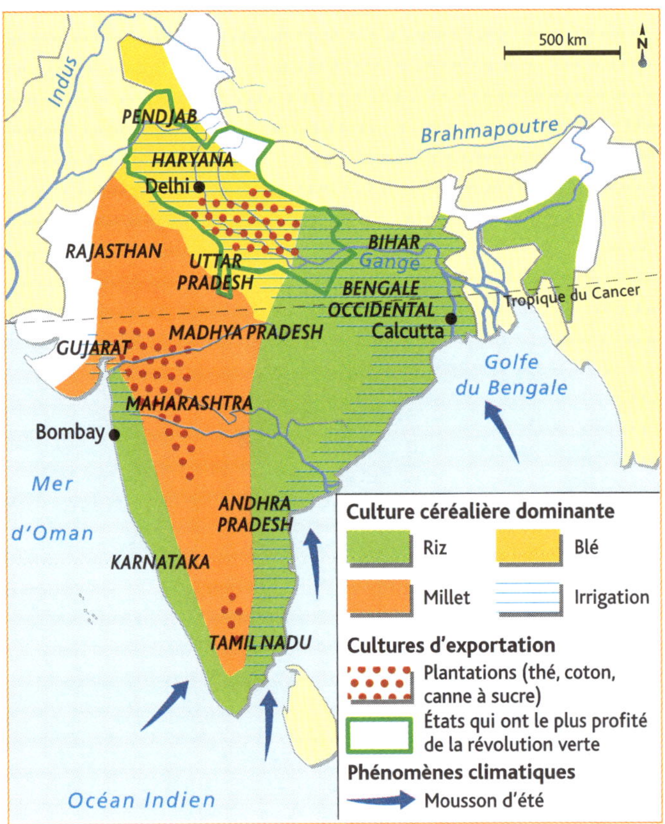

L'agriculture indienne aujourd'hui

CHIFFRES CLÉS

– 1,166 milliard d'habitants
– 200 millions d'Indiens sous-alimentés

VOCABULAIRE

Révolution verte : améliorations techniques apportées à l'agriculture en Inde dans les années 1960.
Sécurité alimentaire : situation qui garantit à une population une alimentation suffisante et équilibrée.

À la suite des famines des années 1964 et 1965, le gouvernement indien a décidé de moderniser l'agriculture pour augmenter la production de céréales. C'est la **« révolution verte ».**

Situation 2 – LA SÉCURITÉ ALIMENTAIRE EN AFRIQUE SUBSAHARIENNE

On appelle Afrique subsaharienne la partie du continent qui est au sud du désert du Sahara, ce qui exclut donc l'Afrique du Nord. Ce sont 48 États qui sont parmi les plus pauvres de la planète et qui souffrent régulièrement de la faim.

L'insécurité alimentaire

• Une ration calorique insuffisante

L'Afrique subsaharienne est la région du monde la plus exposée aux problèmes alimentaires. La ration calorique moyenne n'est que de 2 300 calories par habitant et par jour alors qu'au moins 2 500 calories sont nécessaires. L'offre alimentaire est insuffisante (**sous-nutrition**) pour les plus pauvres et on compte 30 % des habitants d'Afrique subsaharienne qui sont sous-alimentés.
Quatre enfants sur dix âgés de moins de 5 ans souffrent de **malnutrition.**

• Une agriculture qui ne nourrit pas la population

Depuis 30 ans, la production alimentaire dans la plupart des pays d'Afrique subsaharienne n'a pas pu suivre la croissance de la population. L'agriculture vivrière a du mal à nourrir la population. Le travail est souvent manuel : l'utilisation de machines, d'engrais et de pesticides est rare. On pratique l'élevage extensif et une petite polyculture destinée aux marchés locaux.

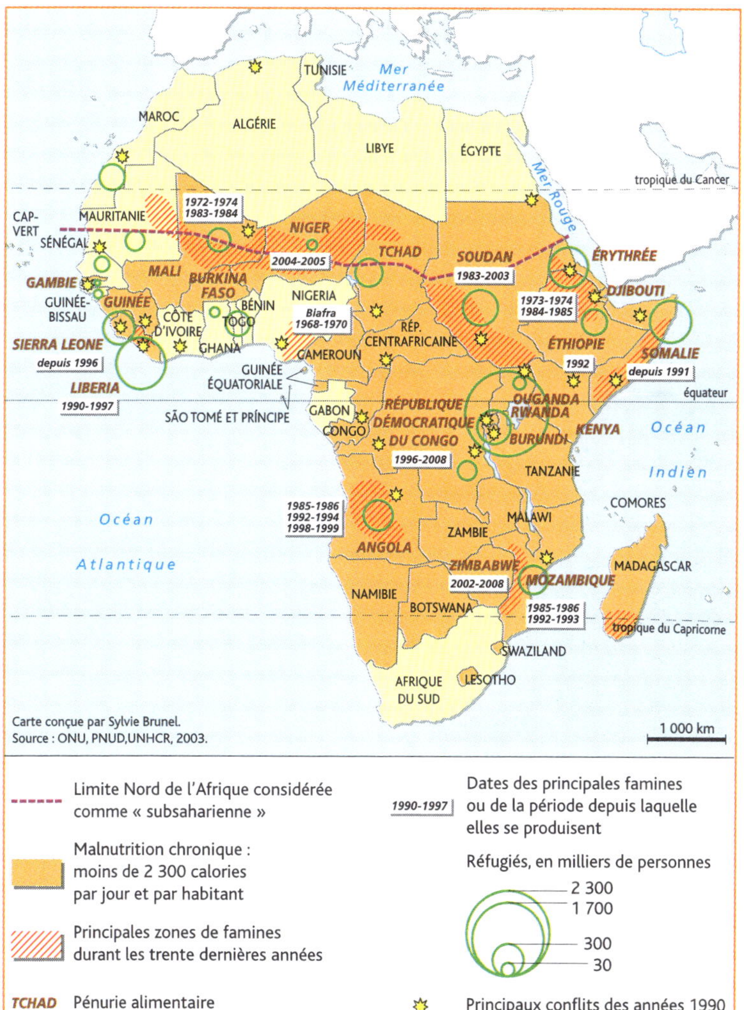

Les risques alimentaires en Afrique subsaharienne

CHIFFRES CLÉS

- 200 millions de sous-alimentés.
- 4 enfants sur 10 de moins de 5 ans souffrent de malnutrition.

La faim, une fatalité

• Des causes multiples

On compte plus de 200 millions de personnes qui souffrent de sous-alimentation chronique en Afrique subsaharienne. Cette situation reste liée au développement insuffisant, aux sécheresses répétées mais surtout aux guerres civiles et aux troubles politiques dont souffrent de nombreux pays de la zone.

• La nécessité de l'aide internationale

Même si les progrès sont importants ces dernières années, l'aide alimentaire internationale est indispensable pour faire face aux famines chroniques. Les États des pays riches et les organisations non gouvernementales sont constamment sollicités.

VOCABULAIRE

Malnutrition : état d'un individu qui consomme une nourriture dont les éléments nutritifs (protéines, vitamines, minéraux) sont insuffisants.

Sous-nutrition : quantité insuffisante de nourriture consommée pouvant entraîner des maladies.

SITUATION 3 – L'AGROBUSINESS AUX ÉTATS-UNIS

Élevage de bovins au Texas : un *fed-lot*

CHIFFRES CLÉS

- Moins de 2 % d'actifs dans l'agriculture.
- 20 % : part des industries agroalimentaires dans le PNB.

L'agriculture américaine est fortement intégrée dans un système industriel et commercial que l'on appelle l'**agrobusiness**.

Celle-ci s'appuie sur de très grandes exploitations et des groupes multinationaux qui conditionnent les produits agricoles et les commercialisent.

La première agriculture mondiale

L'agriculture américaine est la plus exportatrice du monde. Moderne et stimulée par la recherche agronomique, elle est dominée par de très grandes entreprises, même si les exploitations familiales gardent une certaine importance grâce à l'aide de l'État.

On a coutume de dire que les États-Unis sont le grenier de la planète car ils se classent premiers pour de nombreuses productions comme le maïs et le soja.

Les excédents commerciaux de l'agriculture sont souvent un moyen de pression sur les pays étrangers.

La production agricole alimente une importante **filière agroalimentaire** qui représente le quart du marché mondial et occupe un cinquième des actifs : c'est l'agrobusiness.

Un complexe agroalimentaire géant

L'agrobusiness des États-Unis a pour objectif de produire pour la planète. Elle est aux mains de grandes firmes transnationales qui contrôlent les semences (Monsanto, Cargill) et les différents produits dérivés (Dole, Pepsico, Kraft Foods, Mars, Conagra). Les dernières évolutions de l'agrobusiness visent à développer les productions tout en préservant l'environnement.

VOCABULAIRE

Agrobusiness : filière intégrant l'ensemble des activités liées à l'agriculture, de la production de machines agricoles ou d'engrais, en amont, aux industries agro-alimentaires, aux transports et à la distribution, en aval.

Filière agroalimentaire : ensemble des activités qui concernent la transformation de produits agricoles pour la consommation humaine ou animale.

ANALYSER UN PAYSAGE À PARTIR D'UNE PHOTOGRAPHIE

MÉTHODE

1. RAISONNEMENT

Dans l'étude d'un paysage, il faut repérer les éléments majeurs qui le composent et donner du sens à la photographie.

Identifier

- À partir de la légende, déterminer la **localisation** du paysage.
- Préciser le type de **prise de vue** : on en compte trois en géographie (au sol, aérienne oblique, aérienne verticale).
- Identifier les **différents plans** de la photographie : premier plan, second plan, arrière-plan…
- Identifier les **formes** et les **couleurs** dominantes.

Décrire

- Une unité paysagère est une partie du paysage qui a une unité propre qui la différencie de ce qui l'entoure.
- Décrire chaque **unité paysagère** indiquée par un numéro.

Expliquer

- Utiliser les connaissances acquises au cours de l'étude pour déterminer le **type de paysage** photographié.
- Expliquer en quoi ce paysage, ses **composantes** et son **organisation** peuvent se retrouver dans d'autres lieux similaires, ou au contraire montrer son originalité.

2. EXEMPLE

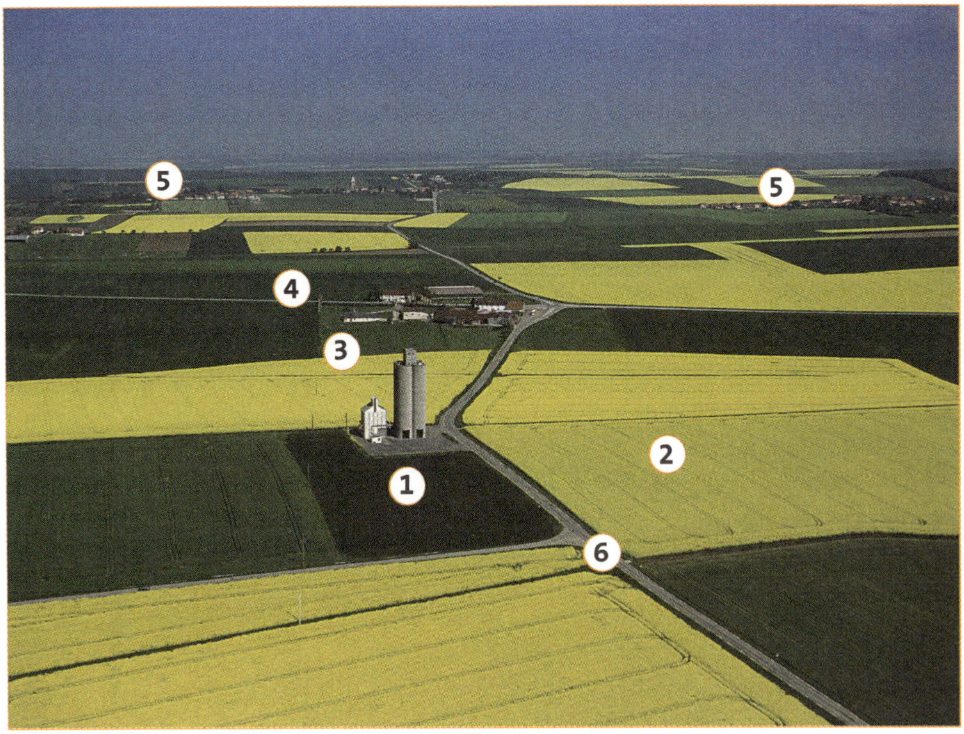

Paysage agricole dans le Bassin parisien

Identifier

Il s'agit d'une photographie aérienne oblique qui montre un espace de plaine (Bassin parisien) où dominent le vert et le jaune. Au premier plan se trouvent les champs ; plus loin on observe des constructions isolées ; à l'arrière-plan, on distingue des habitations groupées et une forêt (tout en haut à droite).

Décrire

Les parcelles cultivées en blé (vert ①) et celles cultivées en colza (jaune ②) ont une forme régulière et sont séparées par une petite route zap. On repère un silo de forme verticale ③ et une ferme avec ses bâtiments d'exploitation et de stockage ④. À l'arrière-plan, on distingue deux villages ⑤.

Expliquer

La photographie représente un espace agricole en champs ouverts (*openfield*) dans le Bassin parisien : il s'agit d'une agriculture moderne et commerciale, fortement mécanisée (on voit les traces des tracteurs dans les champs). Ce paysage illustre l'agriculture productiviste des pays développés.

3. POUR S'ENTRAÎNER

Un front pionnier au Brésil

Identifier

- À l'aide de la légende, préciser la **localisation** du paysage.
- Préciser le type de **prise de vue**.
- Identifier les **formes** et les **couleurs** dominantes.
- Identifier les **différents plans** de la photo.

Décrire

Décrire les différentes **unités paysagères**.

Expliquer

- Utiliser les connaissances acquises pour déterminer le **type de paysage** photographié.
- Expliquer ce paysage, **son organisation** et son originalité.

GÉOGRAPHIE
Les méthodes

Exercices

1 Faites correspondre chaque définition à un terme.

1. Agriculture et filière agro-alimentaire aux États-Unis •	• **a)** Révolution verte
2. Quantité insuffisante de nourriture consommée •	• **b)** Sécurité alimentaire
3. État d'un individu qui consomme une nourriture dont les protéines, vitamines, minéraux sont insuffisants •	• **c)** Agrobusiness
4. En Inde, améliorations techniques apportées à l'agriculture dans les années 1960 •	• **d)** Malnutrition
5. Accès suffisant à la nourriture en qualité et en quantité •	• **e)** Sous-nutrition

2 Faites correspondre une notion avec une région du monde.

1. Agrobusiness •	• **a)** Inde
2. Sous-nutrition •	• **b)** États-Unis
3. Révolution verte •	• **c)** Afrique subsaharienne

3 Observez ce document et répondez aux questions.

L'agriculture brésilienne

Trois systèmes coexistent dans l'espace rural du pays : d'un côté, au centre et au sud, des formes d'organisation et de production agropastorale modernes, intégrées à un puissant complexe agro-industriel et bien reliées par les voies de communication aux marchés de consommation, mais qui emploient peu de main-d'œuvre par rapport à leur production et à leur capital investi. Plus au nord et au nord-est, des régions où la population agricole et nombreuse, mais qui sont largement tournées vers l'autoconsommation et la cueillette, et peu intégrées aux circuits commerciaux. Enfin, à l'ouest, des zones pionnières, encore en cours d'intégration au territoire national.

Hervé Thery, *Le Brésil*, A. Colin, réédition 2006.

a) Quelles sont les trois formes d'agriculture du Brésil ?

b) À quel autre terme pouvez-vous associer « complexe agro-industriel » ?

c) Définissez le terme « autoconsommation ».

Corrigés : 1. 1 c, 2 e, 3d, 4a, 5b – **2.** 1/b, 2c, 3a – **3.** a) productions agro-pastorales modernes, autoconsommation et cueillette, zones pionnières en cours d'intégration – b) agrobusiness, mais ce terme est surtout réservé à l'agriculture nord-américaine – c) l'autoconsommation concerne les productions qui servent à l'alimentation des populations sur place.

8 L'ENJEU ÉNERGETIQUE

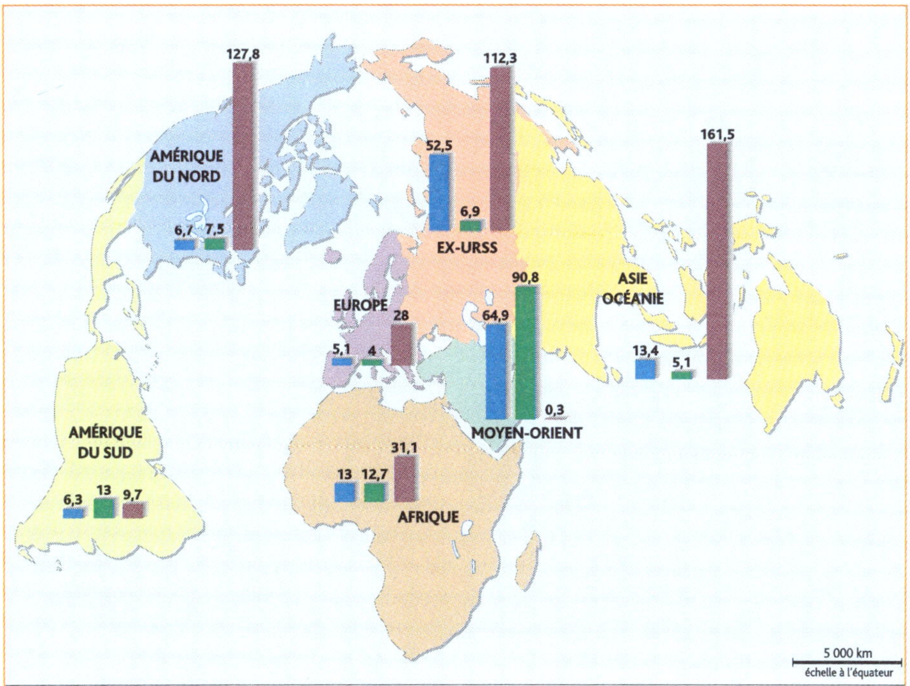

Les ressources énergétiques dans le monde

1. BESOINS ET RESSOURCES EN ÉNERGIE

Une demande croissante

• L'augmentation de la consommation

La consommation mondiale d'énergie a cru de 25 % en 15 ans. Mais celle-ci est très inégale dans le monde. Ce sont aujourd'hui les pays en forte croissance qui demandent le plus de pétrole et d'électricité pour leur industrie. L'Asie est désormais la première région consommatrice devant l'Amérique du Nord et l'Europe. En revanche, plus de 1,5 milliard de personnes ne bénéficient pas encore de l'électricité, surtout en Afrique, en Asie et en Amérique latine.

• Énergies fossiles et énergies renouvelables

Bien que le pétrole demeure la principale source d'énergie utilisée, on assiste aujourd'hui à une diversification des ressources et des utilisations. Les **énergies fossiles** représentent 85 % de la consommation mondiale **d'énergie primaire**.

Même si la part du pétrole diminue, elle représente encore 35 % du total, alors que celles du charbon et du gaz naturel augmentent avec respectivement 24 % et 22 %. Aujourd'hui, le nucléaire et les **énergies renouvelables** contribuent à moins du quart du bilan énergétique.

Producteurs et consommateurs

• Les réserves d'énergie

L'estimation des réserves de pétrole prévoit une quarantaine d'années d'exploitation car nous consommons actuellement trois fois plus de pétrole qu'on en découvre. Les réserves de charbon se mesurent en siècles. Elles sont surtout abondantes en Chine, en Russie et en Amérique du Nord. Mais la combustion de charbon dégage beaucoup de CO_2. Les gisements de gaz naturel sont importants, en Russie et au Moyen-Orient. L'uranium, limité à la production d'électricité produit de dangereux déchets.

• Les enjeux géopolitiques

Deux facteurs expliquent la géographie de l'énergie : la concentration des ressources dans quelques régions de la planète et l'inégale distribution des richesses et donc de la consommation.
Ainsi, les États-Unis, l'Europe et le Japon ont d'énormes besoins énergétiques mais de faibles ressources d'énergie. Leur richesse leur permet de recourir à des importations massives de pétrole, tout en développant le nucléaire, le gaz naturel et les énergies renouvelables. En revanche, des pays ou régions comme le Moyen-Orient et la Russie disposent d'importants gisements d'hydrocarbures et bénéficient donc d'une rente pétrolière et gazière.

2. ÉNERGIE ET DÉVELOPPEMENT DURABLE

Énergie et environnement

Les atteintes à l'environnement les plus médiatisées sont liées à des marées noires (Prestige) ou à des accidents nucléaires (Tchernobyl). Cependant le danger le plus pressant provient aujourd'hui des rejets dans l'atmosphère de **gaz à effet de serre (GES)** : on estime que 25 milliards de tonnes de dioxyde de carbone sont rejetés annuellement. Ces émanations seraient responsables du réchauffement climatique dont on commence à percevoir les effets : désertification, fonte des glaces polaires, aggravation des tempêtes. Depuis 1992, lors de sommets mondiaux sur les problèmes d'environnement (Rio et Berlin, Kyoto en 1997), la plupart des pays industriels se sont engagés à réduire l'émission des GES.

Quel avenir pour l'énergie ?

• La dépendance énergétique

La dépendance énergétique en pétrole est un des enjeux les plus forts du début de ce XXIe siècle.
En effet, ce produit est actuellement irremplaçable pour les transports, en particulier aériens. Dès lors, les prix semblent appelés à monter. Cela attise les tensions politiques entre acteurs (compagnies, États producteurs et consommateurs) au point de devenir une source d'instabilité et de conflits comme au Moyen-Orient.
La mobilisation des ressources renouvelables est une solution souhaitable. Mais, l'exemple de l'électricité hydraulique (le barrage des Trois-Gorges en Chine) montre qu'elle n'est pas simple : coûts des investissements, déplacements de population, dégradation des paysages, etc.

• Vers un développement durable

L'objectif d'un **développement durable** présente une alternative pour la résolution des problèmes énergétiques. Il s'agit à la fois de proposer de ménager les ressources pour les générations futures, de préserver l'environnement d'une utilisation irresponsable de l'énergie tout en permettant la poursuite du développement, en particulier dans les régions les plus pauvres : l'Afrique et une partie de l'Asie.

VOCABULAIRE

Développement durable : forme de développement peu agressive pour l'environnement et économe des ressources pour ne pas compromettre l'avenir des générations futures.

Énergie fossile : l'énergie est accumulée dans des gisements, les réserves sont donc finies (pétrole, uranium).

Énergie primaire : matières premières énergétiques non transformées (pétrole brut, charbon, uranium, vent). L'électricité est une forme d'énergie secondaire.

Énergie renouvelable : ou énergies de flux qui se renouvellent continuellement : vent, soleil, hydraulique.

GES : gaz à effet de serre qui contribuent à réchauffer les climats (exemple : le dioxyde de carbone).

SITUATION 1 – ÉNERGIE ET DÉVELOPPEMENT DURABLE EN CHINE

Le barrage des Trois-Gorges

CHIFFRES CLÉS

- **Population :** 1,3 milliard d'habitants.
- **Production de charbon :** 2,5 milliards de tonnes.
- **Consommation énergétique :** 1,5 TEP par habitant.

La Chine est incontestablement un géant énergétique. Elle produit plus que les États-Unis (près de 2,2 milliards de **TEP** essentiellement assurées par le charbon). La consommation est considérable (huit fois la France et trois-quart des États-Unis). En revanche la Chine est un gros émetteur de CO_2.

La mobilisation des ressources

• Une forte croissance économique

Depuis plus de 30 ans, la Chine connaît une croissance économique annuelle forte (10 %). Le pays se hisse au rang économique des grandes puissances. Aussi, les besoins énergétiques sont énormes et sont en partie satisfaits par la production de charbon.

• Charbon, pétrole et hydroélectricité

Pour soutenir sa croissance économique et industrielle, la Chine a besoin de développer sa consommation d'énergie. Pour cela, elle dispose d'importants gisements de charbon au nord et à l'est du pays (premier producteur mondial). Elle mobilise par ailleurs ses ressources pétrolières et développe l'électricité hydraulique (barrage des Trois-Gorges : 87 milliards de kWh, 15 % de la consommation chinoise et l'équivalent de 12 centrales nucléaires). Elle commence aussi à faire appel au nucléaire et à des importations de pétrole.

L'enjeu de l'environnement

• Les problèmes de santé publique

120 millions de citadins vivent dans une atmosphère polluée qui met en péril leur santé. 400 000 décès annuels sont imputables à la pollution. Le coût humain de la croissance chinoise est donc considérable. L'État chinois met en avant des projets comme Dongtan, ville durable 100 % écologique.

• L'enjeu du développement durable

Une prise de conscience est nécessaire, sinon la croissance risque de ne pas se conjuguer avec le développement durable.

VOCABULAIRE

TEP : Tonne équivalent pétrole : permet d'exprimer les différentes sources d'énergie avec une unité commune.

SITUATION 2 – MOYEN-ORIENT

Les pays du Moyen-Orient sont depuis 50 ans les principaux fournisseurs mondiaux de pétrole. L'extraction y est facile et les réserves importantes. C'est un atout considérable pour la région, même si l'enjeu pétrolier attise les convoitises et vient déstabiliser la région.

CHIFFRES CLÉS 2008

Production de pétrole en millions de tonnes :

- Moyen-Orient : 1 200
- Arabie Saoudite : 493
- Iran : 212
- Émirats Arabes Unis : 136
- Koweït : 130
- Irak : 105

Des ressources abondantes

• De grands producteurs

L'Arabie Saoudite produit 40 % du pétrole du Moyen-Orient. L'Iran a une production qui représente à peine la moitié de celle de l'Arabie Saoudite. Les autres États de la région sont les Émirats, le Koweït et l'Irak qui arrivent au même niveau de production.

• Des réserves importantes, source de développement

Les réserves de pétrole au Moyen-Orient représentent 25 fois celles des États-Unis et

GÉOGRAPHIE – Le cours

devraient assurer environ 80 années de production au rythme actuel. La manne pétrolière est investie dans la construction de cités modernes (Dubaï) et dans des équipements touristiques de luxe.

Une région fragile

• Des conflits multiples

Les deux premiers conflits (« guerre du Golfe » en 1991 et celle de 2003) peuvent être directement rattachés aux enjeux pétroliers. L'invasion du Koweït par l'Irak en août 1990 visait un doublement de ses réserves pétrolières. Les interventions internationales avaient des arrière-pensées géopolitiques en termes de sécurité des approvisionnements, voire de contrôle des gisements.

• Les enjeux géopolitiques

Les États-Unis considèrent le Moyen-Orient comme une zone sensible : ils ont des alliés dans la zone (Koweït, Émirats, Arabie Saoudite) mais également des opposants à leur politique (Irak de 1990 à 2003 et surtout Iran depuis 1979). Ils estiment leur présence et leur intervention indispensables pour assurer la sécurité de la zone et des approvisionnements pétroliers dans le monde.

VOCABULAIRE

Moyen-Orient : région comprise entre la rive orientale de la Méditerranée et la ligne tracée par la frontière entre l'Iran d'une part, le Pakistan et l'Afghanistan d'autre part. La logique imposerait de distinguer le Proche-Orient (les rives méditerranéennes) du Moyen-Orient situé au-delà.

SITUATION 3 – LA QUESTION ÉNERGÉTIQUE EN RUSSIE

Depuis les années 2000, la fédération de Russie est devenue le premier exportateur mondial d'énergie. Ses réserves d'hydrocarbures sont importantes, surtout pour le gaz naturel. La Russie est ainsi devenue le fournisseur incontournable de l'Europe en matière énergétique.

CHIFFRES CLÉS

- 142 millions d'habitants.
- Production de pétrole : 491 millions de tonnes.
- Production de gaz naturel : 612 milliards de m^3.

Un géant énergétique malgré de fortes contraintes

• Des ressources énormes

Les productions de pétrole et de gaz naturel sont colossales. La Russie est en 2009 au niveau de production de l'Arabie Saoudite pour le pétrole. Elle est surtout aujourd'hui le premier producteur de gaz naturel au monde. Le chiffre le plus significatif est celui de son bilan énergétique : plus de 600 millions de TEP.

• Des contraintes fortes

La plupart des réserves d'hydrocarbures de Russie se trouvent en Sibérie. L'exploitation des gisements se fait dans des conditions extrêmes (températures de – 60 °C en hiver, sol gelé en permanence). Par ailleurs, l'éloignement des zones de production et la rigueur du climat imposent le transport par tubes (oléoducs, gazoducs).

L'enjeu des exportations

• L'Europe, client de l'énergie russe

La Russie s'est hissée au rang de premier État exportateur d'énergie. C'est surtout dans le domaine du gaz qu'elle domine les marchés. La Russie constitue le premier fournisseur de nombreux États de l'Union européenne (Pologne, Allemagne et Italie).

L'oléoduc de Droujba (« amitié » en russe) est le plus long du monde : il relie les gisements russes aux grandes régions consommatrices d'Europe : Ukraine, Pologne, Hongrie, Allemagne, etc.

• Des sociétés géantes

Gazprom est une firme russe bénéficiant d'une position dominante dans le domaine du gaz : société géante, multinationale de taille mondiale, elle contrôle d'énormes intérêts gaziers et se diversifie dans de multiples secteurs.

ANALYSER DES DIAGRAMMES

MÉTHODE

Deux types de diagrammes sont couramment utilisés en géographie : le diagramme en barres et le diagramme circulaire.

1. RAISONNEMENT

Identifier

- Les données représentées, l'espace concerné, la date ou la période, les unités numériques.
- Le mode de construction du diagramme : son type, ses valeurs absolues ou ses pourcentages.

Décrire

- La tendance générale du diagramme : la situation dominante, l'homogénéité, le déséquilibre, la dispersion…
- Les détails significatifs : résumer les informations secondaires.

Interpréter

- Expliquer ces phénomènes en utilisant des informations d'ordre géographique, historique, économique, politique…
- Éventuellement montrer les limites du diagramme : des données non actualisées, peu fiables ou hypothétiques.

2. EXEMPLE : LE DIAGRAMME EN BARRES

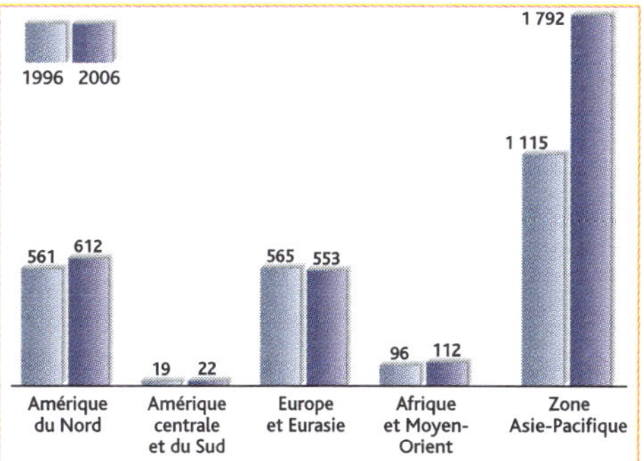

La consommation mondiale de charbon (en millions de tonnes)

Identifier

Ce diagramme représente la consommation mondiale de charbon par grandes régions pour 1996 et 2006. Les données sont en tonnes équivalent pétrole. Il s'agit d'un diagramme en barres verticales. Elles correspondent pour chaque région aux années et à la consommation en TEP. C'est donc une évolution comparée.

Décrire

La tendance générale est à l'augmentation. La consommation asiatique s'envole, provoquant l'accentuation des écarts avec l'Amérique du Nord et l'Europe. Cette dernière, en revanche, voit sa demande décliner.

Interpréter

L'augmentation de la consommation est due à une demande croissante en énergie. Le charbon retrouve sa rentabilité pour produire de l'électricité notamment. Le diagramme ne nous renseigne pas sur la production réelle de chaque continent ni sur les échanges mondiaux de charbon.

3. EXEMPLE : LE DIAGRAMME CIRCULAIRE

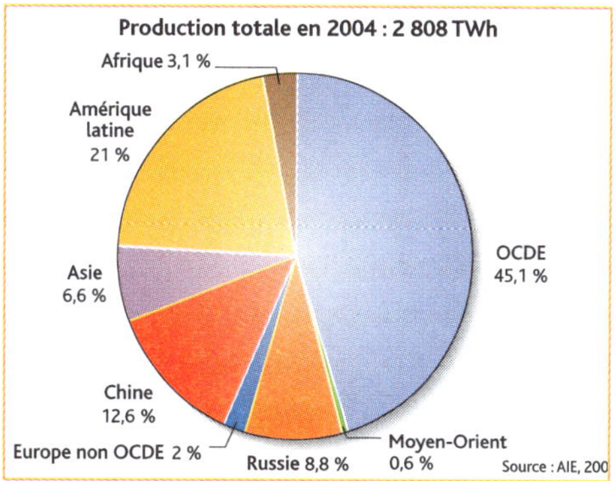

La production mondiale d'hydroélectricité

Identifier

Ce diagramme représente la production mondiale d'hydroélectricité. Les données correspondent à l'année 2004. C'est un diagramme circulaire ou en secteurs, représentant la part de chaque ensemble de pays en pourcentage du total mondial. Il s'agit donc d'un diagramme de répartition.

Décrire

La tendance générale est à la prépondérance des pays de l'OCDE qui produisent à eux seuls presque la moitié du total mondial. Ensuite, l'Amérique latine et la Chine dépassent 20 et 10 % du total mondial.

Interpréter

L'avantage des pays du Nord tient à l'ancienneté d'un équipement durable nécessitant des ressources importantes et régulières en eau fluviale. L'Amérique latine et la Chine possèdent des sites favorables aujourd'hui en production (Itaipu, le Barrage des Trois-Gorges). Le document ne permet pas de voir la répartition de la production entre l'Amérique et l'Europe qui représentent en fait la plupart des pays de l'OCDE.

4. POUR S'ENTRAÎNER

Diagramme en barres

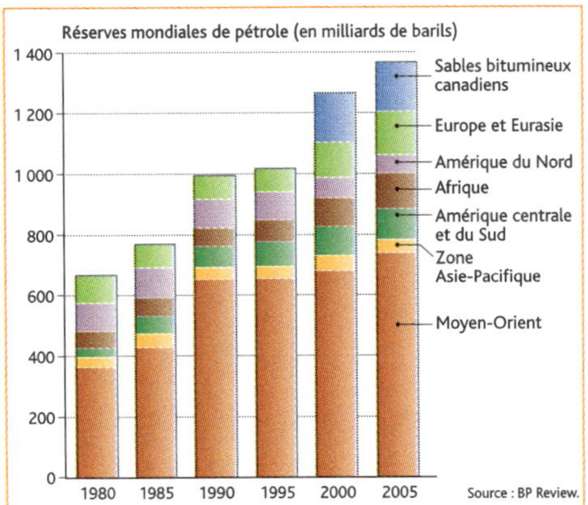

Source : BP Review.

Diagramme circulaire ou en secteurs

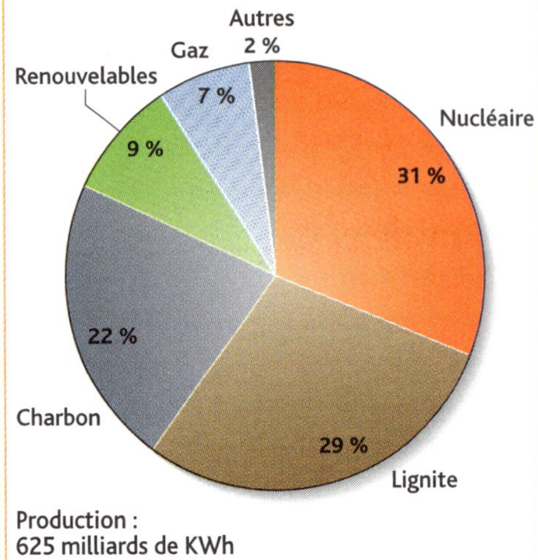

Source : AIE, 2006.

Pour chaque diagramme :

Identifier

- Les données représentées, l'espace concerné, la date ou la période, les unités numériques.
- Le mode de construction du diagramme : type, valeurs absolues ou pourcentages ?

Décrire

- La tendance générale : situation dominante, homogénéité, déséquilibre, dispersion.
- Les détails significatifs : résumer les informations secondaires.

Interpréter

- Expliquer ces phénomènes en utilisant des informations d'ordre géographique, politique, économique, historique.
- Montrer les limites du diagramme : données non actualisées, peu fiables ou hypothétiques.

Exercices

1 Faites correspondre chaque définition à un terme.

1. Forme de développement peu agressive pour l'environnement et économe des ressources pour ne pas compromettre l'avenir des générations futures • • **a)** GES

2. Énergie accumulée dans des gisements, les réserves sont donc finies (pétrole, uranium) • • **b)** Énergie fossile

3. Matières premières énergétiques non transformées (pétrole brut, charbon, uranium, vent). • • **c)** Développement durable

4. Énergies de flux qui se renouvellent continuellement : vent, soleil, hydraulique • • **d)** Énergie primaire

5. Gaz à effet de serre qui contribuent à réchauffer les climats • • **e)** Énergie renouvelable

2 Faites correspondre chaque terme à la région du monde qui lui convient.

1. Dongtan • • **a)** Russie

2. Gazprom • • **b)** Moyen-Orient

3. Dubaï • • **c)** Chine

3 Lisez le document et répondez aux questions.

Les perspectives à moyen terme

En poursuivant les tendances actuelles, le pétrole, le gaz et le charbon devrait représenter 83 % de l'augmentation de la demande énergétique mondiale entre 2004 et 2030. En théorie ce scénario est possible. Les réserves de pétrole dites prouvées continuent de dépasser les 1 200 milliards de barils, soit plus de quarante ans au rythme de production actuel. Tandis que celle de gaz sont à plus de soixante ans.

En pratique, ces perspectives sont alarmantes. D'abord parce que l'offre devrait malgré tout peiner à répondre à la demande ce qui pourrait déclencher des situations de pénurie. Ensuite parce que le principal effet du renchérissement du pétrole et du gaz a moins été le développement des énergies renouvelables que le retour tonitruant du charbon, de loin l'énergie la plus émettrice de gaz à effet de serre.

Marc Chevallier, *Alternatives économiques*, Hors série n° 74, 2007.

a) Quantifiez les réserves de pétrole et de gaz.

b) Pourquoi les « perspectives sont-elles alarmantes » ?

4 Quelle est la bonne réponse ?

Cette photo illustre :

a) le développement durable ;

b) Gazprom ;

c) le transport de l'énergie.

Corrigés : 1. 1c, 2b, 3d, 4e, 5a – **2.** 1c, 2a, 3b – **3.** a) Les réserves de pétrole sont à plus de quarante ans au rythme de production actuel et celles de gaz à plus de soixante ans, b) Risque de pénurie totale de pétrole et de gaz disponibles sur Terre dans les années 2060/2080 ; cela veut dire qu'il faut trouver des énergies de substitution – **4.** a)

9 LE DÉVELOPPEMENT INÉGAL

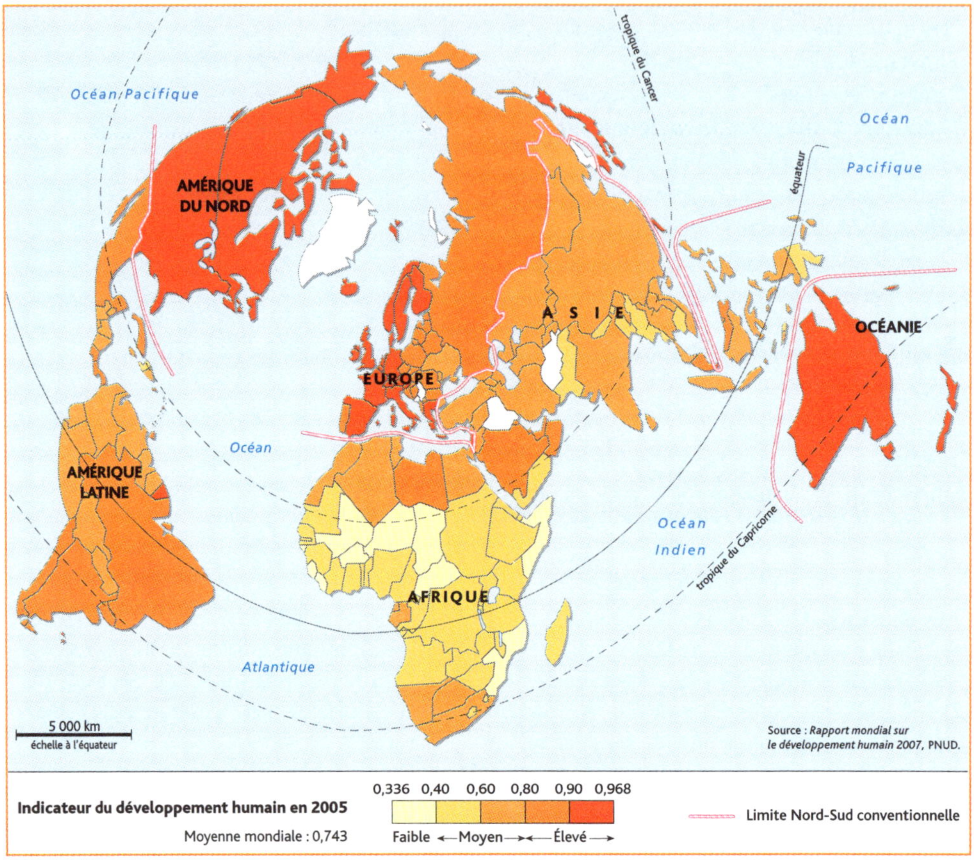

L'indicateur de développement humain dans le monde

1. UN MONDE TRÈS INÉGALITAIRE

Croissance économique et développement

• L'accroissement des richesses

La croissance économique est l'accroissement des richesses d'un pays d'une année sur l'autre. Elle est mesurée le plus souvent par le revenu national brut (RNB). La moitié des richesses mondiales est produite par trois pays : les États-Unis, le Japon et l'Allemagne. Le Nord domine l'économie mondiale grâce à sa puissance financière, sa technologie, sa recherche et ses grandes entreprises.

• Le développement

Le **développement** prend en compte l'amélioration générale du bien-être des populations sur une période longue. Il se mesure par l'indicateur de développement humain (**IDH**) qui établit une hiérarchie nette entre pays du Nord et pays du Sud. Les écarts se manifestent en matière de niveau de vie, d'accès à l'alimentation, à l'éducation et aux équipements d'hygiène et de santé.

La pauvreté, mesurée par l'indicateur de pauvreté humaine (**IPH**) est une préoccupation majeure dans beaucoup de pays, surtout en Afrique où la mortalité infantile reste forte (86 ‰) et l'espérance de vie réduite (53 ans).

Les Nord et les Sud

• Les Nord

Les pays du Nord ne forment pas un ensemble homogène. Si l'Amérique du Nord, le Japon et l'Europe de l'Ouest sont les zones les plus riches de la planète, elles le doivent à une agriculture performante, à une domination dans le secteur des hautes technologies et à leur puissance commerciale et financière. Parfois les inégalités sont notables entre les régions d'un même pays (Italie du Nord riche, Italie du Sud pauvre ; Allemagne de l'Ouest dynamique et Allemagne de l'Est en retard).

• Les Sud

Les nouveaux pays industrialisés d'Asie (Corée, Hong-Kong, Singapour, Taïwan) sont aujourd'hui considérés comme des pays développés. Les **pays émergents** (Brésil et Mexique en Amérique du Sud) et les deux géants asiatiques (Chine et Inde) demeurent encore dans le camp des pays en développement.
En Afrique subsaharienne, 33 pays sont des **PMA** : ce sont les pays les plus pauvres de la planète. Certains ont un revenu national brut par habitant inférieur à 1 000 dollars (soit 18 fois moins que l'Europe).

2. DES INÉGALITÉS À TOUTES LES ÉCHELLES

De fortes inégalités

À toutes les échelles, il existe des inégalités entre les populations occupant un territoire. Ainsi dans l'Union européenne, les pays de l'Est et du Sud sont globalement en retard par rapport aux pays de l'Ouest et du Nord du continent. Les fonds structurels européens alloués par l'UE visent à réduire ces inégalités. À l'échelle d'un pays, certaines régions sont plus riches que d'autres (Brésil) ; certains groupes ethniques mieux pourvus que d'autres (Blancs et Noirs en Afrique du Sud). À l'échelle mondiale, les politiques d'aide au développement peuvent permettre d'améliorer la situation des pays les plus pauvres.

Les villes, reflets des inégalités sociospatiales

• Dans les pays riches

La ville constitue un lieu où les inégalités entre les habitants sont fortes. C'est le cas dans les villes des pays riches où des quartiers différents abritent des populations plus ou moins aisées.
Aux États-Unis, les différentes minorités se partagent les centres-villes dégradés (Noirs, Hispaniques) alors que les classes moyennes et aisées vivent en périphérie dans des banlieues ou des quartiers sécurisés. Cette **ségrégation sociospatiale** se retrouve dans les villes européennes : les banlieues connaissent aussi une séparation entre les riches et les pauvres (Paris, Londres). Mais la ville est aussi le lieu où la plus grande misère vient trouver refuge.

• Dans les pays en développement

La ville peut constituer un espoir pour les ruraux venus s'y installer.
Les Chinois de l'Ouest viennent dans les villes littorales pour s'embaucher dans les usines. Bombay et Delhi (Inde) accueillent tous les jours plus de 1 000 nouveaux arrivants. Mais une part importante de cette population pauvre vit dans des bidonvilles (*townships* en Afrique du Sud, *favelas* au Brésil), construits avec des matériaux de récupération.
Les autorités locales ou nationales mettent en œuvre des politiques de réhabilitation des quartiers pauvres, dans les pays riches comme dans les pays pauvres, afin de développer une plus grande justice spatiale.

VOCABULAIRE

Développement : capacité pour une société de satisfaire durablement les besoins essentiels de l'ensemble de la population.

IDH et IPH : indice de développement humain et indice de pauvreté humaine.

Pays émergents : pays en développement dont les taux de croissance économique sont forts ces dernières années, grâce à une industrialisation accélérée.

PMA : pays les moins avancés (49 pays les plus pauvres du monde).

Ségrégation sociospatiale : séparation entre des groupes sociaux, chacun se regroupant dans des quartiers différents.

SITUATION 1 – LES DYNAMIQUES SOCIOSPATIALES DANS L'UNION EUROPÉENNE

CHIFFRES DE L'UE (2009)

– 27 pays membres.

– PIB moyen/habitant en PPA : 29 000 euros.

– Population sous le seuil de pauvreté : 17 %.

– Taux de chômage moyen : 9 %.

Un ensemble hétérogène

• 27 pays

L'Union européenne est aujourd'hui constituée de 27 pays. À l'échelle du territoire de l'Union, les inégalités sociospatiales sont importantes, en particulier entre le centre (la **Mégalopole européenne**) et les périphéries. Les élargissements successifs aux pays de l'Est et du Sud de l'Europe modifient l'organisation de l'espace européen.

• Des pays en retard

L'adhésion de la Bulgarie et de la Roumanie le 1er janvier 2007 a complété celle d'un groupe de 10 pays d'Europe centrale et méditerranéenne entrés dans l'UE en 2004 : Estonie, Lettonie, Lituanie, Pologne, République tchèque, Slovaquie, Hongrie, Slovénie, Chypre et Malte. La plupart de ces pays récemment entrés dans l'Union sont en retard de développement par rapport à l'Ouest du continent sur le plan économique et social comme sur celui de l'aménagement de leur territoire.

L'Union européenne, composée aujourd'hui de 27 pays, rassemble des populations inégalement riches dans des régions au dynamisme économique inégal.

Lutter contre ces inégalités

L'Union européenne favorise donc le rattrapage de ces régions défavorisées de l'Est et du Sud du continent grâce aux aides des **fonds structurels** qui privilégient l'amélioration des conditions de croissance et d'emploi. Ces sommes importantes allouées aux PECO et aux pays méditerranéens (mais aussi aux régions ultrapériphériques françaises : DOM-ROM) servent à réaliser de multiples projets d'aides aux activités économiques, à la réhabilitation urbaine ou à la construction d'infrastructures de communication. La crise économique actuelle risque cependant de mettre à mal les mesures de l'UE qui visent une meilleure intégration des pays de l'Est et du Sud de l'Europe dans la dynamique européenne.

SITUATION 2 – LES DYNAMIQUES SOCIOSPATIALES EN AFRIQUE DU SUD

La fin de l'apartheid

• Une histoire pesante

L'Afrique du Sud, peuplée de 49 millions d'habitants, est sortie du régime d'apartheid en 1991 grâce à l'action d'une figure emblématique du pays : Nelson Mandela. L'Afrique du Sud est devenue la puissance émergente du continent africain.

• Des inégalités flagrantes entre Blancs et Noirs

L'Afrique du Sud est le pays le plus riche du continent noir. Cependant, cette richesse ne profite pas à tous. Les inégalités sociospatiales restent importantes entre les différentes communautés : 40 % des Noirs sont victimes du chômage ; le revenu d'un ménage noir est cinq fois plus faible que celui d'un ménage blanc. Le sida fait des ravages dans la population de couleur. Une élite noire s'est pourtant enrichie et vit dans des quartiers protégés. Quant aux Blancs, ils constituent l'essentiel de la population aisée, même si 10 % d'entre eux vivent sous le seuil de pauvreté (0 % il y a dix ans). Les Blancs vivent en général mieux que les Noirs, souvent dans des demeures spacieuses des quartiers protégés des villes.

Des inégalités visibles dans l'espace

• Les *townships*

Les inégalités sociospatiales restent fortes avec une majorité de Noirs, très souvent reléguée dans les *townships* qui jouxtent les grandes villes. L'exemple le plus évocateur est celui de Soweto, situé à une quinzaine de kilomètres de Johannesburg, qui a connu un programme continu de réhabilitation.

Les inégalités sociospatiales à Johannesburg, métropole économique de l'Afrique du Sud

• Une politique pour plus d'égalité

Les dirigeants du pays favorisent une politique de discrimination positive qui privilégie le recrutement de personnes de couleur dans l'entreprise et la redistribution des terres aux plus pauvres.

SITUATION 3 – LES DYNAMIQUES SOCIOSPATIALES DANS UNE AGGLOMÉRATION : LOS ANGELES

L'agglomération de Los Angeles compte plus de 20 millions de personnes. Villas de Beverly Hills ou des coteaux d'Hollywood, quartier marginalisé de Skid Row, la « nébuleuse multipolaire » (Gérard Dorel) associant luxe et misère, est avant tout une ville multiethnique, en lien direct avec les flux migratoires (surtout hispaniques) de ces dernières décennies.

CHIFFRES CLÉS : LOS ANGELES

- WASP : 32 %
- Noirs : 10 %
- Hispaniques : 45 %
- Asiatiques : 13 %

Une composition ethnique qui évolue

À Los Angeles, de 1960 à 2007, la part des WASP (*White Anglo-Saxon Protestant*) est en très grande diminution (de 80,8 % à 32 %) alors que l'essor des Hispaniques est constant (9,6 % en 1960, 45 % aujourd'hui). C'est donc près d'un habitant sur deux de la ville qui revendique cette origine.

La part des Noirs a augmenté de manière significative jusqu'en 1980 (7,6 % en 1960 et 12,3 % en 1980) avant de diminuer (10 % en 2009). Enfin, les Asiatiques forment un groupe ethnique qui croît fortement durant cette période (forte immigration), au point de dépasser aujourd'hui la population noire en pourcentages.

Une ségrégation sociospatiale visible dans les paysages

Los Angeles rassemble des quartiers très différents, tant par la population qui y habite que par la richesse ou la pauvreté de celle-ci. La composition ethnique voit progresser les Hispaniques alors que les Noirs, de moins en moins nombreux, vivent dans des zones urbaines ségrégées.

À proximité du quartier des affaires de Downtown, 10 000 sans abris occupent le quartier de Skid Row

On peut parler d'une véritable « spécialisation » ethnique des quartiers urbains. Si la population asiatique progresse et s'installe dans des quartiers spécifiques (Koreatown au nord-ouest de South Central), les Blancs choisissent de s'éloigner en périphérie et vivent parfois dans des quartiers gardés jour et nuit (***gated communities***). Les paysages urbains de Los Angeles traduisent bien les inégalités sociospatiales dans la grande métropole californienne.

VOCABULAIRE

Ségrégation sociospatiale : séparation des population en fonction de leur ethnie ou leur richesse.

***Gated communities* :** quartiers protégés jours et nuits des grandes villes aux États-Unis, où vivent des populations riches.

ANALYSER DES CARTES

MÉTHODE

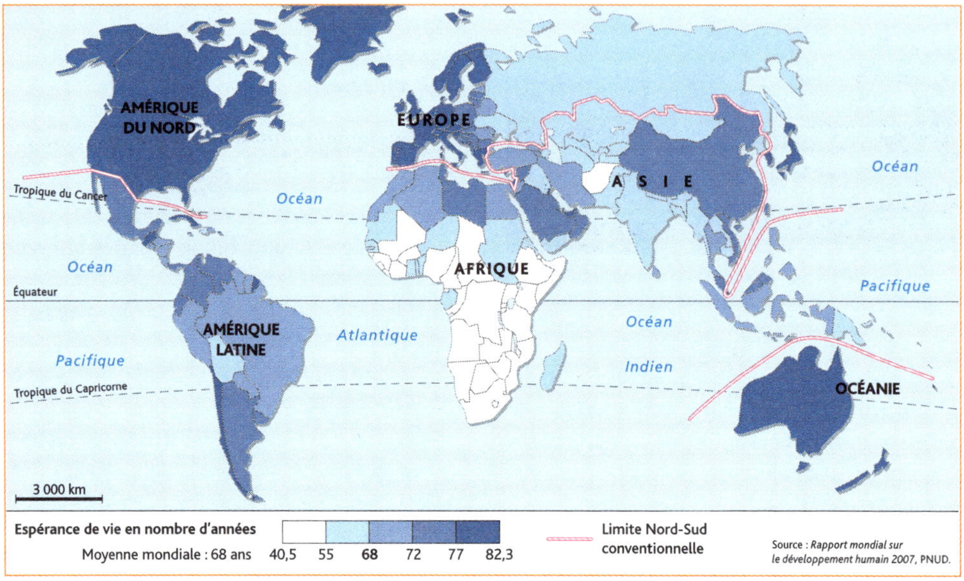

L'espérance de vie à la naissance dans le monde (2005)

1. RAISONNEMENT

Dans l'étude d'une carte, il faut repérer les principaux éléments qui la composent et chercher à localiser et expliquer les phénomènes représentés.

Identifier

- **L'échelle** de la carte : mondiale (planisphère), continentale, nationale, régionale ou locale.
- Le **titre de la carte** : il précise le thème abordé, ainsi que l'espace géographique considéré.
- Les différents éléments de la **légende** et les **moyens utilisés** pour différencier les phénomènes représentés (couleurs, hachures, points…).

Décrire

- Les grands contrastes que l'on peut observer.
- Les espaces qui appartiennent à une même classe.

Interpréter

- Utiliser ses connaissances pour **expliquer** les différents phénomènes décrits.
- Expliquer en quoi la carte illustre une **idée clé** du thème étudié.

2. EXEMPLE

Identifier

Cette carte est à l'échelle mondiale. Ce planisphère représente les variations de l'espérance de vie à la naissance dans les différents pays du monde. Plus les couleurs sont foncées, plus l'espérance de vie augmente.

Décrire

La moyenne mondiale de l'espérance de vie à la naissance est de 68 ans, mais on remarque un fort contraste entre les pays riches (Europe, Amérique du Nord, Japon, Australie) et les pays pauvres où l'on meurt plus jeune (Afrique, une partie de l'Asie). C'est en Afrique subsaharienne que l'espérance de vie à la naissance est la plus courte.

Interpréter

Cette carte montre les grandes inégalités de développement entre les pays du Nord et les pays du Sud, où l'espérance de vie est moindre à cause d'un sous-équipement sanitaire et médical. De plus, en Afrique, le sida qui touche une forte proportion de jeunes et d'adultes, est une autre explication de la faible espérance de vie.

3. POUR S'ENTRAÎNER

Identifier

- À quelle échelle est cette carte ?
- À l'aide de la légende, définir ce qu'est le PIB à parité de pouvoir d'achat.
- Comment est représenté ce phénomène ?

Décrire

- Quels sont les continents où le PIB est le plus fort ?
- Quels sont ceux où le PIB est le plus faible ?

Interpréter

- Que révèle cette carte sur les inégalités dans le monde ?
- En quoi la faiblesse du PIB est-elle un frein au développement en Afrique ?

4. POUR S'ENTRAÎNER À UNE AUTRE ÉCHELLE

L'IDH dans les régions brésiliennes

Identifier

- À quelle échelle est cette carte ?
- À l'aide de la légende, définir ce qu'est l'IDH. Comment est représenté ce phénomène au Brésil ?

Décrire

- Quels sont les régions du Brésil où l'IDH est le plus fort ?
- Quels sont celles où l'IDH est le plus faible ?

Interpréter

- Que révèle cette carte sur les inégalités au Brésil ?
- En quoi la faiblesse de l'IDH est-elle un frein au développement de certaines régions au Brésil ?

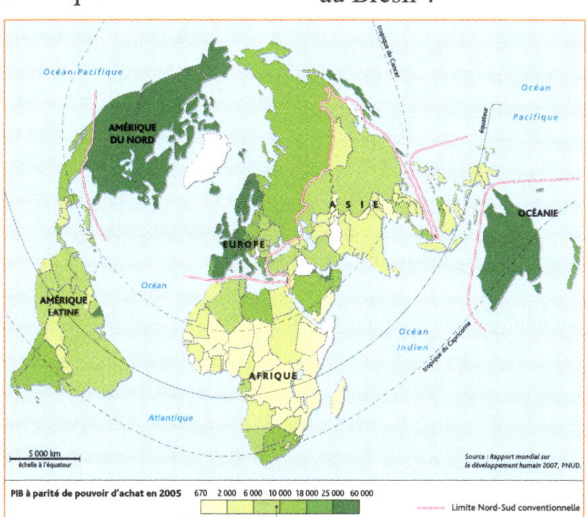

Riches et pauvres dans le monde en 2007

Exercices

1 Faites correspondre chaque définition à un terme.

1. Expression qui désigne les pays développés	•	• **a)** Croissance
2. Accroissement des richesses d'un pays d'une année sur l'autre	•	• **b)** PMA
3. Capacité pour une société de satisfaire durablement les besoins de sa population	•	• **c)** Développement
4. 49 pays les plus pauvres de la planète	•	• **d)** Pays émergents
5. Expression qui désigne globalement les pays en développement	•	• **e)** Nord
6. Pays dont les taux de croissance actuels sont forts	•	• **f)** Sud

2 Quelles sont les affirmations exactes ?

a) L'Union européenne oppose un centre riche et des périphéries plus pauvres.

b) Les townships sont des banlieues riches d'Afrique du Sud.

c) La Chine, l'Inde et le Brésil sont des pays émergents.

d) La société brésilienne est très inégalitaire.

3 Lisez le document et répondez aux questions suivantes.

Les inégalités en Inde

Dans un pays de près d'1,1 milliard d'habitants qui forme aujourd'hui le plus grand nombre de diplômés de l'enseignement supérieur par an dans le monde, 350 millions de personnes sont analphabètes, 260 millions vivent sous le seuil de pauvreté, 150 millions n'ont pas accès à l'eau potable, 50 % des enfants sont mal nourris et 75 % des villages n'ont pas accès aux soins de santé élémentaires. Par ailleurs, le fossé entre les métropoles en pleine croissance et les campagnes, où la crise agricole pousse les paysans pauvres au suicide, ne fait que se creuser.

Dalal Benbabaali, *« 60 ans d'Union Indienne ? »*, EchoGéo, Sur le vif 2008, mis en ligne le 09 octobre 2007.

a) Quelles sont les inégalités en matière d'éducation ?

b) En matière d'équipements sanitaires et de santé ?

c) En quoi les villes et les campagnes sont-elles des lieux où s'expriment les inégalités sociales ?

Corrigés : 1. 1e, 2a, 3c, 4b, 5f, 6d – **2.** a, c, d – **3.** a) L'Inde produit le plus grand nombre de diplômés de l'enseignement supérieur et est en même temps un pays où il y a encore 350 millions d'analphabètes – b) L'Inde est encore très en retard : 150 millions d'Indiens n'ont pas accès à l'eau potable et 75 % des villages n'ont pas accès aux soins – c) C'est dans les campagnes que le pouvoir d'achat est le plus bas et les conditions de vie les plus difficiles.

10 LES SOCIÉTÉS FACE AUX RISQUES

Haïti après le séisme de 2010

GÉOGRAPHIE — Le cours

1. LES RISQUES NATURELS ET TECHNOLOGIQUES

Les risques naturels

• La Terre, planète active

L'instabilité de l'atmosphère, de l'océan et de l'écorce terrestre est à l'origine d'**aléas** susceptibles de provoquer des événements dangereux. Les principaux aléas sont les séismes, les éruptions volcaniques, les cyclones et les inondations. Plus localisés dans l'espace, les avalanches, les glissements de terrain, la foudre et autres aléas climatiques peuvent également avoir des conséquences très graves. Une catastrophe naît de la rencontre entre un événement lié au risque et la société qui le subit. Ainsi, une inondation au Bangladesh est d'autant plus catastrophique que la population est vulnérable et très nombreuse.

• Risques sismiques et volcaniques

Ils se localisent à proximité des limites de plaques de l'écorce terrestre, où l'instabilité est forte. On compte près de 300 000 morts lors du tsunami de décembre 2004 en Asie du Sud… Le tremblement de terre en Haïti (janvier 2010) a été d'autant plus meurtrier (200 000 morts) que le pays était particulièrement pauvre et mal préparé aux séïsmes de forte intensité. Enfin, les cyclones dévastent les littoraux des régions tropicales.

Les risques technologiques

• Risques liés aux activités industrielles

Les sociétés contemporaines ont acquis une puissance technologique susceptible de déchaîner des événements qui menacent les biens, les populations et même l'environnement. Ces activités industrielles génèrent des risques liés aux manipulations et au stockage de produits chimiques, de carburants et de matières dangereuses. Ainsi, l'explosion de 200 tonnes de nitrate d'ammonium à Toulouse en 2001 a provoqué 30 morts et des dégâts considérables. C'est pourtant dans les pays en développement que les catastrophes sont les plus désastreuses : 20 000 morts en Inde lors de l'explosion d'une usine chimique en 1984 (Union Carbide à Bhopal).

• Risques et transports

Les transports sont également à l'origine d'accidents qui causent des dommages importants, c'est le cas des marées noires.
À ces risques bien identifiés s'ajoutent les conséquences environnementales des activités humaines : l'explosion de la centrale nucléaire de Tchernobyl en 1986 a stérilisé des centaines de milliers d'hectares. Enfin, les rejets de polluants affectent la santé et contribuent à modifier les climats.

2. PRÉVENIR ET GÉRER LES RISQUES

Les principes de la gestion des risques

• La vulnérabilité des sociétés

Les catastrophes ont longtemps été considérées comme une fatalité contre laquelle il était inutile de s'organiser. La plus grande **vulnérabilité** des sociétés contemporaines oblige à une gestion des risques. Tout d'abord, leur prévention consiste par exemple à ne pas construire dans les zones inondables ou à renforcer les bâtiments en zone de forte sismicité.

• La culture du risque

Le développement d'une culture du risque permet de mieux gérer les catastrophes : informer les populations, réaliser des exercices d'évacuation et de secours, construire des abris anti-cyclones. Il faut intégrer la culture du risque dans les entreprises industrielles et appliquer le principe de précaution, comme dans les cas de risques sanitaires.
Une gestion correcte des événements permet souvent de limiter les effets d'une catastrophe. Les politiques publiques sont souvent insuffisantes dans les pays en développement. En revanche, en France, la règlementation s'est renforcée avec les PPR, plans de prévention des risques. C'est une nécessité tant pour les régions d'outre-mer, qui sont particulièrement sensibles aux risques naturels, que pour la métropole qui n'est pas toujours épargnée (tempête de 1999, canicule de 2003).

Le coût des risques

• Inégalités Nord/Sud

Les catastrophes se chiffrent en milliards de dollars ou d'euros dans les pays du Nord alors qu'elles se mesurent en milliers de victimes dans les pays les plus pauvres.
90 % des catastrophes les plus meurtrières depuis 30 ans sont intervenues dans une région du Sud où les sociétés sont particulièrement vulnérables.

• La solidarité internationale

Les catastrophes les plus récentes témoignent de l'émergence d'une solidarité internationale. Lors du tsunami de 2004 en Asie ou du tremblement de terre en Haïti en janvier 2010, l'aide internationale publique et le rôle des ONG ont été déterminants pour les populations durement touchées.

VOCABULAIRE

Aléa : événement imprévisible mais probable lié au fonctionnement de l'atmosphère ou à la physique de l'écorce terrestre.

Risque naturel : exposition d'une population à un événement catastrophique d'origine naturelle : crue, tempête, cyclone, séisme, éruption volcanique.

Risque technologique : exposition d'une population à un événement consécutif à un accident lié aux activités humaines : explosion, incendie d'usine, irradiation.

Vulnérabilité : sensibilité d'une population à un risque. Elle dépend de l'intensité du risque, de la densité de population, du niveau de richesse et de la prévention.

SITUATION 1 – LE RISQUE NATUREL DANS UN DOM-COM

LA RÉUNION

- 1932 : cyclone, 100 morts.
- 1948 : cyclone, 165 morts.
- 2007 : cyclone, 2 morts.

LA MARTINIQUE

- 1902 : explosion volcanique, 30000 morts.
- 2007 : cyclone Dean, 1 mort, cultures détruites, nombreux dommages.

Les cyclones aux Antilles françaises

La Guadeloupe et la Martinique sont deux des régions françaises d'outre-mer les plus peuplées. Pour les visiteurs, elles sont réputées pour leur éternel été, leurs paysages sublimes et leur population accueillante. Cependant, cette situation au cœur du monde tropical et à proximité de grandes fractures de l'écorce terrestre les soumet à des risques naturels beaucoup plus menaçants qu'en métropole. Le bassin des Caraïbes est l'une des régions du globe les plus exposées aux catastrophes naturelles d'origine climatique.

Chaque année, plusieurs cyclones traversent ces deux îles et provoquent d'importants dégâts et parfois des victimes. Cependant, les Antilles françaises sont bien moins vulnérables que d'autres îles plus pauvres.

La gestion d'un risque naturel sur l'île de la Réunion (2007)

Image satellite du cyclone Gamède (février 2007)

La gestion du risque à l'occasion du passage sur la Réunion d'un cyclone comme Gamède en 2007 se déroule de la manière suivante :

- **Une phase d'alerte :** dans un premier temps, lorsque le cyclone se forme et approche dans l'océan Indien, les phases 1 et 2 (vigilance cyclonique et alerte orange) sont activées. Par exemple, les établissements scolaires sont fermés.
- **Durant le passage du cyclone :** l'île est en alerte rouge, les habitants sont confinés à leur domicile, toutes les activités sont suspendues et la circulation est interdite.
- **Après le cyclone :** les secours interviennent, la prudence reste de mise, les dommages sont estimés et un premier bilan est établi. Après le passage de Gamède, le ministre de l'outre-mer est venu sur l'île pour témoigner de la solidarité de la métropole et du gouvernement ainsi que pour coordonner les secours.

VOCABULAIRE

Cyclone : puissante dépression atmosphérique se formant au-dessus des océans dans la zone intertropicale.

SITUATION 2 – LE RISQUE TECHNOLOGIQUE : LE COULOIR DE LA CHIMIE AU SUD DE LYON

Le couloir de la chimie situé au sud de l'agglomération de Lyon est un complexe industriel de taille européenne spécialisé dans la pétrochimie.

Apparu dès le XIXe siècle, ce site s'est considérablement développé dans la seconde moitié du XXe siècle en lien avec le raffinage du pétrole. La gestion des risques technologiques est d'autant plus nécessaire que plusieurs centaines de milliers de personnes vivent à proximité des usines.

La vallée du Rhône à Feyzin

Un complexe industriel sous surveillance

Le couloir de la chimie au sud de Lyon est une des plus importantes concentrations d'usines chimiques et pétrolières du territoire français. L'expression de « couloir » est employée car les usines se trouvent le long du Rhône et sont comme alignées sur une dizaine de kilomètres en suivant les axes de communication. Immédiatement au sud de Lyon se succèdent

GÉOGRAPHIE | Le cours

des usines et des entrepôts qui stockent et manipulent des produits dangereux.

De nombreux produits chimiques sont manipulés et stockés : produits pétroliers, gaz, ammoniac, solvants, chlore, etc. Tous ces produits sont suffisamment dangereux pour justifier le classement Seveso des usines. Il y a donc des risques d'explosions, d'incendies et d'émanations toxiques. Ces risques sont d'autant plus importants que des dizaines de milliers de personnes vivent à proximité des établissements industriels.

La prévention des risques

Les quartiers sud de Lyon sont à quelques centaines de mètres des usines chimiques. Par exemple, la ville de Feyzin est située à moins d'un kilomètre de la raffinerie, comme Irigny qui se trouve sur l'autre rive du Rhône. De nombreuses routes, autoroutes et voies ferrées suivent le couloir de la chimie. Aux risques industriels s'ajoutent donc ceux liés aux transports. L'explosion d'un camion-citerne ou d'un wagon pourrait entraîner des conséquences en chaîne.

La prévention consiste donc à informer la population du comportement à adopter en cas d'incident ou d'accident. Le classement **Seveso** impose des mesures de sécurité et de prévention aux industriels et aux pouvoirs publics.

La réglementation a été renforcée après l'accident d'AZF en 2001. L'opinion publique reste toutefois très sensible aux risques technologiques liés à l'industrie chimique.

VOCABULAIRE

Seveso : directive européenne qui réglemente la prévention des risques industriels.

SITUATION 3 – LES INONDATIONS AU BANGLADESH

Le sud du Bangladesh sous les eaux après le passage du cyclone Sidr

CHIFFRES CLÉS

- **Population :** 153 millions d'habitants.
- **Densité :** 900 habitants/km^2.
- **Capitale :** Dacca, 8 millions d'habitants.

La plus grande partie du Bangladesh est à moins de 12 mètres au-dessus du niveau de la mer et environ 10 % du territoire est situé en-dessous du niveau zéro. 80 % des précipitations tombent pendant les cinq mois de la mousson (de juin à octobre), alors que 20 % seulement des terres sont protégées des inondations et équipées de drainage et d'irrigation.

Le Bangladesh sous la menace des eaux

Le risque d'inondations est particulièrement important car la population est très nombreuse, le territoire est sous la menace d'inondations arrivant par la mer et par les nombreux fleuves qui traversent le pays.

Un tiers du territoire se trouve régulièrement sous les eaux : altitudes très faibles, espace correspondant à des plaines fluviales. Les deux tiers du territoire sont potentiellement inondables lors des catastrophes les plus désastreuses. Seules les constructions de digues et d'abris peuvent protéger les populations.

Des populations menacées

Deux grandes digues protègent la partie du territoire située entre le Gange et le Brahmapoutre, ainsi que la capitale Dacca.

Par ailleurs, des milliers d'abris anticyclones permettent aux populations de se réfugier à une dizaine de mètres de hauteur lors de la montée des eaux. Pourtant, les effets des inondations restent catastrophiques du fait de la géographie du pays, de la violence des inondations et surtout de la pauvreté d'une grande partie de la population qui n'a pas toujours la possibilité de se mettre en sécurité et qui reste vulnérable après les catastrophes (maladies, famines).

Les changements climatiques prévus au XXIe siècle risquent d'être dramatiques pour le Bangladesh. En effet, le réchauffement annoncé de plusieurs degrés va probablement multiplier les cyclones et augmenter leur violence.

La hausse du niveau de la mer d'une cinquantaine de centimètres risque de faire disparaître une bonne partie du territoire. Des terres agricoles seront certainement noyées sous les eaux ou rendues incultes par le sel.

ANALYSER UN TEXTE EN GÉOGRAPHIE

MÉTHODE

1. RAISONNEMENT

Les textes de géographie permettent de tirer des informations et nécessitent un certain sens critique.

Identifier

- L'**auteur** (personne, organisme) qui a produit le texte.
- La **nature du document** : article de presse, loi, correspondance, texte de géographe…
- La **source du document**, la date de production et le contexte dans lequel il a été produit.

Décrire

- Les **grandes idées** qui sont exprimées par l'auteur.
- Les **classer** par thème.
- Les **hiérarchiser** en établissant des **liens** (cause-conséquence…).

Interpréter

- Utiliser ses connaissances pour **expliquer** les différents phénomènes décrits.
- Expliquer les limites du texte.

2. EXEMPLE

Prévention et prévision

Prévoir les catastrophes naturelles est un objectif atteignable pour la science. Le problème est résolu pour les cyclones ou les inondations grâce aux satellites et il est presque résolu pour les éruptions volcaniques, si l'on dispose sur les volcans d'observatoires bien équipés. Les zones à risques semblent bien identifiées et la prévision temporelle s'améliore lentement. Mais l'effort est à faire dans le domaine de la prévention.

On pourrait éviter beaucoup de dommages causés par les inondations en aménageant des fleuves, en limitant le ruissellement, donc en aménageant les territoires. La solution est financière. Il faut apprendre aux populations à vivre avec le risque, mais aussi à se comporter rationnellement lors de l'événement. Cependant, les conditions à remplir sont telles que les dégâts matériels et humains provoqués par les catastrophes naturelles ne feront que croître. Sans compter que les prévisions scientifiques ne nous rendent pas optimistes. Sans parler du changement climatique, qui entraînera une augmentation des cyclones violents en Asie du Sud-Est ainsi que des inondations, les spécialistes prévoient un gros tremblement de terre près de la ville d'Istanbul, de nouveaux tsunamis dans l'archipel indonésien et une éruption volcanique catastrophique dans l'ouest des États-Unis.

Claude Allègre, « Les catastrophes naturelles », *Le Point*, n°1863 du 29 mai 2008.

Identifier

- L'auteur est Claude Allègre, géochimiste, dont les positions sur l'origine du réchauffement climatique sont controversées.
- Ce document est un article de presse de cet éminent scientifique français.
- Il s'agit d'une interview qui a été réalisée dans l'hebdomadaire *Le Point*, en mai 2008.

Décrire

L'auteur définit deux grandes notions liées aux risques :

- La prévision : manière de prévoir les catastrophes naturelles. La science (satellites, calculs, statistiques) doit permettre de mieux connaître la date des cyclones, des inondations, voire des éruptions volcaniques.
- La prévention : tout faire pour que les conséquences des catastrophes soient les moins graves possibles pour les sociétés.

Interpréter

- Claude Allègre montre que la science peut apporter beaucoup pour prévoir et prévenir les catastrophes naturelles.
- Pourtant la marge d'incertitude reste grande : on sait qu'un gros tremblement de terre se produira dans la région d'Istanbul ou qu'une éruption volcanique touchera l'Ouest des États-Unis… mais on ne sait pas quand !

3. POUR S'ENTRAÎNER

Exemple 1

Le cyclone Sidr a fait plusieurs milliers de morts au Bangladesh

Le cyclone Sidr, qui a frappé le Bangladesh, jeudi 15 novembre, a fait plusieurs milliers de morts. Lundi 19 novembre le décompte officiel s'élevait à plus de 3 000 victimes, mais, selon le Croissant Rouge, le bilan devrait atteindre 5 000 à 10 000 victimes. Au moins 900 000 familles ont été frappées soit 7 millions de personnes, selon la Croix-Rouge, qui estime que, au sud du pays, ravagé et coupé du monde, les survivants risquent de mourir de faim et de soif s'ils ne reçoivent pas d'aide rapidement. (…)

Sidr est la pire tempête qu'a connue le Bangladesh depuis seize ans : en 1970, le pays avait été ravagé par un ouragan qui avait fait un demi-million de morts puis, en 1991 par un raz-de-marée qui avait tué 138 000 personnes. (…)

De plus, en dévastant les Sundarbans, un archipel de plus de cent îles, qui abrite la plus grande forêt de mangrove du monde, sur plus de 5 800 km², Sidr a provoqué un désastre écologique.

Ces îles qui jouent le rôle de barrière naturelle entre le golfe du Bengale et les terres du Bangladesh protègent également le pays des inondations. Situées à cheval sur l'Inde et le Bangladesh elles sont déjà menacées par la montée du niveau des océans, conséquence du changement climatique.

Le Monde, 20 novembre 2007.

Exemple 2

Treize sites Seveso sont concentrés au sud de Lyon

Sur une quinzaine de kilomètres, de La Mulatière, au sud de Lyon, jusqu'à Feyzin, se succèdent treize installations classées Seveso de « seuil haut », c'est-à-dire représentant un risque industriel majeur.

La nuit, ces cathédrales d'acier, ces enchevêtrements de tuyaux et poutrelles, ces gigantesques cuves se parent de mille lumières comme les plus beaux monuments de Lyon. (…) Dans le « couloir de la mort » comme disent les riverains les plus alarmistes, sont stockés des produits pétroliers, du gaz, des produits chimiques, ammoniac, solvants, phénol, esters chlorés, eau oxygénée, etc.

Au cœur du 7e arrondissement de Lyon, à quelques centaines de mètres du pôle scientifique où se côtoient les laboratoires de recherche, les entreprises de pointe et les facultés, le port Edouard-Herriot abrite trois dépôts d'hydrocarbures et un de gaz. (…).

Depuis la loi du 22 juillet 1987, tous les établissements classés font l'objet d'un périmètre de sécurité allant de 100 à 1 800 mètres, à l'intérieur duquel le risque d'incendie, d'explosion ou d'émission de gaz toxiques en cas d'accident est considéré comme entraînant des séquelles irréversibles sur la santé. Mais, comme à Toulouse, les immeubles d'habitation sont restés à proximité de ces sites, y compris à l'intérieur des périmètres. Des améliorations en matière d'odeurs, de fumées, de bruit, d'aspect ont été engagées, des efforts ont été déployés pour informer la population des risques encourus (plaquettes, réunions, cédéroms, sondages).

Sophie Landrin, *Le Monde*, 26/09/2001.

Exercices

1 Faites correspondre chaque définition à un terme.

1. Réalisation du risque aux conséquences dramatiques •
2. Exposition des populations à un événement catastrophique d'origine naturelle •
3. Événement imprévisible mais probable •
4. Exposition des populations à un événement catastrophique consécutif à un accident lié aux activités humaines •
5. Sensibilité d'une population à un risque •

• **a)** Risque naturel
• **b)** Aléa
• **c)** Risque technologique
• **d)** Vulnérabilité
• **e)** Catastrophe

2 Faites correspondre une notion avec une région du monde.

1. Cyclone Gamède •
2. Tsunami en 2004 •
3. Inondations •

• **a)** Asie du Sud-Est
• **b)** Bangladesh
• **c)** La Réunion

3 Lisez le document et répondez aux questions.

La perception culturelle du risque

Pendant longtemps les Japonais, comme les autres peuples soumis à d'importantes calamités naturelles, ont évoqué des causes surnaturelles pour expliquer cet aléa. Ainsi, son origine résiderait dans la présence sous la terre d'un poisson-chat géant (Namazu). D'ordinaire maintenu immobile par un pieu en pierre que presse sur sa tête « la grande divinité de Kashima », le poisson provoque des séismes quand il n'est pas tenu en respect par la divinité. (…)
Le séisme de Kobe, appartient à la longue série des tremblements de terre dont le plus dramatique fut probablement celui de Tokyo en 1923 (140 000 morts).

Yvette Veyret, *La fureur de Namazu*, Aléas et enjeux, CNDP, 2003.

a) Comment les Japonais expliquaient-ils le risque de séisme ?
b) Qu'est-ce que le « Namazu » ?
c) Pourquoi le séisme de Kobé de 1923 a-t-il été si meurtrier ?

4 Quelle est la bonne réponse ?

Cette photo illustre :
a) les risques naturels ;
b) les risques technologiques ;
c) l'absence de risques.

Corrigés : 1. 1e, 2a, 3b, 4c, 5d – **2.** 1c, 2a, 3b – **3.** a) Ils expliquaient le risque naturel par des causes surnaturelles – b) Un poisson-chat géant qui provoquait des séismes – c) On ne savait pas prévoir les séismes et les constructions étaient fragiles – **4.** a.

11 LES DROITS ET DEVOIRS DE LA COMMUNAUTÉ ÉDUCATIVE

1. INTRODUCTION

Un lycée professionnel est un établissement où l'on apprend les bases d'un métier, où l'on acquiert une culture générale. Mais c'est aussi un lieu où vivent en société les acteurs de l'établissement. Pour que ceux-ci fonctionnent harmonieusement au sein de celui-là, il est nécessaire de définir ce que chacun peut et doit faire : ce sont les **droits** et les **devoirs.**

Les membres de la communauté éducative

Ce sont en premier lieu les élèves répartis dans des classes et des groupes pour leur permettre de suivre les enseignements et les dispositifs qui leur sont dispensés par les professeurs.
Le lycée est dirigé par une équipe administrative plus ou moins importante selon la taille de l'établissement. À sa tête, le proviseur est assisté par ses adjoints. Les conseillers d'éducation, aidés par les assistants de vie scolaire, gèrent le quotidien (absences, aide aux devoirs). Les décisions d'orientation sont prises après des contacts réguliers avec les conseillers d'orientation psychologues attachés au lycée. Enfin, en matière de santé il est possible de faire appel à l'infirmière de l'établissement, ou au médecin scolaire qui lui est rattaché. D'autres partenaires culturels, économiques, sociaux peuvent intervenir plus ponctuellement.

Les droits et les devoirs au sein de la communauté

Les droits dont bénéficient les lycéens peuvent être de nature individuelle (liberté d'opinion, respect de l'intégrité physique), ou collective (droits de s'associer, de publier, d'afficher, de se réunir). Les droits et les libertés des lycéens sont garantis jusqu'à leur majorité par la convention internationale des enfants, signée par la France en 1990.
Futurs citoyens, les lycéens sont contraints de respecter plusieurs types d'obligations liées à la scolarité (présence aux cours, travail scolaire) ou aux membres de la communauté (respect des biens et des personnes).
Le chef d'établissement, le conseil d'administration et le conseil des délégués élèves veillent à ce que l'expression de ces droits et devoirs s'effectue selon les principes de **laïcité**, de **pluralisme** et de **neutralité** de l'école publique.

> **VOCABULAIRE**
>
> **Devoirs :** obligations auxquelles les lycéens doivent se soumettre.
>
> **Droits :** ce qui est permis par rapport à une règle.
>
> **Laïcité :** principe qui limite le religieux à la sphère privée donc hors de l'école.
>
> **Neutralité :** principe qui évite d'influencer.
>
> **Pluralisme :** diversité des opinions.

2. LES INSTANCES DE LA VIE LYCÉENNE

Les différents acteurs, élèves et adultes, participent au bon déroulement de la vie lycéenne de façon directe au quotidien, ou de façon indirecte au travers des **instances** qui les représentent. Ces instances fonctionnent à trois niveaux : local, académique, national.

Au niveau local : l'établissement

Dans chaque classe du lycée, deux élèves élus délégués représentent leurs camarades. Réunis en assemblée générale des délégués, sous la présidence du chef d'établissement, ils peuvent donner des avis et faire des propositions sur les questions relatives à la vie et au travail scolaire. De cette assemblée générale sont issus, par élections, des représentants qui vont siéger dans quatre conseils :
– le conseil de la vie lycéenne (CVL) qui, présidé par le proviseur, donne son avis sur la vie du lycée avec les parents et les membres du personnel ;

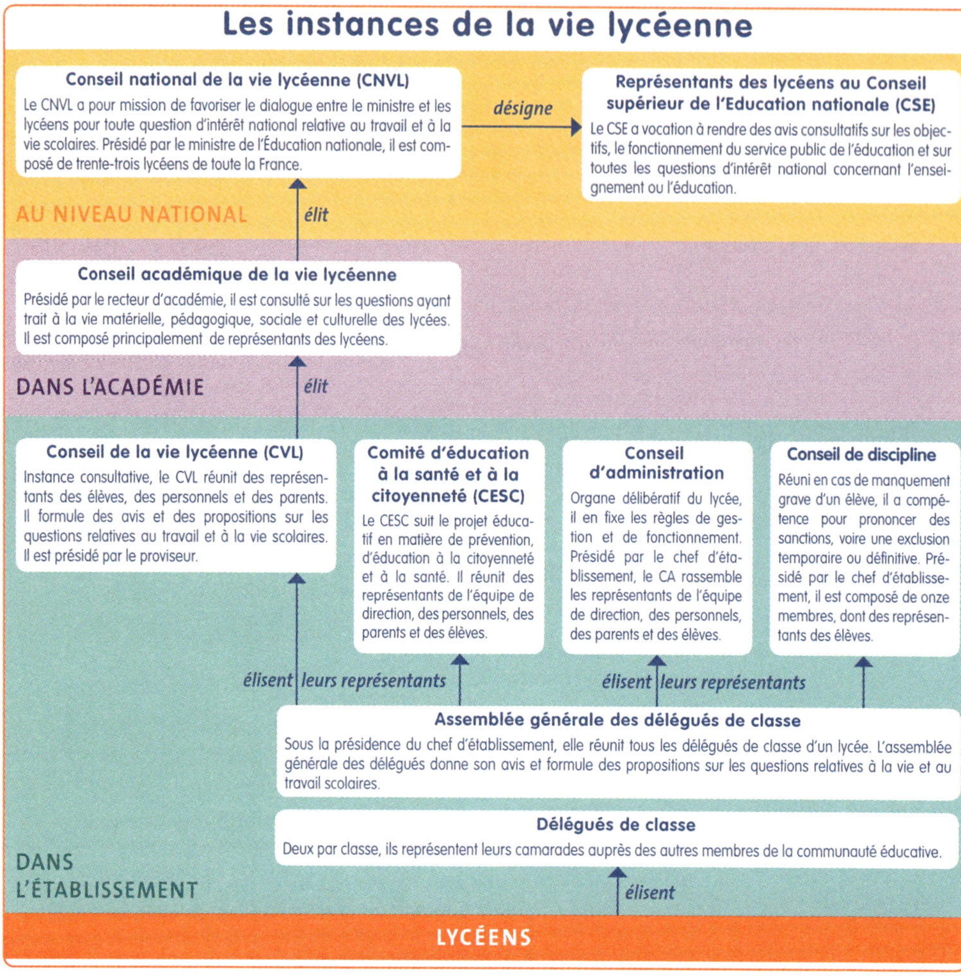

– le comité d'éducation à la santé et à la citoyenneté, qui avec l'équipe de direction, les parents, les personnels suit le projet en matière d'éducation à la santé et à la citoyenneté ;
– le conseil d'administration, présidé par le proviseur, réunit les représentants de l'équipe de direction, du personnel, des parents et fixe les règles de fonctionnement et de gestion de l'établissement ;
– le conseil de discipline : réuni exceptionnellement lors d'un grave **manquement** de la part d'un élève, présidé par le proviseur, il comporte 11 membres. Il prononce des sanctions qui peuvent aller jusqu'à l'exclusion temporaire ou définitive.

Les instances supérieures : académique et nationale

Aux échelons supérieurs, les lycéens élisent des représentants dans trois grands organes :

- Le Conseil académique de la vie lycéenne (CAVL), présidé par le recteur de l'Académie, il a une composition diversifiée (représentants de l'administration, du personnel, des collectivités locales). Il se prononce sur la vie matérielle, pédagogique, sociale et culturelle des lycées.

- Les conseils académiques élisent 33 délégués au Conseil national de la vie lycéenne (CNVL). Présidé par le ministre de l'Éducation nationale, ce conseil a pour mission de favoriser le dialogue entre le Ministère et les lycéens.

- Enfin, le CNVL désigne ses représentants qui siègent au Conseil supérieur de l'Éducation (CSE). Celui-ci rend des avis sur toutes les questions concernant l'intérêt du service public d'éducation.

Du fait des élections directes ou indirectes de leurs délégués dans tous les organes de la vie lycéenne, on peut dire que les instances fonctionnent selon le principe de la démocratie représentative.

VOCABULAIRE

Instance : terme juridique utilisé pour désigner un groupe de personnes qui détiennent un pouvoir.

Manquement : fait de ne pas satisfaire à ses obligations.

3. LE DROIT D'EXPRESSION AU LYCÉE

Au sein de la communauté éducative que constitue le lycée, les élèves disposent d'un certain nombre de devoirs, mais aussi de droits dont celui d'expression. En quoi consiste celui-ci ? Comment se traduit-il dans la vie quotidienne de l'établissement ?

Le Clemi (Centre de liaison de l'enseignement et des médias d'information) a pour mission d'apprendre aux élèves une pratique raisonnée des médias avec l'aide des professionnels de la presse.

Du principe à la loi

Le code de l'éducation prévoit que les élèves disposent des libertés d'information et d'expression sous réserve que celles-ci ne gênent pas les activités d'enseignement et s'exercent dans le respect du pluralisme et du principe de neutralité. Le droit d'expression peut prendre une forme individuelle (liberté d'opinion) ou collective (droit de s'associer, de se réunir, de publier, d'afficher). Ainsi, au sein du lycée, diverses associations (sportives, culturelles) peuvent exister, réunir leurs membres. Elles peuvent publier et afficher des informations les concernant, créer, faire vivre et diffuser un journal lycéen. Tous ces droits sont accompagnés d'un certain nombre de conditions de **déontologie**.

De la loi à son application

Le chef d'établissement est responsable du bon exercice du droit d'expression. Les réunions doivent faire l'objet d'une demande d'autorisation préalable. La réunion ne peut avoir un objet d'ordre commercial, politique ou **confessionnel**. Les associations sont autorisées par le conseil d'administration. L'accès à l'information qui se fait par affichage, mais aussi l'utilisation des locaux doivent être favorisés. Les conditions d'utilisation des panneaux et des locaux sont également précisées.
L'affichage ne peut être anonyme ni attenter à l'ordre public ou à l'intégrité des personnes. Les auteurs des **blogs** et des **webzines** doivent assurer la responsabilité de leurs propos. Ces conditions d'encadrement sont généralement précisées dans le règlement intérieur.

VOCABULAIRE

Blog : sorte de journal individuel tenu sur Internet.

Confessionnel : à caractère religieux.

Déontologie : ensemble de règles de fonctionnement qui encadrent une profession.

Webzine : magazine publié sur Internet.

4. LE RÈGLEMENT INTÉRIEUR

Lieu de formation, mais aussi lieu de vie collective, le lycée impose des règles admises par tous pour un fonctionnement harmonieux. Celles-ci sont énoncées dans le règlement intérieur qui a pour mission de développer l'autonomie et la responsabilité des acteurs de la communauté éducative que sont les élèves, dans le respect de principes de l'école de la République.

Des principes généraux

Le règlement intérieur se conforme aux textes juridiques en vigueur (constitution, lois et règlements). De ce fait, les règlements intérieurs rappellent le plus souvent les obligations de gratuité scolaire, de laïcité, de neutralité (religieuse, politique, commerciale), d'égalité (pas de discrimination de sexe ou de culture). Ils condamnent toute forme de violence morale ou physique, ils rappellent le devoir de tolérance et de respect d'autrui, et engagent à l'assiduité et au travail.

Des règles pratiques de fonctionnement

Un règlement intérieur est organisé autour de quelques grands axes essentiels.
Une partie est consacrée à la vie quotidienne du lycée : horaires, usage des locaux et du matériel, régime des sorties, stages en entreprise, organisation des études (régime des évaluations, bulletins scolaires, usage des lieux scolaires). Une autre partie développe les droits et les obligations de élèves : définition des droits individuels et collectifs et leurs modalités d'exercice (lieux de réunion, d'affichage) ; définitions des obligations (assiduité, respect d'autrui et du cadre de vie, tenue et comportement corrects).
Enfin, le règlement définit la gamme des punitions scolaires et des sanctions disciplinaires, liées à la tenue du conseil de discipline. Le règlement intérieur, voté par le conseil d'administration fait l'objet de mises à jour périodiques.

VOCABULAIRE

Discrimination : distinction d'un groupe de personnes à son détriment.

Tolérance : fait d'admettre une opinion divergente de la part d'autrui.

Le règlement intérieur du lycée J.E. Marey à Beaune

Préambule
I – Obligations liées à la réussite
1 – Assiduité – Ponctualité
2 – Consignes de travail
3 – Respect des horaires
4 – Contrôle et validation des acquis
II – Organisation de la vie scolaire
III – Droits des élèves
1 – Liberté d'expression
2 – Liberté de réunion
3 – Droit de publication
4 – Droit d'affichage
5 – Liberté d'association
6 – Participation à la vie de l'établissement
IV – Relations au sein de la communauté scolaire
V – Hygiène – Santé
VI – Sécurité des personnes et des biens – Responsabilités
VII – Respect des règles de vie – Sanctions

12 ENGAGEMENTS INDIVIDUELS ET COLLECTIFS

Pour exercer ses droits, le citoyen peut participer et s'engager dans des organisations collectives comme les associations, les partis politiques ou les syndicats. Il participe ainsi à des actions collectives tout en exerçant son sens des responsabilités.

1. LES ASSOCIATIONS

Pour ouvrir une **association**, il suffit de faire une déclaration préalable à la préfecture, de préciser le titre et l'objet de l'association et le siège de son établissement. En France, près de 14 millions de bénévoles, adhérents, pratiquants ou militants, de tous âges et de toutes conditions, sont membres d'au moins une association. Au total, un million d'associations agissent dans les domaines les plus divers, des loisirs (clubs sportifs) à l'entraide sociale (les Restaurants du Cœur). Ces associations emploient aussi près de deux millions de salariés.

2. LES PARTIS POLITIQUES

Grâce au pluralisme des **partis politiques**, les citoyens peuvent exprimer la diversité de leurs opinions.

Ces partis sont des associations de citoyens qui partagent des idées et proposent des programmes politiques dans le but de les mettre en œuvre. Ils sont un relais indispensable entre les citoyens et les élus.

On estime à 450 000 le nombre d'adhérents des partis politiques (environ 1 % des adultes). Les formations politiques les plus importantes (Parti socialiste, UMP, Parti communiste) comptent chacune un peu plus de 130 000 adhérents, dont très peu sont des militants actifs.

3. LES SYNDICATS

Un **syndicat** est une organisation destinée à défendre les intérêts professionnels, matériels et moraux de ses adhérents. Le droit syndical s'exerce à tous les niveaux, celui de l'entreprise comme dans les négociations nationales. En France, malgré un faible taux de syndicalisation (environ 8 % des travailleurs) et une faible participation aux élections professionnelles, les syndicats ont le rôle de représenter l'ensemble des salariés. Les principaux syndicats français sont la CGT, la CFDT, Force Ouvrière, la CFTC, la CFE-CGC, l'UNSA.

Ces organisations collectives réunissent des personnes partageant les mêmes intérêts ; elles sont aussi le lieu d'exercice des valeurs de la République. Ainsi, la solidarité s'exprime par l'action collective et le sens des responsabilités ; la liberté s'exprime dans la diversité des organisations et le respect du pluralisme.

VOCABULAIRE

Association : groupement de plusieurs personnes qui mettent en commun leurs connaissances ou leurs activités dans un but autre que de faire des bénéfices.

Parti politique : organisation qui vise à conquérir et à exercer le pouvoir dans le respect de règles de la démocratie.

Syndicat : association qui a pour objet l'étude et la défense des intérêts des salariés.

13 ÉGALITÉ, DIFFÉRENCES, DISCRIMINATIONS

Audrey Pulvar sur France 3

1. LES PRINCIPES

La Déclaration universelle des droits de l'homme adoptée par l'ONU en 1948 énonce comme fondement de la liberté, de la justice et de la paix dans le monde la « *reconnaissance de la dignité* et *des droits égaux inaliénables à tous les membres de la famille humaine* ». La Constitution de la République française, dont le préambule reprend la Déclaration des droits de l'homme et du citoyen de 1789, affirme et garantit l'égalité juridique de tous les citoyens. Pourtant, l'existence de différences et d'inégalités pouvant conduire à des **discriminations**, vient contredire notre idéal commun de liberté, d'égalité et de fraternité. Racisme, sexisme, exclusion des handicapés constituent de graves entraves à la cohésion de notre société.

2. UN EXEMPLE D'EXCLUSION : LE RACISME

Régulièrement, les médias relatent des actes de discrimination et de racisme. Dans les stades, dans les transports en commun, pour l'embauche ou une recherche d'emploi ou de stage, pour la location d'un logement l'égalité de traitement n'est pas respectée. La loi Gayssot de 1990 interdit pourtant « toute discrimination fondée sur l'appartenance à une ethnie, une nation, une race ou une religion ». Tout citoyen peut cependant faire appel à la HALDE (Haute autorité de lutte contre les discriminations et pour l'égalité), lorsqu'il est victime d'une quelconque discrimination.

3. DIFFÉRENCES : LES SALAIRES HOMMES-FEMMES

En février 2008, l'Observatoire des inégalités indiquait un écart moyen de 37 % entre les salaires des hommes et les salaires des femmes. À qualification égale, une femme est moins bien rémunérée qu'un homme. En outre, plus on s'élève dans la hiérarchie des salaires, plus l'inégalité entre les hommes et les femmes est grande : 6 % d'écart chez les employés, 30 % chez les cadres supérieurs.

4. LA DISCRIMINATION POSITIVE

Diverses solutions existent pour lutter contre les discriminations, à commencer par les sanctions pénales. On peut citer également les progrès – certes encore insuffisants – réalisés en matière de représentation politique des femmes dans les assemblées électives (lois sur la parité du 6 juin 2000 et du 31 janvier 2007), la promotion de la représentation des diverses composantes de la communauté nationale dans la fonction publique et les médias, les mesures d'encouragement proposées au jeunes des quartiers défavorisés en matière d'accès aux grandes écoles.

VOCABULAIRE

Discrimination : distinction d'un groupe de personnes à son détriment.

Tolérance : fait d'admettre une opinion divergente de la part d'autrui.

14 LES CITOYENS ET LES MÉDIAS

Tout citoyen responsable a le devoir de s'informer afin de pouvoir exercer des choix et de se forger une opinion sur les grandes questions d'actualité. Pour cela, il doit être capable, très jeune, d'exercer son esprit critique et de réfléchir au traitement de l'information et à ses dérives possibles.

Le succès de la presse people

1. LE POUVOIR DE L'IMAGE

Les **médias** ont pris une importance considérable dans la société d'aujourd'hui. Pour comprendre les enjeux de l'information, le citoyen responsable doit exercer son esprit critique, en particulier face aux images qui envahissent les écrans des télévisions et qui se multiplient sur Internet. La lecture des images demande un apprentissage et nécessite que l'on s'interroge sur la place des photographies dans les médias d'information.

Dans ce cadre de l'information, les journalistes sont tenus de respecter un code de déontologie dans lequel il s'engage à respecter la vérité et à vérifier leurs sources.

2. LA LIBERTÉ D'EXPRESSION ET INTERNET

On évalue à 1,5 milliard le nombre d'internautes dans le monde. En France, ils sont plus de 35 millions à utiliser ce média, apparu à la fin des années 1980 aux États-Unis. Ce nouvel outil permet des échanges instantanés à travers toute la planète. La liberté d'expression, reconnue dans la Déclaration des droits de l'homme et du citoyen est incontestablement favorisée par Internet.

Pourtant son usage doit être maîtrisé pour éviter certaines dérives. En France, la loi ADOPI règlemente l'utilisation d'**Internet**, en particulier pour télécharger des programmes musicaux ou cinématographiques.

3. LES SONDAGES D'OPINION ET LA DÉMOCRATIE

Dans notre société où les médias sont omniprésents, les sondages d'opinion sont jugés par certains comme un bon moyen d'informer les citoyens et d'éclairer leur choix alors que pour d'autres ils constituent un danger pour la démocratie.

Inventés aux États-Unis dans l'entre-deux guerres pour connaître les attentes des consommateurs, les **sondages d'opinion** sont devenus progressivement des instruments incontournables du paysage politique. Ils peuvent aussi servir pour mieux connaître les habitudes de consommations ou les réactions des Français.

VOCABULAIRE

Média : institution ou moyen impersonnel permettant une diffusion large et collective d'informations ou d'opinions. Exemple : la radio, la télévision, la presse, les livres, la publicité, etc.

Internet : réseau informatique mondial qui rend accessibles au public des services variés comme le courrier électronique, la messagerie instantanée et le *World Wide Web*.

Sondage d'opinion : application de la technique des sondages à une population humaine visant à déterminer les opinions (ou les préférences) probables des individus la composant, à partir de l'étude d'un échantillon de cette population.

Exercices

1 Faites correspondre chaque définition à un terme.

1. Moyen permettant une diffusion large et collective d'informations ou d'opinions •
2. Convention par laquelle deux ou plusieurs personnes mettent en commun leurs connaissances ou leurs activités dans un but autre que de faire des bénéfices •
3. Il a pour objet l'étude et la défense des intérêts des salariés •
4. Il doit respecter les principes de la souveraineté nationale et de la démocratie •
5. Action volontariste qui vise à compenser les inégalités en accordant un traitement privilégié aux minorités visibles •

- • **a)** Discrimination positive
- • **b)** Média
- • **c)** Association
- • **d)** Parti politique
- • **e)** Syndicat

2 Lisez le document puis répondez aux questions.

L'invention d'Internet a offert la possibilité, sur une très large échelle, de consommer des biens culturels en toute gratuité. On peut télécharger sur Internet des fichiers musicaux, cinématographiques, demain des livres, sans l'accord de leurs auteurs, sans que ceux-ci et producteurs ou éditeurs soient rémunérés. Certains considèrent que cette révolution technologique a déjà eu lieu, que l'accès gratuit aux œuvres est un fait inéluctable, qu'on ne reviendra jamais en arrière. Parce que la gratuité répondrait à une demande sociale profonde du plus grand nombre. D'autres, comme moi, pensent que ce mouvement est trop dangereux pour qu'on le laisse se déployer sans garde-fous, qu'il menace à ce point la création et la diversité culturelles qu'on doit, collectivement, se demander comment maîtriser cet incontestable progrès technique.

Denis Olivennes, PDG de la Fnac, *Le Nouvel Observateur*, 22 mars 2007.

a) Qu'apporte Internet pour l'auteur ?

b) Quels arguments avancent ceux qui sont favorables au téléchargement de fichiers ?

c) Pourquoi Denis Olivennes pense-t-il que ce mouvement est dangereux ?

Corrigés : 1. 1 b, 2c, 3 e, 4d, 5a – **2.** a) La possibilité de consommer des biens culturels gratuitement (musique, films, livres…) – b) La gratuité d'Internet est un mouvement inéluctable qui répond à une demande sociale forte – c) Ce mouvement est dangereux car il menace la création et la rémunération des créateurs (musiciens, cinéastes, écrivains…).

ÉCONOMIE-DROIT

LE COURS

1 LES MÉTIERS ET LES EMPLOIS DU SECTEUR PROFESSIONNEL

1. LES SECTEURS ÉCONOMIQUES

Selon la définition de l'INSEE, un secteur économique regroupe des entreprises de fabrication, de commerce ou de service, qui ont la même activité principale.

On distingue trois secteurs :

– Le **secteur primaire** comprend les activités de production de matières premières, l'agriculture, la pêche, l'exploitation forestière et l'exploitation minière.

– Le **secteur secondaire** regroupe les activités liées à la transformation des matières premières issues du secteur primaire.

– Le **secteur tertiaire** regroupe toutes les activités économiques qui ne font pas partie des deux autres, essentiellement des services.

Un secteur dit « quaternaire » émerge depuis quelques années. Il concerne les services intellectuels (enseignement, conseil, information, recherche).

2. LES BRANCHES PROFESSIONNELLES

Une branche professionnelle regroupe des unités de production de biens ou de services d'un même secteur d'activité.

3. NOTION DE MÉTIER ET DE QUALIFICATION

Un métier est une activité humaine, le plus souvent à but **lucratif**.

C'est aussi un savoir-faire acquis et, lorsque le métier le permet, une amélioration de ce savoir.

La qualification professionnelle est l'aptitude du salarié à exercer un emploi. Elle est déterminée au regard des fonctions réellement exercées par le salarié. Certaines qualifications nécessitent l'obtention d'un diplôme, d'autres peuvent s'acquérir par l'expérience.

4. LES NIVEAUX DE FORMATION ET DE QUALIFICATION

Il existe plusieurs niveaux de formation validés par des diplômes ou des titres :

– Le niveau 5 est le niveau de formation validé par un CAP ou un BEP.

– Le niveau 4 est validé par un baccalauréat général, un baccalauréat professionnel (Bac pro), un Brevet de Technicien (BT), ou un Brevet Professionnel (BP).

– Le niveau 3 est validé par un Brevet de Technicien Supérieur (BTS), par un Diplôme Universitaire de Technologie (DUT), ou par une licence.

– Le niveau 2 est validé par un master.

– Le niveau 1 est validé par un diplôme de troisième cycle d'université, un diplôme d'ingénieur...

Lorsqu'une personne est sortie de l'école sans avoir dépassé le niveau collège, ou la première année d'un CAP ou BEP, on dit qu'elle est sans qualification.

Chaque niveau de formation correspond à une qualification dans l'emploi :

– Le niveau 5 correspond à une qualification d'ouvrier ou d'employé qualifié.

– Le niveau 4 correspond à une qualification d'agent technique, d'employé ou d'ouvrier hautement qualifié, de technicien.

– Le niveau 3 correspond à une qualification de technicien supérieur.

5. LES TITRES PROFESSIONNELS

Le titre professionnel atteste la maîtrise de compétences, d'aptitudes et de connaissances qui permettent à son titulaire d'exercer une activité qualité. Il est délivré par le ministère de l'Emploi.

Les titres professionnels s'adressent à des adultes déjà entrés dans la vie active :

– les personnes sorties du système scolaire sans diplôme et souhaitant acquérir une professionnalisation dans un secteur déterminé ;

– les personnes expérimentées souhaitant faire valider les compétences acquises en vue d'une promotion sociale par l'obtention d'une qualification reconnue ;

– les personnes confrontées aux mutations économiques et souhaitant se reconvertir.

Les titres professionnels se préparent dans le cadre de la formation continue ou peuvent faire l'objet d'une VAE (validation des acquis de l'expérience).

6. LA PROFESSIONNALISATION

La professionnalisation regroupe l'ensemble des actions et des démarches qui permettent à des activités professionnelles en émergence et en construction de :

– se structurer en véritable métier,

– s'inscrire dans des filières professionnelles,

– se faire reconnaître dans des référentiels de formation, de qualification et de certification professionnelle.

VOCABULAIRE

INSEE : Institut National de la Statistique et des Études Économiques.

Lucratif : qui rapporte de l'argent ou des bénéfices.

2 L'ENVIRONNEMENT INSTITUTIONNEL DU CONTEXTE PROFESSIONNEL

1. LES CHAMBRES CONSULAIRES

Ce sont des établissements publics qui représentent, défendent et aident les acteurs économiques en matière de développement, de formation et de financement.

Les chambres de commerce et d'industrie (CCI)

Au nombre de 155, elles représentent les intérêts de l'industrie, du commerce et des services auprès des pouvoirs publics.

- Elles sont consultées par l'État sur les règlements relatifs aux usages commerciaux, les collectivités territoriales sur les projets de développement économique…
- Elles gèrent des centres de formalités des entreprises (800 000 formalités liées à la création, à la reprise ou à la transmission d'entreprises dans les centres de formalités d'entreprises).
- Elles apportent des informations et conseils utiles au développement des entreprises.
- Elles ont un rôle dans la formation (500 000 étudiants, apprentis ou stagiaires formés chaque année par les CCI).
- Elles gèrent parfois des équipements publics (palais des congrès, parcs d'expositions, les ponts de Normandie et Tancarville…).

Les chambres des métiers et de l'artisanat (CMA)

- Elles représentent les intérêts généraux de l'artisanat. Au nombre de 104, elles rassemblent plus de 250 métiers.
- Les chambres régionales des métiers et de l'artisanat réalisent des études économiques, conduisent des programmes de développement et agissent dans le domaine de la formation et de l'apprentissage. Elles jouent un rôle déterminant dans la diffusion de l'information juridique, fiscale, sociale et économique, nécessaire à l'entreprise artisanale.
- Les chambres des métiers et de l'artisanat jouent également un rôle dans l'élaboration et la mise en place de formations continues spécifiques aux besoins du secteur.
- Elles constituent un service public de formation à part entière et jouent un rôle déterminant dans l'apprentissage.
- Elles sont gérées par des artisans élus au suffrage universel tous les cinq ans.

VOCABULAIRE

Artisan : l'artisan est en général une personne qui pratique l'artisanat, c'est-à-dire un travail manuel. Il exerce une technique traditionnelle à son propre compte, aidé souvent de sa famille et d'apprentis qu'il forme.

Les chambres d'agriculture

- Ce sont des établissements publics qui représentent les intérêts du monde agricole.
- Ces chambres d'agriculture sont les interlocuteurs des pouvoirs publics français ou européens et des collectivités territoriales. Elles sont consultées sur leur position dans toutes les grandes décisions concernant le monde agricole et rural.

2. LES SYNDICATS PROFESSIONNELS

Un syndicat professionnel est une **organisation professionnelle indépendante de l'État** (mais reconnue par celui-ci) et régie par un ensemble de lois. Cette organisation a pour but d'assurer la défense des intérêts de ses membres.

Les organisations professionnelles patronales

- En France, les organisations professionnelles patronales sont des syndicats d'entrepreneurs qui **défendent les intérêts de leurs membres**. Les plus connues sont le MEDEF (Mouvements des entreprises de France), l'UNAPL (Union nationale des professions libérales), la CGPME (Confédération générale des petites et moyennes entreprises) et la FNSEA (Fédération nationale des syndicats d'exploitants agricoles).
- Ces organisations interviennent dans le domaine du droit du travail, participent aux négociations salariales et donnent leur avis sur la politique économique.

Les organisations professionnelles syndicales de salariés

- En France, les syndicats de salariés sont reconnus comme représentatifs s'ils remplissent un certain nombre de conditions, notamment avoir recueilli un nombre de voix suffisant dans des élections professionnelles d'un ensemble d'entreprises.
- Il existe actuellement cinq confédérations syndicales nationales : la CFDT (Confédération française démocratique du travail), la CFTC (Confédération française des travailleurs chrétiens), la CFE-CGC (Confédération française de l'encadrement - confédération générale des cadres), la CGT (Confédération générale du travail) et FO (Force ouvrière).
- Il existe en outre des syndicats autonomes, c'est-à-dire non confédérés : il peut s'agir de syndicats de branche (exemple : *la FSU - Fédération Syndicale Unitaire - dans l'enseignement*) ou de syndicats d'entreprise (exemple : *le syndicat des pilotes navigants d'Air France*).
- Les syndicats assurent la **défense des intérêts des salariés**, au niveau national et à l'échelle de l'entreprise. Ils assurent un rôle de communication important au sein de l'entreprise en transmettant aux salariés les informations qu'ils obtiennent lors des comités d'entreprise. En cas de conflit avec l'employeur, les syndicats peuvent engager des actions de protestation (grèves, manifestations, pétitions…).
- Les syndicats sont aussi des **acteurs du dialogue social** entre l'État, les employeurs et les salariés.
- Les syndicats assument aussi un **rôle de gestionnaire** d'organismes fondamentaux pour la vie des salariés. À parité avec les organisations patronales, ils gèrent les caisses nationales d'assurance maladie, d'allocations familiales et d'indemnisation des chômeurs (ASSEDIC) ainsi que des retraites.

3. LES ORGANISATIONS ASSOCIATIVES

Une association est un groupement de personnes volontaires réunies autour d'un projet commun ou partageant des activités, mais sans chercher à réaliser de bénéfices.
Elle peut avoir des buts très divers :
– le **partage d'un loisir** ;
– la **défense des intérêts des membres** ;
– un **rôle caritatif**, **humanitaire** pour venir en aide aux autres ;
– **l'expression, la diffusion et la promotion d'idées ou d'œuvres** : des principes démocratiques (*Amnesty International par exemple*), des idées politiques (les partis politiques), des créations artistiques (*théâtre, salle de concert…*).
Les associations peuvent, selon leur but et leur taille, constituer des groupes de pression, des **lobbies**.

4. LES ADMINISTRATIONS PUBLIQUES

Selon la définition de l'INSEE, les administrations publiques sont l'ensemble des unités institutionnelles dont la fonction principale est de produire des services non marchands (c'est-à-dire des services qui sont fournis gratuitement ou à des prix qui ne sont pas économiquement significatifs) ou d'effectuer des opérations de redistribution du revenu et des richesses nationales.
Elles tirent la majeure partie de leurs ressources de contributions obligatoires.
Le secteur des administrations publiques comprend les administrations publiques centrales (l'État au sens strict du terme), les administrations publiques locales (régions, département, communes) et les administrations de sécurité sociale.

3 LES DIFFÉRENTES ORGANISATIONS

1. DÉFINITION

Une organisation est un ensemble d'individus regroupés au sein d'une structure, ayant un système de communication pour faciliter la circulation de l'information, dans le but de répondre à des besoins et d'atteindre des objectifs déterminés.

2. FORMES ET TYPES D'ORGANISATIONS

Il existe différentes formes d'organisations :

- les entreprises ;
- les organisations à but non lucratif ;
- les organisations publiques.

3. LES ENTREPRISES

Dans un sens économique, une entreprise est une structure économique et sociale comprenant une ou plusieurs personnes et travaillant de manière organisée. Ceci a pour but de fournir des biens ou des services à des clients afin de réaliser un profit.

L'entreprise artisanale

Une entreprise artisanale est une personne physique ou morale qui n'emploie pas plus de dix salariés. Elle exerce à titre principal ou secondaire une activité de production, de transformation, de réparation ou de prestation de service qui figure sur une liste établie par décret.

Il y a quatre grandes catégories d'activités : le bâtiment, l'alimentation en détail, la production et les services.

L'entreprise artisanale doit être immatriculée au répertoire des métiers, tenu par la chambre des métiers et de l'artisanat.

La définition de l'entreprise artisanale a été donnée par la loi du 5 juillet 1996, relative au développement et à la promotion du commerce et de l'artisanat, qui met en évidence deux points essentiels :

– la taille de l'entreprise,

– la qualification du chef d'entreprise.

L'entreprise industrielle

L'activité de ce type d'entreprise est la transformation de matières premières et la vente des produits finis (ou semi-finis). Elle appartient au secteur secondaire, celui de la transformation.

L'entreprise commerciale

L'activité de ce type d'entreprise consiste à acheter des biens pour les revendre sans transformation.

L'entreprise de services

Cette entreprise revend un travail sans fabrication ni transformation de biens.

4. LES ORGANISATIONS À BUT NON LUCRATIF

Les associations

Selon l'article 1 de la loi du 1er juillet 1901, « **l'association est la convention par laquelle deux ou plusieurs personnes mettent en commun, d'une façon permanente, leurs connaissances ou leur activité dans un but autre que de partager des bénéfices.** »

Une association a un **objet désintéressé** : elle peut réaliser des bénéfices dans la mesure où cela participe à la réalisation de son objet, mais elle ne peut les partager entre ses membres.

La formation d'une association est dominée par un **principe de liberté** : chacun peut constituer une association avec un tiers consentant. Une grande liberté est laissée à l'association pour rédiger ses statuts :

– liberté d'adhésion puisque chacun peut choisir son association et on ne peut forcer quiconque à adhérer à une association,

– liberté d'association puisqu'on peut choisir ses membres.

5. LES ORGANISATIONS NON GOUVERNEMENTALES

Une organisation non gouvernementale, ou ONG, est une organisation d'intérêt public qui ne relève ni de l'État ni d'une institution.

C'est un regroupement volontaire à but non lucratif de citoyens au niveau local, national, régional ou international. Les ONG assurent des fonctions humanitaires et fournissent des services très divers.

Les syndicats

Un **syndicat** est un groupement de personnes qui a pour but de défendre les intérêts professionnels et économiques de ses membres (employés, ouvriers, cadres, patrons, professions libérales). Le syndicat cherche à faire aboutir des revendications en matière de salaires, de conditions de travail, de prestations sociales…

6. LES ORGANISATIONS PUBLIQUES

L'État

L'État se compose de l'ensemble des institutions et des services qui permettent de gouverner et d'administrer le pays : les ministères, les préfectures et sous-préfectures, les administrations décentralisées, etc.

Les collectivités territoriales

En France, il s'agit de circonscriptions administratives, dotées d'autorités élues, et d'une administration qui exercent ensemble leurs compétences sur un territoire défini. Les collectivités territoriales sont également connues dans le langage courant sous le terme de « collectivités locales ».

La loi du 2 mars 1982 consacre trois niveaux de collectivités territoriales : les communes, les départements et les régions.

- **La commune** : c'est la plus petite division administrative. Au 1er janvier 2009, il existait 36 686 communes en France.

La commune est gérée par un conseil municipal. Les domaines d'intervention des communes sont très vastes.

Une commune gère le domaine communal et sert d'intermédiaire entre l'État et les citoyens pour certaines formalités administratives. L'État est représenté dans la commune par le maire.

- **Le département** : c'est une division administrative de la France qui regroupe un certain nombre de communes. La France est divisée en 100 départements, dont 4 en outre-mer. Le département est géré par le conseil général qui définit l'action du département pour l'aide sociale, le logement, la voirie et les transports, l'environnement, le tourisme, l'équipement des communes. L'État est représenté dans le département par le préfet.

- **La région** : c'est une division administrative de la France qui regroupe un certain nombre de départements. La France compte 26 régions, dont 22 en métropole et 4 en outre-mer. C'est le plus haut niveau des divisions territoriales. Leurs domaines de compétences sont l'éducation (la gestion des lycées), l'enseignement supérieur et la recherche, la formation professionnelle et l'apprentissage, le développement économique, l'aménagement du territoire.

VOCABULAIRE

Administrations décentralisées : il s'agit des collectivités locales (régions, départements, communes).

But non lucratif : dont le but n'est pas l'enrichissement.

4 FINALITÉS ET OBJECTIFS DES ORGANISATIONS

Les biens et les services sont l'ensemble des produits qui sont fabriqués par les entreprises, les administrations publiques et les organisations diverses.

On distingue les biens matériels (qui peuvent être conservés) et les services (qui sont consommés immédiatement).

1. NOTION DE BIENS ET/OU DE SERVICES MARCHANDS OU NON MARCHANDS

• Les biens sont des objets physiques :

– pour lesquels il existe une demande,

– sur lesquels des droits de propriété peuvent être établis,

– dont la propriété peut être transférée d'un propriétaire à un autre, au moyen de transactions sur des marchés.

• Une activité de service se caractérise essentiellement par la mise à disposition d'une capacité technique ou intellectuelle. Les services recouvrent un vaste champ d'activités qui va du commerce à l'administration, en passant par les transports, les activités financières et immobilières, les services aux entreprises et aux particuliers, l'éducation, la santé et l'action sociale.

En France, ce vaste ensemble est dénommé « activités tertiaires ».

On distingue :

• **Les services marchands**, qui sont des services payants vendus par les entreprises contre le paiement d'un prix. Ce prix représente la valeur de la prestation et permet aux entreprises prestataires de réaliser un profit.

• **Les services non-marchands**, qui sont des services fournis gratuitement ou à un prix non significatif économiquement.

On y inclut les services fournis par les administrations publiques et les services rendus par les associations.

Si le bénéficiaire ne les paye pas, ou pas à leur réelle valeur, ils ne sont pas pour autant gratuits.

2. LES OBJECTIFS DES ORGANISATIONS

L'entreprise

L'entreprise est une unité de production qui combine des facteurs de production, pour produire des biens et des services en créant de la richesse. À chaque étape de fabrication et de commercialisation, ce processus augmente la valeur marchande des produits.

Ce gain de valeur est appelé **valeur ajoutée**. Cette valeur permet de mesurer la contribution exacte d'une unité de production à la création de richesses.

On calcule la valeur ajoutée en utilisant deux chiffres :

• le **chiffre d'affaires de l'entreprise** ;

• les **consommations intermédiaires**, c'est-à-dire tous les achats faits par l'entreprise pour réaliser sa production, sa consommation en biens et services (matières premières, fournitures…).

La valeur ajoutée est la différence entre le chiffre d'affaires et les consommations intermédiaires.

Cette valeur ajoutée sert à rémunérer les agents économiques qui concourent au fonctionnement de l'entreprise.

• Pour les **salariés** : c'est le paiement des salaires.

• Pour les **apporteurs de capitaux** : c'est le versement de dividendes aux actionnaires et le versement d'intérêts sur les emprunts.

• Pour les **administrations** : ce sont les impôts (impôts sur les bénéfices), les taxes diverses (taxe d'apprentissage,...), les cotisations sociales (sécurité sociale, assurance chômage,..).

• Pour l'**entreprises elle-même** : c'est la partie de la valeur ajoutée non distribuée (le bénéfice et les réserves indispensables aux futurs investissements).

Les organisations publiques

Les organisations publiques ont pour finalité la satisfaction de l'intérêt général (éducation, santé, sécurité et justice), c'est-à-dire de l'ensemble des besoins sociaux que l'initiative privée ne peut satisfaire.

Ainsi, la finalité d'une administration publique est d'assurer le fonctionnement des services d'intérêt général (tels que les services publics par exemple).

Un service public est une activité considérée comme devant être disponible pour tous et dont le but est de satisfaire un intérêt général.

En France, on peut classer les services publics en trois grandes catégories :

• les fonctions régaliennes* de l'État : justice, police, défense nationale, finances publiques ;

• le secteur non marchand : enseignement, santé, aide sociale, infrastructures locales de transport ;

• le secteur marchand : transport (routes à péage, voies ferrées…), énergie, distribution d'eau potable, distribution du courrier.

Tous ces services sont assurés par des personnes publiques, des entreprises privées ou des particuliers, sous le contrôle des pouvoirs publics.

Les organisations à but non lucratif

Un organisme **à but non lucratif** est un groupe mis sur pied à des fins sociales, religieuses, charitables, éducatives, athlétiques, littéraires, politiques ou à d'autres fins semblables.

En France les organisations à but non lucratif sont présentes sous différentes formes :

• les associations ;

• les fondations ;

• les fédérations ;

• les organisations internationales non gouvernementales (ONG).

La finalité d'une organisation à but non lucratif peut être :

• de partager un loisir entre membres (club sportif) ;

• de défendre les intérêts des membres (syndicats) ;

• d'exercer un rôle humanitaire (associations caritatives) ;

• de promouvoir l'expression et la diffusion d'idées à fins politiques, culturelles ou religieuses.

Les fondations ne peuvent se consacrer qu'à la réalisation d'une œuvre d'intérêt général et à but non lucratif.

Les associations peuvent soit rendre des services directs à leurs adhérents, soit intervenir sur l'organisation ou le fonctionnement de la société.

VOCABULAIRE

Régalien : qui est attaché à la souveraineté (peuple ou roi, selon les régimes politiques). D'où les « fonctions régaliennes » qui regroupent les attributions propres au pouvoir souverain. Tous ces pouvoirs sont à la disposition de l'État. Ils visent à maintenir la paix, l'ordre public, la sécurité des territoires, pour permettre aux individus d'exercer leurs libertés.

5 LES ACTEURS DANS LES ORGANISATIONS

1. LES PARTIES PRENANTES INTERNES

Les hommes sont des acteurs essentiels du management des organisations.

Dans les entreprises

- Les propriétaires sont les associés ou actionnaires qui possèdent un titre de propriété de l'entreprise et apportent les moyens de financement.
- Les dirigeants peuvent être également propriétaires dans les petites organisations. Ils prennent les décisions stratégiques et opérationnelles.
- Les salariés apportent leur force de travail contre un salaire. Certains sont cadres pour leurs autonomies de décision et de responsabilité.
- Les représentants des salariés défendent les intérêts des salariés.
- Les syndicats sont sollicités pour la défense d'intérêts communs.

Dans les organisations à but non lucratif

- Les adhérents sont des membres de l'association qui ont versé une adhésion (participation financière) et profitent des services proposés par l'association.
- Les bénévoles donnent de leur temps pour l'association.

Dans les organisations publiques

Les fonctionnaires recrutés par concours apportent leur force de travail à la collectivité nationale contre un traitement.

2. LES PARTIES PRENANTES EXTERNES

- Les clients achètent les biens et services offerts par les organisations.
- Les usagers utilisent le service public offert et contribuent à son financement.

3. LEURS OBJECTIFS

- Les objectifs des différents acteurs de l'organisation sont en partie convergents.

Il est dans l'intérêt de tous d'assurer la pérennité et la croissance de l'organisation.

- Les propriétaires cherchent à rentabiliser les capitaux investis par l'obtention de dividendes.
- Les dirigeants assurent le bon fonctionnement de l'entreprise.
- Les salariés souhaitent obtenir un travail intéressant et durable avec le meilleur salaire possible et un épanouissement personnel.
- Les représentants des salariés et les syndicats défendent au mieux les intérêts des salariés par le biais de la négociation entre les différentes parties.
- Les clients recherchent le meilleur rapport qualité/prix.

VOCABULAIRE

Capitaux : apports initiaux des propriétaires.

Convergent : qui tend à aller dans la même direction.

Dividendes : versement d'argent aux actionnaires prélevé sur le bénéfice net ou sur les réserves de la société.

6 LES DIFFÉRENTS TYPES D'ENTREPRISES

1. TYPOLOGIE DES ENTREPRISES

Les entreprises peuvent être classées selon plusieurs critères :

Classification par activité

On distingue :

- les **entreprises commerciales** dont l'activité consiste à acheter et vendre des biens sans les transformer ;
- les **entreprises industrielles** dont l'activité consiste à transformer des matières premières en produits finis (ou semi-finis) ;
- les **entreprises artisanales** qui exercent une activité manuelle économiquement indépendante ;
- les **entreprises agricoles** qui produisent des biens agricoles (céréales, légumes, bois...) ;
- les **sociétés de services** qui vendent du travail sans fabrication de bien ;
- les **professions libérales** qui correspondent à une activité professionnelle indépendante.

Classification par secteur économique

Le secteur économique auquel appartient une entreprise est déterminé par son activité principale. On distingue traditionnellement trois grands secteurs économiques :

- le **secteur primaire** (agriculture, sylviculture, pêche, activités extractives) ;
- le **secteur secondaire** (industrie et bâtiment et travaux publics) ;
- le **secteur tertiaire** (les services).

On parle quelquefois d'un quatrième secteur : le **secteur quaternaire** qui regroupe les entreprises dont l'activité principale est relative aux TIC* (Technologies d'Information et de Communication).

Classification par branche, secteur d'activité ou filière

- Le **secteur** regroupe les entreprises ayant la même activité principale.
- La **branche** regroupe des entreprises qui fabriquent les mêmes produits. Donc une entreprise qui fabrique plusieurs produits sera classée dans plusieurs branches.
- Une **filière** représente une chaîne d'activités qui se complètent. Elle regroupe toutes les entreprises et toutes les branches qui participent à l'élaboration d'un produit final.

Classification par taille

On peut utiliser plusieurs critères de classement par la taille. Le plus couramment utilisé est **le nombre de salariés** :

- la *micro-entreprise* (de 1 à 10 personnes),
- la *petite entreprise* (de 10 à 49 salariés),
- la *moyenne entreprise* (de 50 à 249 salariés),
- la *grande entreprise* (au-delà de 250 salariés).

On peut également retenir comme critères de classification le chiffre d'affaires, la valeur ajoutée, le bénéfice...

2. FORME ET STATUT JURIDIQUES

Pour que l'entreprise acquière son identité, il faut lui choisir une structure juridique.

Il n'existe pas de structure juridique idéale. Le choix doit être fait en tenant compte de plusieurs critères : la volonté de s'associer, l'apport financier, le statut social ou fiscal, la nature de l'activité, etc.

Le choix de la forme juridique se fera entre l'immatriculation sous forme d'**entreprise individuelle** et celle sous forme de **société**.

L'entreprise individuelle

L'entreprise individuelle est créée par une seule personne. Il n'y a pas de capital minimum. Le patrimoine de l'entreprise et le patrimoine personnel du chef d'entreprise sont confondus. Le chef d'entreprise est donc indéfiniment responsable de l'intégralité des dettes de son entreprise sur son patrimoine privé. Les formalités de création sont réduites au minimum et en ce qui concerne l'imposition, les bénéfices sont portés dans la déclaration des revenus du chef d'entreprise.

La société privée

L'entreprise dispose de son propre patrimoine. Elle a un nom, un domicile et est représentée par un ou des dirigeant(s). Elle est soumise au régime fiscal de l'impôt sur les sociétés.

Les formalités de création sont plus lourdes qu'en entreprise individuelle (rédaction de statut, publicité d'annonce légale...).

Les sociétés du secteur public

- L'entreprise publique : l'État détient la quasi-totalité des parts.
- L'entreprise d'économie mixte : l'État accepte de travailler avec des partenaires privés (Renault, Air France…).

VOCABULAIRE

TIC : les Technologies de l'Information et de la Communication regroupent les techniques utilisées dans le traitement et la transmission des informations, principalement de l'informatique, de l'Internet et des télécommunications.

Tableau comparatif des principales formes de société

	Nombre d'associés	Montant du capital	Objet/activité	Dirigeants	Responsabilité
Entreprise individuelle	L'entrepreneur individuel seul	Pas de notion de capital social	Toutes les activités : commerciales, libérales, artisanales…	Entrepreneur individuel	Totale et indéfinie sur ses biens personnels
SARL (Société à Responsabilité Limitée)	Entre 2 et 100 associés (personnes physiques ou morales)	Capital librement fixé	Toutes les activités, sauf : assurances, débits de tabac, pharmacies, entreprises de capitalisation et d'épargne	Gérant(s), obligatoirement une personne physique, associé(s) ou un tiers	Limitée aux apports
EURL (Entreprise Unipersonnelle à Responsabilité Limitée)	1 seul associé	Capital librement fixé	Toutes les activités, sauf : assurances, débits de tabac, pharmacies, entreprises de capitalisation et d'épargne	Gérant(s), obligatoirement une personne physique, l'associé unique ou un tiers	Limitée aux apports
SA (Société anonyme)	Minimum 7 personnes physiques ou morales	37 000 € minimum (la moitié pouvant être versée lors de la constitution et le solde dans les 5 ans)	Toutes les activités, sauf : débits de tabac, agences de placement, artistes du spectacle …	Conseil d'administration (entre 3 et 24 membres), dont un président, personne physique obligatoirement	Limitée aux apports
SNC (Société en Nom Collectif)	Minimum 2 personnes physiques ou morales Les associés ont tous la capacité d'être commerçant	Pas de minimum, pas d'obligation de libération immédiate	Activités uniquement commerciales, artisanales et industrielles	Gérant(s), personne physique ou morale	Indéfinie et solidaire sur les biens personnels
SAS (Société par Actions Simplifiée)	Minimum 2 actionnaires	37 000 € minimum (la moitié pouvant être versée lors de la constitution et le solde dans les 5 ans)	Toutes activités, sauf : débits de tabac, agences de placements, artistes…	Président, personne physique ou morale, actionnaire ou non	Limitée aux apports

7 PRISE DE DÉCISION ET MODES DE COORDINATION

La structure d'une organisation est l'ensemble des dispositifs par lesquels une entreprise répartit, coordonne et contrôle ses activités.

Elle doit être une aide pour toutes ses activités, permettre de mieux cerner les tâches, de faciliter le travail de chaque acteur et de préciser le type de relation entre chaque service.

1. LES DIFFÉRENTS TYPES DE STRUCTURES D'ENTREPRISE

Structure fonctionnelle ou divisionnelle

On distingue généralement deux grands types de structures : l'une centrée sur la notion de fonction, l'autre sur l'idée de produit.

• La structure fonctionnelle

La structure de l'entreprise repose sur les différentes fonctions exercées au sein de l'organisation (fonctions de production, commerciale, financière, de gestion des ressources humaines…).

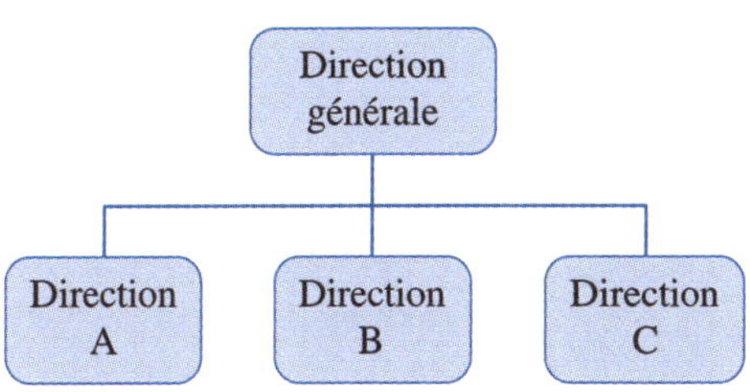

Elle s'appuie sur deux principes essentiels :

• **unité de commandement** : la voie hiérarchique mise en place se traduit par le fait que tout membre de l'entreprise ne dépend que d'un seul supérieur ;

• **modes de communication :** la communication entre les membres est à la fois verticale (selon la voie hiérarchique définie) et horizontale (coopération entre les niveaux hiérarchiques parallèles).

• La structure divisionnelle

L'entreprise est organisée autour du bien ou du service qu'elle produit.

Chacune des divisions de la structure organisationnelle de l'entreprise peut à son tour être structurée selon le modèle de la structure fonctionnelle.

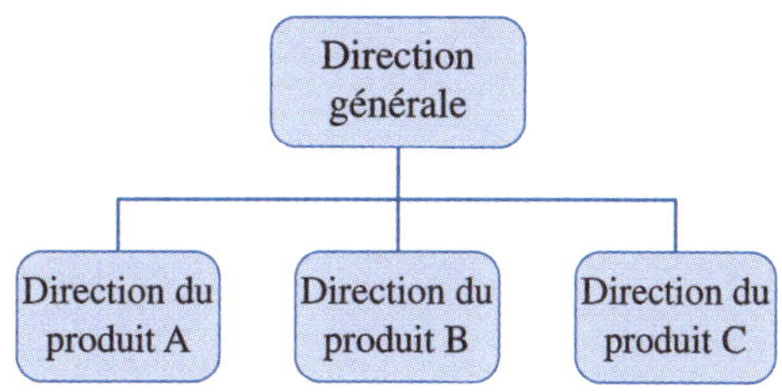

Ce type de structure est de plus en plus utilisé par les grandes entreprises qui adoptent souvent une structure organisationnelle géographique. Les grandes fonctions sont alors reproduites dans les différentes divisions géographiques.

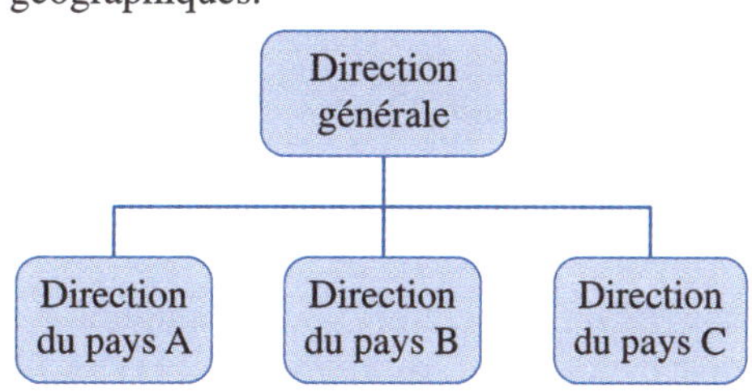

Cette forme de structure repose sur quatre principes essentiels :

• **la concentration de la structure sur le produit final** : l'ensemble des activités relatives à une gamme de produits homogènes est regroupé sous une autorité unique ;

• **la dissociation de la gestion** des diverses lignes de produits entre différents responsables ;

• **la délégation du pouvoir de décision** aux responsables de produits ;

• **l'organisation** de ces lignes de produits des **centres de profits autonomes**.

Ce type de structure peut se matérialiser aussi sous une forme de structure géographique.

Structure par projet

Cette structure place chaque groupe de travail sous une double autorité opérationnelle et fonctionnelle. Elle est surtout utilisée dans les grandes entreprises.

Ce type de structure peut permettre une meilleure coordination et des prises de décisions plus nombreuses aux niveaux intermédiaires. Mais le coût de fonctionnement est élevé et les relations entre les services peuvent devenir complexes.

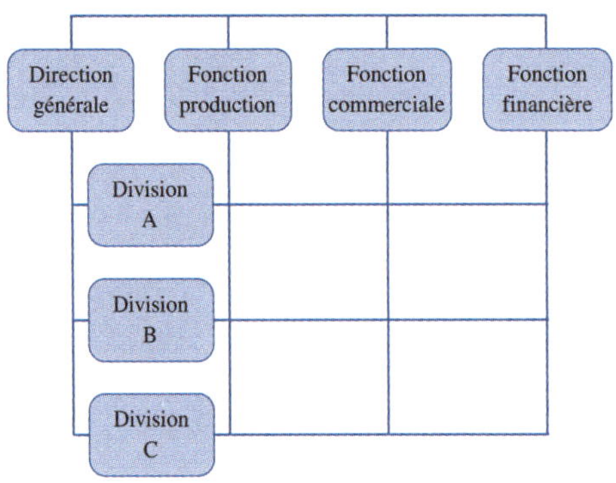

2. LIGNE HIÉRARCHIQUE, PRISE DE DÉCISION

Dans une petite entreprise, le chef d'entreprise est, à lui seul, le centre de décision aussi bien pour le fonctionnement interne que pour les relations extérieures.

Dans les grandes entreprises, au contraire, il y a nécessairement un nombre important de centres de décisions. Il est nécessaire de déléguer des pouvoirs.

On distingue traditionnellement trois types de décisions :

- les **décisions stratégiques** qui engagent l'entreprise sur une longue durée. Elles sont prises au plus haut niveau de la hiérarchie (en général par la direction générale) ;
- les **décisions tactiques** qui engagent l'entreprise à moyen terme. Elles sont prises par les cadres supérieurs ;
- les **décisions opérationnelles** qui engagent l'entreprise à court terme. Ces décisions sont prises par les exécutants.

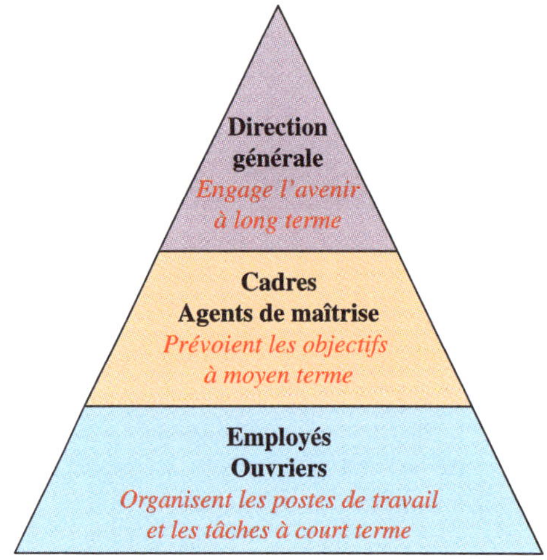

3. LES MODES DE COORDINATION

Avec ses différents partenaires, l'entreprise met en œuvre des **modes de coordination.** Ces modes ne sont pas statiques ; ils évoluent avec l'avancement des projets en cours.

Parmi les modes de coordination, le mode le plus utilisé est celui de la notion de « **confiance** ».

La confiance est un concept ancien mais toujours utilisé dans le monde des entreprises.

Les accords de coopération, les alliances, les contrats signés ont créé des conditions favorables à un retour sur la notion de confiance et d'engagement entre les parties.

La confiance fait partie intégrante dans la coordination des actions entre les acteurs de l'entreprise.

VOCABULAIRE

Décision : choix qui porte soit sur la détermination des objectifs, soit sur la détermination d'une position par rapport à un problème posé à l'entreprise, soit sur la mise en œuvre des ressources de l'entreprise.

Structure : elle regroupe les différents organes et les relations entre eux (hiérarchiques ou fonctionnelles). En fait, il s'agit de la répartition des tâches, des responsabilités, des pouvoirs et des communications dans l'entreprise.

8 L'ENTREPRISE ET SON MARCHÉ

1. LE MARCHÉ

Au sens économique, le marché est le lieu de rencontre de **l'offre et de la demande**.

On distingue :

- le **marché actuel** : les consommateurs qui achètent déjà les biens et les services ;
- le **marché potentiel** : les consommateurs des concurrents et les non consommateurs.

2. L'ANALYSE DU MARCHÉ

La notion d'**offre** englobe les producteurs (fournisseurs) et les distributeurs.

La **demande** se compose de toutes les personnes qui exercent une action dans l'acquisition du produit : les consommateurs et clients.

La segmentation du marché

L'entreprise doit connaître son marché et isoler des groupes de consommateurs, ayant des comportements ou des habitudes d'achats homogènes : c'est la **segmentation**.

À partir de cette segmentation, l'entreprise adapte ses produits aux besoins du client : c'est la **démarche mercatique**. Elle vend les produits recherchés par les clients et augmente d'autant ses chances de vendre.

L'étude de marché

L'étude de marché est la collecte d'informations sur un marché : qui sont les concurrents ? Quel est le comportement des clients ? Quel est le rôle des prescripteurs ? Quel est le fonctionnement des distributeurs ?

L'entreprise et la concurrence

La **concurrence économique** est une situation économique où plusieurs agents proposent des biens et des services substituables.

La concurrence pousse les entreprises à adapter en permanence leurs produits et/ou services aux attentes actuelles et futures de leurs clients. Elle les pousse à **innover** et à chercher à **réduire les coûts**. La concurrence étant le plus souvent imparfaite, elle les pousse à adopter diverses stratégies pour tirer au mieux leur épingle du jeu.

3. LES COMPOSANTES DE LA POLITIQUE COMMERCIALE

La démarche mercatique et la connaissance du marché permettent à l'entreprise de définir des choix fondamentaux et de concevoir une **action commerciale** ou **plan de marchéage**.

La politique de produit

Un produit est un bien matériel ou immatériel (service) qui satisfait un besoin individuel. La concurrence étant de plus en plus importante, les entreprises développent des **activités de service pour vendre leurs biens** (*téléphone mobile et abonnement, extension de garantie).*

L'entreprise met en place une **gamme** de produit pour tous les segments du marché (*une gamme de voiture ou de scooter pour Peugeot, une motorisation différente pour une même voiture*).

Chaque produit possède des éléments d'identification qui permettent de les différencier des produits de la concurrence.

Exemple : marque : *Peugeot* ; logo : ; conditionnement et options diverses : *climatisation.*

La politique de prix

Le prix doit être acceptable par le consommateur (**prix psychologique**) et permettre de couvrir les coûts de revient. Enfin, il doit veiller à l'environnement (prix pratiqués par la concurrence).

Le prix doit être cohérent avec les choix stratégiques faits par l'entreprise :

- La **politique de pénétration** : pour conquérir des parts de marché, le prix sera faible mais sera compensé par les quantités vendues.
- La **politique d'écrémage** : fixer un prix de vente élevé pour satisfaire une petite partie du marché (clientèle haut de gamme).
- La **politique d'alignement** : établir un prix de vente similaire à celui de ses principaux concurrents.

La politique de distribution

Le système de distribution est l'ensemble des moyens et des opérations permettant de mettre les produits de l'entreprise à la disposition des consommateurs.

L'entreprise choisit le canal de distribution ou le chemin commercial emprunté :

- **Canal direct** : la vente du producteur au consommateur (*les fruits vendus par l'agriculteur*).
- **Canal court** : un détaillant s'intercale entre le producteur et le consommateur (*beaucoup de produits de consommation courante*).
- **Canal long** : différents intermédiaires agissent entre le producteur et le consommateur (*le poisson vendu par des grossistes, puis des semi-grossistes*).

L'entreprise opte également pour un type de distribution :

- La **distribution intensive** : le plus grand nombre possible de points de vente (la grande distribution).
- La **distribution sélective** : le choix d'un nombre limité de distributeurs dans une zone géographique donnée.
- La **distribution exclusive** : confier l'exclusivité de la vente à un nombre restreint de distributeurs (*par exemple, les parfums Guerlain sont vendus en parfumerie uniquement*).

La politique de communication

La communication regroupe toutes les actions destinées à faire connaître le produit :

- La **publicité par les médias** : télévision, Internet, radio, cinéma, presse, affichage.
- La **publicité hors-média** : la promotion des ventes (les réductions de prix, les primes et jeux concours) et la mercatique directe (le publipostage, l'emailling et la téléprospection...).
- Le **mécénat** et le **parrainage** : pour valoriser l'image de l'entreprise auprès du public par le biais d'événements sportifs et/ou culturels.

VOCABULAIRE

Conditionnement : emballage qui enveloppe le produit.

Coût de revient : coût d'achat ou de production du produit + coût de distribution + quote-part des charges indirectes.

Panel : échantillon permanent de consommateurs interrogés régulièrement sur leurs comportements d'achat.

Plan de marchéage (*marketing mix*) : ensemble des actions visant à choisir un produit adapté aux besoins des consommateurs, puis à fixer son prix, son mode de distribution et sa communication.

9 FONCTIONS ET CARACTÈRES DES DROITS FONDAMENTAUX

1. LE DROIT

Définition

Le droit français se définit au sens strict comme l'ensemble des règles de droit produites par des pouvoirs publics français.

Au sens large, il désigne l'ensemble des règles de droit positif applicables en France.

La règle de droit est obligatoire. Les citoyens qui ne respectent pas ces règles sont sanctionnés par la puissance publique (les tribunaux).

Les branches du droit français

Le droit français peut être divisé en deux grandes branches :

- le droit **public** (il concerne **l'État** dans ses relations avec **les particuliers**),
- le droit **privé** (il concerne les **particuliers** et les **entreprises**).

Ces branches sont elles-mêmes respectivement subdivisées en deux branches du droit :

- le droit **administratif** et le droit **constitutionnel** ;
- le droit **civil** et le droit **pénal**.

Par ailleurs, il existe le **droit de l'Union européenne**, également appliqué car la France est un des pays fondateurs de l'Union européenne.

La légitimité du droit

La **légitimité** est la « qualité de ce qui est fondé en droit, en justice » (définition du *Petit Larousse*).

La légitimité repose sur une autorité qui est fondée sur des bases juridiques ou des bases éthiques et morales. Elle permet de recevoir le consentement des membres d'un groupe.

Lorsqu'un litige apparaît entre deux parties, le droit est légitime d'intervenir pour régler dans les meilleures conditions ce différend.

2. FONCTIONS DU DROIT

L'objet du droit

Le **droit** (dit « **objectif** ») représente **l'ensemble des règles** qui organisent concrètement la vie au sein de notre société : règlement intérieur d'un lycée, contrats entre individus…

Le droit est **général** et s'applique à tous les individus. En effet, chaque citoyen a des droits et des devoirs :

- des **droits** tels que le droit de vote, le droit de propriété, le droit à l'intimité de sa vie privée, le droit de l'auteur sur son œuvre, le droit à l'image, à l'honneur…
- des **devoirs** tels que le devoir de respecter des lois établies par le pouvoir législatif, le devoir de réparer un préjudice causé à autrui…

Les règles du droit

La règle du droit doit être légitime et doit être acceptée, respectée et identique pour tous.

Le droit fixe des limites aux libertés de chacun qui ne doivent pas être dépassées. Dans le cas contraire, des sanctions sont prévues.

Les fonctions du droit

Le droit a deux fonctions essentielles :

- **Parfaire l'équilibre des rapports sociaux** entre les individus dans des situations de conflit ou quand il y a préjudice.
- **Sanctionner** : si un rapport de force venait à se créer entre deux ou plusieurs individus, le droit interviendrait pour sanctionner.

3. CARACTÈRES DU DROIT

Des règles sont à respecter...

Les règles **à respecter** sont générales.

Elles sont établies **pour tous les individus** de la même façon.

Selon la Déclaration des droits de l'homme et du citoyen de 1789, « *tous les individus naissent et demeurent libres et égaux en droits* ». Cela signifie qu'ils possèdent les mêmes droits et obligations.

Les règles sont **obligatoirement applicables**, sinon des sanctions sont prévues.

...avant la prise de sanctions

En cas de non-respect des règles établies par les pouvoirs publics, le citoyen en infraction sera sanctionné par les juridictions civiles et pénales.

Il existe des sanctions :

- dans le **domaine pénal**,
- dans le **domaine civil**.

Les **sanctions pénales** sont représentées sous forme :

- **d'amendes pécuniaires**,
- **de peines d'emprisonnement**,
- **de travaux d'intérêt général**.

Les **sanctions civiles** peuvent se matérialiser par :

- Des **dommages et intérêts** pour compenser le préjudice corporel ou moral subi.
- La **nullité d'une action** *(par exemple, l'annulation du contrat de mariage)*. Le contrat devient caduque et l'on considère qu'il n'a jamais existé.
- **L'exécution forcée** sous forme de saisies (*saisie-arrêt sur salaire*), confiscation d'un bien...

4. LES DROITS FONDAMENTAUX OU SUBJECTIFS

Les libertés fondamentales, ou droits fondamentaux, représentent l'ensemble des droits subjectifs pour l'individu. Elles englobent les droits de l'homme au sens large.

Les droits de l'homme

Il s'agit des libertés et des droits reconnus par la Constitution et la Déclaration des droits de l'homme et du citoyen de 1789.

Ils sont à la base de la démocratie :

- Les **droits inhérents à la personne** établis par la Déclaration de 1789 : droit à l'**égalité**, à la **liberté**, à la **propriété**.
- D'autres droits instaurés comme le **suffrage universel direct**, le **droit de vote** accordé à tous les citoyens majeurs, l'égalité des sexes, l'égalité devant la justice, l'accès à la culture...

Les libertés fondamentales

- Le principe de liberté implique l'existence de la **liberté individuelle**, **d'opinion**, **d'expression**, **de la liberté syndicale et du droit de grève**.
- Le **droit de propriété** implique la liberté de disposer de ses biens, de les vendre, de les transformer...
- Les **droits dits « sociaux »** correspondent aux différentes prestations à la charge de la collectivité (droits à l'emploi, à la protection de la santé, à la gratuité de l'enseignement public...).

VOCABULAIRE

Amendes pécuniaires : amende versée sous la forme de monnaie.

Juridiction : tribunal civil ou pénal.

LES SOURCES DU DROIT

10

1. LES SOURCES DU DROIT NATIONAL

Les sources directes

• La Constitution

La **Constitution** est la **source fondamentale** du Droit, texte fondateur de la Ve République. Elle se situe au **sommet de la hiérarchie des sources**. Elle a été adoptée par les Français le **4 octobre 1958** lors d'un référendum.

• La loi

« *Nul n'est censé ignorer la loi.* » La loi est une **règle écrite** qui présente un caractère **obligatoire.**

Elle est **votée par le Parlement**, composé de l'Assemblée nationale et du Sénat.

Une fois adoptée, elle est promulguée par le président de la République et devient applicable un jour franc après sa publication dans le *Journal Officiel*.

Exemple : *les lois de 1998 et 2000 sur « la réduction du temps de travail » fixant la durée légale du travail à 35 heures hebdomadaires.*

Elle a pour rôle d'organiser le fonctionnement des pouvoirs judiciaire, exécutif et législatif.

• Les décrets

Ce sont des **actes administratifs, exécutoires** pris par le président de la République ou par le Premier ministre.

Exemple : *la signature électronique.*

• Les arrêtés

Ce sont des décisions administratives exécutoires prises par :

– Un ou plusieurs ministres : **arrêtés ministériels.**

Exemple : *le ministère de l'Éducation nationale fixe les dates des épreuves du baccalauréat professionnel chaque année.*

– Des autorités administratives :

– **arrêtés préfectoraux** à l'initiative du préfet, représentant de l'État dans le département ;

Exemple : *fixation de la date d'ouverture de la chasse pour un département ou une région.*

– **arrêtés municipaux** à l'initiative du maire pour diverses raisons.

Exemple : *vitesse excessive aux abords des écoles.*

Les sources indirectes

• La coutume

Il s'agit d'une **source non écrite rendue obligatoire** après une habitude prolongée. Au fil du temps, les usages qui se sont perpétués sont devenus obligatoires.

• La jurisprudence

La jurisprudence représente **l'ensemble des décisions** prises par les juridictions civiles et pénales.

2. LES SOURCES DU DROIT EUROPÉEN ET INTERNATIONAL

Les différentes sources du droit européen

• Les traités

Ils sont au **sommet de la hiérarchie** du **droit européen.**

Exemple : *le traité de Maastricht en 1992 est constitutif de l'Union européenne.*

• **Les accords**

Ils peuvent être conclus entre les États membres *(par exemple, les accords de Schengen)* ou par la communauté avec d'autres pays.

Exemple : *la convention de Yaoundé.*

• **Les actes juridiques contraignants**

Ils créent des obligations juridiques.

• **Les règlements communautaires**

Les États membres doivent **appliquer la règle** dès sa publication.

Exemple : *règlement sur l'étiquetage des produits chimiques.*

• **Les directives européennes**

Les États destinataires ont un **délai pour atteindre l'objectif** et une **liberté de moyens**. La directive **s'impose** aux 27 États membres de l'Union européenne.

Exemple : *directive sur l'évaluation et la gestion du bruit dans l'environnement.*

• **Les décisions communautaires**

Elles réglementent des **situations particulières** et ne concernent que les États expressément désignés.

Exemple : *décision relative aux attaques visant les systèmes d'information.*

• **Les actes juridiques non contraignants**

Ils ne créent pas d'obligation sur le plan juridique. Ce sont les **recommandations** et les **avis**.

La hiérarchie des droits national et international

• **Le droit national**

La hiérarchie se matérialise par une **pyramide**.

Au **sommet de cette hiérarchie**, se trouve **la Constitution**. Viennent ensuite la loi, les décrets et les arrêtés.

Un principe fondamental veut qu'**une règle inférieure soit conforme à une règle supérieure**.

Exemple : *toute loi doit être conforme à la Constitution.*

• **Le droit communautaire**

Il représente l'ensemble des règles de droit applicables au sein de l'Union européenne.

Ces règles sont destinées aux institutions européennes ainsi qu'aux États membres.

Ce droit se compose des traités et des actes pris par les institutions européennes.

• **Le principe de primauté**

Le droit communautaire **s'impose au droit national**. Il a pour but d'apporter une protection juridique harmonisée à tous les citoyens européens.

Ce principe implique que **les règles nationales ne peuvent contredire les règles de droit communautaire**. En cas de conflit, c'est le droit communautaire qui s'applique.

VOCABULAIRE

Exécutoire : qui donne pouvoir de procéder à une exécution judiciaire. (Les lois sont exécutoires en vertu de leur promulgation).

Pouvoir exécutif : pouvoir attribué au Gouvernement qui applique les lois votées et adopte des règlements (décrets et arrêtés).

Pouvoir judiciaire : pouvoir attribué aux juridictions civiles et pénales lorsqu'un conflit apparaît.

Pouvoir législatif : pouvoir attribué au Parlement (Assemblée nationale et Sénat) qui vote les lois.

Référendum : procédure de vote permettant de consulter directement les citoyens sur une question ou un texte. En cas de réponse positive, le texte est adopté.

11 LES TITULAIRES DES DROITS SUBJECTIFS

1. LES SUJETS DE DROIT

Une personne est un « **sujet de droit** » : elle est **titulaire de droits** et soumise à des **obligations**.

Il existe deux catégories de personnes :

- Les **personnes physiques** : tout être humain.
- Les **personnes morales** qui comportent plusieurs catégories :
  – les personnes morales publiques (État, collectivités locales…) ou de droit mixte (SNCF…) ;
  – les personnes morales de droit privé (sociétés, associations, syndicats) à but lucratif ou non.

2. L'IDENTIFICATION DES PERSONNES

Les personnes physiques

Les **personnes physiques** sont identifiées par :

- **le nom patronymique et le prénom**,
- **la nationalité**,
- **le domicile**.

Les personnes morales

Les **personnes morales** sont également identifiées par :

- **le nom** (dénomination sociale, titre…) ;
- **le domicile** (siège social) qui permet de déterminer la nationalité et le rattachement territorial à une juridiction ;
- **la nationalité**.

3. LA PERSONNALITÉ JURIDIQUE

La personnalité juridique se définit comme **l'aptitude d'une personne physique ou morale à être titulaire de droits** (exemple : *droit de propriété, droit de se marier…*) et soumise à **des obligations** (exemple : *réaliser le travail prévu, payer les impôts dus…*).

Chez les personnes physiques

La personnalité juridique apparaît avec la naissance de l'enfant et même au moment de sa conception, en cas de litige ou d'héritage. L'**acte de naissance** enregistré à la mairie du lieu de naissance prouve l'existence juridique.

Elle disparaît avec le décès déclaré au service d'état civil qui établit **l'acte de décès**.

Chez les personnes morales

Les personnes morales sont représentées par des **personnes physiques** qui doivent rendre compte de leur gestion.

Les personnes morales acquièrent la personnalité juridique après l'accomplissement de plusieurs formalités :

- Pour les sociétés : immatriculation au registre du commerce et des sociétés et dépôt des statuts au greffe du tribunal de commerce.
- Pour les associations : dépôt de la déclaration d'existence à la préfecture.
- Pour les syndicats : dépôt des statuts à la mairie du siège.

La personne morale disparaît par le biais d'une **dissolution** (volontaire, légale ou judiciaire).

4. LA CAPACITÉ D'EXERCICE ET DE JOUISSANCE

La capacité d'exercice et de jouissance est **l'aptitude d'une personne à être titulaire de droits et d'obligations** (*capacité de jouissance*) et **à les exercer** (*capacité d'exercice*).

Avoir la **pleine capacité** c'est détenir la capacité d'exercice (*vendre la maison dont on est* *propriétaire*) et de jouissance (*être utilisateur d'une maison*).

Pour les personnes morales, la capacité d'exercice est exercée par ses **représentants**, personnes physiques. La capacité de jouissance est limitée à l'**objet** fixé dans les statuts.

La capacité est la **règle** ; l'incapacité est l'**exception**.

Sont déclarées incapables d'exercer leurs droits les personnes qui, en raison de leur âge ou de l'altération des facultés mentales, ne sont pas en mesure de prendre en charge leurs propres intérêts.

Il existe deux cas d'incapacité :

① Les mineurs

Un mineur a besoin d'être protégé tant qu'il n'a pas atteint la majorité.

Son représentant légal exerce pour lui tous les actes de la vie juridique.

C'est le principe de **l'autorité parentale** (loi du 8 janvier 1993) : il s'agit de **l'ensemble des droits** (droit de garde, de surveillance, d'éducation) et des **obligations** que la loi impose aux parents à l'égard de leurs enfants mineurs.

D'un côté, les **droits** s'exercent sur les biens du mineur (administration légale). Les parents peuvent effectuer des **actes d'administration** (exemple : *achats et ventes courants*), des actes de gestion du patrimoine et accomplir certains **actes de disposition** (exemple : *achats et ventes de valeurs mobilières, d'immeubles, réaliser un emprunt*).

D'un autre côté, les **obligations** s'exercent envers :

- La **personne du mineur** :
  - nourrir, entretenir, élever l'enfant,
  - répondre des dommages causés par les faits du mineur.
- Le **patrimoine du mineur** :
  - gérer en « bon père de famille »,
  - faire l'inventaire de ses biens.

En revanche, un **mineur** peut être **émancipé,** c'est-à-dire qu'il est « **capable d'exercer tous les actes de la vie civile comme un majeur** » (article 481, du code civil).

L'émancipation fait disparaître à ce moment-là l'incapacité d'exercice du mineur.

② Les incapables majeurs

Le code civil énonce que pour qu'un majeur accomplisse un acte juridique, il doit être « *sain d'esprit* ».

Il existe trois cas d'incapacité pour les majeurs :

- l'**altération des facultés mentales** et personnelles,
- la **prodigalité**,
- la **condamnation pénale**.

Selon la gravité de l'état de la personne, trois modes de protection sont envisagés :

- La **sauvegarde de justice** est une mesure de protection qui n'entraîne pas l'incapacité d'exercice.
- La **curatelle** est une mesure de conseil et de contrôle.
- La **tutelle** est une mesure de contrôle continu.

Il y a là incapacité générale d'exercice.

VOCABULAIRE

Personnalité juridique : aptitude d'une personne physique ou morale à être titulaire de droits et d'obligations.

Prodigalité : personne trop généreuse qui va dépenser plus que ce qu'il ne faut. Elle est inconsciente de son geste.

12 SOURCES ET CLASSIFICATION DES DROITS SUBJECTIFS

1. LES SOURCES DES DROITS SUBJECTIFS

Les **droits subjectifs** sont l'ensemble des prérogatives (avantages, privilèges) reconnues à l'individu par le droit objectif.

Ce sont par exemple, le droit de propriété, le droit de créance, le droit de possession, le droit à la vie… On parle *des droits*.

L'acte juridique

Un **acte juridique** est une **manifestation volontaire** dans le but de réaliser des effets de droit. Les **conséquences juridiques** sont **voulues**.

Il existe :

- l'**acte bilatéral** conclu entre deux ou plusieurs personnes (*conclure un contrat),*
- l'**acte unilatéral** accompli par une personne (*rédiger un testament).*

Le fait juridique

Il entraîne des **conséquences juridiques non voulues**.

Fait juridique involontaire

Il est indépendant de la volonté : **fait de la nature, fait biologique** (*naissance, accident).*

Fait juridique volontaire

Même s'il ne constitue pas un acte juridique parce que les effets liés à ce fait ne sont pas recherchés, le fait est volontaire : **fait de l'homme** *(détérioration d'une chose ou fraude fiscale).*

2. CLASSIFICATION DES DROITS SUBJECTIFS

Les droits patrimoniaux résultent des relations juridiques qui naissent de la détention, de la production, de l'exploitation et de la circulation des biens. Les droits extra-patrimoniaux sont inhérents à la personne humaine.

Les droits patrimoniaux

Évaluables en argent, ils sont :

- **transmissibles** (*on peut en hériter*),
- **cessibles** (*ils peuvent être vendus*),
- **saisissables** (*ils peuvent être saisis par les créanciers en cas de dettes*).

Les droits extra-patrimoniaux

Ils ne sont pas **évaluables en argent** et ne font pas partie du patrimoine d'une personne. Ils sont :

- **intransmissibles** (*ils ne peuvent être légués*),
- **incessibles** (*ils ne peuvent être vendus*),
- **insaisissables** (*ils ne peuvent être saisis par les créanciers en cas de dettes*).

3. LES DROITS PATRIMONIAUX

Il existe trois catégories de droits patrimoniaux :

- Les **droits réels** : ils sont exercés par une personne, sur une chose matérielle *(droit de propriété).*
- Les **droits personnels** : ce sont les droits de créance (*dettes à rembourser*).
- Les **droits intellectuels** : ce sont les droits dont dispose une personne sur sa création (*droits de l'écrivain sur son œuvre*).

Les droits réels

Les droits réels donnent à leur titulaire un pouvoir sur une chose.
Il existe deux catégories de droits réels :

• Les droits réels principaux
Exemple : *le droit de propriété permet d'user de la chose, d'en percevoir les fruits et d'en disposer.*

• Les droits réels accessoires à un droit de créance
Ils garantissent le paiement et s'exercent sur :
– un **immeuble** : c'est l'**hypothèque** ;
– un **meuble** : c'est le **gage**.

Ces droits réels accessoires donnent à leur titulaire un droit de suite et un droit de préférence.

• Le droit de suite
Il peut suivre la chose, c'est-à-dire la revendiquer en quelque main qu'elle se trouve.
Exemple : *si un bien volé a été revendu, le propriétaire réel peut le récupérer entre les mains du voleur.*

• Le droit de préférence
Le créancier peut être payé en premier par préférence aux autres créanciers sur le prix de vente de l'immeuble.

Les droits personnels

Le créancier a un droit de créance sur le débiteur.

Le débiteur a une dette envers le créancier.

Les droits personnels (ou de créance) permettent au créancier d'exiger du débiteur qu'il accomplisse une obligation qui peut être :

• Une obligation de donner : obligation de remettre une chose entre les mains du créancier.
Exemple : *Denis s'est engagé à vendre sa moto.*

• Une obligation de faire
Exemple : *le salarié accomplit le travail pour lequel il est payé.*

• Une obligation de ne pas faire
Exemple : *un commerçant vend son fonds de commerce et s'engage auprès de l'acquéreur à ne pas ouvrir un commerce semblable à proximité (sinon concurrence déloyale).*

Les droits intellectuels

Les droits intellectuels ont un **aspect moral** : ce sont les droits de l'auteur à modifier lui seul son œuvre. Ses héritiers ne pourront pas la modifier après sa mort.

Les droits intellectuels ont un aspect pécuniaire (*possibilité de vendre les droits d'auteur*).

Il existe aussi des droits de propriété littéraire et artistique et des droits de propriété industrielle (brevets).

4. LES DROITS EXTRA-PATRIMONIAUX

Ce sont les droits au **respect de l'intégrité physique et morale** reconnus à toute personne. Il existe aussi des **libertés publiques** (*droit à la liberté d'expression, droit de vote).*

Droits de la personnalité

Toute **atteinte physique** est civilement et pénalement **sanctionnée** (*agressions, maltraitance, coups et blessures*).

Le droit à l'intégrité morale représente :

• **le droit au nom** : il est protégé,

• **le droit au respect de sa vie privée** et à **l'inviolabilité du domicile**,

• **le droit à l'honneur** : interdiction de porter atteinte à la bonne réputation d'autrui,

• **le droit au respect de son image** : l'utilisation de l'image d'autrui est interdite.

Droits de la famille

Ils appartiennent au cadre familial : droit au mariage, droit d'éducation des enfants, droit des grands-parents de voir leurs petits-enfants.

Autres droits

• Droits individuels *(liberté d'expression, d'opinion...).*

• Droits collectifs *(droit de grève, droit syndical...).*

• Droits politiques *(droit de vote...).*

5. LES CATÉGORIES DE BIENS ET LE DROIT DE PROPRIÉTÉ

Parmi les catégories de biens, il existe :

- les biens meubles et immeubles,
- les biens corporels et incorporels.

Biens meubles et immeubles

- Les biens meubles par nature sont constitués des choses qui peuvent être déplacées (*animal, moto…*).

- Les biens immeubles par nature sont les choses fixes et sont constitués par le **sol**, le **sous-sol** et tous les **biens fixés dans le sol** (*bâtiments avec fondations, arbres…*).

- Les biens immeubles par destination économique sont des meubles que le propriétaire affecte à **l'exploitation agricole, industrielle ou commerciale** d'un immeuble *(machine dans une usine, ordinateur dans un bureau…)*.

- Les biens immeubles par destination ornementale sont des meubles que le propriétaire a scellés pour un **but décoratif** (*miroirs, boiseries)*.

Biens incorporels et corporels

• Les biens incorporels

Ils n'ont **pas d'existence matérielle** (*brevet d'invention, droits intellectuels*) et peuvent être cédés.

• Les biens corporels

Ils désignent les **choses ayant une existence matérielle** (*maison, voiture…*).

Ils sont classés en différentes catégories :

– les **biens consomptibles** détruits dès la première utilisation (*alimentation*) ;

– les **biens non consomptibles** dont la destruction est progressive (*télévision*) ;

– les **biens fongibles** remplaçables par une chose équivalente (*si j'emprunte 50 € en espèces, je peux les rendre par chèque)* ;

– les **biens non fongibles** individualisés, non interchangeables (*voiture immatriculée, appartement numéroté…)*.

Le droit de propriété

Le **droit de propriété** est un bien corporel.
Exemple : *lorsqu'on vend sa maison, on cède la maison et le droit de propriété.*

La **propriété du sol** entraîne la propriété du **dessus** (*droit de faire des plantations…)* et du **dessous** avec le sous-sol (*gisements*) et les puits.

Le droit de propriété a trois caractères :

• Le droit absolu

Le propriétaire dispose sur son bien de tous les droits : il peut **user de la chose** (USUS) (*habiter l'immeuble*), en **percevoir les fruits** (FRUCTUS) (*encaisser le loyer*) et en **disposer** (ABUSUS) (*vendre, louer).*

• Le droit individuel, exclusif

Une chose appartient à une seule et même personne **sauf** pour :

- l'indivision : plusieurs personnes sont propriétaires d'un même lieu à la suite d'une succession.
- la copropriété : combine la propriété privative du logement et la propriété indivise concernant les parties communes de l'immeuble (*escaliers*).
- la multipropriété : plusieurs personnes se partagent un même logement selon les périodes de l'année.

• Le droit perpétuel

Le droit de propriété dure autant que dure la chose et se transmet aux héritiers.

VOCABULAIRE

Acte juridique : manifestation volontaire dans le but de réaliser des effets de droit. Les conséquences juridiques sont voulues.

Droit de propriété : bien corporel qui présente un caractère absolu, individuel et perpétuel.

Fait juridique : fait qui entraîne des conséquences juridiques non voulues.

Léguer (un leg) : (synonyme de don) action de donner, transmettre un bien ou un droit de façon gratuite au profit de quelqu'un.

13 LA PREUVE DES DROITS SUBJECTIFS

1. LA CHARGE DE LA PREUVE

Le principe de la charge de la preuve

Le principe de la charge de la preuve revient à se poser la question : « **Qui doit prouver ?** »

Le principe : c'est au **demandeur** de prouver le fait qu'il invoque.

Le défendeur peut se contenter de nier sans apporter de preuve. Mais si ce dernier invoque un autre fait, il doit, à son tour, le prouver.

Les modes de preuve

La preuve permet d'établir l'existence d'actes ou de faits juridiques.

Certains **modes de preuve** peuvent toujours être utilisés et les renseignements qu'ils fournissent ne peuvent être contestés : ils sont « **parfaits** ».

Les autres sont « **imparfaits** » car les renseignements qu'ils fournissent peuvent être contestés.

2. LES MODES DE PREUVE

La preuve parfaite

• **Les preuves écrites**

Il existe deux types de preuves écrites :

– l'acte authentique,

– l'acte sous seing privé.

• *L'acte authentique*

Il s'agit d'un document rédigé et signé par un **officier public** (notaire, huissier…).

Exemple : *constat d'huissier attestant une nuisance sonore nocturne dans un quartier.*

Établissement de l'acte authentique

Il peut être établi sur support papier ou électronique (en respectant certaines conditions).

Force probante de l'acte authentique

La **force probante** (*efficacité d'un moyen de preuve*) de l'acte authentique est **absolue** entre les parties et à l'égard des tiers.

• *L'acte sous seing privé*

L'acte sous seing privé est un **acte écrit signé** par les parties intéressées.

Il est rédigé par les parties ou un professionnel du droit (avocat, conseiller juridique…).

Exemple : *contrat de vente signé entre un acheteur et un vendeur.*

Établissement de l'acte sous seing privé

Il y a **autant d'exemplaires que de parties** ayant un intérêt distinct dans l'acte.

Force probante de l'acte sous seing privé

– **Force probante absolue** entre les parties (sauf contestation d'écriture ou de signature).

– **Force probante absolue** à l'égard des tiers si la date est certaine (acte enregistré).

• **Les preuves orales**

• *L'aveu judiciaire*

Il y a aveu judiciaire quand une personne reconnaît devant le juge la réalité d'un acte ou d'un fait juridique qui lui est défavorable. La force probante est grande.

Exemple : *une personne reconnaît devant le juge avoir dérobé une voiture.*

• *Le serment*

Le serment décisoire est un serment fait par l'une des parties à la demande de l'autre. Par exemple un débiteur, incapable de prouver qu'il a bien remboursé, pourra demander à son créancier de faire serment de ne jamais avoir été remboursé.

La preuve imparfaite

Elle laisse au juge un pouvoir d'appréciation : il peut l'accepter ou la refuser.

• Le témoignage

Le témoignage correspond à une **déclaration faite par une personne** qui a **vu ou entendu** des faits en rapport avec le litige.

La **force probante est variable** car le témoin peut se tromper ou être suborné (c'est-à-dire « acheté » par une tierce personne).

Exemple : *une personne affirme avoir vu une voiture renverser un piéton.*

• Les présomptions du juge

Le juge peut se fonder sur des indices pour se faire une opinion sur un cas qui lui est soumis.

Exemple : *des empreintes digitales relevées dans un appartement cambriolé.*

• Le commencement de preuve par écrit

Elle peut constituer un début de preuve tout écrit (*ticket de caisse, chèque, reçu, lettre…*) rendant réaliste la demande d'une des parties.

Exemple : *une facture peut être la preuve imparfaite qu'une vente a été réalisée.*

• Le rapport d'expertise

Dans certaines affaires délicates et complexes, des experts peuvent être sollicités pour aider le juge à se faire une opinion plus précise.

Exemple : *le rapport d'un expert permet de chiffrer les dégâts causés par un incendie.*

• La preuve informatique

De nombreuses transactions commerciales électroniques se font aujourd'hui sans preuve écrite. La **loi du 13 mars 2000** admet que **l'écrit sous forme électronique** est une preuve au même titre que l'écrit sur support papier, à condition de respecter certaines conditions :

– identification de la personne dont émane l'écrit,

– établissement et conservation dans des conditions qui permettent d'en garantir l'intégrité.

3. L'ADMISSIBILITÉ DE LA PREUVE

Dans certains cas, le mode de preuve est libre. Dans d'autres cas, il est imposé au demandeur : on parle de preuve légale. Les modes de preuve diffèrent selon que l'on a affaire à un acte ou un fait juridique.

Pour les actes juridiques

C'est le **principe de la preuve légale** qui s'applique, c'est-à-dire qu'un *écrit* est obligatoire sauf :

– pour les actes d'une valeur inférieure à 800 €,

– s'il existe un commencement de preuve par écrit,

– en cas d'impossibilité de se procurer un écrit *(incendie dans la maison…)*,

– pour les actes réalisés entre commerçants,

– pour les actes impossibles à prouver par écrit dans les cas de force majeure (*incendie, inondation…*).

Pour les faits juridiques

C'est le **principe de la preuve libre** qui s'applique.

Il est par exemple impossible de prévoir un accident et de se constituer à l'avance une preuve écrite.

La preuve se fait donc par tous les moyens : la **preuve est libre**.

Seul l'aveu judiciaire est considéré comme une preuve parfaite, ce qui laisse au juge une grande faculté d'appréciation.

Cas particulier des commerçants :

En droit commercial, les règles de preuve sont allégées pour tenir compte du nombre important des transactions réalisées par les commerçants. La preuve est donc libre pour ces derniers.

VOCABULAIRE

Défendeur : personne qui doit se défendre pour prouver que ce qu'elle dit est vrai.

Demandeur : personne qui demande l'action en justice.

Force probante : efficacité d'un moyen de preuve.

Preuve : fait pour une personne d'apporter un élément nouveau et pertinent qui prouvera qu'elle est innocente.

14 LA RESPONSABILITÉ

1. LES FONDEMENTS DE LA RESPONSABILITÉ

Chaque citoyen est responsable de ses faits et gestes et quiconque cause un dommage* à autrui est dans l'obligation de le réparer.

L'article 1382 du Code civil précise : « ***Tout fait quelconque de l'homme qui cause à autrui un dommage, oblige celui par la faute duquel il est arrivé, à le réparer*** ».

Il existe deux grandes catégories de responsabilité* :

- la responsabilité civile ;
- la responsabilité pénale.

La responsabilité civile

• Responsabilité civile délictuelle

Le dommage a été causé par un **fait volontaire**.

Exemple : *atteinte à la vie privée.*

• Responsabilité civile quasi-délictuelle

Le dommage a été causé par un **fait involontaire**.

Exemple : *bousculade dans les escaliers et chute de la victime.*

• Responsabilité civile contractuelle

Le préjudice a été causé en raison de **l'inexécution du contrat.**

Exemple : *le salarié n'a pas respecté une clause dans son contrat de travail : il y a donc inexécution du contrat.*

La responsabilité pénale

Elle consiste à sanctionner l'auteur d'un **comportement jugé répréhensible** (infraction à la loi pénale) **et dangereux** pour la société. L'idée est d'assurer la **protection de la société** et de **l'ordre social**.

Les **sanctions** ont une fonction de **dissuasion et de punition.**

La responsabilité pénale peut coexister avec la responsabilité civile.

Exemple : *un cyclomotoriste brûle un feu rouge et blesse un piéton sur un passage protégé. Il est civilement responsable du dommage causé et pénalement responsable d'une infraction au Code de la route.*

Distinction entre responsabilités civile et pénale

- Les objectifs de la responsabilité civile :

– **réparer** un dommage,

– **indemniser** la victime.

- Les objectifs de la responsabilité pénale :

– **sanctionner** l'auteur de l'infraction,

– **protéger** la société.

- Les sanctions prévues par la loi :

– responsabilité civile : versement de **dommages et intérêts**,

– responsabilité pénale : peine de **prison** et **amendes** pécuniaires.

2. LES CONDITIONS DE LA RESPONSABILITÉ CIVILE

Pour obtenir réparation du préjudice subi, la victime doit intenter une action en justice en engageant la responsabilité civile délictuelle ou quasi-délictuelle de l'auteur du dommage.

Elle doit démontrer que **trois conditions sont mises en œuvre** dans la responsabilité :

Le fait générateur

C'est l'élément qui provoque le dommage. Il peut être du fait : personnel ; de l'enfant ; de l'apprenti ; des élèves ; du préposé ; des choses.

• Responsabilité du fait personnel

Chaque personne est responsable des fautes qu'elle commet personnellement (exemples : *injure, atteinte à la vie privée, usage d'un droit avec intention de nuire à autrui…*).

• Responsabilité des parents du fait de leurs enfants mineurs

Les parents sont **solidairement responsables** du dommage causé par leurs enfants mineurs et non émancipés.

L'enfant doit être sous la surveillance ou la **garde des parents** et doit avoir commis un acte étant la cause directe du dommage.

La **responsabilité de l'enfant doit être démontrée**, mais la victime n'a pas à prouver la faute des parents.

Exemple : *un jeune garçon éborgne son camarade en jouant brutalement dans la cour de récréation.*

• Responsabilité des artisans du fait de leurs apprentis

L'artisan est responsable de son apprenti en situation d'apprentissage.

• Responsabilité des professeurs du fait de leurs élèves

Les professeurs sont responsables des dommages causés par leurs élèves durant le temps où ils sont sous leur garde.

• Responsabilité des employeurs du fait de leurs salariés

L'employeur est responsable du dommage occasionné par son salarié à la condition :

– que le lien de subordination existe,

– que la faute du salarié a été commise dans l'exercice de sa profession.

Exemple : *si un commercial, dans l'exercice de sa profession, provoque un accident de la route avec sa voiture de fonction, c'est son employeur qui est responsable.*

• Responsabilité du fait des choses

Toute personne est responsable des choses qu'elle a sous sa garde.

Le **gardien de la chose** est la personne qui **a l'usage, la direction et le contrôle de la chose au moment où le dommage s'est produit.**

En principe, c'est le propriétaire, mais ce peut être toute autre personne qui a eu l'usage de la chose au moment du dommage (exemple : *accident de voiture causé par le garagiste qui essaie la voiture réparée*).

Le **gardien de la chose** est responsable des dommages occasionnés par les **choses animées** ou **inanimées** et les **animaux**.

L'intervention de la chose dans le dommage doit être nécessaire, qu'il y ait ou non contact matériel avec la victime (exemple : *voiture qui heurte un piéton*).

De plus, la chose doit être la cause directe du dommage :

– chose anormalement placée (*voiture mal garée provoque un accident)* ;

– chose endommagée dangereuse *(sol défoncé)* ;

– chose mal maîtrisée *(objet mal attaché qui tombe).*

Le dommage

Le dommage ou le préjudice peut être **matériel, corporel ou moral**. Il doit être **certain** (réel), licite, personnel et direct (résultant directement du fait dommageable).

Le lien de causalité entre le fait générateur et le dommage

Le lien de causalité est le fait de prouver qu'il y a une relation directe entre la faute et le préjudice.

La **victime** doit démontrer la **relation directe entre le fait générateur et le dommage**.

3. LES CAUSES D'EXONÉRATION

La force majeure

La force majeure est un événement :

– **imprévisible**,

– **insurmontable,**

– **extérieur** à la personne qui exonère totalement ou partiellement l'auteur du dommage.

Exemple : *le dérèglement des feux de signalisation constitue un cas de force majeure.*

La faute de la victime

Elle peut exonérer totalement l'auteur du dommage.

Exemple : *la légitime défense ne peut pas donner lieu au dédommagement de la victime.*

Le fait d'un tiers

C'est un individu ou une chose qui lui appartient qui a participé à la réalisation du dommage (le juge doit évaluer le rôle de chacun).

Exemple : *c'est pour éviter un camion passant, alors que le feu tricolore est au rouge, que l'automobiliste a embouti un véhicule.*

VOCABULAIRE

Dommage : préjudice causé à une personne de manière intentionnelle ou non.

Force majeure : événement imprévisible, insurmontable et extérieur à la personne.

Lien de causalité : fait de prouver qu'il y a une relation directe entre la faute et le préjudice.

Responsabilité : une personne qui cause un dommage à autrui est dans l'obligation de le réparer.

15 L'ORGANISATION JUDICIAIRE

1. LES ORDRES JUDICIAIRES

Le système juridictionnel français se caractérise par l'existence de deux ordres de juridiction :

Les juridictions de l'ordre judiciaire

Elles sont partagées en deux catégories en fonction de leurs compétences respectives :

- les juridictions civiles pour régler les litiges entre particuliers ;
- les juridictions pénales pour sanctionner les auteurs d'infractions.

Les juridictions de l'ordre administratif

Elles sont chargées de régler les litiges entre les particuliers et l'État, une collectivité territoriale ou une organisation chargée d'une mission de service public.

Le fonctionnement de la justice repose sur plusieurs grands principes :

• Le principe de la séparation des pouvoirs
Il s'agit de séparer les pouvoirs exécutif, législatif et judiciaire pour assurer une meilleure neutralité.

• Le principe de collégialité
Les décisions sont rendues par plusieurs juges, après délibération. Le but de ce principe est de limiter les erreurs de jugement.

• Le principe du double degré de juridiction
Tout plaideur a le droit de contester la décision des premiers juges devant une cour d'appel.

• Le principe du contradictoire
Chacun peut faire valoir ses arguments et les exposer librement à l'audience.

• Le principe de gratuité
La justice est gratuite. Mais faire appel à un avocat est payant (honoraires).

2. LES JURIDICTIONS ET LEURS COMPÉTENCES

Les juridictions civiles

Elles sont compétentes dans la vie des affaires et jugent les litiges entre individus.

• Le tribunal d'instance (TI)
Il est composé d'un juge unique : le juge d'instance.

Les compétences d'attribution : ils jugent les « petites » affaires civiles dont le montant est inférieur à 10000 €. Les TI sont compétents pour tous les litiges concernant les tutelles, les autorisations d'émancipation, les loyers impayés, les saisies sur les salaires, les troubles du voisinage... et ce, quel qu'en soit le montant.

La compétence territoriale : lieu du domicile du défendeur.

• Le tribunal de grande instance (TGI)
Le TGI est la juridiction de droit commun. Chaque TGI est composé de trois juges : un président et deux assesseurs.

Les compétences d'attribution : les litiges relatifs aux personnes (divorce, adoption, nationalité...) et les litiges relatifs aux biens dans certains cas (droit de propriété des immeubles, saisie immobilière). Les TGI sont compétents pour les affaires dont le montant est supérieur à 10 000 €.

Les compétences territoriales : lieu du domicile du défendeur ou tribunal du lieu de l'immeuble s'il s'agit d'un immeuble.

• Le tribunal de commerce
Les commerçants élisent les juges consulaires qui ne sont pas des juges professionnels.

Les compétences d'attribution : ils sont chargés de régler les litiges entre commerçants et les litiges concernant les redressements ou les liquidations judiciaires.

La compétence territoriale : lieu du domicile du défendeur.

• Le conseil des prud'hommes

Le conseil se compose en nombre égal de représentants de salariés et d'employeurs : ce ne sont pas des magistrats professionnels.

Les compétences d'attribution : ils règlent les litiges individuels nés à l'occasion d'un contrat de travail entre employeur et salarié. Exemple : *licenciement abusif.*

Les compétences territoriales : lieu du domicile du défendeur ou lieu de l'établissement ou de l'embauche.

Les juridictions pénales

Les juridictions pénales jugent les comportements qui portent atteinte à l'ordre public.

• Le tribunal de police

Il est composé d'un juge unique.

Les compétences d'attribution : le juge statue sur les **contraventions** (exemple : *stationnement interdit, blessures peu graves…*), c'est-à-dire les infractions les moins graves sanctionnées par une amende maximale de 1 500 €.

Les compétences territoriales : lieu de l'infraction ; lieu du domicile de l'auteur de l'infraction ; lieu de l'arrestation.

• Le tribunal correctionnel

Les compétences d'attribution : il juge les **délits**, c'est-à-dire que la loi punit d'une peine d'emprisonnement entre deux mois et cinq ans et/ou une amende supérieure à 1 500 €.

Exemple : *vols, conduite en état d'ivresse, blessures graves, homicide involontaire…*

Les compétences territoriales : lieu de l'infraction ; lieu du domicile de l'auteur de l'infraction ; lieu de l'arrestation.

• La cour d'assises

Les compétences d'attribution : elle juge les **infractions les plus graves**, c'est-à-dire les crimes (*viol, assassinat, circulation de fausse monnaie, enlèvement d'enfants, explosions…*) punis par une peine de prison pouvant aller jusqu'à la réclusion à perpétuité.

La cour d'assises est composée de trois magistrats professionnels et de neuf jurés (citoyens tirés au sort sur les listes électorales).

Les décisions d'une cours d'assise peuvent faire l'objet d'appel devant une nouvelle cour d'assises d'un autre département.

Les compétences territoriales : lieu de l'infraction ; lieu du domicile de l'auteur de l'infraction ; lieu de l'arrestation.

À NOTER

- Les tribunaux rendent une décision appelée **jugement**.
- Les cours d'appel et la Cour de cassation rendent une décision : l'**arrêt**.

• Le tribunal de proximité

Le tribunal de proximité juge les petites affaires civiles et pénales de moins de 4 000 € *(consommation, conflits de voisinage…).*

Les juridictions administratives

• Le tribunal administratif

Les compétences d'attribution : il est compétent pour juger les différends entre l'État, une collectivité territoriale ou une organisation chargée d'une mission de service public et les particuliers. L'appel est possible devant la cour administrative d'appel.

La compétence territoriale : siège de l'administration mise en cause.

3. LES VOIES DE RECOURS

Lorsqu'une des parties au procès n'est pas satisfaite de la décision rendue par une juridiction de première instance, elle dispose de deux voies de recours : faire appel ou se pourvoir en cassation.

La cour d'appel (second degré)

Il existe trente-cinq cours d'appel en France.

La partie qui s'estime lésée par un jugement rendu en premier ressort peut solliciter le réexamen l'affaire : c'est l'appel.

- **En matière civile**

Les jugements dont la somme du litige est inférieure à 4000 € ne sont pas susceptibles d'appel.

Ces jugements, dont on ne peut pas faire appel, sont des jugements *« en dernier ressort »* ou *« en premier et dernier ressort »*.

- **En matière pénale**

L'appel est possible pour les jugements rendus par les tribunaux de police (si l'amende encourue dépasse un certain montant), par les tribunaux correctionnels, par les cours d'assises.

Les cours administratives d'appel

Il y a cinq cours en France : Bordeaux, Lyon, Nancy, Nantes, Paris.

- **Les compétences d'attribution**

Le rôle des cours administratives d'appel est de réexaminer certaines affaires déjà jugées par un tribunal administratif.

Le recours en cassation se fait auprès du Conseil d'État.

- **La compétence territoriale**

Ressort duquel est situé le siège de l'administration mise en cause.

Le Conseil d'État

- **Les compétences d'attribution**

– Il juge en appel les jugements des tribunaux administratifs.

– Il est la juridiction de cassation en matière administrative.

– Il juge directement certaines affaires importantes (exemple : *litiges concernant les hauts fonctionnaires).*

– Le Conseil d'État a des attributions consultatives *(avis au gouvernement sur les projets de loi, les ordonnances...).*

- **La compétence territoriale**

Ressort duquel est situé le siège de l'administration mise en cause.

La Cour de cassation (une seule à Paris)

Une personne qui n'a pas été satisfaite de la décision rendue par les juges du second degré peut faire un **pourvoi en cassation.**

La Cour de cassation n'est pas un troisième degré de juridiction. Elle a pour rôle de vérifier si la juridiction civile ou pénale dont la décision est contestée, a bien appliqué les règles de droit.

La **Cour de cassation juge le droit** et non pas les faits.

Lorsqu'un pourvoi a été formé, la Cour de cassation a deux possibilités :

- Elle peut **rejeter le pourvoi** si elle estime que la juridiction a bien appliqué le droit et la décision devient définitive : elle rend un **arrêt de rejet**.
- Elle peut « **casser** » la **décision** si elle estime qu'il y a eu une erreur juridique : elle rend un **arrêt de cassation**. Dans ce cas, elle renvoie l'affaire devant une autre juridiction de même niveau.

4. LES ACTEURS DU SYSTÈME JUDICIAIRE

Les magistrats du siège

C'est une « **magistrature assise** » car ils jugent assis. Il y a un président et deux juges assesseurs. Leur **composition** est **collégiale** mais pour faire face à la multiplicité des affaires, ils peuvent parfois juger seuls (juge unique). Les **magistrats du siège sont indépendants** du pouvoir exécutif. Ils sont **inamovibles** et ne peuvent pas être révoqués par le gouvernement.

Les magistrats du parquet

C'est une « **magistrature debout** » car ils prennent la parole debout, sur le parquet de la salle. **Procureurs et substituts** défendent la société et **réclament une sanction** au nom de l'ordre public sous forme de **réquisitoire**. Ils dirigent les services de police et de gendarmerie, recherchent et poursuivent les délinquants et sont aidés par la police.

Les **magistrats du parquet sont dépendants** du pouvoir exécutif donc **amovibles** et peuvent être révoqués par le gouvernement.

Les avocats

Ils représentent les parties devant le tribunal. Ils plaident et proposent des consultations juridiques aux particuliers.

Les huissiers

Ils établissent des constats à la demande des particuliers ou des magistrats en vue par exemple de saisir des biens pour payer les créanciers.

Les experts judiciaires

Désignés par les tribunaux, ils rédigent des rapports en vue d'éclairer l'opinion des juges sur des aspects techniques (*expert médical*).

Le greffe

Chaque juridiction a un secrétariat : le greffe. Le greffier est un fonctionnaire de l'État.

5. LE DÉROULEMENT D'UNE INSTANCE

En amont, il existe trois étapes avant l'audience :

Le dépôt de l'affaire

Pour porter une affaire devant un tribunal civil, type tribunal de grande instance (TGI), il faut que le demandeur appelle son adversaire à comparaître devant le tribunal en lui signifiant une assignation établie par l'avocat du demandeur. Une copie de l'assignation est déposée au greffe du tribunal, puis l'affaire est inscrite par le secrétariat-greffe sur un registre général qu'on appelle le rôle. Le président fixe alors la date à laquelle l'affaire sera appelée.

L'instruction de l'affaire

L'affaire est instruite où il y a échange de conclusions et de pièces entre avocats.

Le jour de l'audience, le tribunal entend les plaidoiries des avocats.

L'audience

Les audiences sont publiques au nom de l'application du **principe de la publicité des débats**. Il existe des **procès à huis clos** (*divorce*...) où les audiences sont privées au nom du droit au respect de la vie privée.

VOCABULAIRE

Compétence d'attribution : aptitude d'une juridiction à juger une affaire en fonction de sa matière ou de sa nature.

Compétence territoriale : aptitude d'une juridiction à juger une affaire en fonction de critères géographiques.

Demandeur : personne qui va intenter une action en justice.

Défendeur : partie qui se défend devant le tribunal.

Défenseur : avocat qui va défendre les intérêts de chaque partie au procès.

Pourvoir exécutif : pouvoir d'exécuter les lois. Le pouvoir exécutif est partagé entre le chef de l'État et le Gouvernement composé des ministres.

Exercices

1

À l'aide de vos connaissances et des documents ci-dessous, répondez aux questions.

a) Citez les trois secteurs d'activités économiques et associez les branches d'emploi indiquées sur le graphique (page suivante) au secteur auquel elles appartiennent.

b) Définissez les termes suivants :

– services marchands,

– services non marchands.

Donnez un exemple pour chaque définition.

c) Commentez, à l'aide du texte et du graphique, l'évolution de l'emploi dans les services marchands.

d) Expliquez le mécanisme d'externalisation et précisez l'intérêt pour une entreprise d'externaliser certains services.

Où se trouvent les emplois ?

Qui embauche et qui réduit l'emploi ? Si l'on s'intéresse à la nature juridique des employeurs, ce sont principalement les sociétés : en 14 ans, elles ont accru leur emploi (en équivalent temps plein) de près de 1,9 million de postes de travail. Mais il aura fallu les y inciter, voire les y contraindre : en 1997, elles n'occupaient pas plus de personnes qu'en 1990. Les 35 heures et la reprise les ont amenées à changer de comportement, puisqu'elles ont créé 2 millions de postes de travail en 5 ans. Avant de retomber dans la morosité et l'attentisme.

Les administrations (c'est-à-dire l'État, les hôpitaux, les collectivités territoriales et les organismes publics) ont alors fait leur devoir (souvent sous forme de contrats aidés) : elles ont augmenté leurs effectifs entre 1990 et 1996, quand les sociétés n'embauchaient pas, puis ont laissé leurs effectifs progresser faiblement. Enfin, les emplois familiaux se sont développés, soit directement (femmes de ménage, gardes d'enfants à domicile) soit indirectement (associations à but non lucratif prestataires). Mais il s'agit bien souvent de « bouts d'emploi » mal payés et aux qualifications non reconnues.

Si l'on s'intéresse à la nature économique des employeurs, ce sont les services marchands qui se sont le plus développés au cours de ces années. Commerce, transports, services aux entreprises (publicité, conseil, intérim, nettoyage...) et aux particuliers (hôtels, restaurants, spectacles, loisirs, services domestiques...) ont créé près de 2,2 millions d'emplois supplémentaires. Les services non-marchands, ceux que l'on paye essentiellement à travers des impôts ou les cotisations sociales (hôpitaux) arrivent loin derrière, avec un peu plus de 800 000 postes de travail supplémentaires, essentiellement dans l'éducation, la santé et l'action sociale. Quant à la réduction des emplois industriels, elle est pour partie factice : les fonctions externalisées sont généralement classées dans les services, tout comme le recours à l'intérim. Reste que l'industrie *stricto sensu* n'est plus le secteur porteur d'emplois, pas plus que l'agriculture. Mais cela, on le sait depuis longtemps.

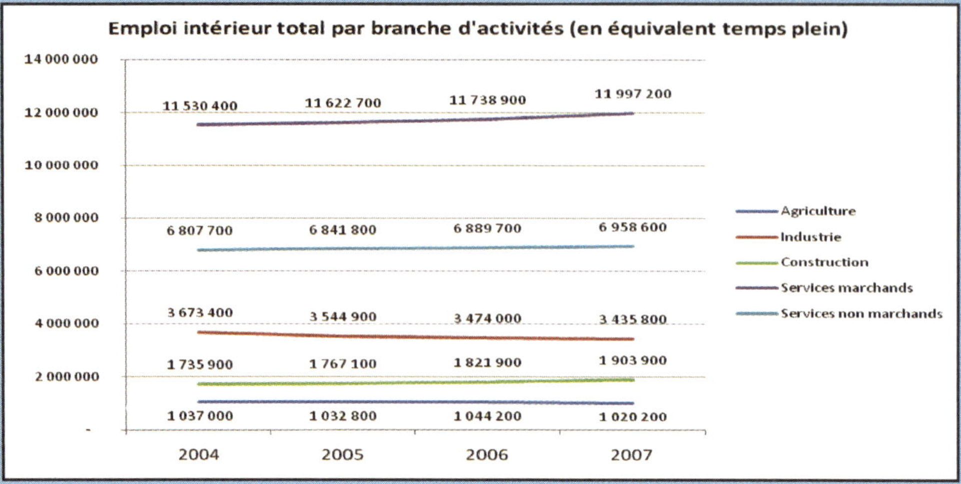

2

À partir de vos connaissances et du document ci-dessous, répondez aux questions suivantes.

a) Donnez la définition de la capacité juridique d'une personne physique.

b) Dans certaines situations, il arrive qu'une personne ne puisse exercer ses droits que par l'intermédiaire d'une autre personne. Citez les trois mesures de protection applicables en France, en faveur des majeurs.

c) Définissez la curatelle.

d) Relevez au niveau législatif les dispositions mises en place pour la protection des majeurs en Allemagne, au Danemark et en Espagne.

Étude de législation comparée N° 148 – juin 2005 – La protection juridique des majeurs

DANEMARK

La loi n° 388 du 14 juin 1995 sur la tutelle, qui est entrée en vigueur le 1er janvier 1997, a modifié le régime de protection des majeurs. Elle a abrogé la loi de 1985 sur l'incapacité. Celle-ci reprenait des règles remontant à 1922 selon lesquelles la protection d'une personne majeure entraînait automatiquement la privation de la capacité d'exercice, et donc des droits civiques...

Il existe une seule mesure de protection, la tutelle, dont l'importance et l'étendue dépendent de l'état de la personne à protéger : la nomination d'un tuteur ne prive pas nécessairement l'intéressé de sa capacité d'exercice...

ALLEMAGNE

La loi du 12 septembre 1990 sur la réforme de la tutelle et de la curatelle des majeurs est entrée en vigueur le 1er janvier 1992. Elle a remplacé les diverses mesures de protection des majeurs existant précédemment par un dispositif unique : l'assistance.

L'assistance n'a pas d'effet automatique sur la capacité de la personne assistée, qui dépend à la fois de l'état de l'intéressé et de l'importance de l'opération à effectuer : le majeur protégé peut être simplement assisté dans certains cas et entièrement représenté dans d'autres...

ESPAGNE

Les dispositions du code civil relatives à la protection des majeurs résultent de la loi 13/1983 du 24 octobre 1983, qui a créé, à côté de la tutelle, seule mesure de protection qui existait auparavant, un second dispositif : la curatelle. La tutelle et la curatelle correspondent plus ou moins à leurs homologues en droit français.

Il existe une troisième mesure de protection, la sauvegarde de justice, qui n'est mise en œuvre que dans des situations transitoires (conflits d'intérêts entre la personne protégée et son tuteur ou son curateur, carence du tuteur, ou du curateur, etc.)...

Extrait du service des études juridiques
www.senat.fr

3

M. Moulin vient de créer une entreprise de vente de matériel informatique. Sachant que vous avez des connaissances juridiques, il vous remet l'avis de constitution de son entreprise. À partir du document ci-dessous et de vos connaissances, vous répondez aux questions suivantes.

a) Repérez dans le tableau ci-dessous les caractéristiques de l'entreprise ALPHA-MICRO.

Forme juridique	Sigle	Signification
Siège social		
Capital		
Nombre d'associés		
Durée de vie		

b) Quel est le statut de Nicolas Moulin ?

c) Quel est l'intérêt de constituer une société par rapport à une entreprise individuelle ?

d) Nicolas Moulin pense qu'il aurait dû opter pour l'EURL. Quelle est la principale différence entre l'EURL et la forme juridique adoptée pour la création d'ALPHA-MICRO ?

e) Citez un autre type de société commerciale.

Avis de constitution

Société ALPHA MICRO

– Société à responsabilité limitée au capital de 7 600 euros.

– Siège social : 15, rue Jean Jaurès 38100 GRENOBLE.

Constitution

Aux termes d'un acte sous seing privé en date du 15/10/2003 enregistré à Grenoble :

– Il a été constitué sous la dénomination sociale « ALPHA MICRO », une société à responsabilité limitée ayant pour objet la vente de matériel informatique.

– Le siège social a été fixé à Grenoble, rue Jean Jaurès, n° 15.

– La durée de la société qui prendra cours à dater de son immatriculation au Registre du commerce et des sociétés est fixée à 99 années.

– Le capital social, formé par les apports des deux associés, s'élève à 7 600 euros.

– La société est gérée et administrée par M. MOULIN Nicolas désigné en qualité de gérant associé, lequel jouit, vis-à-vis des tiers, des pouvoirs les plus étendus pour contracter au nom de la société et l'engager pour tous les actes et opérations dans l'objet social, sans limitation.

4

À partir du document ci-dessous et de vos connaissances, vous répondrez aux questions suivantes.

a) Quels sont les faits à l'origine de cette affaire ?

b) À quelles peines est condamné Michel G ? A-t-il eu raison de faire appel ?

c) Quelles sont les deux juridictions évoquées dans le texte ? Précisez leur compétence.

d) Citez deux autres juridictions et précisez leur compétence.

e) Présentez l'intérêt de la procédure d'appel.

f) Que peut faire Michel G s'il n'est pas satisfait de la décision rendue par le tribunal ? Pourquoi ne peut-on pas parler de troisième degré de juridiction ? L'affaire sera-t-elle terminée ?

g) En quoi le jugement rendu par la 10e chambre peut-il être exemplaire ?

Quinze mois de prison ferme pour l'ancien conservateur de la BnF

Trois ans de prison dont quinze mois ferme, 75 000 euros d'amende pour « vol aggravé », et une incarcération immédiate, tel est l'arrêt de la 10e chambre de la cour d'appel de Paris, rendu vendredi 26 janvier, à l'encontre de Michel G, ancien conservateur en chef à la Bibliothèque nationale de France, responsable des fonds hébraïques.

Il était accusé d'avoir volé, il y a plusieurs années, [...] [un ouvrage] du XIIIe siècle de 324 feuillets, [...] H52, d'après la cote du manuscrit.

En juillet 2000, la BnF[1] constate la disparition de H52, dont elle possédait par ailleurs une copie microfilmée. Le 29 juillet 2004, M. G est interpellé dans son bureau de la rue Richelieu par des policiers de la brigade de répression du banditisme, provoquant un séisme au sein de l'institution. Le 10 mars 2006, le conservateur, qui avait d'abord reconnu le vol, puis s'était rétracté, est condamné par le tribunal correctionnel de Paris à deux ans de prison avec sursis et 400 000 euros d'amende. M. G fait aussitôt appel.

Quelques mois plus tard, sa condamnation est sévèrement alourdie.

Entre-temps, le manuscrit a été récupéré par la BnF – le 6 janvier – auprès du collectionneur américain qui l'avait acheté à New York, en 2000, pour 300 800 dollars (environ 233 000 euros) à la firme de vente aux enchères Christie's [...].

Extrait du journal *Le Monde* du 28/01/07.

[1] BnF : Bibliothèque nationale de France.

5

Vous êtes stagiaire dans une entreprise internationale. Vous vous documentez sur l'avenir de cette entreprise. À partir du document ci-dessous et de vos connaissances, répondez aux questions suivantes.

a) De quelle entreprise s'agit-il dans ces documents ?

b) Combien de salariés emploie-t-elle ?

c) De par son effectif, s'agit-il d'une petite, moyenne ou grande entreprise ? Pourquoi ?

d) Indiquez trois raisons pour qualifier cette entreprise d'internationale.

e) Déterminez la ou les activités(s) de cette entreprise.

g) Dans quel secteur économique la classer ? Justifiez.

L'entreprise internationale Sara Lee conçoit, fabrique et commercialise des produits de grande consommation. Elle est implantée dans 58 pays, distribue ses produits dans 180 pays et emploie mondialement 141 500 personnes. Sara Lee a pour vocation de construire des marques fortes sur 4 types d'activité :

➔ **Hygiène beauté** (Monsavon, Sanex, Williams,...) et **Entretien** (Ambipur, Catch, Kiwi..) en France Sara Lee Household and Body Care France

➔ **Café et produits apéritif** (Maison du Café, Bénénuts...) en France Douwe Egberts France.

➔ **Sous-vêtements, Sportswear** (Dim, Playtex, Hanes...) en France Société Dim, société Playtex.

➔ **Viandes pré-emballées** (Justin Bridou, Cochonou, Aoste...) en France Aoste.

Chiffre d'affaires :

France (toutes sociétés confondues) : 1,5 milliard d'euros.

Monde : 19,6 milliards d'euros.

Extrait de *L'Éveil de Pont-Audemer* du 24/01/06.

Corrigés

1 **a)**

Secteurs	Branches d'emplois
Primaire	Agriculture
Secondaire	Construction, industrie
Tertiaire	Services marchands

b) Les services marchands regroupent tous les services rendus par les entreprises contre un prix sur un marché.

Exemples : agences de voyage, opérateurs téléphoniques…

Les services non-marchands sont rendus par les administrations publiques ou les associations (au sens large, des institutions à but non lucratif). Ils peuvent être rendus gratuitement ou en contrepartie d'une somme modique, bien inférieure à la valeur du service rendu.

Exemples : piscine municipale, éducation nationale…

c) Les emplois augmentent dans la branche des services marchands et enregistrent une hausse (+ 4 %) entre 2004 et 2007.

Cette augmentation dans les services marchands s'explique par le développement des entreprises de services marchands (commerce, services à la personne, services aux entreprises, tourisme,…) ce qui a entraîné des créations d'emplois.

d) C'est l'action qui consiste à faire faire par une entreprise extérieure une activité réalisée jusqu'à présent dans l'entreprise.

Intérêts : réduire les coûts, faire appel à des spécialistes...

2 **a)** La capacité d'une personne physique est l'aptitude de cette personne à être titulaire de ses droits (capacité de jouissance) et à les exercer (capacité d'exercice).

b) Les trois mesures de protection applicables en France, en faveur des majeurs sont :

– la sauvegarde de la justice,

– la curatelle,

– la tutelle.

c) Curatelle : le majeur protégé est aidé, conseillé et contrôlé dans ses actes par un curateur. Mais, il a la possibilité d'effectuer encore certains actes seul.

d) Les dispositions mises en place pour la protection des majeurs :

– En Allemagne : un dispositif unique, l'assistance.

– Au Danemark : une seule mesure de protection, la tutelle.

– En Espagne : trois mesures de protection : la sauvegarde de la justice, la curatelle, la tutelle.

3 **a)**

	Sigle	Signification
Forme juridique	SARL	Société à Responsabilité Limitée
Siège social	15 rue Jean Jaurès 38100 GRENOBLE	
Capital	7 600 euros	
Nombre d'associés	2	
Durée de vie	99 ans	

b) M. Moulin est le gérant de la société.

c) La constitution d'une société permet de donner à la structure qui réalise l'activité une existence propre, en lui conférant la personnalité juridique, c'est-à-dire la capacité de devenir un sujet disposant de droits et d'obligations. Ainsi, les contrats sont signés pour le compte et sous la responsabilité de la société. La société perçoit les ressources de l'activité et peut disposer d'un patrimoine. La société assume également les dettes et les obligations de l'exploitation. La constitution d'une société a ainsi pour premier avantage de limiter les risques de l'exploitation, qui sont pris sur le patrimoine de la société

d) Pour créer une EURL, il suffit d'un seul associé. Il a alors la liberté complète pour gérer l'entreprise.

e) La société anonyme.

4 **a)** Michel G est accusé d'avoir volé un ouvrage appartenant au fond de la BnF.

b) Michel G est condamné à :

– 3 ans de prison dont 15 mois fermes,

– 75 000 euros d'amende.

c) Les juridictions évoquées dans le texte sont :

– le tribunal correctionnel qui s'occupe de juger les délits,

– la 10e chambre de la cour d'appel de Paris qui est amenée à rejuger l'affaire.

d) D'autres juridictions existent :

– conseil des prud'hommes pour les litiges relatifs au contrat de travail,

– tribunal de police pour les contraventions,

– tribunal de commerce pour les affaires relatives aux commerçants,

– tribunal d'instance pour les affaires civiles,

– tribunal de grande instance pour les affaires civiles.

e) L'appel se justifie en ce qu'il donne aux justiciables une seconde chance. Une erreur de jugement peut ainsi être évitée.

f) Après la décision de la cour d'appel, Michel G peut se pourvoir en cassation. Cela n'est possible que pour vice de forme ou mauvaise interprétation de la loi. En aucun cas, elle ne rejuge l'affaire, ce n'est donc pas un troisième degré de juridiction. Si la Cour de cassation confirme le jugement de la cour d'appel, l'affaire est terminée ; si elle l'annule, l'affaire est renvoyée devant une autre cour d'appel.

g) Le jugement rendu par la 10e chambre de la cour d'appel de Paris peut être exemplaire en ce sens que les peines prononcées par celle-ci sont très lourdes et donc de nature à dissuader d'autres personnes de se comporter de la même manière.

5 **a)** Il s'agit de l'entreprise Sara-Lee.

b) Son effectif est de 141 500 personnes.

c) On peut classer cette entreprise parmi les grandes entreprises car elle a plus de 500 salariés.

d) Les trois raisons de qualifier cette entreprise d'internationale sont :

– l'implantation dans 58 pays,

– la distribution de ses produits dans 180 pays,

– l'emploi de salariés dans le monde.

e) Les activités de cette entreprise sont :

– hygiène et beauté,

– café,

– sous-vêtements,

– viandes pré-emballées.

f) En raison de son activité principale, on peut classer cette entreprise dans le secteur secondaire industriel.

ÉCONOMIE-GESTION

LE COURS

NOTE : pour les chapitres d'économie de cette partie, reportez-vous aux chapitres équivalents de la partie ÉCONOMIE-DROIT qui développent plus en profondeur ces notions.

LES EXERCICES

LES CORRIGÉS

1 UN SECTEUR PROFESSIONNEL, UNE DIVERSITÉ DES MÉTIERS

1. LES SECTEURS ÉCONOMIQUES

Selon la définition de l'INSEE (Institut National de la Statistique et des Études Économiques), un secteur économique regroupe des entreprises de fabrication, de commerce ou de service qui ont la même activité principale.

On distingue trois secteurs :

- le **secteur primaire** comprend les activités de production des matières premières, l'agriculture, la pêche, l'exploitation forestière et l'exploitation minière ;
- le **secteur secondaire** regroupe les activités liées à la transformation des matières premières issues du secteur primaire ;
- le **secteur tertiaire** regroupe toutes les activités économiques qui ne font pas partie des deux autres secteurs, essentiellement des services.

2. LES BRANCHES PROFESSIONNELLES

Une branche professionnelle regroupe des unités de production de biens ou de services d'un même secteur d'activité.

3. NOTIONS DE MÉTIER ET DE QUALIFICATION

Un métier est une activité humaine, le plus souvent à but lucratif, c'est-à-dire qui rapporte de l'argent ou des bénéfices. C'est aussi un savoir-faire acquis et, lorsque le métier le permet, une amélioration de ce savoir.

La qualification professionnelle est l'aptitude du salarié à exercer un emploi. La qualification professionnelle est déterminée au regard des fonctions réellement exercées par le salarié.

Certaines qualifications nécessitent l'obtention d'un diplôme, d'autres peuvent s'acquérir par l'expérience.

4. NIVEAUX DE FORMATION ET DE QUALIFICATION

Il existe plusieurs niveaux de formation validés par des diplômes ou des titres :

- Le niveau 5 : CAP ou BEP.
- Le niveau 4 : baccalauréats, Brevet de Technicien (BT), ou Brevet Professionnel (BP).
- Le niveau 3 : Brevet de Technicien Supérieur (BTS), diplôme Universitaire de Technologie (DUT), licence.
- Le niveau 2 : master.
- Le niveau 1 : diplôme de troisième cycle d'université, diplôme d'ingénieur, etc.

Une personne sortie de l'école sans avoir dépassé le niveau collège, ou la première année d'un CAP ou BEP, est dite sans qualification.

5. LES TITRES PROFESSIONNELS

Le titre professionnel atteste la maîtrise de compétences, d'aptitudes et de connaissances qui permettent à son titulaire d'exercer une activité de qualité. Il est délivré par le ministère de l'Emploi. Les titres professionnels s'adressent à des adultes déjà entrés dans la vie active : personnes sorties du système scolaire sans diplôme ; personnes expérimentées souhaitant faire valider les compétences acquises en vue d'une promotion sociale ; personnes souhaitant se reconvertir.

Les titres professionnels se préparent dans le cadre de la formation continue ou peuvent faire l'objet d'une VAE (Validation des Acquis de l'Expérience).

2 LA DIVERSITÉ DES ORGANISATIONS

1. LES DIFFÉRENTES ORGANISATIONS

Définition

Une organisation est un ensemble d'individus regroupés au sein d'une structure, ayant un système de communication pour faciliter la circulation de l'information, dans le but de répondre à des besoins et d'atteindre des objectifs déterminés.

Les entreprises

• L'entreprise artisanale

On considère comme entreprise artisanale toute personne physique ou morale qui n'emploie pas plus de 10 salariés et exerce à titre principal ou secondaire une activité de production, de transformation, de réparation ou de prestation de service.

L'entreprise artisanale se caractérise par la taille de l'entreprise et la qualification du chef d'entreprise.

Il y a quatre grandes catégories d'activités : le bâtiment, l'alimentation de détail, la production et les services.

L'entreprise artisanale est immatriculée au répertoire des métiers tenu par la chambre des métiers et de l'artisanat.

• L'entreprise industrielle

L'activité de ce type d'entreprise est la transformation de matières premières et la vente des produits finis (ou semi-finis). Elle appartient au secteur secondaire : le secteur de la transformation.

• L'entreprise commerciale

Ce type d'entreprise achète des biens pour les revendre sans transformation.

• L'entreprise de services

Cette entreprise vend un travail sans fabrication, ni transformation de biens.

2. LES ORGANISATIONS À BUT NON LUCRATIF

Les associations

Selon l'article 1 de la loi du 1er juillet 1901, « **l'association est la convention par laquelle deux ou plusieurs personnes mettent en commun, d'une façon permanente, leurs connaissances ou leur activité dans un but autre que de partager des bénéfices**. »

Une association doit avoir un **objet désintéressé**, cependant elle peut réaliser des bénéfices dans la mesure où cela participe à la réalisation de son objet, mais il n'est pas possible de les partager entre ses membres.

La formation d'une association est dominée par un **principe de liberté** : chacun peut, avec un tiers consentant, constituer une association. Une grande liberté est laissée à l'association pour rédiger ses statuts. Une association a aussi la liberté d'adhésion puisque chacun peut choisir son association et on ne peut forcer quiconque à adhérer à une association. Et enfin la liberté est laissée à l'association dans le choix de ses membres.

Les organisations non gouvernementales

Une organisation non gouvernementale (ONG) est une organisation d'intérêt public qui ne relève ni de l'État ni d'une institution.

C'est un regroupement volontaire à but non lucratif de citoyens au niveau local, national, régional ou international. Les ONG assurent des fonctions humanitaires et fournissent des services très divers.

Les syndicats

Un syndicat est un groupement de personnes qui a pour but de défendre les intérêts professionnels et économiques de ses membre (employés, ouvriers, cadres, patrons, professions libérales). Le syndicat cherche à faire aboutir des revendications en matière de salaires, de conditions de travail, de prestations sociales…

3. LES ORGANISATIONS PUBLIQUES

L'État

L'État intervient dans l'économie en utilisant la politique budgétaire comme instrument de politique économique et sociale. Pour financer ses projets, l'État se dote de ressources au travers des impôts : par exemple, la TVA, l'impôt sur le revenu, l'impôt sur les sociétés…

Les dépenses de l'État sont multiples : aménagement du territoire, construction et entretien des bâtiments nationaux (*musées nationaux…*), hôpitaux, enseignement scolaire, défense.

Les collectivités territoriales

En France, il s'agit de circonscriptions administratives, dotées d'autorités élues, et d'une administration, qui exercent leurs compétences sur un territoire défini.

• Les communes

Les compétences des communes sont identiques, quelle que soit leur taille. Le conseil municipal règle les affaires de la commune et son « budget ».

Ses responsabilités sont multiples, citons par exemple :

– l'enseignement (*constructions, entretien et équipement des établissements*),

– l'entretien de la voirie communale,

– les aménagements (*logement social, assainissement…*),

– l'action économique : les communes et leurs groupements peuvent participer au financement des aides directes aux entreprises, dans le cadre d'une convention passée avec la région.

• Les départements

Le conseil général est l'assemblée délibérante du département. Il règle les affaires du département.

Il exerce des responsabilités dans quatre domaines d'action :

– l'action sociale et sanitaire,

– l'aménagement de l'espace et l'équipement,

– l'éducation, la culture et le patrimoine,

– les actions économiques : en plus de la participation au financement des aides économiques aux entreprises, le conseil général peut mettre en œuvre ses propres régimes d'aides avec l'accord de la région qui coordonne sur son territoire les actions concernant le développement économique.

• Les régions

Les régions disposent d'une autonomie financière basée sur le principe de la libre administration des collectivités territoriales. Elles reçoivent du gouvernement une partie des impôts nationaux. Elles disposent de leur propre budget du fait du principe d'autonomie financière et ont pour mission de répartir ces sommes dans différents domaines, essentiellement :

– l'éducation (*gestion des lycées*),

– l'enseignement supérieur et la recherche,

– la formation professionnelle et l'apprentissage,

– le développement économique, l'aménagement du territoire et les infrastructures.

Les établissements publics

En France, un établissement public est une **personne morale** de **droit public** financé par des fonds publics et qui doit remplir une mission d'intérêt général.

Le **droit public** accorde aux établissements publics une certaine autonomie administrative et financière afin de remplir une mission d'intérêt général, précisément définie.

Les domaines d'intervention des établissements publics sont variés mais la plupart remplissent une mission de nature économique ou sociale. Il peut s'agir du domaine de la santé (**exemple :** *agence française du sang*), de l'enseignement (*universités*), de la culture (*certains musées*), de l'économie (*entreprises publiques ayant le statut d'EPIC*).

3 FINALITÉS ET OBJECTIFS DES ORGANISATIONS

Les biens et les services sont l'ensemble des produits et des prestations qui sont fournis par les entreprises, les administrations publiques et les organisations diverses.

1. NOTION DE BIENS ET/OU DE SERVICES MARCHANDS OU NON MARCHANDS

Les biens sont des objets physiques pour lesquels il existe une demande, sur lesquels des droits de propriété peuvent être établis et dont la propriété peut être transférée d'un propriétaire à un autre au moyen de transactions sur des marchés.

Une activité de service se caractérise essentiellement par la mise à disposition d'une capacité technique ou intellectuelle.

Les services recouvrent un vaste champ d'activités qui va du commerce à l'administration, en passant par les transports, les activités financières et immobilières, les services aux entreprises et aux particuliers, l'éducation, la santé et l'action sociale.

On distingue :

- **Les services marchands** qui sont des services payants vendus par les entreprises contre le paiement d'un prix représentant la valeur de la prestation et permettant aux entreprises prestataires de réaliser un profit.
- **Les services non marchands** qui sont des services qui sont fournis gratuitement ou à un prix non significatif économiquement.

On y inclut les services fournis par les administrations publiques et les services rendus par les associations. Même si le bénéficiaire ne les paye pas, ou pas à leur valeur réelle, ils ne sont pas pour autant gratuits.

2. OBJECTIFS DES ORGANISATIONS

L'entreprise

L'entreprise est une unité de production qui combine des facteurs de production pour produire des biens et des services en créant de la richesse. À chaque étape de la fabrication et de la commercialisation, ce processus augmente la valeur marchande des produits.

Ce gain de valeur est appelé **valeur ajoutée**. Cette valeur permet de mesurer la contribution exacte d'une unité de production à la création de richesses.

Les organisations publiques

Les organisations publiques ont pour finalité la satisfaction de l'intérêt général (*éducation, santé, sécurité et justice*), c'est-à-dire de l'ensemble des besoins sociaux que l'initiative privée ne peut satisfaire. Ainsi, la finalité d'une administration publique est d'assurer le fonctionnement des services d'intérêt général (*tels que les services publics par exemple*).

Un service public est une activité considérée comme devant être disponible pour tous et dont le but est de satisfaire un intérêt général.

En France, on peut classer les services publics en trois grandes catégories :

- Les fonctions régaliennes de l'État : justice, police, défense nationale, finances publiques.
- Le secteur non marchand : enseignement, santé, aide sociale, infrastructures locales de transport.
- Le secteur marchand : transport (*routes à péage, voies ferrées...*) énergie, distribution d'eau potable, distribution du courrier.

Tous ces services sont assurés par des personnes publiques, des entreprises privées ou des particuliers, sous le contrôle des pouvoirs publics.

Les organisations à but non lucratif

Une organisation à but non lucratif est un groupe mis sur pied à des fins sociales, religieuses, charitables, éducatives, athlétiques, littéraires, politiques ou à d'autres fins semblables.

En France les organisations à but non lucratif sont présentes sous différentes formes :

- les associations,
- les fondations,
- les organisations internationales non gouvernementales (ONG).

La finalité d'une organisation à but non lucratif peut être :

- de partager un loisir entre membres (club sportif),
- de défendre les intérêts des membres (syndicats),
- d'exercer un rôle humanitaire (associations caritatives),
- de promouvoir l'expression et la diffusion d'idées à fin politiques, culturelles ou religieuses.

Les fondations ne peuvent se consacrer qu'à la réalisation d'une œuvre d'intérêt général et à but non lucratif.

VOCABULAIRE

Administrations décentralisées : il s'agit des collectivités locales (régions, départements, communes).

But non lucratif : dont le but n'est pas l'enrichissement.

Régalien : qui est attaché à la souveraineté (peuple ou roi, selon les régimes politiques). D'où les « fonctions régaliennes » qui regroupent les attributions propres au pouvoir souverain. Tous ces pouvoirs sont à la disposition de l'État. Ils visent à maintenir la paix, l'ordre public, la sécurité des territoires pour permettre aux individus d'exercer leurs libertés.

4 LES DOMAINES D'ACTIVITÉ DES ORGANISATIONS

« **L'activité économique** d'une unité de production est le processus qui conduit à la fabrication d'un produit ou à la mise à disposition d'un service. » (INSEE)

L'INSEE gère le répertoire **SIRENE** qui enregistre l'état civil de toutes les entreprises et leurs établissements situés en métropole ou dans les DOM, quelle que soit leur forme juridique et quel que soit leur secteur d'activité (industriels, commerçants, artisans, professions libérales, agriculteurs, collectivités territoriales, banques, assurances, associations…).

1. L'ACTIVITÉ PRINCIPALE ET LES ACTIVITÉS SECONDAIRES D'UNE ORGANISATION

L'activité principale

L'activité principale d'une organisation représente **l'essentiel de son activité**.

On repère l'activité principale par la quote-part la plus importante du chiffre d'affaires global ou de son effectif salarié.

Dans le cadre de sa mission de gestion du répertoire SIRENE, l'INSEE attribue à des fins statistiques, un code dit **APE** (Activité Principale Exercée) à partir de la nomenclature d'activités française NAF.

Il est donné à des fins statistiques et est composé de quatre chiffres et une lettre.

Exemple : *la concession Peugeot à Coulommiers a pour activité principale le commerce de voitures et de véhicules automobiles légers (code APE : 4511Z).*

Le code APE est décomposé en sections, divisions, groupes, classes et sous-classes.

Le code APE peut être modifié pour faire suite à un changement d'activité principale déposée auprès du centre de formalités des entreprises (CFE) ou aux informations recueillies par l'enquête annuelle d'entreprise (ventilation du chiffre d'affaires par activité).

Les activités secondaires

Les activités secondaires sont exercées **en supplément** de l'activité principale. Elles sont proches de l'activité principale, mais ne sont pas le cœur du métier.

Exemple : *la concession Peugeot loue également des véhicules, gère l'entretien et les réparations des véhicules et propose à la vente des pièces détachées.*

Les services complémentaires ou associés

Dans le cadre de son activité principale et de ses activités secondaires, l'organisation peut offrir des **activités ou services d'appoint**.

L'entreprise peut choisir d'exercer elle-même ses activités secondaires (transport, entretien…) ou acheter ces services sur le marché à des sociétés spécialisées (assurance, offre de crédit…).

En raison d'une concurrence plus importante et d'une conjoncture économique plus difficile, les entreprises qui veulent voir leur chiffre d'affaires augmenter doivent mettre en place des services attrayants pour sa clientèle (SAV, maintenance…).

Exemple : *la concession Peugeot propose des services bancaires et d'assurance lors de l'achat de véhicules.*

2. LA PLACE DU SECTEUR PROFESSIONNEL DANS L'ÉCONOMIE

Selon la définition de l'INSEE, « un **secteur professionnel d'activité** regroupe des **entreprises** de fabrication, de commerce ou de service, qui ont la **même activité principale** (au regard de la nomenclature d'**activité économique** considérée). L'activité d'un secteur n'est donc pas tout à fait homogène et comprend des productions ou **services** secondaires qui relèveraient d'autres items de la nomenclature que celui du secteur considéré. »

L'INSEE a défini vingt-et-un secteurs d'activités économiques réunis en **sept grands secteurs** : Agroalimentaire, Industrie, Énergie, Construction, Services, Transports et Commerce.

L'activité économique de la France a progressé : le nombre d'entreprises, le chiffre d'affaires et le nombre de salariés sont les trois indicateurs les plus significatifs de cette progression, et ce, quel que soit le secteur concerné.

VOCABULAIRE

CFE : Centre de Formalités des Entreprises.

Enquête annuelle d'entreprise : dans l'industrie elle porte sur les principaux aspects de l'activité de l'entreprise et de ses établissements.

NAF : Nomenclature des Activités Françaises, apposé par l'INSEE lors de l'enregistrement de l'établissement.

SIRENE : Système Informatique pour le Répertoire des Entreprises et des Établissements.

5 L'ENVIRONNEMENT ÉCONOMIQUE, JURIDIQUE ET INSTITUTIONNEL

NOTE

Reportez-vous aux chapitres 2, 3 et 8 de la partie ÉCONOMIE-DROIT qui développent ces notions.

1. L'ENVIRONNEMENT ÉCONOMIQUE

Notions de marché, d'offre et de demande

• **Le marché :** au sens économique, il est le lieu de rencontre de **l'offre et de la demande**.

• **L'offre :** l'offre d'un produit sur un marché est la quantité de ce produit mise en vente par les producteurs ou distributeurs à un prix donné qui tient compte de leur coût de revient.

• **La demande :** la demande d'un produit sur un marché est la quantité de ce produit susceptible d'être achetée par les consommateurs à un prix donné.

• **La fixation des prix :** le **prix psychologique** est le prix accepté par le plus grand nombre de personnes. Le prix est fixé en tenant compte de la concurrence.

• **Le rôle régulateur du marché :** les lois de l'offre et de la demande ne peuvent véritablement fonctionner que sur un **marché parfaitement concurrentiel**. Un tel marché se caractérise par le fait qu'aucun agent particulier ne peut à lui seul influencer la fixation des prix.

Les secteurs institutionnels

L'**économie**, ou l'**activité économique** est l'activité humaine qui consiste à produire, distribuer, échanger et consommer des **biens** et des **services**. Il existe dans l'économie réelle, une multitude d'**agents économiques** dont les caractéristiques sont très différentes les unes des autres. Pour faciliter les mesures **statistiques** et les descriptions, l'INSEE regroupe tous ces **agents** en catégories appelées **secteurs institutionnels** : les entreprises ; les institutions financières ; les administrations publiques ; les institutions sans but lucratif au service des ménages (ISBLSM) ; le reste du monde.

2. L'ENVIRONNEMENT JURIDIQUE

Les sources du droit national

• **Les sources directes**

→ **La Constitution** : elle est la source fondamentale du Droit, texte fondateur de la Ve République. Elle se situe au sommet de la hiérarchie des sources. Elle a été adoptée par les Français le 4 octobre 1958 lors d'un référendum.

→ **La loi** : « *nul n'est censé ignorer la loi* ». La loi est une règle écrite qui présente un caractère obligatoire. Elle est votée par le Parlement composé de l'Assemblée nationale et du Sénat.

→ **Les décrets** : ce sont des actes administratifs, exécutoires pris par le président de la République ou par le Premier ministre (**exemple :** *la signature électronique*).

→ **Les arrêtés** : ce sont des décisions administratives exécutoires prises par un ou plusieurs ministres, des autorités administratives, des arrêtés municipaux à l'initiative du maire.

• **Les sources indirectes**

→ **La coutume** : il s'agit d'une source non écrite rendue obligatoire après une habitude prolongée.

→ **La jurisprudence** : elle représente l'ensemble des décisions prises par les juridictions civiles et pénales.

Les sources du droit européen et international

• Les différentes sources du droit européen

→ **Les traités** : ils sont au sommet de la hiérarchie du droit européen.

→ **Les accords** : ils peuvent être conclus entre les États membres ou par la communauté avec d'autres pays.

→ **Les actes juridiques contraignants** : ils créent des obligations juridiques : les règlements communautaires ; les directives européennes ; les décisions communautaires.

→ **Les actes juridiques non contraignants** : ils ne créent pas d'obligation sur le plan juridique. Ce sont les recommandations et les avis.

• La hiérarchie des droits national et international

→ **Le droit national** : il se matérialise par une pyramide.

Au sommet de cette hiérarchie, se trouve la Constitution. Viennent ensuite la loi, les décrets et les arrêtés.

→ **Le droit communautaire** : il représente l'ensemble des règles de droit applicables au sein de l'Union européenne.

→ **Principe de primauté** : le droit communautaire s'impose au droit national. Il a pour but d'apporter une protection juridique harmonisée à tous les citoyens européens.

Le contrat

Un contrat est « une convention par laquelle une ou plusieurs personnes (*les parties*) **s'obligent**, envers une ou plusieurs autres, à donner (*un bien ou un service*), à faire (*livrer*) ou à ne pas faire (*ne pas faire de concurrence déloyale*) quelque chose. » (Article 1101 du Code civil)

Dans un contrat on parle de **consentement** « libre et éclairé » des parties, c'est-à-dire il ne doit pas y avoir erreur sur la chose ou violence dans l'obtention de l'accord.

La **liberté contractuelle** est le postulat selon lequel les individus doivent être libres de définir eux-mêmes les termes de leurs propres contrats.

La responsabilité

Chaque citoyen est responsable de ses faits et gestes et quiconque cause un dommage à autrui est dans l'obligation de le réparer.

L'article 1382 du Code civil précise : « ***Tout fait quelconque de l'homme qui cause à autrui un dommage, oblige celui par la faute duquel il est arrivé, à le réparer.*** »

Il existe deux grandes catégories de responsabilité : la responsabilité civile et la responsabilité pénale.

VOCABULAIRE

Capacité juridique : aptitude à être titulaire de droits et à les exercer librement.

Licite : qui est permis par la loi.

Pouvoir exécutif : pouvoir attribué au gouvernement qui applique les lois votées et adopte des règlements (décrets et arrêtés).

Pouvoir judiciaire : pouvoir attribué aux juridictions civiles et pénales lorsqu'un conflit apparaît.

Pouvoir législatif : pouvoir attribué au Parlement (Assemblée nationale et Sénat) qui vote les lois.

3. L'ENVIRONNEMENT INSTITUTIONNEL

Les chambres consulaires

Ce sont des établissements publics qui représentent, défendent et aident les acteurs économiques en matière de développement, de formation et de financement.

• Les chambres de commerce et d'industrie (CCI) : elles représentent les intérêts de **l'industrie, du commerce et des services** auprès des pouvoirs publics.

• Les chambres des métiers et de l'artisanat (CMA) : elles représentent les intérêts généraux de **l'artisanat.**

• **Les chambres d'agriculture :** ce sont des établissements publics qui représentent les **intérêts du monde agricole**.

Les organisations professionnelles patronales et syndicales

Un syndicat professionnel est une organisation professionnelle **indépendante de l'État** (mais reconnue par celui-ci) et régie par un ensemble de lois.

Cette organisation a pour but d'assurer la défense des intérêts de ses membres.

On distingue :

– les organisations professionnelles patronales ;

– les organisations professionnelles syndicales de salariés.

L'État et les collectivités territoriales

• **L'État :** il se compose de l'ensemble des institutions et des services qui permettent de gouverner et d'administrer le pays : les ministères, les préfectures et sous-préfectures, les administrations décentralisées...

• **Les collectivités territoriales :** ce sont des circonscriptions administratives, dotées d'autorités élues et d'une administration qui exercent leurs compétences sur un territoire défini. La loi du 2 mars 1982 consacre trois niveaux de collectivités territoriales : les communes, les départements et les régions.

VOCABULAIRE

Administrations décentralisées : il s'agit des collectivités locales (régions, départements, communes).

Artisan : personne qui exerce à son compte un métier d'art manuel.

Confédération : groupement d'associations, de syndicats.

ÉCONOMIE
Le cours

6 LA RECHERCHE D'EMPLOI

1. LE MARCHÉ DU TRAVAIL

Le marché du travail représente la confrontation de **l'offre de travail** (**travailleurs**), et de la **demande de travail** (**entreprises**).

Le marché du travail est en équilibre lorsque la demande est égale à l'offre de travail.

À l'heure actuelle, **l'offre de travail est supérieure à la demande de travail**.

La situation est donc en **déséquilibre**, d'où des problèmes de **chômage**.

Les indicateurs du marché du travail

• La population active (PA)
Selon l'INSEE, la population active regroupe la **population active occupée** et **les chômeurs**.

La **population active occupée** regroupe l'ensemble des personnes qui ont un emploi.

La mesure de la population active diffère selon l'observation statistique qui en est faite.

La population disponible à la recherche d'un emploi (PDRE) regroupe toute personne en âge de travailler, sans emploi, immédiatement disponible et à la recherche d'un emploi.

On distingue trois approches principales :
– celle du BIT (Bureau international du travail),
– celle du recensement de la population,
– celle de la comptabilité nationale.

• Au sens du BIT, la PA regroupe la population active occupée et les chômeurs.

• Au sens du recensement de la population, la PA comprend les personnes qui déclarent :

– exercer une profession, même à temps partiel ;
– aider un membre de la famille (même sans être rémunéré) ;
– être apprenti, stagiaire rémunéré ;
– être chômeur à la recherche d'un emploi ;
– être étudiant ou retraité occupant un emploi ;
– être militaire du contingent (tant que cette situation existait).

La définition reconnue est celle du BIT.

On compte en France plus de 27 millions d'actifs sur **64,3 millions d'habitants** au 1er janvier 2009 parmi lesquels les **actifs occupés** (personnes occupant un emploi) et les **chômeurs.**

Les inactifs comprennent : les retraités, les jeunes de moins de 16 ans, les étudiants et les mères au foyer.

Schéma de la population française

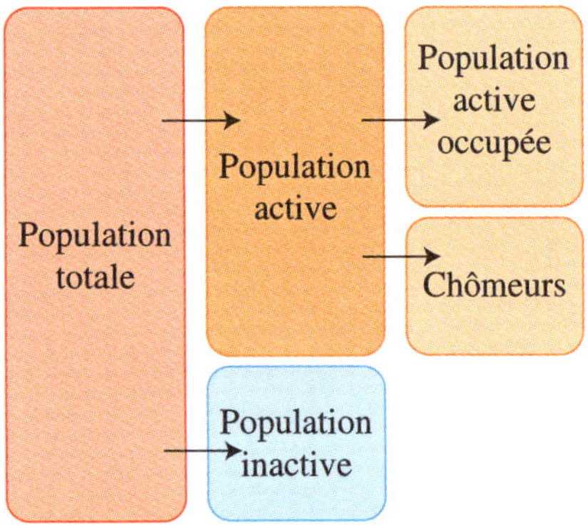

Le **taux d'activité** est le rapport entre le nombre d'actifs (actifs occupés et chômeurs) et l'ensemble de la population correspondante.

Selon les chiffres de l'INSEE, en 2008 en moyenne :

• 70 % des personnes âgées de 15 à 64 ans sont actives et 64,8 % occupent un emploi.

• 13 296 000 femmes de 15 ans ou plus sont actives, soit 51,1 % de l'ensemble des femmes de 15 ans ou plus.

• 14 688 000 hommes de 15 ans ou plus sont actifs, soit 61,8 % de l'ensemble des hommes de 15 ans ou plus.

• Le taux de chômage en 2009 en France est établi à 9,1 %.

• Les facteurs qui influent sur le niveau de la population active

→ Facteurs démographiques

• **Taux élevé de la natalité :** en France : 12,57 naissances pour 1 000 habitants en 2009 et en Union européenne : 9,90 naissances pour 1 000 habitants en 2009.

Lorsque la natalité est importante, vingt ans plus tard, les jeunes arrivent sur le marché du travail.

• **Immigration forte** des années 1960 : elle a augmenté la population active. Ce mouvement est nettement ralenti aujourd'hui devant le développement du chômage et la transformation des emplois.

→ Facteurs sociologiques

Des facteurs sociologiques expliquent le niveau de la population active :

• **Le raccourcissement de la durée de la vie active** dû :

– d'une part, à l'allongement de la durée des études,

– d'autre part, à l'abaissement de l'âge de départ à la retraite même si la tendance s'inverse plutôt aujourd'hui.

Il est à noter que **l'emploi des séniors** se maintient : le taux d'emploi de la catégorie sénior est passé de 39,4 % à 40,6 % entre septembre et décembre 2009.

• **La croissance de l'activité féminine** a été un facteur de l'augmentation de la population active. Il y a 20 ans, 1 femme sur 2 travaillait et aujourd'hui 8 sur 10 travaillent.

• Répartition de la population active selon les secteurs économiques

La population active se répartit entre les trois secteurs économiques :

• **Le secteur primaire** (*chasse, pêche, ressources naturelles*) représente 6 %.

• **Le secteur secondaire** (*industries, activités de production et de fabrication*) représente 28 %.

• **Le secteur tertiaire** (*prestations de service, loisirs, voyages, culture, informatique...*) représente 66 %.

● Les caractéristiques du marché du travail

• Le chômage touche plus particulièrement les jeunes de moins de 25 ans à la recherche d'un premier emploi : le **taux de chômage est à 19 % pour les 15-24 ans**. Ils ont deux fois plus de risques de se retrouver dans une situation précaire de chômage.

• Les femmes, quel que soit leur âge, sont plus touchées que les hommes par le chômage : **7,5 % des femmes de 25 à 49 ans sont au chômage** contre 5,8 % pour les hommes.

• La **durée moyenne du chômage** s'est légèrement réduite depuis quelques années : 16 mois en 2000, 14 mois en 2006 et **13 mois en 2008**.

• Parmi les catégories socio-professionnelles, les catégories ouvriers et employés sont les plus touchés : **11,5 % des ouvriers** et **9,2 %** des **employés sont au chômage** contre 4 % pour les cadres.

• Si l'on retient le critère du niveau de qualification, ce sont les « **sans diplôme** » qui sont les plus concernées : **12,7 %** d'entre eux sont au chômage contre 4,3 % pour les Bac + 2.

2. LES NOTIONS DE COMPÉTENCES ET D'APTITUDE

• Notion de compétence

La compétence se définit comme la capacité reconnue dans un domaine pour lequel la personne se spécialise.

Selon l'AFNOR (Association française de normalisation), être compétent c'est mettre en œuvre des connaissances, un savoir-faire et un comportement adéquat en situation d'exécution.

• Notion d'aptitude

L'aptitude se définit comme la compétence possédée. C'est aussi la disposition naturelle à réaliser une tâche donnée.

● Le profil de poste

Le profil de poste est l'énumération des caractéristiques requises pour occuper le poste à pourvoir. Il intervient à la première phase du recrutement.

- L'employeur détermine d'abord les caractéristiques du profil de poste qu'il recherche.
- Le profil de poste détaille les principales caractéristiques requises pour occuper le poste à pourvoir. Le profil de poste permet d'établir l'analyse du poste qui comprend :

– les **savoir-faire** et les **connaissances** acquis par la formation ou l'expérience professionnelle,

– le **niveau de formation** souhaité ou exigé,

– les **capacités** relationnelles, rédactionnelles, physiques, intellectuelles… pour le poste.

- Le profil de poste établi permettra au recruteur de comparer les profils des candidats sélectionnés. Le candidat qui correspondra le mieux au profil de poste sera retenu et engagé.
- L'analyse du profil de poste aboutit à la rédaction d'une **définition de fonctions** : c'est la **description précise du poste**. Cette définition du poste comporte les mentions suivantes :

– l'intitulé du poste proposé,

– la mission générale du futur salarié : (synthèse sous forme de ses attributions),

– le contenu du poste, c'est-à-dire la présentation des tâches et des responsabilités spécifiques qui lui seront confiées,

– la position hiérarchique et fonctionnelle au sein de l'entreprise,

– les conditions d'exercice, c'est-à-dire les déplacements, contraintes particulières…

– la localisation du poste et l'environnement de travail,

– les possibilités d'évolution du poste.

Un outil professionnel existe pour aider le recruteur à définir le profil de poste : c'est le **Répertoire Opérationnel des Métiers et des Emplois** (ROME).

3. LES DÉMARCHES DE RECHERCHE D'EMPLOI

• Les canaux de communication

- les presses professionnelle locale, régionale, nationale, européenne et internationale,
- la radio,
- le réseau Internet,
- les lycées, écoles de commerce,
- les salons pour l'emploi, forums,
- le réseau relationnel ou la recommandation.

• Les organismes spécifiques

- le Pôle emploi (fusion récente entre ANPE et Assedic),
- l'APEC (Agence pour l'emploi des cadres),
- les entreprises de travail temporaires (agences d'intérim),
- les syndicats professionnels,
- les organismes de formation,
- les organismes spécialisés dans le recrutement,
- les associations d'anciens élèves…

L'analyse et la sélection des offres d'emploi

Pour sélectionner une offre d'emploi, il est nécessaire de regarder :

- l'emploi proposé,
- l'expérience demandée,
- le niveau de qualification requis,
- le type de contrat proposé,
- le lieu de travail,
- la rémunération.

La législation en vigueur

• Les démarches en matière de recherche d'emploi

Il existe différents types de démarches en vue d'être embauché.

• La candidature spontanée

Il s'agit de sélectionner au préalable des entreprises que l'on souhaite démarcher. Une fois cette étape réalisée, il est nécessaire de préparer une lettre de candidature manuscrite adaptée à chaque type d'entreprise et de rédiger son CV.

• Répondre à une petite annonce d'offre d'emploi

Il est nécessaire de bien analyser l'annonce parue (poste, formation requise, lieu de travail, nombre d'heures, rémunération proposée…).

• Visiter un salon professionnel

Cette démarche permet de rencontrer, pendant une courte durée, des futurs salariés et employeurs potentiels. Le candidat multiplie ainsi ses chances d'être recruté par une de ces sociétés.

• **Passer une annonce pour rechercher un emploi**

Le salarié qui recherche un travail peut s'adresser à un journal local ou professionnel en vue d'écrire une petite annonce en précisant le métier recherché, la région, la rémunération éventuellement.

• **Les droits du demandeur d'emploi**

• **L'accès gratuit aux services du Pôle emploi**

La qualité de demandeur d'emploi permet l'accès gratuit aux services du Pôle emploi pour consulter les offres d'emploi, utiliser les outils en libre service, participer aux ateliers, avoir l'accompagnement d'un conseiller, construire un projet personnalisé d'accès à l'emploi et avoir un suivi mensuel avec un conseiller référent au bout de trois mois de recherche active d'emploi.

• **Une protection sociale**

Le demandeur d'emploi bénéficie d'une protection sociale en fonction de sa situation antérieure.

• **Une allocation**

Il peut, sous certaines conditions, percevoir une allocation chômage.

• **Un droit à l'information**

La mise en place de panneaux d'affichage dans les agences Pôle emploi est obligatoire.

• **Un droit d'accès et de rectification des informations**

Le Pôle emploi collecte des données à caractère personnel destinées à l'enregistrement de l'inscription des demandeurs d'emploi et à l'étude des droits à l'assurance chômage. Elles sont communiquées à d'autres organismes de protection sociale.

Les devoirs du demandeur d'emploi

L'article L. 5411-6-3 du code du travail (loi 758 du 1er août 2008) prévoit que « le demandeur d'emploi immédiatement disponible pour occuper un emploi est [...] tenu de participer à la définition et à l'actualisation du projet personnalisé d'accès à l'emploi, d'accomplir des actes positifs et répétés de recherche d'emploi et d'accepter les **offres raisonnables d'emploi** ».

Il est tenu de respecter ces obligations sous peine d'être radié de la liste des demandeurs d'emploi en cas :

– de refus, à deux reprises, d'une offre raisonnable d'emploi ;

– de refus d'élaborer le projet personnalisé d'accès à l'emploi (PPAE), de suivre une action de formation proposée, de répondre à une convocation des services publics, d'une proposition de contrat d'apprentissage ou de professionnalisation.

Le demandeur d'emploi est tenu de signaler au Pôle emploi, dans un délai de 72 heures, tout changement intervenu dans sa situation (reprise d'un travail, départ en formation, arrêt maladie...).

4. COMMUNICATION ÉCRITE RELATIVE À LA RECHERCHE D'EMPLOI

La lettre de motivation

Une lettre de motivation présente les atouts du candidat pour le poste visé. Elle doit intéresser le recruteur, « l'accrocher ».

La rédaction d'une lettre de motivation

• **Les informations à donner**

• L'identité et l'adresse de l'expéditeur du courrier.

• La raison sociale de l'entreprise, l'identité du correspondant et sa fonction, son adresse.

• Le lieu d'émission du courrier, la date du jour, l'objet du courrier.

• Le corps de la lettre débute par un titre de civilité, suivi de plusieurs paragraphes : présentation de la candidature, exposé de la motivation, annonce du CV et formule de politesse.

• La signature (sans le prénom et le nom).

• Le nombre de pièces jointes.

• **La rédaction**

• Rédiger avec un vocabulaire professionnel, dans un registre de langue adapté au contexte professionnel.

• Respecter le titre du destinataire *(Monsieur le Directeur)*.

• Exclure toute faute de grammaire et d'orthographe.

• Rédiger des phrases simples.

• Rester positif dans la rédaction.

• **La présentation**

• Présenter une lettre manuscrite sur papier blanc format A4 (21 × 29,7 cm), ni rayé ni quadrillé.

• Ne pas dépasser une page dactylographiée.

• Écrire au recto uniquement.

• Prévoir des marges de 1 cm en haut et en bas, de 2 cm à gauche et à droite.

• Rédiger à l'encre noire de préférence.

• Écrire lisiblement et sans rature.

• Démarquer les paragraphes par un retrait de 1 cm.

• Séparer les paragraphes en sautant une ligne.

• Le courrier envoyé doit être un original et non une copie.

Le Curriculum Vitae

L'expression *Curriculum Vitae* (CV) vient du latin et signifie « *déroulement de la vie* ». Le CV accompagne la lettre de motivation et a pour rôle de présenter les compétences techniques et personnelles du candidat. Il est concis, exact et actualisé à chaque changement (dernier emploi occupé, nouvelle adresse…). Contrairement à la lettre de motivation, il est présenté sous forme informatisée.

Le CV se décline en rubriques :

• **L'état civil**, placé en haut à gauche : prénom, nom, adresse complète, téléphone, mél, âge et situation familiale.

• **La photographie** *(facultative)*.

• **L'accroche** *(non obligatoire)* : elle est située en haut du CV et permet de capter l'attention du recruteur, d'annoncer le métier du candidat.

• **La formation** : le recruteur doit facilement repérer les études en cours (dates, nom de l'établissement) et les diplômes obtenus (dates, spécialités).

• **L'expérience professionnelle** : elle indique précisément les dates, le nom des entreprises, le secteur d'activité et les missions réalisées.

• **Les connaissances linguistiques et informatiques** : pour les langues, indiquer le niveau ; pour l'informatique, indiquer les logiciels et l'utilisation d'Internet.

• **La rubrique « divers »** : c'est une rubrique importante. Elle montre le dynamisme et donne des indices sur la personnalité du candidat (**exemples** : *sport d'équipe = capacité à s'intégrer à un groupe ; voyages = curiosité*).

La loi « pour l'Égalité des Chances » du 2 avril 2006 oblige les entreprises de plus de 50 salariés à sélectionner des candidats dont le CV est anonyme. Le Conseil d'État propose un décret d'application précisant que l'employeur n'est pas obligé de mettre en place une politique d'anonymisation des CV. Les CV anonymes ne doivent faire apparaître :

• ni âge, ni sexe, ni photo,

• ni nom, prénom, ni adresse ou téléphone.

5. COMMUNICATION ORALE RELATIVE À LA RECHERCHE D'EMPLOI

Préparation de l'appel

On élabore un **plan d'appel téléphonique** :

• Recensement des informations concernant l'entreprise et l'objet de l'appel.

• Installation à portée de main des documents à consulter et du matériel (téléphone, papier…).

Conseils à suivre pour téléphoner

• Se trouver dans un endroit calme,

• se présenter, être courtois,

• sourire car il s'entend toujours,

• articuler, avoir un débit fluide (*ni lent, ni rapide*),

• parler sans crier, se concentrer, rester calme.

7 L'EMBAUCHE ET LA RÉMUNÉRATION

1. LA SÉLECTION DU SALARIÉ

Techniques de l'entretien d'embauche

Étape cruciale et décisive, l'entretien est le moment où l'employeur rencontre le candidat sélectionné.

Ce dernier met en valeur son expérience professionnelle et ses traits de personnalité à travers la description de son parcours scolaire et professionnel. De son côté, l'employeur évalue le candidat.

LES PHASES DE L'ENTRETIEN D'EMBAUCHE

L'entretien dure en général une heure.

Présentation, contact

Cette partie est dédiée à la présentation du candidat.

Il s'agit de donner une bonne image de soi : la présentation physique, la ponctualité, la façon d'entrer, les premières paroles sont souvent décisives.

Déroulement de l'entretien

– Le candidat est invité à prendre la parole sans être interrompu. Il doit manifester sa motivation, valoriser ses compétences professionnelles et ses qualités personnelles.

– Le candidat répond aux questions avec précision face à son employeur et exprime son intérêt pour obtenir le poste à pourvoir.

– Le recruteur présente les missions confiées, l'entreprise, son environnement, sa culture. L'entretien sert à mesurer les compétences professionnelles du candidat et apprécier sa capacité à occuper le poste.

Quelques questions à préparer

– Pouvez-vous décrire ce que vous avez aimé et moins aimé lors de votre dernier poste ?

– Pourquoi êtes-vous intéressé par le poste et notre société ? Pourquoi vous recruter ?

– Que pensez-vous apporter à l'entreprise ?

– Quels sont vos points forts et points faibles ?

Conclusion de l'entretien

Le candidat aborde les questions relatives au salaire, aux conditions de travail et les perspectives de carrière envisageables…

Attitude et langage à adopter pendant l'entretien

– Être courtois, attentif.

– Avoir le sourire en vue d'installer une communication sereine sans stress.

– Regarder directement l'employeur sans baisser les yeux.

– Avoir une posture adéquate : jambes et bras décroisés, mains posées sur la table…

– Écouter attentivement et répondre aux questions.

– Parler avec une voix expressive et articuler.

– Utiliser un langage maîtrisé et adapté à la situation.

Préparation de l'entretien d'embauche

L'entretien d'embauche se prépare en amont. Aussi, il est souhaitable de respecter les conseils qui suivent :

– Ne pas se dévaloriser.

– Avoir confiance en soi, sans être non plus trop sûr de soi (besoin de trouver un juste équilibre).

- Être détendu.
- Être prêt physiquement.
- Être « conditionné » mentalement.
- Préparer des arguments, des questions qui pourraient être posées par l'employeur.
- Prévoir les documents à apporter le jour de l'entretien (diplômes, attestations, certificats...).
- Repérer à l'avance l'itinéraire à suivre et le temps nécessaire pour être ponctuel (plan de circulation...).
- Préparer la veille sa tenue vestimentaire (costume, tailleur).

Législation relative à l'entretien d'embauche

• Le principe de non-discrimination

L'employeur est libre d'engager le candidat qui convient le mieux à l'emploi offert.

Selon le code du travail (article L1132-1), une personne ne peut être écartée d'une procédure de recrutement en raison de :

- son origine, son sexe, ses mœurs,
- son orientation sexuelle,
- sa situation de famille ou l'état de grossesse de la femme,
- son appartenance ou non à une ethnie, une race ou une nation,
- ses opinions politiques et syndicales ou ses convictions religieuses,
- son état de santé, un handicap,
- son apparence physique, son nom de famille.

• Une personne qui estime faire l'objet d'une discrimination peut agir

- Déposer plainte auprès du procureur de la République, du commissariat de police, de la gendarmerie.
- Déposer un recours devant le conseil des prud'hommes.
- Saisir la Commission pour la promotion de l'égalité des chances et la citoyenneté (COPEC) ou la Haute autorité de lutte contre les discriminations et pour l'égalité (HALDE).

Les tests de sélection

- Les tests de recrutement (ou de sélection) sont des exercices qui permettent de recueillir des renseignements d'ordre technique, intellectuel ou psychologique sur les candidats.
- **Les tests de culture générale** évaluent les connaissances du candidat en littérature, histoire, géographie…
- **Les tests techniques** ont pour but de tester les aptitudes et les compétences requises et de vérifier la maîtrise des outils informatiques pour certains postes.
- **Les tests de comportement**, **de personnalité** : il s'agit là de répondre à un QCM (questionnaire à choix multiple) plus ou moins long sur les rapports du candidat avec les autres, sa capacité d'écoute, sa rigueur, sa capacité à s'affirmer.
- **Les tests de logique** : sous forme d'énigmes, ils sont destinés à évaluer l'esprit logique et la fluidité de la réflexion du candidat.
- **Les mises en situation** consistent à placer le candidat dans des situations professionnelles afin d'observer son comportement.

La mise en situation couramment utilisée est celle du jeu de rôle.

Dans ce type d'exercice, il faut agir, prendre des décisions, faire des choix et les argumenter.

2. LA CONCLUSION DU CONTRAT DE TRAVAIL

Définition du contrat de travail

Le contrat de travail est un **accord** par lequel une personne (le **salarié**) s'engage à travailler pour une autre personne (l'**employeur**) sous sa direction (**lien de subordination**), moyennant une rémunération.

Les principaux types de contrat de travail

• Le contrat à durée indéterminée (CDI)

Le contrat à durée indéterminée est le **contrat de travail de droit commun** : la date de fin du contrat n'y est pas inscrite.

Le CDI peut être conclu pour un temps plein ou pour un temps partiel. Il n'est pas systématiquement écrit.

Il peut être **rompu sur décision unilatérale,** soit de l'employeur (licenciement pour motif personnel ou pour motif économique, mise à la retraite), soit du salarié (démission, départ à la retraite), ou en cas de force majeure.

Sa rupture peut aussi résulter d'un accord des deux parties élaboré dans le cadre du dispositif de « **rupture conventionnelle** » mis en place par la loi du 25 juin 2008.

• Le contrat à durée déterminée (CDD)

La conclusion d'un CDD n'est possible que pour **l'exécution d'une tâche précise** et **temporaire** et **seulement dans les cas énumérés par la loi**. Il doit obligatoirement être écrit.

Quel que soit le motif pour lequel il est conclu, le CDD ne peut permettre de pourvoir durablement un emploi lié à une activité normale et permanente de l'entreprise.

Ce contrat est conclu entre l'entreprise et le salarié pour une durée déterminée et prend fin à l'échéance fixée dans le contrat. Ce contrat, qui peut être renouvelé une fois, ne doit pas excéder une période de **18 mois.**

Les principaux cas de recours autorisés sont :

- **le remplacement d'un salarié absent** (un salarié en grève ne pourra pas être remplacé) ;
- **l'accroissement temporaire de l'activité de l'entreprise** ;
- **les travaux saisonniers** (embaucher une personne pour effectuer des travaux dangereux est strictement interdit) ;
- **le remplacement d'un chef d'entreprise artisanale, industrielle ou commerciale**, d'une personne exerçant une profession libérale, ou du conjoint participant effectivement à l'activité de l'entreprise à titre professionnel et habituel ;
- **le remplacement d'un chef d'exploitation agricole**, d'un associé d'exploitation, ou de leur conjoint dès lors qu'ils participent effectivement à l'activité de l'exploitation agricole ou de l'entreprise ;
- **les contrats conclus** au titre des mesures pour l'emploi ou lorsque l'employeur s'engage à assurer un complément de formation professionnelle au salarié engagé ;
- **le contrat de vendanges**.

Pendant son travail, le salarié titulaire d'un CDD dispose des **mêmes droits que les autres salariés** de l'entreprise.

• Le contrat de travail temporaire (CTT)

Le CTT (ou contrat d'intérim) est un contrat conclu entre **un salarié et une entreprise de travail temporaire**, par lequel le salarié est mis à disposition d'une **entreprise utilisatrice**, pour une durée connue et écrite dans le contrat.

Le salarié *(intérimaire)* effectue une **mission** : c'est un salarié embauché et rémunéré par une entreprise de travail temporaire qui le met à la disposition d'une entreprise utilisatrice pour une durée limitée.

La mission prend fin à la date fixée ou quand l'objet se réalise. Les conditions de recours au CTT sont fixées par le code du travail. Il s'agit le plus souvent d'un remplacement d'un salarié absent, de l'accroissement temporaire de l'activité de l'entreprise, de travaux saisonniers.

• Le contrat de travail à temps partiel

C'est un contrat conclu avec un salarié dont la **durée du travail est inférieure à la durée – légale ou conventionnelle** – pratiquée dans l'entreprise. **Obligatoirement écrit**, ce contrat comporte certaines clauses afin de garantir les droits du salarié concerné.

Le travail à temps partiel peut être organisé sur la semaine, sur le mois ou sur l'année.

La durée de travail prévue dans le contrat de travail doit être respectée.

Les droits des parties

Les parties au contrat peuvent insérer toutes clauses sur lesquelles elles sont d'accord, sans toutefois que ces clauses soient contraires aux lois et règlements.

Quel que soit le type de contrat, une **période d'essai** est souvent conclue entre les parties, durant laquelle le contrat peut être rompu par l'une ou l'autre des parties, sans préavis ni indemnité.

La période d'essai a pour but de permettre à l'employeur d'évaluer les compétences du salarié, et au salarié d'apprécier si les fonctions exercées lui conviennent.

Les obligations des parties

• Les obligations du salarié

- Exécuter le travail demandé en respectant les horaires.
- Respecter les instructions de son employeur.
- Respecter le règlement intérieur.
- Observer les clauses du contrat.
- Respecter les consignes de sécurité.
- Respecter le secret professionnel.
- Ne pas faire de concurrence déloyale à son employeur.

• Les obligations de l'employeur

- Verser le salaire correspondant au travail effectué.
- Fournir du travail dans le cadre de l'horaire établi.
- Respecter les éléments du contrat.
- Faire effectuer le travail dans le respect des dispositions législatives, règlementaires et conventionnelles en vigueur.

3. LA RÉMUNÉRATION DES SALARIÉS

Définition du salaire

Le **salaire** est la **contrepartie d'un travail fourni par le salarié**.

Le salaire est versé chaque mois au salarié, il est calculé en fonction des heures de travail effectuées.

VOCABULAIRE

Salaire brut = salaire de base + primes + heures supplémentaires.

Salaire net = salaire brut – cotisations sociales.

Les éléments de la rémunération

• Le salaire minimum

Les salariés âgés d'au moins 18 ans ne peuvent être payés en dessous d'un minimum légal : le **SMIC**.

INFO

Le taux horaire est à **8,86 €** de l'heure, soit le SMIC mensuel brut pour **35 heures** hebdomadaires est de **1 343,77 €** (janvier 2010).

Mais un taux réduit du SMIC peut être pratiqué pour :

- les **apprentis** et les **jeunes salariés** en contrat de professionnalisation, en fonction de leur âge et de la durée du contrat ;
- les jeunes salariés âgés de moins de 18 ans qui ont moins de 6 mois de pratique professionnelle dans la branche d'activité. Un **abattement de 10 %** peut ainsi être pratiqué lorsque le jeune salarié est âgé de 17 à 18 ans et de **20 %** lorsque le jeune salarié est âgé de moins de 17 ans.

• La rémunération individualisée

Sauf disposition plus favorable du contrat de travail, le montant du salaire résulte de la négociation annuelle au sein de l'entreprise, des conventions collectives et de la législation en vigueur (SMIC, heures supplémentaires).

En dehors des dispositions légales, la rémunération du salarié peut dépendre de ses résultats personnels : il s'agit de la **rémunération individualisée** ou du **salaire au mérite**.

Les entreprises ont tendance à augmenter la part variable des salaires, de façon à **motiver le personnel et à récompenser la performance individuelle**.

Solutions moins coûteuses pour l'entreprise que les augmentations de salaire, il existe des formes de rémunération périphériques :

- les primes individuelles variables,
- les avantages en nature (*voiture ou logement de fonction...*),
- la distribution d'actions ou de stock-options.

4. LES FORMALITÉS ADMINISTRATIVES

Formalités administratives pour l'employeur

La dernière étape de recrutement franchie avec succès par le candidat, ce dernier est embauché par l'entreprise.

Des **formalités administratives** existent :

- faire une **déclaration unique d'embauche** (DUE) à l'URSSAF ;
- établir un **contrat de travail** ;
- faire passer une **visite médicale** ;
- **mettre à jour** le **registre du personnel** ;
- créer un **dossier individuel** du nouveau salarié : nom, prénom, date de naissance, situation familiale, poste, qualification, échelon ;
- **déclarer** le salarié à la CNAM si celui-ci n'est pas encore immatriculé.

Formalités administratives et obligations pour le salarié

- **Signer le contrat de travail** en deux exemplaires en apposant la mention manuscrite « Lu et Approuvé ».
- **Procéder à la visite médicale** avant la fin de la période d'essai, voire avant l'embauche pour les catégories de personnel « à risque » : travailleurs exposés, femmes enceintes, handicapés, mères d'enfants de moins de deux ans...

Le salarié doit passer une visite médicale avant l'embauche, puis périodiquement au cours de sa carrière.

Les enjeux des formalités

Parmi les formalités administratives obligatoires préalables, il existe la **déclaration préalable à l'embauche (DPAE)**, à adresser à l'URSSAF. À défaut, l'employeur s'expose à des sanctions.

La DPAE contient les éléments suivants :

- identité de l'employeur,
- identité et la nationalité du salarié,
- date et heure d'embauche.

L'intérêt est de s'assurer que le salarié est correctement déclaré (pas de dissimulation d'emploi).

• La déclaration unique d'embauche (DUE)

Elle est obligatoire.

L'employeur doit déclarer le salarié dans les huit jours suivant la date de début d'embauche, auprès de l'URSSAF.

La DUE est un **formulaire unique** qui remplace les sept formalités à accomplir :

- la DPAE, Déclaration de première embauche,
- la demande d'immatriculation du salarié au régime général de la Sécurité sociale,
- la demande d'affiliation au régime d'assurance chômage,
- la demande d'adhésion à un service de santé au travail,
- la déclaration d'embauche du salarié auprès des services de santé pour la visite médicale,
- la liste des salariés embauchés pour le préétablissement de la déclaration annuelle des données sociales (DADS).

• Le contrat de travail

Ce document officiel est destiné à l'employeur qui s'assure de posséder une preuve juridique. Le salarié est embauché sous sa subordination.

• La visite médicale

L'employeur s'assure du bon état de santé de son futur salarié.

• Établir le registre du personnel

Les entreprises, quel que soit leur effectif, doivent tenir à jour, sous peine de sanctions, un registre du personnel, dans l'ordre d'embauchage, indiquant tous les salariés de l'entreprise (nom et prénoms), y compris les travailleurs à domicile et les intérimaires.

VOCABULAIRE

Recrutement : actions mises en œuvre pour embaucher un salarié correspondant aux besoins d'une organisation dans un poste donné.

Rémunération : contrepartie d'un travail fourni par le salarié.

Stock-option : droit attribué à un salarié d'acheter une action de son entreprise à un cours déterminé et dans un délai donné. Le tarif est préférentiel.

Exercices

1

Vous vous informez sur les mesures prises en matière d'emploi.

À partir des trois documents ci-dessous et de vos connaissances, répondez aux questions suivantes.

a) Quel est le nombre de demandeurs d'emploi en juillet 2009 ?

b) Indiquez quel est le taux de chômage au troisième trimestre 2009 ?

c) Quel est l'organisme chargé de mesurer le chômage ? Précisez la signification de ce sigle.

d) Rappelez la définition de la population disponible à la recherche d'un emploi.

e) Rappelez ce qui compose la population active.

f) D'après les chiffres, qui est le plus touché par le chômage ?

g) Donnez les deux indicateurs qui influent sur la demande d'emploi.

DOCUMENT 1

Le chômage en France

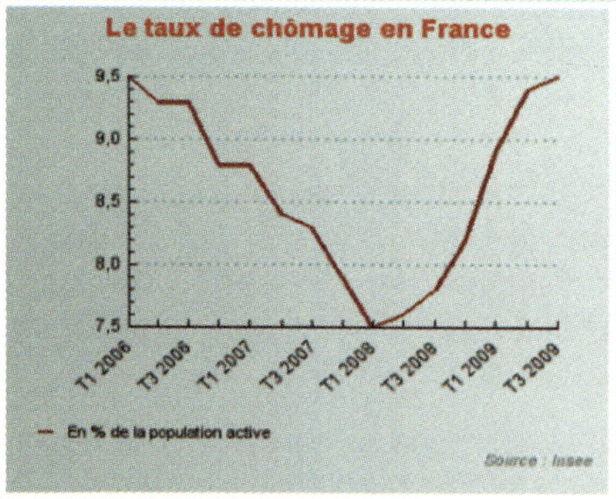

Au troisième trimestre 2009, le taux de chômage en France s'établit à 9,5 %, soit 0,1 point de plus qu'au trimestre précédent et 1,7 point de plus qu'au troisième trimestre 2008. Ce taux de chômage est calculé par l'INSEE selon les normes du Bureau international du travail (BIT).

Le journal du Net, 09/12/2009.

DOCUMENT 2

Le nombre de chômeurs a augmenté de plus de 25 % entre l'été 2008 et l'été 2009

Le nombre de chômeurs sans aucune activité en France a augmenté de 10 700 en juillet. Ils sont désormais 2,53 millions, soit 25,6 % de plus qu'il y a un an [...].

Le nombre d'inscrits à Pôle emploi en catégorie A (chômeurs privés de toute activité) est passé de 10 700 en juillet en métropole à 2,53 millions [...] a annoncé mercredi le ministère de l'Emploi.

Le nombre d'inscrits en catégorie A a augmenté de 0,4 % en juillet sur un mois et de 25,6 % comparé à juillet 2008 pour s'établir à 2 535 200 en métropole. La catégorie A regroupe les demandeurs d'emploi à la recherche d'un emploi, quel que soit le contrat de travail, et n'ayant pas travaillé dans le mois.

DOCUMENT 3

Le nombre de chômeurs en France en forte hausse, au-dessus des deux millions

Les moins de 25 ans ont été particulièrement touchés par la morosité du marché de l'emploi, avec une hausse de 4,3 % du nombre de demandeurs en octobre (+ 8,3 % sur un an). Les entrées à l'ANPE pour cause de licenciement économique ont bondi de 5,1 %, alors que les entreprises ont multiplié les annonces de plan social depuis plusieurs semaines et que de nombreuses PME sont très fortement pénalisées par la crise et pourraient ne pas la surmonter, d'après plusieurs études.

latribune.fr, 28/11/2008.

2

Vous avez eu connaissance de la création d'un nouveau contrat. À partir des documents, répondez aux questions.

a) De quel type de contrat s'agit-il ?

b) Citez les deux parties concernées par ce contrat.

c) À quelle date a-t-il été signé ?

d) À quelle date prendra-t-il fin ?

e) Combien d'heures par semaine devra effectuer le salarié ?

f) Pour quel emploi ?

g) Quelles sont les deux conditions qui rendront le contrat définitif ?

h) Donnez une définition précise du contrat de travail ?

i) Quelles obligations, pour chacune des parties, découlent du contrat de travail ?

DOCUMENT 1

Un engagement retardé

Réservé aux entreprises de moins de 20 salariés, le contrat « nouvelle embauche » est un nouveau contrat à durée indéterminée. Il concerne tout type de poste, à l'exception des emplois saisonniers. Pour le mettre en œuvre, il faut impérativement établir un document écrit précisant qu'il s'agit d'un contrat nouvelle embauche, sinon le salarié sera présumé en CDI, sous sa forme classique. Le CNE comporte une période dite de « consolidation » de deux ans pendant lesquelles les parties peuvent rompre le contrat très simplement sans invoquer de motif.

D'après *Commerce Magazine* N°76 – Juillet/Août 2006.

DOCUMENT 2

Entre les soussignés :

L'entreprise PANIER SYMPA, N° d'identification 596 145 524 00015, dont l'adresse est 36 rue de la Rhélie – 27500 PONT AUDEMER, représentée par M. BISSON agissant en qualité de Gérant d'une part, et

Melle PREVOST, N° de Sécurité Sociale 2 90 07 27 250 480, demeurant à BEUZEVILLE d'autre part,

Il a été conclu le présent contrat de travail « nouvelles embauches » en application de l'ordonnance N° 2005-893 du 2 août 2005 :

Engagement

Melle PREVOST qui se déclare libre de tout engagement, est engagée pour une durée indéterminée, à compter du 1er mars 2007 en qualité de Vendeuse sous réserve des résultats de la visite médicale d'embauche.

L'entreprise PANIER SYMPA s'engage à déclarer préalablement à son embauche Melle PREVOST auprès de l'URSSAF de PONT AUDEMER.

Durée du travail, horaires, congés payés

La durée hebdomadaire de travail de Melle PREVOST est de 35 heures.

Le salarié pourra être amené à effectuer des heures supplémentaires sur demande de l'employeur, selon les conditions légales et conventionnelles en vigueur.

Melle PREVOST bénéficiera des congés payés annuels dans les conditions prévues par la convention collective.

Rémunération

Melle PREVOST percevra un salaire mensuel brut de 1 280 euros (mille deux cent quatre vingt euros) qui lui sera versé à la fin de chaque mois civil.

DOCUMENT 2 (suite)

Dispositions particulières : rupture du contrat de travail

Conformément à l'ordonnance N° 2005-893 du 2 août 2005, durant les deux premières années suivant sa conclusion (à compter du 1er mars 2007 jusqu'au 28 février 2009), le contrat peut être rompu à l'initiative de l'entreprise PANIER SYMPA ou de Melle PREVOST dans les conditions suivantes.

Notification : La rupture est notifiée par lettre recommandée avec demande d'avis de réception.

Préavis : Lorsque l'entreprise PANIER SYMPA est à l'initiative de la rupture, la présentation de la lettre recommandée fait courir un préavis :

– de deux semaines à l'issue d'au moins un mois de présence dans l'entreprise,

– d'un mois à l'issue d'au moins six mois de présence dans l'entreprise.

Indemnité : Lorsque l'entreprise PANIER SYMPA est à l'initiative de la rupture, sauf faute grave, il est dû au salarié une indemnité égale à huit pour cent du montant total de la rémunération brute versée depuis la conclusion du contrat.

Le présent contrat est établi en deux exemplaires dont l'un devra être retourné dûment signé à M. BISSON représentant de l'entreprise PANIER SYMPA le plus tôt possible.

Fait à PONT AUDEMER le 5 mars 2007,

Signatures de l'employeur et du salarié (précédées de la mention « Lu et approuvé »)

Corrigés

1 **a)** Il y a 2 530 000 demandeurs d'emploi fin juillet 2009.

b) 9,5 % au troisième trimestre 2009.

c) C'est l'INSEE : Institut National de la Statistique et des Études Économiques.

d) La PDRE regroupe toute personne en âge de travailler, sans emploi, immédiatement disponible et à la recherche d'un emploi.

e) Elle est composée des personnes ayant un emploi et des chômeurs.

f) Les femmes et les jeunes de moins de 25 ans.

g) La croissance et la démographie, notamment les départs à la retraite.

2 **a)** C'est un contrat de travail nouvelle embauche.

b) Deux parties sont concernées par ce contrat :

– l'employeur : Panier sympa,

– le salarié : Mlle Prévost.

c) Le 5 mars 2007.

d) Le 28 février 2009.

e) Le salarié devra effectuer des semaines de 35 heures.

f) Pour un emploi de vendeuse.

g) Les deux conditions qui rendront le contrat définitif sont :

– une visite médicale d'embauche favorable,

– une déclaration unique d'embauche auprès de l'URSSAF.

h) C'est un accord par lequel le salarié s'engage à travailler pour le compte et sous la direction d'un employeur qui lui verse en contrepartie une rémunération.

i) Les obligations du salarié : effectuer le travail demandé, respecter le règlement intérieur, les consignes de sécurité, les horaires…

Les obligations de l'employeur : verser la rémunération prévue au contrat, respecter les clauses du contrat, fournir le travail dans de bonnes conditions…

ANGLAIS

LE COURS

PRÉPARER L'EXAMEN

LES CORRIGÉS

1 MODES DE VIE

1. ORIENTATION DANS L'ESPACE

Corrigés, p. 315

TEXTE 1 Observez cet échange entre une touriste et un passant.

> **Anne:** Excuse me Sir. I'd like to go to the nearest train station.
>
> **A passerby:** Turn left into Chelsea Road at the next junction, go past the Tesco supermarket, go round the roundabout, then walk across the bridge and follow the river up to the crossroads. Don't stop there but carry on until you come to a bakery. Don't take the first but the second road on the right and then go straight on to the traffic lights.

Comprendre

▶ Le vocabulaire

Les points de repère sont donnés par le passant. *Junction, roundabout, bridge* appartiennent au lexique de la route.

Relevez tous les points de repère.

Les verbes et les mots en bleu indiquent la direction à prendre (*Turn left*...).

▶ La grammaire en situation dans le texte

Le passant indique à Anne ce qu'elle doit et ne doit pas faire.

Turn left → Tournez à gauche.

Don't stop → Ne vous arrêtez pas.

Relevez d'autres exemples.

Apprendre

▶ Enrichir son vocabulaire

• ***What you ask*** : *Can you tell me the way to…? How far is it from here? How long will it take me to go to…?*

• ***What you say*** : *turn right/left, go past* (passez devant), *go straight on* (allez tout droit), *turn round and go back* (faites demi-tour), *don't hitch hike* (ne faites pas du stop), *give me a lift* (déposez-moi).

• ***Who you are*** : *a pedestrian* (piéton), *a driver, a passerby* (passant).

• ***What you find*** : *a roundabout* (rond-point), *a crossroads* (carrefour), *traffic jams* (embouteillages), *pavement* (trottoir), *traffic lights, a pedestrian crossing* (passage piétons).

• ***How it is*** : *crowded* (bondé) ≠ *empty* (vide), *noisy, dirty, polluted, safe* ≠ *dangerous.*

▶ Consolider sa grammaire

> **L'IMPÉRATIF**
>
> • **À la forme affirmative : BV**
> *GO straight on.*
>
> • **À la forme négative : *DON'T* + BV**
> *DON'T stop.*

S'entraîner

❶ **Votre correspondant vous dit comment aller chez lui. Complétez le texte à l'aide des verbes donnés ci-dessous :** *call, take* (× 2), *walk, tell, turn, get off, pick up.*

.... the plane from Nice to Gatwick airport. Once there, ... your luggage and .... a taxi. .... him to drive you to Kensington. Then .... the tube and .... at West Brompton. .... one mile and when you arrive in front of a bookshop, ... right and you are there!

❷ **Traduisez les expressions ci-dessous pour exprimer une direction.**

a) Prendre la première route à gauche.

b) Aller tout droit.

c) Tourner à droite aux feux.

d) Passer devant la gare.

e) Traverser un pont.

❸ **Guidez un passant qui veut aller au commissariat (*police station*). Rédigez quelques lignes à l'aide du vocabulaire ci-dessous.**

• *Go straight on, go past..., go down..., turn at..., go along ..., walk across...*

• *The street, the post office, the lights, the church, the bridge.*

2. LOGEMENT

Corrigés, p. 315

TEXTE 2 Observez cette annonce pour un appartement à louer.

> Two-bedroom flat **near the city centre**. **Enough** space for 2 to 3 people. **Much** storage space with **plenty of** cupboards. Cellar big **enough** to store **a lot of things**. Not **too many** flats in the building, so **little** noise, **few** neighbours and **lots of parking spaces nearby**. **Many** shops **a few** miles away, so not **too much** effort to walk there. There is a school just **a little** distance away too.

Comprendre

▶ Le vocabulaire

L'annonce présente les commodités et **avantages géographiques** de l'appartement : *near the city centre* (proche du centre-ville), *space* (place, espace), *little noise* (peu de bruit), *cupboards* (placards), *cellar* (cave).
Relevez les autres commodités et avantages géographiques.

▶ La grammaire en situation dans le texte

• Exprimer une (trop) grande quantité :
– *much storage* (beaucoup de rangement)/ *many shops/plenty of cupboards/lots of parking spaces/a lot of things ;*
– *too much effort/too many flats* (trop d'appartements).

• Exprimer une faible quantité :
little noise (peu de bruit), *few neighbours.*

• Exprimer une certaine quantité :
a little noise (un peu de bruit), *a few miles* (quelques kilomètres).

• Comparons ***enough*** *light* et *big* ***enough*** : *enough* (assez) est placé avant le nom (*light*) et après l'adjectif (*big*).

Comparez la traduction de « il y a » dans *There is a school just a little distance away* et *There are few nuisances.*

Apprendre

▶ Enrichir son vocabulaire

• ***Where you live :*** *a 3-room flat, living-room, dining-room, bedroom, kitchen, bathroom, garden.*

• ***How it is :*** *comfortable, cosy* (douillet)*, quiet/ noisy, clean/dirty, expensive* (cher)*, with lots of facilities* (commodités).

• ***What you do :*** *rent a flat* (louer)*, pay the rent* (payer un loyer) */ the bills* (les factures)*, do the housework* (le ménage).

▶ Consolider sa grammaire

> **LES QUANTIFIEURS**
> – *There is* **+ singulier**
> – *There are* **+ pluriel**

Regardez toujours si le nom qui suit est singulier ou pluriel.

• **Beaucoup de :**
much + singulier / *many* + pluriel,
lots of = *a lot of* = *plenty of* + singulier ou pluriel.
There is much storage; there are many cupboards.

• **Un peu de, quelques :**
a little + singulier / *a few* + pluriel
There is a little noise ; there are a few shops.

• **Peu de :**
little + singulier / *few* + pluriel
There is little space; there are few flats.

• **Trop de :**
too much + singulier / *too many* + pluriel
There is too much noise; there are too many neighbours.

• **Trop peu de :**
too little + singulier / *too few* + pluriel
There is too little space; there are too few bedrooms.

• **Assez :**
enough + nom / adj + *enough*
There is enough space; the flat is big enough.

S'entraîner

1 Complétez les phrases avec ces mots : *big, facilities, modes of transport, room.*

a) *There are lots of ....*

b) *There are few.......................*

c) *Is there enough .... for three people?*

d) *Yes, the flat is .... enough.*

2 Traduisez les expressions ci-dessous.

a) Il y a beaucoup de placards dans la chambre.

b) Il y a peu de voisins dans l'immeuble.

c) Il a quelques magasins à proximité.

d) Il y a un peu d'eau dans la cave.

3 Rédigez une annonce pour vendre votre appartement.

Beau 2 pièces. Peu de pollution, assez de place pour 3, peu de voitures, quelques placards, beaucoup d'arbres, un peu de bruit le matin.

3. RÉUTILISER SES CONNAISSANCES

Corrigés, p. 315

À l'écrit : l'impératif

Voici une lettre de votre correspondant.

> *Dear Frenchie,*
> *People say French food is very different from what we eat here. I'd like to taste something new. Could you send me the recipe of a typically French dish?*
> *Chris*

Vous lui rédigez la recette de la ratatouille.

Associez les verbes aux ingrédients et remettez-les dans l'ordre pour recomposer la recette. Un même verbe peut être utilisé plusieurs fois.

1. *cook* (faire cuire) **2.** *stir* (remuer) **3.** *rinse* **4.** *chop* (couper en gros morceaux) **5.** *peel* (éplucher) **6.** *add* (ajouter).

a) *vegetables* **b)** *onions* **c)** *eggplant* (aubergine) **d)** *zucchini* (courgettes) **e)** *peppers* (poivrons) **f)** *the vegetables separately* **g)** *salt, pepper and basil* **h)** *the vegetables delicately.*

À l'oral : les quantifieurs

Vous êtes un client mécontent au restaurant. Vous parlez au serveur.

"Waiter! I'm really unhappy with the food and the service. First, there is...; there are..."

Too much, too many	***Not enough, too little, too few***
Garlic (ail), *spices* (épices), *sugar, salt*	*Herbs* (aromates), *lemon slices* (rondelles de citron), *salty* (sel)
Salad, tea, cake, rice (riz), *fish, chips*	

Enrichir son vocabulaire : l'alimentation (*food and drinks*)

- ***What it tastes like :*** *delicious/awful, salty* (salé), *bitter* (amer), *overcooked* (trop cuit), *tough* (dur).
- ***What you eat or drink :*** *the starter* (l'entrée), *the main dish* (plat principal), *meat* (viande), *vegetables, cheese, dessert; a drink, still water* (eau plate) ≠ *sparkling water.*
- ***What you do :*** *order a dish* (commander un plat), *cook* (cuisiner), *taste* (goûter), *ask for the bill* (demander l'addition).

Vérifier ses connaissances

Situation	On emploie...
Pour donner une **instruction positive**	
Pour donner une **instruction négative**	
Pour dire qu'il y a **beaucoup ou trop de** bruit, de sel...	
Pour dire qu'il y a **beaucoup ou trop** d'oignons...	
Pour dire qu'il y a **peu ou trop peu** d'espace, peu d'ail...	
Pour dire qu'il y a **peu ou trop peu de** voisins, d'aromates...	
Pour dire qu'il y a **un peu de** bruit, de sucre...	
Pour dire qu'il y a **quelques** magasins, quelques entrées...	
Pour dire qu'il n'y a **pas assez** d'épices	
Pour dire que ce n'est **pas assez** salé, grand...	

2 LES RELATIONS AVEC LES AUTRES

1. CONNAISSANCE DE L'AUTRE

Corrigés, p. 315

TEXTE 1 Voici la liste des questions posées par une classe à un nouvel élève.

> Tom, **where are you** from?
> **When did you arrive**?
> **How long have you been living** here?
> **How many** brothers or sisters **do you have**?
> **What did they think** about your going to England?
> **Why did you leave** France?
> **Are** your parents **working** here?
> **Have you found** a flat?
> **How long will you stay** here?

Comprendre

▶ Le vocabulaire

Les élèves interrogent Tom sur sa provenance (*where*), sa date d'arrivée (*when*), etc.

Relevez les mots interrogeant sur une durée, un nombre, une chose ou une idée, une raison.

▶ La grammaire en situation dans le texte

Retrouvez le bon auxiliaire grâce au texte.

– On interroge sur un événement passé.
When .... you arrive here?
Quand es-tu arrivé ?

– On interroge sur un événement en cours.
.... your parents working here?
Tes parents travaillent-ils ici ?

– On interroge sur une généralité.
How many brothers or sisters .... you have?
Combien de frères et soeurs as-tu ?

– On interroge sur un résultat.
*......... you **found** a flat?*
As-tu trouvé un appartement ?

– On interroge sur un **événement futur.**
How long ...... you stay here?
Combien de temps resteras-tu ici ?

Relevez d'autres exemples dans le texte.

Apprendre

▶ Enrichir son vocabulaire

• ***Who you are :*** *a student, a worker, a friend, a schoolmate* (camarade).

• ***What you are like*** (*à quoi vous ressemblez*) : *tall* (grand) ≠ *small, slim* (mince) ≠ *fat, athletic* (sportif) ; *friendly* (sympa), *brown-haired* (brun), *green-eyed* (aux yeux verts).

▶ Consolider sa grammaire

LE QUESTIONNEMENT

où	***where***	pourquoi	***why***
quand	***when***	lequel	***which***
qui	***who***	combien de fois	***how often***
que	***what***	à quelle distance	***how far***
comment	***how***		
(depuis) combien de temps	***how long***	combien	***how much* + singulier/ *how many* + pluriel**

Pour poser une question, il faut un **auxiliaire/ un sujet/un verbe (BV).**

> Action passée : ***did* + S + BV**
> Action en cours : ***am-is-are* + S + V-ing**
> Généralité : ***do/does*** (3ᵉ pers. sg.) **+ S + BV**
> Résultat **: *have/has* + S + participe passé**
> Futur **: *will* + S + BV**

S'entraîner

❶ Retrouvez le mot interrogatif.

a) .... *does Ellen live? (in Germany).*

b) .... *do you go to school? (by bus).*
c) .... *have you been living in Paris? (for two years).*

❷ **Comment demandez-vous à votre ami :**
a) pourquoi il a quitté Londres ?
b) combien de frères il a ? où ils habitent ?
c) où il vit en ce moment ?
d) quand il viendra vous voir ?

❸ **Questionnez votre ami pour mieux le connaître (âge, résidence, études, famille, hobbies, goûts…).**

2. COMPÉTENCES ET EXIGENCES

Corrigés, p. 316

TEXTE 2 Observez cette annonce d'un directeur du personnel.

> **The personnel manager:** Congratulations Mr. Goodface! You've just been hired by "Elite Protection"! As you know, you **have to** protect celebrities, so you **must not** be afraid of working in dangerous conditions. You **must** be available at any time, so you **can't** switch off your mobile phone. You **can** do overtime. You **don't need to** have experience but you **need to** learn fast. You **don't have to** master martial arts but you **should** have a permit for carrying firearms.

Comprendre

▶ Le vocabulaire

Le directeur du personnel décrit les compétences requises et les exigences du travail évoqué : *protect, not be afraid*… **Relevez-les.**

▶ La grammaire en situation dans le texte

Il s'agit d'établir ou de suivre des règles de vie **Complétez ces phrases à l'aide du texte.**

a) Vous devez (OBLIGATION) :
You .... *be available* (disponible).
You .... *learn fast.*
You .... *protect.*

b) Vous ne pouvez/devez pas (INTERDICTION) :
You .... *be afraid* (avoir peur).
You .... *switch off your phone* (éteindre).

c) Vous pouvez (CAPACITÉ) :
You .... *do overtime* (heures supplémentaires).

d) Vous devriez (RECOMMANDATION) :
You .... *have a permit.*

e) Vous n'avez pas besoin (ABSENCE D'OBLIGATION) :
You .... *have experience.*
You .... *master martial arts.*

Apprendre

▶ Enrichir son vocabulaire

• ***What you require*** (exiger) : *skills* (compétences), *know-how* (savoir-faire), *a serious attitude, sense of initiative.*

• ***What the employee is like*** : *flexible, punctual, self-reliant* (autonome), *hard-working* (travailleur) ≠ *lazy* (fainéant).

• ***What the job is like*** : *exciting* ≠ *boring* (ennuyeux), *tiring* (fatigant), *stressful, well-paid* (bien payé).

▶ Consolider sa grammaire

> **LES MODAUX**
>
> • Obligation : *you* ***have to*** (obligation imposée) / ***need to*** / ***must*** (vous reconnaissez que cette obligation est bien pour vous).
>
> • Interdiction : *you* ***can't (cannot)*** / ***mustn't (must not)***.
>
> • Capacité : *you* ***can*** / ***may*** (tu as la permission).
>
> • Recommandation : *you* ***should.***
>
> • Absence d'obligation : *you* ***don't have to*** / ***don't need to.***
>
> → Au futur : *you will have to* (devras) /*you will be able to* (pourras).
>
> ***Must, can, may, should, will*** sont des auxiliaires modaux. Ils ne prennent pas de *-s, -ing, -ed*. Ils ne peuvent pas être suivis d'un autre modal, et sont toujours suivis de la base verbale (**pas de** *to*).

ANGLAIS
Le cours

S'entraîner

❶ Quelle idée est exprimée dans ces phrases ? Obligation, conseil, interdiction, absence d'obligation ?

a) *He should react very quickly.*

b) *He has to look after children.*

c) *He mustn't fall asleep while looking after a child.*

d) *He doesn't have to stay in the house.*

❷ Comment diriez-vous à un ami qu'il :

a) devrait passer son permis de conduire *(take/ driving licence)*.

b) doit emmener son frère à l'école *(take)*.

c) ne peut pas postuler *(apply)* s'il n'a pas d'expérience avec les enfants.

d) n'a pas besoin de parler plusieurs langues *(several languages)*.

❸ Vous cherchez une baby-sitter. Rédigez une annonce avec vos critères et exigences. *Be reliable* (fiable), *available* (disponible), *polite. Not be irresponsible. Have experience. Look after* (s'occuper), *help to do the homework, go and fetch* (aller chercher) *after school.*

3. RÉUTILISER SES CONNAISSANCES

Corrigés, p. 316

À l'écrit : le questionnement, s'informer

Écrivez une lettre à votre correspondant et demandez-lui **combien** il a de frères et sœurs, **quel âge** ils ont, **ce qu'**ils font, **où** ils habitent et **depuis combien de temps**, s'ils sont mariés, **depuis combien de temps** ils travaillent …

À l'oral : les modaux

Dites ce que vous ne **pouvez pas faire** *[surf on the net, stay out late* (rester dehors tard)*]*, **devez faire** *(do the housework)*, **devriez faire** *(get a flat)* et **n'aurez pas besoin de faire** si vous vivez seul *(tidy your room)*.

Enrichir son vocabulaire : la famille (*family*)

• ***Who you are :*** *an only child* (enfant unique), *a relative* (un parent), *a one-parent family* (monoparentale).

• ***What you do :*** *bring up* (élever), *look after* (s'occuper de), *grow up* (grandir), *clash* (se disputer) ≠ *get on well.*

• ***How you are :*** *well-bred* (bien élevé), *obedient* (obéissant) ≠ *disobedient, spoilt* (gâté), *stubborn* (têtu), *strict.*

Vérifier ses connaissances

Situation	On emploie…
Pour interroger sur la **provenance**	
Pour interroger sur la **durée**	
Pour interroger sur la **date**	
Pour interroger sur le **nombre** (2 réponses)	
Pour interroger sur une **chose**	
Pour interroger sur la **fréquence**	
Pour interroger sur la **distance**	
Pour interroger sur la **raison**	
Pour interroger sur ce qu'une personne **a fait dans le passé**	**l'auxiliaire … + S + …**
Pour interroger sur ce qu'une personne **est en train de faire**	**l'auxiliaire … + S + …**
Pour interroger sur ce qu'une personne **fait en général**	**l'auxiliaire … + S + …**
Pour interroger sur ce qu'une personne **a fait et qui a des conséquences maintenant**	**l'auxiliaire … + S + …**
Pour interroger sur ce qu'une personne **fera**	**l'auxiliaire … + S + …**
Pour dire ce qu'une personne **doit** faire (3 réponses)	
Pour dire ce qu'une personne **peut** faire (2 réponses)	
Pour dire ce qu'une personne **ne peut ou ne doit** faire (2 réponses)	
Pour dire ce qu'une personne **devrait** faire	
Pour dire ce qu'une personne **n'a pas besoin de** faire (2 réponses)	
Pour dire ce qu'une personne **devra** faire	
Pour dire ce qu'une personne **pourra** faire	

3 LE MONDE SCOLAIRE

1. ORIENTATION SCOLAIRE

Corrigés, p. 316

TEXTE 1 Observez cet échange entre une élève et un conseiller d'orientation.

> **The careers adviser:** Well, first, tell me what you **like** and **don't like**.
> **Jane:** Well, I **like** many things. **I'm keen on** reading and I **enjoy** travelling abroad. I **love** painting and **I'm a great one for** visiting ancient sites! Hum, I **dislike** shopping, I **hate** thrillers, I **can't stand** working under pressure and I **can't bear** doing the same thing again and again. I **would rather** work in a foreign country **than** in my home country. I **prefer** directing **to** being directed. Actually I **would prefer to** be the manager **than** to be an employee.

Comprendre

▶ Le vocabulaire

Jane mentionne ses goûts en matière d'activités culturelles (*reading*), artistiques (*painting*) et professionnelles (*working under pressure*). **Relevez d'autres exemples.**

▶ La grammaire en situation dans le texte

• Jane a trois façons d'exprimer sa préférence, dont *I would rather work* (je préférerais travailler). **Relevez les deux autres.**

• Elle parle de ce qu'elle aime (*I like, I'm keen on reading…*) et de ce qu'elle n'aime pas (*I dislike…*). **Relevez les autres expressions qu'elle utilise dans chaque cas.**

Apprendre

▶ Enrichir son vocabulaire

• ***What you like/dislike/are good at :*** *helping people, working in a team* (équipe), *making quick decisions, taking risks, expressing yourself in public, being creative ; solving* (résoudre) *complex problems, general knowledge* (culture générale).

▶ Consolider sa grammaire

> **GOÛTS ET PRÉFÉRENCES**
> ***like* et *prefer* + *ing* / *to***
>
> • Parler de ses goûts :
> – **J'adore** : *I love/am crazy about/am a great one for/am keen on/am fond of reading.*
> – **J'aime bien** : *I like/enjoy cooking.*
> – **Je n'aime pas** : *I don't like/I dislike studying.*
> – **Je déteste/je ne supporte pas** : *I hate/I can't bear working.*
>
> → Tous ces verbes sont suivis d'un nom ou d'un **verbe en *-ing*.**
>
> • Dire ce qu'on préfère ou préférerait :
> – **Je préfère** : *I **prefer** staying **to** going.*
> – **Je préfèrerais** :
> *I **would prefer to** stay than **to** go.*
> *I **would rather** stay than go* (base verbale).

S'entraîner

❶ Associez les éléments.

1. *I'm a great one…*
2. *I am not too keen…*
3. *I can't stand…*
4. *He loves…*
5. *We are fond…*

a) *… working on his computer.*
b) *… for working outside.*
c) *… of caring for others.*
d) *… on working overtime.*
e) *…being idle* (ne rien faire).

ANGLAIS Le cours

❷ **Vous allez voir un conseiller d'orientation qui vous demande de parler de vos goûts et préférences** : *sport, take risks, watch films, be stuck in an office* (être coincé dans un bureau), *sit for hours* (rester assis pendant des heures).

2. UNE JOURNÉE À L'ÉCOLE

Corrigés, p. 316

TEXTE 2 Observez une journée typique pour John.

> *John* ***always*** *gets up at 6.40 and he* ***usually*** *has breakfast at 7. He* ***often*** *checks his school bag before leaving but* ***sometimes*** *he doesn't have the time. He* ***normally*** *takes the bus to go to school at 7.45 almost* ***every morning*** *but* ***once in a while*** *his mother gives him a lift. He* ***never*** *finishes before 5 pm.* ***How often*** *does he go to school?* ***Four times a week****. He is used to studying in the library. Does he have good marks? Yes, even if he doesn't work very hard.*

Comprendre

▶ Le vocabulaire

On décrit les activités de John lors d'une journée type (*he gets up* (se lève), *he has breakfast*...) et à quelle fréquence (*always, usually* (en général)...).

Relevez les autres activités mentionnées et leur fréquence.

▶ La grammaire en situation dans le texte

On utilise le présent simple pour :

• Exprimer des habitudes (*he gets, he has, he checks*...) ou des généralités.

• Dire **ce qu'on ne fait pas** habituellement : *he doesn't work*...

Relevez un autre exemple de phrase négative.

• **Interroger** sur ce qu'on fait en général : *does he go*...?

Relevez un autre exemple de phrase interrogative.

Pour insister sur une **habitude**, on dit : *He* ***is used to*** *studying* (il a l'habitude d'étudier).

Apprendre

▶ Enrichir son vocabulaire

• ***Where you learn :*** *junior school* (collège)/ *high school* (lycée), *vocational school* (lycée professionnel), *college = university*.

• ***What you do :*** *walk to school* (aller à l'école à pied), *come back home, do homework; skip* (sécher) ≠ *attend a class* (suivre un cours).

• ***When :*** *once* (une fois)/*twice* (deux fois)/ *three times a week* (par semaine), *every two months* (tous les deux mois), *once in a while = occasionally;* ***in*** *the morning/afternoon/ evening* (le matin, l'après-midi, le soir), ***on*** *Tuesday,* ***at*** *night,* ***at*** *9 am/pm.*

▶ Consolider sa grammaire

> **LE PRESENT SIMPLE ET L'HABITUDE**
>
> **– Parler de ses habitudes**
>
> Le présent simple : *He works hard/he* ***doesn't*** *work hard/****does*** *he work hard?*
>
> On met un **–s au verbe à la 3ᵉ personne du singulier**.
>
> Dans les **questions** et **phrases négatives**, on ajoute l'auxiliaire ***do*** (***does*** à la 3ᵉ pers. du singulier et dans ce cas-là on ne met **pas de –s au verbe**).
>
> **– La fréquence**
>
> *always* (toujours)/*often* (souvent), *usually, normally/sometimes, occasionally, once in a while* (parfois)/ *rarely/never* (jamais).
>
> Les **adverbes** se placent **avant** le verbe (*I rarely go out*) ou **entre** l'auxiliaire et le verbe (*I have often seen him*).
>
> **– Avoir l'habitude**
>
> ***I am used to*** *driv****ing****.* ***Are*** *you* ***used to*** *travell****ing****? He* ***is not used to*** *work****ing****.*

S'entraîner

❶ Comment demandez-vous à un ami :
a) s'il étudie souvent ?
b) si son frère porte toujours un uniforme ?
c) combien de fois il va à la bibliothèque *(library)* ?

❷ Dites ce que vous faites et quand :
• *read/go to bed/go to the swimming pool/wake up/do the washing up.*
• *at 6.30am/twice a week/once in a while/in the evening/at 10.45pm.*

❸ Rédigez une lettre pour votre correspondant, décrivant une journée type pour vous.

3. RÉUTILISER SES CONNAISSANCES

Corrigés, p. 317

À l'écrit : goûts et préférences

Voici la lettre que vous avez reçue de votre correspondant.

> *Dear French friend,*
> *You're soon going back to school. I hope you're not too stressed.*
> *As for me, I'm really excited to meet my new teachers. What about you? What are your favourite subjects? Do you prefer studying alone or in a group?*
> *Take care*
> *Chris*

Répondez-lui.

À l'oral : le présent simple et l'habitude

Informez votre nouveau professeur d'anglais sur votre façon d'étudier.

Usually, I am used to + V-ing, often.../read, rewrite the lesson, watch English movies, listen to songs (chansons)...

Enrichir son vocabulaire : les études (*studies*)

• ***What you study :*** *maths, physics, history, geography, arts, accountancy* (comptabilité), *foreign languages (English, Spanish, Italian, German...), economics.*

• ***What you need*** *: a laptop* (PC portable), *books, a pen* (stylo), *a pencil* (crayon), *notebooks* (cahiers), *a desk* (bureau), *a dictionary, a calculator.*

Vérifier ses connaissances

Situation	On emploie...
Pour parler de ce qu'on **adore** (5 réponses)	
Pour parler de ce qu'on **aime bien** (2 réponses)	
Pour parler de ce qu'on **n'aime pas** (2 réponses)	
Pour parler de ce qu'on **déteste** (2 réponses)	
Pour parler de ce qu'on **préfère ou préfèrerait** faire (3 réponses)	
Pour dire qu'on **a l'habitude de** faire quelque chose	
Pour dire que l'on fait qqch **souvent** (3 réponses)	
Pour dire que l'on fait qqch **de temps en temps** (3 réponses)	
Pour parler de ce qu'on ne fait **jamais**	
Pour parler de ce qu'on fait **toujours**	
Pour faire une **phrase négative au présent**	
Pour faire une **phrase interrogative au présent**	

4 LE MONDE PROFESSIONNEL

1. EXPÉRIENCE PROFESSIONNELLE

Corrigés, p. 317

TEXTE 1 Observez cet entretien d'embauche.

> **Personnel manager**: *Tell me more about your experience with old people.*
>
> **Mary**: *Well, I <u>have taken</u> care of my grandparents **since** 2001, **for** eight years now, **since** they **moved** here. I <u>have</u> already <u>looked</u> after old people in a medical centre but I <u>have</u> not <u>worked</u> with more than fifteen elderly people yet. This experience <u>has taught</u> me to be patient. I also **worked** for two years with teenagers but it **was** a long time ago.*

Comprendre

▸ Le vocabulaire

Mary mentionne les personnes dont elle s'est occupée : *old people, grandparents…*
Relevez d'autres exemples.

▸ La grammaire en situation dans le texte

• Mary fait le <u>bilan de son expérience</u> : *I have* ***already*** *looked after…*(je me suis **déjà** occupée…) ; *I have **not** worked with…**yet*** (je n'ai **pas encore**).

Elle précise **depuis quand** (*since 2001*) et **depuis combien de temps** (*for eight years*).

• Elle parle également de son **expérience passée** (*I worked*) et en précise la *date* (*a long time ago* = il y a longtemps) ou *la durée* (*for two years* = pendant deux ans).
Relevez les autres verbes et classez-les (**bilan de l'expérience** ou **expérience passée).**

Apprendre

▸ Enrichir son vocabulaire

What you do : *apply for a job* (postuler), *have a job interview* (passer un entretien d'embauche), *resign* (démissionner), *hire* (engager) ≠ *dismiss* (renvoyer), *be jobless* (au chômage), *do a training course* (un stage).

▸ Consolider sa grammaire

> **PRESENT PERFECT/PRÉTÉRIT**
>
> • ***Present perfect*** (have + pp) : l'action dure encore ou a un effet au moment présent.
>
> → *I have repaired my car* (= elle marche).
>
> • ***Present perfect* progressif : *have been +V-ing :*** on insiste sur **l'activité** et non sur le résultat de l'action.
>
> → *I've been repairing my car* (activité).
>
> (je dis comment j'ai occupé mon temps…).
>
> **Depuis** = ***FOR*** avec une durée (cela fait X temps que l'action dure) /***SINCE*** avec un point de départ. « Depuis que » se traduit toujours par *since* et le verbe qui suit est le plus souvent au **prétérit.**
>
> Avec **depuis,** le verbe principal est au ***present perfect.***
>
> → *I have worked FOR two years* : cela fait 2 ans que je travaille.
>
> → *I have not seen him SINCE he got divorced* (prétérit après **since**) : je ne le vois plus depuis qu'il a divorcé.
>
> • **Prétérit :** l'action est **terminée** et sans lien avec le présent (V+ *ED* ou 2e colonne des verbes irréguliers)
>
> → *I worked FOR two months* : j'ai travaillé **pendant** deux mois.
>
> → *I left one month AGO* : je suis parti **il y a** un mois.

S'entraîner

❶ **Faites le point sur votre travail fait :** *meet the boss, send the mail, give phone calls.*
Sur votre travail à faire : *tidy the desk, see customers* (clients), *eat.*
→ *I have already…I have not …yet.*

❷ **Complétez ces phrases.**
a) *Henry has been working here .... 1998.*
b) *Paola has been a lawyer .... 5 years now.*
c) *Martha slept .... six hours.*

❸ **Parlez de votre métier de guide :** *work in a museum/in 2001; study history/8 years ago; visit lots of countries/since 2005; learn a lot.*

2. CONDITIONS DE TRAVAIL

Corrigés, p. 317

TEXTE 2 Observez cet article sur les enfants au XVIIIe siècle.

> *During the 1800s, thousands of English children were forced to work in textile factories or in mines. They were **more** exploited and **less** paid **than** in the 21st century. They had **fewer** rights and had **less** respect from adults **than** nowadays. They also started to work at a **younger** age. Children worked in **the worst**, **hardest** and **most** exhausting conditions I have **ever** heard of.*

● Comprendre

▶ Le vocabulaire

Cet article décrit les conditions de travail des enfants (*forced, exploited, less paid*…).
Relevez les autres termes les décrivant.

▶ La grammaire en situation dans le texte

– Cet article compare les conditions de travail des enfants au XIXe et au XXIe siècles : *more exploited* (plus exploités), *less paid* (moins payés)…
Relevez d'autres éléments de comparaison.

– L'auteur les décrit aussi comme étant les pires (*the worst*), les plus dures (*the hardest*) et les plus épuisantes (*the most exhausting*).

● Apprendre

▶ Enrichir son vocabulaire

• ***What you are:*** *manager* (directeur), *boss* (patron), *employer ≠ employee* (employé).

• ***Where you work:*** *in an office* (bureau), *firm* (entreprise), *factory* (usine), *on the spot* (sur le terrain).

• ***What you want:*** *be better-paid* (être mieux payé), *climb the social ladder* (gravir l'échelle sociale), *relax* (se détendre), *friendly colleagues* (sympas).

• ***The job is:*** *stressful, tiring* (fatigant), *exhausting* (épuisant), *awful = horrible, fulfilling* (épanouissant), *pleasant.*

▶ Consolider sa grammaire

COMPARATIFS ET SUPERLATIFS

• **Comparatif de supériorité** (plus…que) :
Il dépend de la longueur de l'adjectif.

> ① adjectif court **+ er + than**
> *He runs faster than me.*
> Il court **plus** vite **que** moi.
> ② **more +** adjectif long **+ than**
> *This book is more boring than that one.*
> Ce livre est **plus** ennuyeux **que** celui-là.

(**adj. court** = les mots de 1 syllabe **ou** ceux de 2 syllabes se terminant par ***-y,-ow,-le,-er*** : *pretty → prettier, clever → cleverer*).

• **Superlatif de supériorité** (le plus) :
Il dépend de la longueur de l'adjectif ; il n'est jamais suivi de ***than.***

> ① ***the* +** adjectif court **+ *est***
> *This is the funniest film I have seen.*
> C'est le film **le plus** drôle que j'ai vu.
> ② ***the most* +** adjectif long
> *This is the most stupid film he has ever seen.*
> C'est le film **le plus** bête qu'il ait **jamais** vu.

• **Comparatif d'infériorité** (moins…que) :
Il dépend de ce qui suit en anglais (sg/pl).

> ① ***Less* +** nom singulier ou adj + ***than***
> *I earn less money than her.*
> Je gagne **moins** d'argent **qu**'elle.
> ② ***Fewer* +** nom pluriel + ***than***
> *There are fewer jobs than in London.*
> Il y a **moins** d'emplois **qu**'à Londres.

EXCEPTIONS

good : *better, the best.*
bad : *worse, the worst* (le pire).
far (loin) : *further, the furthest, farther, the farthest.*

S'entraîner

❶ Dites pourquoi c'est mieux d'être patron.
– *Power* (+), *respected* (+), *busy* (occupé)(+)…
– *Submitted* (soumis)(-), *obligations* (-)…

❷ Complétez ces phrases.
a) *This is the .... job I have ever .... (tiring/ have).*
b) *He has .... salary he has ever .... (bad/earn).*
c) *He is the .... actor we have .... (good/ meet).*

❸ Comparez votre métier idéal à votre métier actuel.
It would be............. (il serait) ; *I would have............* (j'aurais), etc.

3. RÉUTILISER SES CONNAISSANCES

Corrigés, p. 317

À l'écrit : le *present perfect*, parler de son expérience

Vous rédigez une lettre pour travailler dans un centre aéré : parlez de votre expérience avec les jeunes et des activités que vous avez déjà organisées.

• *Look after teenagers, organize activities, help teenagers to discover, teach them how to do, initiate them to…*

• *Canoeing, horse-riding* (équitation), *mountain-climbing* (escalade), *rafting, orienteering* (course d'orientation)…

À l'oral : le comparatif et le superlatif / comparer des emplois

Vous voulez travailler. Comparez avec vos amis diverses façons de gagner de l'argent.
Ex. : ***the easiest*** *way to earn money is by watering plants; it is* ***less*** *tiring* ***than*** *mowing lawns* (tondre la pelouse).

• *Funny, hard, tiring, gratifying, boring* (ennuyeux), *stressful, exciting.*

• *Doing babysitting, washing cars, delivering newspapers* (livrer des journaux), *feeding pets* (nourrir des animaux), *washing windows, working in a pub.*

Enrichir son vocabulaire : les réactions face au travail (*reacting to work*)

• ***How you are:*** *bored, tired, exhausted, overwhelmed with work* (débordé), *(dis)satisfied, pleased* (content), *enthusiastic.*

• ***How to do things:*** *thanks to* (grâce à), ***by*** *work**ing*** (**en** travaill**ant**), *by dint of + V-ing* (à force de).

Vérifier ses connaissances

Situation	On emploie…
Pour parler d'une occupation ou d'une situation qui est **finie**	
Pour parler d'une **situation** qui a commencé dans le passé et **qui continue**	
Pour parler de **l'expérience** qui est **acquise** au moment présent	
Pour traduire **depuis** (2 réponses)	
Pour dire **depuis** + une date ou un point de départ (*2009, yesterday, his divorce…*), et quand on dit **depuis que**	
Quand on veut dire que la situation dure **depuis** X temps [*three weeks, a few hours, ages* (des siècles)]	
Quand on veut dire « **il y a** » + une indication de temps	
Avec **ago**, le verbe est au…	
Pour dire **pendant** X temps	
Pour parler de la chose ou la personne **la plus …** (2 réponses)	
Pour dire qu'une chose ou une personne est **plus** grande… **qu'**une autre (2 réponses)	
Pour dire qu'une chose est **moins** grande, moins chère…**qu'**une autre	
Pour dire qu'il y a **moins de**… (2 réponses)	
Attention aux formes irrégulières de ***good, bad, far*** (3 réponses)	

5 LA SOCIÉTÉ ACTUELLE

1. RISQUES POUR LA SANTÉ

Corrigés, p. 318

TEXTE 1 Observez cet échange.

Doctor: Mr Davis, you're coughing a lot. How long have you been smoking?

Mr Davis: For about twenty years.

Doctor: You **must** be seriously ill. If you keep on smoking, you **will** have serious health problems. Tobacco **will** yellow your teeth and **may** as well wrinkle your face prematurely. You **might** have a lung or throat cancer. You **may** no longer be able to speak normally. You **might** have trouble being understood. You **could** even have a heart attack. It **is** soon **going to** be a matter of life and death for you!

Comprendre

▶ Le vocabulaire

Cet échange évoque des problèmes de santé (*health problems*). Le tabac risque de lui jaunir les dents (*yellow your teeth*), rider le visage (*wrinkle your face*).
Relevez d'autres exemples.

▶ La grammaire en situation dans le texte

Le docteur émet des hypothèses plus ou moins certaines : *you MUST be …, tobacco WILL yellow …, it MAY wrinkle …* (risque de).
Relevez les autres termes utilisés pour annoncer des probabilités.

Apprendre

▶ Enrichir son vocabulaire

• ***What you suffer from:*** *a disease* (maladie), *lung or throat cancer* (poumon/gorge), *a sore throat* (mal de gorge), *a cold* (rhume), *a headache* (mal de tête), *an injury* (blessure).

• ***How you are:*** *ill* (malade), *weak* (faible), *obese* ≠ *skinny* (maigre), *allergic*.

• ***What you do:*** *go to the chemist's* (pharmacien), *take drugs* (médicaments) [*pills* (pilules), *tablets* (cachets), *syrup* (sirop)], *take sick leave* (congé maladie), *change your eating habits* (habitudes alimentaires).

▶ Consolider sa grammaire

DEGRÉS DE PROBABILITÉ

***WILL* (PRÉDICTION)**
He will fail his exam if he doesn't work.

***MUST* (QUASI-CERTITUDE)**
He must be very ill.

***MAY* (POSSIBILITÉ)**
He may come, but I don't know.

***MIGHT* (ÉVENTUALITÉ)**
It might rain after all.

***BE GOING TO* (PRÉDICTION)**
Look at the clouds. It is going to rain.

Will, must, may, might sont des modaux : **pas** de -s, -ing, -ed, **pas** de to avant et après.

S'entraîner

1 Associez les phrases des deux colonnes.

1. *If you eat too many sweets* (bonbons)	**a)** *they may be dangerous for the health*
2. *You should not drink and drive*	**b)** *I think I'm going to be sick*
3. *GMO* (= OGM) *are often destroyed*	**c)** *you could have an accident*
4. *I'm feeling bad*	**d)** *you will make yourself ill* (te rendre malade)

❷ **Complétez avec un terme de probabilité.**
a) *If you continue to eat, you .... not be hungry tonight. It's certain!*

b) *Americans .... all become obese one day. We don't know yet.*

c) *Sugary drinks are forbidden at school: they .... cause diabetes, but this is not sure.*

d) *He has taken a plate out* (il a sorti une assiette). *He .... eat.*

❸ **Vous êtes docteur et vous mettez en garde un patient sur les risques de l'obésité.**
Heart attack, not be able to run, arthritis, not walk…

2. ADDICTIONS

Corrigés, p. 318

TEXTE 2 Observez cette réponse du rédacteur en chef à un lecteur.

> Dear Tom,
> To get rid of your addiction to video games, first, you **should** try to spend less time playing. Then, you **could** find outside activities. You **had better** go out with friends. **Why don't you** see your schoolmates? **What about** taking up a sport? **If I were you, I would** spend more time with my family. You **ought to** change your habits, or you might have problems. **Don't you think it would be a good idea if** you saw a specialist? **I suggest** you call me soon. I really **advise you to** do so.
> The editor

Comprendre

▶ Le vocabulaire

Le rédacteur en chef propose des solutions à Tom pour l'aider à venir à bout de sa dépendance des jeux vidéo : *spend less time, find outside activities*… **Relevez les autres solutions.**

▶ La grammaire en situation dans le texte

Pour exprimer ses conseils, le rédacteur utilise dix expressions différentes : *should* (devrais), *could* (pourrais), *had better* (ferais mieux de)… **Relevez les autres expressions et notez la forme du verbe qui suit (BV, V-*ing*, prétérit, to + V).**

Apprendre

▶ Enrichir son vocabulaire

• ***Your problem****: you can't help + V-ing* (vous ne pouvez pas vous empêcher de), *do without* (se passer de), *get rid of* (se débarrasser de).

• ***What you are****: tobacco/drug-addicted, a work-addict = a workaholic* (accro du travail), *a shopaholic* (accro du shopping).

▶ Consolider sa grammaire

CONSEIL

• ***If I were you, I would** make an effort.*
Si j'étais toi, je ferais un effort.

• ***I advise** her **to** be careful.*
Je lui conseille de faire attention.

• *You **ought to/should** phone less.*
Tu devrais téléphoner moins.

• *You **had better** go out.*
Tu ferais mieux de sortir.

SUGGESTION

• *You **could** see your friends.*
Tu pourrais voir tes amis.

• ***Why don't you** call her?*
Pourquoi ne l'appelles-tu pas ?

• ***What about** switching off your mobile?*
Et si tu éteignais ton portable ?

• ***I suggest** you tell him the truth.*
⚠ Je suggère que tu lui dises la vérité. (*tell* = base verbale, pas de -*s* à la 3e personne du singulier).

• ***Don't you think it would be a good idea if** you left?*
Ne penses-tu pas que ce serait une bonne idée si tu partais ?

S'entraîner

❶ Associez les éléments des deux colonnes.

1. *What about*	**a)** *I would go and see a specialist.*
2. *You should*	**b)** *sending emails instead?*
3. *Why don't you*	**c)** *use it less.*
4. *You ought to*	**d)** *you use the landline rather than* (plutôt que) *the mobile.*
5. *If I were you*	**e)** *meet your friends instead of calling them?*
6. *You had better*	**f)** *be careful with the dangers of the mobile.*
7. *I suggest*	**g)** *use a hands-off phone* (kit mains libres).

❷ Que conseilleriez-vous à un ami qui :

a) a dépassé son forfait téléphonique (→ *send texts)?*

b) a perdu son téléphone (→ *buy a new one*) ?

c) voudrait un nouveau téléphone (→ *ask your dad)* ?

d) passe trop de temps au téléphone et a des maux de tête (→ *see a doctor*) ?

❸ Vous vous occupez du courrier des lecteurs. Conseillez l'un d'entre eux, accro au portable. Utilisez les mots suivants :
Be careful, phone less, use the landline (le fixe)*, send messages, meet friends, use the hands-off phone, send emails.*

3. RÉUTILISER SES CONNAISSANCES

Corrigés, p. 318

À l'écrit : les modaux de probabilité

Vous participez à l'élaboration d'un prospectus pour la Journée de la Terre (*Earth Day*) du 22 avril.

Rédigez des slogans pour alerter l'opinion sur ce qui pourrait arriver. Faites des hypothèses *(may, will, might, is-are going to).*

Ex. : *By dint of/exhaust natural resources.*
→ *Have to find other sources of water.*
→ *By dint of exhausting natural resources, we will have to find other sources of water.*

a) *If/cut down trees → alter the global climate forever.*

b) *By (dint of)/kill baby seals → species/be extinct.*

c) *Due to/pollution → breathe dirty air, affect the health of humans.*

d) *Because/waste and pollute water with oil slicks → dolphins and fish : die.*

À l'oral : le conseil, la suggestion

Conseillez vos parents pour qu'ils aident à la protection de l'environnement.

Ex. : *If I were you, I would sort out my household waste.*

Utilisez les différentes formes de la suggestion dans les cas suivants :
Share your car to reduce greenhouse gas emissions, switch off the lights, turn off the water, have a shower rather than a bath, re-use bags instead of buying new ones, buy in bigger quantities to have less packing (emballage).

Enrichir son vocabulaire : l'environnement (*environment*)

• ***Introduce the causes****: due to, because of* (à cause de)*, by (dint of) + V-ing* (à force de).

• ***Introduce the consequences****: as a result, therefore, so, as a consequence.*

• ***Introduce the goal*** (le but) *: so as to = in order to* (afin de).

• ***The victims****: endangered species* (espèces)*, wild* (sauvages) *animals, polar bears, baby seals* (bébés phoques) *; the hole in the ozone layer* (trou dans la couche d'ozone) *; ill-treated* (maltraité)*, destroyed* (détruit).

• ***The enemies****: traffic, deforestation, CO_2 emissions, polluters* (pollueurs)*, the greenhouse effect* (effet de serre)*, GMO* (OGM).

• ***The solutions****: car-pooling* (co-voiturage)*, public awareness campaign* (campagne de sensibilisation) *; sort out the household waste* (trier les déchets ménagers)*, recycle, use renewable* (renouvelables) *energies, wind turbines* (éoliennes).

Vérifier ses connaissances

Situation	On emploie…
Pour donner un **conseil** (5 réponses)	
Pour faire une **suggestion** (5 réponses)	
Pour émettre une **quasi-certitude** sur la réalisation d'un événement	
Pour parler d'un **événement inévitable,** vu la situation	
Pour parler d'un événement **probable** dont on n'est pas sûr	
Pour parler d'un événement **improbable mais pas impossible**	

6 MÉDIAS ET COMMUNICATION

1. INTERNET, UNE MENACE ?

Corrigés, p. 318

TEXTE 1 Observez cet échange.

> **A book reader:** I don't think books **will** be threatened by <u>computers</u>. Readers **will** always prefer to turn pages than <u>type on a keyboard</u>. If they spend too much time looking at a <u>screen</u>, their eyes **will** be spoilt and they **will** have to wear glasses.
>
> **A netsurfer:** On the contrary! When people travel far, they **will** be able to have several books available on a small <u>PC</u>. They **won't** bother with so much weight. But, where are my glasses?
>
> **The book reader:** I **will** look for them. Stay here.

Comprendre

▶ Le vocabulaire

Cet échange traite du monde des livres (*book reader, turn pages, books*) et de celui des ordinateurs. **Relevez les termes <u>se référant aux ordinateurs</u>.**

▶ La grammaire en situation dans le texte

Will a plusieurs sens ici, dont celui de **prédiction** : *books will be threatened* (les livres seront menacés).

Relevez les autres phrases utilisant *will* et dites si elles expriment une prédiction, une initiative ou une offre spontanée, ou un refus. Relevez la forme utilisée pour parler de ce que les gens devront faire (obligation au futur) et pourront faire (capacité au futur).

Apprendre

▶ Enrichir son vocabulaire

- ***What you read:*** *a newspaper, a tabloid* (journal à scandale), *a daily, weekly, monthly paper or magazine* (quotidien/hebdomadaire/mensuel) ; *the headlines* (gros titres), *the agony column* (courrier du cœur), *an article.*
- ***Who works in the media:*** *a journalist, an editor* (rédacteur en chef), *a publisher* (éditeur), *a photographer, a presenter* (présentateur).

▶ Consolider sa grammaire

> **LES VALEURS DE WILL**
>
> - **Prédiction fondée sur une hypothèse** : *if you sit on the rock, you will fall* (tu vas tomber).
> - **Une initiative spontanée/une volonté** : *I'm going to the cinema! I will come with you* (je t'accompagne).
> - **un refus** : *I won't come* (je ne viendrai pas).
> - **Une capacité au futur** (je pourrai) : *will be able to come* et **non** ~~*will can*~~ (incorrect).
> - **Une obligation au futur** (il faudra que) : *you will have to work* et **non** ~~*will must.*~~
> - Quand **when** est suivi d'un futur en français, on emploie généralement le **présent** en anglais : *When I am older, I will be an engineer* (quand je serai plus grand).

S'entraîner

❶ Le code de l'apprenti journaliste ! Traduisez ce qu'on vous dit.

a) Tu écriras la rubrique des faits divers (*the "news in brief" column*).

b) Tu devras prendre des photos.

c) Tu pourras emmener un photographe quand tu auras trop de travail.

d) Attends, je vais te donner son numéro de téléphone.

e) Quand tu écriras ton article tu vérifieras l'orthographe (*check the spelling*).

f) Tu ne mentiras pas (*lie*).

❷ **Mettez le verbe au futur ou au présent.**

a) *The net (replace) newspapers soon.*

b) *The circulation of newspapers will decrease when everybody (have) a PC.*

c) *Imagine what (happen) if newspapers disappear.*

❸ **Vous participez à un débat sur l'avenir de la presse écrite. Que risque-t-il de lui arriver face à Internet ?**
Utilisez les expressions suivantes :
Moins de lecteurs, impossibilité d'acheter des journaux, obligation de se connecter, ne pas savoir ce qui se passe…

2. FAITS DIVERS

Corrigés, p. 319

TEXTE 2 Observez ce fait divers.

> *A German man **was trying** to steal clothes from a collection bin when he **fell** into the container and **got** trapped. A passerby who **was walking** by, **heard** strange noises which **were coming** from inside the metal bin late at night. When police officers **arrived**, they **didn't see** the man but two arms which **were waving**. The policemen **were trying** to get him out when he **said**, 'Give me a light!', so they **called** the firemen. Why **did they call** them, in your opinion?*

Comprendre

▶ Le vocabulaire

Plusieurs personnes sont mentionnées : *a German man, a passerby (*un passant*)…*
Relevez les autres personnes.
Plusieurs termes désignent le container dans lequel l'Allemand est tombé : **relevez-les.**

▶ La grammaire en situation dans le texte

L'article décrit ce qu'un Allemand était en train de faire (*was trying to steal clothes* = essayait de voler des habits) quand il est tombé dans le container (*he fell*).
Le premier verbe (*was trying*) désigne ***l'action qui était en cours de déroulement*** quand elle a été interrompue par l'**action brève** (*he fell*).
Relevez les autres verbes et classez-les selon qu'ils décrivent une action en cours dans le passé ou une action brève.

Apprendre

▶ Enrichir son vocabulaire

What happened (se passer) *: a hold-up, an abduction* (kidnapping), *a murder, a shooting* (fusillade).

Who you are: *a witness* (témoin), *a customer* (client), *a passer-by* (un passant), *a thief* (voleur), *a murderer, a police officer.*

• ***How you reacted:*** *shout* (crier), *stand up (resist), fight* (lutter), *keep ≠ lose your head* (garder/perdre son sang-froid).

• ***How you felt:*** *amazed = surprised, petrified, panic-stricken* (paniqué), *worried* (inquiet).

▶ Consolider sa grammaire

LES DEUX PRÉTÉRITS

• Action en train de se dérouler dans le passé (on sous-entend qu'elle a été interrompue par une action brève) : ***was/were + V-ing.***

• Action brève, ponctuelle : **prétérit simple.**

I was watching TV when the phone rang (j'étais **en train de regarder** la télé quand le téléphone **sonna**).
= *As/while I was watching TV, the phone rang.*

Questions : *did he shout* (BV)? A-t-il crié ?
Was he sleeping? Dormait-il ?
Were they working? Travaillaient-ils ?

Forme négative : *He didn't get up* (BV) : Il ne s'est pas levé.
He wasn't talking. Il n'était pas en train de parler.

S'entraîner

❶ **Choisissez la bonne forme de prétérit.**

a) *Do you know what (happen) to me yesterday?*……………………………………

b) *I (queue) up at the bank when the lights (go) out.* ……………………………………………

c) *I (look) for my mobile phone when I (hear) a horrible scream* (cri). …………………………

ANGLAIS | Le cours

❷ **Dities ce que vous faisiez quand…**

a) *I .... when the thieves rushed into the bank (wait).*

b) *I .... when the police rushed in (lie).*

c) *I .... when the police shot at the thieves (rush out).*

❸ **Dites ce que vous avez fait :**

a) *As the gangsters were searching the other customers (→ take out* (sortir) *my phone).*

b) *As a customer was trying to escape (→ send a text message).*

❹ **Vous rédigez le compte rendu d'un hold-up dans une banque auquel vous avez assisté ce matin.**

Dites ce que vous faisiez, ce que portaient les voleurs, ce qui s'est passé, comment vous et les clients avez réagi…

3. RÉUTILISER SES CONNAISSANCES

Corrigés, p. 319

À l'écrit : parler du futur (*will*)

Vous avez inventé le "miroir intelligent" qui indique aux gens quels vêtements porter. **Rédigez un bref descriptif de ses avantages :**
watch themselves in the mirror, know what clothes to wear together (porter ensemble) ; *choose the right colors ; gain time, not look ugly* (moche), *correspond to your mood* (humeur).

À l'oral : parler du passé (les deux prétérits)

Vous êtes l'auteur d'une invention qui a révolutionné la vie quotidienne : la télécommande *(remote control)* !
Vous racontez comment vous est venue cette idée et ce que vous avez fait *(I was …-ing when I …-ed…).*

What you were doing → What you did
Get up to change channels → Imagine a way to stay sitting.
Conceive a device (system) → Decide to call engineers for help.
Watch television → My wife : trip over the cable.
Think of a new system → Discover ultrasonics technology.

Enrichir son vocabulaire : les technologies (*technologies*)

• ***Great everyday life inventions****: washing-machine* (machine à laver), *dish-washer* (lave-vaisselle), *credit cards, video-recorder* (magnétoscope), *answering machine* (répondeur), *mobile phone, GPS.*

• ***Their advantages or drawbacks*** (inconvénients) *: useful* (utile) ≠ *useless* (inutile), *practical, (in)efficient* (efficace), *economical, time-saving, wireless* (sans fil), *permit, help you to.*

Vérifier ses connaissances

Situation	On emploie…
Pour faire une **prédiction**	
Pour faire une **offre spontanée**	
Pour exprimer un **refus**	
Pour parler de ce qu'on **pourra** faire	
Pour parler de ce qu'on **devra** faire	
Pour utiliser du futur après **quand** en français	
Pour décrire ce qui **était en train de se passer** (action en cours de déroulement)	
Pour dire ce qui **s'est passé** (action brève)	
Au prétérit simple, à la **forme négative et interrogative** (2 réponses)	
Au prétérit en *–ing*, à la **forme négative et interrogative** (2 réponses)	

1. ÊTRE ARTISTE

Corrigés, p. 319

TEXTE 1 Observez ces souhaits.

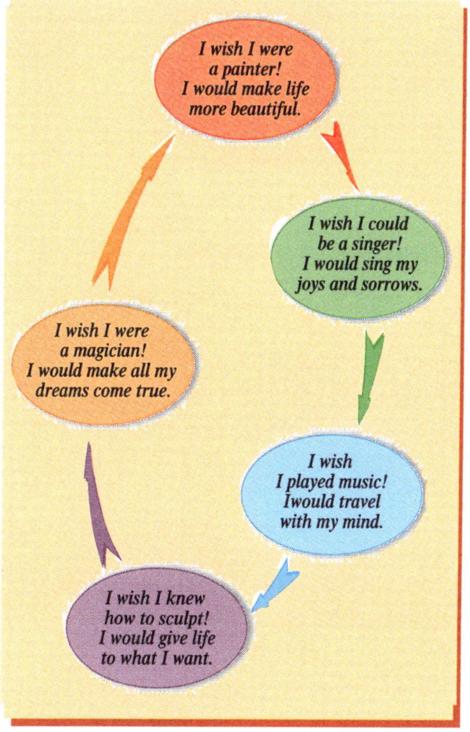

Comprendre

▶ Le vocabulaire

Ces bulles font référence à des métiers ou activités artistiques (*painter*…).
Relevez d'autres exemples.

▶ La grammaire en situation dans le texte

Chaque bulle exprime un souhait à l'aide du verbe *wish : I wish I were…* (j'aimerais être… Ah si j'étais…). **Relevez les autres souhaits.** On apprend également **ce qui se passerait** si le souhait était réalisé : *I would make life more beautiful* (je rendrais la vie plus belle) (sous-entendu *If I were a painter*). **Relevez ce que les autres souhaits permettraient de faire et précisez ce qui est sous-entendu.**

Apprendre

▶ Enrichir son vocabulaire

What you wish*: fulfill a dream = make a dream come true* (réaliser un rêve), *reach the top* (atteindre le sommet), *go on stage* (monter sur scène), *win a prize* (remporter un prix).

▶ Consolider sa grammaire

WISH :
L'EXPRESSION DU SOUHAIT

• Ce verbe sert à imaginer la réalité différemment (j'aimerais, je souhaiterais, ah si seulement…).

Le verbe qui suit est au prétérit.
Ex. : *I live in a noisy street* (réalité).

→ *I wish I didn't live here* = j'aimerais ne pas vivre ici.

• ***Be*** devient ***were*** au lieu de *was* à toutes les personnes.

→ *I wish I were in a quieter street* = ah si j'étais dans une rue plus calme !

• ***Would like to*** sert aussi à dire **ce qu'on aimerait faire** (*I would like to move*).

• Pour dire **ce que ce rêve permettrait de faire** s'il était réalisé, on emploie **would/could.**

I would/could sleep better if I lived in a house : je **dormirais/pourrais** dormir mieux si je vivais dans une maison.

S'entraîner

❶ Vous aimeriez que la réalité soit différente. Que dites-vous ?

a) *I don't know much about art (I wish I…).*

b) *Painting costs a lot (I wish it…).*

c) *My brother is too busy to visit museums (he wishes he…).*

❷ **Que se passerait-il si… ?**

a) *If I had an artistic talent, …*

b) *If I could meet a celebrity, I …*

c) *If I were a musician, I…*

❸ **Vous rencontrez un magicien qui vous propose de réaliser cinq vœux artistiques. Dites lesquels et ce que leur réalisation vous permettrait de faire.**

Be an artist, paint, be a famous musician, have a piano, dance like a professional…

2. RENCONTRE AVEC UNE STAR

Corrigés, p. 319

TEXTE 2 Observez ces réactions.

> "She is great, wonderful, unique, exceptional!" All the spectators **claimed** Madonna was the queen of music. Some **admitted** they had hesitated to book a ticket: "We hesitated to come; we didn't expect such an amazing show!" Others **wondered** if any other singer could charm so many people with their talent : "Nobody else can do that", they **asserted**. Many **declared** they had never seen anything so incredible: "this is the first time we have attended a show of this quality!" Most **stated** they would never forget it and **promised**: "we will be here next year!"

Comprendre

▶ Le vocabulaire

Cet article rapporte les impressions de spectateurs suite à un concert de Madonna : *great, wonderful…* **Relevez les autres termes.**

▶ La grammaire en situation dans le texte

Le journaliste rapporte les réactions des spectateurs au **style direct** (phrases entre guillemets) et au **style indirect** (phrases introduites par un **verbe rapporteur de paroles** : *they* ***claimed*** (ont affirmé que) *Madonna was…, they* ***admitted*** *they had hesitated* (ils ont reconnu qu'ils avaient hésité). **Relevez les autres verbes rapporteurs, puis classez les phrases en style direct et style indirect.**

Apprendre

▶ Enrichir son vocabulaire

• ***Your impressions****: great* (super), *impressive* (impressionnant), *gorgeous* (superbe, adorable), *amazing* (épatant)*; awful = horrible, appalling* (lamentable), *rubbish* (nul).

• ***What you do:*** *applaud, boo* (huer), *hiss* (siffler), *stamp your feet* (taper des pieds).

• ***To report what people said****: say, ask, answer, admit, confess, claim = declare, whisper* (murmurer), *add* (ajouter), *explain, swear* (jurer), *shout* (crier).

• ***How they said it:*** *solemnly, aggressively, angrily, bluntly* (d'un ton sec), *softly* (doucement), *irritated, in a rage, directly.*

▶ Consolider sa grammaire

STYLES DIRECT ET INDIRECT

• Pour rapporter des paroles au **style direct**, on utilise des guillemets et on cite la personne. Le verbe rapporteur se place à la fin : *'I was charmed', a spectator exclaimed.*

• Au **style indirect**, on utilise un verbe rapporteur au prétérit (*he said…*) et on change les **pronoms** et les **temps** utilisés au style direct.

présent → prétérit

prétérit ou *have* + pp → *had* + pp (plus-que-parfait)

will (futur) → *would* (conditionnel)

can → *could*

may → *might*

S'entraîner

❶ **Choisissez la bonne forme verbale au style indirect.**

a) *He is at the ticket office → He said he was/is/has been at the ticket office.*

b) *He is looking for* (cherche) *a ticket → He added he is/was/has been looking for a ticket.*

c) *There are no seats left* (il ne reste plus de places) *→ The man answered there are/was/were no seats left.*

d) *You'll have to pay there→ He told him he will have/would have/has to pay there.*

❷ **Reprenez le texte et mettez les propos entre guillemets au style indirect.**
Ex. : *"She is great"→ they said she was great.*

❸ **Faites un compte rendu de votre interview de Jason Mraz pour le journal de l'école. Utilisez le style indirect.**
I have always wanted to sing. I wear hats (porter des chapeaux) *to hide* (cacher) *my eyes. I worry about what people think. Other artists can be a source of inspiration. I have been playing for 12 years. I will never play to please* (faire plaisir *à*) *my public.*

3. RÉUTILISER SES CONNAISSANCES

Corrigés, p. 320

À l'écrit : *wish*, décrire ses souhaits et ses espoirs

Vous écrivez une lettre pour participer à *Pop Idol* (équivalent de l'émission *La nouvelle star* en Angleterre) en expliquant ce que vous souhaiteriez (1) et ce que cette participation vous permettrait de faire (2).

• (1) *Fulfill my dream, show my talent, meet famous people….*

• (2) *Make my parents proud of me, be appreciated for my voice, make money…*

À l'oral : le style indirect, rapporter des opinions

Vous avez sondé l'opinion de vos camarades sur les **graffiti**. Rendez compte des résultats devant la classe (**attention aux temps**).

• ***Negative opinions****: not art but vandalism, no talent, spoil* (détériorer) *façades, they will never like graffiti, they have never considered that as art.*

• ***Positive opinions:*** *graffiti require* (exiger) *lots of creativity, not everybody* (pas tout le monde) *can do it, need more public art space, have always found them beautiful.*

→ Some said that they … Others claimed that…

Enrichir son vocabulaire : la création artistique (*artistic creation*)

• ***What you create:*** *a work of art, a masterpiece* (chef d'oeuvre)*, a fake* (un faux)*, a daub* (tableau sans qualité, croûte).

• ***What you need:*** *technique, talent, skill* (habileté, technique)*, creativity, inspiration.*

• ***Where you show your work:*** *museum, art gallery, showroom* (salle d'exposition).

• ***What the public thinks of it:*** *tasteful* (de bon goût)*, moving* (émouvant)*, puzzling* (intrigant)*, striking* (saisissant)*, dull* (sans intérêt)*, ugly* (laid)*, shocking.*

Vérifier ses connaissances

Situation	On emploie…
Pour dire ce qu'on **souhaiterait/ aimerait** faire (2 réponses)	
Pour dire ce qu'on **souhaiterait/ aimerait être** (2 réponses)	
Pour dire **ce qui se passerait** ou **pourrait** se passer (2 réponses)	
Pour envisager une **hypothèse** (si j'avais, si j'étais…)	
Exemples de **verbes rapporteurs** (7 réponses)	
Si les paroles d'origine sont au **présent**, au discours indirect elles seront au…	
Si les paroles d'origine sont au ***present perfect*** ou au **prétérit**, au discours indirect elles seront au…	
Si les paroles d'origine sont au **futur (*will*)**, au discours indirect elles seront au…	
Si les paroles d'origine comportent le mot ***may***, au discours indirect il devient…	
Si les paroles d'origine comportent le mot ***can***, au discours indirect il devient…	

ANGLAIS Le cours

8 LES SPORTS

1. MAUVAISES PERFORMANCES

Corrigés, p. 320

TEXTE 1 Observez ces reproches d'un père à son fils.

> *Tom, **why did you** lie to us? You **should have** told us you were such a poor swimmer. You **should have** warned us you didn't know how to use a cricket bat. **Why didn't you** tell us you were not good at athletics? We **wouldn't have** signed you in a multisport club if we **had known** you were so bad at sports. You **should have** trained more too. If you **had been** more regular, you **would have** progressed.*

Comprendre

▶ Le vocabulaire

Ce père évoque les mauvaises performances de Tom : *such a poor swimmer* (un si mauvais nageur). **Relevez les autres expressions négatives.**

▶ La grammaire en situation dans le texte

Le père exprime des **reproches** de deux façons : ***why did you** lie?* (pourquoi as-tu menti ?) *You **should have** told us* (tu aurais dû nous dire). **Relevez les autres reproches.**
Il évoque également ce qu'il aurait fait s'il avait su (*we **wouldn't have** signed...if we **had known*** = nous ne t'aurions pas inscrit si nous avions su). **Relevez un autre exemple.**

Apprendre

▶ Enrichir son vocabulaire

- ***Who you are:*** *a sportsman = athlete, a coach* (entraîneur), *a physiotherapist* (kiné), *an opponent* (adversaire), *a referee* (arbitre).
- ***What you do:*** *train* (s'entraîner), *participate in = take part in a competition, play another team* (affronter).
- ***The results:*** *score a point* (marquer), *draw a match* (faire match nul), *defeat* (battre), *win ≠ lose, withdraw* (déclarer forfait).
- ***What you need:*** *fitness* (forme physique), *skill* (habileté), *strength = force, grit* (du cran), *sportsmanship* (sportivité), *team spirit* (esprit d'équipe).

▶ Consolider sa grammaire

> **REPROCHES AU PASSÉ**
> ***SHOULD/COULD HAVE + PP***
>
> - **Tu aurais dû/tu n'aurais pas dû :**
> You should have/shouldn't have + pp
> *You shouldn't have left.*
> - **Pourquoi as-tu/n'as-tu pas... ?**
> Why did/didn't you + BV
> *Why didn't she stay?*
> - **Ce qu'on aurait fait ou pu faire si on avait agi autrement :**
> You would have/could have + pp
> if you had + pp
> *He could have won if he had trained more.* (Il aurait pu gagner s'il s'était entraîné plus.)
> - **Attention !** *I would have come* (je serais venu). On emploie ***'have'*** ici même si on utilise **"être"** en français.

S'entraîner

❶ Mettez les verbes à la bonne forme.

a) *Why did you .... the training (skip* = sécher*) ?*
b) *Why didn't he .... you do the match (let) ?*
c) *You should have .... them the truth (tell).*
d) *They shouldn't have .... you to do it (forbid).*

❷ **Traduisez.**

a) Tu aurais dû t'entraîner plus.

b) Tu n'aurais pas dû manger *autant de riz* (*so much rice*).

c) Pourquoi es-tu *sorti* hier ? (*go out*)

d) Pourquoi n'as-tu pas écouté les *conseils de ton entraîneur* (*your coach's advice*) ?

❸ **Vous êtes entraîneur. Faites des reproches à un joueur qui a échoué à une compétition.**

Train more, eat more proteins, go to bed earlier, be more concentrated, (not) skip training lessons, not change gear (equipment)...

2. DOPAGE

Corrigés, p. 320

TEXTE 2 Observez cet article.

> As people have **more and more free time**, they take up a sport. Roller-skating is increasingly popular among young adults. **Fewer and fewer** adults stay at home. They prefer to go hiking. They spend **less and less** money on clothes while their sports equipment expenses are getting **higher and higher** as prices are **cheaper and cheaper**. At the same time, doping is increasing too in sports like cycling and athletics, where competition is **fiercer and fiercer**.

Comprendre

▶ Le vocabulaire

Cet article mentionne différents sports, dont la randonnée (*hiking*). **Relevez les autres sports évoqués.**

▶ La grammaire en situation dans le texte

Le journaliste nous informe de **l'évolution** des habitudes et des dépenses en matière de sport : **évolution croissante** : *more and more available* (de plus en plus disponible) ; **évolution décroissante** : *fewer and fewer adults* (de moins en moins).

Relevez les autres expressions montrant cette évolution et classez-les en croissante et décroissante.

Apprendre

▶ Enrichir son vocabulaire

• ***What you want:*** *win at all costs* (gagner à tout prix), *set/smash a record* (établir/pulvériser un record), *attract media coverage* (attirer l'attention des médias).

• ***To reach your goal:*** *cheat* (tricher), *take drugs* (se doper), *rig a match* (truquer), *avoid detection* (échapper au contrôle), *bribe* (soudoyer), *not play by the rules* (ne pas respecter les règles).

• ***Your attitude:*** *unfair* (illégal, injuste), *suspicious, dishonest, corrupt* (corrompu).

• ***What you risk:*** *a fine* (amende), *a suspension, a sending off* (expulsion) ; *be disqualified, be stripped of a medal* (privé de médaille).

▶ Consolider sa grammaire

LE DOUBLE COMPARATIF

• **De plus en plus :**

– *adjectif* **+ er ... and ...** *adjectif* **+ er** (adjectifs courts)
He runs faster and faster.
He is getting better and better.
worse and worse (de pire en pire).

– ***more and more*** + adjectif long ou nom
It is more and more expensive.

– ***increasingly*** + adjectif
It is increasingly popular.

• **De moins en moins**

– ***less and less*** + adjectif/nom singulier
I have less and less money.

– ***fewer and fewer*** + nom pluriel
I have fewer and fewer training sessions.

S'entraîner

❶ **Écrivez une phrase à partir de ces éléments en exprimant une évolution.**

a) *People practise/dangerous sports* (+…+…).

b) *Competition is/high* (+…+…).

ANGLAIS | Le cours

c) *Cyclists take/strong drugs* (+…+…).
d) *High-ranking athletes are/honest* (-…-…).
e) *Small clubs have/sponsors* (-…-…).

❷ Trouvez une explication logique.
a) *He has put on weight* (il a grossi) *: he eats* ………………
b) *His sports results are getting bad : he trains* …………………
c) *He is very tired : his training sessions* (entraînements) *are* ………………
d) *My coach is satisfied : I* ………………

❸ Vous écrivez au directeur de votre club pour vous plaindre du nombre croissant de jeunes qui se dopent.
Worried and upset (contrarié), *young athletes, worrying, fair* (juste), *start young, pressure for performance, play by the rules…*

3. RÉUTILISER SES CONNAISSANCES

Corrigés, p. 320-321

● À l'écrit : exprimer le reproche avec *should have*

Votre enfant s'est blessé (*got hurt*) à l'entraînement. Vous écrivez une lettre à l'entraîneur à qui vous reprochez la manière de travailler.
Watch (surveiller), *give more accurate* (précises) *instructions, respect my son's condition and level* (niveau), *make him do more warming-up, not exhaust him, be less demanding* (exigeant)…

● À l'oral : de plus en plus, de moins en moins

Vous êtes entraîneur. Vous indiquez à vos sportifs ce qu'ils doivent faire quelques semaines avant une compétition.

Ex. : *you must train* ***more and more*** *intensively.*
(+…+…) *Sleep, arrive early, eat pasta and rice, do long warming-up, etc.*
(-…-…) *Waste* (gaspiller) *time talking, have warm showers* (douches), *eat cakes, etc.*

● Enrichir son vocabulaire : l'entraînement (*training*)

• ***When you train****: warm up* (s'échauffer), *stretch* (s'étirer), *coach* (entraîner quelqu'un), *train* (s'entraîner), *strive* (faire des efforts), *keep fit* (rester en forme), *progress.*

• ***How you are****: fit* (en forme), *strong, athletic, sporty, resistant, muscular* (musclé), *exhausted* (épuisé), *gifted* (doué), *audacious.*

● Vérifier ses connaissances

Situation	On emploie…
Pour dire **de plus en plus** (2 réponses)	
Pour dire **de moins en moins** (2 réponses)	
Pour dire à quelqu'un qu'**il aurait dû** ou **n'aurait pas dû** faire…	
Pour lui demander pourquoi il a **fait** ou **n'a pas fait** quelque chose	
Pour envisager le passé autrement (**si j'avais su…**)	
Pour parler de **ce qui se serait passé** ou **aurait pu se passer** si on avait fait autrement (2 réponses)	

COMPRENDRE UN TEXTE (I) Corrigés, p. 321

1. STRATÉGIES DE COMPRÉHENSION GLOBALE

Identifier la nature et le thème d'un texte

Il s'agit souvent d'un **article de journal** ou d'un article d'un **site web.** Regardez la **source** (*site web, titre de journal ou de magazine, titre de roman, d'essai…*) et à quelle **personne** le texte est écrit. Anticipez le thème à partir du **titre** (*mots clés, liens entre eux, sous-entendus*).

Repérer les dates, lieux, noms propres

Repérez les **dates** données et à quoi elles correspondent. Identifiez **ce qui change** entre ces dates : aidez-vous des **verbes** indiquant une **évolution** (baisser : *drop, fall, plummet, decrease ≠ increase, rise, rocket, go up…*) et des **prépositions** (*from…to*).

Identifiez la fonction des **personnes** citées, leurs relations, et leur position face au problème. Repérez dans quel **pays** se déroulent les faits, et quels sont les pays comparés.

Relever les mots récurrents ou de la même famille

Ils montrent ce qui est important et indiquent la **thématique du texte**. Classez-les de manière à identifier le **problème**, les **causes**, les **conséquences**, les **réactions**, et les **solutions.**

Apprenez à identifier des mots de la même famille en retrouvant le radical (sans le préfixe ou le suffixe). Observez si ces termes sont plutôt **positifs ou négatifs** (mot connu, préfixe négatif, contexte), ce qui permet d'identifier les **avantages** et les **inconvénients**.

Relever les termes exprimant des réactions afin d'identifier les opinions

Il peut s'agir de verbes d'opinion (*agree, disagree, approve, contest, reject, favour, denounce…*), d'adjectifs ou de verbes en *–ed* ou *–ing (disappointed, satisfied, enthusiastic, resentful, surprised…*).

Cherchez des noms propres et des verbes rapporteurs de paroles.

2. APPLICATIONS

❶ Associez ces sources et la nature du texte.

– *The New York Times, Lessons in Life and Business, The English Patient, Time, news.bbc.uk.*

– *Autobiography, website, daily paper, magazine, novel.*

……………………………………………………
……………………………………………………
……………………………………………………
……………………………………………………
……………………………………………………

❷ Identifiez à quoi correspondent les dates dans ce passage.

*The **2012** summer Olympics will be held in London for the third time, with previous games in **1908** and **1948**. Baseball and softball will be part of the program for the last time at the **2008** games in Beijing. Polo had already been dropped in **1936**. The IOC president said it was unlikely the games will go back to Europe in **20163**.*

……………………………………………………
……………………………………………………
……………………………………………………
……………………………………………………
……………………………………………………
……………………………………………………

❸ Relevez les dates, chiffres et pourcentages et montrez l'évolution observée.

***In the last decade**, the proportion of 16-year-olds who hold driver's licences has **decreased** from **half** to less than **one third**. It **dropped** to **29.8 %** in **2006** from **43.8 %** in **1998**. The number of high schools offering driving lessons has **fallen** from **90 %** in the **1980s** to*

ANGLAIS Préparer l'examen

20 % today. *Insurance costs are* ***rising***. *It now costs* ***80 % to 100 % more*** *to add a 16 year-old to a family's auto policy.*

....

....

....

....

....

....

....

....

....

....

❹ **Identifiez les personnes mentionnées et leurs réactions, puis relevez les causes de l'évolution mentionnée précédemment.**

Fewer ***youths*** *jump behind the wheel*

For generations, driver's licences have been tickets to freedom, prompting many **eager** ***16-year-olds*** *to apply for their licence. Yet, today,* ***teenagers*** *are not so* **enthusiastic** *and are even* **reluctant**. *First the* ***costs of insurance*** *and* ***driving lessons*** *have increased: commercial driving academies charge too high rates, according to the* ***owner*** *of a driving school. Moreover* ***parents*** *are more* **willing** *to drive their* ***children*** *to activities as they consider* ***roads*** *too* **dangerous** *today and are* **worried** *for their* ***kids***. ***Car crashes*** *account for one third of all deaths of* ***16-18 year-olds***, *according to* **alarmist** ***experts***.

....

....

....

....

....

....

....

....

....

....

COMPREHENDRE UN TEXTE (II) Corrigés, p. 321

1. STRATÉGIES DE COMPRÉHENSION DÉTAILLÉE

Rechercher des termes équivalents

Identifiez les **mots clés des questions** et cherchez des termes équivalents dans le texte. **Anticipez** : si une question porte sur un changement, cherchez des dates, des changements de temps, des comparatifs, des mots de liaison (*whereas*…), des termes exprimant une évolution (*go up*…).

Délimiter le passage contenant la réponse

Repérez les **articulations du texte** : une expression telle que "*This is due to*" introduit des causes ; des **mots de liaison** comme "*whereas, on the other hand, yet, however*" introduisent une idée contraire.

Déduire des informations

Procédez par **déduction**. Par exemple, on vous demande de dire si cette phrase est vraie ou fausse : "*Sir Edmund Hillary went up the peak alone*". Dans le texte il est écrit : "*While on a* ***school trip*** *to Mount Ruapehu, he found his vocation*". Le terme *school* suggère qu'il y avait un groupe.

Décomposer les phrases

Retrouvez la **phrase de base** (sujet, verbe, complément) en **isolant les propositions** (introduites par *who, which, where, when, although, whereas*…).
Par exemple : "*The climate in Ireland,* [**which** was not really favourable], [**although** it could have its charm], *had an impact on the Irish tourist trade*"; la phrase de base est : "*the climate had an impact on the Irish tourist trade*".

Deviner le sens grâce à la racine, la nature des mots ou le contexte

• Appuyez-vous sur les **mots transparents** ou que vous connaissez déjà, ainsi que sur le **contexte** pour deviner le sens ou encore pour voir si le terme a un **sens** plutôt **positif ou négatif.**

• Certains mots peuvent être **décomposés** pour en deviner le sens. Exemple : *a mis-understand-ing*. En enlevant le préfixe négatif *mis-* et le suffixe *–ing*, on trouve la racine "*understand*" (= un malentendu).

• On peut s'aider de la **nature** d'un mot pour en trouver le sens : -*ly* forme un adverbe en *–ement* (sauf adjectifs en *–ly* comme *friendly*) ; -*ness* ou -*ment* forment un nom (*happiness*).

• Identifiez la nature d'un mot grâce à sa **place** : ***record*** *a message* (**verbe** suivi d'un complément)/ *a* ***record*** (**nom** précédé de l'article "a").

2. APPLICATIONS

❶ Choisissez la phrase qui a le même sens.

a) *Hillary's fragile appearance belied his promising potential.*

☐ *He was too weak to do any sport.*

☐ *He was rather good at sport in spite of his physical appearance.*

b) *The building of schools has given me more satisfaction than the footprint on a mountain.*

☐ *The conquest of Everest was his greatest satisfaction.*

☐ *He was more proud of himself for helping people than for reaching Everest.*

❷ Retrouvez la phrase de base. Soulignez-la.

The headmaster, angry to see pupils using phones during lessons, despite the rules, decided, against parents' will, to forbid its use at school.

ANGLAIS | Préparer l'examen

❸ **Retrouvez la racine de ces mots et traduisez-les.**
a) *unreadable*
b) *uninterruptedly*
c) *mistrustfully*
....
....
....

3. ENTRAÎNEMENT

The New Forest National Park is going green, with visitors incited to leave their cars at home.
Squirrels, butterflies and grazing ponies are not afraid of bikes. I'd arrived by train at Brockenhurst station and collected a hired bike. This summer's ecotourism campaign includes many hotels offering « car-free » discounts if you arrive by train.

❶ **Complétez les informations.**
a) *Name of the park =* ....
b) *One animal =* ....
c) *Nearest railway station =* ....

❷ **Dites si c'est vrai (*right*) ou faux (*wrong*) et citez le texte.**
a) *The New Forest's priority is to incite people to come by car.*
b) *Tourists riding their bicycles frighten the animals of the park.*
c) *You can get a bike on the site to visit the place.*
d) *You can get a discount if you come by car.*

TRADUIRE UN PASSAGE Corrigés, p. 321

1. STRATÉGIES

Situer le passage dans son contexte

Cherchez **à quoi sert le passage dans le texte** (est-ce un exemple, développe-t-il un argument qui vient d'être donné, apporte-t-il un argument contraire, s'agit-il d'une citation… ?).

Décomposer et analyser la phrase

Retrouvez la **phrase de base.**
Identifiez les **groupes de mots** qui forment un tout (**ex. :** article + adverbe + adjectif + nom).
Identifiez la **nature d'un mot** (nom, adjectif, adverbe, verbe…).

Deviner le sens d'un mot

S'aider de sa **place** dans la phrase (ce qui le suit et le précède), de sa **nature**, de sa **composition** (mot transparent, racine + préfixe/suffixe).

Traduire en évitant le mot à mot

Comprenez le **sens général de** la phrase afin d'éviter des contresens et traduisez dans un **français correct.** Vous devez **rester fidèle au sens** mais vous devez **éviter de faire du mot à mot.**

Voici quelques **stratégies** :

a) l'**équivalence :** une expression anglaise aura un équivalent différent en français (cf. les proverbes) ;

b) l'**étoffement** : ajoutez un verbe pour clarifier le sens d'une préposition (*she came **for** some glasses* → elle est venue **chercher** des verres) ;

c) la **transposition** : changez la nature d'un mot :
• adverbe ↔ adjectif (*sadly* → d'un air triste),
• adjectif ↔ nom (*as he got older* → avec l'âge),
• verbe ↔ nom (*as he arrives* → à son arrivée) ;

d) le **chassé-croisé** : traduisez une préposition par un verbe et faites du verbe un complément de manière (*he **ran** down the stairs* → il a descendu les escaliers **en courant**).

2. APPLICATIONS

❶ Identifiez la stratégie utilisée.

a) *She spoke threateningly* → elle parla d'un ton menaçant.

……………………………………………………

b) *He staggered out* → il sortit en titubant.

……………………………………………………

c) *Never judge a book by its cover* → il ne faut pas se fier aux apparences.

……………………………………………………

d) *She nearly cried at such cruel words* → elle faillit pleurer en entendant des mots aussi cruels.

……………………………………………………

❷ Traduisez les phrases suivantes en utilisant les stratégies indiquées.

a) *The man **in** the brown hat and black jacket* (étoffement).

……………………………………………………

……………………………………………………

b) *I'll tell him **as soon as he comes back*** (transposition).

……………………………………………………

……………………………………………………

c) *He is angry because I **refused him** my car* (étoffement).

……………………………………………………

……………………………………………………

d) *He **rushed into** the room* (chassé-croisé).

……………………………………………………

……………………………………………………

e) *Better late than never* (équivalence).

……………………………………………………

……………………………………………………

f) *Don't put the cart before the horse* (équivalence).

....

....

g) *"Hello", she said* ***with a smile*** (transposition).

....

....

3. ENTRAÎNEMENT

Traduisez ce passage en appliquant les stratégies aux mots en gras.

Born a sailor? No, not at all! Ellen Mac Arthur does not come from a sailing family and she did not spend her childhood beside the sea. Her parents, schoolteachers, live in Derbyshire, a county ***in*** *the middle of England, far from the sea. But* ***when she was a child,*** *Ellen discovered* ***sailing****.* ***Soon*** *it became her passion.* ***At the age of*** *17, people "discovered" her when she sailed* ***single-handed round*** *Great Britain. We* ***have not heard the last of*** *Ellen MacArthur;* ***that is sure!***

....

....

....

....

....

....

....

....

....

....

....

ÉCRIRE UN TEXTE Corrigés, p. 322

1. STRATÉGIES

Identifier la nature du sujet

Opinion, expérience personnelle, lettre, dialogue, mail, argumentation, compte rendu, portrait.
Reformulez-le avec vos propres mots.

Chercher des idées au brouillon

Classez-les **de la moins importante à la plus importante** (donnez des arguments pour et contre et illustrez-les d'exemples).

Rédiger l'introduction et la conclusion

Partez d'une **idée générale** sur le thème, dites quel est le problème lié au sujet, puis annoncez votre position.

Conclusion : synthétisez les grandes idées du devoir et concluez en rappelant votre **position personnelle**.

Rédiger le corps du devoir

Faites deux parties séparées par une **transition** et utilisez des **mots de liaison** entre chaque nouvel argument. Ne cherchez pas à traduire du français à l'anglais et faites des phrases simples mais correctes.

2. APPLICATIONS

❶ Dites si ces arguments sont pour ou contre le commerce en ligne et classez-les par ordre d'importance.

"Shopping on the internet is bad for local businesses. People should make more effort to do their shopping locally". Do you agree or disagree?

a) *be hacked* (piraté)

....

b) *fast way to buy products*

....

c) *you can save time and money (no need to move and queue up)*

....

d) *risk for local businesses to close if no customers, so more unemployment* (chômage)

....

e) *nobody to advise you*

....

❷ Faites des phrases à partir des arguments précédents. Introduisez-les par un mot de liaison.

first, then, another advantage ≠ drawback is that, on the other hand (en revanche)*, therefore* (en conséquence)*, finally, all in all* (au bout du compte).

....
....
....
....
....
....
....
....
....
....

3. ENTRAÎNEMENT

❶ À partir de cette fiche d'identité, rédigez un paragraphe d'environ 50 mots sur la vie de Jose.

SURNAME *: MARQUEZ*
First name *: Jose*
Age when he died *: 12*
Native country *: Mexico*
Family *: no father, 8 brothers and sisters*
Job *: miner*
Working hours *: 3am – 1pm*
Terrible working conditions *: dirty job, wet, dark, dangerous*
Salary *: $8 a week*

....
....

....

....

....

....

....

....

....

....

❷ **Voici un compte-rendu de votre séjour à New York. Complétez-le et mettez les verbes au passé.**

Shopping, monuments, weather, go back, expensive, on the other hand, multicultural atmosphere, all in all, Central Park.

*When I (**go**) to New York two months ago, I (**be**) really surprised by the .... (1) there. You meet people of all origins. I also (**enjoy**) doing lots of .... (2) in particular on the Fifth Avenue. I (**visit**) wonderful places too, such as .... (3), and (**see**) famous .... (4), like the Statue of Liberty. ...... (5) I (**not/like**) the ...... (6)! It was really cold. Another problem is that hotels are very .... (7)! .... (8), I really had a good time there and I hope I will .... (9) soon.*

Corrigés

1 MODES DE VIE

1 Texte 1

Vocabulaire : *train station, Chelsea Road, Tesco supermarket, river, crossroads, bakery, road, traffic lights.*

Grammaire : *Go past, go round, walk across, follow, carry on, don't take, go straight on.*

S'entraîner :

1. *take/pick up/call/tell/take/get off/walk/turn.*
2. a) *take the first road on the left*
– **b)** *go straight on*
– **c)** *turn to the right at the lights*
– **d)** *go past the train station*
– **e)** *walk across the bridge.*
3. *To go to the police station, go straight on, then go past the post office, go down the street, turn at the lights, go along the church, walk across the bridge and there you are!*

2 Texte 2

Vocabulaire : *storage, not many flats, few neighbours, parking spaces nearby, shops a few miles away, school a little distance away.*

Grammaire : *there is* + sg/*there are* + pl.

S'entraîner :

1. a) *facilities* ou *modes of transport*
– **b)** *modes of transport* ou *facilities*
– **c)** *room*
– **d)** *big.*
2. a) *There are many cupboards in the room*
– **b)** *There are few neighbours in the building*
– **c)** *There are a few shops nearby*
– **d)** *There is a little water in the cellar.*
3. *Nice two-room flat. There is little pollution and enough room for three people. There are few cars and a few cupboards. There are many trees around. There is a little noise in the morning.*

3 Réutiliser ses connaissances

À l'écrit : 3. a) *Rinse the vegetables*
– **5. b)** *Peel the onions*
– **4. c) d) e)** *Chop the eggplant, the zucchini and the peppers*
– **1. f)** *Cook the vegetables separately*
– **6. g)** *Add salt, pepper and basil*
– **2. h)** *Stir the vegetables delicately.*

À l'oral : *There is too much garlic in the salad. There are too many spices in the tea. There is too much sugar in the cake. There are not enough herbs in the rice. There are too few lemon slices in the fish. The chips are not salty enough.*

Vérifier : 1. BV – **2.** *Don't* + BV – **3.** *(too) much* + singulier – **4.** *(too) many* + pluriel – **5.** *(too) little* + singulier – **6.** *(too) few* + pluriel – **7.** *a little* + singulier – **8.** *a few* + pluriel – **9.** *not enough* + nom – **10.** *not* + adj + *enough.*

2 LES RELATIONS AVEC LES AUTRES

1 Texte 1

Vocabulaire : *how long/how many/what/why.*

Grammaire : *did/are/do/have/will.*

S'entraîner : 1. a) *Where* – **b)** *how* – **c)** *how long.*
2. a) *Why did you leave London?* – **b)** *How many brothers do you have? Where do they live?* – **c)** *Where are you living at the moment?* – **d)** *When will you come to see me?*
3. *How old are you? Where do you live? How long have you been living here? How many brothers or sisters do you have? What are you studying? Are you good at school? Do you have hobbies? What do you like doing?*

ANGLAIS Corrigés

❷ Texte 2

Vocabulaire : *work in dangerous conditions, be available, not switch off your mobile, do overtime, learn fast, have a permit.*

Grammaire : **a)** *must/need to/have to* – **b)** *mustn't/can't* – **c)** *can* – **d)** *should* – **e)** *don't need to/don't have to.*

S'entraîner : **1.** Recommandation / obligation / interdiction / absence d'obligation.

2. *You should take your driving licence / you must take your brother to school / you can't apply if you don't have experience with children / you don't need to speak several languages.*

3. *For this job as a baby-sitter, you must be reliable and available. You also have to be polite. You need to have experience. You mustn't be irresponsible. You will have to look after a 5-year old boy, help him to do his homework and go and fetch him after school.*

❸ Réutiliser ses connaissances

À l'écrit : *Dear Chris, could you tell me more about your family? How many brothers or sisters do you have? How old are they? What do they do? Where do they live? How long have they been living there? Are they married? How long have they been working? Do you get on well with them? Write to me soon.*

À l'oral : *I can't surf on the net. I mustn't stay out late. I have to do the housework. I should get a flat. I won't have to tidy my room if I have my own flat.*

Vérifier : **1.** *where... from* – **2.** *how long* – **3.** *when* – **4.** *how much/how many* – **5.** *what* – **6.** *how often* – **7.** *how far* – **8.** *why* – **9.** *what did you* + BV – **10.** *what are you* + V-*ing* – **11.** *what do you* + BV – **12.** *what have you* + pp – **13.** *what will you* + BV – **14.** *must/have to/need to* – **15.** *can/may* – **16.** *can't/mustn't* – **17.** *should* – **18.** *don't have to/don't need to* – **19.** *will have to* – **20.** *will be able to.*

3 LE MONDE SCOLAIRE

❶ Texte 1

Vocabulaire :

Activités culturelles : *reading, travelling, visiting, hate thrillers shopping.*

Activité artistique : *painting.*

Activités professionnelles : *not work under pressure, not do the same thing, work in a foreign country, direct, not be directed, be the manager, not be an employee.*

Grammaire : **1.** *I prefer directing/I would prefer to be*

2. **Elle aime :** *I enjoy, I love, I'm a great one for.*

Elle n'aime pas : *I hate, I can't stand, I can't bear.*

S'entraîner :

1. 1. b), 2. d), 3. e), 4. a), 5. c)

2. *I love doing sport. I'm a great one for taking risks. I'm also fond of watching movies. I don't like being stuck in an office. I can't bear sitting for hours at a desk.*

❷ Texte 2

Vocabulaire :

Activités : *checks his bag, takes the bus, gives him a lift, go to school, finishes, study.*

Fréquence : *often, sometimes, normally, every morning, once in a while, never, four times a week, how often?*

Grammaire : **1.** *He doesn't have the time*

2. *Does he have good marks?*

S'entraîner : **1.** *Do you often study? Does your brother always wear a uniform? How often do you go to the library?*

2. *I wake up at 6.30am; I go to the swimming-pool twice a week; I read a book once in a while; I do the washing-up in the evening; I go to bed at 10.45pm.*

3. *I usually get up at 6; I normally have breakfast. I'm used to walking to school. I never eat at the canteen. I often finish early. I always do my homework in the evening.*

3 Réutiliser ses connaissances

À l'écrit : *Well, I'm not too keen on going back to school. I would rather stay on holiday! At school, I'm rather fond of sciences, but I hate biology and I can't stand the teacher. I prefer working alone: I enjoy studying at my own pace.*

À l'oral : *Usually I read the lesson again every day. I occasionally rewrite it. Once in a while I watch English movies. I regularly listen to songs.*

Vérifier : **1.** *I love/am crazy about/am a great one for/am keen on/am fond of* + V-ing
2. *I like/enjoy* + V-ing
3. *I don't like/I dislike* + V-ing
4. *I hate/I can't bear* + V-ing
5. *I prefer* V-ing *to* V-ing / *I would prefer to* BV *than to* BV / *I would rather* BV *than* BV
6. *I am used to* + V-ing
7. *often/usually/normally*
8. *sometimes/occasionally/once in a while*
9. *never*
10. *always*
11. *don't* + BV
12. *do you* + BV.

4 LE MONDE PROFESSIONNEL

1 Texte 1

Vocabulaire : *elderly people, teenagers.*

Grammaire : 1. Bilan : *have taken, has taught*
2. Passé *: was, moved* (le moment de leur emménagement est passé).

S'entraîner : 1. *I have already met the boss, sent the mail and given phone calls. I have not tidied the desk, seen customers and eaten yet.*
2. a) *since 1998*
b) *for 5 years*
c) *for six hours.*
3. *I worked in a museum in 2001. I studied history 8 years ago. I have been visiting lots of countries since 2005. I've learnt a lot.*

2 Texte 2

Vocabulaire : *fewer rights, less respect, younger age, worst, hardest and most exhausting conditions.*

Grammaire : *fewer rights, less respect, younger.*

S'entraîner : 1. *You have more power, you are more respected, you are busier and less submitted. You have fewer obligations*
2. *most tiring/had; the worst/earned; best/met*
3. *It would be better-paid, less stressful and more fulfilling. I would have friendlier colleagues, fewer hours and less work.*

3 Réutiliser ses connaissances

À l'écrit : *I've already looked after teenagers. I have organized various activities. I have helped them to discover canoeing. I have taught them how to do horse-riding and initiated them to rafting.*

À l'oral : *The funniest way is by delivering newspapers; it is less stressful than doing babysitting. The most tiring and hardest job is to wash windows; it is more boring than washing cars. The most exciting job is to work in a pub; it is less boring than feeding pets.*

Vérifier : 1. Prétérit
2. *have* + pp (*present perfect*)
3. *have* + pp
4. *for/since*
5. *since*
6. *for*
7. *ago*
8. prétérit
9. *for*
10. *the most* + adj *long/the* + adj court + *est*
11. *more* + adj long + *than*/adj court + *er* + *than*
12. *less… than*
13. *less* + sg + *than/fewer* + pl + *than*
14. *better, the best/worse, the worst/further, the furthest.*

5 LA SOCIÉTÉ ACTUELLE

1 Texte 1

Vocabulaire : *cough lung or throat cancer, heart attack.*

Grammaire : *might, could, is going to.*

S'entraîner : **1.** 1. d), 2. c), 3. a), 4. b).
2. a) *will* – **b)** *may* – **c)** *might* – **d)** *is going to.*
3. *You have put on too much weight. You are going to have serious problems. You may have a heart attack. If you don't change your eating habits, you will not be able to run anymore. You might also have arthritis and not walk anymore.*

2 Texte 2

Vocabulaire : *go out with friends, see schoolmates, take up a sport, spend more time with family, change your habits, see a specialist, call the editor.*

Grammaire : *Why don't you* + BV, *what about* + V-ing, *if I were you, I would* + BV, *you ought to* + BV, *don't you think it would be a good idea if you* + prétérit, *I suggest* + BV, *I advise you to* + BV.

S'entraîner : **1.** 1. b), 2. c) f) g), 3. e), 4. f) c) g), 5. a), 6. g) f) c).
2. a) *You should send texts*
b) *You had better buy a new one*
c) *Why don't you ask your dad?*
d) *If I were you, I would see a doctor.*
3. *John, you should be careful with the mobile. You ought to phone less. You had better use the landline to call friends. Why don't you send messages instead of calling them? I suggest you meet them. If I were you, I would use the hands-off phone. What about sending emails instead?*

3 Réutiliser ses connaissances

À l'écrit : *If we keep on cutting down trees, we will alter the global climate forever. By (dint of) killing baby seals, the species might be extinct. Due to pollution, we may breathe dirty air, which will affect the health of humans. Because we pollute water with oil slicks, fish and dolphins are going to die.*

À l'oral : *Mum, Dad, you must act for the environment. You could sort out your household waste. You should share your car to reduce greenhouse gas emissions. Why don't you switch off the lights? What about turning off the water when you brush your teeth? You had better have a shower rather than a bath. If I were you, I would re-use my bags. I suggest you buy in bigger quantities to have less packing.*

Vérifier : **1.** *If I were you, I would do/I advise you to/you should = ought to/had better* – **2.** *You could/why don't you/what about* + V-ing/ *I suggest you* + BV/*don't you think it would be a good idea if you* + prétérit – **3.** *will* – **4.** *Be going to* – **5.** *may* – **6.** *might.*

6 MÉDIAS ET COMMUNICATION

1 Texte 1

Vocabulaire : *netsurfer, computers, type on a keyboard, a screen, a PC.*

Grammaire : **Prédiction :** *will prefer, will be spoilt, will have to, will be able to* – **Refus :** *won't bother* – **Initiative :** *will look.*

S'entraîner : **1. a)** *You will write the news in brief column*
b) *You will have to take photos*
c) *You'll be able to take a photographer with you when you have too much work*
d) *Wait, I'll give you his phone number*
e) *When you write your article, you will check the spelling*
f) *You won't tell lies.*
2. a) *will replace* – **b)** *has* – **c)** *will happen.*
3. *With internet, there will be fewer readers. People won't be able to buy their favourite morning paper and they'll have to connect to the net to be informed. When they don't have time, they won't know what has been happening in their town.*

❷ Texte 2

Vocabulaire : *police officers, policemen, firemen/a collection bin, container, metal bin.*

Grammaire : Action en cours : *was walking, were coming, were waving, were trying*
Action brève : *got, heard, arrived, didn't see, said, called, did they call.*

S'entraîner : 1. a) *happened*
b) *was queuing up/went*
c) *was looking/heard.*
2. a) *I was waiting*
b) *I was lying*
c) *I was rushing out.*
3. a) *took out my phone*
b) *sent a text message.*
4. *I was queuing up at the bank when two gangsters rushed in. They were wearing masks. They asked us to lie down and to give them our money. We were panicked and frightened. We didn't move.*

❸ Réutiliser ses connaissances

À l'écrit : *The "intelligent mirror" will permit people to watch themselves in the mirror and to know what clothes to wear together. They will be able to choose the right colours. They will not have to spend long minutes hesitating, so it will help them gain time. They will no longer look ugly and they will be able to wear the clothes that will correspond to their mood.*

À l'oral : *I was getting up to change channels when I imagined a way to stay sitting. I was conceiving a device when I decided to call engineers for help. I was watching TV when my wife tripped over the cable. I was thinking of a new system when I discovered ultrasonics technology.*

Vérifier : 1. will
2. *Will*
3. *won't*
4. *Will be able to*
5. *will have to*
6. Présent
7. *Was* + V-*ing*
8. Prétérit simple
9. *didn't/did*
10. *wasn't-weren't/Was-were.*

7 LES ARTS

❶ Texte 1

Vocabulaire : *a singer, play music, how to sculpt, a magician.*

Grammaire : 1. *I wish I could be a singer; I wish I played; I wish I knew how to sculpt; I wish I were* **2.** *If I could be a singer, I would sing my joys; if I played music, I would travel…; if I knew how to sculpt, I would give life…; if I were a magician, I would make all my dreams…*

S'entraîner : 1. a) *I wish I knew more about art*
b) *I wish painting didn't cost a lot/cost less*
c) *He wishes he had more time/were less busy.*
2. a) *I would be a painter*
b) *I would meet the Beckhams*
c) *I would play the violin.*
3. *I wish I were an artist; I could have a relaxing hobby. I wish I knew how to paint ; I would decorate my walls. I wish I were a famous musician; I would play in front of thousands of people. I wish I had a piano; I could play whenever I want. I wish I danced like a professional dancer; my friends would be amazed.*

❷ Texte 2

Vocabulaire : *unique, exceptional, amazing, charm, incredible, of this quality.*

Grammaire : 1. *Wondered, asserted, declared, stated, promised.*
2. Style direct : *"We hesitated to come, we didn't expect such an amazing show", "Nobody else can do that"; "This is the first time we have attended a show of this quality"; "We will be here next year".*
Style indirect : *"Some admitted they had hesitated"; "others wondered if any other singer could charm…"; "many declared they had never seen…"; "most stated they would never forget it".*

S'entraîner : 1. a) *was* – **b)** *was looking* – **c)** *were* – **d)** *would have to.*
2. *They admitted they had hesitated to come. They hadn't expected… They stated nobody else could do that. They avowed it was the first*

time they had attended… They promised they would be there.

3. *Jason said that he had always wanted to sing. He added he wore hats to hide his eyes. He confessed he worried about what people thought. He declared other artists could be a source of inspiration. He told me he had been playing for 12 years and promised he would never play to please his public.*

3 Réutiliser ses connaissances

À l'écrit : *I wish I could fulfill my dream. I wish I showed my talent… I wish I met famous people. I would make my parents proud of me. I would be appreciated, I would make money.*

À l'oral : *Some said it was not art but vandalism. They declared the artists had no talent and that they spoilt façades. They asserted they would never like graffiti and that they had never considered that as art. Others claimed graffiti required lots of creativity. They stressed not everybody could do it and that they needed more public art space. They added they had always found them beautiful.*

Vérifier : **1.** *I wish I did* (prétérit)/*I would like to do* (BV) – **2.** *I wish I were/I would like to be* – **3.** *would/could* + BV – **4.** *if I* + prétérit, *I would* + BV – **5.** *Say, ask, answer, claim, admit, whisper, explain, add, swear, shout, declare…* – **6.** prétérit – **7.** *past perfect* (*had* + pp) – **8.** *would* – **9.** *might* – **10.** *could.*

8 LES SPORTS

1 Texte 1

Vocabulaire : *didn't know how to, not good at, so bad at.*

Grammaire : **1.** *You should have warned us, why didn't you tell us, you should have trained* **2.** *If you had been more regular, you would have progressed.*

S'entraîner : **1. a)** *skip* – **b)** *let* – **c)** *told* – **d)** *forbidden.*

2. a) *You should have trained more*

b) *You shouldn't have eaten so much rice*

c) *Why did you go out yesterday?*

d) *Why didn't you listen to your coach's advice?*

3. *You should have trained more. Why didn't you eat more proteins? You should have gone to bed earlier. You should have been more concentrated. You shouldn't have skipped training lessons. Why did you change your gear?*

2 Texte 2

Vocabulaire : *roller-skating, cycling, athletics.*

Grammaire : **Évolution croissante :** *more and more free time, increasingly popular, higher and higher, cheaper and cheaper, is increasing, fiercer and fiercer*

Évolution décroissante : *fewer and fewer adults, less and less money.*

S'entraîner : **1. a)** *more and more dangerous sports*

b) *higher and higher*

c) *stronger and stronger drugs*

d) *less and less honest*

e) *fewer and fewer sponsors.*

2. a) *more and more sweets*

b) *less and less time*

c) *harder and harder*

d) *I'm getting better and better.*

3. *I'm more and more worried and upset: there are more and more young athletes in the club who are on drugs. This is more and more worrying and less and less fair for the others. They start younger and younger because they are under more and more pressure for performance. Fewer and fewer athletes play by the rules.*

3 Réutiliser ses connaissances

À l'écrit : *Sir, I am really angry at your attitude. My son got hurt because of you. You should have watched him more and given him more accurate instructions. You should have respected his condition and level: why did you give him so difficult exercises? You should have made him do more warming-up. You shouldn't have exhausted him. You should have been less demanding.*

À l'oral : *You've got to sleep more and more, arrive earlier and earlier, eat more and more pasta and rice, do longer and longer warming-*

up. You must waste less and less time talking, have less and less warm showers/fewer and fewer warm showers and eat fewer and fewer cakes.

Vérifier : **1.** *more and more* + adj long/adj court + *er* + *and* + adj + *er*

2. *less and less* + sg/*fewer and fewer* + pl

3. *you should(n't) have* + pp

4. *why did(n't) you*

5. *if I had known…*

6. *Would have* + pp/*could have* + pp.

PRÉPARER L'EXAMEN

1 Comprendre un texte (I)

Applications :

1. *daily paper:* The New York Times*; autobiography:* Lessons in Life*; website:* news.bbc.uk; *magazine:* Time*; novel:* The English Patient.

2. *2012: next summer Games; 1908 and 1948: previous Games held in London; 2008: Games in Beijing; 1936: polo was abandoned; 2016: future summer Games.*

3. a) *last decade: the number of 16 year-olds who held their licences dropped from half to one third*

b) *It dropped from 43.8 % in 1998 to 29.8 % in 2006*

c) *90 % of high schools in the 1980s offered driving lessons versus 20 % today*

d) *insurance costs are 80-100 % higher.*

4. ***youths*** *(16 year-olds, 16-18 year-olds, teenagers, children, kids) were eager, but now are not enthusiastic and even reluctant;* ***parents****: willing to drive their kids, worried about dangerous roads;* ***experts****: alarmist;* ***the owner of a driving school / Causes****: costs of insurance and lessons, parents are afraid for their kids, number of car crashes*

2 Comprendre un texte (II)

Applications :

1. a) *He was rather good*

b) *More proud of himself.*

2. *The headmaster decided to forbid the use of mobile phones at school.*

3. a) *read* (illisible)

b) *Interrupt* (sans interruption)

c) *trust* (avec méfiance).

Entraînement :

1. a) *New Forest National Park*

b) *squirrels, butterflies, ponies*

c) *Brockenhurst Station.*

2. a) *Wrong (leave their cars)*

b) *wrong (not afraid of bikes)*

c) *right (a hired bike)*

d) *wrong (if you arrive by train).*

3 Traduire un passage

Applications :

1. a) transposition

b) chassé-croisé

c) équivalence

d) transposition (*nearly*) + étoffement (*at*)

2. a) L'homme **coiffé d'**un chapeau marron et **vêtu d'**une veste noire

b) Je le lui dirai **dès son retour**

c) Il est en colère parce que j'ai refusé **de lui prêter** ma voiture

d) Il est **entré précipitamment** dans la pièce

e) Mieux vaut tard que jamais

f) Il ne faut pas mettre la charrue avant les bœufs

g) "Bonjour", dit-elle **en souriant.**

Entraînement : Née marin ? Pas du tout ! Ellen Mac Arthur ne vient pas d'une famille de marins et elle n'a pas passé son enfance près de la mer. Ses parents, des enseignants, vivent dans le Derbyshire, un comté au beau milieu de l'Angleterre, loin de la mer. Mais enfant, Ellen découvrit la voile, qui ne tarda pas à devenir sa passion. Les gens l'ont découverte lorsqu'elle fit le tour de la Grande-Bretagne en solitaire à l'âge de 17 ans. On n'a pas fini d'entendre parler d'elle, à coup sûr !

4 Écrire un texte

Applications :

1. Pour : **b)** *fast way*, **c)** *save time*

Contre : **a)** *be hacked*, **d)** *risk for local businesses*, **e)** *nobody to advise you.*

2. *First of all, shopping online is a fast way to buy products. Then you can save time and money because you don't need to move and queue up. On the other hand, there is nobody to advise you. Another drawback is that you can be hacked if you pay with a credit card. Finally there is a risk for local businesses to close if they have no customers, therefore there will be more unemployment.*

Entraînement : 1. *Jose Marquez was 12 when he died. He was born in Mexico. He had no father but 8 brothers and sisters. He worked as a miner. He started working at 3 a.m. and finished at 1 pm. He worked in terrible conditions: he had a dirty job; it was wet, dark and dangerous. He earned only 8 dollars a week*
2. *went/was/enjoyed/visited/saw/didn't like* 1. *multicultural atmosphere* 2. *shopping* 3. *Central Park* 4. *monuments* 5. *on the other hand* 6. *weather* 7. *expensive* 8. *all in all* 9. *go back.*

ESPAGNOL

Pour réussir l'épreuve...

Les sujets proposés à l'épreuve écrite du baccalauréat professionnel sont tirés des ouvrages littéraires ou des publications périodiques. Ces sujets évoquent des aspects de la culture et de la réalité socio professionnelle des pays de langue espagnole.

Dans ce chapitre « espagnol » de la série *Objectif Bac Pro,* vous trouverez une progression qui facilitera votre prise de parole et vous accompagnera dans la préparation de l'écrit. L'*Objectif Bac Pro Seconde* vous permettra de revoir les bases grammaticales, de vous exercer à l'écrit grâce à des textes courts.

L'*Objectif Bac Pro Première et Terminale* proposera un approfondissement grammatical, un travail encore plus ciblé sur les textes et un entraînement intensif à l'épreuve écrite.

L'épreuve écrite d'espagnol au baccalauréat professionnel a pour but d'évaluer la capacité du candidat à comprendre un texte, à traduire un court passage (Compréhension), à manier ou reconnaître des structures grammaticales et à s'exprimer à l'écrit en espagnol (Expression). L'utilisation du dictionnaire bilingue est autorisée.

I. COMPRÉHENSION (12 points)

Les questions posées en français portent sur des éléments et/ou sur l'ensemble du texte. Les réponses sont à rédiger en français. L'examinateur attend des réponses claires prenant appui sur les formulations du sujet (les citations – entre guillemets – courtes et pertinentes sont les bienvenues) et énoncées dans une langue correcte.

Traduction. Il est conseillé de repérer et de vérifier le sens des mots clés à l'aide du dictionnaire bilingue. Il vous sera demandé de produire des énoncés rendant l'idée du texte espagnol dans un français fidèle, correct et de qualité.

II. EXPRESSION (8 points)

La partie **compétence linguistique** est constituée de deux à quatre exercices. Vous devrez identifier certains choix grammaticaux (identifier le référent d'un pronom, retrouver des formes grammaticales et lexicales…) et procéder à des transformations grammaticales (changements de personne, de temps, de mode…).

L'exercice d'**expression personnelle** vous invite à développer une rédaction en espagnol sur un sujet en relation avec le texte (vie quotidienne, loisirs, éducation, justice, relations personnelles ou professionnelles…). L'expression personnelle, de huit lignes minimum, exige une organisation logique des idées, une expression correcte en espagnol et la présentation d'exemples visant à illustrer vos propos.

Dans les pages qui suivent vous trouverez un lexique dont l'apprentissage facilitera l'expression personnelle en espagnol. Les corrigés des exercices vous proposent un exemple de réponse, mais d'autres formulations sont bien entendu possibles. *Y ahora, manos a la obra. ¡Ánimo!*

1 GRAMMAIRE ET CONJUGAISON

1. MORPHOLOGIE

L'alphabet

a (a), *b* (b), *c* (ce), *ch* (che), *d* (de), *e* (e), *f* (efe), *g* (ge), *h* (hache), *i* (i), *j* (jota), *k* (ka), *l* (ele), *ll* (elle), *m* (eme), *n* (ene), *ñ* (eñe), *o* (o), *p* (pe), *q* (cu), *r* (erre), *s* (ese), *t* (te), *u* (u), *v* (uve), *w* (uve doble), *x* (equis), *y* ("i" griega), *z* (zeta).

Attention à la prononciation de certaines lettres : *e* = é; *ch* = tch; *u* = ou; *ñ* = gn; *ll* = li; *r* ≈ gr; *v* = b…

L'orthographe

Attention à la prononciation distincte des consonnes **c**, **g**, **z** selon qu'elles sont suivies des voyelles **a**, **o**, **u** ou **e**, **i** et aux modifications orthographiques éventuelles.

Exemples : *la voz, las voces; el chico, el chiquillo.*

L'accentuation

L'accent tonique

• Dans les mots terminés par une voyelle, un **-n** ou un **-s**, l'accent tonique porte sur l'avant dernière syllabe.
Exemples : *cua**der**no, **an**tes, **co**mes.*

• Dans les mots terminés par une consonne, excepté **-n** ou **-s**, l'accent tonique porte sur la dernière syllabe.
Exemples : *direc**tor**, pere**jil**.*

• Tout mot qui ne répond pas aux deux règles précédentes porte un accent écrit sur la syllabe accentuée.
Exemples : ***fá**brica, pa**trón**, des**pués**, auto**mó**vil, **fút**bol.*

L'accent grammatical

• Il sert à distinguer deux mots de forme identique.
Exemples : *el* (le) / *él* (il, lui)
tu (ton) / *tú* (tu, toi)
mi (mon) / *mí* (moi)
si (si) / *sí* (oui)
solo (seul) / *sólo* (seulement)…

• L'accent écrit est également la marque des pronoms démonstratifs (*éste, ése, aquél: ese libro / ése me gusta*), des mots interrogatifs (*¿Qué?, ¿Quién?, ¿Cómo?, ¿Cuándo?, ¿Cuánto?, ¿Dónde?, ¿Por qué?*) et exclamatifs (*¡Qué!, ¡Quién!,...*).
Exemples : *ese libro / ése me gusta.*

ATTENTION à l'accent écrit sur les formes verbales.

Exemples : *hablo* (je parle), *habló* (il parla). *Hable* (que je parle), *hablé* (je parlai).

2. LE GROUPE NOMINAL

Noms et adjectifs

Le genre

• La marque du masculin est **-o**, celle du féminin est **-a**.

Quelques exceptions : *el poeta, el lema, el tema, la mano, el sistema, el problema…*

• Les noms et adjectifs de nationalité ont leur féminin en **-a** : *español, española.*

Attention ! les noms en **-or** sont masculins.
Exemples : *el calor, el color.*

Exceptions : *la flor, la labor, la coliflor.*

Le nombre

La marque du pluriel est :
• **-s** pour les mots terminés par une voyelle.

Exemple : *el hombre, los hombres.*

• **-es** pour les mots terminés par une consonne.

Exemples : *la mujer, las mujeres.*
el francés, los franceses.

• **-es** pour les mots terminés par une voyelle accentuée.
Exemple : *marroquí, marroquíes.*

L'article

▶ L'article indéfini

Masculin : *un*.

Féminin : *una*.

• La forme plurielle « *unos* », « *unas* » signifie « quelques ».

• On omet l'article devant « *otro* » et « *medio* ».

Exemples : *Vendré otro día.*

Me comí medio kilo de naranjas.

▶ L'article indéfini

Genre	Singulier	Pluriel	Neutre
Masculin	*el*	*los*	*lo*
Féminin	*la*	*las*	

• Contraction : *a* + *el* → *al*
de + *el* → *del*

Attention ! Ne pas confondre « du », contraction de « de » + « le » (exemple : *El libro del vecino*, le livre du voisin) et « du », article partitif français qui n'existe pas en espagnol (exemple : *No bebo vino sino agua*, je ne bois pas **du** vin mais **de** l'eau).

• « *Lo* », article neutre, s'emploie devant un adjectif ou un participe passé et lui donne la valeur d'un nom commun.

Exemples : *lo divertido* (ce qui est amusant), *lo difícil* (ce qui est difficile).

Les possessifs : adjectifs et pronoms

Possesseur	Adjectifs (singulier/pluriel)	Pronoms (singulier/pluriel)
Singulier	• *mi, mis* • *tu, tus* • *su, sus*	• *mío, mía, míos, mías* • *tuyo, tuya, tuyos, tuyas* • *suyo, suya, suyos, suyas*
Pluriel	• *nuestro, nuestra* • *vuestro, vuestra* • *su, sus*	• *nuestros, nuestras* • *vuestros, vuestras* • *suyo, suya, suyos, suyas*

Attention aux possessifs de la 3e personne.

Exemples : *Los hijos deben respetar a sus padres.*

Lo que quiero saber, señor, es su fecha de nacimiento.

Les démonstratifs : adjectifs et pronoms

▶ Les adjectifs démonstratifs

Masculin	
Singulier	**Pluriel**
este	*estos*
ese	*esos*
aquel	*aquellos*

Féminin	
Singulier	**Pluriel**
esta	*estas*
esa	*esas*
aquella	*aquellas*

▶ Les pronoms démonstratifs

• Les pronoms démonstratifs se distinguent par un accent écrit sur la voyelle tonique.

Exemples : *éste, éstos, aquél, aquéllos…*

• Les pronoms neutres sont : *esto, eso, aquello*.

« *el que…* » signifie « celui qui… » ; « *la que…* » signifie « celle qui… » ; « *lo que…* » signifie « ce qui… », « ce que… ».

▶ Valeurs spécifiques des démonstratifs

• *Ese* renforce l'appartenance à *tú, usted*.

Exemple : *Ese ordenador es tuyo.*

• *Ese* peut apporter une nuance péjorative.

Exemple : *No me fío de ese tío* (Je ne fais pas confiance à cet individu).

• *Aquel* marque l'éloignement dans le temps ou dans l'espace.

Exemple : *En aquellos tiempos* (En ce temps-là).

Les pronoms personnels

• L'emploi de « *le* », « *les* » (compléments sans préposition) est courant pour reprendre un nom de personne.

Les pronoms

Personne	Sujet	Réfléchi	Complément sans préposition	Complément avec préposition
Singulier	- *yo* - *tú* - *él, ella, usted*	- *me* - *te* - *se*	- *me* - *te* - *lo, la, le*	- *mí* - *ti* - *él, ella, usted*
Pluriel	- *nosotros, as* - *vosotros, as* - *ellos, ellas, ustedes*	- *nos* - *os* - *se*	- *nos* - *os* - *los, las, les*	- *nosotros, as* - *vosotros, as* - *ellos, ellas, ustedes*

Exemples : *Hace tiempo que no le he visto* (Il y a longtemps que je ne l'ai pas vu).

• Emploi de la préposition « *con* » :

– 1re personne du singulier : *conmigo*.

– 2e personne du singulier : *contigo*.

Exemple : *Ven conmigo* (Viens avec moi).

• La place du pronom :

– l'enclise : à l'infinitif, à l'impératif, au gérondif, le pronom réfléchi ou complément sans préposition est accolé au verbe.

Exemple : *acercar**se**, acérca**te**, mirándo**le***.

– dans le cas de deux pronoms compléments sans préposition, l'ordre est toujours : indirect/direct.

Exemple : *Te lo digo* (Je te le dis).

Dímelo (Dis-le-moi).

– dans le cas des pronoms de la 3e personne, on a : *le* ou *les* + *lo, la, los, las* devient ***se*** + *lo, la, los, las*.

Exemple : *Díga**se**lo, señor* (Dites-le-lui, monsieur).

La numération

Les nombres cardinaux

*Cero, uno, dos, tres, cuatro, cinco, seis, **sie**te, ocho, **nue**ve, diez, once, doce, trece, catorce, quince, dieciséis, diecisiete, dieciocho, diecinueve, veinte, veintiuno, veintidós, veintitrés, veinticuatro…, treinta, treinta y uno, cuarenta, cincuenta, sesenta, **se**tenta, ochenta, **no**venta,* ***cien, ciento uno****, doscientos, trescientos, cuatrocientos, quinientos, seiscientos, **sete**cientos, ochocientos, **no**vecientos, mil, dos mil, un millón, dos millones…*

Remarques :

• La conjonction *y* prend place seulement entre les dizaines et les unités.

Exemple : *Cincuenta y uno.*

• Lorsque *ciento* est multiplié, il s'accorde.

Exemple : *Setecient**as** pesetas.*

• *Mil* est invariable.

Les nombres ordinaux

Les plus utilisés sont : *primero, segundo, tercero, cuarto, quinto, sexto, séptimo, octavo, noveno, décimo.*
Au-delà, on utilise les cardinaux.

Exemple : *El siglo veintiuno.*

L'apocope

• Il s'agit de la chute de la voyelle **-o** devant un nom masculin pour les mots suivants : *uno, primero, tercero, bueno, malo, alguno, ninguno.*

• *Ciento* s'apocope en *cien* devant un nom et devant *mil.*

Exemples : *Cien euros, cien mil euros.*

Le comparatif

• Supériorité : ***más… que***.

Exemple : *Eres más joven que yo.*

• Infériorité, : ***menos… que***.

Exemple : *Soy menos joven que tú.*

• Égalité :

– ***tan*** + adjectif ou adverbe… }
– ***tanto*** (*-a, -os, -as*) + nom… } … *como*
– verbe + *tanto…* }

Exemples : *Soy tan alto como tú.*

No tiene tantos amigos como lo afirma.

Trabajo tanto como él.

Les faux-amis

Les adjectifs

– **Dur** : *duro* (résistant), *difícil* (difficile).

ESPAGNOL Le cours

– **Grand** : *alto* (par sa hauteur), *grande* (par sa taille), *gran* (importante).

– **Propre** : *propio* (qui lui est propre), *limpio* (qui n'est pas sale).

– **Rare** : *escaso* (peu nombreux), *raro* (bizarre).

▶ **Les noms**

– **Une affaire** : *un asunto* (un sujet de discussion), *un negocio* (un marché).

– **La consommation** : *la consumición* (la boisson), *el consumo* (l'utilisation).

– **Une lettre** : *una letra* (une lettre de l'alphabet), *una carta* (une missive).

– **Le succès** : *el suceso* (le fait divers), *el éxito* (le triomphe).

▶ **Les verbes**

– **Apprendre** : *aprender* (acquérir une connaissance), *enseñar* (faire acquérir une connaissance), *enterarse de* (connaître).

– **Demander** : *demandar* (poursuivre en justice), *pedir* (solliciter), *preguntar* (poser une question).

– **Exprimer** : *exprimir* (presser un fruit), *expresar* (formuler une idéee).

– **Quitter** : *subir* (monter), *sufrir* (endurer).

3. LE GROUPE VERBAL

La conjugaison régulière

▶ **Les temps simples**

1 *HABLAR* (participe passé : *hablado* ; gérondif : *hablando*).

PRÉSENT
Indicatif
Habl ***-o***
Habl ***-as***
Habl ***-a***
Habl ***-amos***
Habl ***-áis***
Habl ***-an***
Impératif
Habl ***-a*** *(tú)*
Habl ***-e*** *(él, ella, usted)*
Habl ***-emos*** *(nosotros)*
Habl ***-ad*** *(vosotros)*
Habl ***-en*** *(ellos, ellas, ustedes)*
Subjonctif
Habl ***-e***
Habl ***-es***
Habl ***-e***
Habl ***-emos***
Habl ***-éis***
Habl ***-en***

FUTUR
Hablar ***-é***
Hablar ***-ás***
Hablar ***-á***
Hablar ***-emos***
Hablar ***-éis***
Hablar ***-án***

CONDITIONNEL
Hablar ***-ía***
Hablar ***-ías***
Hablar ***-ía***
Hablar ***-íamos***
Hablar ***-íais***
Hablar ***-ían***

PASSÉ
Indicatif imparfait
Habl ***-aba***
Habl ***-abas***
Habl ***-aba***
Habl ***-ábamos***
Habl ***-ábais***
Habl ***-aban***
Passé simple
Habl ***-é***
Habl ***-aste***
Habl ***-ó***
Habl ***-amos***
Habl ***-asteis***
Habl ***-aron***
Subjonctif imparfait (I)
Habl ***-ara***
Habl ***-aras***
Habl ***-ara***
Habl ***-áramos***
Habl ***-arais***
Habl ***-aran***
Subjonctif imparfait (II)
Habl ***-ase***
Habl ***-ases***
Habl ***-ase***
Habl ***-ásemos***
Habl ***-aseis***
Habl ***-asen***

❷ *RESPONDER* (participe passé : *respondido* ; gérondif : *respondiendo*).

VIVIR (participe passé : *vivido* ; gérondif : *viviendo*).

PRÉSENT

Indicatif

Respond ***-o***	*Viv* ***-o***
-es	***-es***
-e	***-e***
-emos	***-imos***
-eis	***-ís***
-en	***-en***

Impératif

Respond ***-e*** */ Viv* ***-e*** *(tú)*
Respond ***-a*** */ viv* ***-a*** *(él, ella, usted)*
Respond ***-amos*** */ viv* ***-amos*** *(nosotros)*
Respond ***-ed*** */ viv* ***-id*** *(vosotros)*
Respond ***-an*** */ viv* ***-an*** *(ellos)*

Subjonctif

Respond -/ viv ***-a***
Respond -/ viv ***-as***
Respond -/ viv ***-a***
Respond -/ viv ***-amos***
Respond -/ viv ***-áis***
Respond -/ viv ***-an***

PASSÉ

Indicatif imparfait

Respond ***-ía***
Viv ***-ías***
-ía
-íamos
-íais
-ían

Passé simple

Respond ***-í***
Viv ***-iste***
-ió
-imos
-isteis
-iron

Subjonctif imparfait (I)

Respond ***-iera***
Viv ***-ieras***
-iera
-iéramos
-ierais
-ieran

Subjonctif imparfait (II)

Respond ***-iese***
Viv ***-ieses***
-iese
-iésemos
-ieseis
-iesen

▶ **Les temps composés**

Formation : auxiliaire *haber* conjugué suivi du participe passé invariable (*hablado, respondido, vivido*).

PASSÉ COMPOSÉ

Indicatif

He
Has
Ha
Hemos
Habéis
Han
} + participe passé

Subjonctif

Haya
Hayas
Haya
Hayamos
Hayáis
Hayan
} + participe passé

PLUS-QUE-PARFAIT

Indicatif

Había
Habías
Había
Habíamos
Habíais
Habían
} + participe passé

Subjonctif

Hubiera
Hubieras
Hubiera
Hubiéramos
Hubierais
Hubieran
} + participe passé

PASSÉ ANTÉRIEUR	
Hube *Hubiste* *Hubo* *Hubimos* *Hubisteis* *Hubieron*	+ participe passé

FUTUR ANTÉRIEUR	
Habré *Habrás* *Habrá* *Habremos* *Habreis* *Habrán*	+ participe passé

CONDITIONNEL PASSÉ	
Habría *Habrías* *Habría* *Habríamos* *Habríais* *Habrían*	+ participe passé

Attention ! Certains verbes très courants ont un participe passé irrégulier : *abrir: abierto; cubrir: cubierto; decir: dicho; escribir: escrito; morir: muerto; poner: puesto; romper: roto; ver: visto; volver: vuelto.*

La conjugaison irrégulière

❶ Irrégularités portant uniquement sur les voyelles du radical

La voyelle **-e-** du radical de certains verbes diphtongue en **-ie-** lorsqu'elle est tonique. Ne sont concernés que les présents de l'indicatif, du subjonctif et de l'impératif (voir le verbe français « venir »).

▶ ***Pensar***

Indicatif présent : *p**ie**nso, p**ie**nsas, p**ie**nsa, pensamos, pensáis, p**ie**nsan.*

Subjonctif présent : *p**ie**nse, p**ie**nses, p**ie**nse, pensemos, penséis, p**ie**nsen.*

Impératif : *p**ie**nsa, p**ie**nse, pensemos, pensad, p**ie**nsen.*

Verbes qui suivent cette irrégularité : *acertar, atravesar, calentar, comenzar, despertar, enterrar, sembrar ; ascender, encender, entender, extender, perder, querer...*

La voyelle **-o** du radical de certains verbes diphtongue en **-ue** lorsqu'elle est tonique. Ne sont concernés que le présent de l'indicatif, du subjonctif et de l'impératif.

▶ **Encontrar**

Indicatif présent : *enc**ue**ntro, enc**ue**ntras, enc**ue**ntra, encontramos, encontráis, enc**ue**ntran.*

Subjonctif présent : *enc**ue**ntre, enc**ue**ntres, enc**ue**ntre, encontremos, encontréis, enc**ue**ntren.*

Impératif : *enc**ue**ntra, enc**ue**ntre, encontremos, encontrad, enc**ue**ntren.*

Verbes qui suivent cette irrégularité : *acordar(se), apostar, colgar, comprobar, contar, costar, probar, recordar, rogar, soñar, volar ; conmover, devolver, doler, morder, mover, promover, resolver, volver ; dormir, morir...*

La voyelle **-e-** du radical de certains verbes devient **-i-** lorsque le radical est tonique (*pido*, mais *pedimos*) et lorsque la terminaison est accentuée sur une voyelle autre que **-i-** (*pidió, pidiera, pidiendo*).

Verbes qui suivent cette irrégularité : *competir, despedir, impedir, medir, pedir, rendir, repetir, seguir, reír, servir, vestir...*

Irrégularité de *sentir* et dormir :

① **-e-** tonique devient **-ie-** ;

② **-o-** tonique devient **-ue-** *(duermo)* ;

③ lorsque la terminaison est accentuée sur une voyelle autre que **-i-**, la voyelle **-e-** du radical devient **-i-** *(sintieron, sintamos)*, et la voyelle **-o-** devient **-u-** *(durmió, durmamos)*.

Verbes qui suivent cette irrégularité : *advertir, arrepentirse, convertir, invertir, preferir, sentir ; dormir, morir...*

La voyelle **-u-** du radical devient **-ue-** lorsque le radical est tonique : *jugar* (*j**ue**go...*).

La voyelle **-i-** du radical devient **-ie-** lorsque le radical est tonique : *adquirir* (*adqu**ie**ro...*).

❷ Irrégularités portant uniquement sur les consonnes du radical

• Les verbes en ***-acer, -ecer, -ocer, -ucir*** subissent une modification orthographique : le **-c-** du radical devient **-zc-** devant les voyelles **-o** et **-a-** ; on retrouve le **-c-** devant **-e-** et **-i-**.
Verbes qui suivent cette irrégularité : *complacer, nacer* (sauf *hacer*) ; *abastecer, aparecer, carecer, conocer, crecer, desaparecer, enriquecer, ofrecer, padecer, permanecer ; lucir, deducir, producir, reducir, traducir...*

• Les verbes en ***-uir*** subissent une modification orthographique : le **-i-** du radical devient **-y-** devant les voyelles **-o** , **-e-** et **-a-**.
Verbes qui suivent cette irrégularité : *atribuir, concluir, construir, disminuir, huir, incluir, influir, instruir, rehuir...*

❸ Verbes usuels diversement irréguliers

Infinitif	Indicatif présent	Subjonctif présent[1]	Impératif	Indicatif imparfait	Futur[2] (conditionnel)	Passé simple[3]	Gérondif	Participe passé
Andar						*anduve*		
Dar	*doy, das...*	*dé, des*				*di, diste, dio...*		
Decir	*digo, puis cf. pedir*	*diga, digas...*	*di (tú)*		*diré (diría...)*	*dije...*		*dicho*
Estar	*estoy, está, está, estamos, estáis, estan*	*esté...*				*estuve, estuviste, estuvo...*		
Hacer	*hago, haces...*	*haga...*	*haz (tú), haga (ud)...*		*haré... (haría...)*	*hice, hiciste, hizo...*		*hecho*
Ir	*voy, vas, va...*	*vaya...*	*ve (tú), vamos...*	*iba, ibas, iba, íbamos...*		*fui, fuiste, fue...*	*yendo*	
Poder	Diphtongaison					*pude...*	*pudiendo*	
Poner	*pongo, pones...*	*ponga...*	*pon (tú)*		*pondré... (pondría...)*	*puse...*		*puesto*
Querer	Diphtongaison				*querré... (querría...)*	*quise...*		
Salir	*salgo, sales...*	*salga...*	*sal (tú)*		*saldré... (sabría...)*			
Ser	*soy, eres, es, somos, sois, son*	*sea, seas...*	*sé (tú)*	*era, eras, era, éramos...*		*fui, fuiste ; fue...*		
Tener	*tengo,* puis diphtongaison	*tenga, tengas...*	*ten (tú)*		*tendré... (tendría...)*	*tuve...*		
Venir	*vengo,* puis diphtongaison	*venga...*	*ven (tú)*			*vine...*	*viniendo*	
Ver	*veo, ves*	*vea...*		*veía...*				*visto*

1. Le subjonctif présent suit l'irrégularité de la première personne de l'indicatif présent.
2. Le conditionnel suit l'irrégularité du futur.
3. La 3e personne du pluriel du passé simple sert de base à la formation des imparfaits du subjonctif (voir la conjugaison régulière).
Ex. : *anduvieron* → *anduviera* → *anduviese.*

Le gérondif

• Il est invariable.

• Il a la valeur d'un complément de manière :

Exemple : *Venía corriendo* (il venait en courant).

• Il marque différents aspects de l'action :

– *estar* + gérondif : action dans son déroulement.

Exemple : *Estoy trabajando* (je suis en train de travailler).

– *seguir* + gérondif : action dans sa continuité.

Exemple : *Está enferma pero sigue trabajando* (elle est malade, mais elle continue de travailler).

– *llevar* + gérondif : action dans sa durée.

Exemple : *Llevábamos una hora esperando* (nous attendions depuis une heure).

L'obligation

▶ L'obligation impersonnelle (pas de sujet exprimé)

• *hay que…*
• *es preciso…*
• *es necesario …*
• *hace falta…*

} … + infinitif = il faut + infinitif

Exemple : *Hay que aprovechar la oportunidad* (il faut profiter de l'occasion).

▶ L'obligation personnelle (sujet exprimé à verbe conjugué)

• *tener que…*
• *deber…*

} … + infinitif

Exemple : *Tengo que quedarme en casa* (je dois rester à la maison).

• *es preciso que…*
• *hace falta que…*

} … + subjonctif

Exemple : *Hace falta que me quede en casa* (il faut que je reste à la maison).

Les équivalents de « on »

• *Se* + 3^e personne est la construction la plus usitée.

Exemple : *En este restaurante se come una paella riquísima.*

Attention au mot qui suit (objet ou personne).

Exemple : *Se venden pisos.*

Se contrata a obreros especializados.

• *Uno* + verbe pronominal :

Exemple : *Uno se acuerda con nostalgia de su niñez* (On se souvient de son enfance avec nostalgie).

Emplois de *ser* et *estar*

▶ *Ser*

• avec un nom, un pronom, un nombre :

Exemple : *Es dependiente.*

• avec un adjectif qui indique la nationalité ou une caractéristique essentielle :

Exemple : *Almodóvar es español y es muy famoso.*

• pour exprimer l'heure :

Exemple : *Son las siete.*

• forme la voix passive avec un participe passé (forme peu courante en espagnol).

Exemple : *La casa es vendida por los herederos.*

▶ *Estar*

• avec un complément de lieu ou de temps :

Exemple : *Estoy en casa. Estoy aquí. Estamos en invierno.*

• avec un adjectif qui indique un état :

Exemple : *La gente estaba inquieta.*

• avec un participe passé qui indique le résultat d'une action antérieure :

Exemple : *El título está escrito en cursiva.*

ATTENTION !

Certains adjectifs ont un sens différent selon qu'ils sont employés avec *ser* ou *estar*.

Exemples : *Ser malo* (être méchant), *estar malo* (être malade).

Les prépositions

• Devant un complément de lieu :

– *a* indique le lieu où l'on va, le mouvement.

Exemple : *Voy a España.*

– *en* indique le lieu où l'on est.

Exemple : *Vivo en Sevilla.*

– *de* indique le lieu d'où l'on vient.

Exemple : *Vuelvo del instituto.*

– *por* indique le déplacement dans un lieu donné.

Exemple : *Me paseo por la Rambla.*

Quelques emplois spécifiques

• On emploie *a* devant un complément direct de personne .Exemple : *Quiero a mi madre.*

• *De* indique la matière, une caractéristique.
Exemples : *Una mesa de mármol.*
Una máquina de escribir.

• *Por* exprime la cause ou introduit un complément d'agent.
Exemples : *Saco buenas notas por mi trabajo.*
La final fue ganada por el Madrid.

• *Para* exprime le but.
Exemple : *Hay que comer para vivir y no vivir para comer.*

4. LA PHRASE

La phrase simple

L'interrogation

• On utilise la ponctuation : **¿... ?** (le point d'interrogation renversé se place au début de l'interrogation).

• Un accent écrit se place sur la voyelle tonique du mot interrogatif : *qué, cuál (cuáles), cómo, cuándo, dónde, cuánto (-a, -os, -as), por qué.*

Exemples : *¿Qué hora es?*

¿Cuál prefiere usted?

¿Cuántos hermanos tienes?

L'exclamation

• On utilise la ponctuation : **¡... !** (le point d'exclamation se place au début de l'exclamation).

• Un accent écrit se place sur la voyelle tonique du mot exclamatif : *qué, cuánto (-a, -os, -as).*

Exemples : *¡Qué bien trabajas!* (Comme tu travailles bien !)

¡Qué encuentro tan/más agradable! (Quelle agréable rencontre !)
¡Cuánta gente! (Que de monde !)

La négation

• On utilise les mots négatifs : *no, nada, nadie, nunca, ninguno (-a, -os, -as), tampoco, ya no.*

Attention à la place du mot négatif employé avec la négation *no* :

Exemple : *No me conoce nadie / nadie me conoce.*

• Ne pas confondre *tampoco* (non plus) et *ya no* (ne… plus).
Exemples : *A mí tampoco me gustan los toros.*
La corrida ya no es lo de antes.

La phrase complexe

Emploi du subjonctif

• On emploie le subjonctif après une principale exprimant une volonté (*querer*), un ordre (*decir, mandar*), une demande (*pedir*), un conseil (*aconsejar*)…

Exemples : *No quiero que lo repitas.*
Le dice que se siente.
Le pide que espere un momento.

• On le trouve aussi dans les subordonnées exprimant un but : *para que…*
Exemple : *Te llamo para que vengas a verme.*

• Dans une subordonnée de temps exprimant un fait, une action qui se réalisera dans le futur.
Exemple : *Te llamaré por teléfono cuando vuelva de viaje.*

• Dans une subordonnée de condition : la proposition principale est au conditionnel ; la subordonnée est au subjonctif imparfait ou plus-que-parfait (voir la concordance des temps page 334).
Exemple : *Si me ayudaras, me resultaría más fácil.*

Note : lorsque la condition est réalisable, le mode et les temps sont les mêmes qu'en français.
Exemple : *Si salgo temprano, compraré el pan.*

La subordonnée introduite par *como si...* est toujours suivie du subjonctif imparfait ou plus-que-parfait.

Exemples : *Hace un gran esfuerzo como si levantara un objeto muy pesado.*

Habla a los clientes como si los conociera desde siempre.

La concordance des temps

Proposition principale	Proposition subordonnée
Présent Passé composé Futur Impératif	Subjonctif présent
Imparfait Passé simple Plus-que-parfait Conditionnel présent	Subjonctif imparfait
Conditionnel passé	Subjonctif Plus-que-parfait

Exemples : *Quiero que vengas después de la reunión.*
Dile que me llame mañana.
Le dijo que se sentara.
Si me hubieras ayudado, me habría resultado más fácil.

Note : Dans la principale, à la forme conditionnelle (*habría*), l'espagnol substitue souvent la forme subjonctive (*hubiera*).

LEXIQUE 2

La famille et la société : *la familia y la sociedad*

Le nom, le prénom : *el apellido, el nombre.*

Les parents (le père et la mère), les frères et sœurs, les cousins, les oncles, les grands-parents : *los padres (el padre y la madre), los hermanos y las hermanas, los primos, los tíos, los abuelos.*

L'enfance, l'adolescence, la jeunesse, la maturité, la vieillesse : *la infancia (la niñez), la adolescencia, la juventud, la madurez, la vejez.*

Être célibataire, marié, divorcé, séparé, veuf : *estar soltero, casado, divorciado, separado, viudo.*

L'anniversaire : *el cumpleaños.*

La monarchie, le roi, le prince héritier : *la monarquía, el rey, el príncipe (heredero).*

Les élections, les députés, le gouvernement, le premier ministre : *las elecciones, los diputados, el gobierno, el presidente del gobierno.*

La communauté autonome, le département, la mairie, le maire : *la comunidad autónoma, la provincia, el ayuntamiento, el alcalde.*
Manifester, les revendications : *manifestarse, las reivindicaciones.*

Les loisirs, s'amuser, s'ennuyer : *el ocio, divertirse, aburrirse.*

Faire partie d'une ONG (Organisation non gouvernementale) : *perteneser a una ONG (Organización no gubernamental).*

Communiquer : *comunicar*

Poser une question : *plantear una pregunta.*
Demander (une information) : *preguntar (una información).*

Demander (un objet) : *pedir (un objeto).*

Le dialogue, le monologue, l'argumentation : *el diálogo, el monólogo, la argumentación.*

La conversation : *la conversación.*

La dispute : *la discusión.*

Répondre, être au courant : *contestar (responder), estar al tanto (estar al corriente).*
Le vouvoiement : *el tratamiento de usted.*

Le tutoiement : *el tuteo.*

Convaincre, expliquer, se rendre compte : *convencer, explicar, darse cuenta.*

Partager un point de vue : *compartir un punto de vista.*

Bavarder : *charlar.*

Dire bonjour : *saludar (a alguien).*

Les arts : *las artes*

La culture générale : *la cultura general.*

Le personnage, le protagoniste, le narrateur : *el personaje, el protagonista, el narrador.*

Le titre, le paragraphe, le passage, la citation : *el título, el párrafo, el pasaje, la cita.*

Le récit, la narration, la description : *el relato, la narración, la descripción.*

Le tableau, la perspective, les couleurs : *el cuadro, la perspectiva, los colores.*

La bande dessinée ; l'image : *el tebeo, el cómic, la historieta ; la viñeta.*

La pièce de théâtre : *la obra de teatro.*

Le nom de l'auteur, la signature, le pseudonyme : *el nombre del autor, la firma, el seudónimo.*

Le roman, les chapitres : *la novela, los capítulos.*

La nouvelle, le poème : *el cuento, el poema.*

Jouer un rôle : *desempeñar un papel.*

La presse, le journal, le journaliste : *la prensa, el periódico (el diario), el periodista.*

L'économie et le travail : *la economía y el trabajo*

Produire, vendre, acheter, échanger : *producir, vender, comprar, intercambiar.*

La croissance, le progrès, le développement : *el crecimiento, el progreso, el desarrollo.*

Le marché, les marchandises : *el mercado, las mercancías.*

La crise, la récession : *la crisis, le recesión.*

Le chômage, le chômeur : *el paro, el parado (el desempleado).*

L'usine, l'atelier, la zone industrielle, le bureau (le bureau du directeur) : *la fábrica, el taller, el polígono industrial, la oficina (el despacho del director).*

Le cadre, l'employé, le salarié, l'ouvrier, le manœuvre, le retraité : *el ejecutivo (el directivo), el empleado, el asalariado, el obrero, el operario, el jubilado.*

Le stage en entreprise : *las prácticas en empresa.*

Embaucher, licencier : *contratar, despedir.*

Gagner de l'argent, épargner, dépenser, gaspiller : *ganar dinero, ahorrar, gastar, despilfarrar.*

La boutique, le supermarché, les grands magasins : *la tienda, el supermercado, los grandes almacenes.*

• La nature et l'environnement : *la naturaleza y el entorno*

La culture de céréales, les cultures transgéniques : *el cultivo de cereales, los cultivos transgénicos.*

Les fruits et légumes : *las frutas y hortalizas*

Les poissons, les oiseaux : *los peces* (vivants), *los pescados* (morts), *los pájaros.*

Les animaux domestiques, sauvages : *los animales domésticos, salvajes.*

L'élevage, la chasse, la pêche : *la ganadería, la caza, la pesca.*

La forêt, le désert : *la selva, el desierto.*

La tempête, les dégâts : *la tormenta, los daños.*

La défense de la nature : *la defensa de la naturaleza.*

La pollution, la sécheresse : *la contaminación, la sequía.*

L'énergie solaire, éolienne, nucléaire : *la energía solar, eólica, nuclear.*

Le rejet de déchets : *el vertido de residuos (basuras).*

L'aménagement des espaces verts, urbains : *la ordenación de espacios verdes, urbanos.*

• Les loisirs et la consommation : *el ocio y el consumo*

La fête populaire, la fête nationale : *la fiesta popular, la fiesta nacional.*

Noël, la Semaine Sainte : *La Navidad, la Semana Santa.*

Regarder la télé, aller au cinéma : *mirar la tele, ir al cine.*

Assister à un match de football, de tennis : *asistir a un partido de fútbol, de tenis.*

Le loto, le loto sportif, le gros lot : *la lotería, la quiniela, el gordo de Navidad.*

Les vacances d'hiver, les grandes vacances : *las vacaciones blancas, las vacaciones de verano.*

Les jeux de société, les jeux de cartes : *los juegos de mesa, los juegos de cartas.*

Faire la fête, jouer aux cartes : *ir de fiesta, divertirse, jugar a las cartas.*

Faire un tour, rendre visite à un ami : *dar una vuelta, visitar a un amigo.*

Faire des courses, acheter un cadeau : *ir de compras, comprar un regalo.*

Les soldes, économiser de l'argent : *las rebajas, ahorrar dinero.*

Cher, bon marché : *caro, barato.*

S'amuser, s'ennuyer : *divertirse, aburrirse.*

• La formation et les nouvelles technologies : *la formación y las nuevas tecnologías*

Le lycée, le baccalauréat technique, l'enseignement secondaire : *el instituto, el bachillerato tecnológico, la enseñanza secundaria.*

La terminale, le baccalauréat : *segundo de bachillerato, la PAU (la Prueba de Acceso a la Universidad).*

Les études universitaires, le BTS : *la carrera universitaria, el ciclo superior (à l'issue duquel on obtient : el Título de Técnico Superior).*

La vocation, le monde du travail, les débouchés professionnels : *la vocación, el mundo laboral, las salidas profesionales.*

Le (téléphone) portable, le mobile, le fixe : *el móvil, el teléfono fijo.*

L'ordinateur portable, de bureau : *el ordenador portátil, de sobremesa.*

Télécharger, envoyer un SMS : *descargar, enviar un mensaje (un sms).*

Enregistrer un fichier, envoyer un courriel : *grabar un archivo, enviar un e-mail.*

Téléphoner à quelqu'un, composer un numéro, écouter la boîte vocale : *llamar a alguien, marcar un número, escuchar el buzón de voz.*

Les jeux vidéo : *los videojuegos.*

Exercices

Corrigés, p. 344

❶ *Me llamo Alberto*

Me llamo Alberto Grau Garrido

En caso de accidente, llamar al teléfono 293 45 67 o al 345 76 89, con el 93 delante si llamáis desde fuera de Barcelona. [...]

Tengo los pies planos.

Soy socio de ADENA.

También lo soy de la Biblioteca de Gracia, con el número 4567.

Documento Nacional de Identidad (DNI) número 98.765.432.

Tengo 15 años.

Sé judo y taekwondo (algo).

Me gusta mucho la naturaleza, y mi animal preferido es la ardilla.

Me gustan mucho las chicas y me enamoro con facilidad. [...]

Soy gordo. Mido un metro setenta centímetros. [...]

Prefiero el calor al frío.

Francesc Sales, *Diario de Alberto*.

COMPRÉHENSION

Quelle est la phrase qui correspond le mieux au contenu du texte ?

1 *El protagonista vive fuera de Barcelona, tiene los pies planos, es delgado y quiere ser socio de ADENA. A las chicas les gusta Alberto.*

2 *El personaje es socio de la Biblioteca de Gracia, sabe judo y se enamora fácilmente de las chicas. Su número de teléfono es el 93 293 45 67.*

3 *El protagonista mide un metro setenta. Al protagonista le gusta poco la naturaleza. Su número de teléfono es el 345 76 89 93.*

COMPÉTENCE LINGUISTIQUE

1 Alberto est un ami. Vous devez le présenter. Complétez ce texte en conjugant les verbes.

« *Mi amigo* ***se llama*** *Alberto. [Tener] .... los pies planos. [Ser] .... socio de ADENA. También lo [Ser] .... de la Biblioteca de Gracia. [Tener] .... quince años. [Saber] .... judo. [Gustar] .... mucho la naturaleza. [Gustar] .... mucho las chicas. [Ser] .... gordo (lo [reconocer] ....).* »

2 Comment dire en espagnol ?

- J'aime le cinéma.
- J'aime l'informatique.
- J'aime sortir avec mes copines.
- J'aime les animaux surtout les écureils.

EXPRESSION PERSONNELLE

Preséntate en tres líneas.

Soy francés, me llamo Henry Dubois, ...

❷ *Quiero tres tostadas*

DESAYUNO ENTRE LA SEÑORA PÉREZ Y SU MARIDO

SRA. PÉREZ – *¿Cuántas tostadas quieres ?*

SR. PÉREZ – *Tres.*

SRA. PÉREZ – *Llevas toda la semana tomando cinco.*

SR. PÉREZ – *Hoy, sólo quiero tres.*

SRA. PÉREZ – *Tienes que alimentarte.*

SR. PÉREZ – *Tengo suficientes con tres.*

SRA. PÉREZ – *Cuando se te dice algo en contra de tus deseos, te pones insoportable, querido.*

SR. PÉREZ – *He dicho que sólo quiero tres tostadas.*

Pausa Larga, *Tensa* [...]

SRA. PÉREZ – *¿Con qué quieres las tostadas ?*

SR. PÉREZ – *Con mantequilla.*

SRA. PÉREZ – *Deberías tomarlas con aceite de oliva.*

SR. PÉREZ – *Las quiero con mantequilla.*

SRA. PÉREZ – *Lo digo por tu bien. La mantequilla te sube el colesterol [...].*

SR. PÉREZ – *Quiero las tostadas con mantequilla...*

SRA. PÉREZ – *Y, naturalmente, querrás que les ponga sal.*

SR. PÉREZ – *Me gustan las tostadas con sal.*

SRA. PÉREZ – *La sal retiene los líquidos y no es buena para la hipertensión.*

SR. PÉREZ – *Me gustan con sal.*

SRA. PÉREZ – *¡Allá tú!*

Fernando Martín Iniesta, *Más teatro canalla.*

COMPRÉHENSION

1 Où la scène se passe-t-elle ?

– En el bar.

– En el dormitorio.

– En la cocina.

2 À quel moment de la journée parlent Mme et M. Pérez ? Quel repas vont-ils prendre ?

– Hablan por la noche. Van a cenar.

– Hablan por la mañana. Van a desayunar.

– Hablan hacia las 2 ó 3 de la tarde. Van a almorzar.

3 Que va prendre M. Pérez pour son petit-déjeuner ?

– Cinco tostadas con mermelada.

– Tres tostadas con aceite de oliva.

– Tres tostadas con mantequilla.

COMPÉTENCE LINGUISTIQUE

1 Vous venez d'assister à l'échange entre Madame et Monsieur Pérez. Vous devez le résumer.

El señor Pérez ***quiere*** *tres tostadas. [Llevar] .... toda la semana tomando cinco pero hoy sólo [querer] .... tres. [Tener] .... suficientes con tres. [Decir] .... que sólo quiere tres tostadas. [Querer] .... tomar las tostadas con mantequilla. A él [gustar] .... las tostadas con sal.*

2 Reformulez les phrases en remplaçant le mot souligné de façon à garder la logique de la phrase.

SRA. PÉREZ – *Deberías tomar**las** con aceite de oliva.*

SR. PÉREZ – ***Las*** *quiero con mantequilla. [...]*

SR. PÉREZ – *Quiero* ***las*** *tostadas con mantequilla...*

SRA. PÉREZ – *Y, naturalmente, querrás que* ***les*** *ponga sal.*

3 Transformez la phrase suivante de façon à rendre les propos de Mme Pérez à une tierce personne ; commencez par : « *La señora Pérez lo dice...* ».

SRA. PÉREZ – *Lo digo por tu bien. La mantequilla te sube el colesterol [...]*

4 Reformulez les phrases en remplaçant les mots soulignés pour garder l'expression de l'obligation.

SRA. PÉREZ – ***Tienes que*** *alimentarte.*

SRA. PÉREZ – ***Deberías*** *tomarlas con aceite de oliva.*

EXPRESSION PERSONNELLE

Presenta lo que comes y cuál es tu comida preferida en tres líneas.

Mi comida preferida es ...

❸ *Está en una reunión*

ESCENA VIII

Ángel canturrea una canción de moda y come una manzana, medio tumbado en un sillón. Entra Carla hablando por un móvil, muy nerviosa.

CARLA – *[...] Estoy bien. ¿Y tú? ¿Qué tal el trabajo?... Aburrido pero seguro. Los funcionarios, ya se sabe... (Hace una seña a Ángel de no saber qué decir) ¿Tu familia?... Me alegro. Muy bien. Sí, nos tenemos que ver un día... La editorial, regular. Los impuestos, que nos comen... Ya veremos lo que pasa... ¿Luisa? Está bien. Un poco deprimida por no tener trabajo, ya te digo, pero bien... No, no está ahora. Está en una reunión de unas ONG..., está en eso ahora...*

Sí, se los daré de tu parte. (Cada vez más incómoda) Bueno, adiós, Miguel, hasta otro día. Nos tomanos un café, sí... [...] Adiós, adiós.

ÁNGEL – ¿Te llama mucho, tu ex?

CARLA – Hacía que no hablaba con él más de un año. Y hoy, porque le he llamado yo. ¿Sabes cuándo vuelve Luisa? Tengo que darle la noticia del enorme interés que se ha tomado Miguel...

ÁNGEL – Está ONG total. Un nuevo rumbo a su vida. Lo que importa ahora no es ya encontrar trabajo, sino trabajar gratis por el bien de la humanidad.

J. L. Alonso de Santos,
La comedia de Carla y Luisa.

COMPRÉHENSION

1 Où travaille Carla ?

– No trabaja, está en paro como su hija Luisa.

– Es funcionaria y al mismo tiempo trabaja en una editorial.

– Trabaja en una ONG desde hace más de un año.

2 Luisa est la fille de Carla et Miguel. Est-elle à la maison ?

– Está en casa, pero como está deprimida no quiere hablar con Miguel.

– No está en casa porque tiene una reunión con unas ONG.

– No está, está trabajando en una editorial desde hace más de un año.

3 Quel énoncé définit le mieux le personnage de Ángel ?

– Ángel conoce bien a Miguel, toman un café juntos muy a menudo.

– Ángel está contento con la decisión de Luisa quien acaba de encontrar un trabajo en una ONG.

– Ángel es muy crítico con los voluntarios que son generosos y que trabajan en las ONG.

COMPÉTENCE LINGUISTIQUE

1 Complétez le dialogue en ajoutant les répliques manquantes de Miguel.

CARLA – ***¡Hola! Miguel, soy Carla.***

MIGUEL – ***¡Hola! ¿Cómo estás?***

CARLA.– ***Estoy bien ¿Y tú?***

MIGUEL – ...

CARLA – *¿Qué tal el trabajo?*

MIGUEL – ...

CARLA – *Aburrido pero seguro. Los funcionarios ya se sabe... ¿Tu familia?*

MIGUEL – ...

CARLA – *Me alegro.*

MIGUEL – ...

CARLA – *Muy bien.*

MIGUEL – ...

CARLA – *Sí, nos tenemos que ver un día.*

MIGUEL – ...

CARLA – *La editorial, regular.*

MIGUEL – ...

CARLA – *Los impuestos, que nos comen.*

MIGUEL – ...

CARLA – *Ya veremos lo que pasa.*

MIGUEL – ...

CARLA – *¿Luisa? Está bien. Un poco deprimida por no tener trabajo, ya te digo, pero bien...*

MIGUEL – ...

CARLA – *No, no está ahora. Está en una reunión de unas ONG...*

MIGUEL – ...

CARLA – *Está en eso ahora.*

MIGUEL – ...

CARLA – *Sí, se los daré de tu parte.*

MIGUEL – ...

CARLA – *Bueno, adiós, Miguel, hasta otro día.*

MIGUEL – ...

CARLA – *Nos tomamos un café, sí...*

MIGUEL – ...

CARLA – ***Adiós, adiós.***

2 « *¿Luisa? Está bien. Un poco deprimida <u>por</u> no <u>tener</u> trabajo* ». Reformulez cette phrase en remplaçant « *por* » par « *porque* » (modifiez les mots soulignés).

EXPRESSION PERSONNELLE

Inventa una llamada telefónica (diez réplicas).

4 *¿El verano?*

El narrador está escribiendo su diario

¿El verano? Pues bien, quizá un poco aburrido. ¡Eh, sólo un poco!, porque he hecho un montón de cosas interesantes. Lo que pasa es que el pueblo ya empieza a resultarme algo monótono. [...]

¿Qué he hecho este verano? Pues caminar bastante y empezar una pequeña colección de minerales con la ayuda de la tía Montserrat. También he andado en bicicleta para hacer ejercicio. Ha habido días en los que he hecho más de cuarenta kilómetros (a lo mejor, sólo treinta). He nadado mucho en la piscina municipal, pero todavía no he logrado tirarme de cabeza. [...]

En lo referente a las lecturas, me he leído la tetralogía « Fundación » de Asimov, y la he encontrado fantástica.

Del verano, ya nada más. Sólo decir que hace una semana cumplí quince años y que, con los manjares que me ha preparado la abuela [...] y mi débil voluntad, sigo estando gordo. Quizá he adelgazado un kilito por el ejercicio, pero eso no es nada.

Francesc Sales, *Diario de Alberto.*

COMPRÉHENSION

1 Où le narrateur a-t-il passé ses grandes vacances ?

– El narrador ha pasado el verano en su ciudad donde se ha aburrido un poco.

– El narrador ha ido a la playa todo el verano, las vacaciones han sido monótonas.

– El narrador ha ido al pueblo, ha hecho muchas cosas interesantes.

2 Que le narrateur a-t-il fait durant l'été ?

– Ha hecho mucho deporte: ha caminado, ha nadado. Pero también ha leído.

– Ha leído durante todo el verano. Sólo ha hecho cuarenta kilómetros en total.

– Ha ido a la piscina de vez en cuando y ha aprendido a tirarse de cabeza.

3 Quels éléments montrent que le narrateur a fait attention à sa personne ?

– El narrador ha comido los manjares que la abuela le ha preparado y ha engordado un kilito.

– La abuela lo ha ayudado a adelgazar: no le ha preparado manjares.

– El narrador ha cumplido quince años y ha adelgazado un poco.

COMPÉTENCE LINGUISTIQUE

1 Commencez la phrase par «*Nosotros...* ».

« He nadado mucho [...] pero todavía no he logrado tirarme de cabeza ».

2 Mettez la phrase à la troisième personne en remplaçant les mots soulignés.

« Hace una semana cumplí quince años y [...] con los manjares que me ha preparado la abuela [...] y mi débil voluntad, sigo estando gordo. Quizá he adelgazado un kilito ».

Commencer par : « Hace una semana ha cumplido quince años y ... ».

3 Mettez les phrases suivantes au présent de l'indicatif :

« He nadado mucho en la piscina municipal, pero todavía no he logrado tirarme de cabeza. [...]. En lo referente a las lecturas, me he leído la tetralogía « Fundación » de Asimov, y la he encontrado fantástica ».

*« **Nado...** »*

EXPRESSION PERSONNELLE

Cuenta tus vacaciones del pasado verano en seis líneas.

El pasado verano...

5 *La llevaremos a buenos colegios*

Acto Primero

(Aparecen de entre el público el padre y la madre con un bebé en brazos. Mientras hablan se dirigen al escenario.)

PADRE : Ahora sí que somos una familia.

MADRE : Sí, mi mayor ilusión era ser madre. Y aquí está nuestra hija.

PADRE : ¿Qué nombre le pondremos? ¿Marta ? ¿Julia? ¿Eva?

MADRE : *Se llamará Désirée.*

PADRE : *¿Désirée?*

MADRE : *Sí, significa « Deseada ».*

Désirée es el nombre que quiero para mi hija. Un nombre que suena bien, no es corriente, un nombre... ¡con clase !

PADRE : Un nombre y algo más. Trabajaremos mucho para darle lo que nosotros no tuvimos.

MADRE : *¡Por supuesto! Nuestra hija no se avergonzará nunca de nosotros.*

PADRE : La llevaremos a buenos colegios.

MADRE : *Estudiará una carrera.*

PADRE : *Será alguien en la vida.*

MADRE : *Le enseñaremos cómo triunfar.*

Sí, Désirée. Una hija mía no puede ser una mediocridad. Tú serás inteligente, fuerte, orgullosa [...]. Tendrás todo lo que necesites y lo que no necesites. Serás importante.

PADRE : Y yo, trabajaré sin descanso para tener más dinero [...] En nuestra casa habrá televisión, teléfono, lavavajillas, ordenador... ¡de todo!

Porque a partir de ahora, nuestra familia no será del montón.

Porque yo, tu padre, no soy un perdedor.

Nuria BELLIDO, *A veces, las apariencias engañan.*

COMPRÉHENSION

1 Pourquoi la petite fille se prénomme « Désirée » ?

– Porque es un nombre más bonito que Marta, Julia o Eva.

– Porque « Désirée » es más bonito que « Deseada ».

– Porque « Désirée » es un nombre con clase y suena bien.

2 Le père veut offrir à sa fille...

– un trabajo para ganar mucho dinero.

– buenos colegios y un buen confort en casa con el lavavajillas, el ordenador...

– mucho dinero para que pueda tener la televisión, el teléfono...

3 La mère...

– quiere que Désirée sea inteligente e importante.

– acepta que su hija sea mediocre si es orgullosa.

– no quiere que su hija sea importante sino que sea inteligente.

COMPÉTENCE LINGUISTIQUE

1 Mettez à l'imparfait les verbes soulignés.

Désirée es el nombre que quiero para mi hija. Un nombre que suena bien, no es corriente, un nombre... ¡con clase !

2 Mettez au présent de l'indicatif les verbes soulignés.

Trabajaremos mucho para darle lo que nosotros no tuvimos.

3 Mettez au présent de l'indicatif les verbes soulignés.

Tú serás inteligente, fuerte, orgullosa [...]. Tendrás todo lo que necesites y lo que no necesites. Serás importante.

EXPRESSION PERSONNELLE

Imagina que tienes 30 años : ¿Cómo serás a los 30 años?

6 Había viajado durante dos días

Últimamente pensaba a menudo en Polonia. No era exactamente que echase de menos su país como cuando llegó a España, pero se trataba de un recuerdo que [...] la hería.

Ksenia había nacido en una ciudad mediana de edificios estrechos y altos, rodeada por polígonos industriales (1) con fábricas de cristales rotos. Cuatro años antes había viajado sola durante casi dos días en un autobús. Había pasado por Katowice y Opole, y por muchas otras ciudades de su país en las que nunca antes había estado pero que le resultaron mucho menos agresivas que las de Alemania o Francia o que Figueres, al cruzar la última frontera. [...]

En todo el trayecto no había dejado de ver los mismos edificios estrechos y muy altos en los que había dejado a sus amigas, y también polígonos industriales con fábricas de cristales rotos e inmensos cementerios de automóviles [...]. A Ksenia le costaba creer que la estuvieran conduciendo a la prosperidad y sintió miedo.

Irene Jiménez, *Lugares comunes*.

(1) *Los polígonos industriales* : les zones industrielles.

COMPRÉHENSION

1 Quels éléments définissent le mieux les origines de Ksenia ?

– *Ksenia rechaza sus orígenes polacos: se ha adaptado perfectamente a España y no echa de menos su País.*

– *Al principio pensaba a menudo en Polonia pero últimamente no piensa en su país.*

– *Ksenia es polaca; está viviendo en España pero siente pena cuando piensa en su país.*

2 Ksenia était née dans une ville polonaise.

– *Su ciudad se encontraba lejos de los polígonos industriales y de las fábricas.*

– *Su ciudad no era ni grande ni pequeña: a su alrededor había varios polígonos industriales.*

– *Su ciudad de edificios bajos está cerca de un polígono industrial.*

3 Comment s'est-il passé le voyage vers l'Espagne ?

– *Durante su viaje a España, Ksenia no tuvo miedo.*

– *Ksenia atravesó varios países y experimentó miedo ante lo desconocido.*

– *A Ksenia le pareció que las afueras de las ciudades alemanas o francesas eran menos agresivas que las afueras de las ciudades polacas.*

COMPÉTENCE LINGUISTIQUE

1 Mettez les verbes au présent en modifiant les verbes soulignés.

Últimamente pensaba a menudo en Polonia. No era exactamente que echase de menos su país [...] pero se trataba de un recuerdo que [...] la hería.

2 Mettez les verbes soulignés au présent.

A Ksenia le costaba creer que la estuvieran conduciendo a la prosperidad y sintió miedo.

3 Mettez les verbes soulignés au passé composé, en commençant par « *Hace dos días* ».

« *Cuatro años antes había viajado sola durante casi dos días en un autobús. Había pasado por Katowice y Opole, y por muchas otras ciudades de su país en las que nunca antes había estado* ».

4 Retrouvez l'infinitif correspondant aux formes suivantes :

– *recuerdo*

– *rodeada*

– *rotos*

5 Quels mots remplacent les mots soulignés dans les phrases ?

« *Había pasado por [...] muchas otras ciudades de su país en las que nunca antes había estado pero que le resultaron mucho menos agresivas que las de Alemania o Francia* ».

« *A Ksenia le costaba creer que la estuvieran conduciendo a la prosperidad y sintió miedo* ».

EXPRESSION PERSONNELLE

Imagina que Ksenia escribe un diario personal en español. Tienes que redactar 6 líneas de ese diario.

7 Épreuve du baccalauréat professionnel tertiaire, session 2009

La otra secuela dejada por IKE

Entre le 6 et de 12 septembre 2008, l'ouragan IKE a frappé l'île de Cuba en provoquant de nombreux dégâts : inondations, évacuation de personnes, destructions de maisons, récoltes ravagées, coupures électriques et téléphoniques...

Las Tunas[1] – Esther González lleva 87 años frente al mar, los mismos que tiene de nacida. Su vivienda en el puerto de Guayabal dista apenas unos metros de la orilla.

El pasado 6 de septiembre, Esther dijo para sí: « Hay que irse. Esto se está poniendo malo de verdad ». Entonces empaquetó a toda prisa unas pocas cosas.

« Este huracán es lo más grande que he visto, admite ya de vuelta en su morada guayabalense[2]. La mayoría de los habitantes de este lugar andan en labores de recuperación. Mientras unos amontonan escombros, otros palean arena. Esther, no. Sentada en el portal de su casa, tiene ocupados ojos y manos dentro de una gaveta[3]. Un montón de papeles emerge de allí.

« Trato de salvar las fotografías y documentos que guardaba aquí hace un montón de años. El mar los empapó cuando penetró en mi casa. La estructura no sufrió mucho daño, pero estos recuerdos sí. Casi todos están rotos y no los podré recuperar ». Con pasmosa habilidad va uniendo pedazo a pedazo los papeles como quien arma un rompecabezas[4]. Así aparecen carnés, diplomas, cartas, certificados, recortes de periódicos... Cada pieza estropeada parece traerle evocaciones y hasta quizá un instante de su biografía.

Según Esther, lo que más lamenta de todo es la pérdida de fotografías con un gran valor sentimental. Como las de su matrimonio. « Si llego a imaginarme esto me las hubiera llevado conmigo », asegura. Consiguió salvar una. En ella aparece un primer plano de su esposo.

En Cuba existen ahora muchísimas personas en el mismo trance[5] de Esther: la muchacha que extravió para siempre la carta de su primer novio; el bibliófilo que asistió, impotente, a la desaparición de su libro preferido...

Juventud Rebelde, *Diario de la juventud cubana.*

(1) *Las Tunas* : province de Cuba située au sud de l'île, où se trouve Guayabal.
(2) *Morada guayabalense* : casa en Guayabal.
(3) *Una gaveta* : un tiroir.
(4) *Un rompecabezas* : ici, un puzzle.
(5) *Un trance* : ici, une situation difficile.

COMPRÉHENSION : 12 points (répondre en français)

1 Expliquez qui est Esther, où elle vit, ce qui s'est passé pour elle le 6 septembre 2008. (3 points)

2 Après le passage de l'ouragan, les habitants du village et Esther sont occupés à des tâches différentes. Précisez lesquelles. (3 points)

3 L'ouragan a endommagé ou détruit des papiers appartenant à Esther. Citez trois exemples et expliquez quelle valeur ils avaient pour elle. Justifiez la réponse en vous appuyant sur des expressions du texte. (4 points)

4 Traduisez le passage depuis « *En Cuba...* » (ligne 47) jusqu'à « *... su primer novio* » (ligne 51).

EXPRESSION : 8 points

1 Compétence linguistique : 4 points

a) À quels mots du paragraphe renvoient ces pronoms soulignés ? (2 points)

– *El mar **los** empapó* (lignes 25-26).

– *Cada pieza estropeada parece traer**le** evocaciones* (lignes 35-37).

b) ***Sentada** en el portal...* (ligne 19). À qui se rapporte ce participe passé ? (1 point)

c) Dans la phrase « *Casi todos están **rotos** y no los **podré** recuperar* » (lignes 28-30), retrouvez l'infinitif des mots soulignés. (1 point)

2 Expression personnelle (répondre en espagnol en huit lignes minimum): 4 points

Tienes objetos (fotos, cartas...) que son muy importantes para ti. Presenta algunos de ellos y explica qué evocan y qué valor les das.

Corrigés

1 COMPRÉHENSION

2 *El personaje es socio de la Biblioteca de Gracia, sabe judo y se enamora fácilmente de las chicas. Su número de teléfono es el 93 293 45 67.*

COMPÉTENCE LINGUISTIQUE

1 *Mi amigo* ***se llama*** *Alberto.* ***Tiene*** *los pies planos.* ***Es*** *socio de ADENA. También lo* ***es*** *de la Biblioteca de Gracia.* ***Tiene*** *quince años.* ***Sabe*** *judo.* ***Le gusta*** *mucho la naturaleza.* ***Le gustan*** *mucho las chicas.* ***Es*** *gordo (lo* ***reconoce*** *).*

2 *– Me gusta el cine.*

– Me gusta la informática.

– Me gusta salir con mis amigas.

– Me gustan los animales sobre todo las ardillas.

EXPRESSION PERSONNELLE

Soy francés, me llamo Henry Dubois, tengo 16 años ; mi documento de indentidad tiene el número 09 01 1968 09 345. Tengo dos hermanas. Soy delgado y mido un metro setenta y cinco centímetros. Practico el fútbol y el ciclismo. Me gustan mucho los videojuegos. Vivo en Tours y estudio el primer año del bachillerato profesional.

2 COMPRÉHENSION

1 *En la cocina.*

2 *Hablan por la mañana. Van a desayunar.*

3 *Tres tostadas con mantequilla.*

COMPÉTENCE LINGUISTIQUE

1 *El señor Pérez* ***quiere*** *tres tostadas.* ***Lleva*** *toda la semana tomando cinco pero hoy sólo* ***quiere*** *tres.* ***Tiene*** *suficientes con tres.* ***Dice*** *que sólo quiere tres tostadas.* ***Quiere*** *tomar las tostadas con mantequilla. A él* ***le gustan*** *las tostadas con sal.*

2 SRA. PÉREZ – *Deberías tomar* ***las tostadas*** *con aceite de oliva.*

SR. PÉREZ – *Quiero* ***las tostadas*** *con mantequilla. […]*

SR. PÉREZ – *Quiero* ***esas (tales, dichas)*** *tostadas con mantequilla…*

SRA. PÉREZ – *Y, naturalmente, querrás que ponga sal* ***a las tostadas****.*

3 « *La señora Pérez lo dice por* ***su*** *bien. La mantequilla* ***le*** *sube el colesterol* ».

4 SRA. PÉREZ – ***Debes*** *alimentarte.*

SRA. PÉREZ – ***Tendrías que*** *tomarlas con aceite de oliva.*

EXPRESSION PERSONNELLE

Mi comida preferida es la cena. Por la noche, me gusta cenar con mis padres y mis hermanos. Me gustan los tomates y las lechugas. Los platos que prefiero son los espaguetis con salsa de tomate y el arroz con pescado. No me gustan las bebidas gaseosas, prefiero el agua. Tengo que decir que me encantan los postres de chocolate.

3 COMPRÉHENSION

1 *Es funcionaria y al mismo tiempo trabaja en una editorial.*

2 *No está en casa porque tiene una reunión con unas ONG.*

3 *Ángel es muy crítico con los voluntarios que son generosos y que trabajan en las ONG.*

COMPÉTENCE LINGUISTIQUE

1 CARLA – ***¡Hola! Miguel, soy Carla***

MIGUEL – ***¡Hola! ¿Cómo estás?***

CARLA – *Estoy bien. ¿Y tú?*

MIGUEL – ***También estoy bien.***

CARLA – ¿Qué tal el trabajo?

MIGUEL – ***Estoy bien en mi trabajo. ¿Y tu trabajo?***

CARLA – *Aburrido pero seguro. Los funcionarios ya se sabe… ¿Tu familia?*

MIGUEL – ***Mi familia está bien.***

CARLA – *Me alegro.*

MIGUEL – ***Y ¿toda tu familia está bien?***

CARLA – *Muy bien.*

MIGUEL – ***Me alegro. A ver si nos vemos, un día.***

CARLA – *Sí, nos tenemos que ver un día.*

MIGUEL – ***Por cierto, ¿cómo está tu editorial ?***

CARLA – *La editorial, regular.*

MIGUEL – ***¿Por la crisis?***

CARLA – *Los impuestos, que nos comen.*

MIGUEL – ***Espero que bajen los impuestos.***

CARLA – *Ya veremos lo que pasa.*

MIGUEL – ***Dime, y ¿cómo está Luisa?***

CARLA – *¿Luisa? Está bien. Un poco deprimida por no tener trabajo, ya te digo, pero bien…*

MIGUEL – ***¿Está en casa?***

CARLA – *No, no está ahora. Está en una reunión de unas ONG…*

MIGUEL – ***¡Ah! ¿Forma parte de una ONG ?***

CARLA – *Está en eso ahora.*

MIGUEL – ***Bueno, pues, le das saludos de mi parte.***

CARLA – *Sí, se los daré de tu parte.*

MIGUEL – ***Venga, adiós, Carla.***

CARLA – *Bueno, adiós, Miguel, hasta otro día.*

MIGUEL – ***A ver si quedamos para tomar un café.***

CARLA – *Nos tomamos un café, sí…*

MIGUEL – ***Adiós.***

CARLA – ***Adiós, adiós.***

2 « *¿Luisa? Está bien. Un poco deprimida* ***porque*** *no* ***tiene*** *trabajo* ».

EXPRESSION PERSONNELLE

YO – *¿Oiga? ¡Hola! Soy Julia.*

MADRE DE MI AMIGA – *Dime Julia, ¿qué tal estás?*

YO – *Bien, gracias. Me gustaría saber si está Rosa es casa.*

MADRE DE MI AMIGA – *Sí, ahora se pone. Hasta luego.*

YO – *Hasta luego. Gracias.*

…

ROSA – *¡Hola Julia! ¿Quedamos para mañana?*

YO – *¿Qué te parece si nos vemos mañana sábado en el centro comercial Puerto a las tres de la tarde?*

ROSA – *Bien. Lo consulto con mi madre, vpero creo que no hay ningún problema porque ya he terminado mi tarea y estoy terminando de limpiar y ordenar mi habitación.*

YO – *Yo todavía tengo que aprenderme la lección de historia y hacer los problemas de matemáticas. ¡Ah! Y tengo que repasar el solfeo.*

ROSA – *Creo que podemos quedar a las tres, delante del cine. Si hay un contratiempo me envías un sms.*

YO – *Vale. Hasta mañana.*

ROSA – *Hasta mañana.*

4 COMPRÉHENSION

1 *El narrador ha ido al pueblo, ha hecho muchas cosas interesantes.*

2 *Ha hecho mucho deporte: ha caminado, ha nadado. Pero también ha leído.*

3 *El narrador ha cumplido quince años y ha adelgazado un poco.*

COMPÉTENCE LINGUISTIQUE

1 « *Nosotros* ***<u>hemos</u>*** *nadado mucho […] pero todavía no* ***<u>hemos</u>*** *logrado tirar****<u>nos</u>*** *de cabeza.* »

2 « *Hace una semana* ***<u>ha</u>*** *cumplido quince años y […] con los manjares que* ***<u>le ha preparado</u>*** *la abuela […] y* ***<u>su</u>*** *débil voluntad, sigue estando gordo. Quizá* ***<u>ha adelgazado</u>*** *un kilito.* »

3 « ***<u>Nado</u>*** *mucho en la piscina municipal, pero todavía no* ***<u>logro</u>*** *tirarme de cabeza. […] En lo referente a las lecturas,* ***<u>me leo</u>*** *[****<u>me estoy leyendo</u>****] la tetralogía « Fundación » de Asimov, y la* ***<u>encuentro</u>*** *fantástica* ».

EXPRESSION PERSONNELLE

El pasado verano… *he hecho muchas cosas. En el mes de julio, he visitado a mis primos en su pueblo: como eran las fiestas del pueblo hemos ido a todas las atracciones, nos hemos divertido. Hemos caminado mucho: todos los días hemos hecho una excursión, a veces al río, a los pueblos cercanos, a las ruinas romanas… En agosto he tenido que quedarme con mis padres, la verdad es que me he aburrido un poco porque han visitado a sus amigos que viven a orillas del mar: en agosto he ido todos los días a la playa, me he puesto moreno. A pesar de todo, me ha resultado un poco monótono.*

5 COMPRÉHENSION

1 *Porque « Désirée » es un nombre con clase y suena bien.*

2 *Buenos colegios y un buen confort en casa con el lavavajillas, el ordenador…*

3 *Quiere que Désirée sea inteligente e importante.*

COMPÉTENCE LINGUISTIQUE

1 *Désirée* ***era*** *el nombre que* ***quería*** *para mi hija. Un nombre que* ***sonaba*** *bien, no* ***era*** *corriente, un nombre… ¡con clase !*

2 ***Trabajamos*** *mucho para darle lo que nosotros no* ***tenemos [teníamos]****.*

3 *Tú* ***eres*** *inteligente, fuerte, orgullosa […].* ***Tienes*** *todo lo que* ***necesitas*** *y lo que no* ***necesitas****.* ***Eres*** *importante.*

EXPRESSION PERSONNELLE

Me llamo Erika. A los 30 años [Cuando tenga 30 años], viviré en Buenos Aires. Tendré un trabajo interesante: trabajaré en una empresa Argentina. Estaré casada con mi novio actual: tendremos tres hijos. Mis hijos irán a la escuela y a la universidad. Mis hijos harán una carrera, serán médicos o ingenieros. Mis hijos practicarán una actividad deportiva. Iremos a menudo a la Patagonia, región que me encanta por sus paisajes. Vendremos a Francia una vez al año: estaremos con la familia y visitaremos a todos los amigos.

6 COMPRÉHENSION

1 *Ksenia es polaca; está viviendo en España pero siente pena cuando piensa en su país.*

2 *Su ciudad no era ni grande ni pequeña: a su alrededor había varios polígonos industriales.*

3 *Ksenia atravesó varios países y experimentó miedo ante lo desconocido.*

COMPÉTENCE LINGUISTIQUE

1 *Últimamente* ***piensa*** *a menudo en Polonia. No* ***es*** *exactamente que* ***eche*** *de menos su país […] pero* ***se trata*** *de un recuerdo que […] la* ***hiere****.*

2 *A Ksenia le* ***cuesta*** *creer que la* ***estén*** *conduciendo a la prosperidad y* ***siente*** *miedo.*

3 *« Hace dos días* ***ha viajado*** *sola durante casi dos días en un autobús.* ***Ha pasado*** *por Katowice y Opole, y por muchas otras ciudades de su país en las que nunca antes* ***ha estado*** *».*

4 *Recuerdo : recordar ; rodeada : rodear ; rotos : romper.*

5 *Le : a ella, a Ksenia ; la : a ella, a Ksenia.*

EXPRESSION PERSONNELLE

Hace un año que estoy en España. Vivo en Valencia y trabajo en un polígono industrial cerca de la ciudad. Desde que llegué a España empecé a aprender español: voy dos veces por semana a una academia para mejorar el español escrito; la verdad es que estoy satisfecha con mis progresos. Me gusta escribir en español: tengo amigos con los que intercambio todos los días algunos correos electrónicos. Abordamos temas diferentes, nos ponemos de acuerdo para salir juntos, intercambiamos fotos, formamos un grupo virtual que poco a poco se va ampliando. También escribo en polaco: pero sólo cuando me comunico con mi familia.

7 COMPRÉHENSION

1 Esther González est une vieille dame âgée de 87 ans. Elle vit au sud de l'île de Cuba, dans le village de Guayabal, province de las Tunas.

Le 6 septembre 2008, Esther a dû quitter son village à cause du passage de l'ouragan IKE.

2 Après le passage de l'ouragan, les habitants entassent des gravats et dégagent le sable de façon à remettre en l'état leur village. Esther, elle, sort d'un tiroir ses documents et souvenirs personnels.

3 Les documents endommagés sont : des diplômes, des lettres, des certificats, des coupures de journaux et des photos. Esther regrette la perte de ces documents, surtout la perte des photos (« *lo que más lamenta de todo es la pérdida de fotografías* ») qui avaient pour elle une grande valeur sentimentale (« *con un gran valor sentimental* ») et qui lui rappelaient son mariage ou d'autres moments heureux de sa vie (« *En ella aparece un primer plano de su esposo* »).

4 « Il existe à Cuba aujourd'hui, de nombreuses personnes dans la même situation difficile qu'Esther : la jeune fille qui a égaré pour toujours la lettre de son premier fiancé ».

EXPRESSION

1 Compétence linguistique

a) Le pronom « *los* » renvoie à « *los documentos* ». Le pronom « *le* » remplace « *a Esther* ».

b) Le participe passé « *sentada* » se rapporte à Esther.

c) L'infinitif qui correspond à « *rotos* » est « *romper* ». L'infinitif du futur « *podré* » est « *poder* ».

2 Expression personnelle

Objetos que son importantes para mí

A mí me gusta conservar los objetos y documentos que me recuerdan momentos felices de mi vida. Tengo algunas fotos que conservo con especial cuidado. Por ejemplo, tengo una foto donde estoy en la playa con mis padres, mis tíos y mis primos: esa foto resume los buenos momentos que he pasado en verano. Al mirarla, me acuerdo de muchas anécdotas: los castillos de arena, los juegos en el agua, los días largos del verano… También conservo una foto en la que están mis amigos del colegio: cada uno ha estudiado formaciones diferentes pero seguimos siendo amigos. Otro de los objetos que conservo es mi primera medalla: la gané en una competición de judo cuando era cinturón amarillo. Mi foto apareció en el periódico regional: también conservo este recorte de periódico. Yo no conservo cartas, lo que no quiere decir que no escribo carta: tengo un grupo de amigos con el que intercambio correos electrónicos.

PRÉVENTION SANTÉ ENVIRONNEMENT

LES MÉTHODES

LE COURS

LES EXERCICES

LES CORRIGÉS

Analyser et résoudre un problème de la vie quotidienne ou professionnelle

La Prévention – Santé – Environnement est un enseignement qui vise à former des acteurs de prévention individuelle et collective, notamment par l'acquisition d'une **méthodologie intégrant une démarche d'analyse et de résolution de problèmes**.
Cette méthodologie est souvent utilisée en entreprise pour améliorer la qualité, c'est-à-dire pour passer de la situation existante à la situation souhaitée.

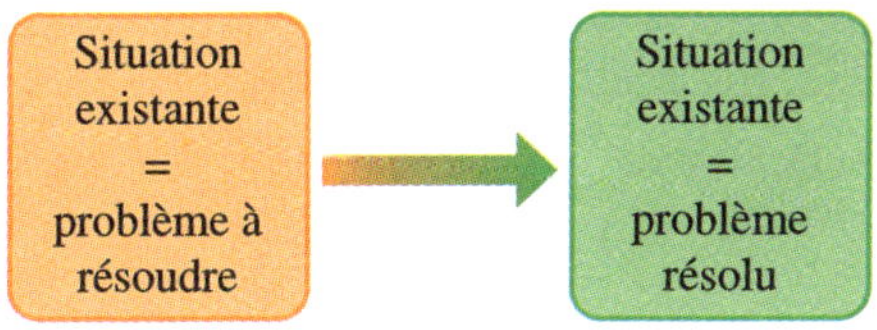

Cette méthodologie intègre l'analyse de situation, indispensable avant de rechercher les solutions possibles et de mettre en œuvre l'une d'elles.

Étapes	Comment faire ? Quelles questions se poser ?
Identifier le problème posé	**Quoi ?** Quelle est la nature du problème ?
Identifier les éléments de la situation	**Qui ?** Qui est concerné par le problème ? Qui le subit ? **Où ?** En quel lieu le problème apparaît-il ? Quelle est son origine ? **Quand ?** À quel moment le problème a-t-il été découvert ? Quelle est la fréquence de son apparition ? **Comment ?** De quelle façon arrive le problème ?
Mettre en relation les éléments de la situation	Quels sont les éléments en relation dans la situation ? Quelles sont les causes du problème ? Quelles sont les conséquences du problème ?
Mobiliser des connaissances	**Rechercher toutes les informations** nécessaires au traitement du problème
Proposer des solutions puis choisir une solution	**Quoi ?** Sur quels éléments est-il possible d'agir ? Quelles sont les démarches à effectuer ? Quelle action est à mettre en place ? **Qui ?** Qui est concerné par la mise en œuvre de la solution ? Qui va subir le changement ? Qui va faire quoi dans le projet ? **Où ?** En quel lieu l'action va-t-elle être menée ? **Quand ?** À quel moment le plan sera mis en œuvre ? **Comment ?** De quelle façon faut-il procéder pour être le plus efficace ?
Planifier l'action	**Organiser l'action dans le temps et dans l'espace** Qui agit ? Quand ? Comment ? Où ?
Réaliser l'action	**Mettre en œuvre la solution retenue** Agir
Évaluer l'action	**Vérifier que l'action a résolu le problème posé** Est-ce efficace ? Les personnes concernées sont-elles satisfaites ?

Mettre en relation les causes et les effets

La mise en relation des causes et des effets peut s'effectuer à l'aide d'un outil appelé « **diagramme causes-effets** » qui permet de visualiser de façon simple l'ensemble des causes possibles concernant un constat. **Les causes sont regroupées par familles**, c'est-à-dire en fonction de leurs points communs.

La mise en relation des causes et des effets peut être utilisée pour analyser un dysfonctionnement et en trouver la ou les causes, pour résoudre un problème scientifique ou technique.

La mise en relation des causes et des effets peut se décomposer en plusieurs étapes :

<table>
<tr><th></th><th>Étapes</th><th>Comment construire le diagramme ?</th></tr>
<tr><td rowspan="7">Mobiliser les connaissances juridiques, économiques, biologiques</td><td>① Identifier le problème posé en termes d'EFFET</td><td>• Inscrire le problème, c'est-à-dire l'EFFET, dans un cadre puis tracer une flèche horizontale dont la pointe rejoint le côté gauche du cadre</td></tr>
<tr><td>② Identifier les éléments de la situation</td><td>• Regrouper les CAUSES en familles</td></tr>
<tr><td>③ Mettre en relation les éléments de la situation</td><td>• Tracer les flèches secondaires correspondant au nombre de familles et les raccorder à la flèche horizontale
• Identifier la ou les cause(s) principale(s) du problème</td></tr>
<tr><td>④ Proposer des solutions
– Étudier la faisabilité de chaque solution
– Choisir une solution</td><td rowspan="4">• Utiliser le diagramme causes-effets réalisé en remplaçant l'EFFET constaté (problème) par l'effet voulu (solution) et en remplaçant les CAUSES du problème pouvant être modifiées par de nouvelles causes pour la solution</td></tr>
<tr><td>⑤ Planifier l'action
– Déterminer les étapes de l'action
– Organiser les étapes chronologiquement et indiquer leur durée</td></tr>
<tr><td>⑥ Réaliser l'action
– Mettre en œuvre chaque étape
– Assurer le suivi de chaque action
– Réguler et ajuster l'action en réalisant des bilans intermédiaires</td></tr>
<tr><td>⑦ Évaluer l'action
– Évaluer la réussite de l'action
– Évaluer l'impact de l'action</td></tr>
</table>

Exemple d'application

L'obésité est un enjeu de santé publique car elle peut être à l'origine de nombreuses pathologies : hypertension artérielle, insuffisance respiratoire et apnée du sommeil, infarctus du myocarde, cancers du système digestif et de la prostate, diabète… Les causes de l'obésité sont nombreuses. Et plusieurs facteurs contribuent à son évolution :

– l'hérédité ;

– la diminution de l'activité physique du fait des transports motorisés, de l'augmentation du temps passé devant la télévision, des loisirs sédentaires (jeux vidéo, ordinateur…)… ;

– la surconsommation de produits alimentaires industriels du fait de la publicité commerciale et de nouveaux produits alimentaires riches en sucres et en graisses saturées ;
– le comportement alimentaire désordonné : ingestion de grandes quantités d'aliments pour gérer ses émotions et son stress, mauvaise répartition des repas sur la journée ;
– l'évolution des comportements sociaux : difficultés à déjeuner sur le lieu de travail, autorité familiale remise en cause…

1 – Identifier le problème posé en termes d'effet.

2 – Identifier les éléments de la situation en classant les causes en familles.

3 – Mettre en relation les éléments de la situation en complétant le diagramme causes-effets.

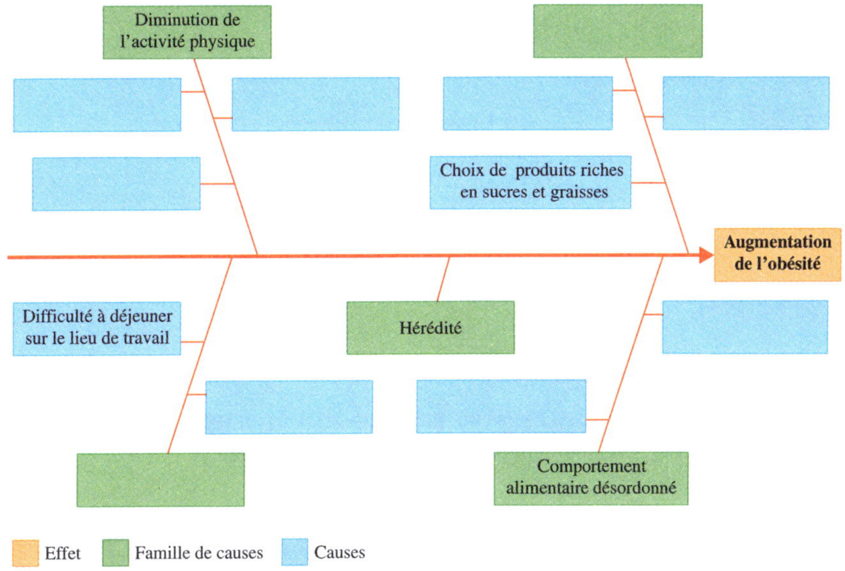

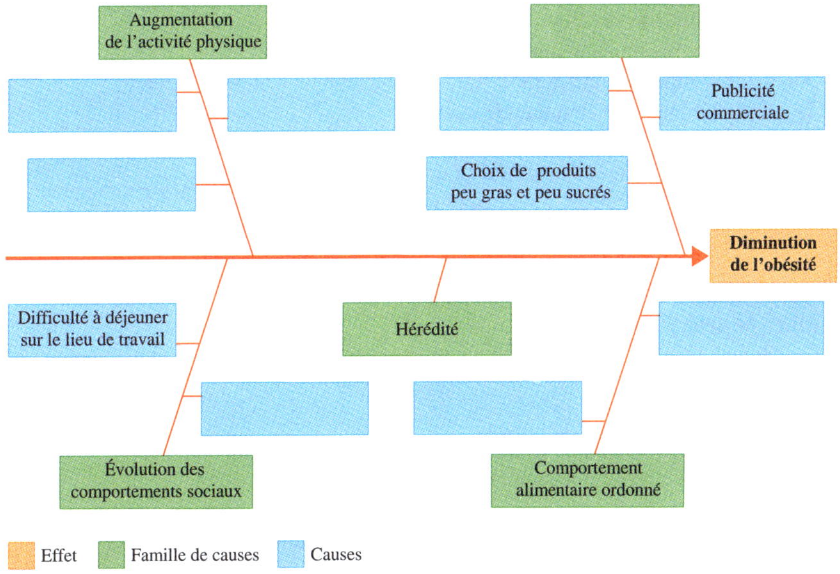

Conduire une démarche d'investigation

La démarche d'investigation, appelée aussi « démarche expérimentale », permet de résoudre un problème d'ordre scientifique ou technique avec un raisonnement prenant appui sur des hypothèses qui sont soumises à l'épreuve des faits.
Elle peut être utilisée pour comprendre un fonctionnement ou pour résoudre un problème scientifique ou technique.

La démarche d'investigation peut se décomposer en plusieurs étapes :

Mobiliser les connaissances juridiques, économiques, biologiques	**① Identifier le problème posé** ↓ **② Formuler des hypothèses** ↓ **③ Concevoir et réaliser des expériences** ↓ **④ Interpréter les résultats** ↓ **⑤ Valider une hypothèse**

Exemple d'application

La préférence alimentaire des Français par rapport à deux types de chocolats noirs

Le Salon du chocolat et *Le Figaro* ont réalisé un sondage sur les Français et le chocolat en août 2008. Hommes et femmes confondus, 50 % des Français préfèrent le chocolat noir, même si tous n'aiment pas le chocolat à 71 % de cacao. Cette enquête montre que la quasi-totalité (80 %) des Français aime manger du chocolat le soir devant la télévision. Le chocolat est plébiscité pour son goût savoureux chez 87 % des répondants, et agit sur le moral pour 88 % des personnes interrogées. Le chocolat leur fait penser au plaisir, à la gourmandise, à la douceur…

Type de chocolat	Préférence des Français
Noir	26 %
Noir à 71 % de cacao	24 %
Lait	38 %
Blanc	12 %

1 – Identifier le problème posé.
Pour cela, rédiger une phrase interrogative commençant par « Comment expliquer… ? ».

2 – Analyser ce problème.
– En formulant des hypothèses.
– En proposant des expériences pour vérifier ces hypothèses.

On retient l'hypothèse suivante : « Les personnes qui aiment le chocolat noir n'aiment pas toutes l'amertume du chocolat à 71 % de cacao. »

Première expérience : le profil sensoriel

Établir le profil sensoriel du chocolat X et du chocolat Y :
– en notant une croix sur chacun des descripteurs sur une échelle de 0 à 5 ;
– en reliant chaque croix par un trait pour dessiner une étoile.

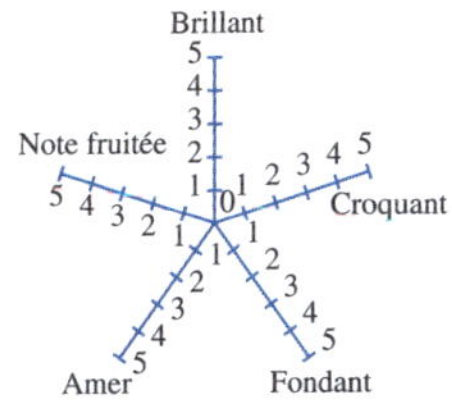

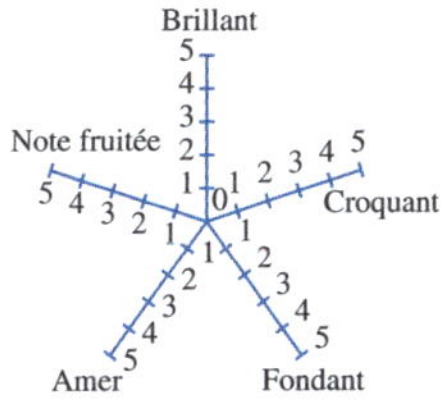

Deuxième expérience : le test triangulaire

Lors de ce test, les personnes dégustent les chocolats A, B et C, puis répondent à deux questions :
– Quel échantillon de chocolat trouvez-vous différent ?
– Quel échantillon de chocolat préférez-vous ?

A 51–52 % de cacao — **B** 70–71 % de cacao — **C** 51–52 % de cacao

Les résultats sont les suivants :

	Chocolat A	Chocolat B	Chocolat C
Lequel est différent ?	15 %	65 %	20 %
Lequel préférez-vous ?	45 %	20 %	35 %

Interpréter les résultats de cette expérience.

3 – Valider l'hypothèse retenue par l'étude comparative des deux étiquettes de chocolat dégusté dans la première expérience 1 en relevant :
– le pourcentage de cacao ;
– le pourcentage de glucides ;
– le pourcentage de sucres inclus dans les glucides.

Formuler une conclusion.

4 – Proposer des solutions de choix alimentaire convenant aux goûts de chacun.

Mener une démarche de projet

La démarche de projet est un processus engagé par un ou plusieurs acteurs en vue de la réalisation d'une action. Cette démarche s'appuie sur un ensemble de moyens humains et matériels réunis pour une durée déterminée dans le cadre d'un échéancier rigoureux et défini.
Elle est utilisée pour planifier et réaliser une action qui correspond à un besoin identifié. Elle peut s'appliquer aux situations de la vie professionnelle et de la vie sociale.

La démarche de projet peut se décomposer en plusieurs étapes :

Mobiliser les connaissances juridiques, économiques, biologiques	① **Analyser le besoin** – Identifier les éléments de la situation – Mettre en relation les éléments de la situation – Rechercher les avantages et les inconvénients du projet ***ou*** rechercher les intérêts et les limites du projet ↓ ② **Identifier les ressources et les contraintes** – Identifier les ressources ou éléments facilitateurs du projet – Identifier les contraintes ou éléments contraignants du projet – Étudier la faisabilité du projet ↓ ③ **Inventorier les stratégies et leurs conséquences** – Comparer les stratégies – Étudier la faisabilité de chaque stratégie ↓ ④ **Choisir une stratégie** – Préciser la stratégie choisie – Argumenter le choix ↓ ⑤ **Planifier l'action** – Déterminer les étapes de l'action – Identifier les acteurs pour cette action – Organiser les étapes chronologiquement et indiquer leur durée – Fixer les critères d'évaluation de l'action ↓ ⑥ **Réaliser l'action** – Mettre en œuvre chaque étape conformément au plan d'action – Assurer le suivi de chaque action – Réguler, ajuster l'action en réalisant des bilans intermédiaires ↓ ⑦ **Évaluer l'action** – Évaluer la réussite du projet – Évaluer l'impact de l'action

Exemple d'application

Nicolas, 18 ans, élève dans une classe de Terminale Bac Pro Vente, désire s'acheter un ordinateur portable 15 pouces.

Il désire pouvoir communiquer quand il le souhaite avec ses amis, télécharger de la musique, jouer aux jeux vidéo, sans attendre que ses parents ou ses frères et sœurs aient terminé d'utiliser l'ordinateur familial.

Depuis quelques jours, il compare les prix dans différents magasins et sait qu'il devra dépenser 600 €. Cela va lui demander un effort financier important.

Dépenses mensuelles	
Cinéma	9 €
Discothèque	20 €
Café - Bar (boissons)	16 €
Repas de midi	80 €
Facture de téléphone portable	40 €
TOTAL	165 €

Argent de poche mensuel : 180 €

Argent économisé/épargné par Nicolas : 400 €

Doc. 1 : Le budget de Nicolas.

- La copie de votre pièce d'identité
- Un justificatif récent de domicile
- La copie de vos derniers bulletins de salaire
- La copie de votre contrat de travail
- La copie de votre dernier avis d'imposition
- Un RIB
- Les relevés bancaires des trois derniers mois

Doc. 2 : Les documents à fournir pour demander un prêt personnel.

PC portables 15 et 16 pouces	Prix (en €)	Note sur 20	Appréciation	Multimédia	Jeux 3D	Qualité d'affichage	Qualité du son	Facilité d'emploi	Équipements	Autonomie de la batterie
1. HP Pavilion dv6-1120ef	599	12,5	✪✪	✪✪	✪	✪	■	✪✪	✪✪	1h44
2. Acer Aspire 6930Zg-343G16Mn	589	12,4	✪✪	✪✪	✪✪	✪	✪	✪✪	✪✪	1h40
3. Samsung R610 XE2V 3400	599	11,4	✪	✪✪	■	✪	■■	✪✪	✪✪	1h36
4. PACKARD BELL Easy-Note ML65 MO10	599	11,2	✪	✪✪	■	✪	✪	✪	✪✪	1h55
5. Sony Vaio VGN-NS21E/S	589	11,1	✪	✪✪	■■	✪	■■	✪✪	✪✪	2h11
6. Medion Akoya MD96728	499	11,1	✪	✪	✪	✪✪	■	✪	✪✪	1h38

✪✪ Bon ✪ Moyen ■ Médiocre ■■ Mauvais

Doc. 3 : Tableau de comparaison PC portables 15 et 16 pouces. (*Que Choisir* – juin 2009, n° 471).

1 – Identifier le projet et analyser le besoin de Nicolas.

2 – Identifier les ressources et les contraintes.

3 – Inventorier les stratégies possibles et leurs conséquences.

4 – Choisir une stratégie et justifier ce choix.

5 – Planifier l'action.

6 – Réaliser l'action : indiquer les éléments à prendre en compte pour effectuer l'achat à partir du document 3 et des connaissances acquises.

7 – Évaluer l'action.

1 ADOPTER UN RYTHME BIOLOGIQUE COHÉRENT

1. LES RYTHMES BIOLOGIQUES OU BIORYTHMES

Définition

Un rythme biologique ou biorythme est une suite de variations régulières et prévisibles du fonctionnement de l'organisme ou de ses organes. En fonction de leur fréquence, on distingue plusieurs catégories :

– les rythmes **ultradiens**, d'une durée inférieure à 24 heures ;

– les rythmes **circadiens,** d'une durée d'environ 24 heures *(alternance veille/sommeil, sécrétions hormonales)* ;

– les rythmes **infradiens**, d'une durée supérieure à 24 heures *(cycle menstruel de 28 jours).*

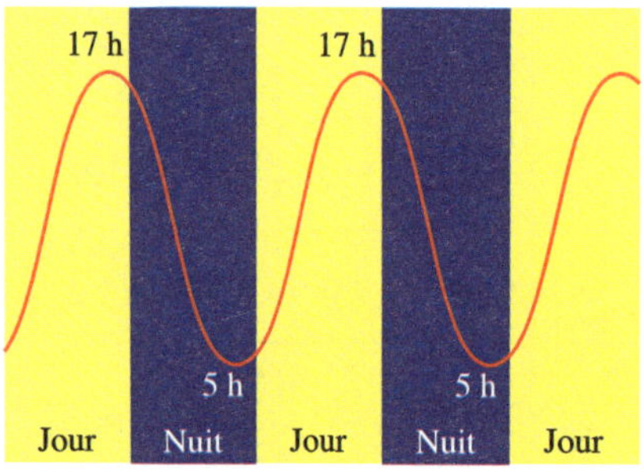

Rythme de la température du corps

Synchronisation des rythmes biologiques

Les rythmes circadiens sont synchronisés par des donneurs de temps externes appelés synchroniseurs. Ainsi, l'alternance jour-nuit est un synchroniseur naturel alors que l'alternance activités sociales-repos est un synchroniseur social.

Dans l'organisme, la synchronisation de nos rythmes est régulée par certaines zones du cerveau : l'hypothalamus et les noyaux supra-chriasmatiques.

Les rythmes sociaux

Les activités sociales, les horaires de travail, les habitudes alimentaires, le fait d'avoir une montre réglée sur 24 heures, les obligations familiales constituent nos rythmes sociaux.

2. LES CONSÉQUENCES DE LA DÉSYNCHRONISATION DES RYTHMES BIOLOGIQUES

Nos rythmes biologiques peuvent être désynchronisés par :

• **Le travail posté** : les travailleurs de nuit, soumis à des désynchronisations répétées, souffrent de troubles du sommeil et de la vigilance, notamment entre 2 et 4 heures du matin, de fatigue, de troubles de l'alimentation, et de troubles de la vie privée et de la vie sociale.

• **Le décalage horaire** : les personnels navigants aériens (pilotes, hôtesses de l'air) souffrent de troubles du sommeil, de troubles digestifs, de fatigue et de dégradations de leurs performances.

• **Le week-end** : le décalage des horaires de coucher le samedi soir engendre de la fatigue car le sommeil est moins récupérateur.

4. RESYNCHRONISER LES RYTHMES

Pour prévenir la désynchronisation, l'idéal est de concilier rythme biologique et rythme social. Après un décalage horaire, il convient d'adopter le rythme de vie du lieu où l'on se trouve et de s'exposer au soleil. Dans les autres cas, le médecin peut proposer une exposition à la lumière forte pendant une semaine ou administrer de la mélatonine.

Vocabulaire

Mélatonine : hormone synthétisée par l'organisme en présence de la lumière et qui est responsable de l'alternance veille/sommeil.

Synchroniseurs : éléments de notre environnement, perçus par l'organisme, influant sur l'adaptation des rythmes.

2 S'ASSURER UN SOMMEIL RÉPARATEUR

1. LES PHASES DU SOMMEIL

Le sommeil comporte plusieurs cycles successifs et identiques d'une durée d'1 h 30 environ. Une nuit de sommeil comporte, selon les individus adultes, de quatre cycles (6 heures) à six cycles (9 heures).

Chaque cycle se décompose en plusieurs phases : endormissement, sommeil lent léger, sommeil lent profond, sommeil lent très profond, sommeil paradoxal et éveil. (voir partie 1 du document ci-dessous).

Pendant le sommeil, l'activité de l'organisme subit des variations. Au cours de chaque cycle :

- **les mouvements oculaires**, inexistants en début de cycle, sont très importants lors de la phase de sommeil paradoxal (voir partie 2) ;
- **le tonus musculaire** diminue et devient très faible lors de la phase du sommeil paradoxal (voir partie 3) ;
- **le rythme cardiaque** diminue puis s'accélère lors de la phase de sommeil paradoxal, comme en témoigne l'enregistrement effectué lors d'un électrocardiogramme (ECG) (voir partie 4) ;
- **le rythme respiratoire** se ralentit en milieu de cycle puis s'accélère lors de la phase de sommeil paradoxal (voir partie 5) ;
- **l'activité cérébrale**, mesurée par un électroencéphalogramme (EEG) est plus importante en début et en milieu de cycle et plus faible lors de la phase de sommeil paradoxal (voir partie 6).

2. LES RÔLES DU SOMMEIL

Le sommeil lent augmente la production de certaines hormones (dont celle de croissance), contribue à l'élimination de toxines et renforce nos défenses immunitaires.

Le sommeil paradoxal joue un rôle dans les capacités de mémorisation et dans la maturation du cerveau. Sa durée passe de 50 % avant la naissance à 20 % à l'âge adulte.

Le sommeil favorise aussi les performances physiques et intellectuelles, la vigilance, la bonne humeur.

Les cycles de la nuit

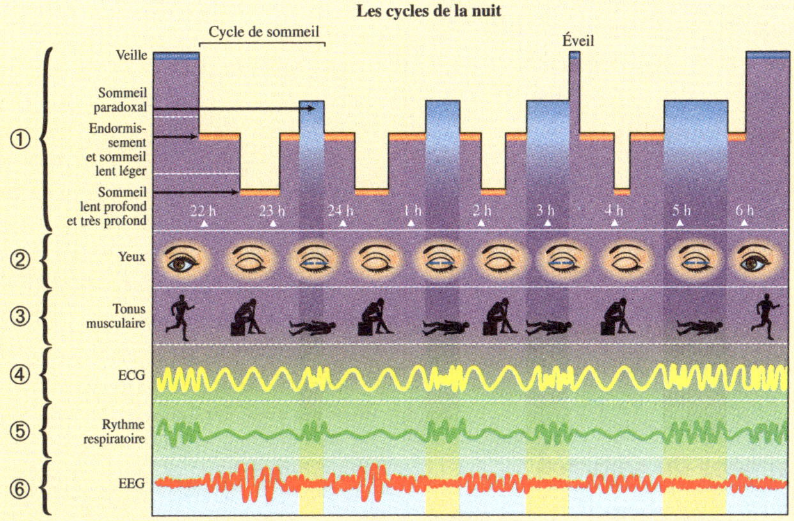

ECG – électro-cardiogramme ; mesure de l'activité cardiaque

EEG – électro-encéphalogramme ; mesure des ondes électriques émises par le cerveau

←→ Mouvements oculaires

D'après TDC 563, Le Sommeil, M. Dehoky, *Sciences et avenir n° 515*, 1990.

3. LES EFFETS DE L'INSUFFISANCE DE SOMMEIL

L'insuffisance du sommeil occasionne :
– une somnolence ;
– une diminution de la vigilance, des troubles de l'attention et du jugement, avec une difficulté à prendre des décisions ;
– une diminution des capacités intellectuelles et physiques ;
– des sautes d'humeur et de l'agressivité ;
– des vertiges, des douleurs, voire des problèmes de santé chroniques : diabète, hypertension artérielle...

4. LES TROUBLES DU SOMMEIL

Ils se caractérisent par une diminution ou une augmentation anormale de la durée du sommeil ou une détérioration de la qualité du sommeil.

L'insomnie

Elle correspond à un mauvais sommeil nocturne avec des difficultés d'endormissement, une quantité insuffisante de sommeil et une sensation de sommeil non réparateur. Elle peut induire des perturbations diurnes telles que la baisse de vigilance, la diminution des performances, la fatigue ou l'irritabilité. Elle concerne 10 à 15 % de la population.

Les hypersomnies

Elles correspondent à un excès de sommeil avec une somnolence diurne et concernent 2 à 9 % de la population. La principale forme d'hypersomnie est la narcolepsie qui se traduit par une somnolence diurne excessive, une baisse soudaine du tonus musculaire et des hallucinations. La narcolepsie est une contre-indication à la conduite de tout véhicule.

Les apnées du sommeil

Elles résultent d'un arrêt de l'échange aérien au niveau de la bouche et du nez pendant 10 secondes plus de 5 fois par heure de sommeil. Elles se traduisent par des ronflements, des arrêts respiratoires répétés suivis d'un réveil bref et d'une reprise respiratoire bruyante. Elles sont responsables d'une somnolence diurne, d'asthénie, de troubles cognitifs, d'anxiété, d'humeur dépressive pouvant entraîner des accidents de voiture, des accidents du travail, de l'hypertension artérielle et des accidents cardio-vasculaires.

5. LES CONDITIONS D'UN SOMMEIL RÉPARATEUR

À privilégier

– Se coucher à heures régulières.
– Se lever à heures régulières.
– Dormir dans une chambre fraîche (18 °C), sombre et calme.
– Se relaxer avant l'heure du coucher (lecture, bain tiède).
– Faire de l'exercice en journée mais pas trop tard.
– Prendre une douche chaude le matin et fraîche le soir, pour suivre le rythme de la température.

À éviter

– Se lever tard.
– Faire la sieste l'après-midi.
– Consommer de l'alcool.
– Prendre un dîner lourd.
– Boire du café, du thé ou certaines boissons énergisantes.
– Se coucher trop tôt.

Vocabulaire

Cycle : suite de phénomènes se renouvelant sans interruption.

Somnolence : état de demi-sommeil, manque de vigueur et d'activité.

Vigilance : attention d'un individu en train d'accomplir une tâche particulière.

En savoir plus sur...

Le sommeil :
www.institut-sommeil.vigilance.org

3 GÉRER SON ACTIVITÉ PHYSIQUE

1. LES MUSCLES STRIÉS SQUELETTIQUES

Appelés aussi « muscles rouges », ils composent la musculature du corps humain. Contractiles et élastiques, ils sont commandés par le système nerveux cérébro-spinal.

Le muscle strié squelettique est fixé sur les os grâce aux tendons. Il est constitué d'un **corps cellulaire**, formé de cellules allongées appelées **fibres musculaires**. Celles-ci sont groupées en paquets dans des **faisceaux musculaires** qui sont alimentés par les vaisseaux sanguins. Les fibres musculaires se contractent grâce aux **myofibrilles**.

Au microscope, chaque myofibrille montre une alternance de bandes claires et sombres, séparées par une ligne sombre appelée **strie Z**. La portion comprise entre deux stries H est appelée **sarcomère**.

Chaque myofibrille est composée de filaments de nature protéique : des filaments épais de **myosine** et des filaments fins d'**actine**.

2. LE TRAVAIL MUSCULAIRE

Le muscle se contracte et se détend alternativement. Lors de la contraction musculaire, les filaments d'actine et de myosine glissent les uns sur les autres et les stries se raccourcissent.

Doc. 1 : L'insertion des muscles striés squelettiques sur les os.

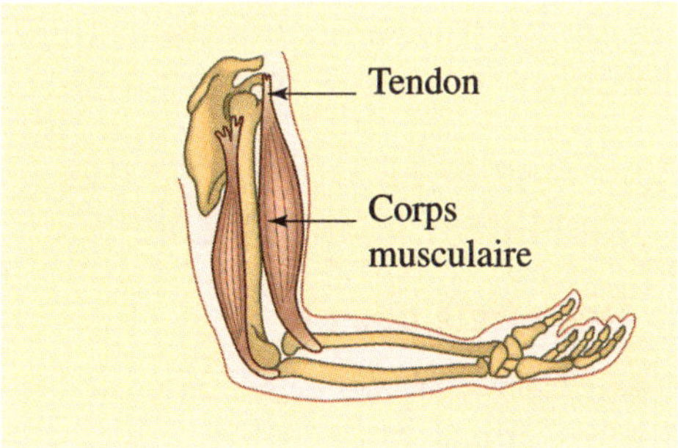

Doc. 2 : La structure du muscle strié squelettique.

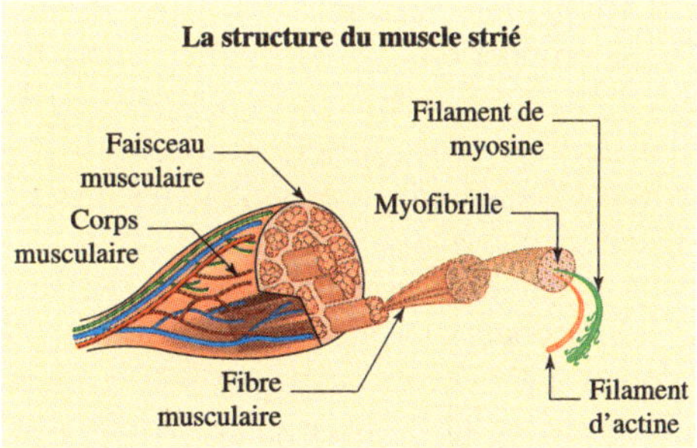

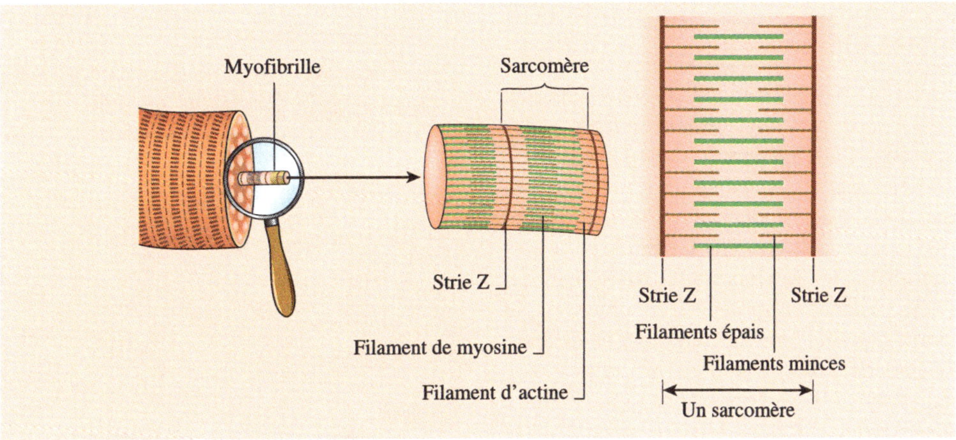

PRÉVENTION – SANTÉ ENVIRONNEMENT | Le cours

3. LES INCIDENCES PHYSIOLOGIQUES GÉNÉRÉES PAR LE TRAVAIL MUSCULAIRE

Au repos et en activité, le muscle utilise du glucose et du dioxygène. Lors de cette réaction chimique, du dioxyde de carbone et de l'énergie sont libérés.

Lors d'un effort physique important, les rythmes cardiaques et respiratoires s'accélèrent, permettant au débit sanguin d'être multiplié par trois et d'alimenter surtout les muscles squelettiques. Dans le même temps, la chaleur dégagée augmente la température du corps, mais celle-ci est régulée par la transpiration.

4. LES EFFETS DE L'ACTIVITÉ PHYSIQUE SUR LA SANTÉ

Des effets positifs

L'activité physique régulière et raisonnée aide à maintenir un poids stable et limite la survenue de certaines pathologies chroniques : hypertension artérielle, maladies coronariennes, diabète de type 2 (lié à l'obésité et à l'excès de sucre dans le sang), cancer du côlon, cancer du sein, ostéoporose… Elle contribue à la diminution de la mortalité avant 65 ans.

Par la production d'endorphines, l'activité physique favorise la détente, un plus grand bien-être psychologique et permet une meilleure adaptation aux contraintes professionnelles et psychosociales.

Pour se maintenir en bonne santé, les enfants et adolescents devraient faire environ 60 minutes d'activité physique par jour d'intensité modérée ou intense et les adultes 30 minutes par jour d'intensité modérée.

Des effets négatifs

L'activité physique trop intense, mal contrôlée ou inadaptée peut engendrer de la fatigue, des accidents. La fatigue musculaire se manifeste par des crampes et des courbatures qui sont dues à une accumulation d'acide lactique qui rend le muscle de plus en plus rigide et l'effort plus difficile. En buvant beaucoup d'eau avant, pendant et après l'effort physique, le sportif aide l'organisme à évacuer ce déchet.

Le **surentraînement** peut provoquer une réduction des performances, une fatigue persistante, l'impossibilité à maintenir la charge de travail, des troubles du sommeil et de l'humeur, des problèmes de santé.

5. LES EFFETS DU DOPAGE

Certains sportifs cherchent à améliorer leurs performances à l'aide de divers produits dopants : stéroïdes, hormones, bétabloquants, diurétiques, stimulants, narcotiques…

Ces substances peuvent avoir l'un des rôles suivants : augmenter le transport d'oxygène dans l'organisme, diminuer la douleur, maintenir le poids, augmenter la masse musculaire, relaxer, diminuer la fatigue et la douleur…

Ces produits sont interdits pour deux raisons :

– ils présentent des risques importants pour la santé des individus qui les consomment : troubles cardio-vasculaires, diabète, déshydratation, crampes, calculs rénaux, agressivité, rupture des tendons, cancers du foie et de la prostate, dépendances physique et psychique… ;

– leur usage est déloyal et contraire aux règles de bonne conduite des sportifs.

En cas d'usage de produits dopants, le sportif reconnu coupable peut être interdit définitivement ou temporairement de participer à des compétitions.

Vocabulaire

Acide lactique : déchet produit par les cellules musculaires en cas d'effort intense et prolongé.

Chronique : persistant, qui dure longtemps.

Contractile : qui se contracte.

Endorphines : hormones sécrétées par le cerveau qui ont un rôle calmant.

Pathologie : ensemble des manifestations et des effets d'une maladie.

En savoir plus sur…

Le fonctionnement du muscle :

www.animation-muscle.afm-france.org/chapitre-02-04.htm

Le dopage :

www.santesport.gouv.fr

4 APPRÉHENDER LE CONCEPT ET LE SYSTÈME DE SANTÉ

1. LA DÉFINITION DU CONCEPT DE CAPITAL SANTÉ

« La santé est un **état de complet bien-être physique, mental et social** ; cela ne consiste pas uniquement en l'absence de maladie ou d'infirmité. [...] La possession du meilleur état de santé qu'il est capable d'atteindre est un droit fondamental de tout être humain. »

Extrait de la constitution de l'Organisation mondiale de la santé, 1946.

Le concept de santé peut être défini comme un ensemble d'équilibres. Les **déterminants de la santé** sont nombreux. Ils sont individuels, émotionnels, socio-économiques, culturels, sanitaires démographiques et géographiques. En agissant sur certains déterminants, l'homme peut modifier son état de santé.

2. LES PLANS « SANTÉ » NATIONAUX

Pour améliorer la santé des Français, le Gouvernement met en place des plans « Santé » spécifiques avec des objectifs d'information, de prévention et de soins. Ces plans concernent :

– des catégories de population : plan « Santé des jeunes », plan « Bien vieillir » ;

– certaines maladies : plan « Alzheimer », plan « Autisme », plan « Cancer », plan « Pour préserver l'efficacité des antibiotiques » ;

– des axes de prévention : plan « Contraception », plan « Santé Environnement », plan « Santé au travail » ;

– le fonctionnement des structures de soins : plan « Hôpital 2012 ».

3. LE PRINCIPE DE BASE DU SYSTÈME FRANÇAIS

Le préambule de 1946 de la Constitution garantit à tous la protection de la santé. Le système de santé français est basé sur le principe de **solidarité nationale** qui permet aux cotisants et à leurs ayants droit de bénéficier des prestations sociales.

Toute personne qui travaille et réside en France est obligatoirement affiliée au régime de Sécurité sociale dont elle relève : régime général des salariés, régimes de non salariés ou régimes spéciaux. La Sécurité sociale prélève à l'assuré les cotisations de Sécurité sociale correspondantes, dont la CSG et la CRDS.

4. L'ACCÈS AUX SOINS

Pour responsabiliser les patients et lutter contre les gaspillages de santé, l'assurance maladie a mis en place le **parcours de soins coordonnés**. Celui-ci est caractérisé par :

– le choix d'un médecin traitant par le patient et par le paiement de 1 € à chaque consultation médicale ;

– la nouvelle carte vitale avec une photographie et les données médicales en cas d'urgence ;

– la nécessité de s'adresser à son médecin traitant avant de consulter un spécialiste, sauf si ce dernier est un ophtalmologiste, un gynécologue, un chirurgien-dentiste, un psychiatre pour les 15-25 ans, les services hospitaliers d'urgence... ;

– un contrôle renforcé des arrêts de travail.

La part financière restant à la charge de l'assuré social après remboursement de la sécurité sociale est appelée **ticket modérateur**. Pour une meilleure prise en charge des soins, l'assuré peut souscrire un contrat d'assurance complémentaire santé.

Vocabulaire

Ayant droit : personne à la charge de l'assuré social, du fait de son lien familial et social.

CRDS : Contribution au Remboursement de la Dette Sociale.

CSG : Contribution Sociale Généralisée.

5 LES PRINCIPES DE BASE D'UNE ALIMENTATION ÉQUILIBRÉE

1. LES PRINCIPES DE BASE DE L'ÉQUILIBRE ALIMENTAIRE

L'alimentation doit permettre de couvrir les besoins de l'organisme en fonction de l'âge, du sexe, du climat, de l'activité et de l'état physiologique de l'individu.

Pour les adultes, les apports énergétiques sont à répartir sur la journée de la façon suivante :
- 20 à 25 % au petit-déjeuner,
- 40 à 45 % au déjeuner,
- 30 à 35 % au dîner.

Pour les enfants, la ration alimentaire sera répartie sur quatre à cinq repas en ajoutant un goûter.

Afin d'assurer un bon équilibre alimentaire sur une journée, il convient de respecter les recommandations données dans le document ci-dessous pour chaque groupe d'aliments. Ceux-ci sont classés par groupe en fonction de leurs apports principaux en constituants alimentaires : glucides, lipides, protides, eau, éléments minéraux, vitamines.

2. LES HABITUDES ALIMENTAIRES LIÉES À DIFFÉRENTES CULTURES

Les habitudes alimentaires sont plus ou moins influencées par des facteurs :
- géographiques : climat, richesse du sol ;
- techniques : savoir-faire agricoles, industriels et culinaires, matériels à disposition... ;
- socio-culturels et religieux : coutumes, interdictions alimentaires ;
- économiques : accessibilité, pouvoir d'achat.

Par exemple, les pays chauds et les pays en voie de développement consomment davantage de protéines d'origine végétale (riz, lentilles, pois chiches...) alors que les pays développés consomment plus de protéines animales (viandes, poissons, œufs).

3. LES DIFFÉRENTES HABITUDES ALIMENTAIRES EN FONCTION DU CONTEXTE

Les habitudes alimentaires peuvent varier aussi selon le lieu d'habitation (ville ou campagne), la possibilité de rentrer chez soi pour déjeuner, le temps disponible pour cuisiner et prendre ses repas, l'activité professionnelle, l'attention accordée à sa santé, la valeur accordée aux produits issus de l'agriculture biologique...

Vocabulaire

État physiologique : état de santé particulier (femme enceinte, personne malade, convalescente ou âgée).

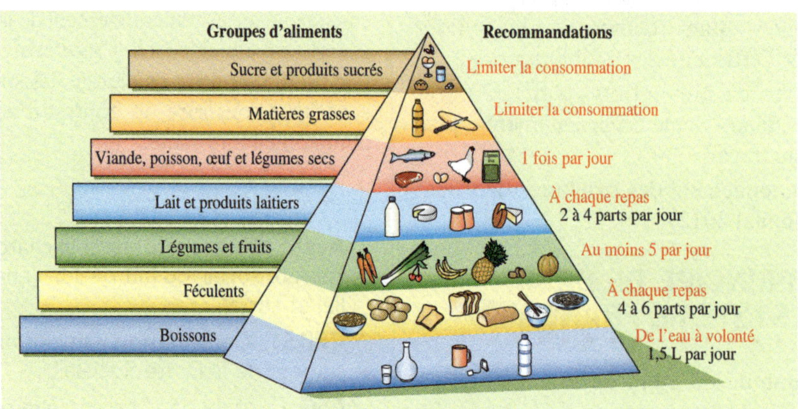

Doc. : Les règles de l'équilibre alimentaire.

6 L'ÉVOLUTION DES COMPORTEMENTS ALIMENTAIRES

1. LE MÉCANISME DE PERCEPTION DES SAVEURS

La perception du goût

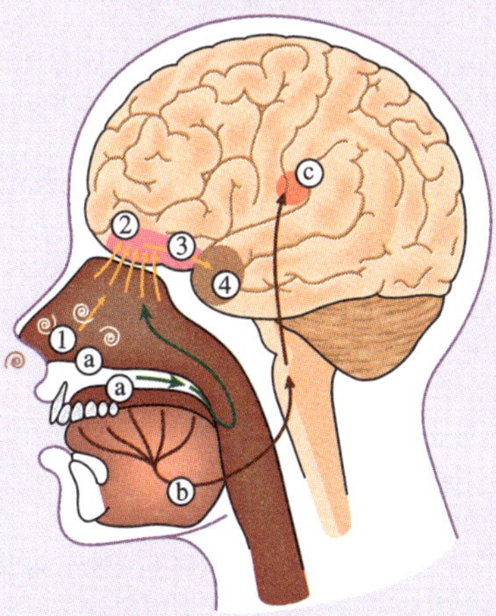

1. Muqueuse nasale
2. Bulbe olfactif
3. Nerf olfactif
4. Aire olfactive du goût

a. Bourgeons du goût
b. Nerf gustatif
c. Aire gustative du cerveau

Plusieurs sens nous renseignent sur ce que mangeons :

- la vue : la couleur, la forme ou la présentation peuvent nous mettre en appétit ou nous induire en erreur ;
- l'ouïe indique le croustillant et le craquant ;
- le toucher informe sur la texture ;
- l'odorat révèle des milliers d'arômes par voie directe ou indirecte.

Trois phénomènes interviennent pour percevoir les saveurs :

- **la voie nasale directe** : les arômes des aliments stimulent les récepteurs olfactifs du bulbe olfactif ;
- **la voie rétro-nasale** : les molécules odorantes qui se dégagent lors de la mastication et de la déglutition remontent vers la muqueuse nasale, le bulbe olfactif…
- **la libération des molécules sapides** : lors de la mastication, les bourgeons du goût, situés sur certaines papilles, transforment les molécules sapides en signaux électriques véhiculés par le nerf gustatif jusqu'au cerveau.

2. LE PLAISIR ALIMENTAIRE

L'ensemble des événements suscités autour des repas (moment qui précède le repas, conditions de prise du repas, sensation après le repas) influencent le plaisir alimentaire et donc l'équilibre nutritionnel qui en découle.
Une alimentation dénuée de saveurs, de plaisir, d'émotion, présente le risque de générer des frustrations qui peuvent être à l'origine de modifications de nos habitudes alimentaires. Au contraire, le plaisir procuré par l'alimentation contribue au bon équilibre nutritionnel.

3. LES DIFFÉRENTS TYPES DE PRODUITS ALIMENTAIRES

Il existe **cinq gammes d'aliments**, classés selon les traitements et les techniques de conservation utilisés : produits frais, produits appertisés (ayant subi une stérilisation, appelés aussi « conserves »), produits surgelés, produits sous atmosphère modifiée, produits sous vide.

Par rapport aux produits frais, les produits semi-préparés et préparés permettent de gagner du temps, sont faciles d'utilisation et ont une durée de conservation plus longue. Cependant, ils peuvent être plus gras, plus sucrés et contenir des additifs.

L'industrie agro-alimentaire a fabriqué des **alicaments** : aliments qui contiennent un ingrédient, un nutriment ou une substance naturelle, ayant des effets bénéfiques sur l'organisme (*exemple : les yaourts au bifidus*).

Les **compléments alimentaires** sont des concentrés d'aliments ou nutriments qui ont un effet nutritionnel ou physiologique, mais ils peuvent être dangereux s'ils ne sont adaptés aux besoins de l'organisme (*exemple : concentré de vitamines*).

4. LES DIFFÉRENTES FORMES DE RESTAURATION

La restauration traditionnelle

Le repas, constitué d'un menu complet, est pris assis à une table. Il est souvent convivial et demande un certain temps de préparation. Il peut être pris chez soi ou dans un restaurant classique ou à thème.

La restauration collective

Il peut s'agir d'une restauration scolaire ou d'entreprise qui propose des menus équilibrés et à prix raisonnables.

La restauration rapide

Ces restaurants proposent des aliments à toute heure de la journée, faciles à manger, et à prix raisonnable. Souvent l'offre est standardisée. La consommation répétée d'un même type d'aliments peut conduire à un déséquilibre s'il n'y a pas compensation aux autres repas.

5. L'ALIMENTATION ET LE DÉVELOPPEMENT DURABLE

Le développement durable vise à mettre en place un développement performant au niveau **économique**, responsable sur le plan **social** et respectueux de notre **environnement**.

Certains consommateurs adoptent un **comportement éco-responsable**, c'est-à-dire :

• qu'ils achètent des produits :

– peu emballés et peu transformés, pour réduire le volume des déchets ;

– locaux, pour limiter les émissions de gaz à effet de serre et les coûts industriels ;

– agricoles, de saison, issus de l'agriculture biologique, pour limiter la pollution par les produits chimiques ;

– au fur et à mesure des besoins, pour éviter le gaspillage ;

– recyclés ou recyclables, pour économiser les matières premières.

• qu'ils évitent de :

– consommer des produits provenant d'espèces menacées ou d'élevages mal gérés ;

– manger trop de viande ;

– consommer de l'eau en bouteille.

6. LES COMPORTEMENTS ALIMENTAIRES À RISQUES

Les carences alimentaires

• Les carences en fruits et légumes peuvent provoquer de la constipation et être à l'origine du cancer du côlon.

• Les carences en produits laitiers peuvent augmenter le risque d'ostéoporose chez la personne âgée.

Les excès alimentaires

• Les excès en charcuteries, fromages, sauces, aliments gras favorisent le risque de maladies cardio-vasculaires.

• Les excès en sucres augmentent le risque de caries dentaires et de diabète de type 2.

• Les excès en quantité d'aliments ingérés lors des repas ou en grignotant contribuent au surpoids et à l'obésité.

7. LES DÉSORDRES ALIMENTAIRES

Les désordres alimentaires sont aussi appelés troubles du comportement alimentaire. Ce sont des **perturbations d'origine psychologique** qui peuvent mettre la vie en danger.

L'anorexie

Cette maladie est caractérisée par une restriction très importante et volontaire de l'alimentation chez une personne qui a une peur intense de prendre du poids, ou bien qui ne sait pas exprimer autrement son mal-être psychologique. Cette personne maigrit énormément, son corps subit des déformations.

La boulimie

Cette maladie est caractérisée par des épisodes répétitifs d'absorption excessive d'aliments en une courte période de temps puis par une élimination en cachette des « calories ingérées » en se faisant vomir, en effectuant de l'exercice de façon excessive, en utilisant des laxatifs ou des diurétiques. La personne garde le plus souvent son poids normal.

En savoir plus sur...

Le développement durable :

www.notre-planete.info

7 APPRÉHENDER LES ENJEUX DES CIRCUITS DE DISTRIBUTION

1. LES DIFFÉRENTS CIRCUITS DE DISTRIBUTION

Circuit	Caractéristiques	Exemples	Intérêts	Limites
Circuit ultra-court	Vente directe du producteur au consommateur	– Producteurs sur un marché – Vente de paniers AMAP (Association pour le Maintien d'une Agriculture Paysanne)	– Qualité et fraîcheur des produits – Lien direct avec le producteur = rapport de confiance – Soutien du commerce local – Prix souvent intéressants	– Choix limité des produits – Demande de faire ses courses chez plusieurs producteurs – Obligation de payer son panier à l'avance (AMAP)
Circuit court	Un intermédiaire entre le producteur et le consommateur : détaillant	– Boucher – Fromager – Marchand de fruits et légumes	– Qualité et fraîcheur des produits – Contact privilégié avec le commerçant de proximité – Soutien du commerce local	Prix parfois élevés
Circuit long	Deux intermédiaires : – grossiste, – détaillant ou grandes et moyennes surfaces	– Marchand de fruits et légumes – Grandes et moyennes surfaces	Grande variété de choix	– Impact environnemental important avec les transports, les emballages – Prix parfois élevés
Circuit ultra-long	– Coopérative – Grossiste – Détaillant – Grandes et moyennes surfaces	Grandes et moyennes surfaces	– Possibilité de faire ses courses dans un seul magasin – Grande variété de choix et de prix	– Impact environnemental très important avec les transports, les emballages – Tentation d'achat importante – Absence de contact avec le commerçant

2. LE COMMERCE ÉQUITABLE

Le commerce équitable est un **partenariat commercial**, fondé sur le **dialogue**, la **transparence** et le **respect**, pour parvenir à une **plus grande équité** dans le commerce mondial.

Il repose sur cinq principes fondamentaux :
- assurer une juste rémunération du travail des producteurs et des artisans des pays pauvres ;
- garantir le respect des droits fondamentaux des personnes (refus du travail des enfants) ;
- instaurer des relations directes, durables et transparentes entre les partenaires économiques ;
- favoriser la préservation de l'environnement ;
- proposer aux consommateurs des produits de qualité.

Le coût supplémentaire payé par le consommateur pour un produit alimentaire issu du commerce équitable sert à augmenter les revenus des producteurs et à aider les coopératives d'artisans à se développer.

Vocabulaire

Équité : égalité.

8 APPRÉHENDER LA QUALITÉ SANITAIRE DES ALIMENTS

1. LA SÉCURITÉ SANITAIRE EN FRANCE

Au niveau national, plusieurs structures contrôlent la sécurité sanitaire des aliments :

– la **Direction Générale de l'Alimentation** (DGAL) du ministère de l'Agriculture et de la Pêche élabore les réglementations sanitaires et gère les crises liées à la sécurité des aliments ;

– la **Direction Générale de Concurrence, de la Consommation et de la Répression des Fraudes** (DGCCRF) veille à la sécurité et à la qualité des produits et des services en pratiquant des contrôles ;

– la **Direction Générale de la Santé** (DGS) veille à la qualité des eaux potables et peut demander une enquête auprès des DDASS suite à une intoxication alimentaire ;

– l'**Agence Française de Sécurité Sanitaire des Aliments** (AFSSA) évalue les risques et les bénéfices sanitaires et nutritionnels, conduit des travaux de recherche et propose des mesures de protection sanitaire ;

– l'**Institut National de Veille Sanitaire** (INVS) surveille l'état de santé de la population en matière de maladies cardio-vasculaires, diabète, nutrition… Il alerte les pouvoirs publics sur les problèmes sanitaires et élabore des mesures de prévention.

Lors d'une crise alimentaire, **le principe de précaution** est appliqué en présence de présomptions mais en l'absence de preuves scientifiques. Par exemple, un produit alimentaire peut être retiré de la vente.

2. LES SIGNES DE QUALITÉ ALIMENTAIRE

Signes d'identification de la qualité et de l'origine			
Signes	**Dénomination**	**Garantie pour le consommateur**	**Exemples**
	Label Rouge	Qualité du produit supérieure à son équivalent sur le marché : conditions de production spécifiques, tests organoleptiques pour démontrer la qualité gustative du produit.	Volaille Charcuteries Produits laitiers
	Appellation d'Origine Protégée (AOP), remplace l'AOC	Qualité ou caractéristiques du produit provenant du terroir dans une aire géographique délimitée. Au 1er août 2009, les vins AOC deviennent AOP ou IGP.	Roquefort Huile d'olive de Nyons
	Indication Géographique Protégée (IGP)	Qualité ou caractéristiques du produit pouvant être attribuées à cette origine géographique délimitée.	Agneau de Sisteron
	Spécialité de Tradition Garantie (STG)	Composition traditionnelle du produit ou mode de production traditionnel transmis entre générations.	Moules de Bouchot Jambon Serrano Oro
	Agriculture Biologique	Produit fini contenant au moins 95 % d'ingrédients biologiques, 0,9 % maximum d'organismes génétiquement modifiés (OGM) avec l'indication du lieu de production. Le label européen est obligatoire sur les emballages à partir du 1er juillet 2010.	Lait Fromages Viandes Céréales Fruits Légumes

On distingue trois catégories de signes de qualité :
– les **signes d'identification de la qualité et de l'origine** (cf. tableau précédent). Ces signes officiels de qualité attestent qu'un produit possède des caractéristiques garantissant un niveau de qualité contrôlé par un organisme indépendant ;
– les **mentions valorisantes** : « Montagne », « Fermier » ;
– les **certifications de conformité** : « Atout Certifié Qualité », « Critères Qualité Certifiés ».

3. LA TRAÇABILITÉ

C'est le moyen de suivre le cheminement d'une denrée alimentaire à travers toutes les étapes, depuis la production jusqu'à la distribution.
La traçabilité a pour objectifs de veiller à la sécurité sanitaire, d'informer le consommateur pour éviter les risques sur la santé et les fraudes et de faciliter le rappel des produits en cas de besoin.

4. L'ÉTIQUETAGE DES DENRÉES ALIMENTAIRES PRÉEMBALLÉES

Cet étiquetage doit comporter des **mentions obligatoires** (voir document ci-dessous). Parmi les autres mentions, il existe des **allégations** volontaires définies : « naturel », « frais », « artisanal »..., des allégations nutritionnelles et de santé avec un étiquetage nutritionnel correspondant.

En savoir plus sur...

La sécurité sanitaire :
www.afssa.fr

L'étiquetage alimentaire :
www.dgccrf.bercy.gouv.fr

Vocabulaire

Allégation : affirmation. Ici, message qui affirme, suggère qu'une denrée alimentaire possède des caractéristiques particulières.

9 ATTITUDE CRITIQUE VIS-À-VIS DES CONDUITES ADDICTIVES

1. LES FACTEURS DE PRISE DE RISQUES

Les conduites à risques sont très étendues : consommation de toxiques, sports dits à sensation, refus du port du préservatif, conduite dangereuse en véhicule motorisé…

Les adolescents sont souvent plus enclins à prendre des risques mais il existe aussi des adultes qui se mettent en danger. Il y a deux types de preneurs de risque :
• ceux pour lesquels la prise de risque permet de s'affirmer : c'est un phénomène de compensation ;
• ceux pour lesquels la prise de risque est un oubli de leurs problèmes et soucis : c'est un phénomène de fuite.

Les facteurs de prise de risques liés à l'individu

• Les aspects psychologiques : manque d'estime de soi, difficulté à faire face à des situations, recherche de sensations.
• L'hygiène de vie : nutrition, sommeil, activité physique.

Les facteurs de prise de risques liés à l'environnement

• La famille : revenus, composition de la famille, relations familiales, consommation de substances au sein de la famille.
• L'école ou le travail : ambiance, satisfaction.
• Le voisinage, les amis, les clubs sportifs.
• Le logement : salubrité.

2. LE PHÉNOMÈNE D'ADDICTION

L'**addiction** est un état de besoin, qui est impossible à contrôler à l'égard d'un produit (alcool, tabac, drogue, médicaments) ou d'une pratique : (jeux, achats compulsifs, Internet…).
Au début de la consommation de substances psycho-actives, l'individu cherche à obtenir une sensation de bien-être. Puis, rapidement il doit augmenter les doses pour obtenir les mêmes effets : c'est l'**accoutumance**. Enfin, lorsqu'il est en état de manque, l'individu ressent un malaise psychique et parfois physique qui le pousse à consommer de nouveau : c'est la **dépendance**.

3. LES EFFETS DES SUBSTANCES PSYCHO-ACTIVES

Voir le tableau ci-contre.

4. LES DANGERS DE LA POLYCONSOMMATION*

Les consommations sont souvent associées soit par un effet d'entraînement, soit pour la recherche de sensations, soit encore pour atténuer les effets de certains produits.

La polyconsommation entraîne :
• une aggravation des conduites de consommation ;
• un risque accru d'évolution vers un usage nocif ou une dépendance ;
• une augmentation des effets entre les substances ;
• une augmentation de la consommation d'un produit après arrêt ou *substitution* d'un autre, et des rechutes en cascade.

Voici quelques exemples :
• **Alcool et cannabis** : le risque d'accident mortel de la route est multiplié par quinze ;
• **Cocaïne et alcool** : le risque de coma éthylique est augmenté et des dommages sur le foie surviennent. De nombreux consommateurs réguliers de cocaïne deviennent alcooliques ;
• **GHB/GBL et alcool** : il y a un risque d'altération de la conscience, voire un coma de quelques heures, suivi d'une amnésie.

Catégorie	Nom ou Famille	Effets à court terme	Effets à long terme
Substances à la vente contrôlée	Alcool	Troubles digestifs Diminution de la vigilance et des réflexes Ebriété, perte de contrôle avec violence Accidents du travail et de la route Coma éthylique en cas d'absorption massive	Cirrhose du foie Cancer de l'œsophage Troubles du système nerveux (anxiété, dépression…) Troubles cardio-vasculaires
	Médicaments (antidépresseurs, anxiolytiques, somnifères)	Variables selon les produits (apaisement, perte de vigilance, somnolence, modifications du comportement)	Troubles de la mémoire Troubles des capacités motrices
	Tabac	Bronchite chronique Asthme	Cancers du poumon, de la vessie, de l'appareil digestif Troubles cardio-vasculaires
Substances illicites	Cannabis	Euphorie Somnolence Tremblements Vomissements	Diminution de la mémoire et de la concentration Modification des perceptions visuelles, des réflexes
	Cocaïne	Euphorie Insomnie Anxiété Délire conduisant à la violence	Perforation de la cloison nasale Troubles du rythme cardiaque Troubles psychiques
	Ecstasy	Euphorie Angoisse Incapacité à communiquer Nausée	Troubles digestifs Perte de connaissance Troubles du rythme cardiaque Décès par hyperthermie
	Héroïne	Euphorie Nausées Ralentissement du rythme cardiaque	Anorexie Insomnie Dépendance très rapide

5. LES CONSÉQUENCES D'UNE CONDUITE ADDICTIVE

Une conduite addictive provoque souvent la dégradation de la santé de l'individu. Il y a souvent une **marginalisation sociale**, qui résulte de nombreuses **difficultés à** :

• **poursuivre une vie familiale et sociale** du fait des modifications du comportement (instabilité, violence). L'individu se retrouve isolé : séparation, divorce ;

• **équilibrer son budget** : les dépenses liées à la consommation de substances illicites ne permettent plus à l'individu d'assumer ses charges (loyer, alimentation, voiture…) ;

• **s'intéresser à ses études, à son travail** : l'étudiant abandonne souvent ses études et le salarié risque le licenciement pour ses retards, ses erreurs… ;

• **garder son emploi** : il perd souvent de l'intérêt à travailler dans son entreprise. S'il y a un accident du travail lié à la consommation de substances psycho-actives, le tribunal peut prononcer des interdictions professionnelles pour certains métiers : chauffeurs routiers, conducteurs de transports en commun ;

• **postuler à certains emplois** : le fait d'avoir été condamné pour usage de stupéfiants est susceptible d'empêcher l'accès à certaines professions.

6. LES ACTIONS INDIVIDUELLES DE PRÉVENTION

Dans une situation de mal-être, il est important d'avoir une hygiène de vie correcte, de s'oxygéner, de ne pas rester seul mais de dialoguer, de se confier auprès de son médecin ou d'un professionnel qualifié dans une structure.

Vocabulaire

Compulsif : qui relève d'une force irrésistible, qui pousse à accomplir des actes incontrôlés.

Polyconsommation : consommation simultanée ou successive de plusieurs substances psycho-actives.

10 APPRÉHENDER LE CADRE LÉGAL ET RÉGLEMENTAIRE FRANÇAIS

1. LES SUBSTANCES LICITES ET ILLICITES

La réglementation française a classé les substances psycho-actives en deux catégories :

Les produits dangereux

Ce sont les substances stupéfiantes (héroïne, cocaïne, ecstasy, cannabis…), les substances psychotropes (antidépresseurs, tranquillisants…), et certains médicaments (qui sont illicites à l'exception de l'usage médical).

L'alcool et le tabac

Ce sont des substances licites soumises à une réglementation particulière concernant notamment la distribution, la publicité, les lieux de consommation et la conduite automobile.

2. LA LUTTE CONTRE LA CONSOMMATION DE DROGUE

Le plan gouvernemental de lutte contre les drogues et les toxicomanies 2008-2011 a pour objectif de faire reculer les consommations de drogues illicites et les consommations excessives d'alcool en France. Il se décline en cinq grands axes d'action :

- **prévenir, communiquer, informer** en mettant en place une campagne d'information, des stages de sensibilisation aux dangers de l'usage de produits stupéfiants, en réduisant l'offre d'alcool aux mineurs pour lutter contre le *binge drinking* ;
- **faire appliquer la loi** en intensifiant la lutte contre l'usage de stupéfiants, contre le trafic, contre la culture illicite de cannabis… ;
- **soigner, insérer et réduire les risques** en améliorant la prise en charge sanitaire et sociale des jeunes consommateurs ;
- **former, chercher, observer** ;
- **agir au plan international** en intensifiant la lutte contre les réseaux de grande envergure.

3. LA RÉGLEMENTATION SUR LES VENTES D'ALCOOL ET DE TABAC

La loi du 21 juillet 2009 interdit la vente ou l'offre des produits du tabac ou de leurs ingrédients (papier-filtre) aux mineurs, dans les débits de tabac, les commerces et les lieux publics. Cette loi interdit aussi de vendre des boissons alcooliques :

- à tous les mineurs et ajoute que « l'offre gratuite d'alcool à des mineurs est également interdite dans les débits de boissons et tous commerces ou lieux publics ». La personne qui délivre la boisson peut exiger du client qu'il établisse la preuve de sa majorité ;
- à emporter, entre 18 heures et 8 heures, dans les points de vente de carburant.

4. LES STRUCTURES D'ACCUEIL D'AIDE ET DE SOUTIEN

Les Espaces Santé Jeunes (ESJ)

Ce sont des lieux de proximité anonymes et gratuits, ouverts aux adolescents et aux jeunes de 11 à 25 ans, qui ont pour mission l'accueil, l'écoute, la prévention et l'orientation.

Les consultations jeunes consommateurs

Gratuites et anonymes, elles sont destinées aux jeunes consommateurs de substances psycho-actives. Elles permettent d'effectuer un bilan des consommations et d'aider, si possible, à arrêter la consommation.

Vocabulaire

***Binge drinking* :** alcoolisation massive express.

Illicite : dont l'usage est puni par la loi.

Licite : dont l'usage est permis par la loi.

11 PRÉVENIR LES IST

1. LA DÉFINITION DES IST

Les infections sexuellement transmissibles (IST) sont des maladies infectieuses qui se transmettent principalement par voie sexuelle. Toutefois, le SIDA et les hépatites B et C peuvent aussi se transmettre par voie sanguine et par la voie foeto-maternelle.

2. LES MÉCANISMES D'INFECTION

Dans le cas d'une infection d'origine bactérienne, **la bactérie se multiplie par scission ou division**, après avoir multiplié par deux son matériel génétique (ADN). Lors d'une infection virale, **le virus parasite une cellule hôte** et se reproduit à partir des acides nucléiques de la cellule infectée (ADN ou ARN).

3. LES PRINCIPALES IST ET LEURS CARACTÉRISTIQUES

La période d'**incubation** d'une IST varie entre 1 et 8 semaines. Pour le SIDA, cette période peut atteindre quelques années.
Voir le tableau des différentes IST page 372.

4. LES CONSÉQUENCES

Si l'infection est confirmée, le traitement doit être suivi sérieusement et le ou les partenaires doivent être avertis. Chez la femme, les IST peuvent être à l'origine d'une stérilité, d'un cancer du col de l'utérus. Lors d'une grossesse, le fœtus peut être contaminé et mourir.

5. LA CONDUITE À TENIR FACE À UNE PRISE DE RISQUE

Le traitement d'urgence

• RÉAGISSEZ TRÈS VITE ! Moins de 48 heures après la prise de risques.
• ALLEZ AUX URGENCES de l'hôpital de plus proche. Dîtes que vous venez pour un accident d'exposition au VIH. Venez avec votre partenaire.
• S'il y a réellement un risque de contamination, le médecin vous donnera un TRAITEMENT d'une durée de quatre semaines.

Le test du dépistage

• **Où faire le test ?** Vous pouvez faire le test dans une Consultation de Dépistage Anonyme et Gratuit (CDAG) ou dans un laboratoire d'analyses médicales en présentant l'ordonnance de votre médecin.
• **Prise de risque :**

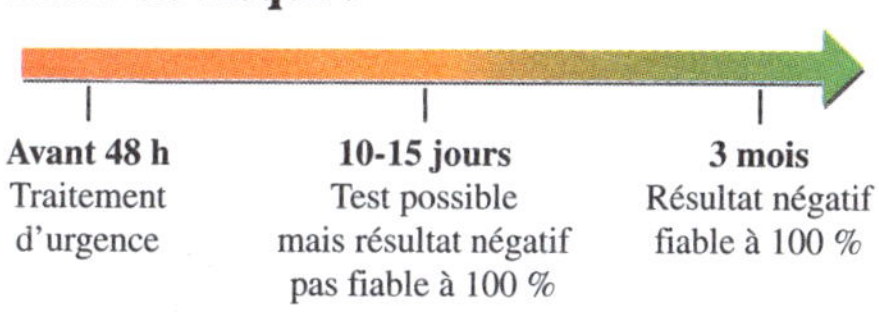

6. LES MOYENS DE PRÉVENTION

Pour se protéger des IST, il convient d'utiliser le **préservatif** et de réduire le nombre de partenaires. Il existe aussi des vaccinations contre certaines IST :
• le vaccin contre l'hépatite B permet d'être protégé de cette maladie ;
• le vaccin contre le papillomavirus humain permet d'éviter le cancer du col de l'utérus chez la femme dans 70 % des cas.

7. LES STRUCTURES D'ACCUEIL D'AIDE ET DE SOUTIEN

Elles permettent d'être conseillé 24h/24 gratuitement en restant anonyme. Il existe :
• les centres spécialisés : consultations de dépistage anonyme et gratuit (CDAG), centre de planification et d'éducation familiale (CPEF), les centres d'information, de dépistage et de diagnostic des IST (CIDDIST) ;
• les lignes téléphoniques d'information :
SIDA Info Santé : 0800 840 800.
Hépatites Info Service : 0800 845 800.

Les différentes IST

Micro-organismes	IST et agent pathogène	Apparition des signes après la contamination Signes et conséquences
Bactéries	**Chlamydiose** Chlamydia 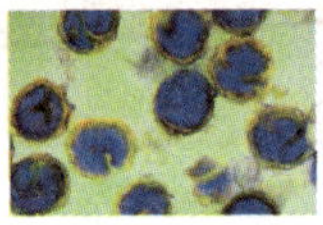	• **1 à 2 semaines** *Chez l'homme :* urétrite avec un écoulement, brûlure en urinant, démangeaisons, douleur aux testicules. *Chez la femme :* pertes vaginales blanches, inflammation vulvaire, douleurs, salpingite : infection des trompes utérines pouvant entraîner la stérilité.
	Gonococcie ou Blennorragie Gonocoque 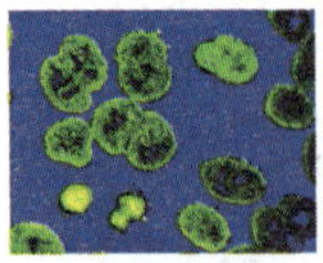	• **2 à 7 jours** *Chez l'homme :* brûlures urinaires et écoulement de pus, difficultés à uriner. *Chez la femme :* peu ou pas de symptômes.
	Syphilis Tréponème pâle 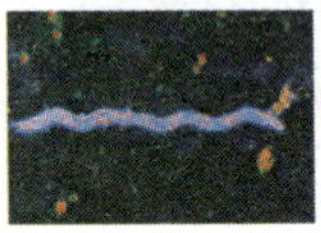	• **2 à 4 semaines ou plus** *Syphilis primaire :* apparition d'un chancre (lésion rosée, indolore sur les organes génitaux) qui peut passer inaperçu. *Syphilis secondaire :* lésions sur la peau et les muqueuses, fatigue, maux de tête. *Syphilis tertiaire :* atteintes neurologiques, cardiaques, digestives… et contamination du bébé lors de l'accouchement.
Virus	**Herpès génital** Virus de l'herpès 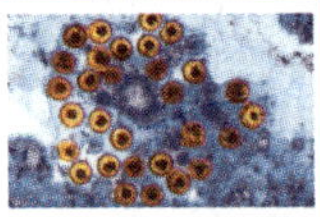	• **1 semaine ou plus** *Chez l'homme :* petites vésicules sur la verge et le gland. *Chez la femme :* brûlures vaginales, petites vésicules sur la vulve. *Chez la femme enceinte*, il y a un risque de contamination du fœtus pouvant entraîner la mort in utero.
	Condylomes génitaux Papillomavirus 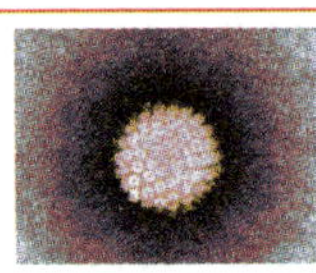	• **1 à 8 semaines** Excroissances indolores sur la verge ou le gland *chez l'homme* et sur la vulve *chez la femme*. *Chez la femme*, cette maladie peut évoluer vers un cancer du col de l'utérus.
	Hépatites B et C Virus hépatite B 	• **2 à 8 semaines** Fatigue générale persistante avec jaunisse. Pas de manifestation au niveau génital. Si elle n'est pas soignée, elle peut provoquer une cirrhose du foie et/ou un cancer du foie. Le fœtus peut être contaminé.
	SIDA VIH (virus de l'immunodéficience humaine) 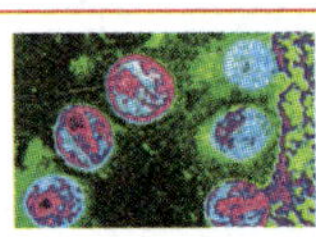	• **Quelques mois à quelques années** Fatigue générale, amaigrissement rapide, diarrhée chronique, perte d'appétit. Le SIDA entraîne une atteinte des poumons, divers cancers (utérus, peau, côlon) et évolue rapidement vers la mort. Le fœtus peut être contaminé.
Protozoaires	***Trichomonase*** Trichomonas 	• **1 semaine ou plus** *Chez l'homme :* brûlures, écoulement. *Chez la femme :* démangeaisons, pertes vaginales grises ou vertes d'odeur désagréable.

Vocabulaire

ADN : acide désoxyribonucléique.
ARN : acide ribonucléique.
Voie foeto-maternelle : voie sanguine entre le fœtus et la mère.
Hépatite : inflammation du foie.
Incubation : temps qui s'écoule entre l'introduction d'un agent infectieux dans l'organisme et l'apparition des premiers symptômes.
SIDA : Syndrome d'Immunodéficience Acquise.
VIH : Virus de l'Immunodéficience Humaine.

12 PRÉVENIR UNE GROSSESSE NON DÉSIRÉE

1. LES MODES D'ACTION DES MÉTHODES CONTRACEPTIVES

Méthode contraceptives		Caractéristiques	Où l'obtenir ?	Avantages
Hormonales	Pilule	Un comprimé à prendre régulièrement pendant 21 ou 28 jours selon le type de pilule. Les pilules oestroprogestatives ou progestatives bloquent l'ovulation. En cas d'oubli supérieur à 12 heures pour la pilule oestroprogestative et à 3 heures pour une pilule progestative, la femme n'est plus protégée. Taux d'efficacité : 99,5 %.	Prescrite par un médecin. Délivrée sur ordonnance en pharmacie.	Efficace et adaptée à chaque femme.
	Patch oestro progestatif	Un patch à coller soi-même sur la peau une fois par semaine et à renouveler chaque semaine pendant trois semaines avec un arrêt d'une semaine pendant laquelle surviennent les règles. Il bloque l'ovulation et a le même taux d'efficacité que la pilule.	Prescrit par un médecin. Délivré en pharmacie.	Efficace et moins contraignant que la pilule.
	Implant sous cutané	Bâtonnet cylindrique de 4 cm de long sur 2 cm de large inséré sous la peau du bras sous anesthésie locale. Très fiable (99,5 %), il est efficace pendant 3 ans. Il délivre une hormone progestative qui bloque l'ovulation et rend la glaire cervicale imperméable à la pénétration des spermatozoïdes.	Prescrit et posé par un médecin. Délivré sur ordonnance en pharmacie.	Efficace et peu contraignant.
	Stérilet à progestérone	Le stérilet, ou dispositif intra-utérin, est placé dans l'utérus par un médecin. Il peut être gardé 4 à 10 ans. Il empêche la nidation de l'œuf fécondé dans la cavité utérine. Taux d'efficacité : 98 %.	Prescrit et posé par un médecin. Délivré sur ordonnance en pharmacie.	Efficace et peu contraignant.
Chimiques et mécaniques	Préservatif masculin	En latex, il se déroule sur le pénis en érection pour retenir le sperme. Il protège aussi du VIH et des IST. Taux d'efficacité : 95 %.	Sans ordonnance en pharmacie, grande surface et distributeur automatique.	Protège contre les IST. Facile à se procurer.
	Préservatif féminin	Gaine en polyuréthane, munie d'un anneau souple aux deux extrémités, qui se place dans le vagin. Il peut être mis en place plusieurs heures avant le rapport. Il empêche la pénétration du sperme dans les voies génitales féminines et protège du VIH et des IST. Taux d'efficacité : 79 à 90 %.	Sans ordonnance en pharmacie, dans les centres de planification ou d'éducation familiale.	Protège contre les IST. Il peut être mise en place avant le rapport sexuel.
	Spermicides	Sous forme de gel, d'ovules, d'éponges, ils se placent au fond du vagin et détruisent les spermatozoïdes. Seule l'éponge est efficace pendant 24 heures. Taux d'efficacité : 90 à 95 %.	Sans ordonnance en pharmacie	Facile à se procurer. L'éponge peut être placée bien avant le rapport et gardée après.

Les méthodes contraceptives permettent d'éviter une grossesse en utilisant divers procédés qui visent :
- soit à empêcher la rencontre entre l'ovule et le spermatozoïde ;
- soit à empêcher la nidation (implantation de l'œuf fécondé dans la muqueuse utérine) de l'œuf dans la muqueuse utérine.

Les méthodes présentées précédemment sont **préventives.** Celles qui sont hormonales sont réservées à la femme, les autres peuvent être utilisées par l'homme ou par la femme.

2. L'INTERRUPTION VOLONTAIRE DE GROSSESSE

C'est un acte médical et chirurgical qui empêche le développement de l'œuf, de l'embryon ou du fœtus dans la cavité utérine.

Cadre légal

En France, une interruption volontaire de grossesse (IVG) peut être demandée par toute femme estimant que sa grossesse la place dans une situation de détresse. **L'intervention peut être pratiquée jusqu'à la fin de la 12e semaine de grossesse**, soit 14 semaines après le début des dernières règles. L'IVG est précédée de deux consultations médicales obligatoires et d'une consultation psycho-sociale, facultative pour les personnes majeures. Elle est réalisée par un médecin dans un établissement de santé.

Méthodes

Deux méthodes existent :

- **la méthode chirurgicale** : elle consiste à aspirer l'œuf ou l'embryon ;
- **la méthode médicamenteuse** : elle consiste à la prise de médicaments en deux fois devant le médecin avec une surveillance de quelques heures lors de la deuxième prise. Elle est réalisée dans un délai maximum de 5 semaines de grossesse.

3. LA CONDUITE À TENIR SUITE À UNE PRISE DE RISQUE

En cas d'oubli de pilule, d'un préservatif qui s'est déchiré ou qui a glissé, il y a un risque de grossesse. Dans ce cas, il est important de consulter rapidement un médecin ou d'appeler un numéro vert pour obtenir des informations.

Pour éviter ce risque, il existe la **contraception d'urgence**.

Attention, elle ne remplace pas une contraception régulière mais elle constitue une méthode de rattrapage à utiliser après un rapport sexuel, en cas d'échec ou d'absence de contraception.

Plus elle est prise rapidement, plus elle est efficace.

La contraception d'urgence hormonale se présente sous la forme d'un comprimé à prendre le plus tôt possible dans un délai de 72 heures maximum après le rapport.

4. LES STRUCTURES D'ACCUEIL D'AIDE ET DE SOUTIEN

Un médecin généraliste, un gynécologue peut vous aider à choisir la contraception qui vous convient et vous la prescrire. Un pharmacien, une infirmière scolaire peuvent vous délivrer une contraception d'urgence.

Le centre de planification ou d'éducation familiale (CPEF)

Il assure des consultations de contraception ainsi que des actions de prévention et d'information portant sur la sexualité et l'éducation familiale.

Les mineures qui souhaitent garder le secret sur leur vie intime peuvent obtenir, gratuitement et sans autorisation de leurs parents, la prescription d'un moyen contraceptif, la contraception d'urgence, une consultation médicale, ainsi que les bilans et le suivi nécessaires.

Toute personne sans couverture sociale personnelle peut aussi bénéficier de ces prestations gratuitement.

Les numéros verts

- Fil santé Jeunes : 3234.
- IVG Contraception : 0 800 105 105.

Vocabulaire

Oestroprogestatif : qui contient des oestrogènes (hormone sexuelle féminine).

Progestérone : hormone sexuelle féminine.

13 GÉRER SON BUDGET

1. LA CONSOMMATION DES MÉNAGES

Depuis le début des années 1990, certains **postes budgétaires pèsent de plus en plus lourd dans le budget** des ménages français : le logement (loyer, eau, chauffage), les transports et l'alimentation.

2. LA NOTION DE BUDGET

Un budget est une **prévision des revenus et des dépenses** sur une période donnée. Trois types de budget sont possibles :
• positif : recettes supérieures aux dépenses ;
• équilibré : recettes égales aux dépenses ;
• négatif : recettes inférieures aux dépenses.

3. LES SOURCES DE REVENUS

Les sources de revenus d'un ménage se classent en quatre catégories :
• les **revenus du travail** : salaire, primes ;
• les **prestations sociales** : aide au logement, allocations familiales ;
• les **revenus des économies** : intérêt d'épargne ;
• les **revenus exceptionnels** : héritage, gains aux jeux.

4. LES DÉPENSES

Les dépenses d'un ménage sont de deux ordres :

• les **dépenses incompressibles** : dépenses obligatoires ne pouvant pas être différées (loyer, impôts, assurance…) ;

• les **dépenses compressibles** : dépenses pouvant être différées dans le temps et dont le montant peut être réduit.

Elles se subdivisent en :
– dépenses courantes (alimentation, carburant, produits d'hygiène…) ;
– dépenses d'équipement ou de renouvellement (lave-vaisselle, vêtements, véhicule…).

5. L'ÉPARGNE

L'épargne est la part des **revenus restant disponibles**, une fois toutes les dépenses déduites (nourriture, habitation, transport, impôts, …).

Il est possible d'épargner afin de disposer d'argent pour **financer une dépense** importante, pour **disposer d'une réserve** de sécurité ou encore pour se **constituer un patrimoine**.

Deux méthodes d'épargne prédominent :
• épargner la part de revenus qui n'a pas été dépensée dans le mois ;
• verser chaque mois la même somme d'argent sur le support d'épargne quelles que soient les dépenses.

Vocabulaire

Incompressible : qui ne peut pas être réduit.

Patrimoine : ensemble des biens possédés par une personne.

Poste budgétaire : somme d'argent utilisé pour des dépenses précises.

Solde : différence entre le crédit et le débit.

En savoir plus sur…

La façon d'établir un budget
www.lafinancepourtous.com

14 ACHETER UN BIEN

1. LE CONTRAT DE VENTE OU DE LOCATION

Le contrat de vente est le plus souvent établi pour l'achat de biens ou de services d'un montant assez important : achat d'un véhicule, organisation d'un mariage…

Le contrat de location ou bail doit être écrit. Il s'agit d'un engagement entre le bailleur et le locataire. Il est généralement conclu pour une durée au moins égale à 3 ans ou à 6 ans et il est reconduit tacitement. La **résiliation** du contrat doit être notifiée par lettre recommandée avec accusé de réception. Le bailleur peut demander au locataire un **cautionnement** pour garantir le paiement des loyers.

Chaque contrat doit mentionner les parties signataires avec leurs engagements réciproques. Il est important de bien lire chaque contrat avant de signer.

2. LES MODES DE PAIEMENT

Modes de paiement	Règles d'utilisation	Intérêts	Limites
Espèces	Règlement des achats de biens ou de services d'un montant inférieur à 3 000 €	Facilité d'utilisation Règlement des achats quotidiens	Risque de perte ou de vol
Mandat ou virement	Déclenché par le débiteur pour un bénéficiaire. Il peut être donné par téléphone ou par Internet, mais il vaut mieux le confirmer par écrit	Transferts de fonds, y compris vers l'étranger	Nécessité de formalités
Chèque	Règlement des achats : une ou deux pièces d'identité peuvent être demandées	Facilité d'utilisation Règlement par courrier possible	Nécessité de bien compléter le chèque Refusé par certains commerçants
Chèque de banque	Règlement d'achat important	Garantie de l'approvisionnement du compte	Nécessité de formalité
Prélèvement automatique (permanent ou ponctuel)	Déclenché par le bénéficiaire avec l'autorisation du débiteur pour un paiement régulier (exemples : les impôts, l'électricité)	Pas d'oubli de l'échéance du paiement	Nécessité de formalités Nécessité d'une résiliation en fin d'utilisation du service
Titre interbancaire de paiement (TIP)	Autorisation unique de prélèvement préétablie par écrit, par le créancier et adressé au débiteur avec la facture	Fiabilité et rapidité d'utilisation en laissant le débiteur maître du paiement	Utilisation réservée aux factures traitées informatiquement : téléphone, impôts
Carte bancaire	Règlement de tous les achats, un montant minimal peut être exigé Plafonnement des achats mensuels à 1 524,49 €, en général	Facilité d'utilisation Bonne sécurisation avec le code	Mémorisation du code Risques de dépassement du budget
Carte virtuelle dynamique ou e-carte	Règlement d'un seul achat avec un numéro de carte à usage unique	Sécurité maximale	Nécessité d'une demande de carte à chaque achat

Espèces, chèques et cartes de paiement sont les modes de paiement les plus utilisés. Il faut tenir à jour ses comptes pour mieux gérer son budget et éviter l'émission de chèque sans provision ou le découvert sur un compte entraînant une interdiction bancaire.

3. LE CRÉDIT

Le crédit consiste à prêter une somme d'argent à une personne qui la remboursera avec des intérêts sur plusieurs mois ou plusieurs années. Pour choisir un crédit, il est important de comparer le **Taux Effectif Global** (TEG) des différents organismes de crédit.

Parmi les différents crédits, on distingue :
- le crédit **affecté** : accordé pour l'achat d'un bien précis (voiture, immobilier) ou d'un service (voyage) ;
- le crédit **personnel** : utilisé par le bénéficiaire selon ses projets ;
- le crédit **revolving ou permanent** : il est lié à la détention d'une carte de magasin qui comprend une réserve d'argent reconstituable ;
- le crédit-bail ou **Location avec Option d'Achat** (LOA) : ce n'est pas un crédit mais il permet de racheter le bien en fin de location.

Les établissements financiers doivent remettre à l'emprunteur une offre préalable de prêt détaillée. Le consommateur dispose d'un délai de 7 jours pour se rétracter.

La demande de crédit

1. Demande auprès d'une banque ou d'un organisme de prêt

2. Remise de l'offre préalable de crédit par le prêteur (valable 15 jours)

3. Signature de l'offre préalable de crédit par l'emprunteur et du contrat de vente avec la mention « CRÉDIT » cette offre comprend aussi le bordereau de rétractation

4. L'ENDETTEMENT

C'est la part des revenus consacrée aux charges (remboursement des dettes, des crédits ou paiement des loyers). Pour calculer le taux d'endettement, on utilise la formule suivante :

$$\frac{\text{Charges} \times 100}{\text{Revenus}}$$

Pour ne pas déséquilibrer un budget, le taux d'endettement d'un ménage doit se limiter à 33 %. Si ce dernier est supérieur à ce pourcentage, il est prudent de faire le point avec son conseiller bancaire.

5. LE SURENDETTEMENT

Le surendettement est l'impossibilité de faire face à des **dettes non professionnelles** pour un **débiteur de bonne foi**.

Les personnes dans une situation financière grave peuvent saisir la **commission de surendettement** auprès de la Banque de France de leur département. Celle-ci étudie le dossier et propose :
- soit un plan conventionnel de redressement avec les modalités de remboursement de la dette ;
- soit la réduction des intérêts d'emprunt avec l'étalement de la dette dans le temps ;
- soit, si la situation financière est « irrémédiablement compromise », la transmission du dossier au juge d'exécution du tribunal, pour demander l'ouverture d'une procédure de rétablissement personnel qui vise à effacer partiellement la dette.

Vocabulaire

Cautionnement : contrat par lequel une personne s'engage envers un créancier à payer la dette du débiteur si celui-ci ne le fait pas.

Résiliation : annulation d'un contrat.

Tacitement : sous-entendu, qui n'est pas formellement exprimé.

15 APPRÉHENDER LES MESURES DE PROTECTION DES PERSONNES ET DES BIENS

1. LES DROITS ET OBLIGATIONS DU CONSOMMATEUR

La communauté européenne précise que le consommateur a droit à la protection de sa santé et de sa sécurité, à la protection de ses intérêts économiques, à la représentation, à l'information et à l'éducation et enfin à la réparation des dommages.

De son côté, le consommateur doit utiliser les circuits commerciaux légaux, payer dans les délais prévus les biens et les services et respecter les clauses du contrat signé avec un vendeur ou un bailleur.

2. LES STRUCTURES D'INFORMATION ET DE PROTECTION DU CONSOMMATEUR

Elles ont pour rôle d'informer, de conseiller les consommateurs et de défendre leurs intérêts, sans oublier de contrôler l'application de la réglementation.

Organismes ou associations	Rôles
DGCCRF Direction Générale de la Concurrence, de la Consommation et de la Répression des Fraudes dgccrf	• Préserver la sécurité physique et la santé des consommateurs. • Protéger économiquement les consommateurs en veillant à la qualité des produits et des services. • Garantir un fonctionnement équilibré des marchés pour préserver la concurrence, lutter contre les contrefaçons. La Boîte Postale 5000 (code postal + nom du chef-lieu de département), gérée par la DDCCRF, recueille par courrier toutes vos réclamations ; elle existe dans une cinquantaine de départements.
INVS Institut National de Veille Sanitaire InVS	• Surveiller l'état de santé de la population. • Alerter les pouvoirs publics sur les problèmes sanitaires et élaborer des recommandations en matière de prévention.
CTRC Centres Techniques Régionaux de la Consommation **CLCV** Consommation Logement et Cadre de Vie CLCV CONSOMMATION LOGEMENT ET CADRE DE VIE *Citoyens au quotidien*	• Mettre à la disposition des associations de consommateurs adhérentes tous les outils nécessaires au développement de leur action. Ils ne répondent pas directement au consommateur. • Faire des propositions aux pouvoirs publics pour changer la réglementation et auprès des entreprises pour améliorer les produits et les services.
INC Institut National de la Consommation (établissement public) 60 INC	• Contribuer et participer à l'information objective du consommateur dans tous les domaines. • Publier, chaque mois, la revue *60 millions de consommateurs* qui fournit des informations pratiques.

3. L'ASSURANCE

L'assurance est un service qui permet à chacun, en échange du paiement d'une **cotisation ou prime**, d'être sûr de pouvoir faire face aux conséquences financières d'un évènement futur et incertain qui risque de se produire. Les conditions générales de l'assurance sont mentionnées dans le contrat.

L'assurance repose sur le **principe de solidarité**. Les cotisations versées par les assurés servent à indemniser les victimes qui cotisent à la même compagnie d'assurances.

Lorsque l'événement redouté se réalise, l'assureur verse à l'assuré des **indemnités** (somme d'argent) pour réparer les dégâts subis en déduisant le montant de la franchise*.

4. LA RESPONSABILITÉ CIVILE ET LA RESPONSABILITÉ PÉNALE

La responsabilité civile

C'est l'obligation de **réparer le dommage** (ou préjudice) que l'on a causé à autrui. L'assurance « responsabilité civile » est la seule obligatoire pour réparer les dommages causés à autrui. Il peut s'agir des dommages causés par soi-même, par ses enfants mineurs, ses animaux, sa maison… L'indemnisation dépend de l'importance des dommages provoqués.

La responsabilité pénale

C'est l'obligation de **répondre des infractions commises** et de subir la peine prévue par le texte qui les réprime. Elle concerne les actes interdits, qualifiés, selon leur gravité, de contravention, de délit ou de crime. Les sanctions de la responsabilité pénale sont proportionnelles à la gravité des fautes commises, elles ne sont pas assurables.

5. LA DÉCLARATION D'UN SINISTRE

En cas de sinistre : accident de la circulation, dégât des eaux, une **déclaration amiable*** est complétée et adressée par lettre recommandée avec accusé de réception dans les délais suivants :

– 2 jours pour déclarer un vol ou un acte de vandalisme ;

– 5 jours pour tout autre sinistre ;

– 10 jours pour une catastrophe naturelle à partir de la publication de l'arrêté ministériel déclarant l'état de catastrophe naturelle.

Vocabulaire

Déclaration amiable : document pré-imprimé sur lequel les deux parties s'identifient et énoncent les circonstances du sinistre et des dommages subis.

Franchise : somme restant à la charge de l'assuré après règlement des frais par l'assurance

En savoir plus sur…

Les structures de défense du consommateur :

www.dgccrf.bercy.gouv.fr
www.invs.sante.fr
www.conso.net.fr

Exercices

1 Le sommeil

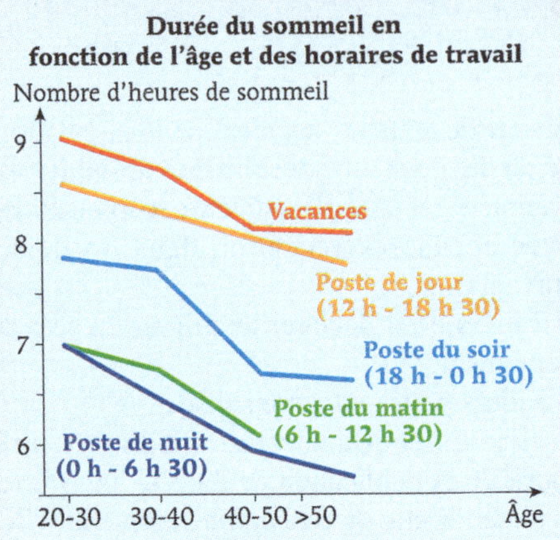

D'après *Biologie Humaine*, Hachette.

1 ■ Indiquer l'évolution de la durée du sommeil avec l'âge.

2 ■ Indiquer l'évolution de la durée du sommeil avec les horaires de travail. Justifier la réponse.

3 ■ Préciser les conséquences du travail posté sur la santé des travailleurs de nuit.

4 ■ Citer trois synchroniseurs des rythmes biologiques.

2 Le travail musculaire

Variations physiologiques au cours d'un effort d'un jeune âgé de 18 ans

Variables physiologiques	Au repos	Course lente	Course rapide
Rythme cardiaque	70	120	160
Rythme respiratoire	18	23	27
Transpiration	Quasi inexistante	Peu importante	Très importante
Couleur de la peau	Rosée	Très rosée	Rouge

1 ■ Déduire du document les effets de l'activité physique de l'organisme.

2 ■ Expliquer le mécanisme qui permet la régulation de la température du corps.

3 Le commerce équitable

Décomposition du prix d'un T-shirt équitable

- 31 % pour la matière première, le coton bio, son traitement et son transport,
- 21 % pour la main d'œuvre qui fabrique le T-shirt,
- 16 % de TVA,
- 11 % de marge brute pour le distributeur (contre souvent plus de 30 % pour les produits textiles classiques),
- 9 % pour les taxes à l'importation et les contrôles Qualité,
- 7 % pour le designer et le packaging,
- 4 % pour l'agriculteur qui a cultivé le coton (près du triple de la proportion usuelle),
- 1 % pour la redevance Max Havelaar.

1 ■ Définir le commerce équitable.

2 ■ Relever les deux différences de coûts d'un T-shirt équitable dans le document ci-dessus.

3 ■ Indiquer les intérêts et les limites du commerce équitable.

4 Les conduites addictives

Fréquence des polyconsommations répétée[1] chez les 18-44 ans en 2000 et régulière[2] à 17 ans

Substances psycho-actives associées	% des personnes de 18 à 44 ans	% des jeunes de 17 ans	
		Filles	Garçons
Alcool- tabac	9,6 %	3,0 %	6,8 %
Tabac-cannabis	3,4 %	4,4 %	7,0%
Alcool-tabac-cannabis	1,7 %	1,4 %	4,9 %
Alcool-cannabis	0,4 %	0,1 %	0,8 %
TOTAL	15,1 %	8,9%	19,5 %

1 : consommation répétée d'au moins 2 produits une fois par semaine.
2 : consommation régulière d'au moins 2 produits au cours des 30 derniers jours.

Source : Baromètre Santé 2000, INPES.

1 ■ Définir le phénomène d'addiction.

2 ■ Comparer la polyconsommation tabac-cannabis selon l'âge et le sexe des personnes.

3 ■ Indiquer les dangers de la polyconsommation.

Corrigés des pages méthodes

1 Exemple de mise en relation des causes et des effets

1 ■ Le problème posé est celui de l'augmentation de l'obésité.

2 ■ et 3 ■ Voir ci-dessous le diagramme causes-effets complété.

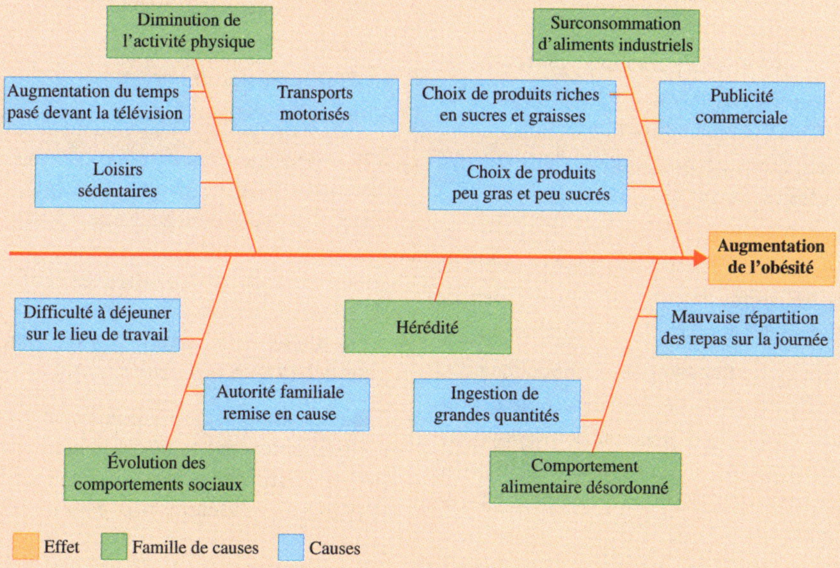

4 ■ Voir ci-dessous le diagramme causes-effets complété.

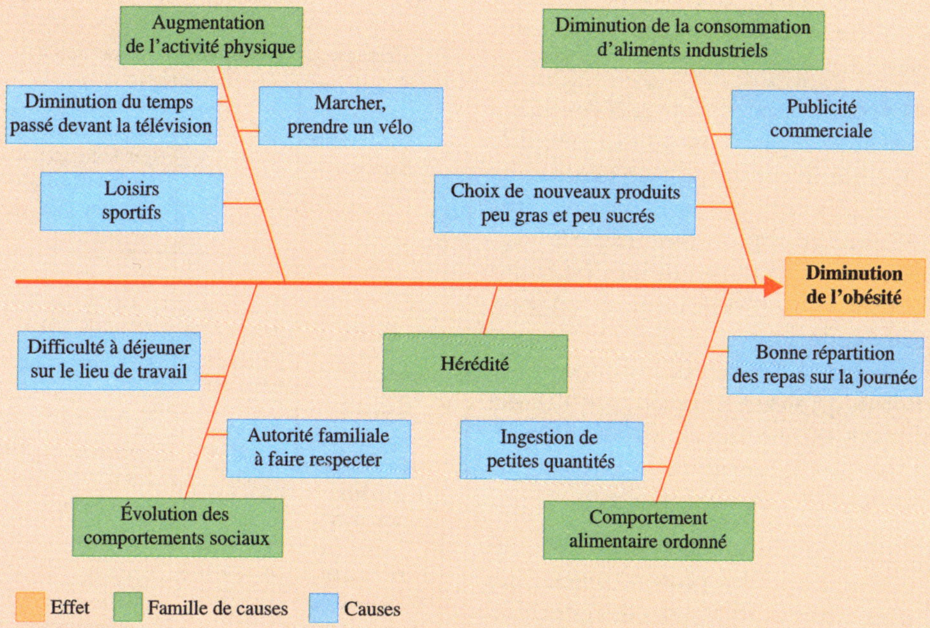

2 Exemple de démarche d'investigation

1 ■ Le problème posé est le suivant : « Comment expliquer que les personnes qui aiment le chocolat noir n'aiment pas toutes le chocolat noir à 71 % de cacao ? »

2 ■ Les hypothèses suivantes peuvent être formulées ainsi :

– « La majorité des personnes préfèrent un chocolat plus sucré car c'est celui qu'elles consomment le plus couramment. »

– « Beaucoup de personnes n'aiment pas l'amertume, car le chocolat est une friandise. »

Pour vérifier ces hypothèses, il est possible de goûter en même temps ces deux types de chocolat sans connaître leur composition.

Expérience 1 : déguster deux chocolats noirs différents un avec un fort pourcentage de cacao (70 à 71 %) et avec un faible pourcentage de cacao (51 à 52 %) et établir le profil sensoriel de chacun en complétant pour chacun un graphique en étoile.

Expérience 2 : les résultats du test triangulaire indiquent que certaines personnes n'ont pas reconnu l'échantillon différent et qu'une majorité préfère le chocolat avec moins de pourcentage de cacao.

3 ■ La comparaison des étiquettes des chocolats X et Y, dégustés dans l'expérience 1, montre que le pourcentage de sucres et de glucides plus important pour le chocolat avec un faible pourcentage de cacao et que le pourcentage de sucre et de glucides est moins important pour le chocolat avec un fort pourcentage de cacao.

En conclusion, l'hypothèse est validée. Les personnes qui aiment le chocolat noir n'aiment pas toutes le chocolat noir à 71 % cacao car elles ne sont pas habituées à en consommer et parce qu'elles le trouvent plus amer.

4 ■ Pour prendre en compte les goûts de chacun, les familles peuvent acheter des produits variés ou réaliser des desserts contenant du cacao (mousse chocolat blanc, lait, noir) et plus ou moins de sucre.

3 Exemple de démarche de projet

1 ■ Le projet est l'achat d'un ordinateur portable. Pour analyser le besoin, il faut identifier :

Les avantages :

– communiquer avec ses copains, écouter et enregistrer de la musique,

– utiliser l'ordinateur quand il veut.

Les inconvénients :

– effort financier important,

– moins de sorties.

2 ■ L'épargne dont dispose Nicolas est une ressource pour ce projet. Son budget étant serré, il ne peut épargner que 15 € par mois s'il poursuit toutes ses sorties. C'est une contrainte forte pour réaliser ce projet.

En conclusion, la question que se pose Nicolas est la suivante : « Comment gérer mon budget pour acheter un ordinateur portable ? »

3 ■ Les éléments que Nicolas peut prendre en compte pour envisager cet achat sont la date prévue pour cet achat, ses ressources, ses dépenses, les différents prix pour un ordinateur portable.

Nicolas peut choisir parmi les stratégies suivantes pour acheter son ordinateur portable :

Stratégie	Possibilité	Conséquences
Épargne	OUI	Effort financier important 200 € Attente longue pour l'achat car il peut épargner 15 € par mois
Crédit	NON car il ne dispose pas de revenus réguliers	–
Emprunt aux parents ou grands-parents	OUI	Demande à négocier Pas d'attente pour l'achat
Travail le week-end ou pendant les vacances	OUI	Moins d'attente pour l'achat

4 ■ Pas de corrigé. La stratégie choisie doit être argumentée.

5 ■ La planification de l'achat est liée à la stratégie choisie.

L'achat peut être :

– immédiat dans le cas d'un emprunt aux parents ou grands-parents ;

– différé dans le cas du travail pendant les vacances et dans le cas de l'épargne, il faudrait à Nicolas 13,3 mois pour épargner 200 € :

$$\frac{\text{Épargne à effectuer}}{\text{Épargne mensuelle}} = \frac{200}{15} = 13{,}3 \text{ mois}$$

6 ■ Pour réaliser cet achat, les éléments à prendre en compte avant l'achat (doc. 3) sont le prix, les caractéristiques du produit par rapport aux besoins de Nicolas, l'autonomie, la fiabilité. D'autres éléments de choix peuvent aussi être retenus comme la garantie et le service après-vente.

7 ■ Cet achat a un impact sur :

• le budget de Nicolas : épargne à reconstituer, diminution de la facture de téléphone portable grâce à la messagerie électronique… ,

• sa vie quotidienne : contacts facilités avec les copains, autonomie, jeux vidéo, films et musique à télécharger.

Corrigés des exercices

1 1 ■ La durée du sommeil diminue avec l'âge.

2 ■ La durée du sommeil diminue avec le travail posté du soir et de nuit parce qu'il y a désynchronisation des rythmes biologiques : le sommeil ne s'effectue plus en cohérence avec l'alternance jour-nuit.

3 ■ Le travail de nuit engendre des troubles du sommeil et de la vigilance (entre 2 et 4 heures du matin), ce qui augmente les risques d'accidents du travail. Il provoque aussi de la fatigue, des troubles de l'alimentation, de la vie privée et de la vie sociale.

4 ■ Les synchroniseurs des rythmes biologiques sont : l'alternance veille-sommeil, l'alternance bruit-repos, l'alternance activités sociales-repos.

2 1 ■ L'activité physique augmente le rythme cardiaque, le rythme respiratoire et la transpiration. Elle modifie la couleur de la peau qui devient plus rouge.

2 ■ Lors de l'activité physique, une partie de l'énergie est transformée en chaleur. Pour éviter que la température du corps ne s'élève, le corps transpire ce qui lui permet d'éliminer la chaleur produite lors de l'effort musculaire.

3 1 ■ Le commerce équitable est un partenariat commercial dont l'objectif est de parvenir à une plus grande équité.

2 ■ Les différences de coûts portent sur la marge du distributeur qui est plus faible et sur la rémunération du travail de l'agriculteur qui est trois fois plus importante.

3 ■ Les intérêts du commerce équitable sont d'être solidaire des agriculteurs et des artisans des pays pauvres en augmentant les revenus, en les aidant à se développer et à développer leurs villages : écoles, dispensaires, de garantir le respect des droits des personnes, favoriser la préservation de l'environnement. Ses limites sont le surcoût de vente au consommateur et le choix réduit de produits.

4 1 ■ L'addiction est un état de besoin impossible à contrôler à l'égard d'un produit : alcool, tabac, drogue, médicaments ou d'une pratique : jeux, achats compulsifs, Internet…

2 ■ La polyconsommation « alcool-cannabis » est plus importante chez les jeunes de 17 ans que les adultes de 18 à 44 ans et moins importante chez les filles de 17 ans que les garçons du même âge.

3 ■ La polyconsommation aggrave les consommations, augmente les effets des substances (risque d'accident mortel multiplié par 15 pour alcool et cannabis), augmente le risque de dépendance et de rechutes.

Imprimé en Italie par Bona
Dépôt legal novembre 2010 - Collection 04 - édition 02
18/0934/2